ବୈଭବ ମନୋବିଜ୍ଞାନ
(POSITIVE PSYCHOLOGY)

ବୈଭବ ମନୋବିଜ୍ଞାନ

(POSITIVE PSYCHOLOGY)

ପ୍ରଫେସର ଫକୀର ମୋହନ ସାହୁ
ପ୍ରଫେସର କଳ୍ପନା ସାହୁ

ବ୍ଲାକ୍ ଈଗଲ୍ ବୁକ୍ସ
ଭୁବନେଶ୍ୱର, ଓଡ଼ିଶା

BLACK EAGLE BOOKS
Dublin, USA

ବୈଭବ ମନୋବିଜ୍ଞାନ / ପ୍ରଫେସର ଫକୀର ମୋହନ ସାହୁ, ପ୍ରଫେସର କଳ୍ପନା ସାହୁ
ବ୍ଲାକ୍ ଇଗଲ୍ ବୁକ୍ସ : ଭୁବନେଶ୍ୱର, ଓଡ଼ିଶା ● ଡବ୍ଲିନ୍, ଯୁକ୍ତରାଷ୍ଟ୍ର ଆମେରିକା

 BLACK EAGLE BOOKS

USA address:
7464 Wisdom Lane
Dublin, OH 43016

India address:
E/312, Trident Galaxy, Kalinga Nagar,
Bhubaneswar-751003, Odisha, India

E-mail: info@blackeaglebooks.org
Website: www.blackeaglebooks.org

First International Edition Published by
BLACK EAGLE BOOKS, 2024

BAIBHABA MANOBIGYANA
(Positive Psychology)
by **Prof. Fakir Mohan Sahoo** | **Prof. Kalpana Sahoo**
Email: **kalpana@xim.edu.in**

Copyright © **Prof. Fakir Mohan Sahoo** | **Prof. Kalpana Sahoo**

All rights reserved. No part of this publication may be reproduced, stored in a retrieval system, or transmitted, in any form or by any means, electronic, mechanical, photocopying, recording or otherwise without the prior permission of the publisher.

Cover & Interior Design: Ezy's Publication

ISBN- 978-1-64560-137-1 (Paperback)

Printed in the United States of America

ବିଶ୍ୱର କଲ୍ୟାଣ ପାଇଁ ସମର୍ପଣ ଭାବ ନେଇ ଜ୍ଞାନ ତପସ୍ୟାରେ ମଗ୍ନ ଥିବା ମନୋବିଜ୍ଞାନର ଗବେଷକ ଏବଂ ଶିକ୍ଷାର୍ଥୀମାନଙ୍କ ହାତରେ –

                               ଫକୀର ମୋହନ ସାହୁ
                               କଳ୍ପନା ସାହୁ

ପ୍ରାକ୍‌କଥନ

ବୈଭବ ମନୋବିଜ୍ଞାନର ପରିକଳ୍ପନା କେବଳ ଏକ ସାରସ୍ୱତ ଅଭୀପ୍‌ସା ନୁହେଁ, ଏହା ଏକ ସଚେତନଶୀଳ ଦାୟିତ୍ୱବୋଧର ପରିପ୍ରକାଶ । ଆମର ସମସ୍ତ ଆର୍ଥିକ ପ୍ରଗତି ସତ୍ତ୍ୱେ ବ୍ୟକ୍ତିଗତ ଜୀବନ ଯେପରି ବିଷାଦଗ୍ରସ୍ତ ହୋଇଉଠୁଛି ଏବଂ ସମଷ୍ଟିଗତ ଜୀବନ ଯେପରି ବେଦନାକ୍ଲିଷ୍ଟ ହୋଇଉଠୁଛି, ସେ ପରିପ୍ରେକ୍ଷୀରେ ବିଷବଳୟରୁ ମୁକ୍ତ ହେବାର ଇଚ୍ଛା ଏକ ସ୍ୱାଭାବିକ ପ୍ରକ୍ରିୟା । ସୌଭାଗ୍ୟବଶତଃ ମନୋବିଜ୍ଞାନ ଓ ସମାଜବିଜ୍ଞାନର ଅଧ୍ୟୟନ ଓ ଗବେଷଣା ରାଜ୍ୟରେ ମଧ୍ୟ ଏ ପ୍ରକାର ମାନସିକତା ପ୍ରତିଧ୍ୱନିତ ।

ନକାରାତ୍ମକ ମାନସିକତା ଓ ପରିବେଶ ମନୁଷ୍ୟର କି ଧରଣର କ୍ଷତି ସାଧନ କରେ ନିକଟ ଅତୀତରେ କରୋନା ଭୂତାଣୁଜନିତ ଭୟାବହତା ତାହା ପ୍ରମାଣ କରିଛି । ରୋଗର ସଂକ୍ରମଣ ଯେତିକି କ୍ଷତି ସାଧନ କରିଛି, ଭୟ ସମ୍ଭବତଃ ଅଧିକ କ୍ଷତି କରିଛି । ଅବଶ୍ୟ ଏ ଦୁର୍ବିପାକର ବେଶ୍ କିଛି ଦଶକ ପୂର୍ବରୁ (ବିଂଶଶତକର ନବମ ଦଶକରେ) ମନୋବିଜ୍ଞାନୀମାନେ ଆଶାବାଦର ଏକ ଶୁଭ ଶଙ୍ଖର ଧ୍ୱନି ତୋଳିଥିଲେ । ମନୁଷ୍ୟ କାହିଁକି ଅଶାନ୍ତ ଓ ଅବସାଦଗ୍ରସ୍ତ ହେଉଛି, ତାହାର ଅନୁଧ୍ୟାନ ଉପରେ ବିଶେଷ ପ୍ରାଧାନ୍ୟ ନ ଦେଇ ମନୁଷ୍ୟର ସବଳତା ଉପରେ ଗୁରୁତ୍ୱ ଦେବାର ଆନ୍ଦୋଳନ ଆରମ୍ଭ ହେଲା । ଏହାର ଶୁଭ ପରିଣତି ହେଉଛି ବୈଭବ ମନୋବିଜ୍ଞାନ (Positive Psychology) । ଏକ ରୋଗ-କେନ୍ଦ୍ରିତ ଅନୁଶୀଳନ ପରିବର୍ତ୍ତେ ମନୁଷ୍ୟର ଶକ୍ତି-ସାମର୍ଥ୍ୟ, ସଦ୍‌ଗୁଣ ଓ ମୂଲ୍ୟବୋଧର ଚର୍ଚ୍ଚା ମନୋବିଜ୍ଞାନ ଓ ସମାଜବିଜ୍ଞାନରେ ପ୍ରାଧାନ୍ୟ ଲାଭ କଲା ।

ମାର୍ଟିନ ସେଲିଗ୍‌ମ୍ୟାନ୍, ଆଲବର୍ଟ ବାନ୍ଦୁରା, ଆବ୍ରାହାମ ମାସ୍‌ଲୋ, କାର୍ଲ ରୋଜର୍ସ ଏବଂ ଚିକ୍‌ସେଣ୍ଟ୍ ମିହାଇଙ୍କ ପରି ଖ୍ୟାତନାମା ମନୋବିଜ୍ଞାନ ଏହି ଆନ୍ଦୋଳନକୁ ଶକ୍ତିଶାଳୀ ରୂପରେଖ ଦେଲେ । ବୈଭବ ମନୋବିଜ୍ଞାନୀମାନଙ୍କର ଏକ ବୈଶିଷ୍ଟ୍ୟ ହେଲା ଯେ ସେମାନଙ୍କ ପରିକଳ୍ପିତ ଭାବଧାରା କେବଳ ତାତ୍ତ୍ୱିକ ରୂପରେଖ ମଧ୍ୟରେ ସୀମିତ ନ ରହି ସେଗୁଡ଼ିକ କାର୍ଯ୍ୟକାରୀ ଫର୍ମ ଗ୍ରହଣ କଲା । ଏହା ଫଳରେ ପ୍ରତିଟି ପରିକଳ୍ପନାକୁ ମାପ

କରିବା ସମ୍ଭବ, ଏହାକୁ ଭିତ୍ତି କରି କିଛି ପୂର୍ବାନୁମାନ କରିବା ସମ୍ଭବ ଏବଂ ସୁସ୍ଥ ଓ ସୁଖମୟ ଜୀବନ ଗଠନ ପାଇଁ ପରାମର୍ଶ ଦେବା ଅପେକ୍ଷାକୃତ ସହଜ ।

ଭାରତୀୟ ହିସାବରେ ଆମର ଗର୍ବ ଅନୁଭବ କରିବାର କଥା ଯେ ଆମର ବୈଦିକ ଓ ପ୍ରାଚୀନ ପରମ୍ପରାରେ ଗୁରୁତ୍ୱ ଦିଆଯାଉଥିବା ମୂଲ୍ୟବୋଧ (ସତ୍ୟାନୁରାଗ, କୃତଜ୍ଞତାବୋଧ, କ୍ଷମାଶୀଳତା, ପରୋପକାର ଓ ସାଧୁତା ଇତ୍ୟାଦି) ପରିକଳ୍ପନାର ବାସ୍ତବକରଣ ସମ୍ଭବ ହୋଇ ଅନ୍ୱେଷଣ ପ୍ରକ୍ରିୟା ସହଜ ହେଲା । ପୂର୍ବରୁ ଏସବୁ ଭାବଧାରା କେବଳ ଦର୍ଶନଶାସ୍ତ୍ରର ପଠନସାମଗ୍ରୀ ବୋଲି ମନେ ହେଉଥିଲା । ମାତ୍ର ବୈଭବ ମନୋବିଜ୍ଞାନର ଉନ୍ମେଷ ଓ ବିକାଶ ପରେ ଏସବୁକୁ ନେଇ ବାସ୍ତବ ଜୀବନରେ ପରୀକ୍ଷାନିରୀକ୍ଷା କରାଗଲା ଏବଂ ଜୀବନକୁ ଶ୍ରୀମୟ କରିବା ପାଇଁ ସିଦ୍ଧାନ୍ତ ଗ୍ରହଣ କରାଗଲା ।

ପରିକଳ୍ପିତ ବୈଭବ ମନୋବିଜ୍ଞାନ ପୁସ୍ତକରେ ମନୋବିଜ୍ଞାନର ଏହି ସାରଗର୍ଭକ ଶୃଙ୍ଖଳାର ଏକ ସାମଗ୍ରିକ ରୂପରେଖ ଦିଆଯାଇଛି । ଉନ୍ମେଷ ଓ ବିକାଶ ସମ୍ପର୍କରେ ସଂକ୍ଷିପ୍ତ ସୂଚନା ଦିଆଯିବା ସଙ୍ଗେ ସଙ୍ଗେ ପ୍ରଖ୍ୟାତ ବୈଭବ ମନୋବିଜ୍ଞାନୀଙ୍କ ମୁଖ୍ୟ ଅବଦାନର ଅବତାରଣା କରାଯାଇଛି । କେତେକ ସ୍ଥଳରେ ନିଜକୁ ଓ ଅନ୍ୟକୁ ଆକଳନ କରିବା ପାଇଁ 'ମାପକ'ର ବର୍ଣ୍ଣନା ଦିଆଯାଇଛି । ଆଗାମୀ ସମୟରେ କେଉଁ କେଉଁ ଦିଗ ଅଧିକ କୌତୂହଳ ଓ ପ୍ରୟୋଗ ସମ୍ଭାବନା ସୃଷ୍ଟି କରିପାରେ, ତାହାର ସଂକେତ ଦିଆଯାଇଛି ।

ପୁସ୍ତକଟି ଅନୁସନ୍ଧିତ୍ସୁ ସମସ୍ତ ପାଠକପାଠିକା ପାଇଁ ଉଦ୍ଦିଷ୍ଟ । ତଥାପି ପ୍ରଚଳିତ ପାଠ୍ୟକ୍ରମକୁ ପୁରୋଭାଗରେ ରଖି କେତେକ ସ୍ୱତନ୍ତ୍ର ସତର୍କତା ଅବଲମ୍ବନ କରାଯାଇଛି । ଭାବ ଓ ଭାଷା ମଧ୍ୟରେ ସମନ୍ୱୟ ରକ୍ଷା କରିଯିବାର ପ୍ରଯତ୍ନ ହୋଇଛି । ଓଡ଼ିଆ ଭାଷା ଆଧୁନିକ ଭାବଧାରାର ବାହକ ହୋଇପାରେ, ଲେଖକ ଏପରି ବିଶ୍ୱାସର ଏକାନ୍ତ ଅନୁଗତ । ସୁତରାଂ ସାରସ୍ୱତ ସୌନ୍ଦର୍ଯ୍ୟ ପ୍ରତି ସମ୍ମାନ ରକ୍ଷା କରାଯାଇ ପୁସ୍ତକଟି ରଚନା କରାଯାଇଛି । ପ୍ରତ୍ୟେକ ଛାତ୍ରଛାତ୍ରୀ ଏବଂ ଶ୍ରଦ୍ଧାଶୀଳ ପାଠକପାଠିକା ଉପକୃତ ହେଲେ ପରବର୍ତ୍ତୀ ଯୋଜନା ଅଧିକ ତ୍ୱରାନ୍ୱିତ ହେବ । ପୁସ୍ତକ ପ୍ରକାଶନରେ ଶ୍ରଦ୍ଧେୟ ଡ. ନିରଞ୍ଜନ ସିଆଙ୍କ ସହଯୋଗ ପାଇଁ ଧନ୍ୟବାଦ ଅର୍ପଣ କରୁଛୁ । ପ୍ରକାଶନ କ୍ଷେତ୍ରରେ ଗଭୀର ଉତ୍ସାହ ଓ ପ୍ରେରଣା ପାଇଁ ବ୍ଲାକ୍ ଈଗଲ୍ ବୁକ୍ସର ନିର୍ଦ୍ଦେଶକ ସତ୍ୟ ପଟ୍ଟନାୟକ ଓ ଅଶୋକ ପରିଡ଼ାଙ୍କୁ କୃତଜ୍ଞତା ଜଣାଉଛି ।

ଫକୀର ମୋହନ ସାହୁ

Email : fakirmohan@xub.edu.in

କଳ୍ପନା ସାହୁ

Email: kalpana@xim.edu.in

ସୂଚୀପତ୍ର

ପ୍ରଥମ ଅଧ୍ୟାୟ	ଭିତ୍ତିଭୂମି : ଉନ୍ମେଷ ଓ ବିକାଶ	୧୧
	ବୈଭବ ମନୋବିଜ୍ଞାନର ଲକ୍ଷ୍ୟ	୨୨
	ଅନୁକୂଳ (ସକାରାତ୍ମକ) ଭାବାବେଗ	୩୭
	ଅନୁକୂଳ ବ୍ୟକ୍ତି ବୈଶିଷ୍ଟ୍ୟ	୫୫
	ଅନୁକୂଳ ବ୍ୟକ୍ତିନିଷ୍ଠ ଅନୁଭବ	୭୧
ଦ୍ୱିତୀୟ ଅଧ୍ୟାୟ	କତିପୟ ବୈଭବ ମନୋବିଜ୍ଞାନୀ	୭୮
	ସେଲିଗ୍‌ମ୍ୟାନ୍, ବାନ୍ଦୁରା, କ୍ୟାରେଲ୍ ଡ୍ୱେକ, ମାସ୍‌ଲୋ	
ତୃତୀୟ ଅଧ୍ୟାୟ	ତଲ୍ଲୀନତା (ନିମଗ୍ନତା)	୧୦୪
ଚତୁର୍ଥ ଅଧ୍ୟାୟ	ସୁଖାନୁଭୂତି	୧୧୯
ପଞ୍ଚମ ଅଧ୍ୟାୟ	ବୈଭବ ମନୋବିଜ୍ଞାନର ଅଗ୍ରଦୂତ	୧୫୮
	ଚାରିତ୍ରିକ ସବଳତା	୧୭୮
	ଆଶା ଓ ଆଶାବାଦୀ ଦୃଷ୍ଟିଭଙ୍ଗୀ	୧୯୫
ଷଷ୍ଠ ଅଧ୍ୟାୟ	ବୈଭବ ମନୋବିଜ୍ଞାନ ଅଭିମୁଖେ	୨୫୩
ସପ୍ତମ ଅଧ୍ୟାୟ	ପ୍ରୟୋଗାତ୍ମକ ଦିଗ (Practical)	୨୯୧
	ଅକ୍ସଫୋର୍ଡ଼ ସୁଖାନୁଭୂତି ପ୍ରଶ୍ନାବଳୀ	
	ଅଧ୍ୟାତ୍ମ ବୁଦ୍ଧି	୨୯୯
ପରିଶିଷ୍ଟ 'କ'	ଅକ୍ସଫୋର୍ଡ଼ ସୁଖାନୁଭୂତି ପ୍ରଶ୍ନାବଳୀ	୩୦୯
ପରିଶିଷ୍ଟ 'ଖ'	କିଙ୍ଗ୍ ଅଧ୍ୟାତ୍ମ ବୁଦ୍ଧି ଆତ୍ମ-ବିବରଣୀ ମାପକପ୍ରଶ୍ନାବଳୀ	୩୧୩
ପରିଶିଷ୍ଟ 'ଗ'	ମନୋବିଜ୍ଞାନ ପରିଭାଷା	୩୧୮
ପରିଶିଷ୍ଟ 'ଘ'	Technical Terms	୩୨୯
ପରିଶିଷ୍ଟ 'ଚ'	ପ୍ରଶ୍ନାବଳୀ : କେବଳ ଛାତ୍ରଛାତ୍ରୀଙ୍କ ପାଇଁ ଉଦ୍ଦିଷ୍ଟ	୩୩୮

● ପୁସ୍ତକ ସମ୍ପର୍କରେ

ପୁସ୍ତକ ସମ୍ପର୍କରେ

'ବୈଭବ ମନୋବିଜ୍ଞାନ' ମନୋବିଜ୍ଞାନର ସଦ୍ୟତମ ଜ୍ଞାନ ସମ୍ଭାରର ଅନନ୍ୟ ପ୍ରସ୍ଫୁଟନ। ସାମଗ୍ରିକ ଭାବରେ ଜୀବନର ପରିପୂର୍ଣ୍ଣତା, ଆନନ୍ଦାନୁଭୂତି ଓ ମାନସିକ ସୁସ୍ଥତାର ରହସ୍ୟ ଉନ୍ମୋଚନ କରିବା ସଙ୍ଗେ ସଙ୍ଗେ ନିମ୍ନଲିଖିତ ପ୍ରଶ୍ନସବୁର ସହଜ, ସରଳ ଓ ସାବଲୀଳ ଉତ୍ତର ପ୍ରଦାନ ନିଶ୍ଚିତ କରିଥାଏ।

- ସୁଖାନୁଭୂତିର ବ୍ୟବହାରିକ ସଂଜ୍ଞା କ'ଣ ?
- ଏହାର ଆକଳନ କିପରି ସମ୍ଭବ ?
- ଆନନ୍ଦାନୁଭୂତି କ୍ଷେତ୍ରରେ ନାରୀ ଓ ପୁରୁଷ ମଧ୍ୟରେ କି ପାର୍ଥକ୍ୟ ରହିଛି ?
- ଆମର ସୁଖାନୁଭୂତି ପୂରାପୂରି ପୂର୍ବ ନିର୍ଦ୍ଧାରିତ କି ?
- କେଉଁ କେଉଁ ମାନସିକ ସ୍ଥିତି ସୁଖାନୁଭୂତିକୁ ବୃଦ୍ଧି କରେ ?
- ମାନସିକ ସୁସ୍ଥତା ବୃଦ୍ଧି ପାଇଁ ଆମେ କ'ଣ କରିପାରିବା ?
- ପରିବର୍ତ୍ତିତ ଜୀବନଶୈଳୀର କେଉଁ ଦିଗ ଉପଯୋଗୀ ଏବଂ କେଉଁ ଦିଗ କ୍ଷତିକାରକ ?
- ବ୍ୟକ୍ତିଗତ ଓ ଗୋଷ୍ଠୀଗତ ଜୀବନକୁ ଶ୍ରୀମୟ କରିବାର ଉପାୟସବୁ କ'ଣ ?

ପ୍ରଥମ ଅଧ୍ୟାୟ

ଭିତ୍ତିଭୂମି : ଉନ୍ମେଷ ଓ ବିକାଶ

ମନୁଷ୍ୟର ଭାବନା ଜଗତରେ ନୂତନ ପରିକଳ୍ପନାର ଆବିର୍ଭାବ ସାଧାରଣତଃ ଆକସ୍ମିକ ହୋଇ ନଥାଏ। କୌଣସି ଏକ ନୂତନ ତତ୍ତ୍ୱ ବା ଧାରଣା ଜନ୍ମନେବା ସ୍ଥଳରେ ଏକ ଅଭାବର ଅନୁଭବ ତୀବ୍ର ରହିଥାଏ। ମନୋବିଜ୍ଞାନ କ୍ଷେତ୍ରରେ ବୈଭବ ମନୋବିଜ୍ଞାନର (Positive Psychology) ଉନ୍ମେଷ ଓ ବିକାଶ ମଧ୍ୟ ସେପରି ଏକ ଅଭାବବୋଧ ଉପରେ ଆଧାରିତ।

ଥୋମାସ୍ କୁନ୍ (Thomas Kuhn) ନାମକ ଜଣେ ପଦାର୍ଥ ବିଜ୍ଞାନୀ ଏହି ପ୍ରକ୍ରିୟାକୁ ସୁନ୍ଦର ଭାବରେ ପଦ୍ଧତିଗତ ସମସ୍ୟା ଓ ପଦ୍ଧତିଗତ ସଂକଟ ରୂପେ ବର୍ଣ୍ଣନା (Paradigm Crisis) କରିଛନ୍ତି। କୁନ୍‌ଙ୍କ ମତରେ ମଣିଷ ପ୍ରଚଳିତ ଭାବଧାରା ଅନୁଯାୟୀ ତା'ର କାରବାର କରେ। ମାତ୍ର ଏପରି ଚଳଣି ମଧ୍ୟରେ ସେ କେତେକ ସମସ୍ୟାର ସମ୍ମୁଖୀନ ହୁଏ ଏବଂ ପ୍ରଚଳିତ ଭାବଧାରା ଅନୁଯାୟୀ ଏ ସମସ୍ୟା ସମାଧାନ କରିବା ସମ୍ଭବ ହୋଇ ନଥାଏ। ସୁତରାଂ ଏପରି ସମସ୍ୟାର ସମାଧାନ ପାଇଁ ମଣିଷ ନୂଆ ବାଟ ଖୋଜିଥାଏ। ସମସ୍ୟା ସମାଧାନ କରିବାର ତୀବ୍ର ଇଚ୍ଛା ତାକୁ ନୂତନ ସମାଧାନର ରାସ୍ତା ଦେଖାଏ। ଉଦାହରଣ ସ୍ୱରୂପ, ଗୋଟିଏ ସମୟରେ ମନୁଷ୍ୟ ବିଶ୍ୱାସ କରୁଥିଲା ଯେ ପୃଥିବୀର ଆକାର ଚଟ୍‌କା (Flat), ଏପରି ବିଶ୍ୱାସ ନେଇ ସେ ଗୋଟିଏ ସ୍ଥାନରୁ ବାହାରି ଅନ୍ୟ ସ୍ଥାନରେ ପହଞ୍ଚି ପାରିଥିଲା। ମାତ୍ର ବେଳେବେଳେ ଦେଖାଗଲା ଯେ ସେ ଗୋଟିଏ ସ୍ଥାନରୁ ବାହାରି ନିର୍ଦ୍ଦିଷ୍ଟ ଏକ ସ୍ଥାନରେ ପହଞ୍ଚିବାର ପରିକଳ୍ପନାକରି ଜଳଯାତ୍ରା ଆରମ୍ଭ କରିବା ସତ୍ତ୍ୱେ ପରିକଳ୍ପିତ ସ୍ଥାନରେ ନ ପହଞ୍ଚି ଭିନ୍ନ ଏକ ସ୍ଥାନରେ ପହଞ୍ଚି ଯାଉଛି।

ବର୍ତ୍ତମାନ ସ୍ପଷ୍ଟ ଅନୁଭୂତ ହେଲା ଯେ ପୃଥିବୀର ଆକାରକୁ ସମତଳ ଭାବିନେବାରେ ନିଶ୍ଚୟ କିଛି ତ୍ରୁଟି ରହିଛି। ପୃଥିବୀର ପ୍ରକୃତ ଆକାର କିପରି, ଏହାର ସନ୍ଧାନ କରିବା

ଫଳରେ ଆବିଷ୍କାର କରାଗଲା ଯେ ପୃଥିବୀର ଆକାର ସମତଳ ନୁହେଁ, ଏହା ବର୍ତ୍ତୁଳାକାର । ସୁତରାଂ ସୃଷ୍ଟି ହୋଇଥିବା ସମସ୍ୟାର ଚାପ ଫଳରେ ନୂଆ ତଥ୍ୟର ସନ୍ଧାନ ମିଳିଲା ।

ପୃଥିବୀର ଗତି ସମ୍ପର୍କିତ ଧାରଣାଟି ସେହିପରି ପରିବର୍ତ୍ତିତ ହେଲା । ପ୍ରଥମେ ପ୍ରଥମେ ବିଶ୍ୱାସ କରାଯାଉଥିଲା ଯେ ପୃଥିବୀ ସ୍ଥିର ଏବଂ ଏହାର ଚତୁଃପାର୍ଶ୍ୱରେ ସୂର୍ଯ୍ୟ ଗତି କରୁଛି । ଏପରି ଧାରଣା ନେଇ ଲୋକମାନେ ସେ ସମୟରେ ସୂର୍ଯ୍ୟପରାଗ ଓ ଚନ୍ଦ୍ରଗ୍ରହଣର ପୂର୍ବନାନୁମାନ (କେଉଁ ଦିନ ହେବ, କେତେ ପରିମାଣରେ ହେବ) କରୁଥିଲେ । ମାତ୍ର ସୂର୍ଯ୍ୟ ଓ ପୃଥିବୀକୁ ନେଇ ସବୁ ପ୍ରକାର ପୂର୍ବାନୁମାନ ସଫଳ ହେଲା ନାହିଁ । ସୁତରାଂ ଧାରଣା ଜନ୍ମିଲା ଯେ ପୂର୍ବ ବିଶ୍ୱାସରେ (ପୃଥିବୀ ସ୍ଥିର ଓ ସୂର୍ଯ୍ୟ ଗତିଶୀଳ) ଭାବନାରେ ନିଶ୍ଚୟ ତ୍ରୁଟି ରହିଛି । ପ୍ରକୃତ ସ୍ଥିତି କେଉଁ ଧରଣର, ତାହା ଜାଣିବା ପାଇଁ ବୈଜ୍ଞାନିକମାନେ ଅକ୍ଳାନ୍ତ ପରିଶ୍ରମ କଲେ । ଏହାର ଫଳସ୍ୱରୂପ ଜଣା ପଡ଼ିଲା ଯେ ସୂର୍ଯ୍ୟ ସ୍ଥିର ଏବଂ ପୃଥିବୀ ତାହାର କକ୍ଷ ପଥରେ ସୂର୍ଯ୍ୟକୁ ପ୍ରଦକ୍ଷଣ କରୁଛି । ସମସ୍ୟା ସମାଧାନରୁ ପରିବର୍ତ୍ତିତ ପରିକଳ୍ପନା ଜନ୍ମ ନେଲା ।

ପଦ୍ଧତି ସମସ୍ୟାରୁ ପଦ୍ଧତି ପରିବର୍ତ୍ତନର (Paradigm Shift) ଉଜ୍ଜ୍ୱଳ ଦୃଷ୍ଟାନ୍ତ ପଦାର୍ଥ ବିଜ୍ଞାନର କେତେକ କ୍ଷେତ୍ରରେ ପରିଦୃଷ୍ଟ ହୁଏ । ଗୋଟିଏ ସମୟରେ ଗୋଟିଏ ବସ୍ତୁର ଅଣୁସବୁକୁ (Molecules) ଖଣ୍ଡବିଖଣ୍ଡିତ କରି ତା'ଠାରୁ କ୍ଷୁଦ୍ରତର ଅଂଶ ପରମାଣୁ ଏବଂ ତା'ଠାରୁ କ୍ଷୁଦ୍ର ପ୍ରୋଟନ୍, ନିଉଟ୍ରନ୍ ଓ ଇଲେକ୍ଟ୍ରନ ଇତ୍ୟାଦି ସେସବୁ ଉପଯୋଗ କରାଯାଇପାରେ, ଏପରି ବିଶ୍ୱାସ ନ ଥିଲା । କୌଣସି ବସ୍ତୁର ଗତିଶୀଳତା ବୁଝିବା ପାଇଁ ନିଉଟନ୍‌ଙ୍କ ତିନୋଟି ନିୟମ ଯଥେଷ୍ଟ ଥିଲା । ନିଉଟନ୍‌ଙ୍କ ନିୟମ ପ୍ରୟୋଗ କରି କାଠଖଣ୍ଡ ଓ ଚକ୍ ପରି ବସ୍ତୁର ଗତିବିଧି ବୁଝି ପାରୁଥିଲୁ । ମାତ୍ର କ୍ୱାଣ୍ଟମ୍ ପଦାର୍ଥବିଜ୍ଞାନର ଅଭ୍ୟୁଦୟ ପରେ ଏବଂ ଅଣୁଠାରୁ ଆହୁରି କ୍ଷୁଦ୍ର କ୍ଷୁଦ୍ର ଉପାଦାନର ପ୍ରମାଣ ମିଳିବା ପରେ ନିଉଟନ୍‌ଙ୍କ ନିୟମର ଅସମ୍ପୂର୍ଣ୍ଣତା ଧରା ପଡ଼ିଗଲା । ଅତି କ୍ଷୁଦ୍ର କ୍ଷୁଦ୍ର ଉପାଦାନର (ପ୍ରୋଟନ୍, ଇଲେକ୍ଟ୍ରନ୍, ନିଉଟ୍ରନ୍ ଇତ୍ୟାଦି) ଗତିବିଧିକୁ ନିଉଟନ୍ ନିୟମ ମାଧ୍ୟମରେ ବୁଝିବା ଏବଂ ବୁଝାଇବା ସମ୍ଭବ ହେଲା ନାହିଁ । କ୍ୱାଣ୍ଟମ୍ ପଦାର୍ଥ ବିଜ୍ଞାନର ନୂତନ ନିୟମସବୁ ଆବିଷ୍କୃତ ହେଲା ଏବଂ ପ୍ରୟୋଗ କରାଗଲା ।

ସ୍ଥୂଳତଃ ଏକ ବିଶେଷ ଧରଣର ଅଭାବବୋଧ ବିଜ୍ଞାନୀମନରେ ମନାସିକ ଚାପ ସୃଷ୍ଟି କରେ ଏବଂ ମାନସିକଚାପ କମାଇବାର ପ୍ରବଳ ଚେଷ୍ଟା କରି ବିଜ୍ଞାନୀମାନେ ପ୍ରବଳ

ଉଦ୍ୟମ କରନ୍ତି। ସେମାନେ ନୂଆ ମାର୍ଗ, ନୂଆ ସମାଧାନ ଖୋଜନ୍ତି। ଏହି ପ୍ରକ୍ରିୟାରେ ନୂତନ ପରିକଳ୍ପନାର ଉନ୍ମେଷ ଓ ବିକାଶ ଘଟିଥାଏ।

ବୈଭବ ମନୋବିଜ୍ଞାନର ଉନ୍ମେଷ ଓ ବିକାଶ ମୂଳରେ ଏପରି ସଂକଟ ସକ୍ରିୟ ଥିଲା। ଏପରି ସଂକଟର ରୂପରେଖ କ'ଣ ଥିଲା, ତାହା ପରେ ବର୍ଣ୍ଣନା କରାଯିବ। ତେବେ ସଂକ୍ଷେପରେ ଏଠାରେ କୁହାଯାଇପାରେ ଯେ ଆନୁଷ୍ଠାନିକ ଭାବରେ ବୈଭବ ମନୋବିଜ୍ଞାନର ଆରମ୍ଭ କାଳକୁ ୨୦୦୦ ମସିହା କୁହାଯାଇପାରେ। ଆମେରିକା ମନୋବିଜ୍ଞାନ ପରିଷଦର ପୂର୍ବତନ ସଭାପତି ମାର୍ଟିନ୍ ସେଲିଗ୍‌ମ୍ୟାନ୍‌ଙ୍କ (Martin Seligman) ନେତୃତ୍ୱରେ ବୈଭବ ମନୋବିଜ୍ଞାନ ସଂସ୍ଥା ଗଠିତ ଓ କାର୍ଯ୍ୟକାରୀ ହେଲା । ଆମେରିକା ମନୋବିଜ୍ଞାନ ପରିଷଦର ବିଶେଷ ଗବେଷଣା ପତ୍ରିକା (American Psychologist) ୨୦୦୦ ମସିହାର ଜାନୁଆରୀ ସଂଖ୍ୟାରେ ସେଲିଗ୍‌ମ୍ୟାନ୍ ଏବଂ ମିହାଇ ଚିକ୍‌ସେଣ୍ଟ୍ ମିହାଇ (Mihalyi Csikszentmihalyi) ସମେତ ଅନ୍ୟ କେତେକ ଅଗ୍ରଣୀ ମନୋବିଜ୍ଞାନୀଙ୍କ ଗବେଷଣା ନିବନ୍ଧ ଓ ଆହ୍ୱାନ ଏହି ପ୍ରକ୍ରିୟାର ଶୁଭାରମ୍ଭ କଲା।

ସେଲିଗ୍‌ମ୍ୟାନ୍ ଓ ଚିକ୍‌ସେଣ୍ଟ୍‌ମିହାଇ ଆଦ୍ୟକାଳରେ ବୈଭବ ମନୋବିଜ୍ଞାନର ତିନି ସ୍ତରୀୟ ଆଭିମୁଖ୍ୟର ସୂଚନା ଦେଇଥିଲେ। ତିନୋଟି ଆଭିମୁଖ୍ୟ ଏହି ଧରଣର ଥିଲା।

୧. ଉଚ୍ଚଧରଣର ବ୍ୟକ୍ତିନିଷ୍ଠ ଅନୁଭବ : ଆନନ୍ଦାନୁଭୂତି, ସୁଖ, ସନ୍ତୋଷ (ଅତୀତ ଜୀବନର), ଉଚ୍ଚ ଆଶା ଓ ଆଶାବାଦିତା (ଭବିଷ୍ୟତ, ବର୍ତ୍ତମାନ ଜୀବନ ପାଇଁ) ଏବଂ ନିମଗ୍ନତା ଓ ସୁଖାନୁଭୂତି।

୨. ସକାରାତ୍ମକ ବ୍ୟକ୍ତିଗତ ଗୁଣ : ପ୍ରୀତିପ୍ରଦ ବ୍ୟବହାରର ସାମର୍ଥ୍ୟ, ବୃତ୍ତିଗତ ଦକ୍ଷତା, ସାହସ, ସାମାଜିକ ଦକ୍ଷତା କଳାତ୍ମକ ଅଭିବ୍ୟକ୍ତି ଓ ସୃଜନ ସାମର୍ଥ୍ୟ, ଅଧ୍ୟବସାୟ, କ୍ଷମାଶୀଳତା, ମୌଳିକତା, ଦୂରଦୃଷ୍ଟି, ଆଧ୍ୟାତ୍ମିକତା, ପ୍ରଜ୍ଞା ଓ ପ୍ରତିଭା ଆଧ୍ୟାତ୍ମିକତା ।

୩. ସୁଦକ୍ଷ ନାଗରିକସୁଲଭ ଗୁଣାବଳୀ ଓ ସମଷ୍ଟିଗତ ଜୀବନକୁ ସମୃଦ୍ଧ କରୁଥିବା ଉଚ୍ଚତର ଗୁଣ : ଦାୟିତ୍ୱଶୀଳତା, ସେବାଯତ୍ନ ନିଃସ୍ୱାର୍ଥପରତା, ଆତ୍ମସଂଯମ, ସହନଶୀଳତା ଏବଂ ବୃତ୍ତିଗତ ନୈତିକତା।

ଉଚ୍ଚତର ଗବେଷଣା ଓ ପରିଚାଳନା ମାଧ୍ୟମରେ ମନୁଷ୍ୟର ବ୍ୟବହାରକୁ ଇଚ୍ଛା ଅନୁସାରେ ପରିବର୍ତ୍ତନ କରାଯାଇପାରେ ବୋଲି ବ୍ୟବହାରବାଦୀ (Behaviourists) ବିଶ୍ୱାସ କଲେ। ମୂଷା ଓ ଅନ୍ୟ ସବୁ ପ୍ରାଣୀମାନଙ୍କ ଉପରେ କରାଯାଇଥିବା ଗବେଷଣାକୁ ଭିତ୍ତିକରି ଏପରି ସବୁ ସିଦ୍ଧାନ୍ତ ଗ୍ରହଣ କରାଗଲା। ଲକ୍ଷ୍ୟ କଲେ ଦେଖାଯିବ ଯେ ଫ୍ରଏଡ୍ ମଣିଷ ମଧ୍ୟରେ ଥିବା ନିମ୍ନତର ପ୍ରବୃତ୍ତିକୁ ପ୍ରାଧାନ୍ୟ ଦେବାସ୍ଥଳେ ସ୍କିନର୍ ବ୍ୟବହାରକୁ ଏକରକମ ଯାନ୍ତ୍ରିକ ରୂପରେଖ ଦେଇ ବିଚାର କରୁଥିଲେ। ଏ ଦୃଷ୍ଟିରୁ ପ୍ରଥମ (ଫ୍ରଏଡ୍ ଓ ମନୋସମୀକ୍ଷା) ଓ ଦ୍ୱିତୀୟ (ସ୍କିନର୍ ଓ ବ୍ୟବହାରବାଦ) ଶକ୍ତିର ପରମ୍ପରାରେ ମଧ୍ୟ ମନୁଷ୍ୟର ବ୍ୟବହାର ଓ ଆଚରଣ ପ୍ରତି କିଛିଟା ନକାରାତ୍ମକ ଦୃଷ୍ଟିଭଙ୍ଗୀ ନିଆ ଯାଇଥିଲା । ମାତ୍ର ତୃତୀୟ ଶକ୍ତିର ବିକାଶ ଏହି ନକାରାତ୍ମକ ଦିଗ ପରିବର୍ତ୍ତେ ଏକ ପ୍ରକାର ସକାରାତ୍ମକ ଦୃଷ୍ଟିକୋଣର ବିକାଶ ସୃଷ୍ଟିକଲା।

ସ୍ଥିତିବାଦୀ ମନୋବିଜ୍ଞାନରେ ମୂଳ ଉତ୍ସ ହେଉଛି ସ୍ଥିତିବାଦୀ ଦର୍ଶନ। ସ୍ଥିତିବାଦୀ ଦର୍ଶନ ଓ ସାହିତ୍ୟର ଗଣ୍ଡି ମଧ୍ୟରେ ଅନେକ କୃତବିଦ୍ୟ ବ୍ୟକ୍ତି ଅନ୍ତର୍ଭୁକ୍ତ। ମୂଳ ଚିନ୍ତାଧାରା ହେଉଛି ମନୁଷ୍ୟର ସ୍ଥିତି ସବୁଠାରୁ ଅଧିକ ତାତ୍ପର୍ଯ୍ୟପୂର୍ଣ୍ଣ। ଜୀବନ-ସମ୍ପର୍କୀୟ ନିଷ୍ପତ୍ତି ନେବା ପାଇଁ ମଣିଷର ପୂର୍ଣ୍ଣ ସ୍ୱାଧୀନତା ରହିଛି। କିନ୍ତୁ ସ୍ୱାଧୀନ ପସନ୍ଦ ଅପସନ୍ଦର ଫଳାଫଳ ପାଇଁ ମଣିଷ ନିଜେ ଦାୟୀ ରହିବ।

ଉନବିଂଶ ଶତାବ୍ଦୀର ମଧ୍ୟ ଭାଗରେ ସ୍ଥିତିବାଦୀ ଦର୍ଶନରେ ପ୍ରଭାବିତ ହୋଇ ବହୁ ଖ୍ୟାତନାମା ସାହିତ୍ୟିକ ଉଚ୍ଚକୋଟିର ସାହିତ୍ୟ ସୃଷ୍ଟି କଲେ। ଋଷୀୟ ଲେଖକ ଫିଓଦର ଦସ୍ତୋୟେଭସ୍କି (୧୮୨୧-୧୮୮୧) ସ୍ଥିତିବାଦର ଜଣେ ମୁଖ୍ୟ ପ୍ରବକ୍ତା। ତାଙ୍କ ରଚିତ ପାପ ଓ ପ୍ରାୟଶ୍ଚିତ (Crime and Punishment) ପୁସ୍ତକ ସହିତ ବହୁ ପାଠକ ପରିଚିତ। ସେହିପରି ଡେନ୍‌ମାର୍କର ସୋରେନ୍ କେର୍କଗାର୍ଡ଼ (Soren Kierkegard) ଜୀବନ ପ୍ରତି ଆନୁଗତ୍ୟ ଉପରେ ଗୁରୁତ୍ୱ ଆରୋପ କରିଥିଲେ। ଫରାସୀ ଲେଖକ ଆଲବର୍ଟ କାମୁ (Albert Camus) ଅନ୍ୟତମ ପ୍ରାରମ୍ଭକ। ବ୍ୟକ୍ତିଗତ ଅଧିବେଶନ, ଆନୁଷ୍ଠାନିକ କାର୍ଯ୍ୟକ୍ରମ ଏବଂ ପତ୍ରିକା ପ୍ରକାଶନ ମାଧ୍ୟମରେ ବୈଭବ ମନୋବିଜ୍ଞାନର ବିଧିବଦ୍ଧ ସମ୍ପ୍ରସାରଣ ୨୦୦୦ ମସିହାରୁ ଆରମ୍ଭ କରାଯାଇଥିଲେ ମଧ୍ୟ ପୂର୍ବରୁ ଯେ କୌଣସି ପ୍ରାରମ୍ଭିକ ସୂଚନା କିମ୍ବା ପ୍ରସ୍ତୁତିପର୍ବ ନ ଥିଲା, ତାହା ଭାବିନେବା ଉଚିତ ହେବ ନାହିଁ। ବିଂଶ ଶତକର ମଧ୍ୟଭାଗରୁ ସ୍ଥିତିବାଦୀ ସାହିତ୍ୟିକ ତଥା ମନୋବିଜ୍ଞାନୀ ଏବଂ ମାନବବାଦୀ ମନୋବିଜ୍ଞାନୀମାନେ ଆଗାମୀ ପରିବର୍ତ୍ତନର ଆଭାସ ଦେଇଥିଲେ।

ବୈଭବ ମନୋବିଜ୍ଞାନର ଭିତ୍ତିଭୂମି

ବୈଭବ ମନୋବିଜ୍ଞାର ଆରମ୍ଭ ଏକ ଆକସ୍ମିକ ଘଟଣା ନୁହେଁ। ମନୁଷ୍ୟର ଅସ୍ୱାଭାବୀ ବ୍ୟବହାର, ମାନସିକ ବିକୃତି ଓ ଦୁଃସ୍ଥିତି ପରିବର୍ତ୍ତେ ମନୁଷ୍ୟ ମନର ସବଳତା, ବ୍ୟକ୍ତିତ୍ୱର ବଳିଷ୍ଠତା ଏବଂ ଆଚରଣର ମହନୀୟତାର ଅଧ୍ୟୟନ କରିବା ପାଇଁ ଯେ ବିରାଟ ସମ୍ଭାବନା ରହିଛି, ଏହାର ପୂର୍ବ ସୂଚନା କିଛି ପରିମାଣରେ ୨୦୦୦ ପୂର୍ବରୁ ମିଳି ସାରିଥିଲା। ବିଶେଷତଃ ସ୍ଥିତିବାଦୀ ସାହିତ୍ୟିକ, ମନୋବିଜ୍ଞାନୀ ଏବଂ ମାନବବାଦୀ ମନୋବିଜ୍ଞାନୀମାନେ ନିଜର ଚିନ୍ତନ ଓ ଗବେଷଣା ମାଧ୍ୟମରେ ଏହାର ସ୍ପଷ୍ଟ ସୂଚନା ଦେଇଥିଲେ।

ଅନୁଭବବାଦୀ (Phenomenological), ସ୍ଥିତିବାଦୀ (Existential) ଚିନ୍ତାଧାରା :

ବିଂଶ ଶତକର ମଧ୍ୟଭାଗରେ ମନୋବିଜ୍ଞାନରେ ଯେଉଁ ବଡ଼ଧରଣର ପରିବର୍ତ୍ତନ ମୁଣ୍ଡ ଟେକିଥିଲା, ତାହାକୁ ମନସ୍ତତ୍ତ୍ୱ ଇତିହାସରେ **'ତୃତୀୟ ଶକ୍ତି'** ବୋଲି ଅଭିହିତ କରାଯାଇଛି। ପ୍ରଥମ ଶକ୍ତି ହେଉଛି ପ୍ରଖ୍ୟାତ ମନୋବିଜ୍ଞାନୀ ସିଗମଣ୍ଡ ଫ୍ରଏଡ଼ଙ୍କ ପ୍ରବର୍ତ୍ତିତ ମନସମୀକ୍ଷା (Psychoanalysis)। ମନୁଷ୍ୟର ସବୁପ୍ରକାର ମାନସିକ ସମସ୍ୟାର ଅନ୍ତରାଳରେ ମଣିଷ ମନର ଅନ୍ତର୍ଦ୍ୱନ୍ଦ୍ୱ ଏବଂ ଯୌନ ଲିପ୍‌ସାର ଭୂମିକା ରହିଛି ବୋଲି ଫ୍ରଏଡ୍ ବିଶ୍ୱାସ କରିଥିଲେ । ସ୍କିନରଙ୍କ ସମେତ ଅନ୍ୟ ସବୁ ବ୍ୟବହାରବାଦୀ ଚିନ୍ତାଧାରାକୁ 'ଦ୍ୱିତୀୟ ଶକ୍ତି'ର ସ୍ୱୀକୃତି ଦିଆଗଲା। ସେମାନେ ବାହ୍ୟ ଉଦ୍ଦୀପନାର ଯୋଜନାରେ ଜୀବନକୁ ନିୟନ୍ତ୍ରଣରେ ରଖି ସାର୍ଥକ ଦିଗରେ ପରିଚାଳନା ପ୍ରତି ଦୃଷ୍ଟି ଆକର୍ଷଣ କରିଥିଲେ । କାର୍ଲ ଜାସ୍‌ପର୍ସ (Carl Jaspers) ଜୀବନର ଅର୍ଥବୋଧ ପ୍ରତି ଗୁରୁତ୍ୱ ଦର୍ଶାଇଛନ୍ତି ଏବଂ ଏହି ଅର୍ଥବୋଧ ମନସ୍ତତ୍ତ୍ୱରେ ମଧ୍ୟ ପ୍ରତିଫଳିତ ହେବା ଉଚିତ ବୋଲି ମତବ୍ୟକ୍ତ କରିଛନ୍ତି ସେହିପରି ସ୍ଥିତିବାଦୀମାନେ ଆସ୍ତିକ ହୋଇପାରନ୍ତି କିମ୍ବା ନାସ୍ତିକ ହୋଇପାରନ୍ତି। ସେମାନେ ଆଶାବାଦୀ ହେବା ଯେପରି ସମ୍ଭବ, ନୈରାଶ୍ୟବାଦୀ ହେବା ମଧ୍ୟ ସମ୍ଭବ। ଏ ସମସ୍ତ ପାର୍ଥକ୍ୟ ସତ୍ତ୍ୱେ ସ୍ଥିତିବାଦର ମୂଳକଥା ହେଉଛି ଯେ ଜୀବନର ଅର୍ଥ ରହିଛି ଏବଂ ଏହାକୁ ପ୍ରତି ବ୍ୟକ୍ତି ଅନ୍ୱେଷଣ କରିବା ବିଧେୟ। ସ୍ଥିତିବାଦର ଏହି ମୂଳବାର୍ତ୍ତା ସହିତ ଘଟଣା-ଅନୁଭବବାଦ (Phenomenology) ସମ୍ମିଳିତ ହୋଇ ତୃତୀୟ ଶକ୍ତି ଅଧିକ ପ୍ରଭାବଶାଳୀ ହୋଇଥିଲା।

ଅନୁଭବବାଦର କେନ୍ଦ୍ରୀୟ ଚିନ୍ତାଧାରା ହେଉଛି ବ୍ୟକ୍ତିର ନିଜସ୍ୱ ଅନୁଭୂତି। ବ୍ୟକ୍ତି

ଅନୁଭବକୁ ଖଣ୍ଡବିଖଣ୍ଡିତ ନକରି ସାମଗ୍ରିକ ଭାବରେ ବ୍ୟକ୍ତି ଯେପରି ଅନୁଭବ କରୁଛି, ସେହିପରି ଭାବରେ ଅଧ୍ୟୟନ କରିବାକୁ ହେବ। ମରିସ୍ ମାରଲିଭ-ପଣ୍ଟି (Maurice Merleau - Ponty) ଏବଂ ଲୁଦ୍‌ଉଇଗ୍ ବିନ୍ସୱାଙ୍ଗର୍ (Ludwig Binswanger) ଅନୁଭବବାଦୀ ମନସ୍ତତ୍ତ୍ୱର ଦୁଇଜଣ ମୁଖ୍ୟ ପ୍ରବକ୍ତା। ସ୍ଥିତିବାଦ ଓ ଅନୁଭବବାଦର ସମ୍ମିଳିତ ରୂପରେଖକୁ ଦୃଷ୍ଟିରେ ରଖି ନିମ୍ନଲିଖିତ ସିଦ୍ଧାନ୍ତ ବ୍ୟକ୍ତ କରାଯାଇପାରେ।

- ବ୍ୟକ୍ତିକୁ ଏକ ବ୍ୟକ୍ତିର ସମ୍ମାନ ଦିଆଯିବ। ପ୍ରତି ବ୍ୟକ୍ତିର ସ୍ଥିତି ଅନନ୍ୟ। ଏହି ସ୍ଥିତିରେ ବ୍ୟକ୍ତିର ପ୍ରତ୍ୟକ୍ଷଣ, ମନୋବୃତ୍ତି ଓ ମୂଲ୍ୟବୋଧ ପ୍ରତିଫଳିତ।
- ବ୍ୟକ୍ତିଟି ତା' ବ୍ୟକ୍ତିଗତ ବିକାଶର ପରିଣତି। ଏହା ସାର୍ବଜନୀନ ବାହ୍ୟିକ ପରିବେଶର ଫଳାଫଳ ନୁହେଁ। ସୁତରାଂ ମନୋବିଜ୍ଞାନୀମାନେ ଏକ ସ୍ୱତନ୍ତ୍ରତାର ଦୃଷ୍ଟିଭଙ୍ଗୀ ନେଇ ତାଙ୍କୁ ଅନୁଧ୍ୟାନ କରିବା ଉଚିତ।
- ସମାଜ ଓ ବାହିକ୍ୟ ଅବସ୍ଥା ଯେଉଁ ସବୁ ପ୍ରତିବନ୍ଧକର ଆବାହାୱା ଗଠନ କରିଛି, ବ୍ୟକ୍ତି ବି ତା' ମଧ୍ୟରେ ସଂଗ୍ରାମ କରି ନିଜକୁ ପ୍ରକାଶ କରିଛି।
- ଅନୁଭବକାରୀ ବ୍ୟକ୍ତିର ଅଧ୍ୟୟନ ପାଇଁ ଏହା ପ୍ରକୃଷ୍ଟ ପନ୍ଥା।

ମାନବବାଦୀ ମନସ୍ତତ୍ତ୍ୱ (Humanistic Psychology) :

ମନସ୍ତତ୍ତ୍ୱରେ ଯେଉଁ ତୃତୀୟ ଶକ୍ତିର ଉନ୍ମେଷ ଓ ବିକାଶ ଘଟିଲା, ସେଥିରେ ସ୍ଥିତିବାଦୀ ଓ ଅନୁଭବବାଦୀ ଚିନ୍ତାଧାରା ଏକ ପ୍ରେରଣା ସୃଷ୍ଟି କରିବା ସ୍ଥଳେ ମାନବବାଦୀ ମନୋବିଜ୍ଞାନ (Humanistic Psychology) ଗଭୀର ସକ୍ରିୟତା ସଞ୍ଚାର କଲା। ଆବ୍ରାହମ୍ ମାସ୍‌ଲୋ (୧୯୦୮-୧୯୭୦) ଏବଂ କାର୍ଲ୍ ରୋଜର୍ସ (୧୯୦୨-୧୯୮୭) ଏହି ଚିନ୍ତନ ପ୍ରବାହର ମୁଖ୍ୟଧାର ଦୁଇଟି ରହିଥିଲେ। ଏମାନଙ୍କ ଚିନ୍ତାଧାରାର ପ୍ରଭାବ ଶକ୍ତିଶାଳୀ ଥିବାରୁ ଆମେରିକା ମନୋବିଜ୍ଞାନ ପରିଷଦର ସାଧାରଣ ସମ୍ପାଦକ **ଫିଲ୍‌ମୋର ସାନ୍‌ଫୋର୍ଡ୍** 'ମନସ୍ତାତ୍ତ୍ୱିକ ମନୁଷ୍ୟର ଯୁଗ' ଆରମ୍ଭ ହୋଇଛି ବୋଲି ମନ୍ତବ୍ୟ ବାଢ଼ିଥିଲେ। ଅବଶ୍ୟ ରୋଜର୍ସ ଏବଂ ମାସ୍‌ଲୋଙ୍କ ବ୍ୟତୀତ ଅନ୍ୟ କେତେକ ସମଧର୍ମୀ ମନୋବିଜ୍ଞାନୀଙ୍କ ଭାବଧାରା ମଧ୍ୟ ତୃତୀୟ ଶକ୍ତିକୁ ଅଧିକ ଦୃଢ଼ କରିଥିଲା।

ମାନବବାଦୀ ମନସ୍ତତ୍ତ୍ୱର ବିକାଶର ପଟ୍ଟଭୂମି ଯୁଦ୍ଧୋତ୍ତର ବିଶ୍ୱ। ଦ୍ୱିତୀୟ ବିଶ୍ୱଯୁଦ୍ଧ ସରିଯାଇଥିଲା, ତଥାପି ଯୁଦ୍ଧର ଦୁଃଖଦ ସ୍ଥିତି ମଣିଷ ମନରେ ଗଭୀର ରେଖାପାତ

କରିଥିଲା । ଧୀରେ ଧୀରେ ମନୋବିଜ୍ଞାନୀମାନେ ମନସ୍ତତ୍ତ୍ୱର ଗବେଷଣା ଓ ଅନ୍ୟମାନଙ୍କର ସେବା ପାଇଁ ପ୍ରସ୍ତୁତ ହେଉଥିଲେ। ଏହିପରି ଏକ ପରିପ୍ରେକ୍ଷୀ ମଧ୍ୟରେ କେତେକ ମନସ୍ତତ୍ତ୍ୱବିଦ୍ ଫ୍ରଏଡ୍‌ଙ୍କ ମନସମୀକ୍ଷା କିମ୍ବା ସ୍କିନର୍‌ଙ୍କ ବ୍ୟବହାରବାଦୀ ପରମ୍ପରା ମଧ୍ୟରେ ନିଜକୁ ସ୍ଥାନିତ କରି କିଛି ପରିମାଣରେ ନିଜର ବିଚାରଧାରା କାର୍ଯ୍ୟକାରୀ କରିଥିଲେ ମଧ୍ୟ ଅନ୍ୟ କେତେକ ମନୋବିଜ୍ଞାନୀ ଏହି ଦୁଇ ବଳୟର ପୂରାପୂରି ବାହାରକୁ ଚାଲିଆସି ନୂତନ ମାନଦଣ୍ଡ ପ୍ରସ୍ତୁତ କଲେ। ସେହିପରି ଦଳଟିଏ ହେଉଛି ମାନବବାଦୀ ଗୋଷ୍ଠୀ।

କାର୍ଲ୍ ରୋଜର୍ସ ୧୯୪୦ ମସିହାରେ ସେବାର୍ଥୀ-କେନ୍ଦ୍ରିତ ଚିକିତ୍ସା (Client-Centered Psychotherapy) ଆରମ୍ଭ କଲେ। ମାନସିକ ସମସ୍ୟା ନେଇ ବିଶ୍ୱଯୁଦ୍ଧରୁ ଫେରିଥିବା ସୈନିକମାନଙ୍କ ଉପରେ ଏହି ପ୍ରଣାଳୀ ପ୍ରଥମେ ପ୍ରୟୋଗ କଲେ। ଏହାକୁ ବ୍ୟକ୍ତି-କେନ୍ଦ୍ରିତ ଚିକିତ୍ସା ପଦ୍ଧତି (Person Centered Psychotherapy) ମଧ୍ୟ କୁହାଯାଇପାରେ। ମୂଳତଃ ଚିକିତ୍ସା ପାଇଁ ଆସିଥିବା ସେବାର୍ଥୀକୁ ଏଥିରେ ପ୍ରାଧାନ୍ୟ ଦିଆଯାଏ। ତାହାର ଆକାଂକ୍ଷା, ଅଭୀପ୍ସା, ସୁଖଦୁଃଖ ଓ ଅନୁଭୂତି ପ୍ରତି ଗୁରୁତ୍ୱ ଦିଆଯାଏ । ସମ୍ବେଦନଶୀଳ ଭାବରେ ରୋଗୀର ସମସ୍ୟା ବୁଝିବାର ଉଦ୍ୟମ ହେଉଥିବାରୁ ଏହା ମାନବିକ । ପୁନଶ୍ଚ ବ୍ୟକ୍ତି ନିଜେ କିପରି ଅନୁଭବ କରୁଛି, ତାହାର ସ୍ପଷ୍ଟ ମାନଚିତ୍ର ପ୍ରସ୍ତୁତ କରିବାର ପ୍ରଚେଷ୍ଟା ଥିବାରୁ ଏହା ରୋଜର୍ସଙ୍କର ଏକ ଅନୁଭବବାଦୀ ସ୍ୱତନ୍ତ୍ର (Phenomenological) ଦୃଷ୍ଟିଭଙ୍ଗୀ।

ରୋଜର୍ସଙ୍କ ପଦ୍ଧତିରେ ମାନବବାଦୀ ଓ ଅନୁଭବବାଦୀ ଦୃଷ୍ଟିକୋଣର ସମନ୍ୱୟ ରହିଛି।

ଲକ୍ଷ୍ୟ କଲେ ସ୍ପଷ୍ଟ ଜଣାଯିବ ଯେ ସ୍କିନର୍‌ଙ୍କ ପରମ୍ପରା-ପ୍ରେରିତ ବ୍ୟବହାରବାଦୀମାନେ ମନୁଷ୍ୟ (କିମ୍ବା ରୋଗୀକୁ) ଯେପରି କୌଣସି ଯନ୍ତ୍ରପାତିର ଅଂଶବିଶେଷ ମନେ କରି ନିୟନ୍ତ୍ରଣ କୌଶଳ ପ୍ରୟୋଗ କରୁଥିଲେ, ସେପରି ବିଚାର ନ ଥିଲା। ପୁଣି ମୂଷା ପରି ଛୋଟ ଛୋଟ ପ୍ରାଣୀମାନଙ୍କ ଉପରେ କରାଯାଇଥିବା ପରୀକ୍ଷାନିରୀକ୍ଷାର ସିଦ୍ଧାନ୍ତକୁ ଭିତ୍ତି କରି କୌଣସି କୌଶଳ ପ୍ରୟୋଗ କରାଯାଉ ନଥିଲା । ରୋଜର୍ସଙ୍କ ମୁଖ୍ୟ ଲକ୍ଷ୍ୟ ଥିଲା ସେବାର୍ଥୀ ନିଜର ବିଶ୍ୱକୁ କେଉଁ ଦୃଷ୍ଟିରେ ଦେଖୁଛି, ପ୍ରଥମେ ତାହାକୁ ନିରୂପଣ କରିବା ଠିକ୍ ହେବ। ମା' ଯେପରି ଶିଶୁର ଦୋଷଗୁଣ ବିଚାର ନ କରି ନିଃସର୍ତ୍ତ ଭାବରେ ପ୍ରଥମେ ଶିଶୁକୁ ଗ୍ରହଣ କରେ, ରୋଜର୍ସ ସେହିପରି ପ୍ରଥମେ ସେବାର୍ଥୀ ସହିତ ଏକ ସମ୍ବେଦନଶୀଳ ସମ୍ପର୍କ ଗଠନ କରୁଥିଲେ। ଏ କ୍ଷେତ୍ରର

ସମାନୁଭୂତି (Empathy) ବେଶ୍ ତାତ୍ପର୍ଯ୍ୟପୂର୍ଣ୍ଣ । ଚିକିତ୍ସକ ମାନସିକସ୍ତରରେ ସେବାର୍ଥୀର ସ୍ଥିତିକୁ ଓହ୍ଲାଇଯିବା ଏବଂ ସେବାର୍ଥୀ ସହିତ ସମାନ ଧରଣର ଆବେଗ ଓ ଅନୁଭୂତି ଲାଭ କରିବେ । କହିବା ଅନାବଶ୍ୟକ ଯେ ରୋଜର୍ସଙ୍କର ଏହି ଚିକିତ୍ସା ପ୍ରଣାଳୀରେ କୌଣସି ପାର୍ଶ୍ୱପ୍ରତିକ୍ରିୟାର ଆଶଙ୍କା ନାହିଁ ଏବଂ ଏପରି ପ୍ରଣାଳୀ ଚିକିତ୍ସା କ୍ଷେତ୍ରରେ ଯେପରି କାମ କରିବ, ଉପବେଶନ (Counselling) କ୍ଷେତ୍ରରେ ମଧ୍ୟ ଅନୁରୂପ ଭାବରେ ଫଳପ୍ରଦ ହେବ ।

ରୋଜର୍ସଙ୍କ ଏହି ପଦ୍ଧତି ଖୁବ୍ ଲୋକପ୍ରିୟତା ହାସଲ କଲା । ସ୍ଥୁଳତଃ ଏକ ସମ୍ବେଦନଶୀଳ ସମ୍ପର୍କ ମାଧ୍ୟମରେ ସେବାର୍ଥୀର ନିଜସ୍ୱ ବିଶ୍ୱ ମଧ୍ୟକୁ ପ୍ରବେଶ କରିବା ଏବଂ ସେବାର୍ଥୀର ବ୍ୟକ୍ତିଗତ ଭାବ ଓ ଭାବନାକୁ ଆବିଷ୍କାର କରିବା ଏ ପ୍ରଣାଳୀର ମୂଳ ଲକ୍ଷ୍ୟ । ଏହାକୁ ଭିତ୍ତିକରି ସେବାର୍ଥୀର ତ୍ରୁଟିପୂର୍ଣ୍ଣ ବ୍ୟବହାରକୁ ଉପଯୋଗୀ ବ୍ୟବହାରରେ ରୂପାନ୍ତର କରାଯାଇପାରେ । ମୋଟ ଉପରେ ସେବାର୍ଥୀଙ୍କୁ ତା'ର ନିଜସ୍ୱ ଜଗତରୁ ବିଚ୍ଛିନ୍ନ ନ କରି ତାକୁ ମାନବୋଚିତ ପଦ୍ଧତିରେ ସେବା ପ୍ରଦାନ କରିବା ଏ ପ୍ରଣାଳୀର ମୁଖ୍ୟ ଉଦ୍ଦେଶ୍ୟ ।

ମାନବବାଦୀ ପରମ୍ପରାର ଅନ୍ୟତମ ପ୍ରବୀଣ ପ୍ରବର୍ତ୍ତକ ହେଉଛନ୍ତି ଆବ୍ରାହମ୍ ମାସ୍‌ଲୋ । ରୋଜର୍ସଙ୍କ ପରି ମାସ୍‌ଲୋ ମନୁଷ୍ୟର ବ୍ୟବହରାକୁ ଏକ ଉଦାର ଓ ସକାରାତ୍ମକ ଦୃଷ୍ଟିକୋଣରୁ ବିଚାର କରୁଥିଲେ । ମନୋବିଜ୍ଞାନରେ ମାସ୍‌ଲୋଙ୍କ ଅବଦାନର ଏକ ସବିଶେଷ ଆଲୋଚନା ପରବର୍ତ୍ତୀ ପର୍ଯ୍ୟାୟରେ ପ୍ରଦତ୍ତ ହେବ । ତେବେ ମାସ୍‌ଲୋଙ୍କ ଚିନ୍ତାଧାରାର ମୂଳକେନ୍ଦ୍ରବିନ୍ଦୁ ଥିଲା ମନୁଷ୍ୟର ଅଭିପ୍ରେରଣା (Motivation) । ମାସ୍‌ଲୋଙ୍କ ବିଶିଷ୍ଟ ପରିକଳ୍ପନାକୁ ଚାହିଦା ସୋପାନ (Hierarchy of Needs) ଭାବରେ ଅଭିହିତ କରାଯାଇଛି ।

ମାସ୍‌ଲୋଙ୍କ ବିଚାରରେ ମନୁଷ୍ୟର ବ୍ୟବହାର ଓ କାର୍ଯ୍ୟକଳାପ ଅନ୍ତରାଳରେ ତା'ର ବିଭିନ୍ନ ଚାହିଦା (Needs) ସକ୍ରିୟ ରହିଛି । କୌତୂହଳର ବିଷୟ ଯେ ସବୁ ସମୟରେ ସମସ୍ତ ଚାହିଦା ସମାନ ପରିମାଣରେ ସକ୍ରିୟ ନଥାଏ ।

ମନୁଷ୍ୟର ଚାହିଦାର ସୋପାନଭିତ୍ତିକ ରୂପରେଖ

ଏକ ସୋପାନ-ଭିତ୍ତିକ ପର୍ଯ୍ୟାୟରେ ଚାହିଦା ସବୁ ଶକ୍ତିଶାଳୀ ହୁଏ ଏବଂ ବ୍ୟକ୍ତିକୁ ସକ୍ରିୟ କରାଏ । ଚାହିଦାର କ୍ରମିକ ସୋପାନରେ ନିମ୍ନତମ ସ୍ଥାନର ଶାରୀରିକ ଚାହିଦା ସ୍ଥାନିତ । ଖାଦ୍ୟବସ୍ତ୍ର ଜୀବନଧାରଣ ପାଇଁ ମୌଳିକ ଚାହିଦା ବା ଆବଶ୍ୟକତା ହୋଇଥିବାରୁ ଏହାର ହାସଲ କରିବା ପାଇଁ ମଣିଷ ସକ୍ରିୟ ହୁଏ । ଏହି ଚାହିଦା ବା ଆବଶ୍ୟକତା ବହୁ ମାତ୍ରାରେ ପରିପୂରିତ ହେବା ପରେ ଚାହିଦାଟି (ସର୍ବନିମ୍ନ ସ୍ତରୀୟ ଶାରୀରିକ ଚାହିଦା) ଅପେକ୍ଷାକୃତ ଶକ୍ତିହୀନ ହୋଇଉଠେ । ତା'ପରେ ଦ୍ୱିତୀୟ ସୋପାନର ଚାହିଦା (ନିରାପତ୍ତା ଆବଶ୍ୟକତା) ଶକ୍ତିଶାଳୀ ହୁଏ । ବ୍ୟକ୍ତି ତା'ର ବର୍ତ୍ତମାନ ଓ ଆଗାମୀ ଜୀବନର ସୁରକ୍ଷା ପାଇଁ ଔଷଧପତ୍ରର ବ୍ୟବସ୍ଥା, ସ୍ୱାସ୍ଥ୍ୟ ସୁରକ୍ଷା, ବାର୍ଦ୍ଧକ୍ୟଭତ୍ତା, ପେନ୍‌ସନ୍ ଇତ୍ୟାଦି ଦିଗରେ ଅଭିପ୍ରେରିତ ହୁଏ । ଏସବୁ ଚାହିଦା ବ୍ୟକ୍ତିକୁ ସକ୍ରିୟ କରେ । ପୁଣି ଏସବୁ ଚାହିଦା ବହୁମାତ୍ରାରେ ପରିପୂରିତ ହେଲେ ଏହାର ପ୍ରଭାବ ଦୁର୍ବଳ ହୋଇଯାଏ ।

ନିରାପତ୍ତା ଚାହିଦା ଦୁର୍ବଳ ହେବାପରେ ସାମାଜିକ ଚାହିଦା ମୁଣ୍ଡଟେକେ । ପରିବାର ଓ ପ୍ରିୟଜନଙ୍କ ସ୍ନେହଶ୍ରଦ୍ଧା ଲାଭ କରିବା, ସହକର୍ମୀଙ୍କ ଆଦର ପ୍ରଶଂସା ପାଇବା, ସମାଜରେ ସ୍ୱୀକୃତି ଓ ସମ୍ମାନ ଲାଭ କରିବାର ଇଚ୍ଛା ବଳବତୀ ହୁଏ । ପୁନଶ୍ଚ ଏସବୁ ପରିପୂରିତ (ବହୁ ଅଂଶରେ) ହେଲେ ଚତୁର୍ଥ ସୋପାନରେ ଆତ୍ମମର୍ଯ୍ୟଦା ଲାଭ କରିବାର ଅଭିଳାଷ ତୀବ୍ର ହୁଏ । ସର୍ବୋଚ୍ଚ ସୋପାନରେ ବ୍ୟକ୍ତି ମଧ୍ୟରେ ପ୍ରଚ୍ଛନ୍ନ ଭାବରେ ରହିଥିବା ସବୁ ସମ୍ଭାବନାର ସଫଳ ରୂପାୟନ ଚାହେଁ । ମାସ୍‌ଲୋଙ୍କ ବିଚାରରେ ଏହି ପାଞ୍ଚୋଟି ଚାହିଦା (ଆବଶ୍ୟକତା) କ୍ରମିକ ଭାବରେ ଶକ୍ତିଶାଳୀ ଓ ଶକ୍ତିହୀନ ହୁଅନ୍ତି ଏବଂ ମନୁଷ୍ୟକୁ କାର୍ଯ୍ୟକଳାପ ଓ ବ୍ୟବହାର ଦିଗରେ ଅଭିପ୍ରେରିତ କରନ୍ତି ।

ମାସ୍‌ଲୋଙ୍କ ବିଶ୍ଳେଷଣରେ ମାନବବାଦୀ ପରିକଳ୍ପନାଟି ସ୍ପଷ୍ଟରୂପେ ପ୍ରତିଫଳିତ। ସବୁ ମଣିଷ ମଧ୍ୟରେ ଭଲ ଭଲ ସମ୍ଭାବନା ରହିଛି ଏବଂ ଅନୁକୂଳ ପରିବେଶ ଓ ବ୍ୟକ୍ତିଗତ ଉଦ୍ୟମ ଫଳରେ ସେଗୁଡ଼ିକ ବିକଶିତ ହୋଇଥାଏ। ଏହାର ସମ୍ଭାବନା ମାସ୍‌ଲୋ ଚିନ୍ତାଧାରାକୁ ମାନବବାଦୀ ପଦମର୍ଯ୍ୟାଦା ଦେଇଥାଏ।

ବ୍ୟକ୍ତିତ୍ୱର ବିକାଶ ପରିପ୍ରେକ୍ଷୀରେ ମାସ୍‌ଲୋଙ୍କ ବିଚାରଧାରା ମହତ୍ତ୍ୱପୂର୍ଣ୍ଣ ବିବେଚିତ ହୁଏ। କେବଳ ବ୍ୟକ୍ତିତ୍ୱର ଅଧ୍ୟୟନ ନୁହେଁ, ମଣିଷର କ୍ରିୟାକଳାପର ଅନ୍ୟ କେତେକ ସର୍ଜନାତ୍ମକ ଦିଗ ମାସ୍‌ଲୋଙ୍କ ଦୃଷ୍ଟି ଆକର୍ଷଣ କରିଥିଲା। ମାସଲୋ ସର୍ଜନଶୀଳତା ସମ୍ପର୍କରେ ମଧ୍ୟ ଗବେଷଣା କରିଥିଲେ।

ମାନବବାଦୀ ମନୋବିଜ୍ଞାନ କ୍ଷେତ୍ରରେ ରୋଜର୍ସ ଏବଂ ମାସ୍‌ଲୋଙ୍କ ବିଚାର ଓ ଗବେଷଣା ଏକ ମହତ୍ତ୍ୱପୂର୍ଣ୍ଣ ଦିଗ। ସମ୍ମିଳିତ କାର୍ଯ୍ୟ ଫଳରେ ୧୯୬୧ ମସିହାରେ 'ମାନବବାଦୀ ମନୋବିଜ୍ଞାନ ସଂଘ' ପ୍ରତିଷ୍ଠା ହେଲା ଏବଂ ଗବେଷଣାର ମୁଖପତ୍ର ହିସାବରେ Journal of Humanistic Psychology ପ୍ରକାଶିତ ହେବାକୁ ଆରମ୍ଭ କଲା।

କାର୍ଲ ରୋଜର୍ସ ଏବଂ ଆବ୍ରାହାମ୍ ମାସ୍‌ଲୋ ମାନବବାଦୀ ମନସ୍ତତ୍ତ୍ୱ ଆନ୍ଦୋଳନର ମୁଖ୍ୟ ପ୍ରବକ୍ତା ହେଲେ ମଧ୍ୟ ଅନ୍ୟ କେତେକ ମନୋବିଜ୍ଞାନୀଙ୍କ ଭାବଧାରା ଏହି ଆନ୍ଦୋଳନକୁ ଋଦ୍ଧିମନ୍ତ କରିଥିଲା। ସେମାନଙ୍କ ମଧ୍ୟରେ ଗର୍ଡ଼ନ୍ ଆଲ୍‌ପୋର୍ଟ, ବୁହଲର୍ ଦମ୍ପତ୍ତି ଏବଂ ରୋଲୋ ମେ'ଙ୍କ ଅବଦାନ ଉଲ୍ଲେଖଯୋଗ୍ୟ।

ଗର୍ଡ଼ନ୍ ଆଲ୍‌ପୋର୍ଟ (୧୮୯୭-୧୯୬୭) ମୁଖ୍ୟତଃ ବ୍ୟକ୍ତିତ୍ୱ ସମ୍ପର୍କିତ ଅବଦାନ ପାଇଁ ପ୍ରଖ୍ୟାତି ଅର୍ଜନ କରିଥିଲେ। ବ୍ୟକ୍ତି ମଧ୍ୟରେ ଯେଉଁ ଅନନ୍ୟତା ରହିଛି ତାହାର ଆକଳନ କରି ବ୍ୟକ୍ତିମାନଙ୍କୁ ପୃଥକ୍ ପୃଥକ୍ ଭାବେ ଅନୁଧ୍ୟାନ କରିବାର ପରାମର୍ଶ ଦେଇଥିଲେ । ସାଧାରଣତଃ ଆମ୍ଭେମାନେ ସମଷ୍ଟିଗତ ଭାବରେ ବ୍ୟକ୍ତିତ୍ୱର ପରିମାପ କରି 'ବାଳକମାନେ ଏପରି ଏବଂ ବାଳିକାମାନେ ଏପରି' ବୋଲି କହିଥାଉ। ସେହିପରି 'ଶିକ୍ଷକମାନେ ଏପରି' ଏବଂ 'ସୈନିକମାନେ ଏପରି' ବୋଲି ବର୍ଣ୍ଣନା କରୁ। ମାତ୍ର ଆଲ୍‌ପୋର୍ଟ ଏପରି ସମଷ୍ଟିଗତ ପଦ୍ଧତି ପରିବର୍ତ୍ତେ (Nomethetic Method) ବ୍ୟକ୍ତିନିଷ୍ଠ (idiographic) ପ୍ରଣାଳୀ ଉପରେ ପ୍ରାଧାନ୍ୟ ଦେଲେ। ବ୍ୟକ୍ତିଙ୍କୁ ବୁଝିବାକୁ ହେଲେ ପୃଥକ୍ ଭାବରେ ବିଚାର କରିବାକୁ ହେବ, ପ୍ରତି ବ୍ୟକ୍ତିର ସ୍ୱତନ୍ତ୍ରତା ଓ ଅନନ୍ୟତା ପ୍ରତି ପ୍ରାଧାନ୍ୟ ରହିଥିବାରୁ ଏଥିରେ ମାନବବାଦୀ ଦୃଷ୍ଟିଭଙ୍ଗୀ ପରିଦୃଷ୍ଟ ହୁଏ।

ବୁହଲର୍ ଦମ୍ପତି ବିକାଶ ମନୋବିଜ୍ଞାନର ଗବେଷକ। ଚାର୍ଲୋଟେ ବୁହଲର

(୧୮୯୩-୧୯୭୪) ଜର୍ମାନୀ ଅଧିବାସୀ। କାର୍ଲ ବୁହଲର୍ ଜଣେ ପ୍ରତିଭାଶାଳୀ ଗବେଷକ ଥିଲେ ଏବଂ ପ୍ରଥମ ବିଶ୍ୱଯୁଦ୍ଧ ସମୟରେ ଚିକିତ୍ସକ ରୂପେ କାର୍ଯ୍ୟ କରୁଥିଲେ । ୧୯୧୬ ମସିହାରେ କାର୍ଲ ମ୍ୟୁନିକ୍‌ରେ (ଜର୍ମାନୀ) ଗବେଷକ ଛାତ୍ରଛାତ୍ରୀମାନଙ୍କର ତତ୍ତ୍ୱାବଧାନ କରୁଥିବା ସମୟରେ ଦୁଇ ବୁହଲରଙ୍କ ସାକ୍ଷାତ ଓ ବିବାହ ଘଟିଥିଲା। ବୁହଲର୍ ଦମ୍ପତି ମନୋବିଜ୍ଞାନର ପ୍ରଗତି ପାଇଁ ମିଳିତ ଉଦ୍ୟମ କଲେ। ଦ୍ୱିତୀୟ ବିଶ୍ୱଯୁଦ୍ଧ ସମୟରେ ନାଜୀ କ୍ରିୟାକଳାପ ସେମାନଙ୍କ ପାରିବାରିକ ଜୀବନ ଓ ପେସାଗତ ଜୀବନରେ ବହୁ ବାଧାବିଘ୍ନ ସୃଷ୍ଟି କରିଥିଲା। ତଥାପି ବୁହଲର୍ ଦମ୍ପତି ମାନସିକ ସ୍ୱାସ୍ଥ୍ୟ କ୍ଷେତ୍ରରେ ଉଲ୍ଲେଖଯୋଗ୍ୟ ଗବେଷଣା କରିଥିଲେ। ବାହ୍ୟଜଗତର ଚାପରେ ଚାହିଦା ପୂରଣ କରିବା ଏବଂ ଅନ୍ତର୍ଜଗତର ଶୃଙ୍ଖଳା ମଧ୍ୟରେ ଏକ ସମନ୍ୱୟ ରକ୍ଷା କରିବା ସେମାନଙ୍କ କାର୍ଯ୍ୟର ମୁଖ୍ୟବକ୍ତବ୍ୟ ରହିଥିଲା। ସମନ୍ୱୟଶୀଳତା ଓ ସର୍ଜନଶୀଳତା ସେମାନଙ୍କ କାର୍ଯ୍ୟର ମୁଖ୍ୟ ଧାରା ରହିଥିଲା। ବହୁ ଦୃଷ୍ଟିରୁ ବୁହଲର୍ ଦମ୍ପତିଙ୍କ ଭାବଧାରା ରୋଜର୍ସ ଏବଂ ମାସ୍‌ଲୋଙ୍କ ପରିକଳ୍ପନାର ପରିପୂରକ ଥିଲା। ସମ୍ମିଳିତ ଭାବରେ ଏହା ମାନବବାଦୀ ଆନ୍ଦୋଳନକୁ ଅଧିକ ଶକ୍ତିଶାଳୀ କଲା।

ରୋଲୋ ମେ (୧୯୦୯-୧୯୯୪) ମାନବବାଦୀ ଆନ୍ଦୋଳନରେ ଅନ୍ୟତମ ଶକ୍ତି। ବ୍ୟକ୍ତିତ୍ୱର ବିଶ୍ଳେଷଣ ଓ ମନୋଚିକିତ୍ସାରେ ମାନବବାଦୀ ଚିନ୍ତାଧାରା କିପରି ପ୍ରୟୋଗ କରାଯିବ, ସେ ଦିଗରେ ତାଙ୍କର ସୁବିସ୍ତୃତ ଚିନ୍ତନ ଓ ପୁସ୍ତକ ରହିଥିଲା। ମନୁଷ୍ୟର ନିଜସ୍ୱ ଅନୁଭବ ମନୋବିଜ୍ଞାନର କଳେବର ମଧ୍ୟରେ କିପରି ଅଙ୍ଗୀଭୂତ କରାଯାଇପାରିବ, ଏ ଦିଗରେ ସେ ଦିଗ୍‌ଦର୍ଶନ ଦେଇଥିଲେ। ମନୁଷ୍ୟ ମଧ୍ୟରେ ଥିବା ଅନନ୍ୟତା, ପ୍ରଚ୍ଛନ୍ନ ସମ୍ଭାବନା ଓ ବିକାଶର ସୁପ୍ତ ଆକାଂକ୍ଷାର ରୂପାୟନ ଦିଗରେ ରୋଲେ ମେ'ଙ୍କ ବିଶ୍ଳେଷଣ ମାନବବାଦୀ ଚିନ୍ତାଧାରାର ଅମୂଲ୍ୟ ରତ୍ନ।

ସ୍ଥୁଳତଃ ରୋଜର୍ସ, ମାସ୍‌ଲୋ ଓ ଆଲ୍‌ପୋର୍ଟଙ୍କ ଭାବଧାରା ମାନବବାଦୀ ଆନ୍ଦୋଳନ ମାଧ୍ୟମରେ ଯେଉଁ ତୃତୀୟ ଶକ୍ତିକୁ ରୂପ ଦେଇଥିଲା ବୁହଲରଙ୍କ ଭାବନା ଏହାକୁ ଅଧିକ ଶକ୍ତିଶାଳୀ କଲା। ବିଶେଷତଃ ମଣିଷର ମାନସିକ ଦୁଃସ୍ଥିତି ଦୂର କରିବାରେ ମନୋଚିକିତ୍ସା ଏକ ନୂଆ ରୂପ ନେଲା। ସ୍ଥିତିବାଦୀ ଚିନ୍ତନରେ ମାନବୀୟ ସ୍ୱାଧୀନତାର ମହକ ଏବଂ ଅନୁଭବବାଦ ମଧ୍ୟରେ ବ୍ୟକ୍ତିନିଷ୍ଠ ଅନୁଭୂତିର ପ୍ରାଧାନ୍ୟ ସମ୍ବଳ ଓ ସକରାତ୍ମକ ଦିଗର ତୋରଣମାନ ଖୋଲିଥିଲା।

ଭାବନା ଓ ପରିକଳ୍ପନା ସ୍ତରରେ ଏସବୁ ଯେଉଁ ସକରାତ୍ମକ ସମ୍ବଳ ରହିଥିଲା, ପରବର୍ତ୍ତୀ ପର୍ଯ୍ୟାୟରେ ବୈଭବ ମନୋବିଜ୍ଞାନର ପରିପ୍ରକାଶ ବାସ୍ତବକରଣର ଏକାଧିକ ମାର୍ଗ ଉନ୍ମୋଚନ କଲା।

ବୈଭବ ମନୋବିଜ୍ଞାନର ଲକ୍ଷ୍ୟ

ପୂର୍ବରୁ ସୂଚନା ଦିଆଯାଇଛି ଯେ ବୈଭବ ମନୋବିଜ୍ଞାନର ଔପଚାରିକ ଆରମ୍ଭ ପୂର୍ବରୁ ଦୁଇଜଣ ପ୍ରଖ୍ୟାତ ମନୋବିଜ୍ଞାନୀ କାର୍ଲ ରୋଜର୍ସ ଏବଂ ଆବ୍ରାହାମ ମାସ୍‌ଲୋ ବିଂଶ ଶତକର ମଧ୍ୟ ଭାଗରେ ଅନୁକୂଳ ସଂକେତ ଦେଇଥିଲେ। ବାସ୍ତବରେ ଆବ୍ରାହାମ୍ ମାସ୍‌ଲୋ ୧୯୫୪ ମସିହାରେ ତାଙ୍କର ପୁସ୍ତକ 'ବ୍ୟକ୍ତିତ୍ୱ ଓ ଅଭିପ୍ରେରଣା' (Personality and Motivation) ପ୍ରକାଶ କରିବା ସମୟରେ ଗୋଟିଏ ପରିଚ୍ଛେଦର ଶୀର୍ଷକ ରୂପେ 'ବୈଭବ ମନୋବିଜ୍ଞାନ' (Positive Psychology) ବ୍ୟବହାର କରିଥିଲେ। ଏ ଦୃଷ୍ଟିରୁ ମାସ୍‌ଲୋ ବୈଭବ ମନୋବିଜ୍ଞାନ ପରିଭାଷାର ପ୍ରଥମ ମନୋବିଜ୍ଞାନୀ। କିନ୍ତୁ ଏହାର ଅନୁଷ୍ଠାନିକ ନିର୍ଘୋଷଣ ଓ ସଂପ୍ରସାରଣ କ୍ଷେତ୍ରରେ ମୂଳତଃ ପ୍ରଖ୍ୟାତ ମନୋବିଜ୍ଞାନୀ ମାର୍ଟିନ୍ ସେଲିଗ୍‌ମ୍ୟାନ୍ ପ୍ରଶଂସାର ଅଧିକାରୀ। ୧୯୯୮ ମସିହାର ଆମେରିକା ମନୋବିଜ୍ଞାନ ପରିଷଦର ସଭାପତି ରୂପେ ଏହାର ବାର୍ଷିକ ଅଧିବେଶନରେ ମାର୍ଟିନ୍ ସେଲିଗ୍‌ମ୍ୟାନ୍ ବୈଭବ ମନୋବିଜ୍ଞାନ ସମ୍ପର୍କରେ ଆହ୍ୱାନ ଦେଇଥିଲେ। ମନୋବିଜ୍ଞାନ ଅତୀତର ରୋଗ ଓ ସମସ୍ୟା-କେନ୍ଦ୍ରିତ ଜୀବନ ପରିବର୍ତ୍ତେ ପରିପୂର୍ଣ୍ଣ ଜୀବନ ଓ ସମୃଦ୍ଧ ସମାଜ ସମ୍ପର୍କରେ ଅନୁଧ୍ୟାନ କରିବାର ଆଭିମୁଖ୍ୟ ଗ୍ରହଣ କରିବା ଉଚିତ ବୋଲି ଯୁକ୍ତି ଉପସ୍ଥାପନ କଲେ।

ସେଲିଗ୍‌ମ୍ୟାନ୍‌ଙ୍କ ନେତୃତ୍ୱରେ ଆମେରିକା ମନୋବିଜ୍ଞାନ ପରିଷଦ ଆନୁକୂଲ୍ୟରେ ବୈଭବ ମନୋବିଜ୍ଞାନ ସଂଘ ସ୍ଥାପିତ ହେଲା ଏବଂ ନିୟମିତ ଭାବରେ ଅଧିବେଶନ ଆଲୋଚନା ଚକ୍ର ଅନୁଷ୍ଠିତ ହେବାର ପରିକଳ୍ପନା କରାଗଲା। କେବଳ ସେତିକି ନୁହେଁ, ସେଲିଗ୍‌ମ୍ୟାନ୍‌ଙ୍କ ପ୍ରେରଣାରେ ବୈଭବ ମନୋବିଜ୍ଞାନର ପରିସର ବିସ୍ତୃତ କରାଯାଇ ଗବେଷଣା ପାଇଁ ପ୍ରୋତ୍ସାହନ ଓ ଆର୍ଥିକ ଅନୁଦାନ ଯେପରି ପର୍ଯ୍ୟାପ୍ତ ହେବ, ସେ ଦିଗରେ ପଦକ୍ଷେପ ନିଆଗଲା। ସ୍ଥୂଳତଃ ବୈଭବ ମନୋବିଜ୍ଞାନର ଉନ୍ମେଷ ଓ ବିକାଶ ଦିଗରେ ପେନ୍‌ସିଲ୍‌ଭାନିଆର ମନୋବିଜ୍ଞାନୀ ସେଲିଗ୍‌ମ୍ୟାନ୍‌ଙ୍କ ଅବଦାନକୁ ସ୍ୱୀକୃତି ଦିଆଯାଇଛି।

ବୈଭବ ମନୋବିଜ୍ଞାନର ପରିସର ସମ୍ପର୍କରେ ପରେ ବିସ୍ତୃତ ସୂଚନା ଦିଆଯିବ । କିନ୍ତୁ ଏଠାରେ ଦୁଇ ତିନୋଟି ମୌଳିକ ଲକ୍ଷ୍ୟର ଉଲ୍ଲେଖ କରାଯାଇପାରେ ।

୧. ମାନସିକ ବିକୃତି ଓ ଅସ୍ୱାଭାବୀ ବ୍ୟବହାର ଉପରେ ମାତ୍ରାଧିକ ଗୁରୁତ୍ୱ ଆରୋପ କରାଯିବାର ଅବସ୍ଥା ଅତୀତର ମନୋବିଜ୍ଞାନରେ ବେଶ୍ ପରିସ୍ଫୁଟ । ମାତ୍ର ମନସ୍ତତ୍ତ୍ୱକୁ ଏପରି ଏକ ନକାରାତ୍ମକ ଆଭିମୁଖ୍ୟରୁ ମୁକ୍ତ କରି ସକାରାତ୍ମକ ବ୍ୟବହାର (ଯଥା : ଆଶାବାଦିତା, ଆତ୍ମମର୍ଯ୍ୟାଦାବୋଧ, ଆତ୍ମସାମର୍ଥ୍ୟବୋଧ ଇତ୍ୟାଦି) ଉପରେ ପ୍ରାଧାନ୍ୟ ଦେବା ମୁଖ୍ୟ ଆଭିମୁଖ୍ୟ ।

୨. ମନୁଷ୍ୟର ନକାରାତ୍ମକ ଆବେଗ (ଭୟ, ଅସୂୟା, ବିଷାଦ, ଉଦ୍‌ବେଗ ଇତ୍ୟାଦି) ପରିବର୍ତ୍ତେ ସକାରାତ୍ମକ ଆବେଗର (ପ୍ରେମ କରୁଣା, ସମ୍ବେଦନଶୀଳତା, ନିଃସ୍ୱାର୍ଥପରତା ଇତ୍ୟାଦି) ଅନୁଧ୍ୟାନ ଅନ୍ୟତମ ଲକ୍ଷ୍ୟ ।

୩. ମନୁଷ୍ୟ ଚରିତ୍ରର ଶକ୍ତିଶାଳୀ ଦିଗ (ସଦ୍‌ଗୁଣ ଓ ସବଳତା) ଅନୁଶୀଳନ ଅନ୍ୟତମ ଲକ୍ଷ୍ୟ । ଏ ପରିପ୍ରେକ୍ଷୀରେ କ୍ଷମାଶୀଳତା, ଆଧ୍ୟାତ୍ମିକତା, ଧର୍ମୀୟଭାବନା, ପରୋପକାରର ଅନୁଶୀଳନ କରାଯିବା ବିଧେୟ ।

୪. ମାନସିକ ସମସ୍ୟା ଆଲୋଚନା ପୂରାପୂରି ବର୍ହିର୍ଭୁକ୍ତ ନ ହେଲେ ମଧ୍ୟ ଏକ ସକାରାତ୍ମକ ଦୃଷ୍ଟିଭଙ୍ଗୀ ନେଇ ଏସବୁର ଅଧ୍ୟୟନ ପ୍ରତି ଗୁରୁତ୍ୱ ଦିଆଯିବା ବିଧେୟ ।

୫. ମନୁଷ୍ୟର ଶାନ୍ତି ଓ ଆନନ୍ଦ ଗୁରୁତ୍ୱପୂର୍ଣ୍ଣ ହୋଇଥିବାରୁ ସୁଖାନୁଭୂତିର ଅଧ୍ୟୟନ ଓ ଗବେଷଣା ମୁଖ୍ୟ ପ୍ରସଙ୍ଗ ।

୬. କେବଳ ବ୍ୟକ୍ତିଗତ ସ୍ତର ନୁହେଁ, ଗୋଷ୍ଠୀ ଓ ସାମାଜିକ ସ୍ତରରେ କିପରି ସୁଖ ଶାନ୍ତି ଓ ସମୃଦ୍ଧି ବୃଦ୍ଧି ପାଇବ, ତାହାର ଅନୁଶୀଳନ ମଧ୍ୟ ବୈଭବ ମନୋବିଜ୍ଞାନର ଉଦ୍ଦେଶ୍ୟ ।

ସୂଚିତ କରାଯାଇଥିବା ଲକ୍ଷ୍ୟସମୂହର ଭାବସମ୍ପ୍ରସାରଣ କରାଯାଇପାରେ ।

ପରିପୂର୍ଣ୍ଣ ଜୀବନର ଅଧ୍ୟୟନ :

ବୈଭବ ମନୋବିଜ୍ଞାନର ଲକ୍ଷ୍ୟ ହେଉଛି ପରିପୂର୍ଣ୍ଣ ଜୀବନ (Flourishing) । ଭାରତୀୟ ପରମ୍ପରାର ପରିପ୍ରେକ୍ଷୀରେ ପରିପୂର୍ଣ୍ଣ ଜୀବନର ପରିକଳ୍ପନା ସମ୍ପର୍କରେ ଅଳ୍ପ ବହୁତ ସମସ୍ତେ ଜାଣନ୍ତି । ତେବେ ବୈଭବ ମନୋବିଜ୍ଞାନୀମାନେ ପରିପୂର୍ଣ୍ଣ ଜୀବନ

ସମ୍ପର୍କରେ ଯେଉଁ ଧାରଣା ଦେଇଛନ୍ତି, ତାହା ଭାରତୀୟ ପାରମ୍ପରିକ ଚିନ୍ତାଧାରାର ପରିପୂରକ । କୌତୂହଳର ବିଷୟ ଯେ ୧୯୮୪ ମସିହାର ବିଶ୍ୱ ସ୍ୱାସ୍ଥ୍ୟ ସଙ୍ଗଠନ ସ୍ୱାସ୍ଥ୍ୟର ସଂଜ୍ଞା ନିର୍ଦ୍ଦେଶ କରିବା ସମୟରେ ଉଲ୍ଲେଖ କରିଥିଲେ ଯେ ସ୍ୱାସ୍ଥ୍ୟ କହିଲେ କେବଳ ରୋଗ ବା ଶାରୀରିକ ଅକ୍ଷମତାର ଅନୁପସ୍ଥିତି ବୁଝାଇ ନଥାଏ । ସ୍ୱାସ୍ଥ୍ୟ ହେଉଛି ଶାରୀରିକ, ମାନସିକ, ସାମାଜିକ ଓ ଆଧ୍ୟାତ୍ମିକ ସୁସ୍ଥତାର ଏକ ସମନ୍ୱିତ ବିକାଶ । ଠିକ୍ ସେହିପରି ବୈଭବ ମନୋବିଜ୍ଞାନୀମାନେ ନିମ୍ନପ୍ରଦତ୍ତ ରେଖାଚିତ୍ର ଅନୁଯାୟୀ ପରିପୂର୍ଣ୍ଣ ସ୍ୱାସ୍ଥ୍ୟର ପରିକଳ୍ପନା କରିଛନ୍ତି ।

ମାନସିକ ସ୍ୱାସ୍ଥ୍ୟ

ରେଖାଚିତ୍ରଟିକୁ ଲକ୍ଷ୍ୟ କଲେ ସ୍ପଷ୍ଟ ଜଣାଯାଏ ଯେ ପୂର୍ଣ୍ଣ ସ୍ୱାସ୍ଥ୍ୟର ଅଧିକାରୀ ହେବା ପାଇଁ ଦୁଇଟି ଜିନିଷ ଆବଶ୍ୟକ । ପ୍ରଥମତଃ ଅସୁସ୍ଥତା ବା ସ୍ୱାସ୍ଥ୍ୟହୀନତା ଆଦୌ ନ ଥିବ । ଦ୍ୱିତୀୟଟି ଉତ୍ତମ ସ୍ୱାସ୍ଥ୍ୟାବସ୍ଥା ଉଚ୍ଚସ୍ତରରେ ରହିଥିବ । ଏହା ହେଉଛି ପରିପୂର୍ଣ୍ଣ ଅବସ୍ଥା ବା Flourishing । ଚିତ୍ରରେ ସୂଚିତ ହେଲାପରି ଚରମ ସ୍ୱାସ୍ଥ୍ୟହୀନତା (Languishing) ଯେପରି ସୂଚିତ କରାଯାଇପାରେ ସେହିପରି ଆଶିଂକ ସ୍ୱାସ୍ଥ୍ୟହୀନତା କିମ୍ବା ଆଂଶିକ ବା ଅସମ୍ପୂର୍ଣ୍ଣ ସ୍ୱାସ୍ଥ୍ୟବସ୍ଥାର ମଧ୍ୟ ଚିତ୍ରରୂପ ଦିଆଯାଇପାରେ ।

ପରିପୂର୍ଣ୍ଣ ଜୀବନ ପ୍ରସଙ୍ଗରେ ଦୁଇଟି ଅଧ୍ୟୟନ ସାମଗ୍ରୀର ଉଲ୍ଲେଖ କରାଯିବା, ପୂର୍ବରୁ ମାସ୍‌ଲୋଙ୍କର ସୋପାନ-ଭିତ୍ତିକ ଚାହିଦା (Hierarchy of Needs) ସୂଚନା ଦିଆଯାଇଛି । ସ୍ମରଣ ଥାଇପାରେ ଯେ ବ୍ୟକ୍ତିତ୍ୱ ବିକାଶର କ୍ରମ ଧାରାରେ ବ୍ୟକ୍ତି ଧୀରେ

ଧୀରେ ଶାରୀରିକ ମୌଳିକ ଚାହିଦା, ତା'ପରେ ସୁରକ୍ଷା ଚାହିଦା, ସାମାଜିକ (ସଙ୍ଗ ପ୍ରିୟତା) ଚାହିଦା ପୂରଣ କରି ଉଚ୍ଚତର ସୋପାନରେ ନିଜର ଆତ୍ମମର୍ଯ୍ୟାଦାବୋଧ (Self-Esteem) ଏବଂ ସର୍ବଶେଷରେ ଆତ୍ମସିଦ୍ଧି (Self-Actualization) ଚାହିଦା ପୂରଣ କରେ (କିମ୍ବା ପୂରଣ କରିବାର ପ୍ରୟାସ କରେ)। ଶେଷ ପର୍ଯ୍ୟାୟରେ ଏହା ଜୀବନରେ ପରିପୂର୍ଣ୍ଣତା ଦିଏ ବୋଲି ମାସ୍‌ଲୋ ବିଶ୍ୱାସ କରୁଥିଲେ ।

କୌତୂହଳର ବିଷୟ ଯେ ଆମ ଭାରତୀୟ ଦର୍ଶନର ଉପନିଷଦରେ ଯେଉଁ ବିକାଶସ୍ତରର ପରିକଳ୍ପନା କରାଯାଇଛି, ତାହା ସହିତ ମାସ୍‌ଲୋଙ୍କ ସୋପାନର ସମାନ୍ତରତା ରହିଛି। ନିମ୍ନ ଚିତ୍ରରୁ ଏହା ସ୍ପଷ୍ଟ ହେବ।

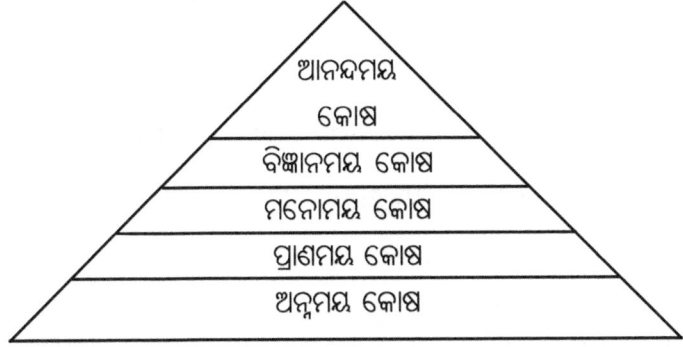

କହିବା ଅନାବଶ୍ୟକ ଯେ ମାସ୍‌ଲୋଙ୍କ ଶାରୀରିକ ଚାହିଦା ଓ ନିରାପତ୍ତା ଚାହିଦା ଭାରତୀୟ ଚିନ୍ତନର ଅନ୍ନମୟ କୋଷ ମଧ୍ୟରେ ଅନ୍ତର୍ଭୁକ୍ତ, ମାସ୍‌ଲୋକଙ୍କର ସାମାଜିକ ଓ ଆତ୍ମମର୍ଯ୍ୟାଦା ଚାହିଦା ମନୋମୟ କୋଷ ସହିତ ସମପର୍ଯ୍ୟାୟଭୁକ୍ତ। ଭାରତୀୟ ଚିନ୍ତାଧାରାରେ ମାସଲୋଙ୍କ ଶିଖର ଚାହିଦା ଆତ୍ମସିଦ୍ଧି ଅତିକ୍ରମ କରାଯାଇ ବିଜ୍ଞାନମୟ ଓ ଆନନ୍ଦମୟ କୋଷର ପରିକଳ୍ପନା କରାଯାଇଛି। ଏ ଦୃଷ୍ଟିରୁ ଉପନିଷଦୀୟ ଭାବନା ଅଧିକ ଊର୍ଦ୍ଧ୍ୱଗାମୀ ଓ ସୁବ୍ୟାପକ। ଭାରତୀୟ ଚିନ୍ତନ ପ୍ରାଣମୟ କୋଷଟି ଜୀବନୀ ଶକ୍ତିର (Vital Energy) ସୂଚକ ଏବଂ ଏହା ମାସ୍‌ଲୋ ଯୋଜନାରେ ସ୍ଥାନ ପାଇ ନାହିଁ।

ବୈଭବ ମନୋବିଜ୍ଞାନର ପରିପୂର୍ଣ୍ଣ ଜୀବନର ଅଧ୍ୟୟନ ପରିପ୍ରେକ୍ଷୀରେ ର୍ୟାନ୍ ଓ ଡେସିଙ୍କ (Ryan & Deci, 2000) ଆତ୍ମ-ନିର୍ଦ୍ଧାରକ ତତ୍ତ୍ୱର (Self-Determination Theory ବା SDT) ଉଲ୍ଲେଖ ବିଶେଷ ତାତ୍ପର୍ଯ୍ୟପୂର୍ଣ୍ଣ। ଏହି ଦୁଇ ବୈଭବ ମନୋବିଜ୍ଞାନୀ ବିଶ୍ୱାସ କରୁଥିଲେ ଯେ ବିଭିନ୍ନ ଧରଣର ଲକ୍ଷ୍ୟ ଓ ମାନବୀୟ ଚାହିଦା

ମନୁଷ୍ୟକୁ ସକ୍ରିୟ ରଖୁଥିଲେ ମଧ୍ୟ ତିନୋଟି ଅନ୍ତର୍ନିହିତ ଲକ୍ଷ୍ୟ (Intrinsic goals) ଖୁବ୍ ତାତ୍ପର୍ଯ୍ୟପୂର୍ଣ୍ଣ। ସେ ତିନୋଟି ହେଉଛି ସାମର୍ଥ୍ୟବୋଧ, ପାରସ୍ପାରିକ ସମ୍ପର୍କ ଏବଂ ସ୍ୱାଧୀନ ନିଷ୍ପତ୍ତି। ଜୀବନର ବିକାଶ ଓ ପରିପୂର୍ଣ୍ଣତା ଦୃଷ୍ଟିରୁ ଏ ତିନୋଟି ଲକ୍ଷ୍ୟ ବା ଚାହିଦା ଠିକ୍ ରୂପେ ଅଙ୍କୁରିତ ହୋଇ ବିକଶିତ ହେବା ପ୍ରୟୋଜନ। ର୍ୟାନ୍ ଓ ଡେସି ବହୁ ପରୀକ୍ଷା ନିରୀକ୍ଷା ଏବଂ ସର୍ବେକ୍ଷଣ ମାଧ୍ୟମରେ ଏ ତତ୍ତ୍ୱର ମାନ୍ୟତା ପ୍ରତିଷ୍ଠା କରିଥିଲେ। ବୟସ ନିର୍ବିଶେଷରେ ପ୍ରତ୍ୟେକ ନିଜର ଦକ୍ଷତା ପ୍ରତି ସଚେତନ ରହିବେ ଏବଂ ଏହାର ବିକାଶ ଦିଗରେ ପ୍ରଯତ୍ନ କରିବେ। ପାରସ୍ପରିକ ସଂପ୍ରୀତି ଅନ୍ୟ ଏକ ତାତ୍ପର୍ଯ୍ୟପୂର୍ଣ୍ଣ ଲକ୍ଷ୍ୟ। ବିବର୍ତ୍ତନ ଧାରାରେ ମଧ୍ୟ ମଣିଷ ଅନ୍ୟମାନଙ୍କ ସହ ବନ୍ଧନରେ ବାନ୍ଧି ହେବାର ପ୍ରବଣତା ଲାଭ କରିଛି। ସାମାଜିକ ଜୀବନରେ ଏହାର ଉତ୍ତରୋତ୍ତର ବିକାଶ ପ୍ରୟୋଜନ। ତୃତୀୟତଃ, ମନୁଷ୍ୟ ଯାହା କିଛି କରିବ, ତାହା ତା' ଉପରେ ଲଦି ଦିଆ ନଯାଇ ସେ ଯେପରି ସ୍ୱେଚ୍ଛାକୃତ ଭାବରେ ଗ୍ରହଣ କରିବ, ତାହାର ବାତାବରଣ ବିକାଶ-ସହାୟକ ହୋଇଥାଏ। ଅନ୍ୟ ଚାହିଦା ତୁଳନାରେ ଏ ତିନୋଟିର ସମୃଦ୍ଧିକରଣ ଅଧିକ ପ୍ରୟୋଜନ ।

ଭାବାବେଗର (Emotion) ଅନୁଶୀଳନ :

ବୈଭବ ମନୋବିଜ୍ଞାନର ଚର୍ଚ୍ଚାରେ ଭାବାବେଗର ଏକ ବିଶେଷ ସ୍ଥାନ ରହିଛି। ଅତୀତରେ ଆବେଗକୁ ମୁଖ୍ୟତଃ ନକାରାତ୍ମକ ଅର୍ଥରେ ପ୍ରୟୋଗ କରାଯାଇଥିଲା। ମୋର ବନ୍ଧୁ ଜଣକ ଆବେଗଧର୍ମୀ (Emotional) କିମ୍ବା କର୍ମଚାରୀ ଜଣକ 'ଆବେଗପ୍ରବଣ' କହିବା ମାଧ୍ୟମରେ ସେମାନଙ୍କ ନକାରାତ୍ମକ ଦିଗକୁ ବ୍ୟକ୍ତ କରାଯାଉଥିଲା। କିନ୍ତୁ ବର୍ତ୍ତମାନ ଏପରି ଦୃଷ୍ଟିଭଙ୍ଗୀର ପରିବର୍ତ୍ତନ ଆସିଛି। ଆବେଗର କେତେକ ନକାରାତ୍ମକ ଦିଗ ରହିଥିଲେ ମଧ୍ୟ ଏହାର ସକାରାତ୍ମକ ଦିଗ ଅଧିକରୁ ଅଧିକ ଲୋକଲୋଚନକୁ ଆସିପାରିଛି । ବିଶେଷତଃ ଏକବିଂଶ ଶତକରେ ମସ୍ତିଷ୍କ-ବିଜ୍ଞାନର ଅଭୂତପୂର୍ବ ଉନ୍ନତି ଫଳରେ ମସ୍ତିଷ୍କର ଆବେଗକାଳୀନ କ୍ରିୟାକଳାପ ଅଧିକ ସ୍ପଷ୍ଟ ହୋଇଛି। ଆବେଗର ଅଭିପ୍ରେରକ (Motivation) ଭୂମିକା ଏବଂ ପ୍ରେରଣାଦାୟକ ଗୁରୁତ୍ୱ ବୈଜ୍ଞାନିକ ଦୃଷ୍ଟି ଆକର୍ଷଣ କରିଛି।

ଆବେଗ-ସମ୍ପର୍କିତ ଦୁଇଟି ବିଶିଷ୍ଟ ସର୍ବେକ୍ଷଣ ଏଠାରେ ଉଲ୍ଲେଖ କରାଯାଇପାରେ । ପ୍ରଥମଟି ହେଉଛି 'ସେବିକା ଅନୁଧ୍ୟାନ' (Nun Study)। ୨୦୦୧ ମସିହାରେ ଆମେରିକା ଯୁକ୍ତରାଷ୍ଟ୍ରର କେଣ୍ଟକୀ ବିଶ୍ୱବିଦ୍ୟାଳୟର ଡାନର୍ ସ୍ନୋଡ଼ନ୍ ଏବଂ ଫ୍ରାଏସେନ୍ (Danner Snowdon & Friesen) ଏହି ଗବେଷଣାଟି କରିଥିଲେ। ସେମାନେ ଗୋଟିଏ ଗୀର୍ଜାରେ ନନ୍ ବା ସେବିକା ରୂପେ ଯୋଗ ଦେଇଥିବା ୧୮୦ ତରୁଣୀଙ୍କୁ ନେଇ ଏହି ଗବେଷଣା

କଲେ। କହିବା ଅନାବଶ୍ୟକ ଯେ ଏମାନେ ବହୁ ଦୃଷ୍ଟିରୁ ପ୍ରାୟ ଏକାପରି। ଧୂମପାନ, ମଦ୍ୟପାନ ନାହିଁ, ପୂରା ଖାଦ୍ୟପାନୀୟ ଓ ବସ୍ତ୍ର ମଧ୍ୟ ସମାନ ଧରଣର। ଗୀର୍ଜାରେ ପ୍ରବେଶ କରିବା ସମୟରେ ସବୁ ଆବେଦନକାରୀ ଦୁଇ ତିନି ପୃଷ୍ଠାରେ ଏକ ଉଦ୍ଦେଶ୍ୟ ମନ୍ତବ୍ୟ ଦିଅନ୍ତି। ସେମାନେ ଏପରି ଜୀବନ ସ୍ୱେଚ୍ଛାରେ କାହିଁକି ଗ୍ରହଣ କରିଛନ୍ତି ସେ ସମ୍ପର୍କରେ ସଂକ୍ଷିପ୍ତ ବକ୍ତବ୍ୟ ପ୍ରଦାନ କରନ୍ତି। ଏସବୁ ଲିଖିତ ବକ୍ତବ୍ୟ ଗୀର୍ଜାର ସଂଗ୍ରହାଳୟରେ ଗୋପନୀୟ ଭାବରେ ରଖାଯାଇଥାଏ। ଗବେଷକମାନେ ଗୀର୍ଜା ପ୍ରଶାସନର ଅନୁମତିକ୍ରମେ ଏସବୁ ବାହାର କଲେ ଏବଂ ପ୍ରତି ବକ୍ତବ୍ୟରେ କେତେ ପରିମାଣରେ ସକରାତ୍ମକ ଆବେଗସୂଚକ ଶବ୍ଦାବଳୀ ବ୍ୟବହୃତ ହୋଇଛି, ତାହାର ଆକଳନ କଲେ। ନକରାତ୍ମକ ଆବେଗର ମଧ୍ୟ ପରିମାଣ ଆକଳନ କରାଗଲା।

ଆତ୍ମଜୀବନୀମୂଳକ ମନ୍ତବ୍ୟ ସେମାନେ ଗୀର୍ଜାପ୍ରବେଶ ସମୟରେ ଦେଇଥିଲେ । ବର୍ତ୍ତମାନ ଗବେଷଣା ହେଉଥିବା ସମୟ ୨୦୦୧। ଏହା ମଧ୍ୟରେ ୬୦ ବର୍ଷ ବିତି ଯାଇଥିଲା। କେତେକ ମୃତ୍ୟୁବରଣ କରି ସାରିଥିଲେ, ବଞ୍ଚିଥିବା ସେବିକାଙ୍କ ବୟସ ୭୫ ବର୍ଷରୁ ୯୪ ବର୍ଷ ମଧ୍ୟରେ ରହିଥିଲା। ଦେଖାଗଲା ଯେ ଜୀବନର ପ୍ରାକ୍‌କାଳରେ ସେମାନେ ବ୍ୟବହାର କରିଥିବା ସକାରାତ୍ମକ ଆବେଗସୂଚକ ଶବ୍ଦ ସବୁର ପରିମାଣ ସହିତ ସେମାନଙ୍କ ଜୀବନକାଳର ସମ୍ପର୍କ ରହିଛି। ପ୍ରତି ହଜାର ଶବ୍ଦରେ ଗୋଟିଏ ସକାରାତ୍ମକ ଆବେଗ ପାଇଁ ମୃତ୍ୟୁହାର ୧.୪ ପ୍ରତିଶତ କମିଛି। ଏପରିକି ସଂଖ୍ୟାଧିକ ସକାରାତ୍ମକ ବିଶେଷଣ ପ୍ରୟୋଗ କରିଥିବା ତରୁଣୀମାନେ ଦୀର୍ଘଜୀବୀ ହୋଇପାରିଛନ୍ତି। ସର୍ବାଧିକ ଦଶ ଏଗାର ବର୍ଷ ଅଧିକ ବଞ୍ଚିବାର ସୁଯୋଗ ପାଇଛନ୍ତି। ଅନ୍ୟ ଭାଷାରେ କହିଲେ ସବୁଠାରୁ ଅଧିକ ହସ ହସ ମୁଖରେ ଜୀବନ ଅତିବାହିତ କରୁଥିବା ସେବିକାମାନେ ସର୍ବନିମ୍ନ ହାସ୍ୟମୁଖ ତରୁଣୀ ତୁଳନାରେ ପ୍ରାୟ ଦଶବର୍ଷ ଅଧିକ ପରମାୟୁ ଭୋଗ କରିଛନ୍ତି । ଏ ସର୍ବେକ୍ଷଣର ସିଦ୍ଧାନ୍ତ ଖୁବ୍ ଗୁରୁତ୍ୱପୂର୍ଣ୍ଣ। ଭାବଗତ ଅନୁକୂଳତା ଓ ଦୀର୍ଘଜୀବନ ମଧ୍ୟରେ ଏକ ସକାରାତ୍ମକ ସମ୍ପର୍କ ରହିଛି। ଦୟା, କ୍ଷମା, କରୁଣା, ସଂପ୍ରୀତି ଓ ଆନନ୍ଦ ପରି ସକାରାତ୍ମକ ଆବେଗର ଅନୁଭବକାରୀ ବ୍ୟକ୍ତି ଉଚ୍ଚତର ଜୀବନର ଅଧିକାରୀ ହୋଇଥାଏ ।

୨୦୦୧ ମସିହାରେ ଅନ୍ୟ ଏକ ସଂପରୀକ୍ଷଣ ମଧ୍ୟ ଲୋକଦୃଷ୍ଟି ଆକର୍ଷଣ କରିଥିଲା । ମନୋବିଜ୍ଞାନର ପ୍ରଫେସର୍ **ବାର୍‌ବାରା ଫ୍ରେଡ୍‌ରିକ୍‌ସନ (Barbara Fredrickson)** ନିଜ ଶ୍ରେଣୀଗୃହରେ ଛାତ୍ରଛାତ୍ରୀମାନଙ୍କୁ ଛ'ଟି ଦଳରେ ବିଭକ୍ତ କରି ସେମାନଙ୍କୁ ଛୋଟ ଛୋଟ ଛ'ଟି କୋଠରିରେ ବସିବାକୁ ନିର୍ଦ୍ଦେଶ ଦେଲେ। ପ୍ରତିଟି

ଦଳରେ (ପ୍ରତିଟି କୋଠରିରେ) ମାତ୍ର ଅଧ ଘଣ୍ଟା ପାଇଁ ପୃଥକ୍ ପୃଥକ୍ ଭିଡ଼ିଓ କ୍ଲିପ୍ ପ୍ରଦର୍ଶନର ବ୍ୟବସ୍ଥା କରାଗଲା। ପ୍ରଥମ ତିନୋଟି କୋଠରିରେ ସକାରାତ୍ମକ ଆବେଗଧର୍ମୀ ବିଷୟବସ୍ତୁ (ଆନନ୍ଦ, କରୁଣା, ପ୍ରେମ) ପ୍ରଦର୍ଶିତ ହେଲା। ଅନ୍ୟ ତିନୋଟି କୋଠରିରେ ନକାରାତ୍ମକ ଆବେଗସୂଚକ ବିଷୟବସ୍ତୁ (ବିଷାଦ, ଭୟ, ଉଦ୍‌ବେଗ) ପ୍ରଦର୍ଶିତ ହେଲା ।

ଭିଡ଼ିଓ କ୍ଲିପ୍‌ର ପ୍ରଦର୍ଶନ ପରେ ଛାତ୍ରଛାତ୍ରୀମାନେ ପୁନଶ୍ଚ ବକ୍ତୃତା କକ୍ଷରେ ଏକତ୍ରିତ ହେଲେ। ପ୍ରଫେସର୍ ଫେଡ୍‌ରିକ୍‌ସନ୍ ସେମାନେ ଦେଇଥିବା ବିଷୟବସ୍ତୁ ସମ୍ପର୍କରେ ପାଞ୍ଚ ଦଶ ମିନିଟ୍ ସ୍ଥିର ଭାବରେ ଭାବିବା ପାଇଁ ନିର୍ଦ୍ଦେଶ ଦେଲେ। ତା'ପରେ ପ୍ରଫେସର୍ ସେମାନଙ୍କୁ ଜଣାଇଲେ ଯେ ବର୍ତ୍ତମାନ ସେମାନଙ୍କୁ ଦିଆଯାଇଥିବା କାଗଜ ପୃଷ୍ଠାରେ ସେମାନେ ଲେଖିପାରନ୍ତି। ବର୍ତ୍ତମାନ ସମୟକୁ କିପରି ଉପଯୋଗ କରିବେ ତାହାର ସୂଚନା ଦେବାକୁ ପ୍ରଫେସର୍ କହିଲେ।

ଦେଖାଗଲା ଯେ ନକାରାତ୍ମକ ଆବେଗର (ଭୟ, ଉଦ୍‌ବେଗ, ବିଷାଦ) ଅନୁଭବ ପାଇଥିବା ଛାତ୍ରଛାତ୍ରୀମାନେ ପ୍ରାୟ କିଛି ଲେଖି ନାହାନ୍ତି। ''ମୁଁ ହଷ୍ଟେଲ ଯାଇ କଫି ପିଇ ଶୋଇଯିବି, ମୁଁ ମୋ କୋଠରିରେ ବସି ଦୂରଦର୍ଶନ ଦେଖିବି, ମୁଁ ଶୋଇ ପଡ଼ିବି'' - ଏହି ସଂକ୍ଷିପ୍ତ ବାକ୍ୟ ସବୁ ସ୍ଥାନ ପାଇଥିଲା। ଅନ୍ୟ ପକ୍ଷରେ ସକାରାତ୍ମକ ଆବେଗର ଅନୁଭବ ପାଇଥିବା ଛାତ୍ରଛାତ୍ରୀ ଦୀର୍ଘତର ବର୍ଣ୍ଣନା ଦେଇଥିଲେ। ଜଣେ କିପରି ଚିକିତ୍ସାଳୟକୁ ଯାଇ ଚିକିତ୍ସାଧୀନ ଶିଶୁମାନଙ୍କୁ ସାହାଯ୍ୟ କରିପାରିବ, ତାହାର ବର୍ଣ୍ଣନା ଥିଲା। ଅନ୍ୟ ଏକ ବିଦ୍ୟାର୍ଥୀ କି କି ଖେଳର ଆୟୋଜନ କରିବ, ତାହାର ବର୍ଣ୍ଣନା ଥିଲା।

ସଂପରୀକ୍ଷଣର ଫଳାଫଳକୁ ଭିତ୍ତି କରି ଫ୍ରେଡ୍‌ରିକ୍‌ସନ୍ ଏକ ଆକର୍ଷଣୀୟ ତତ୍ତ୍ୱର ସୂଚନା ଦେଲେ। ତତ୍ତ୍ୱଟି ହେଉଛି **ସକାରାତ୍ମକ ଆବେଗର ବିସ୍ତାରଣ ଓ ସଙ୍ଗଠନ ଭୂମିକା (Broaden and Build Theory of Positive Emotion)**। ଅନୁଭୂତ ସକାରାତ୍ମକ ଆବେଗ ଆମର କ୍ରିୟାକଳାପର ପରିସରକୁ ବୃଦ୍ଧି କରିବା ସଙ୍ଗେ ସଙ୍ଗେ ଅନ୍ତର୍ଜଗତର ସମ୍ବଳ ଗଠନ କରିଥାଏ। ଏହା ସହଜରେ ଅନୁମେୟ ଯେ ସକାରାତ୍ମକ ଆବେଗର ପ୍ରଭାବ ସୁଦୂରପ୍ରସାରୀ। ଏହା ଆମ ମଧ୍ୟରେ ବହୁ ଅନ୍ତର୍ନିହିତ ସମ୍ବଳ (ଆତ୍ମବିଶ୍ୱାସ, ସଂକଳ୍ପ, ସଂପ୍ରୀତି ଇତ୍ୟାଦି) ଗଠନ କରିଥାଏ। ଏହା ସହିତ ଅଭିପ୍ରେରଣା ବୃଦ୍ଧି ପାଇବା ଫଳରେ ସର୍ଜନଶୀଳତା ଓ ଉତ୍ପାଦନଶୀଳତା ମଧ୍ୟ ବୃଦ୍ଧିପାଏ । ସକାରାତ୍ମକ ଆବେଗର ଏହି ସଶକ୍ତିକରଣ ଭୂମିକା ବୈଭବ ମନୋବିଜ୍ଞାନୀମାନଙ୍କର ଗବେଷଣାର ପ୍ରିୟବସ୍ତୁ।

ସକାରାତ୍ମକ ବ୍ୟବହାର

ବୈଭବ ମନୋବିଜ୍ଞାନର ଏକ ମୁଖ୍ୟ ପରିସର ହେଉଛି ସକାରାତ୍ମକ ବ୍ୟବହାର ସମ୍ପର୍କିତ ଗବେଷଣା। ଅବଶ୍ୟ ସକାରାତ୍ମକ ବ୍ୟବହାରର ତାଲିକା ସୁଦୀର୍ଘ। ଉଦାହରଣ ସ୍ୱରୂପ, ଏହି ତାଲିକାରେ ଭାବବୁଦ୍ଧି, ଦକ୍ଷତାପୂର୍ଣ୍ଣ ବ୍ୟବହାର, ଆଶା, ଆଶାବାଦିତା, ପ୍ରତିକୂଳ ପରିବେଶ ମଧ୍ୟରେ ନିଜକୁ ପ୍ରଭାବମୁକ୍ତ ରଖିବା, କ୍ଷମାଶୀଳତା, ନିଃସ୍ୱାର୍ଥପରତା, କୃତଜ୍ଞତା ପ୍ରକାଶ କରିବା ଏବଂ ଅନ୍ୟକୁ ସାହାଯ୍ୟ କରିବାର ବ୍ୟବହାର ସ୍ଥାନ ପାଇବ। ସୀମିତ କଳେବର ମଧ୍ୟରେ ଅନେକଗୁଡ଼ିଏ ସକାରାତ୍ମକ ବ୍ୟବହାରର ବର୍ଣ୍ଣନା ସମ୍ଭବପର ନ ହେଲେ ମଧ୍ୟ ଏହି ବ୍ୟବହାର-ପରିବାରର ମୁଖ୍ୟ ସଦସ୍ୟମାନଙ୍କର ସଂକ୍ଷିପ୍ତ ସୂଚନା ସମ୍ଭବପର।

ଭାବବୃଦ୍ଧି (Emotional Intelligence) ଆଧୁନିକ ଗବେଷଣା ଓ ପ୍ରୟୋଗଶାଳାରେ ଏକ ମୁଖ୍ୟ ପରିଭାଷା। ବିଶେଷତଃ ବିଶିଷ୍ଟ ମନୋବିଜ୍ଞାନୀ ଡାନିଏଲ୍ ଗୋଲମ୍ୟାନ୍‌ଙ୍କ (Daniel Goleman) 'ଭାବ ବୁଦ୍ଧି'ର (Emotional Intellingence ପ୍ରକାଶନ (୧୯୯୦) ପରେ ପରେ ଏ ସମ୍ପର୍କରେ ଚର୍ଚ୍ଚା ଖୁବ୍ ଗଭୀର ଓ ପ୍ରସାରିତ ହୋଇପାରିଛି। ବିଂଶ ଶତକର ଶେଷଭାଗ ଓ ଏକବିଂଶ ଶତକର ଆଦ୍ୟ ଭାଗରେ ପାରମ୍ପାରିକ ବୁଦ୍ଧିମତ୍ତାର (Rational Intelligence) ପରିସୀମତ୍ୱ ସ୍ପଷ୍ଟ ହୋଇ ଉଠିଲା । ଗୋଲ୍‌ମ୍ୟାନ୍ ଓ ଅନ୍ୟସବୁ ବିଶେଷଜ୍ଞ ଯୁକ୍ତିକଲେ ଯେ ଛାତ୍ରଛାତ୍ରୀମାନଙ୍କର ଶିକ୍ଷାଗତ ସାଫଲ୍ୟ ଏବଂ ଲୋକମାନଙ୍କର କାର୍ଯ୍ୟଗତ ସଫଳତା ସମେତ ସବୁଧରଣର ସଫଳତା ମୂଳରେ ବୁଦ୍ଧିମତ୍ତାର (IQ) ଭୂମିକା ଥିଲେ ମଧ୍ୟ ଭାବବୁଦ୍ଧି (EQ) ଖୁବ୍‌ବେଶୀ ଭୂମିକା ନେଇଥାଏ।

ପରବର୍ତ୍ତୀ ପର୍ଯ୍ୟାୟରେ ଏହି ଭାବବୁଦ୍ଧିର (EQ) ସବିଶେଷ ଆଲୋଚନା କରାଯିବ । ଏଠାରେ ଏହାର ବୈଜ୍ଞାନିକ ପରିଭାଷାର ସୂଚନା ଦିଆଯାଇପାରେ। ଭାବବୁଦ୍ଧି ପାଞ୍ଚ ଛ'ଟି ଉପାଦାନର ସମାହାର। ଉଚ୍ଚତର ଭାବବୁଦ୍ଧିର (EQ) ଅଧିକାରୀ ହୋଇଥିବା ବ୍ୟକ୍ତିର ଆତ୍ମସଚେତନତା (Self-Awareness) ଏବଂ ଆତ୍ମକୌଶଳ ରହିଥାଏ । ଆତ୍ମ ସଚେତନତାର ଅର୍ଥ ହେଉଚି ଯେ ବ୍ୟକ୍ତି ନିଜର ସବଳତା, ଦୁର୍ବଳତା ଜାଣିପାରେ । ଆତ୍ମକୌଶଳର (Self-Skill) ଅଧିକାରୀ ହୋଇ ବ୍ୟକ୍ତି ନିଜର ଭାବାବେଗକୁ ନିୟନ୍ତ୍ରଣରେ ରଖିପାରେ। ବ୍ୟକ୍ତି ସହନଶୀଳତା ପ୍ରଦର୍ଶନ କରେ। ଉଚ୍ଚତର ଭାବବୁଦ୍ଧି ରହିଥିବା ବ୍ୟକ୍ତି ପାଖରେ ତୃତୀୟ ଓ ଚତୁର୍ଥ ଉପାଦାନ ହେଉଛି ସାମାଜିକ ସଚେତନତା ଓ ସାମାଜିକ

ଦକ୍ଷତା । ସାମାଜିକ ସଚେତନତାର ଏକ କମନୀୟ ରୂପ ହେଉଛି ସମାନୁଭୂତି (Empathy) । ଜଣେ ରୋଗୀ ଡାକ୍ତରଙ୍କ ପାଖରେ ନିଜର ଦୁରବସ୍ଥା ବର୍ଣ୍ଣନା କଲାବେଳେ ଉଚ୍ଚ ଭାବ ଅଙ୍କର ଡାକ୍ତର ମାନସିକ ସ୍ତରରେ ରୋଗୀର ଆସନକୁ ଓହ୍ଲାଇ ଆସନ୍ତି । ସେହିପରି ସମାନୁଭୂତି ଥିବା ଜଣେ ଶିକ୍ଷକ ଶିକ୍ଷାର୍ଥୀର ଅସୁବିଧା ଶୁଣିବା ସମୟରେ ଶିକ୍ଷାର୍ଥୀ ସ୍ଥାନକୁ ଓହ୍ଲାଇ ଆସନ୍ତି । ଭାବବୁଦ୍ଧିରେ ଆଉ ଦୁଇଟି ଉପାଦାନ ରହିଛି । ପଞ୍ଚମ ଉପାଦାନଟି ଆଶାବାଦୀ ମିଜାସ । ଏମାନଙ୍କ ମୁହଁରେ ଅଧିକାଂଶ ସମୟରେ ହସ ଲାଗିଥାଏ । ଷଷ୍ଠ ଉପାଦାନଟି ଗଭୀର ଅଭିପ୍ରେରଣା (Self-Motivation) । ନିଜକୁ ନିଜେ ପ୍ରରୋଚନା ଓ ଅଭିପ୍ରେରଣା ଦେବାରେ ଏମାନେ ସିଦ୍ଧହସ୍ତ ।

ଜୀବନର ପ୍ରାୟ ସବୁ କ୍ଷେତ୍ରରେ ସଫଳତା ଓ ବ୍ୟକ୍ତିଗତ ଜୀବନର ସୁଖଶାନ୍ତିର ନିର୍ଦ୍ଧାରକ ରୂପେ କାର୍ଯ୍ୟ କରୁଥିବାରୁ ଭାବଅଙ୍କର (Emotional Intellegence) ଗବେଷଣା ବୈଭବ ମନୋବିଜ୍ଞାନର ଏକ ସ୍ୱତନ୍ତ୍ର ସ୍ଥାନ ଅଧିକାର କରିଛି ।

ବୈଭବ ମନୋବିଜ୍ଞାନର ଅନ୍ୟ ଏକ ବହୁ-ଚର୍ଚ୍ଚିତ ସକାରାତ୍ମକ ବ୍ୟବହାର ହେଉଛି **ଆତ୍ମସାମର୍ଥ୍ୟବୋଧ (Self-Efficacy)** । ଷ୍ଟାନ୍‌ଫୋର୍ଡ଼ ବିଶ୍ୱବିଦ୍ୟାଳୟର ବିଶ୍ୱବିଖ୍ୟାତ ମନୋବିଜ୍ଞାନୀ **ଆଲବର୍ଟ ବାନ୍ଦୁରାଙ୍କ (Albert Bandura)** ଅବଦାନ ସାମାଜିକ ଶିକ୍ଷଣ (Social Learning) କ୍ଷେତ୍ରରେ ଅତୁଳନୀୟ । ୧୯୭୭ ମସିହାରେ ତାଙ୍କ ପ୍ରତିପାଦିତ ସାମାଜିକ ଶିକ୍ଷଣକୁ ଆଧାର କରି ବାନ୍ଦୁରା ୧୯୯୭ ମସିହାରେ ଆତ୍ମସାମର୍ଥ୍ୟବୋଧ ତତ୍ତ୍ୱ ପ୍ରଖ୍ୟାପନ କଲେ । ବାନ୍ଦୁରାଙ୍କ ମତରେ ଆମର ଶିକ୍ଷଣ (Learning) ଆମର ଜ୍ଞାନ ଆହରଣ ଓ କୌଶଳ ଶିକ୍ଷାକୁ ପ୍ରଭାବିତ କରେ । କିନ୍ତୁ ଆମର କାର୍ଯ୍ୟ ବା କୌଶଳ ସମ୍ପାଦନ ଆମର ବିଶ୍ୱାସବୋଧ ଦ୍ୱାରା ପ୍ରଭାବିତ ହୋଇଥାଏ । ଆମେ କାର୍ଯ୍ୟଟିକୁ ଦକ୍ଷତାର ସହିତ ସମ୍ପାଦନ କରିପାରବୁ, ଏପରି ବିଶ୍ୱାସ ଥିଲେ କାର୍ଯ୍ୟ ସମ୍ପାଦନ ସମ୍ଭବ ହୁଏ । ଏପରି ବିଶ୍ୱାସ ନ ଥିଲେ ସମ୍ପାଦନ ସମ୍ଭବ ହୁଏ ନାହିଁ । ବିଶ୍ୱାସର ମାତ୍ରା '୦'ରୁ (ଶୂନ୍ୟ) ଆରମ୍ଭ କରି ୧୦୦ ହୋଇପାରେ ।

ବିଶ୍ୱାସର ମାତ୍ରା ଖୁବ୍ ଗୁରୁତ୍ୱପୂର୍ଣ୍ଣ । ସୁତରାଂ ଆତ୍ମସାମର୍ଥ୍ୟବୋଧର ଅର୍ଥ ହେଉଛି ନିଜର ସାମର୍ଥ୍ୟ ସମ୍ପର୍କରେ ନିଜସ୍ୱ ବିଶ୍ୱାସ । ଏଠାରେ ଗୋଟିଏ ପ୍ରଶ୍ନ ବେଶ୍ ତାତ୍ପର୍ଯ୍ୟପୂର୍ଣ୍ଣ । ଧରାଯାଉ ଜଣେ ବ୍ୟକ୍ତିଙ୍କର ପୂର୍ଣ୍ଣମାତ୍ରାରେ ଆତ୍ମସାମର୍ଥ୍ୟବୋଧ ରହିଛି । କିନ୍ତୁ ସେ ରାସ୍ତାରେ ଯିବାବେଳେ ବୁଡ଼ି ଯାଉଥିବା ଗୋଟିଏ ଶିଶୁକୁ ଉଦ୍ଧାର କରିବେ କି ? ସମ୍ଭବତଃ ସେ ଏପରି ପ୍ରଚେଷ୍ଟା କରିବେ ନାହିଁ, କାରଣ ସେ ସନ୍ତରଣ ଜାଣନ୍ତି ନାହିଁ । ସୁତରାଂ ଏପରି

ସାଧାରଣ ସାମର୍ଥ୍ୟବୋଧ ଅପେକ୍ଷା କ୍ଷେତ୍ର-ସମ୍ପର୍କିତ ସାମର୍ଥ୍ୟବୋଧ (Domain-specific Self-Efficacy) ଅଧିକ ପ୍ରାସଙ୍ଗିକ। ଜଣେ ଶିକ୍ଷକଙ୍କ ପାଇଁ ଶିକ୍ଷକତା-ସାମର୍ଥ୍ୟବୋଧ, ବିଦ୍ୟାର୍ଥୀ ପାଇଁ ଅଧ୍ୟୟନ-ସାମର୍ଥ୍ୟବୋଧ, ଗାଡ଼ି ଚାଳକ ପାଇଁ ଗାଡ଼ି ଚାଳନା-ସାମର୍ଥ୍ୟବୋଧ ଏବଂ ଜନନୀ ପାଇଁ ଶିଶୁ-ପରିପାଳନ ସାମର୍ଥ୍ୟବୋଧ ପ୍ରାସଙ୍ଗିକ ହୋଇଥାଏ। ଦଳଗତ ଓ ଗୋଷ୍ଠୀଗତ ପରିପ୍ରେକ୍ଷୀରେ ଦଳଗତ-ସାମର୍ଥ୍ୟବୋଧ (Team-Efficacy) ଆବଶ୍ୟକ ହୁଏ। ଏହି ପରିକଳ୍ପନାଟିର ପରିମାପକ ଓ ପ୍ରୟୋଗ ଦିଗରେ ବୈଭବ ମନୋବିଜ୍ଞାନରେ ବ୍ୟାପକ ଅଧ୍ୟୟନ ଓ ଗବେଷଣା କରାଯାଇଛି।

ଆଶା ଓ ଆଶାବାଦ (Hope & Optimism) କେତେକାଂଶରେ ସମପର୍ଯ୍ୟାୟଭୁକ୍ତ ହେଲେ ମଧ୍ୟ ପରିଭାଷାରେ ପାର୍ଥକ୍ୟ ରହିଛି। ପରେ ଆଲୋଚନା ହେବ। ଆଶାବାଦ ହେଉଛି ଆଗାମୀ ଫଳାଫଳ ସମ୍ପର୍କରେ ସକାରାତ୍ମକ ପ୍ରତ୍ୟାଶା। ବହୁ ଗବେଷଣାରେ ଦେଖାଯାଇଛି ଯେ ସକାରାତ୍ମକ ପ୍ରତ୍ୟାଶା ବହୁ ସୁଫଳ ଆଣିଥାଏ। ପରୀକ୍ଷାର ଫଳାଫଳ, ବ୍ୟବସାୟ ବାଣିଜ୍ୟର ଅନ୍ତିମ ପରିଣାମ ଏବଂ ସ୍ୱାସ୍ଥ୍ୟ ଓ ସମୃଦ୍ଧିରେ ଆଶାବାଦର ଉପଯୋଗୀ ଭୂମିକା ରହିଛି। ଅବଶ୍ୟ ବୈଭବ ମନୋବିଜ୍ଞାନରେ ଆଶାବାଦର ପରିଭାଷା ହେଉଛି ବାସ୍ତବବାଦୀ ଆଶାବାଦ (Realistic Optimism ବା Dynamic Optimism)। ଜଣେ ବ୍ୟକ୍ତି ମାତ୍ରାଧିକ ଆଶାବାଦୀ ହୋଇ ନିଜର ଅସୁସ୍ଥତା ସମୟରେ ଡାକ୍ତରଙ୍କ ପରାମର୍ଶ ନ ଲୋଡ଼ିବାର କଥା ଏଠାରେ କୁହାଯାଉ ନାହିଁ। ସୁତରାଂ କାର୍ଯ୍ୟକାରୀ ଆଶାବାଦ (Functional Optimism) ସମ୍ପର୍କରେ ହିଁ ଗବେଷଣାମୂଳକ ଅଧ୍ୟୟନ କରାଯାଇଛି ।

ସକାରାତ୍ମକ ବ୍ୟବହାର ଏକ ତାତ୍ପର୍ଯ୍ୟପୂର୍ଣ୍ଣ ଦିଗ ହେଉଛି ବିରୁଦ୍ଧ ଶକ୍ତିର କୁପ୍ରଭାବରୁ ବାହାରି ଆସିବାର ସାମର୍ଥ୍ୟ (Resilience)। ଏ ପ୍ରସଙ୍ଗଟି ପ୍ରକୃତରେ ଦୁଃସ୍ଥ ଶିଶୁମାନଙ୍କ ଉପରେ କରାଯାଇଥିବା ଗବେଷଣାରୁ ଜନ୍ମ ନେଇଛି। ୧୯୭୦ ମସିହାରେ ମିନେସୋଟା ବିଶ୍ୱ ବିଦ୍ୟାଳୟର ମନୋବିଜ୍ଞାନୀ ଗର୍ମେଜୀ (Garmezy) ଏକ ଅଦ୍‌ଭୁତ ପରିଣତି ପ୍ରଥମେ ଲକ୍ଷ୍ୟ କଲେ। ସେ ଦେଖିଲେ ଯେ ଅତି ଦୁର୍ଦ୍ଦଶାଗ୍ରସ୍ତ ଅବସ୍ଥାରେ ଗତି କରୁଥିବା ଦରିଦ୍ର ପିଲାମାନଙ୍କ ମଧ୍ୟରୁ ସବୁପିଲା ଖରାପ ହେଉ ନାହାନ୍ତି। ଆମ୍ଭମାନଙ୍କର ଧାରଣା ଯେ ଅପରାଧପ୍ରବଣ ପରିବେଶ ଓ ଦୁଃଖ ଦାରିଦ୍ର୍ୟପୂର୍ଣ୍ଣ ଅବସ୍ଥା ଦେଇ ଗତି କରୁଥିବା ପିଲାମାନେ ସାଧାରଣତଃ ଅକ୍ଷମ ଓ ଅପରାଧପ୍ରବଣ ହୁଅନ୍ତି। ମାତ୍ର ଗର୍ମେଜୀ ଏକ ଭିନ୍ନତା ଲକ୍ଷ୍ୟ କଲେ।

ପରିବେଶ

		ଦୁଃସ୍ଥ	ସୁସ୍ଥ
ଦକ୍ଷତା	ଉଚ୍ଚଧରଣର	କୁପ୍ରଭାବମୁକ୍ତ (Resilient)	ଦକ୍ଷତାପୂର୍ଣ୍ଣ
	ନିମ୍ନ ଧରଣର	ଦକ୍ଷତା ହୀନ	ସମସ୍ୟାଜଡ଼ିତ

ଗର୍ମେଜୀଙ୍କ ପର୍ଯ୍ୟବେକ୍ଷଣ ଅନୁଯାୟୀ କିଛି ସଂଖ୍ୟକ ଶିଶୁ (ପ୍ରାୟ ୩୦ ପ୍ରତିଶତ) ଖରାପ ଅବସ୍ଥାର କୁପ୍ରଭାବରୁ ନିଜକୁ ମୁକ୍ତ ରଖି ଅଗ୍ରସର ହୁଅନ୍ତି। ଏମାନଙ୍କୁ (Resilient) ଶିଶୁ କୁହାଗଲା। ଆମର ପରିଭାଷାରେ ଏହାକୁ **ପଙ୍କରେ ପଦ୍ମ-ପ୍ରକ୍ରିୟା** କୁହାଯାଇପାରେ ।

ଅତୀତର ଗବେଷଣା ମୁଖ୍ୟତଃ ଏପରି କୁପ୍ରଭାବମୁକ୍ତ ଶିଶୁ-କେନ୍ଦ୍ରିତ ରହିଥିଲେ ମଧ୍ୟ ବର୍ତ୍ତମାନ ଏହା ଏକ ବୃହତ୍ତର ପରିପ୍ରେକ୍ଷୀରେ ଅନୁଧ୍ୟାନ କରାଯାଉଛି। ଜୀବନର ଯେ କୌଣସି ପର୍ଯ୍ୟାୟରେ ଏବଂ ଯେ କୌଣସି କ୍ଷେତ୍ରରେ (ଗୃହ, ବିଦ୍ୟାଳୟ, ପରିବାର, କର୍ମସଂସ୍ଥା, ଇତ୍ୟାଦି) ଏହାର ଉପଯୋଗିତା ରହିଛି। କେଉଁ କେଉଁ କୌଶଳ ଅବଲମ୍ବନ କଲେ ମଣିଷ ମନରେ ଏପରି ସାମର୍ଥ୍ୟର (ଖରାପ ପରିସ୍ଥିତିର କୁପ୍ରଭାବକୁ ପୂରାପୂରି ଏଡ଼ାଇବା କିମ୍ବା ସର୍ବନିମ୍ନ କରିବା) ବିକାଶ କରାଯାଇପାରିବ, ତାହାର ଗବେଷଣା ଆଧୁନିକ ବୈଭବ ମନୋବିଜ୍ଞାନର ଏକ ବିଶେଷ ସାମଗ୍ରୀ।

ସୁଖ ଓ ସ୍ୱାସ୍ଥ୍ୟ ବିଷୟକ ଗବେଷଣା :

ବୈଭବ ମନୋବିଜ୍ଞାନୀମାନଙ୍କର ଗବେଷଣା କ୍ଷେତ୍ରର ଏକ ତାଲିକା ପ୍ରସ୍ତୁତ କଲେ ସ୍ୱାସ୍ଥ୍ୟ ଓ ସୁଖ (Health / Happiness / Well-Being) ନିଶ୍ଚିତ ଭାବରେ ପ୍ରାୟ ଶୀର୍ଷସ୍ଥାନ ଅଧିକାର କରିବ। ଆଧୁନିକ ଯୁଗରେ ସ୍ୱାସ୍ଥ୍ୟର ପରିଭାଷା କିପରି ବିସ୍ତୃତ ହୋଇଛି, ତାହା ବିଶ୍ୱସ୍ୱାସ୍ଥ୍ୟ ସଙ୍ଗଠନର ନୂତନ ସଂଜ୍ଞାର ସୂଚନା ଦେବା ପରିପ୍ରେକ୍ଷୀରେ ପୂର୍ବରୁ ଉଲ୍ଲେଖ କରାଯାଇଛି। ମଣିଷର ଆବଶ୍ୟକତା କ'ଣ, ଏ ପ୍ରଶ୍ନଟି ପଚାରିଲେ ଅଧିକାଂଶ ଲୋକ ନିଜର ସ୍ୱାସ୍ଥ୍ୟ ଓ ସୁଖର ଚାହିଦା ଉଲ୍ଲେଖ କରିବେ। ଲୋକମତ ସହ ସମନ୍ୱୟ ରକ୍ଷାକରି ମନୋବିଜ୍ଞାନୀମାନେ ମଧ୍ୟ ମାନସିକ ସ୍ୱାସ୍ଥ୍ୟ ଓ ସୁଖାନୁଭୂତି ସମ୍ପର୍କରେ ପର୍ଯ୍ୟାପ୍ତ ଗବେଷଣା କରିଛନ୍ତି।

ଏହି ଗବେଷଣାରେ ଯେଉଁ ସବୁ ପ୍ରଶ୍ନ ପ୍ରାଧାନ୍ୟ ଲାଭ କରିଛି, ତାହାର ସୂଚନା ଦିଆଯାଇପାରେ। ପ୍ରଥମତଃ ସୁଖ ଓ ଆନନ୍ଦାନୁଭୂତି ଆମ ଦୈନନ୍ଦିନ ଜୀବନର ବହୁ ପରିଚିତ ଶବ୍ଦାବଳୀ ହେଲେ ମଧ୍ୟ ବୈଜ୍ଞାନିକ ଦୃଷ୍ଟିକୋଣରୁ ଏହାର ସ୍ପଷ୍ଟ ସଂଜ୍ଞା ଆବଶ୍ୟକ । ବୈଭବ ମନୋବିଜ୍ଞାନର ଆରମ୍ଭଠାରୁ ଏ ପର୍ଯ୍ୟନ୍ତ ଦୁଇ ତିନି ଦଶକ ମଧ୍ୟରେ ସୁଖାନୁଭୂତିର ଦୁଇଟି ପରମ୍ପରା ପରିଲକ୍ଷିତ ହୁଏ। ପ୍ରଥମ ପରମ୍ପରାରେ ସକାରାତ୍ମକ ଆବେଗକୁ ଗୁରୁତ୍ୱ ଦିଆଯାଇଛି। ଜୀବନରେ ସାମଗ୍ରିକ ସନ୍ତୋଷ, ସକାରାତ୍ମକ ଆବେଗ ଅନୁଭବର ବହୁଳତା ଏବଂ ନକାରାତ୍ମକ ଆବେଗର ସ୍ୱଳ୍ପତା - ଏ ତିନୋଟି ଉପାଦାନକୁ ଆଶ୍ରୟ କରି ସୁଖାନୁଭୂତିର ପରିମାପ କରାଯାଇଛି। **ଏଡ଼ୱାର୍ଡ଼ ଡାଏନର (Edward Diener)** ଏ ପରମ୍ପରାର ମୁଖ୍ୟ ଗବେଷକ।

ସୁଖାନୁଭୂତିର ଅନ୍ୟ ପରିକଳ୍ପନାଟି ଆତ୍ମୋପଲବ୍ଧି (Self-Realization) କେନ୍ଦ୍ରିତ। କ୍ୟାରୋଲ୍ ରିଫ୍ (Carol Ryff) ଏହାର ମୁଖ୍ୟ ପ୍ରବକ୍ତା। ଅନ୍ତର୍ଜଗତର ଛ'ଟି ସିଦ୍ଧିକୁ ଭିତ୍ତିକରି ସୁଖାନୁଭୂତିର ପରିକଳ୍ପନା କରାଯାଇଛି। ଏହି ଛ'ଟି ଉପାଦାନ ହେଉଛି : ସ୍ୱାଧୀନ ମନୋଭାବ, ପରିବେଶ ଉପରେ ନିୟନ୍ତ୍ରଣ, ଅନ୍ୟମାନଙ୍କ ସହ ସୁସମ୍ପର୍କ, ବ୍ୟକ୍ତିଗତ ବିକାଶ, ଜୀବନର ଅର୍ଥବୋଧ (Meaningfulness) ଏବଂ ଆତ୍ମସ୍ୱୀକୃତି (Self acceptance)। ସୁଖାନୁଭୂତିର ସଂଜ୍ଞା ଓ ପରିମାପକୁ (Measurement) ବାଦ ଦେଲେ ଅନ୍ୟ ଯେଉଁ ସବୁ ପ୍ରଶ୍ନ ଗବେଷଣାରେ ସ୍ଥାନ ପାଇଛି, ସେଗୁଡ଼ିକ ଏହିପରି :

- କେଉଁ ସବୁ ଭାବଧାରା ସୁଖାନୁଭୂତି ସହିତ ସଂଶ୍ଳିଷ୍ଟ ? (ଯଥା : ଆଶାବାଦିତା)
- କେଉଁ ସବୁ ଉପାଦାନ ସୁଖର ନିର୍ଦ୍ଧାରକ ?
- ପୁରୁଷ କି ନାରୀ ଅଧିକ ସୁଖର ଅଧିକାରୀ ?
- ସୁଖାନୁଭୂତିରେ ସଂସ୍କୃତି, ବୟସ, ଶିକ୍ଷାଗତ ଯୋଗ୍ୟତା, ସାମାଜିକ ପଦବୀ କିପରି ଜଡ଼ିତ ?
- କି ପ୍ରକାର ସାମାଜିକ / ସାଂସ୍କୃତିକ ପରିବେଶ ସୁଖବର୍ଦ୍ଧନ କରେ ?
- କାର୍ଯ୍ୟକ୍ଷେତ୍ରରେ ସୁଖାନୁଭୂତିର ଭୂମିକା କ'ଣ ?
- ସୁଖାନୁଭୂତିର ଅନ୍ତରାଳରେ କି ପ୍ରକାର ମାନସିକ ପ୍ରକ୍ରିୟା କାର୍ଯ୍ୟ କରୁଛି ?
- ସୁଖାନୁଭୂତିର ପରିବର୍ଦ୍ଧନ ପାଇଁ କ'ଣ କରାଯାଇପାରିବ ?

ସଦ୍‌ଗୁଣର ପର୍ଯ୍ୟାଲୋଚନା :

ବୈଭବ ମନୋବିଜ୍ଞାନର ସଂଜ୍ଞା ପ୍ରସଙ୍ଗରେ ଏହାକୁ ସଦ୍‌ଗୁଣ ଓ ମୂଲ୍ୟବୋଧର ମନସ୍ତତ୍ତ୍ୱ ବୋଲି ବର୍ଣ୍ଣନା କରାଯାଇଛି। ଏହି ଶୃଙ୍ଖଳାର ପରିସର ଭାବରେ ସକାରାତ୍ମକ ବ୍ୟବହାର କଥା କହିବା ସମୟରେ ଦୃଶ୍ୟମାନ ବାହ୍ୟ ବ୍ୟବହାରକୁ ବୁଝାଇଥାଏ। ମାତ୍ର ଅନ୍ୟ କେତେକ ଉପାଦାନ ପ୍ରଚ୍ଛନ୍ନ ସମ୍ଭାବନା ରୂପେ ବ୍ୟକ୍ତି ମଧ୍ୟରେ ଥାଏ। ବ୍ୟକ୍ତିତ୍ୱର ପରିଭାଷାରେ ଏହାକୁ ଗୁଣ (Trait) କୁହାଯାଏ। ଅବଶ୍ୟ ଗୁଣଟି ସୁଗୁଣ କିମ୍ବା ଦୁର୍ଗୁଣ ହୋଇପାରେ। ମାତ୍ର ବୈଭବ ମନୋବିଜ୍ଞାନ ପରିପ୍ରେକ୍ଷୀରେ ସୁଗୁଣ (Virtue) ଓ ସବଳତା ହିଁ ପ୍ରାସଙ୍ଗିକ। ଏପରି ସଦ୍‌ଗୁଣ ନୈତିକତା ଓ ମୂଲ୍ୟବୋଧ ଉପରେ ପ୍ରତିଷ୍ଠିତ । ପୁଣି ସଦ୍‌ଗୁଣର କଥା କହିବା ସମୟରେ ଏହା ପ୍ରତିଭା-ସମ୍ପର୍କିତ ଗୁଣାବଳୀର କଥା କୁହାଯାଉ ନାହିଁ। ଜଣେ ଦକ୍ଷ ଖେଳାଳୀ ଅଧିକ ଅଭ୍ୟାସ କରି ବେଶୀ ବିଖ୍ୟାତ ହୋଇପାରେ । ମାତ୍ର ଏପରି ଦକ୍ଷତାକୁ ଏଠାରେ ଅନ୍ତର୍ଭୁକ୍ତ କରାଯାଉ ନାହିଁ। ନୀତି ଓ ମୂଲ୍ୟବୋଧ ଆଧାରିତ ଗୁଣାବଳୀର ଅଧ୍ୟୟନ ବୈଭବ ମନୋବିଜ୍ଞାନର ଏକ ଗବେଷଣା ପରିସର।

ସଦ୍‌ଗୁଣର ତାଲିକା ଦୀର୍ଘ ହେଲେ ମଧ୍ୟ ସେଲିଗ୍‌ମ୍ୟାନ୍ ବହୁସଂଖ୍ୟକ ସଦ୍‌ଗୁଣର ତାଲିକା ନେଇ ଏକ ପରିସଂଖ୍ୟାନଗତ ପ୍ରକ୍ରିୟାର (Factor Analysis) ୨୪ଟି ସୁଗୁଣର ତାଲିକା ପ୍ରସ୍ତୁତ କରିଛନ୍ତି। ଏଗୁଡ଼ିକ ବ୍ୟକ୍ତିଗତ ସବଳତାର ସୂଚକ। ଚବିଶଟି ସଦ୍‌ଗୁଣ ମଧ୍ୟରୁ ଅନ୍ତତଃ ଅଳ୍ପ କେତୋଟିରେ ଉଚ୍ଚତର ବିକାଶ ବ୍ୟକ୍ତିକୁ ଅଗ୍ରଗାମୀ କରିଥାଏ। ସେଲିଗ୍‌ମ୍ୟାନ୍ ଏହାକୁ **ବ୍ୟକ୍ତିଗତ ପ୍ରାଚୁର୍ଯ୍ୟ (Signature Strength)** ବୋଲି ଅଭିହିତ କରିଛନ୍ତି। ନିମ୍ନରେ ୨୪ଟି ସଦ୍‌ଗୁଣର ତାଲିକା ଦିଆଯାଉଛି।

ପ୍ରଜ୍ଞାସୂଚକ ସଦ୍‌ଗୁଣ :

୧. ବିଶ୍ୱ ସମ୍ପର୍କରେ କୌତୂହଳ

୨. ନୂତନ ଶିକ୍ଷା ପ୍ରତି ଆଗ୍ରହ

୩. ବିଚାରଶୀଳତା / ଉନ୍ମୁକ୍ତ ମନ

୪. ବ୍ୟବହାରିକ ବୁଦ୍ଧି

୫. ଭାବବୁଦ୍ଧି / ସାମାଜିକ ବୁଦ୍ଧି

୬. ଭିନ୍ନ ଦୃଷ୍ଟିକୋଣର ସଠିକ ବୁଝାମଣା

ସାହସ ସମ୍ପର୍କିତ ଗୁଣାବଳୀ :

୭. ବୀରତ୍ୱ

୮. ଅଧ୍ୟବସାୟ

୯. ସାଧୁତା

୧୦. ଦୟାଳୁତା

୧୧. ଅନ୍ୟ ପ୍ରତି ସଂପ୍ରୀତି ଦର୍ଶାଇବା ଏବଂ ଅନ୍ୟର ପ୍ରିୟ ହେବା ।

ନ୍ୟାୟ ବିଷୟକ ଗୁଣାବଳୀ :

୧୨. ସୁନାଗରିକତା

୧୩. ସମଦୃଷ୍ଟି (ଅନ୍ୟମାନଙ୍କୁ ନ୍ୟାୟୋଚିତ ଦୃଷ୍ଟିରେ ଦେଖିବା)

୧୪. ନେତୃତ୍ୱଗୁଣ

ମିତାଚାର (Temperance)

୧୫. ଆତ୍ମ-ନିୟନ୍ତ୍ରଣ

୧୬. ସାବଧାନତା

୧୭. ବିନମ୍ରତା

ଅତିକ୍ରମଣ (Trascendence)

୧୮. କଳା / ସୌନ୍ଦର୍ଯ୍ୟପ୍ରିୟତା

୧୯. କୃତଜ୍ଞତାଜ୍ଞାପନ

୨୦. ଆଶା / ଭବିଷ୍ୟତମନା

୨୧. ଆଧ୍ୟାତ୍ମିକତା / ଧର୍ମୀୟଭାବନା

୨୨. କ୍ଷମାଶୀଳତା

୨୩. ସହଜିଆଭାବ ଓ ହାସ୍ୟରସପ୍ରିୟତା

୨୪. ଉତ୍ସାହ

ଏସବୁ ଗୁଣାବଳୀର ପରିମାପକ (Measurement), ବାହ୍ୟିକ ବ୍ୟବହାରିକ ପରିପ୍ରକାଶ ଏବଂ ସେପରି ବ୍ୟବହାରର ମନସ୍ତାତ୍ତ୍ୱିକ ଫଳାଫଳର ଅନୁଧ୍ୟାନ ବୈଭବ ମନୋବିଜ୍ଞାନରେ ସ୍ଥାନ ପାଇଛି ।

ଚିକିତ୍ସାରେ ବୈଭବ ମନୋବିଜ୍ଞାନର ପ୍ରୟୋଗ

ପରିଶେଷରେ କୁହାଯିବ ଯେ ମାନସିକ ଚିକିତ୍ସା କ୍ଷେତ୍ରରେ ବୈଭବ ମନୋବିଜ୍ଞାନର ପ୍ରୟୋଗ ଏକ ପ୍ରୟୋଗାତ୍ମକ ଲକ୍ଷ୍ୟ। ବୈଭବ ମନୋବିଜ୍ଞାନର ବିକାଶ ସମୟରେ କୁହାଯାଇଛି ଯେ ସକାରାତ୍ମକ (Positive) ଉପାଦାନସମୂହର ଅଧ୍ୟୟନ ହିଁ ଏ ମନୋବିଜ୍ଞାନର ଆଭିମୁଖ୍ୟ। ଏହାର ଅର୍ଥ ନୁହେଁ ଯେ ବୈଭବ ମନୋବିଜ୍ଞାନୀମାନେ ମାନସିକ ରୋଗ ଏବଂ ଏ ସମ୍ପର୍କିତ ସମସ୍ୟା ପ୍ରତି (ବିଷାଦ, ଭୟ, ଉଦ୍‌ବେଗ ଓ ମାନସିକ ଚାପ) କୌଣସି ଧ୍ୟାନ ଦେବେ ନାହିଁ। ପ୍ରକୃତ ଲକ୍ଷ୍ୟ ହେଉଛି ସେବାର୍ଥୀକୁ (Client) ନକାରାତ୍ମକ ଦୃଷ୍ଟିରୁ ବିଚାର ନ କରି ସକାରାତ୍ମକ ଦୃଷ୍ଟିଭଙ୍ଗୀ ନେଇ ସହାୟତା ପ୍ରଦାନ କରିବେ। ସେବାର୍ଥୀ ଯେପରି ସୁଖଶାନ୍ତି ଓ ସନ୍ତୋଷର ଅଧିକାରୀ ହେବ, ସେ ଦିଗରେ ପ୍ରଯତ୍ନ କରିବେ।

ଦୃଷ୍ଟାନ୍ତ ସ୍ୱରୂପ ରୁଇନି ଓ ଫାଭାଙ୍କ (Ruini & Fava, 2004) ପ୍ରବର୍ତ୍ତିତ **ସୁସ୍ଥତାମୁଖୀ ଚିକିତ୍ସାର (Wellness Therapy)** କଥା କୁହାଯାଇପାରେ। ଏପରି ପ୍ରକ୍ରିୟାରେ ସେବାର୍ଥୀକୁ ଅଯଥା ରୋଗ-ସଚେତନ ନ କରି ତାଙ୍କ ମନରେ ସ୍ୱାସ୍ଥ୍ୟର ଅନୁକୂଳ ଉପାଦାନ (ମାନସିକ ସ୍ୱାଧୀନତା, ପରିବେଶ ଉପରେ ନିୟନ୍ତ୍ରଣ, ଅନ୍ୟମାନଙ୍କ ପ୍ରତି ସଂପ୍ରୀତି, ନିଜର ବ୍ୟକ୍ତିଗତ ବିକାଶ, ଜୀବନର ଅର୍ଥବୋଧ ଓ ଆତ୍ମସ୍ୱୀକୃତି) ରୋପିତ କରାଯାଏ। ମୋଟ ଉପରେ ଚିକିତ୍ସା ପ୍ରଣାଳୀର ଆଭିମୁଖ୍ୟ ସକାରାତ୍ମକ ରହିଥାଏ।

ଉପସଂହାରରେ କୁହାଯିବ ଯେ ବୈଭବ ମନୋବିଜ୍ଞାନର ଆଭିମୁଖ୍ୟର ପରିସର ବିସ୍ତୃତ। ପରିପୂର୍ଣ୍ଣ ଜୀବନର ଅଧ୍ୟୟନ, ସକାରାତ୍ମକ ଭାବାବେଗର ଅନୁଶୀଳନ, ସକାରାତ୍ମକ ବ୍ୟବହାର, ସୁଖ ଓ ସ୍ୱାସ୍ଥ୍ୟ ବିଷୟକ ଗବେଷଣା, ସଦ୍‌ଗୁଣର ପର୍ଯ୍ୟାଲୋଚନା ଏବଂ ମାନସିକ ସ୍ୱାସ୍ଥ୍ୟ ବିକାଶରେ ବୈଭବ ମନୋବିଜ୍ଞାନର ପ୍ରୟୋଗ ହେଉଛି ଏ ଶୃଙ୍ଖଳାର ମୁଖ୍ୟ ଲକ୍ଷ୍ୟ। ବୈଭବ ମନୋବିଜ୍ଞାନର ବିକାଶ ଗତ ଦୁଇ ତିନି ଦଶକ ମଧ୍ୟରେ ଘଟିଥିବାରୁ ଆଗାମୀ ଦିନରେ ଏହାର ପରିସର ବିସ୍ତୃତ ହେବା ସହିତ ନୂତନ ଲକ୍ଷ୍ୟ ସବୁର ପ୍ରବେଶ ସମ୍ଭାବନା ଗଭୀର ମନେହୁଏ।

ଅନୁକୂଳ (ସକାରାତ୍ମକ) ଭାବାବେଗ

ଅନୁକୂଳ (ସକାରାତ୍ମକ) ଭାବାବେଗ (Positive Emotion) ମନୁଷ୍ୟ ଜୀବନରେ ଏକ ବିଶିଷ୍ଟ ସମ୍ବଳ । ଭାବଗତ ଅନୁକୂଳତାର ଅଧିକାରୀ ହୋଇଥିବା ବ୍ୟକ୍ତିମାନେ ଅଧିକାଂଶ ସମୟରେ ସକରାତ୍ମକ ଆବେଗର ଅନୁଭବ ପାଆନ୍ତି । ସେମାନଙ୍କ ମୁଖରେ ସ୍ମିତହସ ଲାଗି ରହିଥାଏ । ସେମାନଙ୍କ ଆଚରଣ ଓ କାର୍ଯ୍ୟ ଧାରାରେ ଉତ୍ସାହ, ସତେଜତା ଓ ଆତ୍ମବିଶ୍ୱାସ ପ୍ରତିଫଳିତ ହୁଏ । ଅନ୍ୟ ପକ୍ଷରେ ପ୍ରତିକୂଳ ଭାବାବେଗର (Negative Emotions) ଅଧିକାରୀ ହୋଇଥିବା ଲୋକମାନେ ଅପେକ୍ଷାକୃତ ବେଶୀ ରାଗ, ଭୟ, ଆଶଙ୍କା, ବିଷାଦ ଓ ଅସନ୍ତୋଷ ମଧ୍ୟରେ ଜୀବନ କଟାନ୍ତି । ଆମ ଜୀବନର ସୁଖଶାନ୍ତି ବହୁମାତ୍ରାରେ ଅନୁକୂଳ ଭାବାବେଗ ଦ୍ୱାରା ପ୍ରଭାବିତ ହେଉଥିବାରୁ ଏବଂ କେତେକ ଦୃଷ୍ଟିରୁ ମନୁଷ୍ୟର ସୁଖ ଓ ଆନନ୍ଦାନୁଭୂତି ପ୍ରାୟ ଭାବଗତ ଅନୁକୂଳତା ସହିତ ସମାର୍ଥବୋଧକ ହୋଇଥିବାରୁ ଏହାର ବିଜ୍ଞାନ-ସମ୍ମତ ରୂପରେଖ ଏବଂ ପରିପ୍ରକାଶ ବୁଝିବାକୁ ହେବ ।

ବିଂଶ ଶତକର ଶେଷପାଦ ଓ ଏକବିଂଶ ଶତକର ଆରମ୍ଭ ପର୍ଯ୍ୟନ୍ତ ସକାରାତ୍ମକ ଭାବ ବା ଆବେଗ ସମ୍ପର୍କରେ ବୈଜ୍ଞାନିକ ଅନୁଶୀଳନ ଅବହେଳିତ ଅବସ୍ଥାରେ ରହିଥିଲା । ଏହାର ଏକାଧିକ କାରଣ ରହିଥିଲା । ମନୁଷ୍ୟ ଜୀବନରେ ଏବଂ ଦୈନିକ ଚଳଣିରେ ନକାରାତ୍ମକ ପ୍ରବଣତା (Negativity Bias) ଖୁବ୍ ସ୍ପଷ୍ଟ । ଆମ ଜୀବନରେ ନାୟକ ଅପେକ୍ଷା ଖଳନାୟକର କଥା ବେଶୀ ମନେ ପଡ଼େ । ଆମେ ହଜାରେ ଟଙ୍କା ପାଇଲେ ଯେଉଁ ମାତ୍ରାରେ ଖୁସୀ ହେଉ ହଜାରେ ଟଙ୍କା ହଜିଗଲେ ଆମେ ଅଧିକ ଦୁଃଖୀ ହୋଇଥାଉ । ନକାରାତ୍ମକ ଦିଗ ପ୍ରତି ଅପେକ୍ଷାକୃତ ଅଧିକ ଧ୍ୟାନ ଦେବାର ଅସଂଖ୍ୟ ଉଦାହରଣ ରହିଛି । ମୁଖ୍ୟତଃ ଡାରଉଇନ୍‌ଙ୍କ ଉଦ୍‌ବର୍ତ୍ତନ (Evolution) ନୀତି-ପ୍ରଭାବିତ ହୋଇ ସମସ୍ତେ ବିଶ୍ୱାସ କରୁଥିଲେ ଯେ ତିଷ୍ଠି ରହିବା ପାଇଁ ନକାରାତ୍ମକ ଆବେଗ (ଭୟ, ଆଶଙ୍କା, ଉଦ୍‌ବେଗ, କ୍ରୋଧ, ହିଂସା) ଅତି ଆବଶ୍ୟକ । ମନୁଷ୍ୟ ମନରେ ଭୟ ଓ ଆଶଙ୍କା ନ ଥିଲେ ସେ ନିଜର ସୁରକ୍ଷା ପାଇଁ ପ୍ରଯତ୍ନଶୀଳ ହେବ ନାହିଁ । ଆଚରଣରେ ଆକ୍ରମଣାତ୍ମକ

ଭାବଭଙ୍ଗୀ ନ ଥିଲେ ହିଂସ୍ରଜନ୍ତୁଙ୍କ କବଳରୁ ନିଜକୁ ରକ୍ଷା କରିପାରିବ ନାହିଁ। ସୁତରାଂ ଜୀବନର ନିରାପତ୍ତା ପାଇଁ ଭୟ, ଆଶଙ୍କା, କ୍ରୋଧ ଓ ହିଂସ୍ର ମନୋଭାବ ଏକାନ୍ତ ପ୍ରୟୋଜନ ।

ଦୈନନ୍ଦିନ ଜୀବନରେ ମଧ୍ୟ ନକାରାତ୍ମକ ଆବେଗର ସୁରକ୍ଷାସୂଚକ ଭୂମିକା ପ୍ରତିଫଳିତ। ମନେ କରାଯାଉ କୌଣସି ବ୍ୟକ୍ତି ଆମକୁ ରୁକ୍ଷ ବ୍ୟବହାର ଦର୍ଶାଇବାରୁ ଆମ ମନରେ କ୍ରୋଧ ଜନ୍ମିଲା। କ୍ରୋଧ ଏକ ନକାରାତ୍ମକ ଅନୁଭବ। ଏପରି ନକାରାତ୍ମକ ଆବେଗ ଆମ ମନର ଭାବ ଓ ଭାବନାକୁ ସଂକୁଚିତ କରିବ। ଆମେ ଅନ୍ୟ କୌଣସି କଥା ନ ଭାବି କେବଳ ଅପମାନର ପ୍ରତିଶୋଧ କଥା ଚିନ୍ତା କରିବୁ। ଆମକୁ ଅପମାନିତ କରିଥିବା ବ୍ୟକ୍ତିର ଆମେ କିପରି ପ୍ରତିଶୋଧ ନେଇ ପାରିବୁ, ତାହା ଚିନ୍ତା କରିବୁ। ଭବିଷ୍ୟତର କେଉଁ କେଉଁ ଅବସ୍ଥା ଆମକୁ ଏପରି ସୁଯୋଗ ଦେଇପାରିବ, ତାହାର କଳ୍ପନା କରିବୁ। ସୁତରାଂ କ୍ଷେତ୍ରଟି ବିସ୍ତୃତ ନ ହୋଇ ସୀମିତ ହୋଇଗଲେ, ଆମର ବିଚାର ବିଶ୍ଳେଷଣ ମଧ୍ୟ ସୁବିଧାଜନକ ହେବ।

ବିଂଶ ଶତକର ଆଦ୍ୟ ଭାଗରେ ବିଶ୍ୱବିଶ୍ରୁତ ମନୋବିଜ୍ଞାନୀ ସିଗ୍‌ମଣ୍ଡ୍ ଫ୍ରଏଡ୍‌ଙ୍କ ପ୍ରଭାବ ମଧ୍ୟ ନକାରାତ୍ମକ ଆବେଗ ପ୍ରତି ଗୁରୁତ୍ୱ ଆରୋପ କଲା। ଫ୍ରଏଡ଼ୀୟ ମନୋଚିକିତ୍ସାର କେନ୍ଦ୍ରବିନ୍ଦୁ ଥିଲା ଉଦ୍‌ବେଗ (Anxiety)। ଫ୍ରଏଡ୍ ବିଶ୍ୱାସ କରୁଥିଲେ ସମସ୍ତ ପ୍ରକାର ମାନସିକ ବିକାର ମୂଳରେ ଉଦ୍‌ବେଗ ହିଁ ସଂଶ୍ଳିଷ୍ଟ। ସୁତରାଂ ମାନସିକ ବିକୃତି ଦୂର କରିବା ପାଇଁ ଉଦ୍‌ବେଗର ବିଲୋପ ଅଗ୍ରାଧିକାର ଲାଭ କଲା। ପରବର୍ତ୍ତୀ ପର୍ଯ୍ୟାୟରୁ ଯେଉଁ ସବୁ ମନୋବିଜ୍ଞାନୀ ଓ ମନୋଚିକିତ୍ସକ ପ୍ରତିଷ୍ଠା ଲାଭ କଲେ ସେମାନେ ମଧ୍ୟ ନକାରାତ୍ମକ ଆବେଗ ପ୍ରତି ଅଧିକ ଧ୍ୟାନ ଦେଲେ। ଆଧୁନିକ ଜଗତରେ ବ୍ୟସ୍ତବହୁଳ ଜୀବନରେ ମାନସିକ ଚାପ ବୃଦ୍ଧି ପାଇବାରୁ ମାନସିକ ପୀଡ଼ନର ଦୂରୀକରଣ ପ୍ରାଧାନ୍ୟ ଲାଭ କଲା। ମନୋବୈଜ୍ଞାନିକ ଜଗତରେ ମାନସିକ ସ୍ୱାସ୍ଥ୍ୟ ଓ ରୋଗ-କେନ୍ଦ୍ରିତ ଚିକିତ୍ସା ପ୍ରଣାଳୀ ଗୁରୁତ୍ୱ ଲାଭ କରିବାରୁ ଅନୁକୂଳ ଆବେଗର ଗଠନମୂଳକ ଭୂମିକା ସମ୍ପର୍କରେ ବିଶେଷଜ୍ଞ ଓ ଜନସାଧାରଣ ବୀତସ୍ପୃହ ହୋଇ ପଡ଼ିଲେ।

ପରିକଳ୍ପନାର ନୂଆ ରୂପ :

ବିଂଶ ଶତକର ଶେଷ ପାଦରେ ନୂତନ ପରିକଳ୍ପନାର ଉନ୍ମେଷ ଘଟିଥିଲା। ଜୀବନ ଯେ ତିକ୍ତତା ଓ ମଧୁରତାର ଏକ ଅପୂର୍ବ ସମନ୍ୱୟ - ଏ ଉପଲବ୍ଧି ଧୀରେ ଧୀରେ ବଳବତୀ ହେଲା। ଭୟ, କ୍ରୋଧ, ଆଶଙ୍କା ଓ ଉଦ୍‌ବେଗ ଯେପରି ନକାରାତ୍ମକ ଅନୁଭବ

ଦିଏ, ଆନନ୍ଦ, ଉଲ୍ଲାସ, ଶାନ୍ତି, ସନ୍ତୋଷ ସେପରି ସକାରାତ୍ମକ ଅନୁଭବ ଦିଏ । ଅନୁକୂଳତା ଓ ପ୍ରତିକୂଳ ଅନୁଭବ ଦୁଇଟି ସ୍ୱତନ୍ତ୍ର ଧରଣର ଆବେଗିକ ଢାଞ୍ଚା ଗଠନ କରେ । କେତେକ ବ୍ୟକ୍ତିଙ୍କୁ ବ୍ୟକ୍ତିତ୍ୱରେ ଅଧିକ ପରିମାଣରେ ଭାବଗତ ଅନୁକୂଳତା (Positive Affectivity) ପ୍ରଦର୍ଶିତ ହେବା ସ୍ଥଳେ ଅନ୍ୟ କେତେକ ବ୍ୟକ୍ତିଙ୍କ ଶୈଳୀରେ ଭାବଗତ ପ୍ରତିକୂଳତା (Negative Affectivity) ପରିଦୃଷ୍ଟ ହୁଏ । ଅନ୍ୟ ଭାଷାରେ କହିଲେ କେତେକ ବ୍ୟକ୍ତି ଅଧିକାଂଶ ସମୟରେ ହସଖୁସି ଓ ମିଠା ମିଜାସ ବ୍ୟକ୍ତ କରିବା ସ୍ଥଳେ ଅନ୍ୟ କେତେକ ବ୍ୟକ୍ତି ବେଶୀଭାଗ ଭୟାତୁର ବିଷାଦମୁଖୀ ହାବଭାବ ଦର୍ଶାନ୍ତି ।

ଦ୍ୱିତୀୟତଃ ମନୁଷ୍ୟର ଶାରୀରିକ କ୍ରିୟାକଳାପ (ମସ୍ତିଷ୍କ, ସ୍ନାୟୁମଣ୍ଡଳ, ହରମୋନ୍ ଓ ଜୀବରସ) ସ୍ତରରେ ପାର୍ଥକ୍ୟ ଦେଖାଯାଏ । ଅବଶ୍ୟ ମନେ ରଖିବାକୁ ହେବ ଯେ ଆମର ସକାରାତ୍ମକ ଆବେଗର ଅନୁଭବକାଳୀନ ଶାରୀରିକ କ୍ରିୟାକଳାପ ଆମର ନକାରାତ୍ମକ ଆବେଗକାଳୀନ ଶାରୀରିକ କ୍ରିୟା କଳାପଠାରୁ ଭିନ୍ନ । କିନ୍ତୁ ସକାରାତ୍ମକ ଆବେଗ ସମୟରେ ଏକ ନିର୍ଦ୍ଦିଷ୍ଟ ଆବେଗକାଳୀନ (ଯଥା : ଆନନ୍ଦଉଲ୍ଲାସ) ଶାରୀରିକ ପରିବର୍ତ୍ତନକୁ ଅନ୍ୟ ଏକ ସକାରାତ୍ମକ ଆବେଗକାଳୀନ ପରିବର୍ତ୍ତନଠାରୁ ପୃଥକ୍ କରି ଚିହ୍ନଟ କରିବାର ଉଦ୍ୟମ ଏ ପର୍ଯ୍ୟନ୍ତ ସଫଳ ହୋଇ ନାହିଁ । ଠିକ୍ ସେହିପରି ଏକ ନିର୍ଦ୍ଦିଷ୍ଟ ନକାରାତ୍ମକ ଆବେଗ (ଯଥା : ବିଷାଦ) ସମୟରେ ସଂଘଟିତ ଶାରୀରିକ ପରିବର୍ତ୍ତନକୁ ଅନ୍ୟ ଏକ ନକାରାତ୍ମକ ଆବେଗ (ଯଥା : ଭୟ) ସମୟର ଶାରୀରିକ ପରିବର୍ତ୍ତନକୁ ଅଲଗା ଚିହ୍ନଟ କରିବାର ପ୍ରୟାସ ଏ ପର୍ଯ୍ୟନ୍ତ ସଫଳ ହୋଇ ନାହିଁ ।

ଅନୁକୂଳ ଭାବାବେଗର ସ୍ୱରୂପ :

ଏକବିଂଶ ଶତକରେ ଅନୁକୂଳ ଭାବାବେଗର (Positive Emotion) ପ୍ରାଧାନ୍ୟ ଯେଉଁ ସ୍ୱୀକୃତି ଲାଭ କଲା, ସେ କ୍ଷେତ୍ରରେ ପ୍ରଫେସର୍ ବାର୍‌ବାରା ଫ୍ରେଡ୍‌ରିକସନ୍‌ଙ୍କ ଅନୁକୂଳ ଭାବାବେଗର ବିସ୍ତାରଣ ଓ ସଙ୍ଗଠନ ତତ୍ତ୍ୱ (Broaden-And-Build Theory of Positive Emotion) ଏକ ଦିଗ୍‌ଦର୍ଶକ ସଂପରୀକ୍ଷଣ । ଏହାର ସଂକ୍ଷିପ୍ତ ବର୍ଣ୍ଣନା ବୈଭବ ମନୋବିଜ୍ଞାନର ଲକ୍ଷ୍ୟ ଶୀର୍ଷକ ଅଂଶ ବିଶେଷରେ ପ୍ରଦତ୍ତ ହୋଇଛି । ବର୍ତ୍ତମାନ ଏହାର ଭାବ ସଂପ୍ରସାରଣ ସକାରାତ୍ମକ ଭାବାବେଗର ସ୍ୱରୂପ ଓ ଉପଯୋଗିତାକୁ ଅଧିକ ସ୍ପଷ୍ଟ କରିବ । ଫ୍ରେଡ୍‌ରିକସନ୍‌ଙ୍କ ତତ୍ତ୍ୱକୁ ନିମ୍ନ ରେଖାଚିତ୍ର ମାଧ୍ୟମରେ ସଂପ୍ରସାରିତ କରାଯାଇପାରେ ।

ରେଖାଚିତ୍ର : ଅନୁକୂଳ ଭାବାବେଗର ବିସ୍ତାରଣ ଓ ସଂଗଠନ

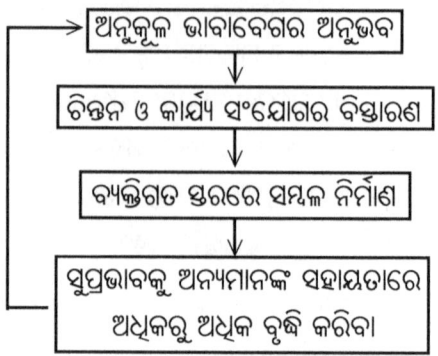

ସକାରାତ୍ମକ ଆବେଗର 'ସଂପ୍ରସାରଣ ଓ ସଂଗଠନ' ଭୂମିକାର ଗୁରୁତ୍ୱ ତାତ୍ପର୍ଯ୍ୟପୂର୍ଣ୍ଣ । ମୁଖ୍ୟତଃ ଏହା ଆମ ଚିନ୍ତନର ବଳୟକୁ ପ୍ରସାରିତ କରେ ଏବଂ କର୍ମଯୋଜନାର ପରିସରକୁ ମଧ୍ୟ ବିସ୍ତୃତ କରେ। ଏହା ଆମ୍ଭମାନଙ୍କ ମଧ୍ୟରେ ଭୌତିକ (ଶାରୀରିକ), ମାନସିକ ଓ ସାମାଜିକ ସମ୍ବଳର କିପରି ପରିବର୍ଦ୍ଧନ କରେ, ତାହାର ଆଲୋଚନା ପୂର୍ବରୁ ଅନୁକୂଳ ଭାବାବେଗର କେତୋଟି ବୈଶିଷ୍ଟ୍ୟ ଉଲ୍ଲେଖ କରିବା ସମୁଚିତ ହେବ।

ପ୍ରଥମତଃ ଆବେଗ ଓ ମିଜାସ୍ ମଧ୍ୟରେ ପାର୍ଥକ୍ୟ ରହିଛି। ମିଜାସ ମୋଟାମୋଟି ଭାବରେ ଅନୁକୂଳ କିମ୍ବା ପ୍ରତିକୂଳ ଆବେଗିକ ଅବସ୍ଥା; ଏହା ଲକ୍ଷ୍ୟ ପ୍ରେରିତ ନୁହେଁ। ''ଗତ କିଛିମାସ ଧରି ମୋର ମିଜାସ ଭଲ ନାହିଁ'' - ଏପରି କହିବାର ଅର୍ଥ ହେଉଛି ଯେ ଅପେକ୍ଷାକୃତ ଦୀର୍ଘ ସମୟ ଧରି ମୋର ମନ ଖରାପ ଅଛି। ନିର୍ଦ୍ଦିଷ୍ଟ କାରଣ ହୁଏତ ମୋତେ ଜଣା ନାହିଁ। ଅନ୍ୟ ପକ୍ଷରେ ଆବେଗ ମୁଖ୍ୟତଃ ଲକ୍ଷ୍ୟ-ପ୍ରେରିତ। ମୁଁ କ୍ରୋଧାନ୍ୱିତ କିମ୍ବା ସନ୍ତୁଷ୍ଟ କହିବା ସମୟରେ ମୁଁ କେଉଁ ବସ୍ତୁ ବା ବ୍ୟକ୍ତି ପ୍ରତି କ୍ରୋଧାନ୍ୱିତ କିମ୍ବା ସନ୍ତୁଷ୍ଟ କହିବା ସମୟରେ କାହା ପ୍ରତି ମୋର ସନ୍ତୋଷ ଅଭିପ୍ରେରିତ, ତାହାର ସୂଚନା ରହିଥାଏ । ଆବେଗ ଅପେକ୍ଷାକୃତ ଦୀର୍ଘକାଳୀନ ନ ହୋଇ ସ୍ୱଳ୍ପକାଳୀନ ହୋଇଥାଏ।

ଦ୍ୱିତୀୟତଃ ଫ୍ରେଡ୍‌ରିକସନ୍ ବିଶ୍ୱାସ କରୁଥିଲେ ଯେ ଆବେଗକୁ ଇନ୍ଦ୍ରିୟାନୁଭୂତ ସୁଖ ସହିତ ସମାନ କରିଦେବା ଯୁକ୍ତିଯୁକ୍ତ ନୁହେଁ। କ୍ଷୁଧାର୍ତ୍ତ ଥିବା ସମୟରେ ଖାଦ୍ୟ ଗ୍ରହଣର ତୃପ୍ତି କିମ୍ବା ଯୌନକ୍ରିୟାର ସୁଖ ମୁଖ୍ୟତଃ ଦୈହିକ ଚାହିଦାପୂରଣର ସୁଖ। ମାତ୍ର ଆବେଗଜନିତ ସୁଖ ବହୁ ଅଂଶରେ ମାନସିକ। ଆବେଗର ମନସ୍ତାତ୍ତ୍ୱିକ ବୈଶିଷ୍ଟ୍ୟ ଥିବାରୁ

ଲୋକମାନେ ଆବେଗ ଅନୁଭବ କରିବା ସମୟରେ କେବଳ ଶାରୀରିକ ସମ୍ବେଦନର ଅନୁଭବ ପାଇ ନଥାନ୍ତି । ସେମାନେ ଜୀବନରେ ଘଟୁଥିବା ଘଟଣା ସବୁର ପ୍ରକୃତ ଅର୍ଥ ବୁଝିବାକୁ ଚେଷ୍ଟା କରନ୍ତି ।

ପୂର୍ବରୁ ସୂଚନା ଦିଆଯାଇଛି ଯେ ସକାରାତ୍ମକ ଓ ନକାରାତ୍ମକ ଆବେଗ ମଧ୍ୟରେ ଏକ ବିଶେଷ ପାର୍ଥକ୍ୟ ହେଉଛି ପ୍ରସାରଣ ବନାମ ସଂକୋଚନ ପ୍ରକ୍ରିୟା । ପ୍ରତିକୂଳ ଭାବାବେଗ (Negative Emotion) ଆମ କାର୍ଯ୍ୟଧାରାକୁ ସଂକୁଚିତ କରେ । ଭୟଭୀତ ହେଲେ ପଳାୟନର ବାଟ ଖୋଜୁ; କ୍ରୋଧାନ୍ୱିତ ହେଲେ ଆକ୍ରମଣର ପନ୍ଥା ବାହାର କରୁ । ଆମ ଚିନ୍ତନ ଓ କାର୍ଯ୍ୟ ଧାରାର ଏହି ସଂକୋଚନ ଆମର ସହାୟକ ହୁଏ । ଆମ ଶତ୍ରୁର କିପରି ପ୍ରତିରୋଧ କରିପାରିବୁ, ତାହାର ସଫଳ ବାଟ ସ୍ଥିର କରିପାରୁ । ଏ ଦୃଷ୍ଟିରୁ ପ୍ରତିକୂଳ ଆବେଗକୁ ବିବର୍ତ୍ତନ ଧାରାରେ ସହାୟକ ଅବସ୍ଥା ବୋଲି ବିଚାର କରାଯାଇଛି ।

ଅନ୍ୟ ପକ୍ଷରେ ଅନୁକୂଳ ଆବେଗ ଏପରି ଧରାବନ୍ଧା ସ୍ଥିତିସହାୟକ ଅବସ୍ଥାର ଯୁକ୍ତି ମଧ୍ୟକୁ ପ୍ରବେଶ କରିବ ନାହିଁ । ଅନୁକୂଳ ଆବେଗର ଧର୍ମ ସଂକୋଚନ ନୁହେଁ, ପ୍ରସାରଣ । ଆମେ ଆନନ୍ଦ ଅନୁଭବ କଲେ ଆମର ମାନସିକ ବଳୟ ପ୍ରସାରିତ ହୁଏ । ଆମେ ଅଧିକରୁ ଅଧିକ ଲକ୍ଷ୍ୟର ସ୍ୱପ୍ନଦେଖୁ । ସାମୟିକ ଚିନ୍ତନର ବନ୍ଧନୀ ମଧ୍ୟରୁ ବାହାରିଯାଇ ବ୍ୟକ୍ତିଗତ, ମାନସିକ ଓ ସାମାଜିକ ସମ୍ବଳର ଅନ୍ୱେଷଣ କରୁ । ନୂତନ ସମ୍ଭାବନାର ଯୋଜନା କରୁ । ନକାରାତ୍ମକ ଆବେଗ-ପ୍ରେରିତ ଛୋଟ ଚୋଟ ସ୍ୱଳ୍ପକାଳୀନ ସୁନିର୍ଦ୍ଦିଷ୍ଟ ଲକ୍ଷ୍ୟ ଅପେକ୍ଷା ସକାରାତ୍ମକ ଆବେଗ ବୃହତ୍ତର ଦୀର୍ଘକାଳୀନ ବ୍ୟାପକ ଲକ୍ଷ୍ୟର ସନ୍ଧାନ ଦିଏ । ଏ ଦୃଷ୍ଟିରୁ ମାନବୀୟ ଉଦ୍‌ବର୍ତ୍ତନରେ ଅନୁକୂଳ ଆବେଗର ଭୂମିକାକୁ ପୂରାପୂରି ଅସ୍ୱୀକାର କରିହେବ ନାହିଁ ।

ଭାବଗତ ଅନୁକୂଳତା ସମନ୍ୱୟଶୀଳତାର ସହାୟକ । ଏକ ବୃହତ୍ତର ଦୃଷ୍ଟିକୋଣରୁ ନକାରାତ୍ମକ ଆବେଗ (ଭୟ, କ୍ରୋଧ ଇତ୍ୟାଦି) ଆମ ଜୀବନର ପଳାୟନ କିମ୍ବା ବାଧକ ଦିଗକୁ (Inhibition) ନିୟନ୍ତ୍ରିତ କରୁଥିବା ସ୍ଥଳେ ସକାରାତ୍ମକ ଆବେଗ (ପ୍ରେମ, କରୁଣା, ଅନ୍ତରଙ୍ଗତା ଇତ୍ୟାଦି) ଜୀବନରେ ଆଗେଇବା କିମ୍ବା ସାଧକ (Faciliitation) ଦିଗକୁ ନିୟନ୍ତ୍ରଣ କରେ । ଭୟଭୀତ ହେଲେ ମନୁଷ୍ୟ ସମେତ ସବୁପ୍ରାଣୀ ସଂଗ୍ରାମ କରନ୍ତି କିମ୍ବା ପଳାୟନ କରନ୍ତି । ଏହା ହେଉଛି ଅନ୍ତର୍ବାଧାର ଶୈଳୀ । ଅନ୍ୟ ପକ୍ଷରେ ଖୁସି ଓ ଆନନ୍ଦ ସମୟରେ ଆମେ ଅଗ୍ରସର ହେଉ ଏବଂ ଅନ୍ୟ ସହିତ ସମ୍ପର୍କ ସ୍ଥାପନ କରୁ । ଏପରି ଶୈଳୀର ଅନୁଗତ ହୋଇ ମଣିଷ ସମ୍ବଳ ସଂଗ୍ରହର ପ୍ରଯତ୍ନ କରେ । ଖାଦ୍ୟ ଓ ବସ୍ତ୍ର ସଂଗ୍ରହ

କରିବା, ବସବାସର ଯୋଜନା କରିବା, ସନ୍ତାନ କାମନା କରିବା ଏବଂ ପାରିବାରିକ ସୁଖ ଶାନ୍ତିର ଅନ୍ୱେଷଣ ଏ ଧରଣର ସମନ୍ୱୟଧର୍ମୀ କାର୍ଯ୍ୟକଳାପ। ସୁତରାଂ କେବଳ ପ୍ରତିକୂଳ ଆବେଗ ସବୁକୁ ବିବର୍ତ୍ତନ-ସହାୟକ ବିଚାରକରି ଅନୁକୂଳ ଆବେଗକୁ ଗୁରୁତ୍ୱହୀନ ବିଚାର କରିବା ଅମୂଳକ ହେବ।

ଭାବଗତ ଅନୁକୂଳତାର ପରିମାପ : ଭାବଗତ ଅନୁକୂଳତା ଏକ ବ୍ୟବହାରିକ ଶୈଳୀ ହୋଇଥିବାରୁ ଲୋକମାନଙ୍କଠାରେ ଏହାର ପରିମାଣ ନିର୍ଦ୍ଧାରଣ ପାଇଁ ମନୋବିଜ୍ଞାନୀମାନେ ଅନେକଗୁଡ଼ିଏ ମାପକ ପ୍ରସ୍ତୁତ କରିଛନ୍ତି। ତେବେ ସୀମିତ କଳେବର ମଧ୍ୟରେ ସେସବୁର ଆଲୋଚନା ଏଠାରେ ସମ୍ଭବ ନୁହେଁ। ତେବେ ଗୋଟିଏ ସ୍ଥୁଳ ଧାରଣା ଦିଆଯାଇପାରେ। ଲୋକମାନଙ୍କର ଭାବଗତ ଶୈଳୀର ଆକଳନ କରିବାକୁ ସାଧାରଣତଃ ଡାଏରୀ ବା ଦିନଲିପି ପଦ୍ଧତି ଅନୁସୃତ ହୁଏ। ପ୍ରତି ପୃଷ୍ଠାରେ ଆବେଗ ସୂଚାଉଥିବା ସକାରାତ୍ମକ ଓ ନକାରାତ୍ମକ ଆବେଗସୂଚକ ଶବ୍ଦାବଳୀର (ଯଥା : ବିଷାଦଗ୍ରସ୍ତ ଉଲ୍ଲସିତ ଇତ୍ୟାଦି) ଉଲ୍ଲେଖ ଥାଏ। ବ୍ୟକ୍ତି ପ୍ରତିଟି ଶବ୍ଦ ପ୍ରକାଶ କରୁଥିବା ଆବେଗ କେତେମାତ୍ରାରେ ଅନୁଭବ କରୁଛନ୍ତି, ତାହା ସଂଖ୍ୟା ଦ୍ୱାରା (ଯଥା : ଖୁବ୍ କମ୍-୧, ଅଳ୍ପ ମାତ୍ରା-୨; କିଛି ପରିମାଣ-୩; ବେଶୀ-୪; ଖୁବ୍ ବେଶୀ-୫) ସୂଚିତ କରନ୍ତି। ଦୈନିକ ଭିତ୍ତିରେ କିଛି ଦିନ କିମ୍ବା କିଛି ସପ୍ତାହ କିମ୍ବା ଦୁଇତିନିମାସ ଧରି ଏପରି ଦିନଲିପିର ବିବରଣୀ ଦେଲାପରେ ପରୀକ୍ଷକ ବା ଗବେଷକ ଅନୁକୂଳ ଆବେଗସୂଚକ ଶବ୍ଦାବଳୀ ପାଇଁ ସୂଚିତ ସଂଖ୍ୟାକୁ ଯୋଗ କରିବା ଫଳରେ ବ୍ୟକ୍ତିଙ୍କର ସକାରାତ୍ମକ ଆବେଗର ପରିମାଣସୂଚକ ସଂଖ୍ୟାଟିଏ ପାଇବେ। ସେହିପରି ନକାରାତ୍ମକ ଆବେଗସୂଚକ ଶବ୍ଦାବଳୀ ପାଇଁ ସୂଚିତ କରାଯାଉଥିବା ସଂଖ୍ୟାକୁ ଯୋଗ କରିବା ଫଳରେ ବ୍ୟକ୍ତିଙ୍କର ଭାବଗତ ପ୍ରତିକୂଳତାର ପରିମାଣ ପ୍ରକାଶ ପାଇବ। ମନେ ରଖିବାକୁ ହେବ ଯେ, ଦିନଲିପିରେ ଉଲ୍ଲେଖ କରାଯାଉଥିବା ସକାରାତ୍ମକ ଓ ନକାରାତ୍ମକ ଶବ୍ଦାବଳୀ ସମାନସଂଖ୍ୟକ ହେବା ଅପରିହାର୍ଯ୍ୟ। କହିବା ଅନାବଶ୍ୟକ ଯେ ଗୋଟିଏ ସମଷ୍ଟିରୁ ଅନ୍ୟ ସମଷ୍ଟିଟି ବିୟୋଗ କଲେ ବ୍ୟକ୍ତିଙ୍କର ଭାବଗତ ଅନୁକୂଳତା / ପ୍ରତିକୂଳତା ସ୍ତର ସ୍ପଷ୍ଟ ହେବ। ସକାରାତ୍ମକ ଆବେଗ ସମଷ୍ଟିରୁ ନକାରାତ୍ମକ ଆବେଗ ସମଷ୍ଟି ବିୟୋଗ କଲେ ଅନୁକୂଳତାର ସ୍ତର (Positivity) ଜଣାଯିବ। ଅନ୍ୟ ପକ୍ଷରେ ନକାରାତ୍ମକ ଆବେଗ ସମଷ୍ଟିରୁ ସକାରାତ୍ମକ ଆବେଗ ସମଷ୍ଟି ବିୟୋଗ କଲେ ପ୍ରତିକୂଳତାର (Negetivity) ସ୍ତର ସୂଚିତ ହେବ। ଏପରି ନିର୍ଦ୍ଧାରଣ ପଦ୍ଧତିକୁ ମନୋବୈଜ୍ଞାନିକ ପରିଭାଷାରେ ଅନୁକୂଳ-ପ୍ରତିକୂଳ ଆବେଗ ଅନୁଭବ ପ୍ରଣାଳୀ (Positive Affect &

Negative Affect Scale ବା PANAS) କୁହନ୍ତି । ବିଜ୍ଞାନାଗାରରେ ସୀମିତ ପରିସରରେ ପ୍ରୟୋଗ ପାଇଁ ଲେଖକଙ୍କର ନିମ୍ନପ୍ରଦତ୍ତ ସାରଣୀର ଉପଯୋଗ କରାଯାଇପାରେ ।

ଭାବଗତ ଅନୁକୂଳତା-ପ୍ରତିକୂଳତା ପରିମାପକ ସାରଣୀ :

ନିମ୍ନରେ କେତେଗୁଡ଼ିଏ ଆବେଗସୂଚକ ଶବ୍ଦାବଳୀ ଦିଆଯାଇଛି । ବିଗତ ଦୁଇ ମାସର ମୋଟାମୋଟି ଅନୁଭବକୁ ଆଧାର କରି ଆପଣ କେତେ ମାତ୍ରାରେ ଏପରି ଅନୁଭବ ପାଇଛନ୍ତି, ତାହା ୧ରୁ ୫ ମଧ୍ୟରେ ଥିବା ସଂଖ୍ୟା ଦ୍ୱାରା ସୂଚିତ କରନ୍ତୁ ।

- ଉତ୍ସାହିତ
- ଆଗ୍ରହୀ
- ହତୋତ୍ସାହ
- ଉଚ୍ଚକିତ (Excited)
- ବ୍ୟଥିତ
- ଶକ୍ତ
- ଦୋଷୀ
- ଭୟଭୀତ
- ପ୍ରଫୁଲ୍ଲିତ
- ଅସ୍ଥିର
- ସତେଜ
- ଲଜ୍ଜିତ
- ଅନୁପ୍ରାଣିତ
- ଆଶଙ୍କିତ
- ଦୃଢ଼ପ୍ରତିଜ୍ଞ
- ଏଗାଗ୍ରଚିତ୍ତ
- କର୍ମଠ
- ବିଷାଦଗ୍ରସ୍ତ
- କ୍ରୋଧିତ
- ଚିନ୍ତିତ

ଫଳାଙ୍କ ନିର୍ଦ୍ଧାରଣ ଓ ବ୍ୟାଖ୍ୟାକରଣ : ଲକ୍ଷ୍ୟ କରିବାର କଥା ଯେ ଉତ୍ସାହିତ ଆଗ୍ରହୀ, ଉଚ୍ଚକିତ, ଶକ୍ତ, ପ୍ରଫୁଲ୍ଲିତ, ସତେଜ, ଅନୁପ୍ରାଣିତ, ଦୃଢ଼ପ୍ରତିଜ୍ଞ, ଏକାଗ୍ରଚିତ୍ତ ଏବଂ କର୍ମଠ ଶବ୍ଦାବଳୀ ଅନୁକୂଳ ଭାବର ସୂଚକ । ସୁତରାଂ ପ୍ରତିକ୍ରିୟା ବ୍ୟକ୍ତ କରିଥିବା ଲୋକର ଏହିସବୁ ଆବେଗ ପାଇଁ ସୂଚିତ କରାଯାଇଥିବା ସଂଖ୍ୟାର ଯୋଗଫଳ ସ୍ଥିର କରନ୍ତୁ । ଏହି ଯୋଗଫଳ ଭାବଗତ ଅନୁକୂଳତାର ସୂଚକ । ସେହିପରି ଅବଶିଷ୍ଟ ଦଶଟି ନକାରାତ୍ମକ ଆବେଗ ପାଇଁ ସୂଚିତ ହୋଇଥିବା ସଂଖ୍ୟାର ଯୋଗଫଳ ସ୍ଥିର କଲେ ତାହା ଭାବଗତ ପ୍ରତିକୂଳତାର ସୂଚକ ହେବ । ବର୍ତ୍ତମାନ ପ୍ରଥମ ଯୋଗଫଳ ବେଶୀ ହୋଇଥିଲେ ଏବଂ ସେଥିରୁ ଦ୍ୱିତୀୟ ଯୋଗଫଳକୁ ଅନ୍ତର କଲେ ଭାବଗତ ଅନୁକୂଳତାର ମାତ୍ରା ସୂଚିତ ହେବ । ଅନ୍ୟ ପକ୍ଷରେ ଦ୍ୱିତୀୟ ଯୋଗଫଳଟି ଅଧିକ ହୋଇଥିଲେ ଏବଂ ସେଥିରୁ ପ୍ରଥମ ଯୋଗଫଳ ବାଦ୍ ଦେଲେ ତାହା ଭାବଗତ ପ୍ରତିକୂଳତାର ସୂଚକ ହେବ ।

ଭାବଗତ ଅନୁକୂଳତାର ବର୍ଗୀକରଣ : ବ୍ୟକ୍ତିର ଭାବଗତ ଅନୁକୂଳତାର ମାତ୍ରା ନିର୍ଦ୍ଧାରଣ ସମ୍ଭବ ହେଲେ ମଧ୍ୟ ବ୍ୟକ୍ତି ଜୀବନ କେଉଁ ସକାରାତ୍ମକ ଆବେଗରେ ଅଗ୍ରଗାମୀ ଏବଂ ଯେଉଁ କ୍ଷେତ୍ରରେ ଅପେକ୍ଷାକୃତ ଦୁର୍ବଳ, ତାହାର ଆକଳନ ମଧ୍ୟ ପ୍ରୟୋଜନ। ଏଥିପାଇଁ ସକାରାତ୍ମକ ଆବେଗର ଏକ ବର୍ଗୀକରଣ ପ୍ରୟାସ କରାଯାଇଛି। ଏ ଦିଗରେ ଏକାଧିକ ପ୍ରୟାସ ହୋଇଥିଲେ ମଧ୍ୟ ନିମ୍ନ-ସାରଣୀରେ ଦିଆଯାଇଥିବା ବିଭାଗୀକରଣ ଉପାଦେୟ ମନେ ହୁଏ।

ସକାରାତ୍ମକ ଆବେଗର ବିଭାଗୀକରଣ		
ଆନନ୍ଦସୂଚକ	**ଦକ୍ଷତାମୂଳକ**	**ଅଭିନିବେଶମୂଳକ**
ପ୍ରଫୁଲ୍ଲତା	ଆତ୍ମବିଶ୍ୱାସ	ସଚେତନତା
ସୁଖାନୁଭୂତି	ମାନସିକ ସବଳତା	ଏକାଗ୍ରତା
ସଚେତନତା	ସାହସିକତା	ଦୃଢ଼ପ୍ରତିଜ୍ଞା
ଆଗ୍ରହଶୀଳତା		

ଭାବଗତ ଅନୁକୂଳତାର ବିଶେଷ ଉଦ୍ଦେଶ୍ୟ ହେଉଛି ଯେ କୌଣସି ବ୍ୟକ୍ତି ଉଚ୍ଚତର ଭାବଗତ ଅନୁକୂଳତାର ଅଧିକାରୀ ହେଲେ ମଧ୍ୟ ନିର୍ଦ୍ଦିଷ୍ଟ ସକାରାତ୍ମକ ଆବେଗରେ ପଛୁଆ ରହିପାରେ। ସୁତରାଂ ମିଞ୍ଜାସର ପୂରାପୂରି ମାନଚିତ୍ର ଅଙ୍କନ କରିପାରିଲେ ଦୁର୍ବଳ ଥିବା ଦିଗଟିକୁ ସବଳ କରିବା ପାଇଁ ତାଲିମ ଗ୍ରହଣ କରାଯାଇପାରିବ।

ମସ୍ତିଷ୍କର ସମ୍ପୃକ୍ତି : ଭାବଗତ ଅନୁକୂଳତାର ଏକ ବଳିଷ୍ଠ ବିଜ୍ଞାନସମ୍ମତ ଦିଗ ହେଉଛି ମସ୍ତିଷ୍କର କ୍ରିୟାକଳାପ ସହିତ ଏହାର ବିଶେଷ ସମ୍ପୃକ୍ତି। ମସ୍ତିଷ୍କର ଅନୁସନ୍ଧାନ କ୍ଷେତ୍ରରେ ସର୍ବାଧିକ ପ୍ରଖ୍ୟାତି ଅର୍ଜନ କରିଥିବା ସ୍ନାୟୁବିଜ୍ଞାନୀ ତଥା ମନୋବିଜ୍ଞାନୀ ରିଚାର୍ଡ଼ ଡାଭିଡ୍‌ସନ୍ (୨୦୧୨) ମସ୍ତିଷ୍କ ଗବେଷଣାର ଅତ୍ୟାଧୁନିକ ପ୍ରଣାଳୀର ଉପଯୋଗ କରି ଦର୍ଶାଇଛନ୍ତି ଯେ, ସକାରାତ୍ମକ ଆବେଗର ଅନୁଭବ ସମୟରେ ଆମ ଅଗ୍ରମସ୍ତିଷ୍କର (Frontal Lobe) ବାମପାର୍ଶ୍ୱ ସକ୍ରିୟତା ଦର୍ଶାଏ। ଏପରିକି ନବଜନ୍ମିତ ଶିଶୁଟିକୁ କିଛି ତୃପ୍ତିକର ଓ ସ୍ୱାଦଯୁକ୍ତ ସାମଗ୍ରୀର ସ୍ପର୍ଶ ଦେଲେ ଶିଶୁର ଅଗ୍ରମସ୍ତିଷ୍କର ବାମ ପାର୍ଶ୍ୱର ସକ୍ରିୟତା ପରିଦୃଷ୍ଟ ହୁଏ। କହିବା ଅନାବଶ୍ୟକ ଯେ, ଖରାପ ଘଟଣା ଓ ନକାରାତ୍ମକ ଆବେଗର ଅନୁଭୂତି ସମୟରେ ଅଗ୍ରମସ୍ତିଷ୍କର ଦକ୍ଷିଣ ପାର୍ଶ୍ୱରେ ସକ୍ରିୟତା ଦେଖାଯାଏ। ଆମର ଭାବଗତ ଅନୁକୂଳତା ଓ ସୁଖାନୁଭୂତି ଯେ ଆମ ମସ୍ତିଷ୍କର ବାମ ପାର୍ଶ୍ୱର ଅଗ୍ରମସ୍ତିଷ୍କର ସକ୍ରିୟତା ସହିତ ସମ୍ପୃକ୍ତ, ଏହା ବୈଜ୍ଞାନିକ ସ୍ୱୀକୃତି ଲାଭ କରିଛି।

କୌତୂହଳର ବିଷୟ ଯେ ଗୋଟିଏ ସଂପରୀକ୍ଷଣରେ ଶିଶୁମାନଙ୍କୁ କିଛି ତିକ୍ତ ଅନୁଭବ ଦେଇ କ୍ରୋଧାନ୍ୱିତ କରିବା ସମୟରେ ସେମାନଙ୍କ ଅଗ୍ରମସ୍ତିଷ୍କର ଦକ୍ଷିଣ ପାର୍ଶ୍ୱରେ ସକ୍ରିୟତା ସ୍ପଷ୍ଟ ହୋଇ ଉଠିଲା । ଅଥଚ ଶିଶୁଟି ନିଜର ପ୍ରିୟତମ ଖେଳଣା ଦିଗରେ ଅଗ୍ରସର ହେଉଥିବା ସମୟରେ ଯିବା ରାସ୍ତାରେ ଗୋଟିଏ ବାଧକ ରଖି ଦେଇ ଶିଶୁଟିଙ୍କୁ କ୍ରୋଧିତ କରିବା ସମୟରେ ଶିଶୁର ମସ୍ତିଷ୍କର ବାମପାର୍ଶ୍ୱରେ ସକ୍ରିୟତା ପରିଦୃଷ୍ଟ ହେଲା । ଏଠାରେ ଶିଶୁର କ୍ରୋଧ ଗୋଟିଏ ଦୃଷ୍ଟିରୁ ସକାରାତ୍ମକ, କାରଣ ଏହା ଲକ୍ଷ୍ୟ-ପ୍ରେରିତ (ଖେଳଣାର ପ୍ରାପ୍ତି ପାଇଁ ଯୋଜନାବଦ୍ଧ ଭାବରେ ଶିଶୁର ପ୍ରୟାସ) ।

ସକାରାତ୍ମକ ଆବେଗର ଉପଯୋଗିତା :

ଉପର ଆଲୋଚନାରୁ ଏହା ସ୍ପଷ୍ଟ ଯେ ନକାରାତ୍ମକ ଆବେଗ ମନୁଷ୍ୟର ଚିନ୍ତନ ଓ କାର୍ଯ୍ୟଧାରାକୁ ସଂକୁଚିତ କରୁଥିବାରୁ କେତୋଟି ବିଶେଷ ଧରଣର ଉଦ୍ଦେଶ୍ୟ ସାଧିତ ହୁଏ । ଭୟ ଓ ଆଶଙ୍କା ଜନ୍ମାଉଥିବା ଉଦ୍ଦୀପକ ବିରୁଦ୍ଧରେ କାର୍ଯ୍ୟାନୁଷ୍ଠାନ ଦୃଢ଼ ଓ ଶୀଘ୍ର ହୋଇଥାଏ । ବିପଦ ଟାଳି ଦେବାରେ ଏହା ସହାୟକ ହେଉଥିବାରୁ ନକାରାତ୍ମକ ଆବେଗର ବିବର୍ତ୍ତନଧର୍ମୀ ସୁରକ୍ଷା ପ୍ରଦାନର ଭୂମିକା ସ୍ୱୀକାର କରାଯାଇଛି । ଅନ୍ୟ ପକ୍ଷରେ ସକାରାତ୍ମକ ଆବେଗ ଯେଉଁ କାର୍ଯ୍ୟ ଓ ଚିନ୍ତନକୁ ତ୍ୱରାନ୍ୱିତ କରେ ତାହା ବ୍ୟାପକ ଓ ଦୀର୍ଘକାଳୀନ ପ୍ରକ୍ରିୟା । ସୁତରାଂ ସକାରାତ୍ମକ ଆବେଗର ଉପଯୋଗିତା ଅଧିକ ସାମଗ୍ରିକ । ଉଦାହରଣ ସ୍ୱରୂପ, ଜଣେ ବ୍ୟକ୍ତି ଆନନ୍ଦରେ ଉଲ୍ଲସିତ ହୋଇ ଉଠିଲେ ବିବିଧ ଧରଣର ପ୍ରବଣତା ପ୍ରକାଶ ପାଏ । ସେ ହୁଏତ ଖେଳାଖେଳି କରିବାକୁ ଇଚ୍ଛା କରନ୍ତି କିମ୍ବା ଲେଖାଲେଖିରେ ସମୟ ଦେଇ ସର୍ଜନଶୀଳ କାମରେ ଲାଗିପଡ଼ନ୍ତି । ପୁଣି ଖେଳିବା ମାଧ୍ୟମରେ ନିଜର ଶରୀରକୁ ଶକ୍ତ କରିବାର ଉଦ୍ଦେଶ୍ୟ ଥାଇପାରେ କିମ୍ବା ଅନ୍ୟମାନଙ୍କ ସହ ମିଳିତ ହୋଇ ସାମାଜିକ ଖୁସି ହାସଲ କରିବାର ଲକ୍ଷ୍ୟ ଥାଇପାରେ । ଚିନ୍ତନ ଓ କାର୍ଯ୍ୟଧାରାର ସମ୍ପ୍ରସାରଣ ନିମ୍ନଲିଖିତ ପଦ୍ଧତିରେ ଘଟିଥାଏ ।

ପ୍ରଥମତଃ ସକାରାତ୍ମକ ଆବେଗର ଅନୁଭବ ପରେ ପରେ ମନରେ ବହୁ ବିକଳ୍ପର ଚିତ୍ର ଆସେ । ଫ୍ରେଡ଼୍ରିକ୍‌ସନ୍‌ଙ୍କ ପରୀକ୍ଷାରେ ବିଦ୍ୟାର୍ଥୀମାନେ ଯେଉଁ କାମର ତାଲିକା ଦେଲେ ତାହା ଖୁବ୍ ତାତ୍ପର୍ଯ୍ୟପୂର୍ଣ୍ଣ । ଆନନ୍ଦ ଓ ସନ୍ତୋଷ ଅନୁଭବ କରିଥିବା ବିଦ୍ୟାର୍ଥୀମାନେ ଲମ୍ବା ତାଲିକା ଦେଲେ । ସକାରାତ୍ମକ ଆବେଗ ଅନୁଭବ ପରେ ବହୁ କରଣୀୟ ଦିଗ ଉନ୍ମୁକ୍ତ ରହିଥିଲା । ଅନ୍ୟ ପକ୍ଷରେ ଭୟ କିମ୍ବା କ୍ରୋଧର ଅନୁଭବ ପାଇଥିବା ଛାତ୍ରଛାତ୍ରୀଙ୍କୁ ବିଶେଷ କିଛି ଦେଖା ଯାଉ ନଥିଲା । ମୋଟ ଉପରେ ଅନୁକୂଳ ଆବେଗ ଅଧିକରୁ ଅଧିକ ବୌଦ୍ଧିକ ସମ୍ବଳ (କରଣୀୟ କାର୍ଯ୍ୟର ତାଲିକା) ଯୋଗାଇଦିଏ ।

ଦ୍ୱିତୀୟ ସମ୍ଭାବନାଟି ହେଉଛି କ୍ଷତିପୂରଣ ଭୂମିକା । ନକାରାତ୍ମକ ଆବେଗ ଫଳରେ ଅନ୍ତର୍ଜଗତରେ ଯେଉଁ କ୍ଷତି ହୋଇଥାଏ ସକାରାତ୍ମକ ଆବେଗର ଅନୁଭବ ସେ କ୍ଷତି ପୂରଣ କଲାପରି ମନେହୁଏ । ପ୍ରତିକୂଳ ଆବେଗର ନକାରାତ୍ମକ ପ୍ରଭାବକୁ ଅନୁକୂଳ ଆବେଗ କିପରି ନିଷ୍କ୍ରିୟ କରିଥାଏ, ତାହାର ପ୍ରଦର୍ଶନ ପାଇଁ ଫ୍ରେଡ୍‌ରିକ୍‌ସନ୍ ଓ ତାଙ୍କ ସହଯୋଗୀ ଗୋଟିଏ ସଂପରୀକ୍ଷଣର (Experiment) ଆୟୋଜନ କଲେ । ଛାତ୍ରଛାତ୍ରୀମାନଙ୍କୁ ଖୁବ୍ ଅଳ୍ପ ସମୟ ମଧ୍ୟରେ ପ୍ରସ୍ତୁତ ହୋଇ ଗୋଟିଏ ସେମିନାର୍ ବିଷୟବସ୍ତୁ ଉପସ୍ଥାପନ କରିବାକୁ ନିର୍ଦ୍ଦେଶ ଦିଆଗଲା । ସମୟର ସ୍ୱଳ୍ପତା ଯୋଗୁଁ ସେମାନେ ଉତ୍‌କଣ୍ଠା ଅନୁଭବ କଲେ । ସେମାନଙ୍କ ହୃଦ୍‌ସ୍ପନ୍ଦନ ବଢ଼ିଗଲା ଓ ଭୀତିର ଲକ୍ଷଣ ଦେଖାଗଲା । ଉପସ୍ଥାପନର ଅଳ୍ପ ସମୟ ପୂର୍ବରୁ ସେମାନଙ୍କୁ ତିନି ଦଳରେ ବିଭକ୍ତ କରି ଅଳ୍ପ ସମୟ ଲାଗି ତିନୋଟି ପୃଥକ୍ ପୃଥକ୍ ଭିଡିଓ କ୍ଲିପ୍ ଦେଖାଗଲା ।

ଗୋଟିଏ ଦଳ ଆନନ୍ଦ ବର୍ଦ୍ଧନକାରୀ କ୍ଲିପ୍‌ଟିଏ ଦେଖିବାସ୍ଥଳେ ଦ୍ୱିତୀୟ ଦଳ ଦୁଃଖଦ କ୍ଲିପ୍‌ଟି ଦେଖିଲେ । ତୃତୀୟ ଦଳ ଯେଉଁ କ୍ଲିପ୍‌ଟି ଦେଖିଲେ ସେଇଟି ଆବେଗ ଦୃଷ୍ଟିରୁ ସକାରାତ୍ମକ କିମ୍ବା ନକାରାତ୍ମକ ନଥିଲା । ପରେ ପରେ ପ୍ରତିଭାଗିମାନେ ସେମାନଙ୍କ ସେମୀନାର୍ ଉପସ୍ଥାପନରେ ଅଂଶ ନେଲେ । ଦେଖାଗଲା ଯେ ସକାରାତ୍ମକ ଆବେଗର ଅନୁଭବ ପାଉଥିବା ବିଦ୍ୟାର୍ଥୀମାନଙ୍କର ମାନସିକ ଚାପ ପ୍ରାୟ ନାହିଁ । ସେମାନେ ସ୍ୱଚ୍ଛନ୍ଦ ରୀତିରେ ଉପସ୍ଥାପନ କଲେ । ମାତ୍ର ନକାରାତ୍ମକ ଆବେଗର ଅନୁଭବ ପାଉଥିବା ପ୍ରତିଭାଗିମାନଙ୍କର ଉପସ୍ଥାପନ କାର୍ଯ୍ୟ ଅଧିକ ତ୍ରୁଟିପୂର୍ଣ୍ଣ ଥିଲା । ଅନ୍ୟ ଦଳଟିର ଉପସ୍ଥାପନ ବେଶୀ ଭଲ କି ମନ୍ଦ ନ ଥିଲା । ଅନୁକୂଳ ଆବେଗ କିପରି ଭାବରେ ମାନସିକ ସ୍ତରରେ କ୍ଷତିପୂରଣ କରିଥାଏ ଏ ପରୀକ୍ଷାଟି ଏକ ସୁନ୍ଦର ନିଦର୍ଶନ ।

କେବଳ ବିଜ୍ଞାନାଗାରର ସୀମିତ ପରିସର ନୁହେଁ, ବାହାର ଜଗତର ବହୁ ଧକ୍‌କା, ବହୁ ବିପର୍ଯ୍ୟୟ ମଧ୍ୟରୁ ବାହାରି ଆସିବାର ଏହି ପ୍ରତ୍ୟାବର୍ତ୍ତନ ସାମର୍ଥ୍ୟଟି (Resilience) ଅନୁକୂଳ ଆବେଗ ଗଠନ ଓ ଶକ୍ତ କରେ । ଏପରି ସାମର୍ଥ୍ୟ ଥିବାର ପ୍ରକୃତ ଅର୍ଥ ହେଉଛି ଦୁର୍ଦ୍ଦିନ ମଧ୍ୟରେ (ନକାରାତ୍ମକ ଆବେଗ ଅନୁଭବର ପରିବେଶ) ଅନୁକୂଳ ଆବେଗ ଅନୁଭବ କରିବାର ଦକ୍ଷତା । ଏପରି ସାମର୍ଥ୍ୟର ଅଧିକାରୀ ଛାତ୍ରଛାତ୍ରୀ କେବଳ ପରୀକ୍ଷା ଜନିତ ମାନସିକଚାପକୁ ଦୂରେଇଦେଇ ଶିକ୍ଷାସାଫଲ୍ୟର ଆନନ୍ଦ ପାଇ ନଥାନ୍ତି, ଏପରି ସାମର୍ଥ୍ୟର ଅଧିକାରୀ ବ୍ୟକ୍ତିବିଶେଷ ବାତ୍ୟା, ବନ୍ୟା, ଭୂମିକମ୍ପ ଓ ମହାମାରୀ ପରି ପ୍ରାକୃତିକ ଦୁର୍ବିପାକର କୁପ୍ରଭାବକୁ ଏଡ଼ାଇ ଉନ୍ନତ ଓ ସମୃଦ୍ଧ ଜୀବନର ଅଧିକାରୀ ହୁଅନ୍ତି । ଅନୁକୂଳ ଆବେଗ ଓ ମାନସିକ ସ୍ୱାସ୍ଥ୍ୟର ସମ୍ପର୍କ ସବିଶେଷ ଆଲୋଚନା କରାଯାଇପାରେ ।

ଅନୁକୂଳ ଆବେଗ ଓ ମାନସିକ ସ୍ୱାସ୍ଥ୍ୟ

ଅନୁକୂଳ ଆବେଗ ଏବଂ ମାନସିକ ସ୍ୱାସ୍ଥ୍ୟ ମଧ୍ୟରେ ସମ୍ପର୍କ ଖୁବ୍ ଗଭୀର ଓ ବ୍ୟାପକ। ସକାରାତ୍ମକ ଦୃଷ୍ଟିଭଙ୍ଗୀ ଏବଂ ପରିପୂର୍ଣ୍ଣ ସ୍ୱାସ୍ଥ୍ୟର ସମ୍ପର୍କରେ ସାଧାରଣ ଲୋକେ ମଧ୍ୟ ରାସ୍ତା ଘାଟରେ କଥାବାର୍ତ୍ତା ହୁଅନ୍ତି। ଆମର ଅନୁକୂଳ ଆବେଗ ସ୍ୱାସ୍ଥ୍ୟକୁ କିପରି ପ୍ରଭାବିତ କରେ, ତାହାର ବିଜ୍ଞାନସମ୍ମତ ବିଶ୍ଳେଷଣ ପୂର୍ବରୁ କେତୋଟି ବହୁ ପ୍ରଚାରିତ ଘଟଣାର ରୂପରେଖ ଓ ଧାରଣାକୁ ବଳବତୀ କରିବ।

ପ୍ରଥମ ଘଟଣାଟି ଆମେରିକା ଯୁକ୍ତରାଷ୍ଟ୍ରର ସଲ୍ଟ ଲେକ୍ ନଗରୀରେ ଘଟିଥିଲା। ବୈଭବ ମନୋବିଜ୍ଞାନର ଗବେଷକ ଭିସିଣ୍ଟେନର୍ ଓ ସେଲିଗ୍ମ୍ୟାନଙ୍କ (Visintainer & Seligman, 1983) ପ୍ରକାଶିତ ଗବେଷଣା ନିବନ୍ଧରେ ଏହା ବର୍ଣ୍ଣିତ ହୋଇଛି। ଜିମ୍ ନାମକ ଦଶବର୍ଷର ଗୋଟିଏ ବାଳକ ତା' ତଳିପେଟରେ କର୍କଟ ରୋଗର ଯନ୍ତ୍ରଣା ନେଇ ଅସହ୍ୟ ପୀଡ଼ନର ଶରବ୍ୟ ହୋଇଥିଲା। କେମୋଥେରାପି ଗ୍ରହଣ କରିବା ସତ୍ତ୍ୱେ ତା' ରୋଗର ଉପଶମ ଘଟି ନଥିଲା। ତଥାପି ତା' ମନରେ ଗଭୀର ଆଶା ଓ ବିଶ୍ୱାସ ଥିଲା। ଭବିଷ୍ୟତରେ ସୁନ୍ଦର ଜୀବନ ପାଇଁ ପରିକଳ୍ପନା ମଧ୍ୟ ଥିଲା। ସେ କୌଣସିମତେ ଜାଣିବାକୁ ପାଇଲା ଯେ ସେହି ରୋଗର ଜଣେ ବିଶିଷ୍ଟ ବିଶେଷଜ୍ଞ ତା'ର ନଗରୀ ବାଟ ଦେଇ ଗୋଟିଏ ସମ୍ମିଳନୀକୁ ଯାଉଛନ୍ତି। ଜିମ୍ ତୁରନ୍ତ ଯୋଗାଯୋଗ କଲା। ବିଶେଷଜ୍ଞ ମଧ୍ୟ ରାଜିହେଲେ ଯେ ସେ ବାଟରେ ସଲ୍ଟଲେକ୍ ନଗରୀରେ କିଛି ସମୟ ଅଟକିବେ ଏବଂ ଜିମକୁ ଦେଖିବେ। ଜିମ୍ ଉତ୍ସାହିତ ହୋଇ ପ୍ରତିଦିନର ରୋଗର ଲକ୍ଷଣ ଓ ତା'ର ମାତ୍ରା ବିଷୟରେ ଲେଖି ରଖିଥିଲା। ସେ ଆଶା କରୁଥିଲା ଯେ, ଏପରି ବିବରଣୀ ବିଶେଷଜ୍ଞଙ୍କର କାମରେ ଲାଗିବ। ମାତ୍ର ଦୁର୍ଭାଗ୍ୟବଶତଃ ବିଶେଷଜ୍ଞ ଆସିବା ଦିନଟିରେ ସଲ୍ଟଲେକ୍ ନଗରୀର ବିମାନ ଅବତରଣ କେନ୍ଦ୍ରରେ ଘନକୁହୁଡ଼ି ଥିବାରୁ ବିମାନ ସେଠାରେ ନ ରହି ଚାଲିଗଲା। ଖବର ଶୁଣି ଜିମ୍ ନିରବରେ କାନ୍ଦିଲା। ସେ ନିର୍ବାକ୍ ନିସ୍ତବ୍ଧ ହୋଇଗଲା। ପରଦିନ ସକାଳେ ଜ୍ୱର ଓ ନିମୋନିଆରେ ଆକ୍ରାନ୍ତ ହୋଇ ତା'ପର ଦିନ ପ୍ରାଣତ୍ୟାଗ କଲା। ନୈରାଶ୍ୟ ଜୀବନକୁ କିପରି ବିପର୍ଯ୍ୟସ୍ତ କରେ ଜିମ୍‌ର କାହାଣୀ ତା'ର ଏକ ପ୍ରାମାଣିକ ରେକର୍ଡ଼।

ଅନ୍ୟ ପକ୍ଷରେ ବିକଳ୍ପ ଚିକିତ୍ସା କ୍ଷେତ୍ରରେ ନର୍ମାନ୍ କଜିନ୍ସ (Norman Cousins) ଏକ ବହୁ ପରିଚିତ ବ୍ୟକ୍ତିତ୍ୱ। ତାଙ୍କ ଲିଖିତ ପୁସ୍ତକ Anatomy of an Illness ଏକ ବହୁଜନପଠିତ ଏ ପୁସ୍ତକ। ସେ ମଧ୍ୟ ଏକ ଦୁରାରୋଗ୍ୟ ରୋଗରେ ପୀଡ଼ିତ ଥିଲେ।

ଭୀଷଣ ଯନ୍ତ୍ରଣାଦାୟକ ସ୍ପଣ୍ଡିଲାଇଟିସ୍‌ର ଶରବ୍ୟ ହୋଇ ସେ ଦୀର୍ଘଦିନ ଚିକିତ୍ସାଳୟରେ ରହିଲେ। ବିଶେଷ ସଫଳତା ମିଳିଲା ନାହିଁ। ଦିନେ ରାତିରେ ସେ ଅନ୍ୟମାନଙ୍କୁ ନ ଜଣାଇ ଲୁଚିକରି ଗୋଟିଏ ହୋଟେଲ୍‌ରେ ଗୋପନୀୟ ଭାବରେ ମଜାଦାର ଫିଲ୍ମ କମେଡ଼ୀ ସବୁ ଦେଖିଲେ। ସେ ଅନୁଭବ କଲେ ଯେ ଦଶ ମିନିଟ୍‌ର ବିମଳ ହସ ତାଙ୍କୁ ଦୁଇ ଘଣ୍ଟାର ଯନ୍ତ୍ରଣାହୀନ ସୁନିଦ୍ରା ଦେଇପାରୁଛି। କିଛିଟା ରୋଗମୁକ୍ତ ହେବା ପରେ ସେ ଅନ୍ୟମାନଙ୍କର ସହାୟକ ହେବାଭଳି ପରାମର୍ଶ ଦେଲେ। ଚିକିତ୍ସାର ବିକଳ୍ପ ପଦ୍ଧତିସବୁ ଲୋକପ୍ରିୟ କରିବାର ଉଦ୍ୟମ କଲେ । ଗତାନୁଗତିକ ଯନ୍ତ୍ରଣାଦାୟକ ପଦ୍ଧତିର ବାହାରେ ହାସ୍ୟରସ ଓ ମଉଜିଆ ଜୀବନଶୈଳୀ ମାଧ୍ୟମରେ ମନୁଷ୍ୟ କିପରି ମାନସିକ ସ୍ୱାସ୍ଥ୍ୟର ଅଧିକାରୀ ହେବ, ସେ ଦିଗରେ ନର୍ମାନ୍ କଜିନ୍ସ ବହୁ ପରାମର୍ଶ ଦେଇଛନ୍ତି।

ଆମର ସ୍ୱାସ୍ଥ୍ୟ ପରିପ୍ରେକ୍ଷୀରେ ସକାରାତ୍ମକ ଆବେଗର ବଳିଷ୍ଠ ଭୂମିକା ରହିଥିଲେ ମଧ୍ୟ ତାତ୍ପର୍ଯ୍ୟପୂର୍ଣ୍ଣ ପ୍ରଶ୍ନଟି ହେଉଛି ଏହି ସଂଯୋଗର ଅନ୍ତରାଳରେ କାର୍ଯ୍ୟ କରୁଥିବା ଉପାଦାନସମୂହ। ବୈଭବ ମନୋବିଜ୍ଞାନୀମାନେ ଏ ପରିପ୍ରେକ୍ଷୀରେ ତିନିପ୍ରକାର ସମ୍ବଳର କାର୍ଯ୍ୟକାରୀତା ଦର୍ଶାଇଛନ୍ତି। ସମ୍ବଳଗୁଡ଼ିକ ହେଉଛି ଭୌତିକ (ଶାରୀରିକ), ମାନସିକ ଏବଂ ସାମାଜିକ। ଆମ ଶରୀରର ଶକ୍ତି-ସାମର୍ଥ୍ୟ ଓ ରୋଗପ୍ରତିଷେଧ ବ୍ୟବସ୍ଥା ହେଉଛି ଭୌତିକ ସମ୍ବଳ। ମାନସିକ ସମ୍ବଳ କହିଲେ ମାନସିକ ଚାପର ସମ୍ମୁଖୀନ ହେବା ପାଇଁ ଆମର ସମନ୍ୱୟଶୀଳତା ଏବଂ ବିପଦରୁ ପ୍ରତ୍ୟାବର୍ତ୍ତନ କରି ଜୀବନର ପୁନର୍ଗଠନ ଦକ୍ଷତା (Resilience) ବୁଝାଯାଏ। ବ୍ୟକ୍ତିଗତ ସାମର୍ଥ୍ୟ ଏହି ଉପାଦାନରେ ଅନ୍ତର୍ଭୁକ୍ତ। ଘଡ଼ିସନ୍ଧି ସମୟରେ ସାମାଜିକ ସମ୍ପର୍କଶୀଳତାର ପ୍ରାଚୁର୍ଯ୍ୟ ଏବଂ ସେସବୁ ଉପଯୋଗ କରିବା ଦକ୍ଷତା ହେଉଛି ସାମାଜିକ ସମ୍ବଳ। ପ୍ରତିଟି ସମ୍ବଳ କିପରି ସକ୍ରିୟ ହୁଏ ତାହାର ସଂକ୍ଷିପ୍ତ ସୂଚନା ପ୍ରୟୋଜନ ।

ଶାରୀରିକ ସମ୍ବଳ : ଶାରୀରିକ ସମ୍ବଳ ଚାରୋଟି ସ୍ତରରେ କାର୍ଯ୍ୟ କରିଥାଏ । ଏହି ଚାରୋଟି ସ୍ତର ହେଉଛି : ମସ୍ତିଷ୍କ, ସ୍ନାୟୁମଣ୍ଡଳ, ଅନ୍ତଃସ୍ରାବୀ ଗ୍ରନ୍ଥି (Endocrine Glands) ଏବଂ ରୋଗ ପ୍ରତିଷେଧ ବ୍ୟବସ୍ଥା। ସଂକ୍ଷେପରେ ଏହାକୁ ମନୋସ୍ନାୟୁ ପ୍ରତିଷେଧ (Psychoneuroimmunology) କୁହନ୍ତି। ଏମାନେ ପରସ୍ପର ସହିତ ସଂଯୁକ୍ତ ଏବଂ ପାରସ୍ପରିକ କ୍ରିୟାକଳାପ ଫଳରେ ପ୍ରତ୍ୟେକଟି ସକ୍ରିୟ ହୁଅନ୍ତି।

ଆମର ଆବେଗ ଆମର ସ୍ୱାସ୍ଥ୍ୟକୁ ପ୍ରଭାବିତ କରିବା ସମୟରେ ଆମର ପ୍ରତିଷେଧ ବ୍ୟବସ୍ଥା (Immune System) ମୁଖ୍ୟ କାର୍ଯ୍ୟ କରେ। ଅନେକଗୁଡ଼ିଏ ରାସାୟନିକ ଓ

ହରମୋନ୍‌ଜାତୀୟ ଅଣୁକୋଷ ରୋଗ ବିରୁଦ୍ଧରେ କାର୍ଯ୍ୟ କରନ୍ତି । ଉଦାହରଣ ସ୍ୱରୂପ, ଟି-କୋଷ (T-Cell) ସ୍ୱାଭାବିକ ରୀତିରେ ବହୁଗୁଣିତ ହୁଏ ଏବଂ ବାହାରୁ ପ୍ରବେଶ କରୁଥିବା ରୋଗବାହକକୁ ନଷ୍ଟ କରିଦିଏ । ସେହିପରି ପ୍ରାକୃତିକ ଘାତକ (Natural Killer ବା NK Cells) ମଧ୍ୟ ବାହ୍ୟ ଶତ୍ରୁକୁ ନଷ୍ଟ କରେ । ଟି-କୋଷ ଏବଂ ପ୍ରାକୃତିକ ଘାତକ କୋଷର ସଂଖ୍ୟା ଦେଖି ପ୍ରତିଷେଧ ବ୍ୟବସ୍ଥାର ସବଳତା ଦୁର୍ବଳତା ଆକଳନ କରାଯାଇପାରେ । ତାତ୍ପର୍ଯ୍ୟପୂର୍ଣ୍ଣ କଥାଟି ହେଉଛି ଯେ ସକାରାତ୍ମକ ଆବେଗ ସମୟରେ ଏପରି ସବୁ ସହାୟକ କୋଷର ସଂଖ୍ୟାବୃଦ୍ଧି ଘଟୁଥିବା ସ୍ଥଳେ ମାନସିକ ଚାପ ଓ ନକାରାତ୍ମକ ଆବେଗ ସମୟରେ ଏହି ପ୍ରତିଷେଧ କୋଷ ସଂଖ୍ୟା ହ୍ରାସ ପାଇଥାଏ ।

ଏହା ସହଜରେ ଅନୁମେୟ ଯେ ମାନସିକ ଚାପ ସମୟରେ (ଯଥା: ଛାତ୍ରଛାତ୍ରୀମାନଙ୍କ ଠିକ୍ ପରୀକ୍ଷା ପୂର୍ବରୁ) ଟି-କୋଷ ଏବଂ ପ୍ରାକୃତିକ ଘାତକ (NK) କୋଷ ହ୍ରାସ ପାଇଥାଏ । ସେହିପରି ପରିବାରର କୌଣସି ପ୍ରିୟଜନଙ୍କ ମୃତ୍ୟୁ ପରେ କିମ୍ବା ଅନ୍ୟ କୌଣସି ଖରାପ ଘଟଣାର ପରେ ପରେ ଏସବୁ ସହାୟକ କୋଷର ସଂଖ୍ୟା ହ୍ରାସ ପାଏ । ଫଳରେ ସେହି କାରଣରୁ ରୋଗର ଶରବ୍ୟ ହେବାର ସମ୍ଭାବନା ବୃଦ୍ଧି ପାଏ । ପରୀକ୍ଷା ସମୟରେ ଛାତ୍ରଛାତ୍ରୀମାନେ ଜ୍ୱରରେ ଆକ୍ରାନ୍ତ ହେବାର ଉଦାହରଣ ଏହି ଦୃଷ୍ଟିରୁ ପ୍ରତ୍ୟାଶିତ ।

ଆମର ସକାରାତ୍ମକ ଆବେଗ ଆମ ରୋଗ ପ୍ରତିରୋଧ ଶକ୍ତିକୁ କିପରି ବଢ଼ାଏ, ତାହାର ବହୁସଂଖ୍ୟକ ସର୍ବେକ୍ଷଣ ନ ଥିଲେ ମଧ୍ୟ ପ୍ରମାଣ ରହିଛି । ଷ୍ଟୋନ୍ ଏବଂ ତାଙ୍କର ସହକର୍ମୀମାନେ (Stone, 1994) ଲୋକମାନଙ୍କର ମିଜାଜର ରେକର୍ଡ ରଖିବା ପାଇଁ ନିର୍ଦ୍ଦେଶ ଦେଲେ । ବାର ସପ୍ତାହ ପାଇଁ ସେମାନେ ଏପରି ରେକର୍ଡ଼ ରଖିଲେ । ଦେଖାଗଲା ଯେ ଅଧିକ ପରିମାଣରେ ଅନୁକୂଳ ମିଜାଜର ଅଧିକାରୀ ହେଉଥିବା ଲୋକମାନଙ୍କ ଶରୀରରେ ଅପେକ୍ଷାକୃତ ଅଧିକ ପରିମାଣରେ ଆଣ୍ଟିଜେନ୍ (Antigen) ସୃଷ୍ଟି ହେଉଛି । ଆଣ୍ଟିଜେନ୍ ରୋଗର ପ୍ରତିରୋଧ କରେ । ସେହିପରି ଅନ୍ୟ ଏକ ପରୀକ୍ଷାରେ ଲେଫ୍‌କୋର୍ଟ (Lefcourt, 2002) ଲୋକମାନଙ୍କ ଯୋଜନାବଦ୍ଧ ଭାବରେ ପ୍ରଚୁର ହସିବାର ସୁଯୋଗ ଦେଲେ । ମଜାଦାର ଭିଡ଼ିଓ କ୍ଲିପ୍ ମାଧ୍ୟମରେ ଏପରି ଅନୁଭବର ସୁଯୋଗ ଦିଆଗଲା । ଦେଖାଗଲା ଯେ ଏମାନଙ୍କ ଶରୀରରେ ରୋଗ ପ୍ରତିରୋଧକ ଟି-କୋଷ ଏବଂ ପ୍ରାକୃତିକ ଘାତକ (NK) କୋଷ ଅଧିକ ପରିମାଣରେ ଗଠିତ ହେଉଛି । ଏତଦ୍‌ବ୍ୟତୀତ ଏମାନଙ୍କ ମୁଖନିଃସୃତ ଲାଳରେ ଇମ୍ୟୁନୋଗ୍ଲୋବିନ୍ ନାମକ ଗୋଟିଏ ପଦାର୍ଥ ନିଃସୃତ ହେଉଛି । ଏହା ଆଣ୍ଟିଜେନ୍

ବା ରୋଗପ୍ରତିରୋଧକର କାର୍ଯ୍ୟ କରେ। ସ୍ଥୂଳତଃ ଅନୁକୂଳ ଆବେଗ ଆମର ସୁସ୍ଥତା ସମ୍ଭାବନାକୁ ବୃଦ୍ଧି କରିବା ସ୍ଥଳେ ପ୍ରତିକୂଳ ଆବେଗ ରୋଗ ପ୍ରବଣତା ବୃଦ୍ଧି କରିବାର ଆଶଙ୍କା ରହିଛି।

ମାନସିକ ସମ୍ବଳ : ମାନସିକ ବା ମନସ୍ତାତ୍ତ୍ୱିକ ସମ୍ବଳର କେନ୍ଦ୍ରବିନ୍ଦୁ ହେଉଛି ସମନ୍ୱୟଶୀଳତା। ସାଧାରଣତଃ ଦେଖାଯାଏ ଯେ ଲୋକମାନେ ତିନିପ୍ରକାର ସମନ୍ୱୟ ଶୈଳୀର ବ୍ୟବହାର କରନ୍ତି : ସମସ୍ୟା-କେନ୍ଦ୍ରିତ ସମନ୍ୱୟ, ଆବେଗମୁଖୀ ସମନ୍ୱୟ ଏବଂ ଅଗ୍ରମୁଖୀ ସମନ୍ୱୟ। ସିଧାସଳଖ ସମସ୍ୟାର ସମ୍ମୁଖୀନ ହେବା, ମାନସିକ ଚାପର ଉତ୍ସକୁ ଯାଇ ତାହାର ବିଲୋପ ଏବଂ ବିଶେଷଜ୍ଞ ଓ ଅନ୍ୟମାନଙ୍କ ସହାୟତାରେ ସମନ୍ୱୟ ରକ୍ଷା କରିବା ପ୍ରଥମ ଧରଣର ଶୈଳୀ। ମାନସିକ ଚାପକୁ ଚାହିଁ ନିଜ ଆବେଗରେ ପରିବର୍ତ୍ତନ ଆଣିବା, ଅନ୍ୟମାନଙ୍କ ସ୍ନେହଶ୍ରଦ୍ଧା ଲାଭ କରି ସମାଧାନ କରିବା ଏବଂ ନିଜର ପ୍ରିୟଜନ ପାଖରେ ମନୋଭାବ ବ୍ୟକ୍ତ କରି ନିଜକୁ ହାଲୁକା କରିବା ଦ୍ୱିତୀୟ ପ୍ରକାର ଶୈଳୀ । ପ୍ରକୃତ ସମସ୍ୟା ଆସିବା ପୂର୍ବରୁ ବୁଦ୍ଧି ବିଚାର ପ୍ରୟୋଗ କରି ସମାଧାନର ସୂତ୍ର ବାହାର କରିବା ହେଉଛି ଅଗ୍ରମୁଖୀ ସମନ୍ୱୟ।

ସମନ୍ୱୟ ରକ୍ଷା କ୍ଷେତ୍ରରେ ସକାରାତ୍ମକ ଆବେଗର ଭୂମିକାକୁ ବହୁଦିନ ପର୍ଯ୍ୟନ୍ତ ବିଶେଷ ଧ୍ୟାନ ଦିଆଯାଇନଥିଲା। ମାତ୍ର ବୈଭବ ମନୋବିଜ୍ଞାନର ବିକାଶ ଘଟିବା ପରେ ଗବେଷକମାନେ ଅନୁଭବ କଲେ ଯେ ଅନୁକୂଳ ଆବେଗ ସମନ୍ୱୟଶୈଳୀକୁ କିଛି ସ୍ୱାତନ୍ତ୍ର୍ୟ ପ୍ରଦାନ କରିପାରେ। ଏହାକୁ ଅନୁକୂଳ ଆବେଗଧର୍ମୀ ସମନ୍ୱୟ କୁହାଯାଇପାରେ ।

ଅନୁକୂଳ ଆବେଗଧର୍ମୀ ସମନ୍ୱୟ : ପ୍ରଥମତଃ ମନେ ରଖିବାକୁ ହେବ ଯେ ସକାରାତ୍ମକ ଆବେଗ ସମନ୍ୱୟ ରକ୍ଷାରେ ବିଶେଷ ଭୂମିକା ନେଇପାରେ। ଆମର ମାନସିକ ସ୍ୱାସ୍ଥ୍ୟର ବିଭିନ୍ନ ଅଂଶବିଶେଷ ମଧ୍ୟରେ ଭାବଗତ ସ୍ୱାସ୍ଥ୍ୟ (Emotional Well-Being) ଅଧିକ ଗୁରୁତ୍ୱପୂର୍ଣ୍ଣ ହୋଇଥିବାରୁ ଭାବଗତ ଦୃଷ୍ଟିଭଙ୍ଗୀର ପ୍ରାଧାନ୍ୟ ରହିବା ସ୍ୱାଭାବିକ। ମାନସିକ ଚାପର ଗବେଷଣାରେ ସୁଖ୍ୟାତି ଅର୍ଜନ କରିଥିବା ମନୋବିଜ୍ଞାନୀ ଫୋକ୍‌ମ୍ୟାନ୍ (Folkman) ଯୁକ୍ତି କରନ୍ତି ଯେ ଅନୁକୂଳ ଆବେଗ ଓ ପ୍ରତିକୂଳ ଅବସ୍ଥାର ସହାବସ୍ଥାନ ସମ୍ଭବପର। ଦୁର୍ଦ୍ଦିନ ସମୟରେ ମଧ୍ୟ ସକାରାତ୍ମକ ଆବେଗ ଅନୁଭବ ଅସମ୍ଭବ ନୁହେଁ। ଗୋଟିଏ ପରିବାରରେ କର୍କଟରୋଗ ବିଶେଷଜ୍ଞ ପରିବାରର ଜଣେ ସଦସ୍ୟ ଏପରି ଭୟଙ୍କର ରୋଗରେ ପୀଡ଼ିତ ଅଛନ୍ତି ବୋଲି ଦୁଃସମ୍ବାଦ ଦେଲାପରେ ମଧ୍ୟ ପରିବାରରେ କିଛିଟା

ଅନୁକୂଳ ବାତାବରଣ ରକ୍ଷା କରିପାରିବେ । ପତିପତ୍ନୀ ହସଖୁସିର କଥାବାର୍ତ୍ତା କରିପାରିବେ, ସୁଖଦ ସ୍ମୃତିର ରୋମନ୍ଥନ କରିପାରିବେ ଏବଂ ପରିବାରରେ ଛୋଟକାଟିଆ ଉତ୍ସବ ପାଳନ କରିପାରିବେ। ଏପରି ମନୋବୃତ୍ତି ଓ ଆଚରଣ ମାନସିକ ଚାପ ଏଡ଼ାଇବାରେ ସହାୟକ ହେବ।

ଦ୍ୱିତୀୟତଃ ଲକ୍ଷ୍ୟ କରାଯାଉଛି ଯେ ସକାରାତ୍ମକ ଆବେଗର ଅଧିକାରୀ ଲୋକମାନେ ଦୁର୍ଦ୍ଦିନର ଶେଷ ମୁହୂର୍ତ୍ତ ପର୍ଯ୍ୟନ୍ତ ଅପେକ୍ଷା ନ କରି ସମସ୍ୟାର ସମାଧାନ ପାଇଁ ପୂର୍ବରୁ କିଛି କିଛି ବ୍ୟବସ୍ଥା କରନ୍ତି। ସେମାନଙ୍କ କାର୍ଯ୍ୟଧାରାରେ ଅଗ୍ରମୁଖୀ ସମନ୍ୱୟ ଶୈଳୀର (Pro-Active Coping) ସ୍ପଷ୍ଟ ସୂଚନା ମିଳେ।

ଫୋକ୍‌ମ୍ୟାନ୍ ଓ ମସ୍କୋଉଇଜ୍ (Folkman & Moscowitz, 2000) ଦର୍ଶାଇଛନ୍ତି ଯେ ଅନୁକୂଳ ଆବେଗର ଅଧିକାରୀ ବ୍ୟକ୍ତିମାନେ ଦୁର୍ଦ୍ଦିନ ମଧ୍ୟରେ ବି ସୁଦିନର ସଂକେତ ଦେଖନ୍ତି। ଏହା କିପରି ସମ୍ଭବ ହୁଏ, ତାହାର ଏକ ବିବରଣୀ ଗବେଷକ ଦ୍ୱୟ ଦେଉଛନ୍ତି।

ନକାରାତ୍ମକ ପରିବେଶରୁ ସକାରାତ୍ମକ ସନ୍ଧାନ ପାଇବାର ଗୋଟିଏ ଉପାୟ ହେଉଛି ସମସ୍ୟାଟିର ପୁନର୍ମୂଲ୍ୟାୟନ। ସମସ୍ୟାଟିର ମୂଳ ରୂପ ନିଶ୍ଚିତ ଭାବରେ ଦୁଃଖଦ ଓ ପ୍ରତିକୂଳ। ମାତ୍ର ବର୍ତ୍ତମାନ ଭିନ୍ନ ଭାବରେ ମୂଲ୍ୟାୟନ କରାଯିବ। ପ୍ରିୟଜନଙ୍କ ରୋଗ ଓ ଅସୁସ୍ଥତା ଦୁଃଖଦ ନିଶ୍ଚୟ। କିନ୍ତୁ ବର୍ତ୍ତମାନ ରୋଗ ଉପରେ ପ୍ରାଧାନ୍ୟ ଦିଆନଯାଇ କିପରି ନିଷ୍ଠାର ସହିତ ତାଙ୍କର ସେବାଯତ୍ନ କରାଯିବ, ସେ କଥା ବେଶୀ ଚିନ୍ତା କରିବାକୁ ହେବ, ପରିଚର୍ଯ୍ୟାରେ ଅଧିକ ଯତ୍ନ ଅଧିକ ସମ୍ବେଦନଶୀଳତା ଉପରେ ଗୁରୁତ୍ୱ ଦେଇ ଏ ଦିଗର କିଛି କରିବାର ଆନନ୍ଦ ଏକ ଅନୁକୂଳ ମାନସିକତା ଗଠନ କରିବ।

ଅନେକ ସମୟରେ ସମସ୍ୟାଟି ବିରାଟ ଧରଣର ହୋଇଥିଲେ ହୁଏତ ପ୍ରତିବିଧାନ କ୍ଷେତ୍ରର ବିଶେଷ କିଛି କରିହେବ ନାହିଁ। ଏଡ୍‌ସ ରୋଗ ପାଇଁ ମୁଖ୍ୟ ସମସ୍ୟାର ସମାଧାନ ସମ୍ଭବ ନ ହେଲେ ମଧ୍ୟ ଯତ୍ନକାରୀ ଛୋଟ ଛୋଟ ପଦକ୍ଷେପ ନେଇପାରିବେ। ଦୁର୍ଦ୍ଦଶାଗ୍ରସ୍ତ ବ୍ୟକ୍ତିଙ୍କୁ କିପରି ଭଲ ଲାଗିବ, ସେ କିପରି ସମୟ ସମୟରେ ତୃପ୍ତିକର ଖାଦ୍ୟ ଖାଇ ଆନନ୍ଦ ଅନୁଭବ କରିବେ, ସମୟ ସମୟରେ କିଛି ସମୟ ବୁଲି ଆସିପାରିବେ ଏବଂ ନିଜର ପ୍ରିୟକାମ କିଛି କରିପାରିବେ - ଏପରି ସମ୍ଭାବନାର ବାସ୍ତବକରଣ ଖୁବ୍ ଉପଯୋଗୀ । ଯତ୍ନକାରୀ ଓ ଚାପଗ୍ରସ୍ତ ବ୍ୟକ୍ତି କିଛିଟା ହାଲୁକା ହୋଇପାରିବେ।

ଫୋକ୍‌ମ୍ୟାନ୍ ଓ ମସ୍କୋଉଇଜଙ୍କ ଅନ୍ୟ ଗୋଟିଏ ପର୍ଯ୍ୟବେକ୍ଷଣ ଖୁବ୍ ସୂକ୍ଷ୍ମ ଓ ତାତ୍ପର୍ଯ୍ୟପୂର୍ଣ୍ଣ । ଏଡ୍‌ସ କିମ୍ବା କର୍କଟ ରୋଗଗ୍ରସ୍ତ ରୋଗିମାନଙ୍କର ସେବାଯତ୍ନ କରୁଥିବା ବହୁସଂଖ୍ୟକ ସେବାକାରୀମାନଙ୍କ ସହିତ ଦୀର୍ଘ ସାକ୍ଷାତ୍‌କାର ମାଧ୍ୟମରେ ସେମାନେ ଗୋଟିଏ ବିଶିଷ୍ଟ ସିଦ୍ଧାନ୍ତରେ ପହଞ୍ଚିଲେ । ସେମାନେ ଦେଖିଲେ ଯେ ସେବାକାରୀ ଅନୁକୂଳ ଆବେଗର ଅଧିକାରୀ ହୋଇଥିଲେ ସେ ଅତି ମାମୁଲି ଓ ସାଧାରଣ ଘଟଣାରେ ସାର୍ଥକତା ଓ ଅସାଧାରଣତ୍ୱ ରଚନା କରିପାରନ୍ତି । ଉଦାହରଣ ସ୍ୱରୂପ, ରୋଗୀ ଓ ନିଜର ପ୍ରିୟଜନ ପାଇଁ ସ୍ୱତନ୍ତ୍ର ଓ ରୁଚିକର ଖାଦ୍ୟ ପ୍ରସ୍ତୁତ କରିବା, ରୋଗୀ ରହିଥିବା ପରିବେଶଟି ଶୋଭନୀୟ କରି ତୋଳିବା, ରୋଗୀ ଆଖପାଖରେ କିଛି ଫୁଲ ସଜାଇ ରଖିବା ଏବଂ ଆରୋଗ୍ୟ କାମନାର ଶୁଭେଚ୍ଛା କାର୍ଡ଼ କିମ୍ବା ସେହିପରି କିଛି ସଜାଇ ରଖିବାର କାମସବୁ ବହୁ ଦୃଷ୍ଟିରୁ ଅତି ସାଧାରଣ । ମାତ୍ର ସେବାର୍ଥୀ ମନରେ ଏ ଯେଉଁ ପୁଲକ ଓ ଆନନ୍ଦ ସୃଷ୍ଟି କରେ, ତାହା ଏକ ଅସାଧାରଣ ପ୍ରକ୍ରିୟା । ଅନୁକୂଳ ଆବେଗମୁଖୀ ସମନ୍ୱୟଶୀଳତାର ଏହା ଏକ ସୁନ୍ଦର ପରିପ୍ରକାଶ ।

ଭାବଗତ ଅନୁକୂଳତାକୁ ଉନ୍ନତ ସମନ୍ୱୟଶୀଳତାର ଏକ ଅଂଶବିଶେଷ ବୋଲି ବିଚାର କରିବା ସମୟରେ ଆମକୁ ମନେ ରଖିବାକୁ ହେବ ଯେ ଏ ଶୈଳୀର କ୍ରମାଗତ ବ୍ୟବହାର ଫଳରେ ଏହା ବ୍ୟକ୍ତିତ୍ୱର ଏକ ଅଂଶ ହୋଇଉଠେ । ଭାବଗତ ଅନୁକୂଳତା ଏକ ବ୍ୟକ୍ତିଗତ ଗୁଣ (Trait) ହିସାବରେ କାର୍ଯ୍ୟକରେ । ଏପରି ବ୍ୟକ୍ତିତ୍ୱସମ୍ପନ୍ନ ଲୋକମାନେ ମାନସିକ ସ୍ୱାସ୍ଥ୍ୟର ଅଧିକାରୀ ହୁଅନ୍ତି । ଅବଶ୍ୟ ଭାବଗତ ଅନୁକୂଳତା ବ୍ୟତୀତ ଅନ୍ୟ କେତୋଟି ଗୁଣ (Traits) ମଧ୍ୟ ମାନସିକ ସ୍ୱାସ୍ଥ୍ୟର ସହାୟକ । ଉଦାହରଣସ୍ୱରୂପ, ଉଚ୍ଚ ଆତ୍ମମର୍ଯ୍ୟାଦାବୋଧ, ଆଶାବାଦ, କୁପ୍ରଭାବରୁ ମୁକ୍ତ ରଖିବାର ସାମର୍ଥ୍ୟ ଏବଂ ଭାବ ପ୍ରକାଶରେ ଦକ୍ଷତା ଏପରି ସ୍ୱାସ୍ଥ୍ୟ-ସହାୟକ ଗୁଣ ହୋଇଥାଏ । ତେବେ ବ୍ୟକ୍ତିତ୍ୱ ଓ ସୁସ୍ଥତାର ସମ୍ପର୍କ ଆଲୋଚନା ପରିପ୍ରେକ୍ଷୀରେ ସ୍ୱାସ୍ଥ୍ୟ-ସହାୟକ ଗୁଣାବଳୀର ଆଲୋଚନା କରାଯାଇପାରେ । ତେବେ ସକାରାତ୍ମକ ଆବେଗ ଓ ପରିପୂର୍ଣ୍ଣ ସ୍ୱାସ୍ଥ୍ୟର ସମ୍ପର୍କ ପ୍ରସଙ୍ଗରେ ଶାରୀରିକ ଓ ମାନସିକ ସମ୍ବଳର ଭୂମିକା ବ୍ୟତୀତ ଅନ୍ୟ ସମ୍ବଳଟି ହେଉଛି ସାମାଜିକ ସମ୍ବଳ ।

ସାମାଜିକ ସମ୍ବଳ : ମାନସିକ ସ୍ୱାସ୍ଥ୍ୟ ଓ ସୁଖାନୁଭୂତି ସମ୍ପର୍କରେ ବୈଭବ ମନୋବିଜ୍ଞାନରେ ବିସ୍ତୃତ ଗବେଷଣା ହୋଇଛି । ସବୁ ଗବେଷକ ସମସ୍ୱରରେ ସମ୍ପର୍କଶୀଳତାର ପ୍ରାଚୁର୍ଯ୍ୟକୁ ପ୍ରାଧାନ୍ୟ ଦେଇଛନ୍ତି । ଏପରି ଗବେଷକଙ୍କ ମଧ୍ୟରେ ସେଲିଗ୍‌ମ୍ୟାନ (୨୦୦୨), ମାୟାର୍ସ (Myers, 2000) ଏବଂ ଆରଗାଇଲ୍ (Argyle,

2012) ଅନ୍ୟତମ। ପତିପତ୍ନୀଙ୍କ ସମ୍ପର୍କ, ପରିବାରର ସଦସ୍ୟମାନଙ୍କ ମଧ୍ୟରେ ସମ୍ବନ୍ଧ, ବନ୍ଧୁବାନ୍ଧବୀ ବଳୟ, କାର୍ଯ୍ୟକ୍ଷେତ୍ରର ସହକର୍ମୀ ଏବଂ ସେବାର୍ଥୀ-ସେବାକାରୀ ସମ୍ପର୍କ ପରି ଅସଂଖ୍ୟ ଯୋଗାଯୋଗ ସମ୍ପର୍କଶୀଳତାର ଉତ୍ସ ହୋଇଥାଏ। ପ୍ରୀତିପ୍ରଦ ସମ୍ପର୍କ କେବଳ ମାନସିକ ଚାପକୁ ହ୍ରାସ କରେ ନାହିଁ, ସୁଖ ଓ ଆନନ୍ଦାନୁଭୂତିକୁ ଗଭୀର କରିଥାଏ । ମନୋବିଜ୍ଞାନର ପ୍ରତିଟି ଗବେଷଣା ସମ୍ପର୍କଶୀଳତାର ଉପଯୋଗିତାର ପ୍ରାମାଣିକ ତଥ୍ୟ ପ୍ରଦାନ କରିଛି।

ବୈଭବ ମନୋବିଜ୍ଞାନରେ ବଡ଼ ବଡ଼ ସର୍ବେକ୍ଷଣରେ ହଜାର ହଜାର ଲୋକଙ୍କ ଉପରେ ଅନୁଧ୍ୟାନ କରାଯାଇ ଦେଖାଯାଇଛି ଯେ ସାମାଜିକ ସମ୍ପର୍କର ସମ୍ବଳ ଥିବା ବ୍ୟକ୍ତିମାନେ କମ୍ ମାତ୍ରାରେ ରୋଗଗ୍ରସ୍ତ ହୁଅନ୍ତି, କମ୍ ଥର ଡାକ୍ତରଙ୍କ ପାଖକୁ ଯାଆନ୍ତି ଏବଂ ଅପେକ୍ଷାକୃତ ଅଧିକ ଦିନ ବଞ୍ଚନ୍ତି। ଅନ୍ୟ ପକ୍ଷରେ ସଙ୍ଗହୀନ ଓ ଏକାକୀ ଜୀବନଯାପନ କରୁଥିବା ଲୋକ ବହୁବିଧ ଶାରୀରିକ ଓ ମାନସିକ ରୋଗର ଶିକାର ହୋଇଥାଏ।

ଅନ୍ୟ ପକ୍ଷରେ ସାମାଜିକ ବନ୍ଧନର ଅଭାବ ବହୁ ଦୁର୍ଦ୍ଦଶାର କାରଣ ହୋଇଥାଏ । ବହୁ ସର୍ବେକ୍ଷଣରେ ଦେଖାଯାଉଛି ଯେ, ପତିପତ୍ନୀଙ୍କ ମଧ୍ୟରୁ ଜଣକର ବିୟୋଗ ଅନ୍ୟ ପାଇଁ ଦୁଃଖ ଓ ବେଦନାର କାରଣ ହୁଏ। ସାମାଜିକ ବନ୍ଧନର ବଳୟ ମଧ୍ୟରେ ନିଜର ମାନସିକ ବେଦନାକୁ ପ୍ରିୟଜନ ପାଖରେ ପ୍ରକାଶ କରିବାର ସୁଯୋଗ ଏକ ମାନସିକ ଚିକିତ୍ସାର କାର୍ଯ୍ୟକରେ। ପରିବାର ବା ସେହିପରି କିଛି ସାମାଜିକ ବଳୟ ଯେ ଆମ ଜୀବନର ଚାପ ହ୍ରାସକାରୀ ଅଂଶବିଶେଷ ରୂପେ କାର୍ଯ୍ୟକରେ, ଏହା ଏକ ସାଧାରଣ ଅନୁଭବ।

ସାମାଜିକ ବଳୟ ଏକ ସମ୍ବଳର ଭୂମିକା ନିର୍ବାହ କଲେ ମଧ୍ୟ ସ୍ଥଳ ବିଶେଷରେ ଏହା ମାନସିକ ବେଦନାର କାରଣ ହୋଇପାରେ। ଉଦାହରଣ ସ୍ୱରୂପ, ପତି ପତ୍ନୀଙ୍କ ମଧ୍ୟରେ ତିକ୍ତ ସମ୍ପର୍କ ଓ ମନୋମାଳିନ୍ୟ ମାନସିକ ଯନ୍ତ୍ରଣାର ଉତ୍ସ ହୁଏ। କେବଳ ପାଶ୍ଚାତ୍ୟ ଜଗତରେ ନୁହେଁ, ଆମ ଦେଶରେ ମଧ୍ୟ ପାରିବାରିକ ଅଶାନ୍ତି ଓ ବିବାହ ବିଚ୍ଛେଦ ଯେଉଁ ମାତ୍ରାରେ ବୃଦ୍ଧି ପାଉଛି, ସେ ପରିସ୍ଥିତିରେ ପରିବାର ପରି ଏକ ଉନ୍ନତ ସାମାଜିକ ସମ୍ବଳର ଯଥାର୍ଥ ଉପଯୋଗ ହ୍ରାସ ପାଇବାର ଦୁଃଖଦ ପରିଣତି ଧୀରେ ଧୀରେ ଉତ୍କଟ ରୂପ ନେଉଛି।

ସକାରାତ୍ମକ ଆବେଗ ଓ ସଫଳତା :

ପୂର୍ବରୁ ବିଶ୍ୱାସ କରାଯାଉଥିଲା ଯେ ଆମେ ସଫଳତା ଲାଭ କଲେ ଆମେ ଆନନ୍ଦ

ଅନୁଭବ କରୁ। ଅନ୍ୟ ଭାଷାରେ କହିଲେ ଆମର ସକାରାତ୍ମକ ଆବେଗ ହେଉଛି ଫଳାଫଳ ଏବଂ ସଫଳତା ହେଉଛି କାରଣ। ଏହା କିଛି ମାତ୍ରାରେ ସତ ହେଲେ ମଧ୍ୟ ପୂରାପୂରି ଠିକ୍ ନୁହେଁ।

ଅନେକଗୁଡ଼ିଏ ପରୀକ୍ଷା ନିରୀକ୍ଷା ଏବଂ ଗବେଷଣାଗାରର ନିୟନ୍ତ୍ରିତ ମଧ୍ୟରେ ସଂପରୀକ୍ଷଣ (Experiment) ମାଧ୍ୟମରେ ମନୋବିଜ୍ଞାନୀମାନେ ଦର୍ଶାଇଛନ୍ତି ଯେ ସକାରାତ୍ମକ ଆବେଗ କାରଣରୁ ଆମେ ବହୁ ମାତ୍ରାର ସଫଳତା ପାଇଥାଉ। ଅନୁଭବର ପରିକ୍ରମାରେ ପ୍ରଥମେ ଆବେଗ ଆସେ ଏବଂ ଆମେ ଆବେଗ-ପ୍ରେରିତ ହୋଇ ସଫଳତା ଦିଗରେ ଗତିକରୁ। ଏ ଦୃଷ୍ଟିରୁ ସଫଳତାର ପ୍ରାପ୍ତି ପାଇଁ ଆମକୁ ଅନୁକୂଳ ଆବେଗ ପ୍ରତି ଧ୍ୟାନ ଦେବାକୁ ପଡ଼ିବ।

ଅନୁକୂଳ ଆବେଗର ବିକାଶ :

ଆମେ ଯେଉଁ ସକାରାତ୍ମକ ଆବେଗ ଅନୁଭବ କରୁ, ତାହା ବିଭିନ୍ନ ସ୍ରୋତରେ ଆସିଥାଏ। ଅନେକ ସମୟ ଦୈନନ୍ଦିନ ଜୀବନର ଛୋଟ ଛୋଟ ଘଟଣା ସକାରାତ୍ମକ ଆବେଗ ସୃଷ୍ଟି କରେ। ଶରୀରର କ୍ଲାନ୍ତି କଟାଇବା ପାଇଁ ଶୀତଳ ଜଳରେ ସ୍ନାନ କରିବା, ସକାଳେ ବାହାରେ ଟିକେ ବୁଲିଆସିବା, ଖବରକାଗଜ ପଢ଼ିବା ସମୟରେ କପେ ଚା' ପିଇବା, ତା'ପରେ ଏକାଠି ବସି ଅଳ୍ପ ସମୟ ଗପସପ ହେବା, ଉଦ୍ୟାନ କାମ କରିବା ଏବଂ ଅନ୍ୟ ସବୁ ପ୍ରିୟ କାର୍ଯ୍ୟ କରିବା ମାଧ୍ୟମରେ ଆମେ ଅନୁକୂଳ ଭାବାବେଗର ଅନୁଭବ ପାଉ। ଏତଦ୍‌ବ୍ୟତୀତ ଯୋଜନାବଦ୍ଧ ଢଙ୍ଗରେ ଅନୁକୂଳ ଆବେଗ ଆହରଣ କରାଯାଏ । ଏ ପୁସ୍ତକର ଅନ୍ୟତ୍ର ଏସବୁର ବିଶଦ ବିବରଣୀ ଥିବାରୁ ଏଠାରେ ବର୍ଣ୍ଣନା ଦିଆଯାଉ ନାହିଁ, କେବଳ ଶିରୋନାମାର ଉଲ୍ଲେଖ ରହିଛି।

- ଆଶାବାଦର (Optimism) ବିକାଶ
- ତଲ୍ଲୀନତା ବା ନିମଗ୍ନତା (Flow) : ଆଗ୍ରହପୂର୍ଣ୍ଣ କାମରେ ଗଭୀର ଏକାଗ୍ରତା ।
- ସ୍ମୃତି ଯାତ୍ରା (Savouring) : ସୁଖଦ ସ୍ମୃତିର ରୋମନ୍ଥନ
- ପ୍ରିୟବସ୍ତୁରେ ସମ୍ପୃକ୍ତି (Hobbies)।

ଅନୁକୂଳ ବ୍ୟକ୍ତି ବୈଶିଷ୍ଟ୍ୟ

ଆରମ୍ଭରୁ ବୈଭବ ମନୋବିଜ୍ଞାନକୁ ଶକ୍ତିସାମର୍ଥ୍ୟ ଓ ସବଳତାର ବିଜ୍ଞାନ ବୋଲି ସଂଜ୍ଞା ଦିଆଯାଇଛି। ପୁଣି ମନୁଷ୍ୟର ସୁଖଶାନ୍ତି ଓ ପରିପୂର୍ଣ୍ଣ ଜୀବନର ଅଧ୍ୟୟନ ଏହାର ଅନ୍ୟତମ ମୁଖ୍ୟ ଲକ୍ଷ୍ୟ ବୋଲି ସୂଚିତ ହୋଇଛି। ମଣିଷର ସୁଖ, ସନ୍ତୋଷ ଓ ପରିପୂର୍ଣ୍ଣ ଜୀବନ ବାହ୍ୟିକ ଅବସ୍ଥା ଦ୍ୱାରା (ଆୟୁ, ବୟସ, ନାରୀ-ପୁରୁଷ ପାର୍ଥକ୍ୟ, ଶିକ୍ଷାଗତ ଯୋଗ୍ୟତା ଓ ବାହ୍ୟ ଘଟଣା) ବିଶେଷ ଭାବେ ନିର୍ଦ୍ଧାରିତ ହୁଏ ନାହିଁ ବୋଲି ବହୁ ମନୋବୈଜ୍ଞାନିକ ଗବେଷଣା ପ୍ରତିପାଦନ କରେ। ପ୍ରକାରାନ୍ତରେ ମନୁଷ୍ୟର ବ୍ୟକ୍ତିଗତ ବୈଶିଷ୍ଟ୍ୟ ବା ଗୁଣ (Traits) ବହୁ ପରିମାଣରେ ସୁଖାନୁଭୂତିକୁ ନିୟନ୍ତ୍ରଣ କରିଥାଏ। ସୁଖ ଓ ସ୍ୱାସ୍ଥ୍ୟ ଉପରେ ଗବେଷଣା କରିଥିବା ଜଣେ ବିଶିଷ୍ଟ ମନୋବିଜ୍ଞାନୀ ଲୁବୋମିର୍ସ୍କି (Lyubomirsky, 2007) ବ୍ୟାପକ ଗବେଷଣା କରି ଦର୍ଶାଇଛନ୍ତି ଯେ ମନୁଷ୍ୟର ସୁଖାନୁଭୂତି ପ୍ରାୟ ୫୦ ପ୍ରତିଶତ ତା'ର ବଂଶାନୁଗତି (Heredity) ଦ୍ୱାରା ନିୟନ୍ତ୍ରିତ ହୁଏ । ଏହା ବହୁ ମନୋବିଜ୍ଞାନୀଙ୍କ ସମର୍ଥନ ଲାଭ କରିଛି। ଅନ୍ୟ ୫୦ ପ୍ରତିଶତ ସୁଖାନୁଭୂତିରୁ ପ୍ରାୟ ୧୦ ପ୍ରତିଶତ ଜୀବନର ଘଟଣାବଳୀ ନିର୍ଦ୍ଧାରିତ କରିଥାଏ। ସୁତରାଂ ୪୦ ପ୍ରତିଶତ ସୁଖାନୁଭୂତି କ୍ଷେତ୍ରରେ ମନୁଷ୍ୟର ସ୍ୱାଧୀନତା ରହିଛି । ନିଜର ବ୍ୟକ୍ତିତ୍ୱ ଓ ବ୍ୟବହାର ଫଳରେ ମଣିଷ ନିଜର ସୁଖାନୁଭୂତିକୁ କମ୍ ବେଶୀ କରିପାରେ ।

ବ୍ୟକ୍ତିଗତ ଗୁଣ (Traits) ବା ବୈଶିଷ୍ଟ୍ୟ ସୁଖ ଦୁଃଖର ଏକ ବିଶିଷ୍ଟ ନିର୍ଦ୍ଧାରକ। ବ୍ୟକ୍ତିର ଭାବାବେଗ, ବିଶ୍ୱାସ ଏବଂ ସ୍ୱପ୍ରତ୍ୟୟକୁ (ନିଜ ସମ୍ପର୍କରେ ଧାରଣା) ନେଇ ଏହି ବୈଶିଷ୍ଟ୍ୟ ରୂପନିଏ। ଏହି ବୈଶିଷ୍ଟ୍ୟ ପୂରାପୂରି ଅପରିବର୍ତ୍ତନୀୟ ନ ହେଲେ ମଧ୍ୟ କିଛି ମାତ୍ରାରେ ସ୍ଥିରତା ଥାଏ। ବ୍ୟକ୍ତିତ୍ୱ ମନୋବିଜ୍ଞାନୀ ମାକ୍ରେ ଓ କୋଷ୍ଟା ମତ ଦିଅନ୍ତି ଯେ ପ୍ରାୟ ତିରିଶ ବର୍ଷ ବୟସ ପରେ ଏହା ପରିବର୍ତ୍ତିତ ହୁଏ ନାହିଁ।

ବ୍ୟକ୍ତିର ଅନ୍ତର୍ଜଗତରେ ଏହି ବୈଶିଷ୍ଟ୍ୟ ବ୍ୟକ୍ତିକୁ ବହୁ ଭାବରେ ପ୍ରଭାବିତ କରେ । ବ୍ୟକ୍ତି ଜୀବନରେ କିପରି ଲକ୍ଷ୍ୟଧାର୍ଯ୍ୟ କରିବ, ସେ ଦିଗରେ କିପରି ପଦକ୍ଷେପ ନେବ

ଏବଂ ଜୀବନକୁ କିପରି ପରିଚାଳନା କରିବ, ତାହା ଏହି ଉପାଦାନ ନିୟନ୍ତ୍ରଣ କରେ। ଏହା ସ୍ୱାଭାବିକ ଯେ ଏପରି ବ୍ୟକ୍ତିନିଷ୍ଠ ଗୁଣ ବ୍ୟକ୍ତିର ସୁଖାନୁଭୂତିକୁ ନିୟନ୍ତ୍ରଣ କରିଥାଏ । ପୁନଶ୍ଚ ଏହା ଅନୁମେୟ ଯେ ସକାରାତ୍ମକ ଗୁଣାବଳୀ ମନୁଷ୍ୟର ସୁଖ ଓ ଆନନ୍ଦାନୁଭୂତିକୁ ରୂପ ଦିଏ।

କେଉଁ ସବୁ ଗୁଣ ସକାରାତ୍ମକ ବା ଅନୁକୂଳ ?

କେଉଁ ସବୁ ଗୁଣ ଅନୁକୂଳ ଏବଂ କେଉଁ ଗୁଣ ପ୍ରତିକୂଳ, ତାହା ସବୁବେଳେ ସହଜରେ ଧରାପଡ଼େ ନାହିଁ। କେତେକ ଗୁଣ ଗୋଟିଏ ସମାଜ ସଂସ୍କୃତିରେ ପ୍ରଶଂସନୀୟ ହେବା ସ୍ଥଳେ ଅନ୍ୟ ସଂସ୍କୃତିରେ ନିନ୍ଦନୀୟ ହୋଇଥାଏ। ଉଦାହରଣ ସ୍ୱରୂପ, ସହଯୋଗିତାର ମନୋଭାବ କେତେକ ସମାଜର ଅନୁମୋଦନୀୟ ହେବା ସ୍ଥଳେ ଅନ୍ୟ ସମାଜରେ ଏପରି ଗୁଣର ନିନ୍ଦା କରାଯାଏ। ସେହିପରି ଗୋଟିଏ ବ୍ୟକ୍ତିଗତ ବୈଶିଷ୍ଟ୍ୟ ଏକ ନିର୍ଦ୍ଦିଷ୍ଟ କ୍ଷେତ୍ରରେ ଶ୍ରଦ୍ଧା ଲାଭ କଲେ ମଧ୍ୟ ଅନ୍ୟ କ୍ଷେତ୍ରରେ ଅଶ୍ରଦ୍ଧାର ଶିକାର ହୁଏ । ଦୃଷ୍ଟାନ୍ତ ସ୍ୱରୂପ, ପ୍ରତିଯୋଗୀ ମନୋଭାବ କାର୍ଯ୍ୟ କ୍ଷେତ୍ରରେ ପ୍ରୋତ୍ସାହିତ ହେବା ସ୍ଥଳେ ଏହା ପାରିବାରିକ ଜୀବନରେ ଉପହାସିତ ହୁଏ। ସୁତରାଂ ନିର୍ଭୁଲ ଭାବରେ ସକାରାତ୍ମକ ନକାରାତ୍ମକ ଗୁଣର ତାଲିକା ପ୍ରସ୍ତୁତ କରିବା କଷ୍ଟକର ପ୍ରୟାସ। ତେବେ ଅଳ୍ପ କେତେକ ମାନଦଣ୍ଡକୁ ଭିତ୍ତିକରି ଅନୁକୂଳ ବ୍ୟକ୍ତି-ବୈଶିଷ୍ଟ୍ୟର ଚିହ୍ନଟ କରାଯାଇପାରେ । ବିଶେଷତଃ ସୁଖ ଓ ସ୍ୱାସ୍ଥ୍ୟ ଉପରେ ଗବେଷଣା କରୁଥିବା ବିଶେଷଜ୍ଞମାନଙ୍କର ମାନଦଣ୍ଡ ଏ ଦିଗରେ ପଥପ୍ରଦର୍ଶକ ହୋଇପାରେ।

ପ୍ରଥମ ମାନଦଣ୍ଡଟି ସୁଖାନୁଭୂତି ସମ୍ପର୍କିତ ସଂଜ୍ଞାରୁ ଗ୍ରହଣ କରାଯାଇପାରେ। ସୁଖ ଓ ସ୍ୱାସ୍ଥ୍ୟ ସମ୍ପର୍କରେ ଯେଉଁ ଦୁଇଟି ମୁଖ୍ୟ ଆଭିମୁଖ୍ୟ (Approach) ରହିଛି ସେଥିରୁ ପ୍ରଥମଟିରେ ସକାରାତ୍ମକ ଆବେଗକୁ ପ୍ରାଧାନ୍ୟ ଦିଆଯାଇଛି। ଏହି ପରମ୍ପରାରେ ସୁଖ ହେଉଛି ଜୀବନର ସାମଗ୍ରିକ ସନ୍ତୋଷ, ସକାରାତ୍ମକ ଭାବାବେଗର ପ୍ରାଚୁର୍ଯ୍ୟ ଏବଂ ନକାରାତ୍ମକ ଭାବାବେଗର ସ୍ୱଳ୍ପତା। ସୁତରାଂ ଏହି ସଂଜ୍ଞାକୁ ଭିତ୍ତି କରି କୁହାଯାଇପାରେ ଯେ ସକାରାତ୍ମକ ବ୍ୟକ୍ତିତ୍ୱ-ବୈଶିଷ୍ଟ୍ୟରେ (Traits) ଏ ତିନୋଟି ଉପାଦାନ (ସକାରାତ୍ମକ ଆବେଗର ବହୁଳତା, ନକାରାତ୍ମକ ଆବେଗର ସ୍ୱଳ୍ପତା ଏବଂ ଜୀବନରେ ମୋଟାମୋଟି ସନ୍ତୋଷ) ସଂଶ୍ଳିଷ୍ଟ ହେବା ଆବଶ୍ୟକ ।

ସୁଖ ଓ ସ୍ୱାସ୍ଥ୍ୟ ସମ୍ପର୍କୀୟ ଦ୍ୱିତୀୟ ପରମ୍ପରାରେ ଛ'ଟି ଉପାଦାନ ଜଡ଼ିତ। ସେଗୁଡ଼ିକ

ହେଉଛି ମନର ମୁକ୍ତତା, ପରିବେଶ ଉପରେ ନିୟନ୍ତ୍ରଣ, ସାମାଜିକ ସମ୍ପର୍କର ପ୍ରାଚୁର୍ଯ୍ୟ, ବ୍ୟକ୍ତିଗତ ବିକାଶ, ଜୀବନର ଅର୍ଥପୂର୍ଣ୍ଣତା (Meaningfulness) ଏବଂ ଆତ୍ମସ୍ୱୀକୃତି (Self-Acceptance)। ଏହାକୁ ଆଧାର କରି ଅନୁକୂଳ ବ୍ୟକ୍ତିଗୁଣର ସଂଜ୍ଞା ନିର୍ଦ୍ଦେଶ କରାଯାଇପାରେ। ଏପରି ସକାରାତ୍ମକ ବ୍ୟକ୍ତିତ୍ୱରେ ସାମାଜିକ ସମ୍ପର୍କର ପ୍ରାଚୁର୍ଯ୍ୟ ସହିତ ବ୍ୟକ୍ତିଗତ ବିକାଶ ଓ ଗୋଷ୍ଠୀଗତ ସମୃଦ୍ଧି ଜଡ଼ିତ ରହିଥାଏ। ଏପରି ସକାରାତ୍ମକ ଗୁଣସମ୍ପନ୍ନ ବ୍ୟକ୍ତି ଯେଉଁସବୁ କାର୍ଯ୍ୟକରେ, ତାହା ଅର୍ଥପୂର୍ଣ୍ଣ ହେବା ସଙ୍ଗେ ସଙ୍ଗେ ସମାଜ ପାଇଁ ମଙ୍ଗଳକର ହୋଇଥାଏ । ବ୍ୟକ୍ତି ଦୟାଳୁ, ପରୋପକାରୀ, କ୍ଷମାଶୀଳ ଓ ସେବାପରାୟଣ ହେଲେ ଏସବୁ ବୈଶିଷ୍ଟ୍ୟ ପ୍ରତିଫଳିତ ହୁଏ।

ଅନୁକୂଳ ବ୍ୟକ୍ତିଗୁଣର (Trait) ତୃତୀୟ ମାନଦଣ୍ଡଟି ହେଉଛି ଶାରୀରିକ ସୁସ୍ଥତା । ପୂର୍ବରୁ ଗୀର୍ଜାର ସେବିକାମାନଙ୍କ ଉପରେ କରାଯାଇଥିବା ସର୍ବେକ୍ଷଣର ବର୍ଣ୍ଣନା ଦିଆଯାଇଛି । ହସଖୁସିର ମୁଖ, ପ୍ରୀତିପ୍ରଦ ବ୍ୟବହାର ଦର୍ଶାଉଥିବା ସେବିକା କିପରି ଦୀର୍ଘଜୀବୀ ରହିଥିଲେ ତାହାର ସୂଚନା ଦିଆଯାଇଛି। ଭଲ ଧରଣର ବ୍ୟକ୍ତିତ୍ୱ ଭଲ ସ୍ୱାସ୍ଥ୍ୟର ସହାୟକ ହୋଇଥାଏ। ସେଥିପାଇଁ 'ସ୍ୱୟଂ ସୁସ୍ଥ ବ୍ୟକ୍ତିତ୍ୱ' ଶବ୍ଦଟିର ପ୍ରୟୋଗ କରାଯାଇଛି। ଆତ୍ମସଂଯମ, ନିୟମାନୁବର୍ତ୍ତିତା ଏବଂ ପରିଶ୍ରମଶୀଳତା ପରି ବ୍ୟକ୍ତିଗୁଣ ଏସବୁ ମାନଦଣ୍ଡ ଉପରେ ଆଧାରିତ।

ସକାରାତ୍ମକ ଗୁଣାବଳୀର ସଂଜ୍ଞା ପାଇଁ ଆଉ ଗୋଟିଏ (ଚତୁର୍ଥ) ମାନଦଣ୍ଡ ରହିଛି । ବୈଭବ ମନୋବିଜ୍ଞାନର ଏକ ମୌଳିକ ଓ ଭିତ୍ତିସୂଚକ ସ୍ତମ୍ଭ ହେଉଛି ସଦ୍‌ଗୁଣ ଓ ଚରିତ୍ରଗତ ସବଳତା। ସୁଖ ଓ ସ୍ୱାସ୍ଥ୍ୟର ଯେଉଁ ଦ୍ୱିତୀୟ ପରମ୍ପରାର କଥା କୁହାଗଲା, ତାହାର ମୂଳ ଉତ୍ସ ହେଉଛି ଗ୍ରୀକ୍ ଦାର୍ଶନିକ ଆରିଷ୍ଟଟଲ୍‌ଙ୍କ ଚିନ୍ତାଧାରା। ଆରିଷ୍ଟଟଲ ଦୃଢ଼ ମତବ୍ୟକ୍ତ କରି କହିଥିଲେ ଯେ ମନୁଷ୍ୟର ସୁଖ ଓ ସ୍ୱାସ୍ଥ୍ୟ ନୈତିକତା ଉପରେ ହିଁ ପ୍ରତିଷ୍ଠିତ। ସୁତରାଂ ମୂଲ୍ୟବୋଧ ବିବର୍ଜିତ ଜୀବନ କେବେ ହେଲେ ସୁଖ ଓ ସ୍ୱାସ୍ଥ୍ୟର ଅଧିକାରୀ ହୋଇପାରିବ ନାହିଁ। ସୁତରାଂ ଧର୍ମୀୟ ଭାବନା ଓ ଆଧ୍ୟାତ୍ମିକତା ଉପରେ ପ୍ରତିଷ୍ଠିତ ମୂଲ୍ୟବୋଧ-ଭିତ୍ତିକ ବ୍ୟକ୍ତିଗୁଣ ହିଁ ସକାରାତ୍ମକ ବ୍ୟକ୍ତିତ୍ୱ। ଏ ପର୍ଯ୍ୟାୟରେ ସମତା, ନମ୍ରତା, ଦୟାଳୁତା କ୍ଷମାଶୀଳତା ସାହସିକତା ଏବଂ ଚରିତ୍ରବତ୍ତା ଅନୁକୂଳ ବ୍ୟକ୍ତି-ବୈଶିଷ୍ଟ୍ୟର ଅଙ୍ଗୀଭୂତ ହେବ।

ବର୍ତ୍ତମାନ ଏହି ଚାରୋଟି ମାନଦଣ୍ଡକୁ ଆଧାର କରି ମନୋବିଜ୍ଞାନର ବିଦ୍ୟାର୍ଥୀମାନେ ଅନୁକୂଳ ବ୍ୟକ୍ତିଗୁଣର ତାଲିକା ସହଜରେ ପ୍ରସ୍ତୁତ କରିପାରିବେ। ଏପରି ତାଲିକା ପରିପ୍ରେକ୍ଷୀର ଦୁଇଟି ପ୍ରଶ୍ନ ବେଶ୍ ପ୍ରାସଙ୍ଗିକ ହୋଇପାରେ। ପ୍ରଥମଟି ହେଉଛି ଅନୁକୂଳ ବା ସକାରାତ୍ମକ

ଗୁଣ ମଧ୍ୟରେ କେଉଁ କେଉଁ ଗୁଣ ମନୁଷ୍ୟର ଶାରୀରିକ ଓ ମାନସିକ ସ୍ୱାସ୍ଥ୍ୟ ସହିତ ଅଧିକ ଜଡ଼ିତ ? ଦ୍ୱିତୀୟ ପ୍ରଶ୍ନଟି ହେଉଛି କିପରି ଓ କାହିଁକି ଏସବୁ ଗୁଣାବଳୀ ମନୁଷ୍ୟର ଶାରୀରିକ ଓ ମାନସିକ ସ୍ୱାସ୍ଥ୍ୟର ବିକାଶ ଘଟାଏ ? ଏ ଦୁଇଟିର ଉତ୍ତର ଜାଣି ପାରିଲେ ଆକାଂକ୍ଷିତ ପରିବର୍ତ୍ତନକୁ ସହଜ ଓ ତ୍ୱରାନ୍ୱିତ କରିହେବ ।

ବ୍ୟକ୍ତିତ୍ୱ-ବୈଶିଷ୍ଟ୍ୟ ଏବଂ ମାନସିକ ସ୍ୱାସ୍ଥ୍ୟ :

ଯୁକ୍ତରାଷ୍ଟ୍ର ଆମେରିକାର ମିନେସୋଟା ବିଶ୍ୱବିଦ୍ୟାଳୟର ପଲ୍ ମୀହଲ୍ (Paul Meehl) ଜଣେ ସ୍ୱନାମଧନ୍ୟ ଗବେଷକ । ତାଙ୍କର ଅନେକ କୃତି ମଧ୍ୟରେ ଏକ ବିଶେଷ ଗବେଷଣା କୃତିତ୍ୱ ହେଉଛି ବ୍ୟକ୍ତିତ୍ୱ ଓ ଆନନ୍ଦାନୁଭୂତିର ସମ୍ପର୍କ । ବ୍ୟକ୍ତି ବ୍ୟକ୍ତି ମଧ୍ୟରେ ଭିନ୍ନତା ରହିବା ଏକ ସାଧାରଣ କଥା । ମାତ୍ର ମୀହଲ୍ ବିଶ୍ୱାସ କରୁଥିଲେ ଯେ ଏକ ବିଶେଷ ଧରଣର ଭିନ୍ନତା ହେଉଛି ଆନନ୍ଦ ଗ୍ରହଣ କରିବାର ସାମର୍ଥ୍ୟ । ସମାନ ଅବସ୍ଥାରେ କେତେକ ଲୋକ ଦୁଃଖଦ ଅନୁଭବ ପାଇବା ସ୍ଥଳେ ଅନ୍ୟ କେତେକ ଅଳ୍ପ ଆନନ୍ଦ ପାଆନ୍ତି; ପୁଣି ଅନ୍ୟମାନେ ହୁଏତ ପ୍ରଚୁର ଆନନ୍ଦ ପାଆନ୍ତି । ମୀହଲ୍ ଏହାକୁ ଆନନ୍ଦଗ୍ରାହୀ ସାମର୍ଥ୍ୟ (Hedonic Capacity) ବୋଲି କହୁଥିଲେ । ମୀହଲ୍ ପୁନଶ୍ଚ ବିଶ୍ୱାସ କରୁଥିଲେ ଯେ ଏହି ବ୍ୟକ୍ତିଗତ ବୈଶିଷ୍ଟ୍ୟ ବହୁ ଭାବରେ ବଂଶାନୁଗତି ଦ୍ୱାରା ନିୟନ୍ତ୍ରିତ । ମଣିଷ ଜନ୍ମ ସମୟର ଏହି ସାମର୍ଥ୍ୟ ନେଇ କାରବାର କରେ । ରସିକତା ସୃଷ୍ଟି କରିବା ସାମର୍ଥ୍ୟକୁ ସେ ମସ୍ତିଷ୍କର ଆନନ୍ଦ ରସ ବୋଲି କହୁଥିଲେ ।

ମୀହଲ୍‌ଙ୍କ ଗବେଷଣା ଅନୁଯାୟୀ ବ୍ୟକ୍ତିତ୍ୱର କିଛି ଦିଗ ଏହି ଆନନ୍ଦ ଗ୍ରହଣ ସାମର୍ଥ୍ୟ ଗଠନ କରେ । ବହିର୍ମୁଖୀ ବ୍ୟକ୍ତିତ୍ୱ (Extraversion) ଏକ ବିଶିଷ୍ଟ ଉପାଦାନ । ସମସ୍ତେ ଜାଣନ୍ତି ଯେ ବହିର୍ମୁଖୀ ବ୍ୟକ୍ତିତ୍ୱସମ୍ପନ୍ନ ଲୋକମାନେ ହସଖୁସି ପ୍ରକୃତିର ଲୋକ, ମିଷ୍ଟଭାଷୀ, ସଙ୍ଗପ୍ରିୟ, ଦଳପ୍ରିୟ ଏବଂ ବାହ୍ୟ ଆକର୍ଷଣ ପ୍ରତି ଅଧିକ ଧ୍ୟାନଶୀଳ । ଏପରି ଲୋକମାନେ ଗତିକରୁଥିବା ଅବସ୍ଥାରୁ ସକାରାତ୍ମକ ଆବେଗ ଅନୁଭବ କରିବାର ସମ୍ଭାବନା ଅଧିକ । ଅନ୍ୟ ପକ୍ଷରେ ସେମାନେ ନକାରାତ୍ମକ ଅବସ୍ଥା ପ୍ରତି ବିଶେଷ ଗୁରୁତ୍ୱ ନ ଦେଇ ତାହାକୁ ଏଡ଼ାଇ ଯାଆନ୍ତି । ମୁଖ୍ୟତଃ ବହିର୍ମୁଖୀ ବ୍ୟକ୍ତିତ୍ୱ (Extraversion) ଏବଂ ସୁଖାନୁଭୂତି ମଧ୍ୟରେ ସମ୍ବନ୍ଧ ସ୍ପଷ୍ଟ ହୋଇଥାଏ ।

ମୀହଲ୍‌ଙ୍କ ଗବେଷଣାକୁ କେନ୍ଦ୍ରକରି କେତେକ ବ୍ୟକ୍ତିଙ୍କର ଆନନ୍ଦଗ୍ରହଣ ସାମର୍ଥ୍ୟକୁ ଏକ ବ୍ୟକ୍ତିତ୍ୱ ବୈଶିଷ୍ଟ୍ୟ (Personality Trait) ରୂପେ ବିଚାର କରାଯାଇଛି । ଅନ୍ୟ

ଜଣେ ବୈଭବ ମନୋବିଜ୍ଞାନୀ ୱାଟସନ୍ (Watson, 2002) ଏହି ପରିକଳ୍ପନାକୁ ଅଧିକ ଅଗ୍ରସର କରାଇଛନ୍ତି। ପୂର୍ବରୁ ସକାରାତ୍ମକ ଆବେଗ ଓ ନକାରାତ୍ମକ ଆବେଗ ପ୍ରବଣତାର ପରିମାପ ପାଇଁ ଯେଉଁ ମୂଳ ପଦ୍ଧତି ସକାରାତ୍ମକ ଆବେଗ ନକାରାତ୍ମକ ଆବେଗ ପରିମାପକ (Positive Affect and Negative Affect Scale ବା PANAS) କଳ୍ପନା କରାଯାଇଥିଲା, ତାହା ମଧ୍ୟ ୱାଟସନ୍‌ଙ୍କ ଅବଦାନ।

ୱାଟ୍‌ସନ୍ ଏହି ସକାରାତ୍ମକ ଆବେଗ – ନକାରାତ୍ମକ ଆବେଗ ପରିମାପ ପ୍ରଣାଳୀ ପ୍ରୟୋଗ କରି ଲକ୍ଷ୍ୟ କଲେ ଯେ ଲୋକମାନଙ୍କୁ ଚାରୋଟି ଦଳରେ ବିଭକ୍ତ କରାଯାଇପାରେ । ଗୋଟିଏ ଶ୍ରେଣୀର ଲୋକେ ବହୁତ ପରିମାଣରେ ସକାରାତ୍ମକ ଆବେଗ ଓ ଖୁବ୍ କମ୍ ନକରାତ୍ମକ ଆବେଗ ଅନୁଭବ କରନ୍ତି। ଏହି ବର୍ଗର ଲୋକଙ୍କ ବ୍ୟକ୍ତିତ୍ୱରେ ଭାବଗତ ଅନୁକୂଳତା (Positive Affectivity) ପରିସ୍ଫୁଟ। ଅନ୍ୟ ପକ୍ଷରେ ଦ୍ୱିତୀୟ ଦଳର ଲୋକମାନେ ଖୁବ୍ ଅଧିକ ନକାରାତ୍ମକ ଆବେଗ ଓ ଖୁବ୍ କମ୍ ସକାରାତ୍ମକ ଆବେଗ ଅନୁଭବ କରନ୍ତି । ଏମାନଙ୍କ ବ୍ୟକ୍ତିତ୍ୱକୁ ଭାବଗତ ପ୍ରତିକୂଳତା (Negative Affectivity) କୁହାଯାଇପାରେ। ତୃତୀୟ ଦଳ ଲୋକମାନଙ୍କର ଅନୁଭବ ସକାରାତ୍ମକ ଓ ନକରାତ୍ମକ ଆବେଗ କ୍ଷେତ୍ରରେ ବେଶୀ ହୋଇଥାଏ । ଚତୁର୍ଥ ଦଳର ଲୋକମାନଙ୍କର ଏ ଦୁଇ ପ୍ରକାର ଅନୁଭବ ଖୁବ୍ କମ୍। ନିମ୍ନ ଚିତ୍ରରେ ଏ ବିଭାଗୀକରଣ ସ୍ପଷ୍ଟ ହୋଇପାରିବ ।

		ସକାରାତ୍ମକ ଆବେଗ ଅନୁଭବ	
		କମ୍	ବେଶୀ
ନକାରାତ୍ମକ ଆବେଗ ଅନୁଭବ	ବେଶୀ	ଭାବଗତ ପ୍ରତିକୂଳତା	
	କମ୍		ଭାବଗତ ଅନୁକୂଳତା

ଆଲୋଚନାରୁ ଏହା ସ୍ପଷ୍ଟ ଯେ ଭାବଗତ ଅନୁକୂଳତା ଓ ଭାବଗତ ପ୍ରତିକୂଳତା ଦୁଇଟି ବିପରୀତଧର୍ମୀ ଗୁଣ। ଭାବଗତ ଅନୁକୂଳତା ଦର୍ଶାଉଥିବା ବ୍ୟକ୍ତିମାନେ ସାଧାରଣତଃ ପ୍ରଫୁଲ୍ଲିତ, ଉତ୍ସାହପୂର୍ଣ୍ଣ ଓ ଆତ୍ମବିଶ୍ୱାସର ଅଧିକାରୀ। ଅନ୍ୟ ପକ୍ଷରେ ଭାବଗତ ପ୍ରତିକୂଳତା ବ୍ୟକ୍ତିତ୍ୱର ଅଧିକାରୀ ହୋଇଥିବା ଲୋକମାନେ ସାଧାରଣତଃ କ୍ରୋଧୀ, ଉତ୍‌କଣ୍ଠିତ, ଅବସାଦଗ୍ରସ୍ତ, ଭୟାଳୁ ଓ ଚାପଗ୍ରସ୍ତ।

ଭାବଗତ ଅନୁକୂଳତା (Positive Affectivity) ସମ୍ପର୍କରେ ସବୁଠାରୁ ଅଧିକ ତାତ୍ପର୍ଯ୍ୟପୂର୍ଣ୍ଣ ବକ୍ତବ୍ୟ ହେଉଛି ମନୁଷ୍ୟର ସୁଖାନୁଭୂତି ସହିତ ଏହାର ଗଭୀର ସମ୍ପର୍କ। ୱାଟ୍‌ସନ୍ ଏବଂ ସୁଖାନୁଭୂତିର ଅଗ୍ରଣୀ ଗବେଷକ ଡାଏନର୍ ଏକାଧିକ ସର୍ବେକ୍ଷଣରେ ଲକ୍ଷ୍ୟ କରିଛନ୍ତି ଯେ ଭାବଗତ ଅନୁକୂଳତା ମଣିଷର ସୁଖ ଓ ସ୍ୱାସ୍ଥ୍ୟ ସହିତ ଗଭୀରଭାବେ ସମ୍ବନ୍ଧିତ। ଜୀବନର ବିଭିନ୍ନ ଅବସ୍ଥାରେ ଅନୁକୂଳ ଆବେଗ ଅନୁଭବ କରୁଥିବା ବ୍ୟକ୍ତିମାନେ ସୁସ୍ଥ ଓ ସୁଖୀ ହୁଅନ୍ତି। ପୁଣି ସୁଖୀ ଓ ସୁସ୍ଥ ଲୋକମାନେ ଘଟଣା ସବୁରେ ଅଧିକରୁ ଅଧିକ ସକାରାତ୍ମକ ଆବେଗର ଅନୁଭବ ପାଆନ୍ତି।

ଅବଶ୍ୟ ମନୋବୈଜ୍ଞାନିକ ସୁଖାନୁଭୂତିର ଯେଉଁ ସଂଜ୍ଞା ସୂଚିତ କରାଯାଇଛି, ସେଥିରେ ସକାରାତ୍ମକ ଆବେଗ ଅନୁଭବକୁ ପ୍ରାଧାନ୍ୟ ଦିଆଯାଇଛି। ସ୍ମରଣ କରାଯାଇପାରେ ଯେ ଡାଏନରଙ୍କ ପ୍ରଦତ୍ତ ସୁଖ-ସଂଜ୍ଞାର ତିନୋଟି ଉପାଦାନ ହେଉଛି ସକାରାତ୍ମକ ଆବେଗ ଅନୁଭବର ବହୁଳତା, ନକାରାତ୍ମକ ଅନୁଭବର ସ୍ୱଳ୍ପତା ଏବଂ ଜୀବନର ମୋଟାମୋଟି ସନ୍ତୋଷଭାବ । ଏପରି ସଂଜ୍ଞାକୁ ପୁରୋଭାଗରେ ରଖି ସୁଖ ଓ ସ୍ୱାସ୍ଥ୍ୟର କଥା ବିଚାର କଲେ ସୁଖ ଓ ସ୍ୱାସ୍ଥ୍ୟରେ ଭାବଗତ ଅନୁକୂଳତାର ଭୂମିକା ସ୍ୱାଭାବିକ ମନେହୁଏ।

ବଂଶାନୁଗତି ଓ ସକାରାତ୍ମକ ବ୍ୟକ୍ତିତ୍ୱ

ସକାରାତ୍ମକ ବ୍ୟକ୍ତିତ୍ୱ ସୁଖ ଓ ସ୍ୱାସ୍ଥ୍ୟର ସହାୟକ ବୋଲି ଆଲୋଚନାରେ ପ୍ରତିପାଦିତ ହୋଇପାରିଛି। ଅନୁକୂଳ ଭାବାବେଗ (Positive-Affectivity) ବ୍ୟତୀତ ଅନ୍ୟ କେତେକ ବ୍ୟକ୍ତିନିଷ୍ଠ ଗୁଣ ମଧ୍ୟ ସୁଖ ଓ ସ୍ୱାସ୍ଥ୍ୟ ସହିତ ସମ୍ପୃକ୍ତ। ଏପରି ଗୁଣସମୂହର ଚିହ୍ନଟ କାର୍ଯ୍ୟ ସହିତ ସେସବୁର ଉତ୍ସ ମଧ୍ୟ ଜାଣିବାକୁ ହେବ।

ବ୍ୟକ୍ତିତ୍ୱର ଉତ୍ସ ପ୍ରସଙ୍ଗରେ ବଂଶାନୁଗତିର (Heredity) ଭୂମିକା ତାତ୍ପର୍ଯ୍ୟପୂର୍ଣ୍ଣ । ଏହା ସାଧାରଣ କଥା ଯେ ନବଜନ୍ମିତ ଶିଶୁ ପିତାଙ୍କର ୨୩ଟି କ୍ରୋମଜୋମ୍ ଏବଂ ମା'ଙ୍କର ୨୩ଟି କ୍ରୋମ୍‌ଜୋମ୍ ନେଇ ଜନ୍ମଗ୍ରହଣ କରିଥାଏ। କ୍ରୋମୋଜୋମରେ ଥିବା ଜିନ୍ ବ୍ୟକ୍ତିଗୁଣର (Traits) ବାହକ। ପିତାଙ୍କର ଶୁକ୍ରାଣୁ ଓ ମାତାଙ୍କର ଡିମ୍ବାଣୁ ମିଳିତ ହୋଇ ଗୋଟିଏ କୋଷରୁ (Mono-Zygote) ଦୁଇଟି ଯମଜ ସନ୍ତାନ ହେଲେ ସେମାନଙ୍କୁ ସମରୂପୀ ଯମଜ (Identical Twins) କୁହନ୍ତି। ଅନ୍ୟ ପକ୍ଷରେ ଦୁଇଟି Zygoteରୁ ଦୁଇଟି ସନ୍ତାନ ଜନ୍ମନେଲେ ସେମାନଙ୍କୁ ଭାତୃରୂପୀ ଯମଜ (Fraternal Twins) କୁହନ୍ତି । ଏହା ସହଜରେ ଅନୁମେୟ ଯେ ସମରୂପୀ ଯମଜଙ୍କ କ୍ଷେତ୍ରରେ ପିତାମାତାଙ୍କର ସମାନ

ଧରଣର ଜିନ୍‌ର ସମ୍ପୃକ୍ତି ରହିଥାଏ। ସୁତରାଂ କୌଣସି ଗୁଣ ବା ବୈଶିଷ୍ଟ୍ୟ କ୍ଷେତ୍ରରେ ସମରୂପୀ ଯମଜ ଓ ଭାତୃରୂପୀ ଯମଜଙ୍କ ମଧ୍ୟରେ ସାଦୃଶ୍ୟର ତୁଳନାତ୍ମକ ବିଚାର କରି ବଂଶାନୁଗତିର ଭୂମିକା ଆକଳନ କରାଯାଏ। ସମରୂପୀ ଯମଜଙ୍କ ମଧ୍ୟରେ ସାଦୃଶ୍ୟ ଯେତେ ବେଶୀ, ବଂଶାନୁଗତିର ଭୂମିକା ସେହି ଅନୁପାତରେ ସେତେ ଅଧିକ ବୋଲି ବିଚାର କରିବାକୁ ହେବ। ସମରୂପୀ ଯମଜଙ୍କ କ୍ଷେତ୍ରର ପ୍ରାୟ ଶତ ପ୍ରତିଶତ ଜିନ୍ ସମାନ ରହିଥିବା ସ୍ଥଳେ ଭାତୃରୂପୀ ଯମଜଙ୍କ କ୍ଷେତ୍ରରେ ପ୍ରାୟ ୫୦ ପ୍ରତିଶତ ଜିନ୍ ଏକାପରି ରହିଥାଏ। ସୁତରାଂ ତୁଳନାତ୍ମକ ବିଚାର ସହଜ ହୁଏ ।

ମନୋବିଜ୍ଞାନ ଗବେଷଣାରେ ବହୁ ବିଶେଷଜ୍ଞ ସମରୂପୀ ଓ ଭାତୃରୂପୀ ଯମଜମାନଙ୍କର ବ୍ୟକ୍ତିତ୍ୱର ତୁଳନାତ୍ମକ ଅନୁଶୀଳନ କରିଛନ୍ତି। ପୁଣି ସମରୂପୀ ଯମଜମାନେ ଗୋଟିଏ ପରିବେଶରେ ପରିପାଳିତ ହେବା ଏବଂ ଭିନ୍ନ ଭିନ୍ନ ପରିବେଶରେ ପରିପାଳିତ ହେବାର ତୁଳନାତ୍ମକ ପ୍ରଭାବ ଦେଖୁଛନ୍ତି। ଏ କ୍ଷେତ୍ରରେ ଅସଂଖ୍ୟ ଅନୁଧ୍ୟାନ ହୋଇଥିଲେ ମଧ୍ୟ ଟେଲିଜେନ୍ ଏବଂ ତାଙ୍କର ସହଯୋଗୀଙ୍କ (Tellegen & Associates, 1988) ଗବେଷଣା ଉଲ୍ଲେଖଯୋଗ୍ୟ। ସେମାନଙ୍କ ସିଦ୍ଧାନ୍ତ ଅନୁଯାୟୀ ମନୁଷ୍ୟର ଭାବାବେଗ କ୍ଷେତ୍ରରେ ବଂଶାନୁକ୍ରମିକତାର ଗୁରୁତ୍ୱପୂର୍ଣ୍ଣ ଭୂମିକା ରହିଛି। ମନୁଷ୍ୟର ଜିନ୍ ତାହାର ନକାରାତ୍ମକ ଆବେଗ ଅନୁଭୂତିକୁ ୫୫ ପ୍ରତିଶତ ନିୟନ୍ତ୍ରଣ କରୁଥିବା ସ୍ଥଳେ ସକାରାତ୍ମକ ଆବେଗ ଅନୁଭୂତିକୁ ୪୫ ପ୍ରତିଶତ ନିୟନ୍ତ୍ରଣ କରିଥାଏ।

ବଂଶାନୁଗତିର ପ୍ରଭାବ ଅଧ୍ୟୟନରେ ଅନ୍ୟତମ ଗବେଷକ ହେଉଛି ଜେରୋମ୍ କାଗାନ୍ (Jerome Kagan, 1994, 2004)। କାଗାନଙ୍କ ପର୍ଯ୍ୟବେକ୍ଷଣ ଅନୁଯାୟୀ ଶିଶୁମାନେ ମୂଳରୁ ଯେଉଁ ମିଜାଜ (Temperament) ବ୍ୟକ୍ତ କରନ୍ତି ତାହା ବହୁମାତ୍ରାରେ ବଂଶାନୁଗତି ଦ୍ୱାରା ନିର୍ଦ୍ଧାରିତ ହୋଇଥାଏ। କେତେକ ଶିଶୁ ଖୁବ୍ ଛୋଟ ଅବସ୍ଥାରୁ ଚିଡ଼ିଚିଡ଼ି ଭାବ ଦର୍ଶାନ୍ତି। ଅନ୍ୟ କେତେକ ଭୟାଳୁ ପରିବେଶ ହେବା ମାତ୍ରେ କାନ୍ଦିବାକୁ ଆରମ୍ଭ କରନ୍ତି। ମାତ୍ର କେତେକ ଶିଶୁ ଖୁବ୍ ଶାନ୍ତ, ମୁଖରେ ସବୁବେଳେ ସ୍ମିତହସ। ଛୋଟ ବୟସରୁ ଆରମ୍ଭ କରି ଯୌବନରେ ପଦାର୍ପଣ କରିବା ପର୍ଯ୍ୟନ୍ତ ସକାରାତ୍ମକ କିମ୍ବା ନକାରାତ୍ମକ ମିଜାଜ ପ୍ରାୟ ସ୍ଥିର ଓ ଅପରିବର୍ତ୍ତିତ ରହେ।

ବ୍ୟକ୍ତିତ୍ୱର ବୃହତ୍ ପଞ୍ଚ-ଉପାଦାନ : ବ୍ୟକ୍ତିତ୍ୱର ପରିପ୍ରକାଶର ଶୈଳୀ ଅସଂଖ୍ୟ । ଏ ଦୃଷ୍ଟିରୁ ପରିମାପକର (Measurement) ଏକ ତାଲିକା ପ୍ରସ୍ତୁତ କଲେ ତାହା ମଧ୍ୟ ଦୀର୍ଘ ଓ ଅଗଣିତ ରହିବ। ତେବେ ନିକଟ ଅତୀତରେ ମାକ୍ରେ ଓ କୋଷ୍ଟା ନାମକ (Mc

Crae & Costa) ଦୁଇଜଣ ମନୋବିଜ୍ଞାନୀ ଦୀର୍ଘ ଓ ବ୍ୟାପକ ଗବେଷଣା କରି ଯେଉଁ ପରିମାପକଟି ପ୍ରସ୍ତୁତ କରିଛନ୍ତି ତାହାକୁ ବୃହତ୍ ପଞ୍ଚ-ଉପାଦାନ ପରିମାପକ କୁହାଯାଏ। ସେମାନଙ୍କ ମତରେ ନିମ୍ନସୂଚିତ ପାଞ୍ଚୋଟି ବ୍ୟକ୍ତିତ୍ୱ ହେଉଛି ମୌଳିକ ଓ ପ୍ରଧାନ ଉପାଦନ ।

୧. ବହିର୍ମୁଖୀତ୍ୱ (Extraversion) : ସକ୍ରିୟତା, ସାମାଜିକତା

୨. ଆବେଗିକ ଅସ୍ଥିରତା (Neuroticism) : ବିଷାଦ, ଅସୂୟା, ଉତ୍କଣ୍ଠା

୩. ସହମତିଭାବ (Agreeeableness) : ଏକମତ ହେବାର ମାନସିକତା

୪. ଉନ୍ମୁକ୍ତଭାବ (Openness) : ଗ୍ରହଣଶୀଳତା

୫. ବିବେକିତା (Conscientiousness) : ସଂଯମ, କର୍ତ୍ତବ୍ୟନିଷ୍ଠା, ଶୃଙ୍ଖଳାବୋଧ

ମାକ୍ରେ ଓ କୋଷ୍ଟାଙ୍କ (Mc Crae & Costa) ଏହି ବୃହତ୍ ପଞ୍ଚ-ଉପାଦାନ ବ୍ୟକ୍ତିତ୍ୱର ପରିକଳ୍ପନା ଏବଂ ଏହା ସହିତ ଜଡ଼ିତଥିବା ପରିମାପକ ସମଗ୍ର ବିଶ୍ୱରେ ସ୍ୱୀକୃତି ଲାଭ କରିଛି । ଭାରତରେ ମଧ୍ୟ ଏହାର ବିଶେଷ ପ୍ରୟୋଗ କରାଯାଇଛି । ବର୍ତ୍ତମାନ ଗୁରୁତ୍ୱପୂର୍ଣ୍ଣ ପ୍ରଶ୍ନ ହେଉଛି ଏହି ବୃହତ୍ ପଞ୍ଚ-ଉପାଦାନ ମଧ୍ୟରୁ କେଉଁଟି କେତେ ପରିମାଣରେ ମଣିଷର ସୁଖ ଓ ସ୍ୱାସ୍ଥ୍ୟ ସହିତ ସମ୍ପୃକ୍ତ; ଦ୍ୱିତୀୟ ପ୍ରଶ୍ନଟି ହେଉଛି ଏହିସବୁ ଉପାଦାନର ଉତ୍ସ କ'ଣ ?

ପ୍ରଥମ ଉପାଦାନଟି ବହିର୍ମୁଖୀ ବ୍ୟକ୍ତିତ୍ୱ (Extroversion); ଏଥିରେ ସାମାଜିକତା ସକ୍ରିୟତା ଓ ସଙ୍ଗପ୍ରିୟତା ପ୍ରତିଫଳିତ । ଏପରି ଲୋକମାନେ ପ୍ରୀତିପ୍ରଦ ବ୍ୟବହାର ଦର୍ଶାନ୍ତି, ଉତ୍ସାହ ଓ ସକାରାତ୍ମକ ଆବେଗ ଅନୁଭବ କରନ୍ତି । ଏହାର ବିପରୀତଧର୍ମୀ ବ୍ୟକ୍ତିତ୍ୱ ହେଉଛି ଅନ୍ତର୍ମୁଖୀତ୍ୱ (Introversion) । ଅନ୍ତର୍ମୁଖୀ ବ୍ୟକ୍ତିତ୍ୱସମ୍ପନ୍ନ ଲୋକେ ଗମ୍ଭୀର, ଚୁପ୍‌ଚାପ, ଅଳ୍ପଭାଷୀ ଓ ଭାବନାପ୍ରିୟ । ଗବେଷଣାରୁ 'ସ୍ପଷ୍ଟ' ଦେଖାଯାଇଛି ଯେ ବହିର୍ମୁଖୀ ବ୍ୟକ୍ତିତ୍ୱରେ ବଂଶାନୁକୃତିର ଭୂମିକା ସୁସ୍ପଷ୍ଟ । ପୁଣି ସୁଖ ଓ ସ୍ୱାସ୍ଥ୍ୟ ସହିତ ଏହାର ସମ୍ବନ୍ଧ ମଧ୍ୟ ଗଭୀର । ବିଶେଷତଃ ଯେଉଁସବୁ କାର୍ଯ୍ୟ ଓ ବୃତ୍ତିରେ ଲୋକ-ସମ୍ପର୍କର ଭୂମିକା ଅଛି ସେସବୁ କାର୍ଯ୍ୟରେ ବହିର୍ମୁଖୀ ବ୍ୟକ୍ତିତ୍ୱସମ୍ପନ୍ନ ଲୋକେ ବିଶେଷ ସଫଳତା ଅର୍ଜ୍ଜନ କରନ୍ତି ।

ଦ୍ୱିତୀୟ ଉପାଦାନଟି ଆବେଗିକ ଅସ୍ଥିରତା (Neuroticism) । ଏହା ନକାରାତ୍ମକ, ଭାବଗତ ଅସ୍ଥିରତା ଦର୍ଶାଉଥିବା ଲୋକେ ଅନ୍ୟ କେତେକ ନକାରାତ୍ମକ ଆବେଗ ପ୍ରକାଶ କରନ୍ତି । ବିଷାଦ, ଉତ୍‌କଣ୍ଠା, ଅସୂୟା ଏବଂ ଅତି ଚଞ୍ଚଳତା ଦର୍ଶାନ୍ତି । ଏ 'କ୍ଷେତ୍ର'ରେ ମଧ୍ୟ ବଂଶାନୁକୃତିର ଅଧିକ ଭୂମିକା ରହିଛି । ଏହାର ମୁଖ୍ୟ ଉପାଦାନ ନକାରାତ୍ମକ ଆବେଗ

ହୋଇଥିବାରୁ ସୁଖ ଓ ସ୍ୱାସ୍ଥ୍ୟ ସହିତ ଏହାର ବିପରୀତ ସମ୍ବନ୍ଧ ରହିବା ସହଜରେ ଅନୁମେୟ ।

ତୃତୀୟ ଉପାଦାନଟି ସହମତିଭାବ (Agreeableness) । ଏପରି ବ୍ୟକ୍ତିତ୍ୱର ଅଧିକାରୀ ଲୋକମାନେ ସ୍ୱଭାବତଃ ସହଯୋଗୀଭାବସମ୍ପନ୍ନ । ଅନ୍ୟମାନଙ୍କ ସହ ଅଯଥା ଯୁକ୍ତିତର୍କ ନ କରି ଅନ୍ୟମାନଙ୍କୁ ସହଜରେ ଗ୍ରହଣ କରିନେବାର ପ୍ରବଣତା ଦର୍ଶାନ୍ତି । ମିଳିମିଶି ଜୀବନ ନିର୍ବାହ କରନ୍ତି । ସାମାଜିକ ସମନ୍ୱୟଶୀଳତା ଦର୍ଶାନ୍ତି । ସୁଖ ଓ ସ୍ୱାସ୍ଥ୍ୟ ସହିତ କିଛି ମାତ୍ରାରେ ସମ୍ପର୍କ ରହିବା ସ୍ୱାଭାବିକ ।

ଚତୁର୍ଥ ଉପାଦାନଟି ମାନସିକ ଉନ୍ମୁକ୍ତତା (Openess) । ଏପରି ଲୋକମାନଙ୍କର ମନୋଭାବ ରୁଦ୍ଧ (Closed) ନୁହେଁ, ଏମାନେ ଖୁବ୍ ଉନ୍ମୁକ୍ତ । ଅଜଣା ଲୋକ ସହିତ ସମ୍ପର୍କ ରକ୍ଷାର ପ୍ରୟାସ କରନ୍ତି । ନୂଆ ଅବସ୍ଥା, ନୂଆ ଦେଶ, କାଳପାତ୍ର ପ୍ରତି ଖୋଲା ମନୋଭାବ ଗ୍ରହଣ କରନ୍ତି । ନୂଆ ନୂଆ ଅଭିଜ୍ଞତାକୁ ସ୍ୱାଗତ କରନ୍ତି । ଏପରି ବ୍ୟକ୍ତିତ୍ୱ ସର୍ଜନଶୀଳ କାର୍ଯ୍ୟଧାରାର ସହାୟକ ହୁଏ । ଅନ୍ୟ ପକ୍ଷରେ ଏହି ବ୍ୟକ୍ତିତ୍ୱର ଅପର ପ୍ରାନ୍ତରେ ରହିଥିବା ଲୋକମାନେ ରୁଦ୍ଧମନର ପରିଚୟ ଦିଅନ୍ତି । ଏମାନେ ସହଜରେ ନୂତନ ବ୍ୟକ୍ତି, ନୂତନ ଅନୁଭୂତି କିମ୍ବା ନୂତନ ଧାରଣା ଗ୍ରହଣ କରନ୍ତି ନାହିଁ ।

ପଞ୍ଚମ ଉପାଦାନଟି ବିବେକିତା । ବିବେକ-ଅନୁମୋଦିତ ବ୍ୟବହାର ଦର୍ଶାଇବା ଏହା ମୁଖ୍ୟ ସୂଚକ । ନିୟମାନୁବର୍ତ୍ତିତା, କର୍ତ୍ତବ୍ୟନିଷ୍ଠା, ଶୃଙ୍ଖଳାବୋଧ, ଆତ୍ମସଂଯମ ଓ ସୌନ୍ଦର୍ଯ୍ୟବୋଧ ଏ ବ୍ୟକ୍ତିତ୍ୱର ବିଶେଷ ସୂଚକ । ସ୍ୱାସ୍ଥ୍ୟ ମନୋବିଜ୍ଞାନୀଙ୍କ ବହୁ ଗବେଷଣା ଏହି ଉପାଦାନ ଓ ସୁଖାନୁଭୂତି ମଧ୍ୟରେ ଗଭୀର ସମ୍ବନ୍ଧର ପ୍ରମାଣ ପ୍ରତିପାଦନ କରିଛି ।

ବ୍ୟକ୍ତିତ୍ୱ ଓ ସୁଖାନୁଭୂତିର ସମ୍ପର୍କ ଆଲୋଚନା ପ୍ରସଙ୍ଗରେ ଅନ୍ୟ ଗୋଟିଏ ଦିଗ ଏ ପର୍ଯ୍ୟନ୍ତ ଅନାଲୋଚିତ ରହିଯାଇଛି । ମାକ୍ରେ ଓ କୋଷ୍ଟାଙ୍କ ପରିକଳ୍ପିତ ପାଞ୍ଚୋଟି ବୃହତ୍ ବ୍ୟକ୍ତିତ୍ୱ ଉପାଦାନ ସହିତ ସୁଖର ସମ୍ପର୍କ ଆଲୋଚନା ସରିଥିଲେ ମଧ୍ୟ ଆମକୁ ସ୍ମରଣ ରଖିବାକୁ ହେବ ଯେ ସ୍ୱାସ୍ଥ୍ୟର ସଂଜ୍ଞାର ଅନ୍ୟ ଏକ ପରମ୍ପରା ରହିଛି । ତାହା ହେଉଛି ରିଫ୍ (Ryff's)ଙ୍କ ପ୍ରଦତ୍ତ ଛ'-ଉପାଦାନ ବିଶିଷ୍ଟ ସୁଖ ସଂଜ୍ଞା । ଏହି ଉପାଦାନଗୁଡ଼ିକ ହେଉଛି : ସ୍ୱାଧୀନ ମନୋଭାବ, ପରିବେଶ ଉପରେ ନିୟନ୍ତ୍ରଣ, ଅନ୍ୟମାନଙ୍କ ସହିତ ପ୍ରୀତିପ୍ରଦ ସମ୍ପର୍କ, ବ୍ୟକ୍ତିଗତ ବିକାଶ, ଜୀବନର ଅର୍ଥବୋଧ ଏବଂ ଆତ୍ମସ୍ୱୀକୃତି ।

ରିଫ୍‌ଙ୍କ ପ୍ରଦତ୍ତ ଛ'ଟି ଉପାଦାନ ସହିତ ସୁଖ ଓ ସ୍ୱାସ୍ଥ୍ୟର ସମ୍ପର୍କ ଅନୁଧ୍ୟାନ କରାଯାଇଛି । ପ୍ରତିଟି ଉପାଦାନ ଓ ତାହାର ଭୂମିକାକୁ ପୃଥକ୍ ପୃଥକ୍ ଭାବେ ଆଲୋଚନା ନ କରି ଏଠାରେ ଏକ ସାମଗ୍ରିକ ସିଦ୍ଧାନ୍ତ ପ୍ରକାଶ କରାଯାଇପାରେ ।

ବୃହତ୍ ପଞ୍ଚ-ଉପାଦାନ ବ୍ୟକ୍ତିତ୍ୱ ଓ ସୁଖାନୁଭୂତିର ସମ୍ବନ୍ଧ ପ୍ରସଙ୍ଗରେ ଯାହାସବୁ ଆଲୋଚନା କରାଗଲା ସେଠାରେ ସୁଖାନୁଭୂତିର ଆବେଗିକ ଅନୁକୂଳତାକୁ ପ୍ରାଧାନ୍ୟ ଦିଆଗଲା । ଉଦାହରଣ ସ୍ୱରୂପ, ବହିର୍ମୁଖୀ ବ୍ୟକ୍ତିତ୍ୱ ସୁଖାନୁଭୂତିକୁ ବୃଦ୍ଧିକରେ ଏବଂ ଅସ୍ଥିର ଆବେଗିକତା ସୁଖାନୁଭୂତିକୁ ହ୍ରାସ କରିବାର କଥା କୁହାଯାଇଛି । ମାତ୍ର ରିଫ୍‌ଙ୍କ ଛ'ଟି ଉପାଦାନ ମନୁଷ୍ୟର ମନସ୍ତାତ୍ତ୍ୱିକ ସୁଖସ୍ୱାସ୍ଥ୍ୟ ସହିତ ବେଶୀ ସମ୍ପର୍କିତ । ଉଦାହରଣ ସ୍ୱରୂପ, ବ୍ୟକ୍ତିଗତ ବିକାଶ, ଅର୍ଥବୋଧର ଅନ୍ୱେଷଣ, ଆତ୍ମସ୍ୱୀକୃତି ଓ ସ୍ୱାଧୀନ ମନୋଭାବ ସକାରାତ୍ମକ ଆବେଗ ବିଶେଷ ବୃଦ୍ଧି କରି ନ ପାରେ, ମାତ୍ର ମୂଲ୍ୟବୋଧ ଉପରେ ଗୁରୁତ୍ୱ ରହୁଥିବାରୁ ମନସ୍ତାତ୍ତ୍ୱିକ ସ୍ୱାସ୍ଥ୍ୟ ନିଶ୍ଚୟ ବୃଦ୍ଧି ପାଇବ ।

ମାନସିକ ସ୍ୱାସ୍ଥ୍ୟ ସହିତ ସମ୍ପର୍କିତ ବ୍ୟକ୍ତିନିଷ୍ଠ ଗୁଣାବଳୀର ତାଲିକା ଅପେକ୍ଷାକୃତ ଦୀର୍ଘ । ପ୍ରତ୍ୟେକଟି ଗୁଣ ସମ୍ପର୍କରେ ସବିଶେଷ ଆଲୋଚନା ଏକ ସୀମିତ ପରିସର ମଧ୍ୟରେ ସମ୍ଭବ ନୁହେଁ । ପୂର୍ବରୁ ବୈଭବ ମନୋବିଜ୍ଞାନର ଲକ୍ଷ୍ୟ ପ୍ରସଙ୍ଗରେ ମାର୍ଟିନ୍ ସେଲିଗ୍‌ମ୍ୟାନ୍‌ଙ୍କ ପରିକଳ୍ପିତ **ବ୍ୟକ୍ତିଗତ ପ୍ରାଚୁର୍ଯ୍ୟ (Signature Strength)** ତାଲିକାର ୨୪ଟି ବୈଶିଷ୍ଟ୍ୟର ଉଲ୍ଲେଖ ରହିଛି । ସେସବୁକୁ ସୁଖସଂଶ୍ଳିଷ୍ଟ ଗୁଣ ରୂପେ ବିଚାର କରାଯାଇପାରେ । ତେବେ ଏଠାରେ ଆତ୍ମମର୍ଯ୍ୟାଦାବୋଧ ଏବଂ ଆତ୍ମସଂଯମ ଗୁଣ ଦୁଇଟିର ସ୍ୱତନ୍ତ୍ର ଆଲୋଚନା କରାଯିବ ।

ଆତ୍ମମର୍ଯ୍ୟାଦାବୋଧ :

ମଣିଷ ଯେଉଁ ବିଶ୍ୱାସର ବିଶ୍ୱରେ ବାସ କରେ, ତାହାର ତିନୋଟି ସ୍ରୋତ ରହିଛି । ଗୋଟିଏ ହେଉଛି ନିଜ ସମ୍ପର୍କରେ ବିଶ୍ୱାସ, ଅନ୍ୟଟି ହେଉଛି ଅନ୍ୟ ସମ୍ପର୍କରେ ବିଶ୍ୱାସ, ତୃତୀୟଟି ହେଉଛି ବାହ୍ୟବସ୍ତୁ ଓ ଘଟଣା ସମ୍ପର୍କରେ ବିଶ୍ୱାସ । ମନୁଷ୍ୟର ନିଜ ସମ୍ପର୍କରେ କି ଧାରଣା ଓ ବିଶ୍ୱାସ ରହିଛି, ତାହା ବେଶ୍ ଗୁରୁତ୍ୱପୂର୍ଣ୍ଣ । ଏହାକୁ ମନସ୍ତାତ୍ତ୍ୱିକ ପରିଭାଷାରେ ସ୍ୱପ୍ରତ୍ୟୟ (Self-Concept) କୁହାଯାଏ । ନିଜ ସମ୍ପର୍କରେ ସବୁଧାରଣା, ସକାରାତ୍ମକ ନୁହେଁ କି ସବୁ ବିଶ୍ୱାସ ନକାରାତ୍ମକ ନୁହେଁ । ସକାରାତ୍ମକ ଧାରଣାର ସମଷ୍ଟି ବ୍ୟକ୍ତିକୁ ପ୍ରୀତିପ୍ରଦ ଅନୁଭବ ଦିଏ । ଏହାର ସ୍ମରଣରେ ବ୍ୟକ୍ତି କିଛିଟା ଆନନ୍ଦ ଅନୁଭବ କରେ ଏବଂ ଉଚ୍ଚକିତ ହୁଏ । ଏହା ହିଁ ଆତ୍ମମର୍ଯ୍ୟାଦା ବୋଧ (Self-Esteem) । ତାତ୍ପର୍ଯ୍ୟପୂର୍ଣ୍ଣ ପ୍ରଶ୍ନଟି ହେଉଛି ଏହି ଆତ୍ମମର୍ଯ୍ୟାଦାବୋଧ ବ୍ୟକ୍ତିଗତ ବିକାଶରେ କେତେ ଅନୁକୂଳ ଓ କେତେ ପ୍ରତିକୂଳ ?

ଲକ୍ଷ୍ୟ କରିବାର କଥା ଯେ ଆତ୍ମମର୍ଯ୍ୟାଦାବୋଧର କେନ୍ଦ୍ରବିନ୍ଦୁ ହେଉଛି ଆତ୍ମ-

ଅନୁଭୂତି। ସକାରାତ୍ମକ ଆତ୍ମ-ଅନୁଭୂତି ନିଶ୍ଚିତ ଭାବରେ ଆମକୁ ଆତ୍ମ-ସନ୍ତୋଷ ଦେଇଥାଏ । ଏ ଦୃଷ୍ଟିରୁ ଉଚ୍ଚତର ଆତ୍ମମର୍ଯ୍ୟାଦାବୋଧରେ ଅଧିକାରୀ ହୋଇଥିବା ଲୋକମାନେ ଏପରି ଅନୁଭବ ପାଆନ୍ତି। ''ମୁଁ ଭାବୁଛି ଯେ ମୋର ଅନେକ ଭଲଗୁଣ ରହିଛି; ମୋ ପ୍ରତି ମୋର ମନୋଭାବ ସକାରାତ୍ମକ, ବ୍ୟକ୍ତି ହିସାବରେ ମୋର କିଛିଟା ଓଜନ ରହିଛି, ଲୋକମାନେ ମୋତେ ସମ୍ମାନ ଦିଅନ୍ତି।'' ଅନ୍ୟ ପକ୍ଷରେ ନିମ୍ନତର ଆତ୍ମମର୍ଯ୍ୟାଦାବୋଧ ରହିଥିବା ଲୋକମାନଙ୍କର ଅନୁଭବ ଏହିପରି ହୋଇଥାଏ। ''ମୋର ଇଚ୍ଛାହୁଏ ଲୋକମାନେ ମୋତେ ସମ୍ମାନ ଦିଅନ୍ତେ; ଗର୍ବ କଲାଭଳି ମୋର କିଛି ରହିଥିବାର ମନେ ହୁଏ ନାହିଁ; ବେଳେବେଳେ ମୁଁ ନିଜକୁ ଅପଦାର୍ଥ ବୋଲି ମନେ କରେ।'' ଆମର ଉଚ୍ଚତର ଓ ନିମ୍ନତର ଆତ୍ମମର୍ଯ୍ୟାଦାବୋଧ ଆମର ଦକ୍ଷତା, ସମ୍ପର୍କଶୀଳତା ଓ ସଫଳତା-ବିଫଳତା ଉପରେ ନର୍ଭର କରେ। ଉଚ୍ଚତର ଆତ୍ମମର୍ଯ୍ୟାଦାର ଅଧିକାରୀ ହୋଇଥିବା ଲୋକମାନେ ନିଜକୁ ଲୋକପ୍ରିୟ, ଆକର୍ଷଣଶୀଳ ଓ ସଫଳ ବ୍ୟକ୍ତିତ୍ୱ ବୋଲି ବିଚାର କରନ୍ତି। ଅନ୍ୟ ପକ୍ଷରେ ନିମ୍ନତର ଆତ୍ମମର୍ଯ୍ୟାଦାବୋଧ ରହିଥିବା ଲୋକମାନେ ଅନିଶ୍ଚିତ ଓ ସଂଶୟାକୁଳ ଅବସ୍ଥାରେ ରହିଥାନ୍ତି। ହୁଏତ ସବୁବେଳେ ହୀନମନ୍ୟତା ନଥାଏ। ସୁବିଧା ଆସିଲେ, ସଫଳତା ଆସିଲେ ସେମାନେ ଉଚ୍ଚକିତ ହୁଅନ୍ତି। ପୁଣି ବିଫଳତା ଆସିଲେ ଅବସାଦର ଶରବ୍ୟ ହୁଅନ୍ତି। ଜୀବନର ଉତ୍‌ଥାନ ପତନ ଏମାନଙ୍କୁ ଅପେକ୍ଷାକୃତ ଅଧିକ ଆନ୍ଦୋଳିତ କରେ। ସୁତରାଂ ଏମାନେ ଗୋଟିଏ ଦିନ ଭଲ ଅନୁଭବ କଲେ ଅନ୍ୟ ଦିନଟିରେ ଖରାପ ଅନୁଭବ କରନ୍ତି। ନିଜର ବ୍ୟକ୍ତିଗତ ଲକ୍ଷ୍ୟଟି ହାସଲ କରିପାରିଲେ କି ନାହିଁ, ଏ ବିଷୟରେ ଘୋର ସନ୍ଦେହ ରହିଥାଏ।

ଅବଶ୍ୟ ଆତ୍ମମର୍ଯ୍ୟାଦାବୋଧ ଆପେ ଆପେ ଗଠିତ ହୋଇ ନଥାଏ। ବାହାରର ଲୋକମାନେ ଆମ ସମ୍ପର୍କରେ କିପରି ମନ୍ତବ୍ୟ ଦେଉଛନ୍ତି, ଆମର କାର୍ଯ୍ୟକଳାପକୁ କିପରି ଉତ୍ସାହିତ କିମ୍ବା ନିରୁତ୍ସାହିତ କରୁଛନ୍ତି ଏବଂ ଆମର ସଫଳତା ବିଫଳତା ଆମର ଆତ୍ମ ମର୍ଯ୍ୟାଦାବୋଧକୁ ରୂପଦିଏ। ଆମର ନିଜ ସମ୍ପର୍କରେ ନିଜସ୍ୱ ମତାମତ ଏବଂ ଆମ ସମ୍ପର୍କରେ ଅନ୍ୟମାନଙ୍କ ମତାମତ ମଧ୍ୟରେ ପୂରାପୂରି ସାମଞ୍ଜସ୍ୟ ନ ଥାଇପାରେ। ଏ ଦୃଷ୍ଟିରୁ ଆତ୍ମମର୍ଯ୍ୟାଦାବୋଧର ଗୋଟିଏ ଅଂଶ ବାସ୍ତବ ଓ ଅନ୍ୟ ଅଂଶଟି ଅବାସ୍ତବ ରହିବାର ସମ୍ଭାବନା ରହିଛି।

ଆତ୍ମମର୍ଯ୍ୟାଦାବୋଧର ଉପଯୋଗିତା : ଉଚ୍ଚତର ଆତ୍ମମର୍ଯ୍ୟାଦାବୋଧର ଏକାଧିକ ଉପଯୋଗିତା ରହିଛି। ପ୍ରଥମତଃ ମନୁଷ୍ୟର ସୁଖାନୁଭୂତି ସହିତ ଏହା ବେଶ୍ ସମ୍ବନ୍ଧିତ।

ଆବେଗିକ ସ୍ତରରେ ଭଲ ଅନୁଭବ କରୁଥିବା ଲୋକମାନେ ସୁଖୀ ହେବାର ସମ୍ଭାବନା ଅଧିକ। ସୁଖାନୁଭୂତିର (Happiness) ସ୍ୱରୂପ ଦର୍ଶାଇବାକୁ ଯାଇ ମନୋବିଜ୍ଞାନୀମାନେ ଯେଉଁ ସବୁ ଉପାଦାନର ଚିହ୍ନଟ କରିଛନ୍ତି, ସେଥିରେ ସକାରାତ୍ମକ ଆବେଗର ଏକ ଗୁରୁତ୍ୱପୂର୍ଣ୍ଣ ଭୂମିକା ରହିଛି। ଅନେକଗୁଡ଼ିଏ ସର୍ବେକ୍ଷଣରେ ଦେଖାଯାଇଛି ଯେ ଉଚ୍ଚତର ଆତ୍ମମର୍ଯ୍ୟାଦାବୋଧର ଅଧିକାରୀ ହୋଇଥିବା ଲୋକମାନେ ଅନେକ ସମୟରେ ସକାରାତ୍ମକ ଆବେଗ (ଆଗ୍ରହ, ଆନନ୍ଦ, କରୁଣା, ପ୍ରସନ୍ନତା ଇତ୍ୟାଦି) ଅନୁଭବ କରନ୍ତି। ଏପରି ଆନନ୍ଦ ଅତିମାତ୍ରାର ଆବେଗ (ଠିକ୍ ଲଟେରୀ ଜିତିବାର ପର ପର ମାତ୍ରାଧିକ ଆନନ୍ଦ) ନ ହୋଇପାରେ। ପ୍ରକୃତରେ ସୁଖାନୁଭୂତି ପାଇ ସାମୟିକ ଆବେଗ ଅପେକ୍ଷା ମଧ୍ୟମ ମାତ୍ରାର ବହୁସଂଖ୍ୟକ ସକାରାତ୍ମକ ଆବେଗ ଅଧିକ ଆବଶ୍ୟକ। ଆତ୍ମମର୍ଯ୍ୟାଦାସମ୍ପନ୍ନ ବ୍ୟକ୍ତିମାନେ ବେଶୀଥର ମଧ୍ୟମ ମାତ୍ରାର ସକାରାତ୍ମକ ଆବେଗ (ଶାନ୍ତଭାବ, ସଂପ୍ରୀତି, ପ୍ରସନ୍ନତା, କରୁଣା ଇତ୍ୟାଦି) ଅନୁଭବ କରୁଥିଲେ ସୁଖୀ ବ୍ୟକ୍ତିର ଅନୁଭବ ପାଇବାର ସମ୍ଭାବନା ଅଧିକ।

ଆତ୍ମମର୍ଯ୍ୟାଦାବୋଧ ଏକ ବିଶେଷ ଧରଣର ଅଭିପ୍ରେରକ। ଆତ୍ମମର୍ଯ୍ୟାଦାବୋଧ ପ୍ରେରିତ ହୋଇ ବ୍ୟକ୍ତି ଅଧିକ ପ୍ରୟାସ କରେ, ଅଧିକ ସଂକଳ୍ପବଦ୍ଧ ଯୋଜନା କରେ ଏବଂ ଲକ୍ଷ୍ୟ ପୂରଣରେ ଅଧିକ ଅଗ୍ରସର ହୁଏ। ନିଜର ଭାବମୂର୍ତ୍ତିକୁ ଅଧିକ ଦୃଢ଼ କରିବାର ଇଚ୍ଛା ତୀବ୍ର ଥିବାରୁ ଏପରି ସମ୍ଭାବନା ଥାଏ। ଆତ୍ମସନ୍ତୋଷ ଓ ଜୀବନର ସନ୍ତୋଷ ମଧ୍ୟରେ ଏକ ସମ୍ବନ୍ଧ ରହିଛି। ଆମ୍ଭେମାନେ ନିଜକୁ ଯେପରି ଦେଖିଥାଉ ଜୀବନକୁ ମଧ୍ୟ ଅନୁରୂପ ଭାବରେ ପ୍ରତ୍ୟକ୍ଷଣ କରୁ। ଯେଉଁମାନେ ନିଜକୁ ଗ୍ରହଣଶୀଳ ମନୋଭାବ ନେଇ ଦେଖନ୍ତି, ନିଜକୁ ସମ୍ମାନ ଦିଅନ୍ତି ଏବଂ ନିଜକୁ ଶ୍ରଦ୍ଧା କରନ୍ତି, ସେମାନଙ୍କ ଜୀବନରେ ସନ୍ତୋଷ ବୃଦ୍ଧି ପାଇଥାଏ।

ଆତ୍ମମର୍ଯ୍ୟାଦାବୋଧର ଅନ୍ୟ ଏକ ବିଶେଷତ୍ୱ ହେଉଛି ଯେ, ଏପରି ବ୍ୟକ୍ତିତ୍ୱର ଅଧିକାରୀ ହୋଇଥିବା ଲୋକମାନେ ଜୀବନର କେତେକ ନକାରାତ୍ମକ ଓ ବିରୁଦ୍ଧ ଶକ୍ତି ସହିତ ସଫଳ ସଂଗ୍ରାମ କରିପାରନ୍ତି। ଏମାନେ ମାନସିକ ଚାପର ନିୟନ୍ତ୍ରଣରେ ସଫଳ ହୁଅନ୍ତି। ଉଦ୍‌ବେଗ ଏଡ଼ାଇ ଯାଆନ୍ତି ଏବଂ ଦୁଷ୍ଚିନ୍ତାଠାରୁ ନିଜକୁ ଦୂରେଇ ରଖନ୍ତି। ବହୁ ଗବେଷଣାରେ ଦେଖାଯାଇଛି ଯେ ଉଚ୍ଚତର ଆତ୍ମମର୍ଯ୍ୟାଦାବୋଧ ରହିଥିବା ଲୋକମାନଙ୍କର ମୃତ୍ୟୁଭୟ ଅପେକ୍ଷାକୃତ କମ୍। ଏମାନଙ୍କର ଭୟ, ଉଦ୍‌ବେଗ, ଆଶଙ୍କା, ଅବସାଦ ଓ ମାନସିକ ଚାପ ନିୟନ୍ତ୍ରିତ ରହୁଥିବାରୁ ସଫଳ ଜୀବନ ଯାପନର ବଳୟ ଅପେକ୍ଷାକୃତ ଅଧିକ ପ୍ରସାରିତ।

ଆତ୍ମମର୍ଯ୍ୟାଦାବୋଧର ଅନ୍ୟତମ ମହତ୍ତ୍ୱପୂର୍ଣ୍ଣ ଭୂମିକା ହେଉଛି ସମ୍ପର୍କଶୀଳତାର ବିକାଶରେ ଏହାର ତାତ୍ପର୍ଯ୍ୟପୂର୍ଣ୍ଣ ଅବଦାନ। ଉଲ୍ଲେଖ କରାଯାଇପାରେ ଯେ ସମ୍ପର୍କଶୀଳତା ମନୁଷ୍ୟର ସୁରକ୍ଷା ଓ ଅଗ୍ରଗତି ପାଇଁ ବିବର୍ତ୍ତନର ଏକ ବିଶେଷ ଦାନ। ଆରମ୍ଭରୁ ମନୁଷ୍ୟ ନିଜର ସୁରକ୍ଷା ପାଇଁ ଏକତ୍ରିତ ହୋଇ ବସବାସ କରିବାର ଇଚ୍ଛା ପୋଷଣ କରିଛି, ଅନ୍ୟମାନଙ୍କ ସହ ସମ୍ପର୍କ ରକ୍ଷା କରିବାର ପ୍ରୟାସ କରିଛି ଏବଂ ଗୋଷ୍ଠୀଗତ ଜୀବନର ଅଭ୍ୟାସ କରିଛି। ଏ ଦୃଷ୍ଟିରୁ ଆତ୍ମମର୍ଯ୍ୟାଦାବୋଧ ଏକ ସାମାଜିକ ବାରୋମିଟରର କାର୍ଯ୍ୟ କରେ। ବାରୋମିଟ୍‌ର ସାହାଯ୍ୟରେ ଆମେ ଯେପରି ଆଗାମୀ ପାଣିପାଗ ଜାଣିପାରୁ, ଆତ୍ମମର୍ଯ୍ୟାବୋଧ ସେପରି ଏକ ସାମାଜିକ ସମ୍ପର୍କର ମାପକ ରୂପେ କାର୍ଯ୍ୟ କରିଥାଏ। କେଉଁ ବ୍ୟକ୍ତି ପ୍ରତି କି ବ୍ୟବହାର ପ୍ରୀତିପ୍ରଦ ହେବ ଏବଂ କେଉଁ ବ୍ୟବହାର ଅପ୍ରୀତିକର ହେବ ଅନ୍ତର୍ନିହିତ ଆତ୍ମମର୍ଯ୍ୟାଦାବୋଧ ତାହାର ସଂକେତ ଦେଇଥାଏ।

ଅବସ୍ଥା ସମ୍ପର୍କିତ ଆତ୍ମମର୍ଯ୍ୟାଦବୋଧ : ଆତ୍ମମର୍ଯ୍ୟାଦାବୋଧର ସକାରାତ୍ମକ ଦିଗ ଲୋକଲୋଚନକୁ ଆସିବା ପରେ ଛାତ୍ରଛାତ୍ରୀ, କର୍ମସଂସ୍ଥାର କର୍ମଚାରୀ ଏବଂ ଅନ୍ୟ କେତେକ କ୍ଷେତ୍ରରେ ଆତ୍ମମର୍ଯ୍ୟାଦାବୋଧର ଅଭିବୃଦ୍ଧି ପାଇଁ ପ୍ରୟାସ କରାଗଲା। ଦେଖାଗଲା ଯେ ଏପରି ପ୍ରୟାସ ଫଳରେ ସାମଗ୍ରିକ ଭାବରେ ଆତ୍ମମର୍ଯ୍ୟାଦାବୋଧ ବଢୁଥିଲେ ମଧ୍ୟ ସବୁ କ୍ଷେତ୍ରରେ ଏହି ବର୍ଦ୍ଧିତ ଆତ୍ମମର୍ଯ୍ୟାଦାବୋଧର ଉପଯାଗିତା (ଫଳାଫଳ) ଆଖିଦୃଶିଆ ହେଉ ନାହିଁ। ସୁତରାଂ ମନୋବିଜ୍ଞାନୀମାନେ ଅନୁଭବ କଲେ ଯେ କେବଳ ଆତ୍ମସାମର୍ଥ୍ୟବୋଧର ସ୍ତର ଗୁରୁତ୍ୱପୂର୍ଣ୍ଣ ନୁହେଁ, ତାତ୍ପର୍ଯ୍ୟପୂର୍ଣ୍ଣ ହେଉଛି ଆତ୍ମସାମର୍ଥ୍ୟବୋଧର କ୍ଷେତ୍ର (Domain) ବା ପରିସର।

ପ୍ରକୃତରେ ଆତ୍ମମର୍ଯ୍ୟାଦାବୋଧର କ୍ଷେତ୍ର ପ୍ରତି ଦୃଷ୍ଟି ଦେବାକୁ ହେବ। ବିଭିନ୍ନ ଲୋକ ପୃଥକ୍ ପୃଥକ୍ କ୍ଷେତ୍ର ପ୍ରତି ଗୁରୁତ୍ୱ ଆରୋପ କରନ୍ତି। କେତେକ ବ୍ୟକ୍ତି ବୌଦ୍ଧିକ ଜଗତର ଉତ୍କର୍ଷ ଉପରେ ପ୍ରାଧାନ୍ୟ ଦେବାସ୍ଥଳେ ଅନ୍ୟମାନେ ବନ୍ଧୁତ୍ୱ ଓ ସମ୍ପର୍କଶୀଳତାର ଗୁରୁତ୍ୱ ଦିଅନ୍ତି। ଜୀବନର କେଉଁସବୁ ଦିଗ ପ୍ରାସଙ୍ଗିକ ଓ କେଉଁ ଦିଗ ଅପେକ୍ଷାକୃତ ଅପ୍ରାସଙ୍ଗିକ, ତାହା ଉପରେ ନିର୍ଭର କରି ଗୁରୁତ୍ୱ ଆରୋପିତ ହୁଏ। ଶିକ୍ଷାର୍ଥୀମାନଙ୍କ ପାଇଁ ନିଶ୍ଚିତ ଭାବେ ଶିକ୍ଷାଗତ ଆତ୍ମମର୍ଯ୍ୟାଦାବୋଧ ପ୍ରାଧାନ୍ୟ ଲାଭକରେ। ନିମ୍ନ ସାରଣୀରେ କେତୋଟି କ୍ଷେତ୍ର-ସମ୍ପର୍କିତ ଆତ୍ମମର୍ଯ୍ୟାଦାବୋଧର ଦୃଷ୍ଟାନ୍ତ ଦିଆଯାଉଛି।

ଅବସ୍ଥା-ସମ୍ପର୍କିତ ଆତ୍ମସାମର୍ଥ୍ୟବୋଧ	
୧.	ଅନ୍ୟମାନଙ୍କର ଅନୁମୋଦନ ''ଅନ୍ୟମାନଙ୍କର ଶୁଭେଚ୍ଛା ମୋ ପାଇଁ ବିଶେଷ ସମ୍ବଳ।
୨.	ଚେହେରା ''ମୁଁ ଆକର୍ଷଣଶୀଳ ମନେ ହେଲେ ମୋତେ ଭଲ ଲାଗେ।''
୩.	ପ୍ରତିଯୋଗିତା ''ମୁଁ ଅନ୍ୟମାନଙ୍କଠାରୁ ଆଗରେ, ଏପରି ପ୍ରୋତ୍ସାହନରେ ମୁଁ ଖୁସୀ ହୁଏ ।''
୪.	ଶିକ୍ଷାଗତ ସାମର୍ଥ୍ୟ ''ପରୀକ୍ଷାରେ ଉଚ୍ଚ ସଫଳତା ମୋ ପାଇଁ ଗର୍ବର ବିଷୟ।''
୫.	ପାରିବାରିକ ଅନୁମୋଦନ ''ମୋ ପାଇଁ ପରିବାର ଲୋକ ଗର୍ବ ଅନୁଭବ କଲେ ମୁଁ ଖୁସୀ ହୁଏ।

ଅବସ୍ଥା ସମ୍ପର୍କିତ ଆତ୍ମମର୍ଯ୍ୟାଦାବୋଧ ପ୍ରକୃତରେ ଏକ ତାତ୍ପର୍ଯ୍ୟପୂର୍ଣ୍ଣ ବିଚାର । ଯେ କୌଣସି ବ୍ୟକ୍ତି ଆତ୍ମମର୍ଯ୍ୟାଦାବୋଧର ଅଭିବୃଦ୍ଧି ପାଇଁ ପ୍ରୟାସ (ସାମାଜୀକରଣ, ଶିକ୍ଷା ବ୍ୟବସ୍ଥା, ପ୍ରଶିକ୍ଷଣ ଇତ୍ୟାଦି) କରିବା ସମୟରେ କେଉଁ କ୍ଷେତ୍ରଟି ବ୍ୟକ୍ତି ପାଇଁ ପ୍ରାସଙ୍ଗିକ ହେବ ଏବଂ ବ୍ୟକ୍ତି ଅଧିକ ସୁଫଳର ଅଧିକାରୀ ହେବ, ତାହାର ବିଚାର ଓ ଯୋଜନାବଦ୍ଧ କାର୍ଯ୍ୟକ୍ରମ ଅଧିକ ଫଳପ୍ରଦ ହେବ।

ନିୟନ୍ତ୍ରଣ ବିଶ୍ୱାସ :

ଜୀବନର ଦୁର୍ଦ୍ଦିନ ଓ ସୁଦିନ ସମ୍ପର୍କରେ ଆମର ବିଚାରଧାରା ଆମ ବ୍ୟକ୍ତିତ୍ୱର ଏକ ବିଶିଷ୍ଟ ଦିଗ। କେତେକ ଲୋକ ବିଶ୍ୱାସ କରନ୍ତି ଯେ ସେମାନେ ନିଜର ପରିଶ୍ରମ, ଅଧ୍ୟବସାୟ, କର୍ମତତ୍ପରତା ଓ ସମୟ-ନିୟୋଜନ ଦ୍ୱାରା ଘଟଣାର ପରବର୍ତ୍ତନ ଆଣିପାରନ୍ତି । ସେମାନଙ୍କ ସଫଳତା ମୂଳରେ ସେମାନଙ୍କ ପରିଶ୍ରମ ଓ କାର୍ଯ୍ୟଶୈଳୀ ସଂଶ୍ଳିଷ୍ଟ ବୋଲି ସେମାନେ ଚିନ୍ତା କରନ୍ତି। ବିଫଳ ହେଲେ କର୍ମଯୋଜନା ଓ ଆବଶ୍ୟକ ସମୟ ଦେଇ ନଥିବାରୁ ଏପରି ଘଟିଲା ବୋଲି ବିଶ୍ୱାସ କରନ୍ତି। ମୋଟ ଉପରେ ଘଟଣାର ଫଳାଫଳ ପାଇଁ ସେମାନେ ଦାୟୀ ବୋଲି ବିଶ୍ୱାସ କରନ୍ତି। ଏମାନଙ୍କୁ ନିୟନ୍ତ୍ରଣମୁଖୀ ବ୍ୟକ୍ତିତ୍ୱସମ୍ପନ୍ନ କୁହାଯାଇପାରେ।

ଅନ୍ୟ ପକ୍ଷରେ ଆଉ କେତେକ ଲୋକ ବିଶ୍ୱାସ କରନ୍ତି ଯେ, ଫଳାଫଳ ନିର୍ଦ୍ଧାରଣରେ ଏମାନଙ୍କର କୌଣସି ଭୂମିକା ନାହିଁ। ଭାଗ୍ୟ ପରି ନିୟନ୍ତ୍ରଣବିହୀନ ଅବସ୍ଥା ଦ୍ୱାରା ଫଳାଫଳସବୁ ନିୟନ୍ତ୍ରିତ। ଫଳରେ ଏକ ନିୟନ୍ତ୍ରଣବିହୀନ ବ୍ୟକ୍ତିତ୍ୱ ଏମାନଙ୍କଠାରେ ରୂପନିଏ।

ଜୁଲିଆନ୍ ରୋଟର୍ (Rotter) ନାମକ ଜଣେ ମନୋବିଜ୍ଞାନୀ ଏଥିପାଇଁ ଯେଉଁ ପରିଭାଷା ପ୍ରୟୋଗ କରିଥିଲେ ତାହାର ସଂକ୍ଷିପ୍ତ ସୂଚନା ଦିଆଯାଇପାରେ। ନିଜର ନିୟନ୍ତ୍ରଣରେ ବିଶ୍ୱାସ ରଖୁଥିବା ଲୋକଙ୍କୁ ସେ ଅନ୍ତର୍ନିୟନ୍ତ୍ରଣସମ୍ପନ୍ନ ବ୍ୟକ୍ତି (Person with Internal Locus of Control ବା ILC) ବୋଲି ଅଭିହିତ କଲେ । ଅନ୍ୟ ପକ୍ଷରେ ନିଜକୁ ନିୟନ୍ତ୍ରଣବିହୀନ ମନେ କରି ଭାଗ୍ୟ ଓ ଆକସ୍ମିକତାକୁ (Chance) ପ୍ରାଧାନ୍ୟ ଦେଉଥିବା ବ୍ୟକ୍ତିଙ୍କୁ ବାହ୍ୟର୍ନିୟନ୍ତ୍ରଣସମ୍ପନ୍ନ ବ୍ୟକ୍ତି (Person with External Locus of Control ବା ELC) ଅଭିହିତ କଲେ । ସଂକ୍ଷେପରେ ପ୍ରଥମ ବର୍ଗର ଲୋକଙ୍କୁ ଅନ୍ତର୍ନିୟନ୍ତ୍ରକ (Internals) ଏବଂ ଦ୍ୱିତୀୟ ବର୍ଗର ଲୋକଙ୍କୁ ବହିର୍ନିୟନ୍ତ୍ରକ (Externals) କୁହାଗଲା। ଲୋକମାନଙ୍କର ବର୍ଗୀକରଣ ପାଇଁ ରୋଟର୍ ଯେଉଁ ପରିମାପକ ବ୍ୟବହାର କରୁଥିଲେ ସେଥିରୁ ଦୁଇଟି ଉଦାହରଣ ନେଇ ଏହି ଦୁଇ ଶ୍ରେଣୀର ଲୋକଙ୍କ ଦୃଷ୍ଟାନ୍ତକୁ ସ୍ପଷ୍ଟ କରାଯାଇପାରେ। ମାପକଟିର ଶୈଳୀ ନିମ୍ନ ସାରଣୀରେ ପ୍ରଦତ୍ତ ହୋଇଛି।

ନିମ୍ନରେ କେତୋଟି ଘଟଣା ଉଲ୍ଲେଖ କରାଯାଇଛି ଏବଂ ପ୍ରତିଟି ଘଟଣା ପାଇଁ ଦୁଇଟି ସମ୍ଭାବ୍ୟ କାରଣ ମଧ୍ୟ ('କ' ଏବଂ 'ଖ') ଦିଆଯାଇଛି। ଘଟଣା ଆପଣଙ୍କ ଜୀବନରେ ଘଟିଥିବାର କଳ୍ପନା କରନ୍ତୁ ଏବଂ ଯେଉଁ କାରଣଟି ଆପଣଙ୍କ କ୍ଷେତ୍ରରେ ପ୍ରଯୁଜ୍ୟ ତାହା ଚିହ୍ନଟ କରନ୍ତୁ।

୧. ଆପଣ ପରୀକ୍ଷା ଦେଲେ ଏବଂ ପରୀକ୍ଷାରେ ଫଳାଫଳ ଖୁବ୍ ଭଲ ହେଲା। ଏପରି ଘଟିଲା, କାରଣ :

(କ) ଆପଣ ଗଭୀର ପରିଶ୍ରମ କରିଥିଲେ

(ଖ) ଆପଣଙ୍କ ଭାଗ୍ୟ ଭଲ ଥିଲା

୨. ଆପଣଙ୍କ ଯୋଜନାଟି ବିଫଳ ହେଲା କାରଣ :

(କ) ଆପଣ ବିଶେଷ ଧ୍ୟାନ ଦେଉ ନଥିଲେ

(ଖ) ଅକସ୍ମାତ୍ ସେଦିନ ଏପରି ଘଟିଗଲା।

ଏହା ସହଜରେ ଅନୁମେୟ ଯେ ଆପଣ ଉପର ଉଦାହରଣରେ 'କ' କାରଣଟି ବାଛି ଥିଲେ ଆପଣଙ୍କୁ ଅନ୍ତର୍ନିୟନ୍ତ୍ରକ କୁହାଯିବ ଏବଂ 'ଖ' ବାଛିଥିଲେ ବାହ୍ୟର୍ନିୟନ୍ତ୍ରକ କୁହାଯିବ।

ରୋଟର୍‌ଙ୍କ ବ୍ୟତୀତ ଅନ୍ୟ କେତେକ ଗଗେଷକ ମଧ୍ୟ ଅନୁରୂପ ପରିଭାଷା ପ୍ରୟୋଗ କରିଛନ୍ତି। ବସ୍ତୁତଃ ଗବେଷଣାରୁ ଦେଖାଯାଇଛି ଅନ୍ତର୍ନିୟନ୍ତ୍ରକ ବା Internals ସଫଳତାର ଅଧିକାରୀ ହୁଅନ୍ତି। ପରୀକ୍ଷାରେ ଉଚ୍ଚ ସଫଳତା, କାର୍ଯ୍ୟକ୍ଷେତ୍ରରେ ଉତ୍ପାଦନଶୀଳତା ଏବଂ ଜୀବନର ଅନ୍ୟ କ୍ଷେତ୍ରରେ ମଧ୍ୟ କୃତିତ୍ୱ ଦର୍ଶାନ୍ତି। ବାହ୍ୟ ଜଗତର ପରିବର୍ତ୍ତନରେ ପ୍ରୟାସ କରନ୍ତି ଓ ସଫଳ ହୁଅନ୍ତି। ଅନ୍ୟପକ୍ଷରେ ବାହ୍ୟ ନିୟନ୍ତ୍ରକ ବା Externals ଶିଥିଳତା ଓ ନିଷ୍କ୍ରିୟତା ଦର୍ଶାଇବା ସଙ୍ଗେ ସଙ୍ଗେ ବିଷାଦ ବା ଅବସାଦର ଶରବ୍ୟ ହେବାର ସମ୍ଭାବନା ଅଛି।

ନିୟନ୍ତ୍ରଣ ବିଶ୍ୱାସ ବ୍ୟକ୍ତିର ସୁଖ, ସ୍ୱାସ୍ଥ୍ୟ ଓ ବିକାଶ ସହିତ ସମ୍ବନ୍ଧିତ ହୋଇଥିବାରୁ ବାଲ୍ୟକାଳରୁ ଆରମ୍ଭ କରି ଆମର ଶିକ୍ଷା ବ୍ୟବସ୍ଥା, ବୃତ୍ତିଗତ ଜୀବନ ଓ ପରିଣତ ବୟସରେ ମଧ୍ୟ ଏହାର ଅଭିବୃଦ୍ଧି ପାଇଁ ପ୍ରୟାସ ଆବଶ୍ୟକ। ପିତାମାତା ନିଜେ ନିୟନ୍ତ୍ରଣ ବିଶ୍ୱାସୀ ହେବା ସଙ୍ଗେ ସଙ୍ଗେ ସାମାଜୀକରଣ ମାଧ୍ୟମରେ ପିଲାମାନଙ୍କର ନିୟନ୍ତ୍ରଣ ବିଶ୍ୱାସକୁ ପ୍ରୋତ୍ସାହିତ କରନ୍ତି। କର୍ମସଂସ୍ଥାନରେ ମଧ୍ୟ ଅନୁରୂପ ଭାବରେ ନିୟନ୍ତ୍ରଣ-ବିଶ୍ୱାସକୁ ପ୍ରୋତ୍ସାହିତ କରାଯାଇପାରିବ। ନିୟନ୍ତ୍ରଣ-ଅନୁକୂଳ ପ୍ରଶିକ୍ଷଣ ବ୍ୟବସ୍ଥା କର୍ମସଂସ୍ଥା ପାଇଁ ବିଶେଷ ଫଳପ୍ରଦ ହେବ।

ଅନୁକୂଳ ବ୍ୟକ୍ତିନିଷ୍ଠ ଅନୁଭବ

ବାହ୍ୟ ପରିବେଶ ମନୁଷ୍ୟର ବ୍ୟବହାରକୁ ପ୍ରଭାବିତ କରେ। ଏହା ସତ ହେଲେ ମଧ୍ୟ ଏହାର ଅନ୍ତରାଳରେ ଆଉ ଗୋଟିଏ ସତ୍ୟ ଜଡ଼ିତ ରହିଛି। ତାହା ହେଉଛି ବାହ୍ୟ ବିଶ୍ୱକୁ ମନୁଷ୍ୟ ତା'ର ଅନ୍ତର୍ଜଗତରେ କିପରି ସ୍ଥାନ ଦେଉଛି ଏବଂ ତାହାର କିପରି ବ୍ୟାଖ୍ୟା କରୁଛି, ଏହା ଗୁରୁତ୍ୱପୂର୍ଣ୍ଣ। ଅନ୍ୟ ଭାଷାରେ କହିଲେ ମଣିଷର ଅନ୍ତର୍ଜଗତର ବିଶ୍ୱ ଓ ବିଶ୍ୱାସ ହିଁ ବ୍ୟବହାରର ସଠିକ୍ ନିର୍ଦ୍ଧାରକ। ଗୋଟିଏ ସାଧାରଣ ଉଦାହରଣ ହେଉଛି ବହିର୍ମୁଖୀ (Extrovert) ଏବଂ ଅନ୍ତର୍ମୁଖୀ (Introvert) ବ୍ୟକ୍ତିମାନଙ୍କର ଆଚରଣରେ ପାର୍ଥକ୍ୟ। ଗୋଟିଏ ସ୍ଥାନର ଜନସମାବେଶ ବହିର୍ମୁଖୀ ବ୍ୟକ୍ତିକୁ ସାମାଜିକତାର ଆନନ୍ଦ ଦେବା ସ୍ଥଳେ ଏପରି ପରିବେଶକୁ ଅଯଥା ଗହଳି ମନେ କରି ଅନ୍ତର୍ମୁଖୀ ବ୍ୟକ୍ତି ଅସ୍ଥିରତା ଅନୁଭବ କରେ ଏବଂ ସେପରି ପରିବେଶ ତ୍ୟାଗକରି ଅପେକ୍ଷାକୃତ ନିର୍ଜନ ସ୍ଥାନକୁ ଚାଲିଯାଏ। ପରିବେଶ ସମାନ ରହିଲେ ମଧ୍ୟ ବ୍ୟକ୍ତିତ୍ୱର ରୂପରେଖ ପରିବେଶର ଭିନ୍ନ ଭିନ୍ନ ଢାଞ୍ଚାକୁ ଅନ୍ତର୍ମନରେ ଚିତ୍ରଣ କରେ।

ବୈଭବ ମନୋବିଜ୍ଞାନର ବିଷୟବସ୍ତୁରେ ସୁପରିଚାଳିତ ସୁଖମୟ ଜୀବନ ଏକ ମୁଖ୍ୟ ଅନୁଶୀଳନ ହୋଇଥିବାରୁ ବ୍ୟକ୍ତି କାହିଁକି ଓ କିପରି ପ୍ରୀତିପ୍ରଦ (ସକାରାତ୍ମକ) ଅନୁଭବର (Positive Subjective Experience) ଅଧିକାରୀ ହୁଏ, ତାହାର ଆଲୋଚନା ପ୍ରାସଙ୍ଗିକ ମନେ ହୁଏ। ଅବଶ୍ୟ ପରବର୍ତ୍ତୀ ପର୍ଯ୍ୟାୟରେ ସୁଖାନୁଭୂତି (Happiness) ସମ୍ପର୍କରେ ଆଲୋଚନା କରାଯିବା ସମୟରେ ଏ ପ୍ରଶ୍ନର ସବିଶେଷ ଉତ୍ତର ମିଳିବ। ତେଣୁ ଏଠାରେ କେବଳ ସାଧାରଣ ଦିଗର ସୂଚନା ଦିଆଯାଇପାରେ। ମୁଖ୍ୟତଃ ଦୁଇଟି ପ୍ରଶ୍ନର ଉତ୍ତର ବିଶେଷ ତାତ୍ପର୍ଯ୍ୟପୂର୍ଣ୍ଣ : କେଉଁ ମନସ୍ତାତ୍ତ୍ୱିକ ଉପାଦାନ ଅନୁକୂଳ ବ୍ୟକ୍ତିନିଷ୍ଠ ଅନୁଭବର ନିର୍ଦ୍ଧାରକ ଏବଂ କେଉଁ କେଉଁ ଉପାୟରେ ପ୍ରୀତିପ୍ରଦ ଅନୁଭବ ବୃଦ୍ଧି କରିବା ସମ୍ଭବ ହେବ ?

ସକାରାତ୍ମକ ଅନୁଭବର ନିର୍ଦ୍ଧାରକ

ପୂର୍ବରୁ ସୂଚନା ଦିଆଯାଇଛି ଯେ ବାହ୍ୟ ପରିବେଶ ସମାନ ରହିଲେ ମଧ୍ୟ ବ୍ୟକ୍ତିର ବ୍ୟକ୍ତିତ୍ୱ ଅନୁଯାୟୀ ଏହାର ଅର୍ଥ ଭିନ୍ନ ଭିନ୍ନ ହୋଇପାରେ। ସମାନ ପରିବେଶକୁ ବହିର୍ମୁଖୀ ଓ ଅନ୍ତର୍ମୁଖୀ ଲୋକମାନେ ଭିନ୍ନ ଭିନ୍ନ ଚକ୍ଷୁରେ ଦେଖନ୍ତି। ଲୋକ ଗହଳି ଜନସମାବେଶ ବହିର୍ମୁଖୀ ବ୍ୟକ୍ତିତ୍ୱସମ୍ପନ୍ନ ଲୋକଙ୍କର ସକାରାତ୍ମକ ଅନୁଭବର ସାମଗ୍ରୀ ହେବା ସ୍ଥଳେ ଏହା ଅନ୍ତର୍ମୁଖୀ ଲୋକଙ୍କ ପାଇଁ ନକାରାତ୍ମକ ଅନୁଭୂତିର ସାମଗ୍ରୀ ହୋଇଥାଏ। ମୋଟ ଉପରେ ବ୍ୟକ୍ତିତ୍ୱର ଚଷମା ପିନ୍ଧି ଆମେ ପରିସ୍ଥିତିକୁ ଭିନ୍ନ ଭିନ୍ନ ରୂପରେ ଦେଖିଥାଉ ଏବଂ ଏହା ଆମର ସୁଖଦ ଓ ଦୁଃଖଦ ଅନୁଭୂତିକୁ ନିର୍ଦ୍ଧାରିତ କରିଥାଏ।

ସେହିପରି ବୃହତ୍ ବ୍ୟକ୍ତିତ୍ୱ ଉପାଦାନ ମଧ୍ୟରୁ ଆଉ ଗୋଟିଏ ଦୃଷ୍ଟାନ୍ତ ନିଆଯାଇପାରେ। ତାହା ହେଉଛି ଉନ୍ମୁକ୍ତମନ (Openness)। ଖୋଲାମନର ବ୍ୟକ୍ତିତ୍ୱ ନେଇ ଲୋକେ ନୂଆ ମଣିଷ, ନୂଆ ପରିବେଶ, ନୂତନ ଧାରଣା ଏବଂ ନୂତନ ସଂସ୍କୃତିର ସମ୍ମୁଖୀନ ହେଲେ ଆନନ୍ଦ ଅନୁଭବ କରନ୍ତି। ସେମାନଙ୍କର ଗ୍ରହଣଶୀଳତାର ମନୋଭାବ ସେମାନଙ୍କୁ ଆନନ୍ଦ ଦିଏ। ଅନ୍ୟ ପକ୍ଷରେ ଏହି ବ୍ୟକ୍ତିତ୍ୱ ପରିମାପରେ ନିମ୍ନ ସ୍ଥାନରେ ରହିଥିବା ଲୋକମାନେ ନୂଆ ଓ ଅପରିଚିତ ସ୍ଥାନ, ଜିନିଷ ଓ ବ୍ୟକ୍ତିତ୍ୱ ସହଜରେ ଗ୍ରହଣ କରିପାରନ୍ତି ନାହିଁ। ସେମାନଙ୍କ ମନରେ ସନ୍ଦେହ, ଆଶଙ୍କା ଓ ମାନସିକ ଚାପ ସୁଖାନୁଭୂତି କମାଇ ଦିଏ। ଏହିପରି ଅସଂଖ୍ୟ ବ୍ୟକ୍ତିତ୍ୱ ଉପାଦାନର ଉଦାହରଣ ଦିଆଯାଇପାରେ। ଗୋଟିଏ ଉପାଦାନ ସକାରାତ୍ମକ ଅନୁଭବ ବୃଦ୍ଧି କରିବା ସ୍ଥଳେ ଅନ୍ୟଟି ହ୍ରାସ କରିଥାଏ।

ଏହି ପ୍ରସଙ୍ଗରେ ଗୋଟିଏ ବ୍ୟକ୍ତିନିଷ୍ଠ ଗୁଣର ନାମ ଉଲ୍ଲେଖ ନ କଲେ ଆଲୋଚନା ବିଶେଷ ଅସମ୍ପୂର୍ଣ୍ଣ ରହିବ। ପୂର୍ବରୁ ସକାରାତ୍ମକ ଆବେଗ ଆଲୋଚନା ପ୍ରସଙ୍ଗରେ ଏହାର ପର୍ଯ୍ୟାପ୍ତ ଆଲୋଚନା କରାଯାଇଛି। ତାହା ହେଉଛି ଭାବଗତ ଅନୁକୂଳତା (Positive Affectivity)। ପରିସ୍ଥିତିର ଭିନ୍ନତା ସତ୍ତ୍ୱେ ପ୍ରାୟ ସବୁ ପରିବେଶରେ ସକାରାତ୍ମକ ବା ଅନୁକୂଳ ଆବେଗର ଅନୁଭବ କରିବାର ପ୍ରବଣତା ଏ ଧରଣର ବ୍ୟକ୍ତିତ୍ୱ। ଏପରି ମାନସିକତାର ଅଧିକାରୀ ହୋଇଥିବା ବ୍ୟକ୍ତିମାନେ ବହୁଳ ଭାବରେ ବେଶୀ ସମୟର ସକାରାତ୍ମକ ଅନୁଭବ ପାଇଥାନ୍ତି । ୱାଟରମ୍ୟାନ୍ (Waterman) ନାମକ ଜଣେ ବୈଭବ ମନୋବିଜ୍ଞାନୀ ଏ କ୍ଷେତ୍ରରେ ପର୍ଯ୍ୟାପ୍ତ ଗବେଷଣା କରିଛନ୍ତି। ସକାରାତ୍ମକ ବ୍ୟକ୍ତିଗତ ଅନୁଭବ କ୍ଷେତ୍ରରେ ଏ ବ୍ୟକ୍ତିନିଷ୍ଠ ଗୁଣଟି ବିଶେଷ ଗୁରୁତ୍ୱପୂର୍ଣ୍ଣ। ଏପରି ଗୁଣର ଅଧିକାରୀ ବ୍ୟକ୍ତିମାନେ ସାଧାରଣତଃ ନକାରାତ୍ମକ ଆବେଗରୁ ଦୂରେଇ ରହିପାରନ୍ତି। ଅଧିକାଂଶ

ସମୟରେ ସକାରାତ୍ମକ ଆବେଗର ଅନୁଭବ ପାଆନ୍ତି । ବିସ୍ମୟର କଥା ଯେ ଛୋଟ ଛୋଟ ପରିସ୍ଥିତିରେ, ଏପରିକି ଅର୍ଥଶୂନ୍ୟ ପରିସ୍ଥିତିରେ ଅର୍ଥପୂର୍ଣ୍ଣତାର ଆରୋପ କରି ଆନନ୍ଦ ଅନୁଭବ କରନ୍ତି । ସୁତରାଂ ସକାରାତ୍ମକ ଅନୁଭୂତି କ୍ଷେତ୍ରରେ ଏପରି ଉପାଦାନର ଭୂମିକା ତାତ୍ପର୍ଯ୍ୟପୂର୍ଣ୍ଣ ।

ଆମର ବ୍ୟକ୍ତିତ୍ୱ ଯେପରି ଆମର ଅନୁଭବର ରଙ୍ଗକୁ ବଦଳାଇ ଦିଏ, ସେହିପରି ଆମର ମନୋବୃତ୍ତି (Attitude) ମଧ୍ୟ ଆମର ଅନୁଭବକୁ ନିର୍ଦ୍ଧାରଣ କରିଥାଏ । ସକାରାତ୍ମକ ଅନୁଭବ କ୍ଷେତ୍ରରେ ଏକ ବିଶିଷ୍ଟ ମନୋବୃତ୍ତିର ଆଲୋଚନା କରାଯାଇପାରେ । ତାହା ହେଉଛି ଆଶାବାଦ (Optimism) । ଆମର ଆଶାବାଦୀ ମନୋବୃତ୍ତି ଆମର ଅନୁଭବକୁ ସକାରାତ୍ମକ କରିବା ସ୍ଥଳେ ଆମର ନିରାଶା (Pessimistic) ମନୋବୃତ୍ତି ଆମର ଅନୁଭୂତିକୁ ଦୁଃଖଦ କରିଥାଏ ।

ଆଗାମୀ ପରିଣତିକୁ ସକାରାତ୍ମକ ବିଚାର କରିବାର ଦୃଷ୍ଟିଭଙ୍ଗୀ ହେଉଛି ଆଶାବାଦ । ବହୁ ବୈଭବ ମନୋବିଜ୍ଞାନୀ ଆଶାବାଦ ଓ ଆଶାବାଦୀ ବ୍ୟକ୍ତିତ୍ୱ ସମ୍ପର୍କରେ ଗବେଷଣା କରିଥିଲେ ମଧ୍ୟ ମାର୍ଟିନ୍ ସେଲିଗମ୍ୟାନ ଏ କ୍ଷେତ୍ରରେ ବ୍ୟାପକ ଅଧ୍ୟୟନ କରିଛନ୍ତି । ତାଙ୍କଦ୍ୱାରା ରଚିତ ପୁସ୍ତକ Learned Optimism (୧୯୯୧) ଏକ ଦିଗ୍‌ଦର୍ଶନକାରୀ ପୁସ୍ତକ । ସେଲିଗମ୍ୟାନ୍‌ଙ୍କ ପରିଭାଷାରେ ଶିକ୍ଷାକୃତ ଆଶାବାଦ କହିବାର ତାତ୍ପର୍ଯ୍ୟ ହେଉଛି ଯେ ଉପଯୁକ୍ତ ଶିକ୍ଷା ଓ ତାଲିମ୍ ମାଧ୍ୟମରେ ଆଶାବାଦର ଅଙ୍କୁରଣ ଓ ବିକାଶ ସମ୍ଭବ ହୋଇଥାଏ ।

ଆଶାବାଦୀ ବ୍ୟକ୍ତିମାନେ ଏକ ନିର୍ଦ୍ଦିଷ୍ଟ ଶୈଳୀରେ ଭଲ ଓ ଖରାପ ଘଟଣାର ବ୍ୟାଖ୍ୟା କରନ୍ତି । ଘଟଣାଟି ନକାରାତ୍ମକ ହୋଇଥିଲେ ବାହ୍ୟ ପରିବେଶ ଯୋଗୁଁ ଏପରି ଘଟିଛି ବୋଲି ବିଚାର କରନ୍ତି (ଯଥା: ପାଗ ଖରାପ ଥିବାରୁ ମୋର ଆୟୋଜିତ ଭୋଜୀକୁ ଲୋକମାନେ ଆସିପାରିଲେ ନାହିଁ) । ଖରାପ ଘଟଣାର ପ୍ରଭାବକୁ ଅସ୍ଥାୟୀ ମନେ କରନ୍ତି (ଆଜି ହୋଇପାରି ନାହିଁ, କାଲି ହେବ) । ଘଟଣା ଫଳରେ ଗୋଟିଏ ଦିଗ ବିପର୍ଯ୍ୟସ୍ତ ହେଲେ ମଧ୍ୟ ଅନ୍ୟ ଦିଗଟି ଠିକ୍ ରହିଛି (ହାତ ଭାଙ୍ଗିଥିବାରୁ ମୁଁ ଗାଡ଼ି ଚଳାଇପାରିବି ନାହିଁ, ହେଲେ କଲେଜକୁ ଚାଲିଯିବାରେ ଅସୁବିଧା ନାହିଁ) । ମୋଟ ଉପରେ ଖରାପ ଅବସ୍ଥାରେ ସମ୍ମୁଖୀନ ହେଲେ ଆଶାବାଦୀ ଏ ଘଟଣାର କାରଣକୁ ଅବସ୍ଥା-ପ୍ରେରିତ, ଅଳ୍ପସ୍ଥାୟୀ ଓ ଏହାର ପ୍ରଭାବକୁ ସୀମିତ ମନେ କରେ । ଅନ୍ୟ ପକ୍ଷରେ ଭଲ ଘଟଣାର ସମ୍ମୁଖୀନ ହେଲେ କାରଣ ମୂଳରେ ତା'ର ବ୍ୟକ୍ତିଗତ ସମ୍ପୃକ୍ତି । (ଯଥା: ମୁଁ ପରିଶ୍ରମ କରିବାରୁ ପଦୋନ୍ନତି ପାଇଲି), କାରଣର ପ୍ରଭାବକୁ ଦୀର୍ଘସ୍ଥାୟୀ (ଯଥା: ମୋର ପଦୋନ୍ନତି ଖୁସି ଖବର ମୋତେ ଅନ୍ତତଃ କିଛି ବର୍ଷ ଆନନ୍ଦ ଦେବ) ଏବଂ ପ୍ରଭାବଟି ବ୍ୟାପକ (ଯଥା:

ମୋର ପଦୋନ୍ନତି ପରିବାରରେ ଯେପରି ଖୁସି ଆଣିବ, ବନ୍ଧୁ ମହଲରେ ମଧ୍ୟ ଆନନ୍ଦ ଖେଳାଇବା) ହେବ। ସ୍ଥୂଳତଃ ଆଶାବାଦୀ ବ୍ୟକ୍ତି ଏକ ନିର୍ଦ୍ଦିଷ୍ଟ ଶୈଳୀରେ ଖରାପ ଓ ଭଲ ଘଟଣାକୁ ବ୍ୟାଖ୍ୟା କରନ୍ତି। ଅନ୍ୟ ପକ୍ଷରେ ନୈରାଶ୍ୟବାଦୀ ଲୋକମାନେ ଖରାପ ଘଟଣା ମୂଳରେ ସେମାନେ ଦାୟୀ, ଏହାର ପ୍ରଭାବ ଦୀର୍ଘସ୍ଥାୟୀ ଓ ବ୍ୟାପକ ବୋଲି ଭାବନ୍ତି। ସେହିପରି ଭଲ ଘଟଣା ବାହ୍ୟ ଅବସ୍ଥା-ପ୍ରେରିତ ଏବଂ ଏହାର ଏ ପ୍ରଭାବ ଅଳ୍ପସ୍ଥାୟୀ ଓ ସୀମିତ ବୋଲି ବିଚାର କରନ୍ତି।

ଲକ୍ଷ୍ୟ କରିବାର କଥା ଯେ ଆଶାବାଦୀ ଲୋକମାନେ ବାହ୍ୟ ଘଟଣା ଓ ପରିଣତିକୁ ସକାରାତ୍ମକ ଦୃଷ୍ଟିରେ ଦେଖୁଥିବାରୁ ଅଧିକାଂଶ ସମୟରେ ଆନନ୍ଦ ଅନୁଭବ କରନ୍ତି। ଏତଦ୍‌ବ୍ୟତୀତ ଜୀବନର ବହୁକ୍ଷେତ୍ରରେ ସଫଳତା ଅର୍ଜ୍ଜନ କରନ୍ତି। ସେଲିଗ୍‌ମ୍ୟାନ୍ ଏକ ସୁନ୍ଦର ଯୋଜନା ମାଧ୍ୟମରେ ପିଲାମାନଙ୍କର ଆଶାବାଦର ମାତ୍ରା ବୃଦ୍ଧି କଲେ। ସେ ଦେଖିଲେ ଯେ ଏପରି ପରିବର୍ତ୍ତନ ପିଲାମାନଙ୍କର ସଫଳତାର କ୍ଷେତ୍ର ଓ ସଫଳତାର ମାତ୍ରା ବୃଦ୍ଧି କରିବା ସହିତ ସେମାନଙ୍କୁ ଆନନ୍ଦାନୁଭୂତି ମଧ୍ୟ ପ୍ରଦାନ କରୁଛି।

ଆଲୋଚିତ ସକାରାତ୍ମକ ଅନୁଭବର ନିର୍ଦ୍ଧାରକ ବ୍ୟତୀତ ଗୋଟିଏ ଦୁଇଟି ଯୋଜନାବଦ୍ଧ ପ୍ରକ୍ରିୟାର ସୂଚନା ଦିଆଯାଇପାରେ। ଗୋଟିଏ ପ୍ରକ୍ରିୟା ହେଉଛି ତଲ୍ଲୀନତା ବା ନିମଗ୍ନତା (Flow) ଏବଂ ଅନ୍ୟଟି ହେଉଛି ଆନନ୍ଦ-ଆସ୍ୱାଦନ (Savouring)।

ତଲ୍ଲୀନତା (ନିମଗ୍ନତା) :

ତଲ୍ଲୀନତା ବା ନିମଗ୍ନତାର (Flow) ପରିକଳ୍ପନା ବୈଭବ ମନୋବିଜ୍ଞାନର ଏକ ଅନୁପମ ବିସ୍ମୃତି। ଆଗାମୀ ପର୍ଯ୍ୟାୟରେ ସୁଖାନୁଭୂତିର (Happiness) ସବିଶେଷ ଆଲୋଚନା ପ୍ରସଙ୍ଗରେ ଏହାର ବିସ୍ତୃତ ବର୍ଣ୍ଣନାର ଯୋଜନା ଥିବାରୁ ଏଠାରେ କେବଳ ସଂକ୍ଷିପ୍ତ ସୂଚନା ଦିଆଯାଉଛି। ବୈଭବ ମନୋବିଜ୍ଞାନର ଅନ୍ୟତମ ପ୍ରାରମ୍ଭକ ମାଇକ୍ ଚୀକ୍‌ସେଣ୍ଟ୍ ମିହାଇ (Mike Csikszentmihalyi 2000) ଆନନ୍ଦାନୁଭୂତିର ଅନ୍ବେଷଣ ପରିପ୍ରେକ୍ଷୀରେ ଏ ଶବ୍ଦଟିର ପ୍ରୟୋଗ ଆରମ୍ଭ କରିଥିଲେ। ସେ ଲକ୍ଷ୍ୟ କଲେ ଯେ ସାଧାରଣ ଗୋଟିଏ ଶ୍ରମିକଠାରୁ ଆରମ୍ଭ କରି ସର୍ଜ୍ଜନଶୀଳ ଶିଳ୍ପୀ ପର୍ଯ୍ୟନ୍ତ ନିଜର କର୍ମଯୋଜନା ମଝିରେ ଏପରି ଏକ ଅନୁଭବର ସ୍ପର୍ଶ ପାଆନ୍ତି ଯେତେବେଳେ ସେମାନେ ସମ୍ପୂର୍ଣ୍ଣ ଭାବରେ ଆତ୍ମବିସ୍ମୃତ ହୋଇ ପଡ଼ନ୍ତି। ହୁଏତ ସେମାନେ ନିଜର ଭୋକଶୋଷ ଭୁଲି ଯାଆନ୍ତି। ସମୟ ସ୍ଥିର ରହିଯାଏ କିମ୍ବା ଅତିଦ୍ରୁତ ଗତିରେ ଅତିକ୍ରାନ୍ତ ହୋଇଯାଏ। କହିବା ଅନାବଶ୍ୟକ

ଯେ ଏପରି ଅନୁଭବ ଗଭୀର ଆନନ୍ଦାନୁଭୂତିର କାରଣ ହୋଇଥାଏ। ଦକ୍ଷତାର ପୂର୍ଣ୍ଣ ବିନିଯୋଗ ହେଉଥିବା କଷ୍ଟକର (ଆହ୍ୱାନମୂଳକ) କାର୍ଯ୍ୟରେ ହିଁ ଏପରି ତଲ୍ଲୀନତା ବା ନିମଗ୍ନତାର ସମ୍ଭାବନା ଥାଏ।

ଦକ୍ଷତା ସମ୍ପର୍କରେ ନିଜସ୍ୱ ଆକଳନ

		କମ୍	ବେଶୀ
କାର୍ଯ୍ୟଟିର କଷ୍ଟସାଧ୍ୟତା	ବେଶୀ	ଉଦ୍‌ବେଗ	ତଲ୍ଲୀନତା
	କମ୍	ଉଦାସୀନତା	ଆଗ୍ରହହୀନତା

ଉପର ସାରଣୀରୁ ସ୍ପଷ୍ଟ ଯେ ବ୍ୟକ୍ତି କୌଣସି ଆହ୍ୱାନମୂଳକ କାର୍ଯ୍ୟ କରିବା ସମୟରେ ନିଜର ଦକ୍ଷତାର ପୂର୍ଣ୍ଣ ବିନିଯୋଗ ଘଟୁଥିଲେ ଏପରି ଆନନ୍ଦାନୁଭୂତିର ସମ୍ଭାବନା ରହିଥାଏ। କର୍ମସଂସ୍ଥାନରେ ଜଣେ ସୁଦକ୍ଷ ନେତା ତାଙ୍କର କର୍ମଚାରୀମାନଙ୍କୁ କାର୍ଯ୍ୟର ଦାୟିତ୍ୱ ବଣ୍ଟନ କରିବା ସମୟରେ ବ୍ୟକ୍ତିର ସାମର୍ଥ୍ୟ ଓ କାର୍ଯ୍ୟର କଷ୍ଟକରତା ମଧ୍ୟରେ ସମସ୍ତରୀୟ ବ୍ୟବସ୍ଥାର ଆୟୋଜନ କରିପାରନ୍ତି। ଏପରି ଆୟୋଜନ କର୍ମସଂସ୍ଥାରେ ଲୋକମାନଙ୍କର ତଲ୍ଲୀନତା ଓ ଆନନ୍ଦାନୁଭୂତିର ସମୃଦ୍ଧିକରଣରେ ସହାୟକ ହୁଏ।

ଆନନ୍ଦ ଆସ୍ୱାଦନ (Savouring)

ଜୀବନର ଗତିଶୀଳ ମୁହୂର୍ତ୍ତରେ ଆନନ୍ଦାନୁଭୂତିର ଗଭୀରତା ଓ ବାରମ୍ବାରତା ବୃଦ୍ଧି କରିବାର ଅନ୍ୟ ଗୋଟିଏ ମାର୍ଗ ହେଉଛି ଆନନ୍ଦ-ଆସ୍ୱାଦନ। ବ୍ରାୟାଣ୍ଟ ଓ ଭେରୋଫ୍ (Bryant & Verhoff, 2007) ନାମକ ଦୁଇଜଣ ମନୋବିଜ୍ଞାନୀ ଲକ୍ଷ୍ୟ କଲେ ଯେ ଜଣେ ବ୍ୟକ୍ତି ନିଜର ଖାଦ୍ୟ ଗ୍ରହଣ କରିବା ସମୟରେ ତରବର ହୋଇ ଖାଦ୍ୟ ପଦାର୍ଥ ଗିଳି ନ ଦେଇ ଧୀରେ ଧୀରେ ଖାଇବା, ଖାଦ୍ୟର ରୂପରସ ଓ ଗନ୍ଧର ଅନୁଭବ ଗ୍ରହଣ କରିବା ଏବଂ ଗ୍ରହଣ କରୁଥିବା ସମ୍ବେଦନକୁ ଏକ ପ୍ରଶଂସାସୂଚକ ମନୋଭାବ ନେଇ ତୃପ୍ତହେବା ଫଳରେ ଆନନ୍ଦ ବହୁଗୁଣିତ ହୋଇଥାଏ। ଏପରି ଆନନ୍ଦ-ଆସ୍ୱାଦନ (Savouring) କେବଳ ଖାଦ୍ୟ ଗ୍ରହଣ ସମୟରେ ସୀମିତ ନ ରହି ଜୀବନର ଏକ ସକାରାତ୍ମକ ମନୋବୃତ୍ତି ରୂପେ ବିକଶିତ ହେଲେ ଏହା ଖୁବ୍ ଫଳପ୍ରଦ ହୁଏ।

ବର୍ତ୍ତମାନର ପ୍ରତିଟି ମୁହୂର୍ତ୍ତର ଅନୁଭବ ପାଇଁ ବ୍ୟକ୍ତି ଅଭିନିବିଷ୍ଟ (Attentive) ରହିବ ଏବଂ ଅନୁଭୂତ ସମ୍ବେଦନ ପ୍ରତି ଏକ ଅଭିନନ୍ଦନୀୟ ମନୋବୃତ୍ତି ଗ୍ରହଣ କରିବ। ଧରାଯାଉ ବ୍ୟକ୍ତି ଏ ମୁହୂର୍ତ୍ତରେ ଗୋଟିଏ ମନୋଜ୍ଞ ସୂର୍ଯ୍ୟାସ୍ତ ଦେଖିବାର ସୁଯୋଗ ପାଉଛି । ସୁତରାଂ ଏ ସମୟର ବର୍ଣ୍ଣବିଭା, ଆକାଶର ଆକର୍ଷଣ ଏବଂ ନିକଟସ୍ଥ ଶଇଝଙ୍କାର ପ୍ରତି ଏକ ବିହ୍ୱଳିତ ଦୃଷ୍ଟି ନେଇ ଉପଭୋଗ କରିବ। ବ୍ୟକ୍ତିର ଉପସ୍ଥିତ ମୁହୂର୍ତ୍ତ ପ୍ରତି ଏକ ଆନୁଗତ୍ୟ ଥିବା ଆବଶ୍ୟକ ଏବଂ ସେ ସହଜ ସ୍ୱାଭାବିକ ଭାବରେ ଦୃଶ୍ୟାନୁଭୂତିର ରସ ଆସ୍ୱାଦନ କରିବ ।

ଆନନ୍ଦ-ଆସ୍ୱାଦନ ପାଇଁ ଏକ ଅନୁକୂଳ ମନୋବୃତ୍ତି ଆବଶ୍ୟକ। ପ୍ରଥମତଃ ବର୍ତ୍ତମାନ ଆମେ ଯେଉଁ ମୁହୂର୍ତ୍ତ ଦେଇ ଗତି କରୁଛୁ, ସେହି ମୁହୂର୍ତ୍ତର ସମ୍ବେଦନ ଓ ଅନୁଭବକୁ ସ୍ୱାଗତ କରିବାକୁ ହେବ। ‘‘ବର୍ତ୍ତମାନ ଓ ଏହିଠାରେ’’ – ଏପରି ମନୋଭାବ ପ୍ରୟୋଜନ, ଅବଶ୍ୟ ଆନନ୍ଦ ଆସ୍ୱାଦନ କରାଯାଉଥିବା ଉତ୍ସଟି ବିଭିନ୍ନ ଧରଣର ହୋଇପାରେ । ଏହା ବର୍ତ୍ତମାନର ସୂର୍ଯ୍ୟାସ୍ତ କିମ୍ବା ସୂର୍ଯ୍ୟୋଦୟ ହୋଇପାରେ, ନିଜର ସ୍ନାନ କିମ୍ବା ସନ୍ତରଣ ହୋଇପାରେ। ଏହା ଅନ୍ତର୍ଜଗତର ଗୋଟିଏ ଭାବନା ବା ଛବି ହୋଇପାରେ। ବାଲ୍ୟକାଳୀନ ଗୋଟିଏ ସୁଖଦ ସ୍ମୃତି କିମ୍ବା ଜଣେ ପ୍ରିୟବନ୍ଧୁଙ୍କ ସହିତ ବିତାଇଥିବା ଆନନ୍ଦମୟ ମୁହୂର୍ତ୍ତ ହୋଇପାରେ। ଭବିଷ୍ୟତର କୌଣସି ଏକ ପ୍ରତ୍ୟାଶିତ ମାନସିକ ଛବି ହୋଇପାରେ, ଅନ୍ତର୍ଜଗତର ସ୍ମୃତି ହେଉ କିମ୍ବା ବାହ୍ୟ ପରିବେଶର କୌଣସି ଜିନିଷ ହେଉ, ଆନନ୍ଦ-ଆସ୍ୱାଦନ ପାଇଁ ପୂର୍ଣ୍ଣମାତ୍ରାର ଅଭିନିବେଶ (Attention) କେନ୍ଦ୍ରୀଭୂତ ହେବା ଆବଶ୍ୟକ।

ଆନନ୍ଦ-ଆସ୍ୱାଦନ ପାଇଁ ସାମୟିକ ଭାବରେ ନିଜର କେତେକ ବ୍ୟକ୍ତିଗତ ଓ ସାମାଜିକ ଆବଶ୍ୟକତାକୁ ଏଡ଼ାଇ ଯିବାକୁ ହେବ। ମୋର ଆନନ୍ଦର ପରିପ୍ରକାଶ ବେଳେ ମୋତେ ଦେଖି ଲୋକେ କ'ଣ ଭାବିବେ ‘କିମ୍ବା’ ମୁଁ କିପରି ଶୀଘ୍ର ଶୀଘ୍ର ପଦୋନ୍ନତି ପାଇବି ଏପରି ସବୁ ଚିନ୍ତାରେ ମଗ୍ନ ରହିଲେ ଆନନ୍ଦ-ଆସ୍ୱାଦନ ବ୍ୟାହତ ହେବ। ସୁତରାଂ ଆନନ୍ଦ-ଆସ୍ୱାଦନ ସମୟରେ ଚିନ୍ତା, ଦୁଶ୍ଚିନ୍ତା, ଭାବନା ଓ ଯୋଜନାକୁ ବାଦ୍ ଦେବାକୁ ପଡ଼ିବ।

ତୃତୀୟତଃ ଆନନ୍ଦ-ଆସ୍ୱାଦନ ସମୟରେ ଅନୁଭବର ସକାରାତ୍ମକ ତଥା ଆନନ୍ଦଦାୟକ ଦିଗ ପ୍ରତି ହିଁ ଅଭିନିବିଷ୍ଟ ରହିବା ଉଚିତ। ଏ ସମୟରେ ବିଶ୍ଳେଷଣାତ୍ମକ

ଚିନ୍ତନ, ଲାଭକ୍ଷତିର ହିସାବ ଏବଂ ବୈଷୟିକ ଜୀବନର ଚିନ୍ତାସବୁ ନିର୍ବାସିତ ହେବା ଆବଶ୍ୟକ । ଆନନ୍ଦ-ଆସ୍ୱାଦନ ସମୟରେ ଚିନ୍ତନ ଥାଏ ଏବଂ ଭାବାବେଗ ମଧ୍ୟ ଥାଏ। କିନ୍ତୁ ଏସବୁ ଚିନ୍ତନ ଆନନ୍ଦ ଗ୍ରହଣ କରିବାର ଚିନ୍ତନ ଓ ଆନନ୍ଦିତ ହେବାର ଆବେଗ।

ଆଧୁନିକ ଜଗତରେ ଦୈନନ୍ଦିନ ଜୀବନ ଏପରି କର୍ମବ୍ୟସ୍ତ ଓ ଜଞ୍ଜାଳମୟ ହୋଇଯାଉଛି ଯେ ଏହା ବ୍ୟକ୍ତିର ସୁଖାନୁଭୂତି ପାଇଁ ଏକ ଆହ୍ୱାନ ସୃଷ୍ଟି କରୁଛି। ସୁତରାଂ ପ୍ରତିଦିନ ଅନ୍ତତଃ କିଛି ସମୟ ନିଜକୁ ଏହି ବ୍ୟସ୍ତତା-ବଳୟରୁ ଦୂରେଇ ନେଇ ଆନନ୍ଦ-ଆସ୍ୱାଦନର ଅଭ୍ୟାସ ସକାରାତ୍ମକ ଜୀବନ ପାଇଁ ଅନୁକୂଳ ହେବ ।

ଦ୍ୱିତୀୟ ଅଧ୍ୟାୟ

କତିପୟ ବୈଭବ ମନୋବିଜ୍ଞାନୀ

ବିଂଶ ଶତକର ଶେଷ ଭାଗରେ ଅଙ୍କୁରିତ ଓ ବିକଶିତ ହୋଇଥିବା ବୈଭବ ମନୋବିଜ୍ଞାନର ବହୁ ଶାଖାପ୍ରଶାଖା ପଲ୍ଲବିତ ହୋଇ ମନୁଷ୍ୟର ଜ୍ଞାନରାଜ୍ୟକୁ ସମୃଦ୍ଧ କରିଛି । କେବଳ ତାତ୍ତ୍ୱିକ ଦୃଷ୍ଟିକୋଣରୁ ନୁହେଁ, ପ୍ରୟୋଗାତ୍ମକ ଦିଗରୁ ମଧ୍ୟ ବହୁ ବିଶେଷଜ୍ଞ ଏହାର ସାହାଯ୍ୟ ନେଇ ମାନବ କଲ୍ୟାଣର ମାର୍ଗ ଉନ୍ମୋଚନ କରିଛନ୍ତି । ଆମର ସ୍ୱାସ୍ଥ୍ୟ ଓ ସୁଖାନୁଭୂତି, ଉନ୍ନତ କର୍ମଶୈଳୀ ଓ ଜୀବନଶୈଳୀ ଏବଂ ସାମୂହିକ ସଶକ୍ତିକରଣ ଏହାର ମୁଖ୍ୟ ଅଧ୍ୟୟନ ସାମଗ୍ରୀ ହୋଇଥିବାରୁ ଦେଶକାଳପାତ୍ର ନିର୍ବିଶେଷରେ ଏହାର ଆଦର ଦିନକୁ ଦିନ ବୃଦ୍ଧି ପାଇବାରେ ଲାଗିଛି । ଏପରି ବ୍ୟାପ୍ତି ମୂଳରେ ବହୁ ବୈଭବ ମନୋବିଜ୍ଞାନୀଙ୍କ ଗବେଷଣା ସଂଶ୍ଲିଷ୍ଟ । ବିଭିନ୍ନ ତତ୍ତ୍ୱ ଓ ଧାରଣାର ଆଲୋଚନା ପରିପ୍ରେକ୍ଷୀରେ ସେମାନଙ୍କ ନାମ ଓ ଅବଦାନର ଉଲ୍ଲେଖ କରାଯାଇଛି ଏବଂ କରାଯିବ । ଏଠାରେ ଅଳ୍ପ କେତେଜଣ ବିଶିଷ୍ଟ ବୈଭବ ମନୋବିଜ୍ଞାନୀଙ୍କ ଅବଦାନର ବର୍ଣ୍ଣନା କରାଯାଇ ଏହି ଶୃଙ୍ଖଳାର ଲକ୍ଷ୍ୟ ଓ ପରିସରକୁ ଅଧିକ ସ୍ପଷ୍ଟ କରାଯିବ । ଆଲୋଚ୍ୟ ମନୋବିଜ୍ଞାନୀମାନେ ହେଉଛନ୍ତି ମାର୍ଟିନ୍ ସେଲିଗ୍‌ମ୍ୟାନ୍, ଆଲବର୍ଟ ବାନ୍ଦୁରା, କାରୋଲ୍ ଡ୍ୱିକ୍ ଓ ଆବ୍ରାହାମ୍ ମାସ୍‌ଲୋ ।

ମାର୍ଟିନ୍ ସେଲିଗ୍‌ମ୍ୟାନ୍ :

ମାର୍ଟିନ୍ ସେଲିଗ୍‌ମ୍ୟାନ୍ (Martin Seligman) ଯୁକ୍ତରାଷ୍ଟ୍ର ଆମେରିକାର ଫିଲାଡେଲ୍‌ଫିଆସ୍ଥିତ ପେନ୍‌ସିଲ୍‌ଭାନିଆ ବିଶ୍ୱବିଦ୍ୟାଳୟର ମନୋବିଜ୍ଞାନ ବିଭାଗର ପ୍ରଫେସର୍ । ବୃତ୍ତିଗତ ଜୀବନରେ ସେ ସ୍କିନର୍‌ଙ୍କ ପରମ୍ପରାରେ ଗବେଷଣାଗାରରେ ମୂଷାମାନଙ୍କର ଶିକ୍ଷାକୃତ ବ୍ୟବହାର ଅନୁଧ୍ୟାନ କରୁଥିଲେ । ଶିକ୍ଷଣ ପଦ୍ଧତି (Learning) ଅଧ୍ୟୟନ କରିବା ସଙ୍ଗେ ସଙ୍ଗେ ଲବ୍‌ଧ-ଜ୍ଞାନକୁ ପ୍ରୟୋଗ କରି ସେ ମାନସିକ ବିପର୍ଯ୍ୟୟ ଦେଖାଉଥିବା ବ୍ୟକ୍ତିମାନଙ୍କୁ ସହାୟତା ଦେବା ପାଇଁ ଚିକିତ୍ସା ଆରମ୍ଭ କଲେ ।

ଗବେଷକ ଜୀବନର ଏକ ବିଶିଷ୍ଟ ମୁହୂର୍ତ୍ତରେ ତାଙ୍କର ଏକ ଅନ୍ତର୍ଦୃଷ୍ଟିର ବିକାଶ ହେଲା । ଗୋଟିଏ ବାକ୍ସକୁ ଦୁଇଟି ପ୍ଲାଟଫର୍ମରେ ବିଭକ୍ତ କରି ଗୋଟିଏ ପ୍ଲାଟଫର୍ମରେ କ୍ଷୀଣ ବିଦ୍ୟୁତ୍-ଆଘାତର ବ୍ୟବସ୍ଥା କରି ଅନ୍ୟଟିକୁ ନିରାପଦ ରଖିଲେ । ଦୁଇ ପ୍ଲାଟଫର୍ମ ମଧ୍ୟ ଭାଗରେ ପାଚେରୀ ପରି ବାଧକଟି ଥିଲା । ମୂଷା ଏହି ବାଧକକୁ ଡେଇଁ ଅନ୍ୟ ପାର୍ଶ୍ୱକୁ ଚାଲି ଆସିବାରେ ଅସୁବିଧା ନ ଥିଲା । ସେଲିଗ୍ମ୍ୟାନ ଲକ୍ଷ୍ୟ କଲେ ଯେ ମୂଷାଟିକୁ ବିଦ୍ୟୁତ୍-ଯୁକ୍ତ ପାର୍ଶ୍ୱରେ ଛାଡ଼ିଦେଲେ ସେ ଆଘାତ ଅନୁଭବ କରି ଅନ୍ୟପାର୍ଶ୍ୱକୁ (ନିରାପଦ ପ୍ଲାଟଫର୍ମକୁ) ଚାଲି ଆସୁଛି । ତା'ର ଶିକ୍ଷଣ କ୍ରମଶଃ ଦୃଢ଼ ହେବା ପରେ ସେ ବିଦ୍ୟୁତଯୁକ୍ତ ପ୍ଲାଟଫର୍ମରୁ ତତ୍କ୍ଷଣାତ୍ ବିଦ୍ୟୁତ୍ମୁକ୍ତ (ନିରାପଦ) ପାର୍ଶ୍ୱକୁ ଚାଲି ଆସୁଛି ।

ସେଲିଗ୍ମ୍ୟାନ୍ଙ୍କ ମନରେ ଏକ କୌତୂହଳ ଜନ୍ମିଲା । ବାକ୍ସ୍ଟିର ଦୁଇପାର୍ଶ୍ୱରେ ବିଦ୍ୟୁତ୍ ସ୍ରୋତ ଚାଳିତ କରି ଅପ୍ରୀତିକର ନିୟନ୍ତ୍ରଣହୀନ ପରିବେଶ ସୃଷ୍ଟି କଲେ ପରିଣତି କ'ଣ ହେବ ? ଏପରି ନିୟନ୍ତ୍ରଣହୀନ ବ୍ୟବସ୍ଥା କଲାପରେ ଦେଖାଗଲା ଯେ ମୂଷାଟି ପ୍ରଥମେ ପ୍ରଥମେ କଷ୍ଟକର ଅବସ୍ଥାରୁ ରକ୍ଷା ପାଇବା ପାଇଁ ଗୋଟିଏ ପ୍ଲାଟଫର୍ମରୁ ଅନ୍ୟଟିକୁ ଏବଂ ପୁନଶ୍ଚ ଦ୍ୱିତୀୟରୁ ପ୍ରଥମକୁ ଡେଉଁଛି । ମାତ୍ର କୌଣସିଟି ପ୍ଲାଟଫର୍ମ ବିପଦମୁକ୍ତ ନୁହେଁ ବୋଲି ଜାଣିବା ପରେ ମୂଷାଟି ନିଷ୍କ୍ରିୟ ହୋଇଯାଉଛି । ଯେଉଁ ପ୍ଲାଟଫର୍ମରେ ଛାଡ଼ିଲେ ମଧ୍ୟ ସେ ରକ୍ଷା ପାଇବାର କୌଶଳ ଉପଯୋଗ କରୁ ନାହିଁ । ଏପରିକି ତାକୁ ବିଦ୍ୟୁତ୍ଯୁକ୍ତ ପାର୍ଶ୍ୱଟିରେ ଛାଡ଼ି ଦେଇ ଅନ୍ୟ ପାର୍ଶ୍ୱଟିକୁ ନିରାପଦ ରଖାଗଲେ ମଧ୍ୟ ସେ ନିରାପଦ ପାର୍ଶ୍ୱର ଉପଯୋଗ କରୁ ନାହିଁ ।

ସେଲିଗ୍ମ୍ୟାନ୍ ପ୍ରାଣୀର ଏହି ଅବସ୍ଥାଟିକୁ ଶିକ୍ଷାକୃତ ଅସହାୟତାବୋଧ (Learned Helplessness) ଆଖ୍ୟା ଦେଲେ । ପରେ ପରେ ଉପକରଣର ପରିବର୍ତ୍ତନକରାଯାଇ ମଣିଷ ଉପରେ ମଧ୍ୟଏପରି ପରୀକ୍ଷା ନିରୀକ୍ଷା କରାଗଲା । ଦେଖାଗଲା ଯେ ମନୁଷ୍ୟ ସମେତ ଯେ କୌଣସି ପ୍ରାଣୀ କ୍ରମାଗତ ଭାବରେ ଦୀର୍ଘସମୟ ଧରି ନିୟନ୍ତ୍ରଣହୀନ (Uncontrollable) ଅବସ୍ଥାରେ ରହିଲେ ତା' ମଧ୍ୟରେ ଅସହାୟତାବୋଧ (Helplessness) ସୃଷ୍ଟି ହୁଏ । ଏପରି ଘଟିଲେ ତିନି ପ୍ରକାର ଅଭାବବୋଧ ଜନ୍ମନିଏ । ପ୍ରଥମଟି ହେଉଛି ଏକ ଶିକ୍ଷାଗତ ଅଭାବ ବା ଜ୍ଞାନଗତ ଅଭାବ (Cognitive Deficit) । ସେ

ଭାବେ ଯେ ମୋର ପୂର୍ବ କୌଶଳଟି କାମରେ ଲାଗୁ ନାହିଁ; ମୁଁ ନୂଆ କୌଶଳ ଶିକ୍ଷା କରିବି କାହିଁକି ? ଦ୍ୱିତୀୟ ପରିଣତିଟି ହେଉଛି ଅଭିପ୍ରେରଣାର ଅଭାବ (Motivational Deficit) । ଦୌଡ଼ାଦୌଡ଼ି କରି ପରିଶ୍ରମ କରି ସମସ୍ୟା ସମାଧାନ କରିବାର ସ୍ପୃହା ରହେ ନାହିଁ । ତୃତୀୟଟି ହେଉଛି ଭାବଗତ ବା ଆବେଗିକ ଅଭାବ (Affective ବା Emotional Deficit) । ପ୍ରାଣୀ ମନରେ ବିଷାଦ ବା ଅବସାଦ ଜନ୍ମେ । ମୂଷାଟି ହୁଏତ ନିଜର ମନୋଭାବ ପ୍ରକାଶ କରିବ ନାହିଁ; ଚୁପ୍‌ଚାପ୍ ହୋଇ ବସି ରହିବ । ମାତ୍ର ମଣିଷ ମନରେ ଦୁଃଖ ତା'ର କଥାବାର୍ତ୍ତା ଓ ଭାବଭଙ୍ଗୀରେ ପ୍ରକାଶ ପାଇବ । ମନୁଷ୍ୟମାନଙ୍କ କ୍ଷେତ୍ରରେ ଆଉ ଗୋଟିଏ ଅଭାବବୋଧ ପରିଲକ୍ଷିତ ହେବ । ମଣିଷଟି ନିୟନ୍ତ୍ରଣହୀନ ପରିବେଶରେ ବାରମ୍ବାର ବିଫଳ ହୋଇଥିବାରୁ ତା'ର ମନେ ହେବ ଯେ ସେ ଅପଦାର୍ଥ । ଏପରି ଏକ ଅନୁଭବ ଆତ୍ମମର୍ଯ୍ୟାଦାହୀନତାର କାରଣ ହେବ । ମୋଟ ଉପରେ ନିୟନ୍ତ୍ରଣହୀନ ପରିସ୍ଥିତି ଯେଉଁ ଅସହାୟତାବୋଧର କୁପରିଣତି ସୃଷ୍ଟି କରେ, ତାହା ପ୍ରସାରିତ ହୋଇ ଜୀବନର ଅନ୍ୟସବୁ ଦିଗକୁ କ୍ଷତିଗ୍ରସ୍ତ କରିଥାଏ ।

ବର୍ତ୍ତମାନ ସବୁଠାରୁ ଗୁରୁତ୍ୱପୂର୍ଣ୍ଣ ପ୍ରଶ୍ନଟି ହେଉଛି ଏହିପରି: ସମାନ ପ୍ରକାର ଅନିୟନ୍ତ୍ରିତ ପରିବେଶର ଶିକାର ହେଉଥିବା ସବୁମଣିଷ କ'ଣ ସମାନ ପରିମାଣର ଅସହାୟତାବୋଧ ଦର୍ଶାଇବେ ? ସେଲିଗ୍‌ମ୍ୟାନ୍ ଏବଂ ତାଙ୍କର ସହଯୋଗୀ ଗବେଷକମାନେ ଦେଖିଲେ ଯେ ଅସହାୟତାବୋଧର ଦୀର୍ଘତା ଓ ପରିମାଣ ବ୍ୟକ୍ତିର କାରଣ ବିଶ୍ଲେଷଣ ଭଙ୍ଗୀ (Explanatory Style) ଉପରେ ନିର୍ଭର କରିବ । ବ୍ୟକ୍ତି ଅନିୟନ୍ତ୍ରିତ ଘଟଣାଟିର କାରଣ ସେ ନିଜେ ଏବଂ ପରିଣତି ବ୍ୟାପକ ଓ ଦୀର୍ଘକାଳୀନ ବୋଲି ଭାବି ବସିଲେ ଅସହାୟତା ତୀବ୍ର ଓ ଦୀର୍ଘ ରହିବ । ଅନ୍ୟ ପକ୍ଷରେ ବାହ୍ୟ ଅବସ୍ଥା ଫଳରେ ଖରାପ ଘଟଣାଟି ଘଟିଛି ଏବଂ ଏହାର କୁପରିଣତି ସୀମିତ ଓ କ୍ଷଣସ୍ଥାୟୀ ଏପରି ଭାବିଲେ ଅସହାୟତାର ମାତ୍ରା କମ୍ ରହିବ । ସୁତରାଂ, ବଡ଼ କଥା ହେଉଛି ଯେ ଖରାପ ଘଟଣାର କାରଣକୁ କିପରି ବିଶ୍ଲେଷଣ କରାଯାଉଛି । ଏହି କାରଣ ବିଶ୍ଲେଷଣ ଶୈଳୀର ପରିକଳ୍ପନା ମାର୍ଟିନ୍ ସେଲିଗ୍‌ମ୍ୟାନ୍‌ଙ୍କ ମନରେ ଆଶାବାଦ (Optimism) ଏବଂ ନୈରାଶ୍ୟବାଦ (Pessimism) ପରିମାପ ଗଠନରେ ସହାୟକ ହେଲା । ପରବର୍ତ୍ତୀ ପର୍ଯ୍ୟାୟରେ ସେଲିଗ୍‌ମ୍ୟାନ୍ ବୈଭବ ମନୋବିଜ୍ଞାନର ଔପଚାରିକ ପ୍ରସ୍ତୁତି ଓ ପ୍ରସାରରେ ଯେଉଁ ଭୂମିକା ନେଇଥିଲେ ସେଥିରେ ଆଶାବାଦ ସମ୍ପର୍କିତ ତାଙ୍କର ପରିକଳ୍ପନା ଓ ପ୍ରୟୋଗ ଉଲ୍ଲେଖଯୋଗ୍ୟ ଭୂମିକା ନେଇଥିଲା । ତେବେ ବୈଭବ ମନୋବିଜ୍ଞାନର ଉନ୍ମେଷ ଓ ବିକାଶ ପରିପ୍ରେକ୍ଷୀରେ ସେଲିଗ୍‌ମ୍ୟାନ୍‌ଙ୍କ ଅବଦାନର ଯଥାର୍ଥ ମୂଲ୍ୟାୟନ ସମ୍ଭବ ହେବ ।

ପ୍ରାରମ୍ଭକର ଭୂମିକା : ବୈଭବ ମନୋବିଜ୍ଞାନର ଉନ୍ମେଷ କ୍ଷେତ୍ରରେ ମାର୍ଟିନ୍ ସେଲିଗ୍‌ମ୍ୟାନ୍‌ଙ୍କ ନାମ ବିଶେଷ ରୂପେ ସଂଶ୍ଳିଷ୍ଟ। ଅବଶ୍ୟ ସେଲିଗ୍‌ମ୍ୟାନ୍‌ଙ୍କର ପୂର୍ବରୁ ଆବ୍ରାହାମ୍ ମାସ୍‌ଲୋ ୧୯୫୪ ମସିହାରେ ତାଙ୍କର ପ୍ରକାଶିତ ଅଭିପ୍ରେରଣା ଓ ବ୍ୟକ୍ତିତ୍ୱ (Motivation and Personalty) ପୁସ୍ତକରେ ଗୋଟିଏ ପରିଚ୍ଛେଦର ଶୀର୍ଷକ ରୂପେ ବୈଭବ ମନୋବିଜ୍ଞାନ ଶବ୍ଦଦ୍ୱୟ ବ୍ୟବହାର କରିଥିଲେ। କିନ୍ତୁ ମନୋବିଜ୍ଞାନକୁ ଏକ ମାନସିକ-ରୋଗ ଚିକିତ୍ସାକେନ୍ଦ୍ରିକ ବଳୟରୁ ବାହାର କରି ମାନବୀୟ ଶକ୍ତି ସାମର୍ଥ୍ୟ ଓ ସଦ୍‌ଗୁଣର ସ୍ତମ୍ଭ ଉପରେ ପ୍ରତିଷ୍ଠା କରିବାର ଯଶସ୍ୱୀ ପ୍ରୟାସ ସେଲିଗ୍‌ମ୍ୟାନ୍‌ଙ୍କର। ଆମେରିକା ମନୋବିଜ୍ଞାନ ପରିଷଦର ସଭାପତି ରୂପେ ୧୯୯୮ ମସିହାର ବାର୍ଷିକ ଅଧିବେଶନରେ ତାଙ୍କ ଅଭିଭାଷଣ ବେଶ୍ ଗୁରୁତ୍ୱପୂର୍ଣ୍ଣ ରହିଥିଲା। ମନୁଷ୍ୟର ରୋଗ, ଦୋଷଦୁର୍ବଳତା ଏବଂ ସ୍ଖଳନ ଉପରେ ମାତ୍ରାଧିକ ଗୁରୁତ୍ୱ ନ ଦେଇ ସକାରାତ୍ମକ ଦିଗର ବିଜ୍ଞାନସମ୍ମତ ଅନୁଶୀଳନ ଉପରେ ସେ ପ୍ରାଧାନ୍ୟ ଅରୋପ କଲେ। ତାଙ୍କର ପ୍ରେରଣାରେ ଆମେରିକା ମନୋବିଜ୍ଞାନ ପରିଷଦର ସହାୟତା ଲାଭ କରି ବୈଭବ ମନୋବିଜ୍ଞାନ ଏକ ସ୍ୱତନ୍ତ୍ର ଶୃଙ୍ଖଳାର ସ୍ୱୀକୃତି ଲାଭକଲା ।

ପ୍ରାରମ୍ଭକ ରୂପେ ସେଲିଗ୍‌ମ୍ୟାନ୍‌ଙ୍କ ପ୍ରେରଣାଦାୟୀ ଆହ୍ୱାନ କେବଳ ଭାଷଣରେ ସୀମିତ ନ ଥିଲା। ଆମେରିକା ମନୋବିଜ୍ଞାନ ପରିଷଦର ଗବେଷଣା ପତ୍ରିକା (American Psychologist)ର ୨୦୦୦ ମସିହା ଜାନୁଆରୀ ସଂଖ୍ୟାରେ ସେଲିଗ୍‌ମ୍ୟାନ୍ ଓ ଚିକ୍‌ସେଣ୍ଟ୍‌ମିହାଇ ସମେତ ଅନ୍ୟ କେତେକ ଖ୍ୟାତନାମା ମନୋବିଜ୍ଞାନୀଙ୍କ ବୈଭବ ମନୋବିଜ୍ଞାନ ବିଷୟକ ଲେଖାମାନ ଆଲୋଡ଼ନ ସୃଷ୍ଟି କଲା। ସ୍ୱତନ୍ତ୍ର ଭାବରେ ବିଶ୍ୱର ବିଭିନ୍ନ ସ୍ଥାନରେ ବୈଭବ ମନୋବିଜ୍ଞାନର ସମ୍ମିଳନୀ, ପୃଥକ୍ ଗବେଷଣା ପତ୍ରିକାର ପ୍ରକାଶନ ଏବଂ ଏ ଦିଗରେ ପ୍ରୋତ୍ସାହନ ଦେବା ପାଇଁ ଭିନ୍ନ ଭିନ୍ନ ଆର୍ଥିକ ଅନୁଦାନ ଏହାର ପ୍ରସାର ଓ ଉପଯୋଗିତାକୁ ବ୍ୟାପ୍ତ କଲା। ଦୁଇତିନି ଦଶକ ମଧ୍ୟରେ ବୈଭବ ମନୋବିଜ୍ଞାନର ଯେଉଁ ବ୍ୟାପ୍ତି ଓ ସ୍ୱୀକୃତି ସମ୍ଭବ ହୋଇଛି ତାହା ମୂଳରେ ସେଲିଗ୍‌ମ୍ୟାନ୍‌ଙ୍କ ଅବଦାନ ଯଥେଷ୍ଟ ପ୍ରଶଂସନୀୟ।

ପ୍ରାରମ୍ଭକ ଭୂମିକାରେ ସେଲିଗ୍‌ମ୍ୟାନ୍ ବୈଭବ ମନୋବିଜ୍ଞାନର ଆଭିମୁଖ୍ୟ ଓ ପରିସରକୁ ମଧ୍ୟ ଏକ ସ୍ପଷ୍ଟ ରୂପରେଖ ଦେଲେ। ନକାରାତ୍ମକ ଦିଗରେ ମନୋବିଜ୍ଞାନୀମାନଙ୍କର ଯେଉଁ ମାତ୍ରାଧିକ ପ୍ରବଣତା ରହିଥିଲା, ସେଥିରୁ ମୁକ୍ତ କରି ଏକ ଭାରସାମ୍ୟ ଅବସ୍ଥା ସୃଷ୍ଟି କରିବାରେ ସେଲିଗ୍‌ମ୍ୟାନ୍‌ଙ୍କ ଅବଦାନ ସ୍ୱୀକାର୍ଯ୍ୟ। ମାନବୀୟ

ଅନୁଭବର ସକାରାତ୍ମକ ଦିଗ (ଆନନ୍ଦ, ସୁଖଶାନ୍ତି, ସନ୍ତୋଷ, ଉଲ୍ଲାସ) ପ୍ରତି ଅଧିକ ଧ୍ୟାନ ଦେବା, ମନୁଷ୍ୟର ଉଚ୍ଚତର ବୈଶିଷ୍ଟ୍ୟ ଓ ଗୁଣାବଳୀକୁ ଗବେଷଣା ପରିସରଭୁକ୍ତ କରିବା ଏବଂ ଗୋଷ୍ଠୀଗତ ଓ ସାମାଜିକ ଅନୁଷ୍ଠାନସବୁର ସଶକ୍ତିକରଣ ଅନୁଧ୍ୟାନ କରିବାର ମାର୍ଗ ଉନ୍ମୋଚିତ ହେଲା। ମନୋବିଜ୍ଞାନରେ ନୂଆ ଅଧ୍ୟାୟର ସୂତ୍ରପାତ ପାଇଁ ସେଲିଗ୍‌ମ୍ୟାନ୍ ଏକ ଯଶସ୍ୱୀ ମନୋବିଜ୍ଞାନୀ।

ଆଶାବାଦିତା ସମ୍ପର୍କିତ ଗବେଷଣା : ମାର୍ଟିନ୍ ସେଲିଗ୍‌ମ୍ୟାନଙ୍କର ୧୯୯୧ ମସିହାରେ ପ୍ରକାଶିତ ପୁସ୍ତକ ଶିକ୍ଷାକୃତ ଆଶାବାଦିତା (Learned Optimism) ବୈଭବ ମନୋବିଜ୍ଞାନକୁ ଏକ ବିଶିଷ୍ଟ ଦାନ। ସେଲିଗ୍‌ମ୍ୟାନ୍ ଗବେଷଣାଗାରରେ ଅସହାୟତାବୋଧ ବିଷୟରେ ଗବେଷଣା କରୁଥିବା ସମୟରେ ଆଶାବାଦର ପରିକଳ୍ପନା କିପରି ଅଙ୍କୁରିତ ହେଲା ତାହା ପୂର୍ବରୁ ସୂଚନା ଦିଆଯାଇଛି। ଆଶାବାଦର (Optimism) ପରିମାପ ପାଇଁ ମନୋବିଜ୍ଞାନୀ ସେୟର୍ ଓ କାର୍ଭର (Scheier & Carver, 1985) ଏକ ସଂକ୍ଷିପ୍ତ ମାପକ ପ୍ରସ୍ତୁତ କରିଥିଲେ। କିନ୍ତୁ ସେଲିଗ୍‌ମ୍ୟାନ୍ ଓ ତାଙ୍କର ସହଯୋଗୀମାନେ ଏକ ବିସ୍ତୃତ ମାପକ ପ୍ରସ୍ତୁତ କଲେ।

ସେଲିଗ୍‌ମ୍ୟାନ୍‌ଙ୍କ ଆଶାବାଦ ମାପକଟି କାରଣ-ବିଶ୍ଲେଷଣ ଶୈଳୀ ଉପରେ ପର୍ଯ୍ୟବସିତ ଥିଲା। ମାପକ ସମ୍ପର୍କରେ ସଂକ୍ଷେପରେ ଧାରଣା ଦିଆଯାଇପାରେ। ଯେ କୌଣସି ଘଟଣାର କାରଣ ବିଶ୍ଲେଷଣ କରିବା ସମୟରେ ବ୍ୟକ୍ତି ସାଧାରଣତଃ ତିନୋଟି ପ୍ରଶ୍ନ ପଚାରିଥାଏ। ଘଟିବାର କାରଣ କ'ଣ ? ଏହାର ପ୍ରଭାବ କେତେ ଦିନ ରହିବ ? ଏହା ଜୀବନର କେଉଁ କେଉଁ ଦିଗକୁ ପ୍ରଭାବିତ କରିବ ?

ପ୍ରଥମେ ଖରାପ ଘଟଣାର କଥା ବିଚାର କରାଯାଉ (ଯଥା : ତୁମର କାର୍ଯ୍ୟଟି ନିନ୍ଦିତ ହେଲା)। ଏ କ୍ଷେତ୍ରର ପ୍ରଥମ ପ୍ରଶ୍ନର ଉତ୍ତରରେ ବ୍ୟକ୍ତି ନିଜକୁ ଦାୟୀ ମନେ କରୁଥିଲେ ଦୁଃଖ ବା ବିଷାଦର ପରିମାଣ ଅଧିକ ରହିବ। ଏହାର ପ୍ରଭାବ କେତେଦିନ ରହିବ ? ବ୍ୟକ୍ତି ପ୍ରଭାବକୁ ଦୀର୍ଘସ୍ଥାୟୀ ମନେ କରୁଥିଲେ ବିଷାଦ ବା ନୈରାଶ୍ୟ ଦୀର୍ଘସ୍ଥାୟୀ ହେବ; ଅନ୍ୟ ପକ୍ଷରେ ଘଟଣାର ପ୍ରଭାବକୁ ଅଳ୍ପସ୍ଥାୟୀ ମନେ କଲେ ନିରାଶା ଅସ୍ଥାୟୀ ଅଳ୍ପସ୍ଥାୟୀ ହେବ। ତୃତୀୟ ପ୍ରଶ୍ନ : ଘଟଣାଟି ଜୀବନର କେଉଁ କେଉଁ ଦିଗକୁ ବିପର୍ଯ୍ୟସ୍ତ କରିବ ? ବ୍ୟକ୍ତି ଏପରି ଅବସ୍ଥାରେ ଘଟଣାଟି କେବଳ ବୃତ୍ତିଗତ, ସୁତରାଂ ବୃତ୍ତିଗତ ଜୀବନରେ କିଛି ଅସ୍ୱସ୍ତି ଆସିଲେ ମଧ୍ୟ ଜୀବନର ଅନ୍ୟ ସବୁଦିଗ (ପାରିବାରିକ, ସାମାଜିକ) ଠିକ୍‌ଠାକ୍ ରହିବ। ବ୍ୟକ୍ତିର ଚିନ୍ତନ ଏହିପରି ହୋଇପାରେ। ସ୍ଥୂଳତଃ ଖରାପ ଘଟଣାର

କାରଣ ବିଶ୍ଳେଷଣ କରିବା ସମୟରେ ବ୍ୟକ୍ତି ନିଜେ ହିଁ କାରଣ ବୋଲି ଭାବି ବସିଲେ ପ୍ରଭାବକୁ ଦୀର୍ଘସ୍ଥାୟୀ ମନେ କଲେ ଏବଂ ଖରାପ ଘଟଣାର ପ୍ରଭାବ ଜୀବନର ବହୁଦିଗକୁ ବିପର୍ଯ୍ୟସ୍ତ କରିବ ବୋଲି ବିଚାର କଲେ ଏହା ବ୍ୟକ୍ତିର ନୈରାଶ୍ୟବାଦୀ (Pessimistic) ଚିନ୍ତନ ଶୈଳୀର ସୂଚନା ଦିଏ। ଅନ୍ୟ ପକ୍ଷରେ ବ୍ୟକ୍ତି ଖରାପ ଘଟଣାର କାରଣ ମୂଳରେ ବାହ୍ୟ ଅବସ୍ଥା ଦାୟୀ (ଯଥା : ପରିସ୍ଥିତି ବିଗିଡ଼ି ଯିବାରୁ ମୁଁ ନିନ୍ଦିତ ହେଲି) । ଖରାପ ପରିସ୍ଥିତିର ପ୍ରଭାବ ଅସ୍ଥାୟୀ କିମ୍ବା ଅଳ୍ପସ୍ଥାୟୀ ଏବଂ ଏହାର ପ୍ରଭାବ ସୀମିତ (ଯଥା : ମୁଁ କେବଳ କିଛି ସହକର୍ମୀଙ୍କ ସହଯୋଗ ହରାଇବି) ବୋଲି ଭାବି ବସିଲେ ଏହାର ଚିନ୍ତନ ଶୈଳୀ ଆଶାବାଦର ସୂଚକ ହେବ।

ବର୍ତ୍ତମାନ ଆଶାବାଦୀ ଓ ନୈରାଶ୍ୟବାଦୀ ଲୋକମାନେ ଭଲ ଘଟଣାକୁ କିପରି ବିଶ୍ଳେଷଣ କରିବେ, ତାହା ଆପଣ ଚିନ୍ତା କରିପାରନ୍ତି। ଏହା ସହଜରେ ଅନୁମେୟ ଯେ ଭଲ ଘଟଣାର କାରଣ ପଛରେ ଆଶାବାଦୀ ଲୋକ ନିଜର ସମ୍ପୃକ୍ତି ଚିନ୍ତା କରିବ (ଯଥା : ଆମ ଅନୁଷ୍ଠାନରେ ଯେଉଁ ସଫଳ ସାଂସ୍କୃତିକ କାର୍ଯ୍ୟକ୍ରମ ହେଲା ସେଠାରେ ମୁଁ ଅନ୍ତତଃ ସଙ୍ଗୀତ ଆୟୋଜନର ଦାୟିତ୍ୱ ନେଇଥିଲି)। ଭଲ ଘଟଣାର ପ୍ରଭାବକୁ ଅପେକ୍ଷାକୃତ ଦୀର୍ଘସ୍ଥାୟୀ ମନେ କରିବ। (ଯଥା: ସାଂସ୍କୃତିକ କାର୍ଯ୍ୟକ୍ରମର ସଫଳତା ଭାବି ଓ ଆଲୋଚନା କରି ଆଜି କାଲି ଏବଂ ବହୁଦିନ ପର୍ଯ୍ୟନ୍ତ ଚର୍ଚ୍ଚା କରିବ)। ଏପରି ସୁପ୍ରଭାବକୁ ବ୍ୟାପକ ମନେ କରିବ (ଅର୍ଥାତ୍, ଭଲ ପରିଣତିଟି ପରିବାରରେ ଆଲୋଚିତ ହେବ, କାର୍ଯ୍ୟ କ୍ଷେତ୍ରରେ ଆଲୋଚିତ ହୋଇ ଆନନ୍ଦ ଉଲ୍ଲାସର ପରିସର ବୃଦ୍ଧି ପାଇବ)। ନୈରାଶ୍ୟବାଦୀମାନେ ଭଲ ଘଟଣାର କାରଣକୁ ଆକସ୍ମିକ କିମ୍ବା ବାହ୍ୟ ଘଟଣା ପ୍ରେରିତ ମନେ କରନ୍ତି (ଯଥା: ଭାଗ୍ୟ ଭଲ ଥିବାରୁ କାର୍ଯ୍ୟଟି ସଫଳ ହେଲା)। ସେହିପରି ଲବ୍ଧ ସୁଫଳକୁ ଅଳ୍ପସ୍ଥାୟୀ ଓ ଏହାର ପ୍ରଭାବ ସୀମିତ ମନେ କରନ୍ତି।

ସେଲିଗ୍‌ମ୍ୟାନ୍ ଓ ସହଯୋଗୀ ଆଶାବାଦର ପରିମାପ ପାଇଁ ପିଲମାନଙ୍କ ପାଇଁ ଓ ବଡ଼ମାନଙ୍କ ପାଇଁ ପୃଥକ୍ ପୃଥକ୍ ପରିମାପ ପ୍ରସ୍ତୁତ କରିଥିଲେ। କିନ୍ତୁ ପ୍ରଣାଳୀ ପ୍ରାୟ ସମାନ ଥିଲା। ପିଲମାନଙ୍କ ପାଇଁ ପ୍ରସ୍ତୁତ କରାଯାଇଥିବା ଆଶାବାଦ ପରିମାପକର ଗୋଟିଏ ଉଦାହରଣ ଦେଇ ପ୍ରଣାଳୀର ରୂପରେଖ ସ୍ପଷ୍ଟ କରାଯାଇପାରେ। ନିମ୍ନରେ କେତେକ ଘଟଣାର ଉଲ୍ଲେଖ ଅଛି। ପ୍ରତିଟି ଘଟଣା ଭଲ ରୂପେ ପଢ଼। ତୁମର ଏ ଘଟଣାଟି ଘଟିଥିଲା ବୋଲି କଳ୍ପନା କର। ଘଟଣାର ନିମ୍ନରେ ଦୁଇଟି ସମ୍ଭାବ୍ୟ କାରଣ ଦିଆଯାଇଛି। ଯେଉଁ କାରଣଟି ତୁମ କ୍ଷେତ୍ରରେ ପ୍ରଯୁଜ୍ୟ (‘କ’ କିମ୍ବା ‘ଖ’) ବୋଲି ଭାବୁଛ, ତାହା ଚିହ୍ନଟ

କର । ମନେରଖ ଯେ ଏଠାରେ କୌଣସି ଭୁଲ୍ କିମ୍ବା ଠିକ୍ ଉତ୍ତର ନାହିଁ । ତୁମେ ପରିବେଶକୁ କିପରି ଦେଖ କେବଳ ତାହାର ସର୍ବେକ୍ଷଣ କରାଯାଉଛି ।

୧. ମୁଁ ରାସ୍ତାରେ ଆମ ପୋଷା କୁକୁରକୁ ବୁଲାଉଥିଲି, ଗୋଟିଏ ଗାଡ଼ି ଆସି ଧକ୍କା ଦେଲା, ଏପରି ଘଟିଲା କାରଣ :

କ) ଲୋକମାନେ ଅସାବଧାନ ହୋଇ ଗାଡ଼ି ଚଳାଉଛନ୍ତି ।

ଖ) ମୁଁ କୁକୁର ପ୍ରତି ଦୃଷ୍ଟି ନ ଦେଇ ଅନ୍ୟମନସ୍କ ଥିଲି ।

୨. ମୁଁ କିଛି ଲୋକଙ୍କୁ ଭୋଜୀ ପାଇଁ ନିମନ୍ତ୍ରଣ କରିଥିଲି, ସେମାନେ ତୃପ୍ତ ହୋଇ ଖୁସୀ ହେଲେ । ଏପରି ସମ୍ଭବ ହେଲା, କାରଣ :

(କ) ମୁଁ ଯତ୍ନର ସହିତ ସବୁ ଆୟୋଜନ କରିଥିଲି ।

(ଖ) ମୋର ଭାଗ୍ୟ ଭଲ ଥିଲା ।

ଏହା ସ୍ପଷ୍ଟ ଯେ ଆଶାବାଦୀ ପିଲା କିମ୍ବା ବ୍ୟକ୍ତି ଏପରି ପରିମାପକରେ 'କ' ସୂଚିତ କରିବା ସ୍ଥଳେ ନୈରାଶ୍ୟବାଦୀମାନେ 'ଖ' ସୂଚିତ କରିବେ ।

ଆଶାବାଦ ଆମର ସ୍ୱାସ୍ଥ୍ୟ ଓ ସୁଖାନୁଭୂତି ସହିତ ଗଭୀରଭାବେ ସମ୍ବନ୍ଧିତ । ସେଲିଗ୍ମ୍ୟାନ ବହୁସଂଖ୍ୟକ ସର୍ବେକ୍ଷଣ ଓ ଗବେଷଣା ମାଧ୍ୟମରେ ଆଶାବାଦିତା ଓ ସ୍ୱାସ୍ଥ୍ୟର ସମ୍ପର୍କ ଦର୍ଶାଇଛନ୍ତି । ଆଶାବାଦ ଶରୀରକୁ ସୁସ୍ଥ ରଖିବାରେ ସହାୟକ ହୁଏ ଏବଂ ରୋଗ-ପ୍ରତିଷେଧ ଶକ୍ତି ବୃଦ୍ଧିକରେ । ଏତଦ୍‌ବ୍ୟତୀତ ଆଶାବାଦ ଶିକ୍ଷାଗତ ସଫଳତା, ବୃତ୍ତିଗତ ସାଫଲ୍ୟ ଏବଂ ଜୀବନର ବହୁ କ୍ଷେତ୍ରରେ ସଫଳତା ସହିତ ସଂଶ୍ଳିଷ୍ଟ । ଆଶାବାଦର ଉପଯୋଗିତା ଆଲୋଚନା ପ୍ରସଙ୍ଗରେ ଦୁଇଟି କଥା ମନେ ରଖିବାକୁ ହେବ । ପ୍ରଥମତଃ ଆଶାବାଦର କଥା କହିବା ସମୟରେ ସେଲିଗ୍ମ୍ୟାନ୍ ଏବଂ ଅନ୍ୟମାନେ ଏକ କ୍ରିୟାତ୍ମକ ଆଶାବାଦର କଥା କହୁଛନ୍ତି । ଏହାର ଅର୍ଥ ହେଉଛି ଯେ ଏକ ସୀମା ମଧ୍ୟରେ ଏହାର ସ୍ତରକୁ ରଖିବାକୁ ହେବ । ଆଶାବାଦ ସୀମା ଅତିକ୍ରମ କରି ଏପରି ସ୍ତରକୁ ଯିବ ନାହିଁ ଯାହା ଫଳରେ ଜଣେ ରୋଗର ପରାମର୍ଶ ପାଇଁ ଡାକ୍ତରଙ୍କ ପାଖକୁ ପରାମର୍ଶ ପାଇଁ ଯିବ ନାହିଁ । ଦ୍ୱିତୀୟତଃ ସେଲିଗ୍ମ୍ୟାନ୍ 'ଶିକ୍ଷାକୃତ ଆଶାବାଦ'ର ପରିଭାଷା ବ୍ୟବହାର କରିଛନ୍ତି । ଏହାର ତାତ୍ପର୍ଯ୍ୟ ହେଉଛି ପରିବାରରେ, ବିଦ୍ୟାଳୟରେ ଏବଂ କର୍ମ ଜୀବନରେ ସାମାଜୀକରଣ ମାଧ୍ୟମରେ ଏହା ଶିକ୍ଷା କରାଯାଏ ଏବଂ ବୃଦ୍ଧି କରାଯାଇପାରେ । ସେଲିଗ୍ମ୍ୟାନ୍ ନିଜେ ମଧ୍ୟ କେତେକ ବିଦ୍ୟାଳୟରେ ତାଲିମ ଦେଇ ବିଦ୍ୟାର୍ଥୀମାନଙ୍କର

ଆଶାବାଦିତା ବୃଦ୍ଧି କରିଥିଲେ। ସୁତରାଂ କୌଣସି ପିଲାର କିମ୍ବା ବ୍ୟକ୍ତିର ନୈରାଶ୍ୟବାଦ ପ୍ରକାଶ ପାଇଲେ ହତୋତ୍ସାହ ହେବାର କାରଣ ନାହିଁ। ପ୍ରଶିକ୍ଷଣ ମାଧ୍ୟମରେ ଏହି ବିଚ୍ୟୁତି ଦୂରକରି ଆଶାବାଦିତାର ଅଙ୍କୁରଣ ଓ ବିକାଶ କରାଯାଇପାରେ।

ବ୍ୟକ୍ତିଗତ ପ୍ରାଚୁର୍ଯ୍ୟର ପରିକଳ୍ପନା : ପୂର୍ବରୁ ସୂଚନା ଦିଆଯାଇଛି ଯେ ମାର୍ଟିନ୍ ସେଲିଗ୍‌ମ୍ୟାନ୍‌ଙ୍କ ପ୍ରେରଣାଦାୟକ ମୁଖ୍ୟ ଅଭିଭାଷଣରେ (ଆମେରିକା ମନୋବିଜ୍ଞାନ ପରିଷଦର ସଭାପତି ରୂପେ) ବୈଭବ ମନୋବିଜ୍ଞାନକୁ ସେ ଏକ ଶକ୍ତି, ସାମର୍ଥ୍ୟ ଓ ସଦ୍‌ଗୁଣର ବିଜ୍ଞାନ ରୂପେ ବର୍ଣ୍ଣନା କରିଥିଲେ। ମନୁଷ୍ୟ ମଧ୍ୟରେ ପ୍ରଚ୍ଛନ୍ନ ଭାବରେ ରହିଥିବା ସମ୍ଭାବନାର ବାସ୍ତବ ରୂପାୟନ ପାଇଁ ପ୍ରତ୍ୟେକ କାର୍ଯ୍ୟ କରିବା ବିଧେୟ ବୋଲି ସେ ଆହ୍ୱାନ ଦେଇଥିଲେ।

ବ୍ୟକ୍ତିଗତ ସ୍ତରରେ ଅନ୍ତର୍ନିହିତ ବଳିଷ୍ଠତା ବା ସବଳତା ଭିନ୍ନ ଭିନ୍ନ ରହିବା ସ୍ୱାଭାବିକ। ନିଜର ଗବେଷଣା ମାଧ୍ୟମରେ ସେ ସମ୍ଭାବିତ ସଦ୍‌ଗୁଣର ଏକ ତାଲିକା ପ୍ରସ୍ତୁତ କରିଥିଲେ। ସେଲିଗ୍‌ମ୍ୟାନ୍ ଏହାକୁ ବ୍ୟକ୍ତିଗତ ପ୍ରାଚୁର୍ଯ୍ୟ ବା (Signature Strength) ବୋଲି ଆଖ୍ୟା ଦେଇଛନ୍ତି। ଏଥିରେ ଛ'ଟି ଶୀର୍ଷକରେ ୨୪ଟି ଗୁଣାବଳୀ ସ୍ଥାନ ପାଇଛି। ଏ ପୁସ୍ତକର ବୈଭବ ମନୋବିଜ୍ଞାନର ଲକ୍ଷ୍ୟ ଆଲୋଚନା ପ୍ରସଙ୍ଗରେ ଏ ତାଲିକାଟି ପ୍ରଦତ୍ତ ହୋଇଛି।

ବ୍ୟକ୍ତି ନିଜସ୍ୱ ଚେଷ୍ଟାରେ କିମ୍ବା ଅନ୍ୟର ସହାୟତାରେ ସେଲିଗ୍‌ମ୍ୟାନ୍‌ଙ୍କ ଏହି ପ୍ରାଚୁର୍ଯ୍ୟ ପ୍ରଶ୍ନାବଳୀ ବ୍ୟବହାର କରି ନିଜର ବଳିଷ୍ଠତା ଜାଣି ପାରିବ। କେଉଁ ଗୁଣରେ ସେ ଅପେକ୍ଷାକୃତ ସବଳ ଓ କେଉଁ କ୍ଷେତ୍ରରେ ଦୁର୍ବଳ, ତାହା ଜଣା ପଡ଼ିବ। ପରବର୍ତ୍ତୀ ପର୍ଯ୍ୟାୟରେ ବ୍ୟକ୍ତି ନିଜର ପ୍ରୟାସ କିମ୍ବା ଉପଦେଶନ ମାଧ୍ୟମରେ ଦୁର୍ବଳତାର ହ୍ରାସ ଘଟାଇ ବିକାଶ ପଥରେ ଅଗ୍ରସର ହୋଇପାରିବ। ଏହି ପ୍ରଶ୍ନାବଳୀରୁ ଗୋଟିଏ ଦୃଷ୍ଟାନ୍ତ ନିଆଯାଇପାରେ।

ମୁଁ କୌଣସି ନୂଆ କଥା ଜାଣିବାର ସୁଯୋଗ ପାଇଲେ ରୋମାଞ୍ଚ ଅନୁଭବ କରେ - ଏ କଥାଟି ମୋ ପାଇଁ...

- ❖ ପୂରାପୂରି ସତ   ୫
- ❖ ମୋଟାମୋଟି ସତ   ୪
- ❖ ଅଳ୍ପ ସତ   ୩

- ପ୍ରାୟ ସତ ନୁହେଁ ୨
- ଆଦୌ ସତ ନୁହେଁ ୧

ସେଲିଗ୍‌ମ୍ୟାନ୍ ୨୪ଟି ସଦ୍‌ଗୁଣକୁ ନେଇ ଯେଉଁ ତାଲିକା ପ୍ରସ୍ତୁତ କରିଥିଲେ ତାହା ଛ'ଟି ବିଶେଷ ବିଭାଗର ଅନ୍ତର୍ଭୁକ୍ତ : ଜ୍ଞାନସୂଚକ, ସାହସ, ସଂପ୍ରୀତି, ନ୍ୟାୟଭାବ, ମାନସିକ ଭାରସାମ୍ୟ ଏବଂ ଆଧ୍ୟାତ୍ମିକ । କୌଣସି ବ୍ୟକ୍ତିର ବଳିଷ୍ଠତା ଏକାଧିକ ସଦ୍‌ଗୁଣରେ ପ୍ରକଟିତ ହୋଇପାରେ । ବଡ଼କଥା ହେଉଛି ବ୍ୟକ୍ତି ନିଜର ବଳିଷ୍ଠତା ସମ୍ପର୍କରେ ସଚେତନ ରହିଲେ ମାନସିକ ସ୍ୱାସ୍ଥ୍ୟ ଭଲ ରହିବ ।

ସଠିକ୍ ସୁଖାନୁଭୂତି : ବୈଭବ ମନୋବିଜ୍ଞାନର ପରିସର ଦିନକୁ ଦିନ ପରିବ୍ୟାପ୍ତ ହେବାରେ ଲାଗିଛି । ଏହାର ପରିବର୍ତ୍ତିତ ଓ ପରିବର୍ଦ୍ଧିତ ସୀମା ମଧ୍ୟରେ ସୁଖାନୁଭୂତିର ମନସ୍ତତ୍ତ୍ୱ (Psychology of Happiness) ମଧ୍ୟ ଏକ ବିସ୍ତୃତ ଇଲାକା । ବହୁ ମନୋବିଜ୍ଞାନୀ ନିଜର ଅଧ୍ୟୟନ ଓ ଗବେଷଣା ମାଧ୍ୟମରେ ଏହାକୁ ପରିପୁଷ୍ଟ କରିଛନ୍ତି । ଏ କ୍ଷେତ୍ରରେ ମାର୍ଟିନ୍ ସେଲିଗ୍‌ମ୍ୟାନ୍‌ଙ୍କ ଅବଦାନର ଏକ ସ୍ୱାତନ୍ତ୍ର୍ୟ ରହିଛି ।

ସେଲିଗ୍‌ମ୍ୟାନ ୨୦୦୧ ମସିହାରେ ତାଙ୍କର ବଳିଷ୍ଠ କୃତି 'ସଠିକ୍ ସୁଖାନୁଭୂତି' (Aunthentic Happiness) ପୁସ୍ତକ ପ୍ରକାଶ କଲେ । ଏହା ସୁଖାନୁଭୂତି ସମ୍ପର୍କୀୟ ଗବେଷଣାକୁ ନୂତନ ଦିଗଦର୍ଶନ ଦେଇଛି । ଏହାର ଏକାଧିକ ବୈଶିଷ୍ଟ୍ୟ ମଧ୍ୟରୁ ଦୁଇ ତିନୋଟି ବିଶେଷ ସଂକେତର ସୂଚନା ଦିଆଯାଇପାରେ । ଅନ୍ୟ କେତେକ ସମଧର୍ମୀ ମନୋବିଜ୍ଞାନୀଙ୍କ ସହିତ ସ୍ୱର ମିଳାଇ ସେଲିଗ୍‌ମ୍ୟାନ୍ ବିଶ୍ୱାସ କରୁଥିଲେ ଯେ ସୁଖାନୁଭୂତି ତିନୋଟି ଉପାଦାନର ସମଷ୍ଟି ।

ସୁଖାନୁଭୂତି = ପୂର୍ବ (ବଂଶାନୁଗତି) ନିର୍ଦ୍ଧାରିତ ସମ୍ଭାବନା + ବାହ୍ୟ ଘଟଣା + ଇଚ୍ଛାକୃତ ବ୍ୟବହାର /ଆଚରଣ

ଉପର ସମୀକରଣଟି ସେଲିଗ୍‌ମ୍ୟାନ ଦୋହରାଇଥିଲେ ମଧ୍ୟ ଏହା ଅନ୍ୟମାନଙ୍କ ଦ୍ୱାରା ସ୍ୱୀକୃତ ହୋଇଛି । ଅଧିକାଂଶ ଗବେଷକ ବିଶ୍ୱାସ କରନ୍ତି ଯେ ସୁଖାନୁଭୂତିର ପ୍ରାୟ ୫୦ ପ୍ରତିଶତ ପୂର୍ବ ନିର୍ଦ୍ଧାରିତ । ବଂଶାନୁଗତି ଫଳରେ ଏହି ସମ୍ଭାବନା ବ୍ୟକ୍ତି ଜିନ୍ ସୂତ୍ରରେ ଆହରଣ କରିଥାଏ । କୌଣସି କାରଣରୁ ଏକ ନିର୍ଦ୍ଦିଷ୍ଟ ମୁହୂର୍ତ୍ତରେ ଖୁବ୍ ବେଶୀ ଆନନ୍ଦିତ ହୋଇପାରେ (ଉଦାହରଣ : ଲଟେରୀ ଜିତିବାର ଅନୁଭବ) କିମ୍ବା ଦୁଃଖରେ ମଧ୍ୟ ଅଭିଭୂତ ହୋଇପାରେ (ଯଥା: ଦୁର୍ଘଟଣାର ଶରବ୍ୟ ହେବା) । ମାତ୍ର କିଛି ସମୟ

ପରେ ବ୍ୟକ୍ତି ତା'ର ପୂର୍ବନିର୍ଦ୍ଧାରିତ ସ୍ତରକୁ (Set Point) ପ୍ରତ୍ୟାବର୍ତ୍ତନ କରେ। ବ୍ୟକ୍ତିର ବ୍ୟକ୍ତିତ୍ୱ ଓ ବଂଶାନୁକୃତି ଅନୁଯାୟୀ ଏହି ସ୍ତର ଅପରିବର୍ତ୍ତିତ ରହେ। ସୁଖାନୁଭୂତିର ପ୍ରାୟ ୧୦ ପ୍ରତିଶତ ବାହ୍ୟ ଘଟଣା ଦ୍ୱାରା ନିୟନ୍ତ୍ରିତ ହୁଏ; ଅବଶିଷ୍ଟ ୪୦ ପ୍ରତିଶତ ସୁଖାନୁଭୂତିରେ ବ୍ୟକ୍ତିର ସ୍ୱାଧୀନତା ରହିଛି। ନିଜର ଇଚ୍ଛା, ବ୍ୟବହାର ଓ କାର୍ଯ୍ୟକ୍ରମ ମାଧ୍ୟମରେ ସେ ସୁଖାନୁଭୂତିକୁ କମ୍ ବା ବେଶୀ କରିପାରେ।

ସୁଖାନୁଭୂତିର ମୋଟାମୋଟି ସମୀକରଣକୁ ସେଲିଗ୍‌ମ୍ୟାନ୍ ଯେପରି ସମର୍ଥନ କରିଥିଲେ, ସୁଖାନୁଭୂତିର ତାତ୍ତ୍ୱିକ ରୂପରେଖକୁ ମଧ୍ୟ ସେପରି ଗ୍ରହଣ କରିଥିଲେ। ସୁଖାନୁଭୂତି କ୍ଷେତ୍ରରେ ଦୁଇଟି ତାତ୍ତ୍ୱିକ ବିଚାର ରହିଛି। ଗୋଟିଏ ବିଚାରରେ ସୁଖାନୁଭୂତିକୁ ଆନନ୍ଦର ବହୁଳତା ଏବଂ ନିରାନନ୍ଦର ସ୍ୱଳ୍ପତା ନେଇ ବିଚାର କରାଯାଏ। ଏଠାରେ ସକାରାତ୍ମକ ଆବେଗକୁ ଅଧିକ ପ୍ରାଧାନ୍ୟ ଦିଆଯାଏ। ବିଶିଷ୍ଟ ବୈଭବ ମନୋବିଜ୍ଞାନୀ ଡାଏନର୍ ଏବଂ ସହଯୋଗୀବୃନ୍ଦ ଏହାକୁ ଆଧାର କରି ତିନି-ଉପାଦାନ ବିଶିଷ୍ଟ (ଜୀବନର ସାମଗ୍ରିକ ସନ୍ତୋଷ, ସକାରାତ୍ମକ ଆବେଗର ବହୁଳତା ଏବଂ ନକାରାତ୍ମକ ଆବେଗର ସ୍ୱଳ୍ପତା) ପରିମାପକ ପ୍ରସ୍ତୁତ କରିଥିଲେ। ଏହି ବ୍ୟକ୍ତିନିଷ୍ଠ ପରିମାପକ ବହୁ ଗବେଷଣାରେ ପ୍ରୟୋଗ ହୋଇଛି ଏବଂ ସେଲିଗ୍‌ମ୍ୟାନ୍ ମଧ୍ୟ ପ୍ରୟୋଗ କରିଛନ୍ତି।

ପରବର୍ତ୍ତୀ ପର୍ଯ୍ୟାୟରେ କ୍ୟାରୋଲ୍ ରିଫ୍ ନାମକ ମନୋବିଜ୍ଞାନୀ ୧୯୮୯ ମସିହାରେ ନୂତନ ଦିଗ୍‌ଦର୍ଶନର ସୂଚନା ଦେଲେ। ଆରିଷ୍ଟଟଲ୍‌ଙ୍କ ଐତିହାସିକ ସମୟରୁ ମନୁଷ୍ୟର ସଦ୍‌ଗୁଣ ଓ ମୂଲ୍ୟବୋଧ ଉପରେ ଯେଉଁ ପ୍ରାଧାନ୍ୟ ଦିଆଯାଉଥିଲା ତାହାର ଆଧାରରେ ରିଫ୍ ଛ-ଉପାଦାନ ବିଶିଷ୍ଟ ମନସ୍ତାତ୍ତ୍ୱିକ ସୁସ୍ଥତାର ପରିମାପ ଗଠନ କଲେ। ଏହି ଛ'ଟି ଉପାଦାନ ହେଉଛି ସ୍ୱାଧୀନ ମନୋଭାବ, ପରିବେଶ ଉପରେ ନିୟନ୍ତ୍ରଣ, ସକାରାତ୍ମକ ସାମାଜିକ ସମ୍ପର୍କ, ବ୍ୟକ୍ତିଗତ ଜୀବନର ବିକାଶ, ଜୀବନର ଅର୍ଥପୂର୍ଣ୍ଣତା ଏବଂ ଆତ୍ମସ୍ୱୀକୃତ। ଅବଶ୍ୟ ଦୁଇଟି ପରିମାପକ ମଧ୍ୟରେ ବିଶେଷ ବିରୋଧ ନ ଥିଲେ ମଧ୍ୟ ପ୍ରଥମଟିରେ ଆନନ୍ଦାନୁଭୂତି ଏବଂ ଦ୍ୱିତୀୟଟିରେ ଅର୍ଥପୂର୍ଣ୍ଣତାର ସ୍ପଷ୍ଟ ପ୍ରତିଫଳନ ପରିଦୃଷ୍ଟ ହୁଏ। ସେଲିଗ୍‌ମ୍ୟାନ୍ ଦୁଇଟି ମଧ୍ୟରେ ସମନ୍ୱୟ ରକ୍ଷାକରି ଅବସ୍ଥା ବିଚାରରେ ପ୍ରଥମ କିମ୍ବା ଦ୍ୱିତୀୟ ପରିମାପକର ପ୍ରୟୋଗ କରିଥିଲେ।

ପ୍ରୟୋଗ କ୍ଷେତ୍ରରେ ସେଲିଗ୍‌ମ୍ୟାନ୍‌ଙ୍କ ବିଚାରରେ ଅନନ୍ୟତା ହେଉଛି ସାଂସ୍କୃତିକ ପରିବେଶ ଓ ଜୀବନର ବିକାଶ ପର୍ଯ୍ୟାୟର ଗୁରୁତ୍ୱ। ସେଲିଗ୍‌ମ୍ୟାନ୍ ଦୃଢ଼ ଭାବରେ ବିଶ୍ୱାସ କରୁଥିଲେ ଯେ ଜୀବନର ବିକାଶ ପର୍ବରେ ସୁଖ୍ୟାନୁଭୂତିର ସଂଜ୍ଞା ମଧ୍ୟ ପରିବର୍ତ୍ତିତ ହୁଏ।

ସୁଖାନୁଭୂତିର ସଂଜ୍ଞାରେ କ୍ରମଶଃ ଆନନ୍ଦାନୁଭୂତିର ଜୀବନ ପରିବର୍ତ୍ତେ କର୍ମସଂଯୁକ୍ତ ଜୀବନ ଓ ଅର୍ଥପୂର୍ଣ୍ଣ ଜୀବନ ପ୍ରାଧାନ୍ୟ ଲାଭ କରେ। ଏହା ସେଲିଗ୍‌ମ୍ୟାନ୍‌ଙ୍କ ବିଶ୍ଳେଷଣର ଏକ ଆକର୍ଷଣୀୟ ଦିଗ।

ସାଧାରଣତଃ ଜୀବନ ବିକାଶର ପ୍ରାକ୍ କାଳରେ (କିଶୋର ବୟସରେ) ଆନନ୍ଦ ଅନୁଭବର ଜୀବନ ଅଧିକ କାମ୍ୟ। ଡାଏନର୍‌ଙ୍କ ତିନି-ଉପାଦାନ ପରିମାପକରେ ଯେଉଁ ସାମଗ୍ରିକ ଜୀବନର ସନ୍ତୋଷ, ଅନୁକୂଳ ଆବେଗର ବହୁଳତା ଏବଂ ପ୍ରତିକୂଳ ଆବେଗର ସ୍ୱଳ୍ପତା ଗୁରୁତ୍ୱ ଲାଭ କରିବା ସ୍ୱାଭାବିକ, ପରବର୍ତ୍ତୀ ଜୀବନ ପର୍ଯ୍ୟାୟରେ ତରୁଣ ତରୁଣୀମାନେ ଅନ୍ୟ ଏକ ସୁଖର କାମନା କରନ୍ତି। ନିଯୁକ୍ତି ମାଧ୍ୟମରେ ନିଜକୁ କର୍ମବ୍ୟସ୍ତ ରଖିବାର ଆନନ୍ଦ ପ୍ରାଧାନ୍ୟ ଲାଭ କରେ। କହିବା ଅନାବଶ୍ୟକ ଯେ ଉତ୍ତର ଯୌବନରେ ଓ ବାର୍ଦ୍ଧକ୍ୟ ଅବସ୍ଥାରେ ବ୍ୟକ୍ତି ଅର୍ଥପୂର୍ଣ୍ଣତାର ଅନ୍ୱେଷଣ କରେ, ସୁତରାଂ ଜୀବନର ଗତି ସହିତ ସୁଖାନୁଭୂତିର ସଂଜ୍ଞା ମଧ୍ୟ ବିବର୍ତ୍ତିତ ହୁଏ। ଏ ଦୃଷ୍ଟିରୁ ଜୀବନ ବିକାଶର ପର୍ଯ୍ୟାୟକୁ ବାଦଦେଇ ସୁଖାନୁଭୂତିର ସଂଜ୍ଞା ପ୍ରଦାନ କଷ୍ଟକର ବ୍ୟାପାର। ସେଲିଗ୍‌ମ୍ୟାନ୍‌ଙ୍କର ବିକାଶକାଳୀନ ଅନ୍ତର୍ଦୃଷ୍ଟି ବେଶ୍ ଗ୍ରହଣୀୟ। କେଉଁ ପରିସ୍ଥିତିରେ କେଉଁମାନଙ୍କ ପାଇଁ କିପ୍ରକାର ପରିମାପକ ଉଚିତ ହେବ, ଏ ବିଚାର ତାହାର ଏକ ସମାଧାନ ଆଣିଥାଏ।

ସୁଖାନୁଭୂତିର ପରିମାପକ ଓ ତାତ୍ତ୍ୱିକ ଦିଗସବୁର ଏକ ସମନ୍ୱିତ ରୂପରେଖ ଦେବାକୁ ଯାଇ ସେଲିଗ୍‌ମ୍ୟାନ୍ ୨୦୧୧ ମସିହାରେ ତାଙ୍କର ନୂତନ ପୁସ୍ତକ Flourishingରେ ସୁଖାନୁଭୂତିର ପ୍ରାପ୍ତି ମାର୍ଗକୁ ଏକାଠି କରି 'ଆକୃସନିଅ' ପରିକଳ୍ପନାର ସୂଚନା ଦେଇଛନ୍ତି । ଏଠାରେ 'ଆ' ଆନନ୍ଦପ୍ରାପ୍ତି, 'କୃ' କୃତିତ୍ୱ (Acclomplishing) 'ସ' ସମ୍ପର୍କଶୀଳତା; 'ନି' ନିଯୁକ୍ତିର ସୂଚକ ଏବଂ 'ଅ' ଅର୍ଥପୂର୍ଣ୍ଣତାର ସୂଚକ ରୂପେ ବ୍ୟବହୃତ ହୋଇଛି। ସେଲିଗ୍‌ମ୍ୟାନଙ୍କ ମୂଳ ପୁସ୍ତକ (୨୦୧୧ ଏହି ମଡ଼େଲ୍‌କୁ PERMA ମଡ଼େଲ ନାମରେ ନାମିତ କରିଛନ୍ତି। ଏଥିରେ Positive Emotion ପାଇଁ P, Engagement ପାଇଁ E, Relationship ପାଇଁ R, Meaning ପାଇଁ M ଏବଂ Acomplisiment ପାଇଁ A ବ୍ୟବହାର କରାଯାଇଛି। କହିବା ଅନାବଶ୍ୟକ ଯେ ୨୦୧୧ ମସିହାର ଏହି ପୁସ୍ତକଟି ସେଲିଗ୍‌ମ୍ୟାନ୍‌ଙ୍କ ମୁଖ୍ୟତତ୍ତ୍ୱର ନୂତନ ସଂସ୍କରଣ।

ବୈଭବମୁଖୀ ମାନସିକ ଚିକିତ୍ସା : ମାର୍ଟିନ୍ ସେଲଇଗ୍‌ମ୍ୟାନ୍‌ଙ୍କ ଅବଦାନ କେବଳ ତାତ୍ତ୍ୱିକ ଦିଗରେ ସୀମିତ ନ ଥିଲା। ବୈଭବ ମନୋବିଜ୍ଞାନର ବହୁ ତତ୍ତ୍ୱ ଓ ବହୁ ପରିକଳ୍ପନାକୁ ଋଦ୍ଧିମନ୍ତ କରିବା ସଙ୍ଗେ ସଙ୍ଗେ ସେ ଏହାର ପ୍ରୟୋଗ ଦିଗକୁ ମଧ୍ୟ ଶାଣିତ କରିଥିଲେ।

ମନୋଚିକିତ୍ସାରେ ବୈଭବ ମନୋବିଜ୍ଞାନର ତତ୍ତ୍ୱକୁ ପ୍ରୟୋଗ କରିବା ଲାଗି ସେ ଦିଗ୍‌ଦର୍ଶନ ଦେଇଥିଲେ ଏବଂ ନିଜେ ମଧ୍ୟ ତାହାର ସକ୍ରିୟ ଉପଯୋଗ କରୁଥିଲେ ।

ସେଲିଗ୍‌ମ୍ୟାନ୍ ବୈଭବ ମନୋବିଜ୍ଞାନର ଭାବଧାରାକୁ ମନୋଚିକିତ୍ସାରେ ପ୍ରୟୋଗ କରିବା କ୍ଷେତ୍ରରେ ମୁଖ୍ୟତଃ ତାଙ୍କ ପରିକଳ୍ପିତ ବ୍ୟକ୍ତିଗତ ପ୍ରାଚୁର୍ଯ୍ୟ (Signature Strength) ଧାରଣାର ପ୍ରୟୋଗ କରୁଥିଲେ। ସେବାର୍ଥୀର ସବଳତା ଦୁର୍ବଳତାର ଦିଗ ଜାଣିବା ପାଇଁ ଏହା ପ୍ରୟୋଗ କରାଯାଉଥିଲା। ବ୍ୟକ୍ତିର ଦୁର୍ବଳତା ଜଣା ପଡ଼ିବା ପରେ ପ୍ରଶିକ୍ଷଣରେ ଯୋଜନା କରାଯାଉଥିଲା। ନିଜ ଗୃହରେ, ପରିବାରରେ ଓ ନିଜସ୍ୱ ପରିବେଶ ମଧ୍ୟରେ କେତେକ ଅଭ୍ୟାସ ଗଠନର ପରାମର୍ଶ ଦିଆଯାଉଥିଲା। ସୁଚିନ୍ତିତ ଯୋଜନା ଓ ପ୍ରଶିକ୍ଷଣ ମାଧ୍ୟମରେ ଅଭାବବୋଧ ଦୂର କରାଯାଇ ବ୍ୟକ୍ତି ସାମର୍ଥ୍ୟର ବିକାଶ ତ୍ୱରାନ୍ୱିତ କରାଯାଉଥିଲା।

ସ୍ଥୂଳତଃ ବୈଭବ ମନୋବିଜ୍ଞାନ ପରି ଏକ ତତ୍ତ୍ୱନିଷ୍ଠ ପ୍ରୟୋଗମୁଖୀ ମନୋବିଜ୍ଞାନର ଅଭ୍ୟୁଦୟ, ବିକାଶ ଓ ବ୍ୟାପ୍ତିରେ ସେଲିଗ୍‌ମ୍ୟାନଙ୍କ ଅବଦାନ ଅତୁଳନୀୟ। ଆଗାମୀ ଦିନରେ ଏପରି ବ୍ୟାପ୍ତି ଅବ୍ୟାହତ ରହିବାର ଆଶା ସମୁଜ୍ଜ୍ୱଳ।

ଆଲ୍‌ବର୍ଟ ବାନ୍ଦୁରା

ବୈଭବ ମନୋବିଜ୍ଞାନର ଅଭୂତପୂର୍ବ ବିକାଶ କ୍ଷେତ୍ରରେ ଯେଉଁ କେତେଜଣ ମନୋବିଜ୍ଞାନୀଙ୍କ ଅତୁଳନୀୟ ଅବଦାନ ଏ ଶୃଙ୍ଖଳାକୁ ପଲ୍ଲବିତ କରିଛି ସେମାନଙ୍କ ମଧ୍ୟରୁ ବିଶ୍ୱର ଅଗ୍ରଣୀ ବିଶ୍ୱବିଦ୍ୟାଳୟ ଷ୍ଟାନ୍‌ଫୋର୍ଡ଼ର ମନୋବିଜ୍ଞାନୀ ଆଲ୍‌ବର୍ଟ ବାନ୍ଦୁରା (Albert Bandura) ଅନ୍ୟତମ। ବୈଭବ ମନୋବିଜ୍ଞାନର ପରିପ୍ରସାର ପୂର୍ବରୁ ଏହି ମନୋବିଜ୍ଞାନୀ ତାଙ୍କର ସାମାଜିକ ଶିକ୍ଷଣ (Social Learning) ତତ୍ତ୍ୱ ପାଇଁ ପ୍ରଖ୍ୟାତି ଅର୍ଜନ କରିଥିଲେ । ଏହାର ଅନ୍ୟ ନାମ ଅନୁକରଣମୂଳକ ଶିକ୍ଷଣ ବା ପର୍ଯ୍ୟବେକ୍ଷଣ

ଶିକ୍ଷଣ । ଆମେ ଆଜିକାଲି ଯେଉଁ ଅନୁକରଣୀୟ ବ୍ୟକ୍ତିତ୍ୱ ବା ରୋଲ୍ ମଡ଼େଲ୍ (Role Model) ପରିଭାଷାର ବହୁଳ ବ୍ୟବହାର କରୁ ତାହା ବାନ୍ଦୁରାଙ୍କ ଦୀର୍ଘ ଦିନର ଗବେଷଣାର ପରିଣତି। ୧୯୨୫ ମସିହାରେ ଜନ୍ମିତ ଏହି ମନୋବିଜ୍ଞାନୀ ସାମାଜିକ ଶିକ୍ଷଣ ତତ୍ତ୍ୱ ୧୯୭୭ ମସିହାରେ ପ୍ରଖ୍ୟାପନ କରି ପ୍ରସିଦ୍ଧି ଲାଭ କଲେ। ବାନ୍ଦୁରାଙ୍କ ଏହି ତତ୍ତ୍ୱଟି ସିଧାସଳଖ ଭାବରେ ବୈଭବ ମନୋବିଜ୍ଞାନ ସହିତ ସଂଶ୍ଳିଷ୍ଟ ନ ହେଲେ ମଧ୍ୟ ଏହି ଭାବଧାରା ଉପରେ ପ୍ରତିଷ୍ଠିତ ଏବଂ ବିଂଶଶତକର ବିକଶିତ ବାନ୍ଦୁରାଙ୍କ ପରିକଳ୍ପନା ବୈଭବ ମନୋବିଜ୍ଞାନର କେତେକ ଦିଗକୁ ଋଦ୍ଧିମନ୍ତ କରିଥିଲା।

ବାନ୍ଦୁରାଙ୍କ ସାମାଜିକ ଶିକ୍ଷଣ (Social Learning) ତତ୍ତ୍ୱର ସଂକ୍ଷିପ୍ତ ସୂଚନା ଦିଆଯାଇପାରେ। ସ୍କିନର୍‌ଙ୍କ ପରି ବ୍ୟବହାରବାଦୀମାନେ ବିଶ୍ୱାସ କରନ୍ତି ଯେ ମନୁଷ୍ୟର ବ୍ୟକ୍ତିତ୍ୱ ଓ ବ୍ୟବହାର ମୁଖ୍ୟତଃ ପରିବେଶ ଦ୍ୱାରା ହିଁ ଗଠିତ ହୋଇଥାଏ। ପରିବେଶ ଯେଉଁ ବ୍ୟକ୍ତିତ୍ୱ କିମ୍ବା ବ୍ୟବହାରକୁ ପ୍ରୋତ୍ସାହିତ କରେ, ତାହା ରୂପ ନିଏ। ଯେଉଁଠାରେ ପ୍ରୋତ୍ସାହନର ଅଭାବ ଥାଏ କିମ୍ବା ଅପ୍ରୀତିକର ଅନୁଭବ ସୃଷ୍ଟି ହୁଏ, ସେପରି ବ୍ୟକ୍ତିତ୍ୱ କିମ୍ବା ବ୍ୟବହାର ତିରୋହିତ ହୁଏ। ସୁତରାଂ, ବ୍ୟକ୍ତିତ୍ୱ କିମ୍ବା ବ୍ୟବହାର ଗଠନରେ ପରିବେଶ ବା ବାହ୍ୟ ଅବସ୍ଥା ହିଁ ମୂଳକଥା ବୋଲି ସ୍କିନର୍ ଓ ବ୍ୟବହାରବାଦୀମାନେ ବିଶ୍ୱାସ କରୁଥିଲେ। ମନୁଷ୍ୟ ଚିନ୍ତନର ବା ଭାବନାର କୌଣସି ଭୂମିକା ନାହିଁ ବୋଲି ବ୍ୟବହାରବାଦୀମାନେ ଯୁକ୍ତି କଲେ।

ଏପରି ଏକ ପରିକଳ୍ପନାରେ ସ୍କିନର୍ ମାତ୍ରାଧିକ ସୀମା ଅତିକ୍ରମ କରି ପ୍ରକୃତ ସତ୍ୟକୁ ଏଡ଼ାଇ ଯାଉଛନ୍ତି ବୋଲି ବାନ୍ଦୁରା ଅନୁଭବ କଲେ। ବାନ୍ଦୁରାଙ୍କ ମତରେ ବ୍ୟବହାର, ପରିବେଶ ଏବଂ ବ୍ୟକ୍ତି ବ୍ୟକ୍ତି-ଭାବନା ମଧ୍ୟରେ ଏକ ପାରସ୍ପରିକ

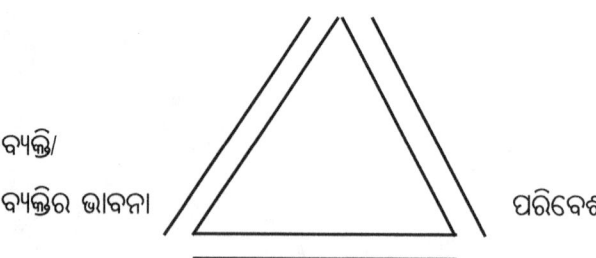

କ୍ରିୟା ଅନୁକ୍ରିୟା ରହିଛି। ବାନ୍ଦୁରାଙ୍କ ମତରେ ପରିବେଶ କ୍ରିୟାଶୀଳ ହୋଇ ବ୍ୟକ୍ତିର ବ୍ୟବହାର ପରିବର୍ତ୍ତନ କରେ। କିନ୍ତୁ ବ୍ୟକ୍ତିର ମଧ୍ୟ ବିଶ୍ୱାସ, ଭାବନା, ଯୋଜନା ଓ କ୍ରିୟା ପ୍ରତିକ୍ରିୟା ପରିବେଶକୁ ପରିବର୍ତ୍ତନ କରିପାରେ। ସୁତରାଂ ବ୍ୟକ୍ତି, ତା'ର ବ୍ୟବହାର ଓ ପରିବେଶ ମଧ୍ୟରେ ଏକ କ୍ରିୟା ଅନୁକ୍ରିୟା ରହିଛି। ବ୍ୟକ୍ତିର ଚିନ୍ତନ ଓ ଭାବନା ତା'ର ବ୍ୟବହାରକୁ ମଧ୍ୟ ପରିବର୍ତ୍ତନ କରିପାରେ।

ଶେଷ ପରିଣତି ରୂପେ ଯେଉଁ ବ୍ୟକ୍ତିତ୍ୱ ବା ବ୍ୟବହାର ରୂପ ନିଏ, ତାହା କେବଳ ପରିବେଶର ପରିଣତି ନୁହେଁ। ବ୍ୟକ୍ତିର ଭାବନା ଓ ପର୍ଯ୍ୟବେକ୍ଷଣ ମଧ୍ୟ ବ୍ୟବହାରକୁ ପ୍ରଭାବିତ କରେ। ଛୋଟ ପିଲାଟି ତା'ର ବାପା କିମ୍ବା ମା'ଙ୍କୁ କ୍ରୋଧାନ୍ୱିତ ହୋଇ କୌଣସି ବ୍ୟକ୍ତିଙ୍କୁ ଗାଳି ଗୁଲଜ କରିବାର ଦେଖିଲେ ସେ ନିଜେ ମଧ୍ୟ ଅନ୍ୟ ପିଲାଙ୍କ ପ୍ରତି ଅନୁରୂପ ବ୍ୟବହାର ଦର୍ଶାଇପାରେ। ସାମାଜିକ ପରିବେଶରେ ଏପରି ବାଞ୍ଛନୀୟ କିମ୍ବା ଅବାଞ୍ଛନୀୟ ବ୍ୟକ୍ତିତ୍ୱ / ବ୍ୟବହାର ଗଠନରେ ପରିବେଶ ଓ ଭାବନା ଉଭୟ ଅଂଶ ନିଏ ।

ବୈଭବ ମନୋବିଜ୍ଞାନର ବିକାଶର ବହୁ ପୂର୍ବରୁ ଶିଶୁମାନେ ଦୂରଦର୍ଶନର ନାୟକ କିମ୍ବା ଖଳନାୟକ ଦେଖି ଭଲ କିମ୍ବା ଖରାପ ବ୍ୟବହାର କିପରି ଶିକ୍ଷା କରନ୍ତି, ବାନ୍ଦୁରାଙ୍କର ବହୁ ଅନୁଧ୍ୟାନ ସେହି ସମୟରୁ ଅନୁକରଣୀୟ ବ୍ୟକ୍ତିତ୍ୱ ବା ରୋଲ୍ ମଡ଼େଲ୍‌ର ସୁପ୍ରଭାବ ଓ କୁପ୍ରଭାବ ମନୋବିଜ୍ଞାନରେ ଏକ ମୁଖ୍ୟ ଆଲୋଚନାର ସାମଗ୍ରୀ ହୋଇଥିଲା।

ଆତ୍ମସାମର୍ଥ୍ୟବୋଧର ପରିକଳ୍ପନା : ୧୯୯୭ ମସିହାରେ ଆଲବର୍ଟ ବାନ୍ଦୁରାଙ୍କ ରଚିତ ପୁସ୍ତକ ଆତ୍ମସାମର୍ଥ୍ୟବୋଧ (Self-Efficacy) ବୈଭବ ମନୋବିଜ୍ଞାନର ଘଟଣା ପ୍ରବାହରେ ଏକ ସ୍ମରଣୀୟ ଗତିସ୍ତମ୍ଭ। ସୌଭାଗ୍ୟକ୍ରମେ ଏହି ପୁସ୍ତକର ଏକ ପ୍ରାକ୍-ପ୍ରକାଶନୀ ଆନ୍ତର୍ଜାତିକ ସମ୍ମିଳନୀରେ ଲେଖକଙ୍କ (ଫକୀର ମୋହନ) ଯୋଗଦାନର ସୁଯୋଗ ହୋଇଥିଲା । ବିଭିନ୍ନ ଦେଶର ଗବେଷକମାନେ ମୂଳ ଧାରଣାଟିର ଆଲୋଚନା କରିଥିଲେ ।

ଆତ୍ମସାମର୍ଥ୍ୟବୋଧ କ'ଣ ? ଶିକ୍ଷଣ ପରିପ୍ରେକ୍ଷୀରେ ଦୁଇଟି ପରିଭାଷା ଯେତିକି ଗୁରୁତ୍ୱପୂର୍ଣ୍ଣ, ସେ ଦୁଇଟି ମଧ୍ୟରେ ପାର୍ଥକ୍ୟ ସେତିକି ତାତ୍ପର୍ଯ୍ୟପୂର୍ଣ୍ଣ। ପ୍ରଥମଟି ହେଉଛି ଶିକ୍ଷଣ ବା କୌଶଳର ଆହରଣ (Acquisition of Learning / Skill)। ମନୁଷ୍ୟ ଶିକ୍ଷଣର

ଆହରଣ ପାଇଁ ସ୍କୁଲ୍ ଯାଏ, କଲେଜ ଯାଏ, ପରିବାରରୁ ଶିଖେ ଏବଂ କାର୍ଯ୍ୟକ୍ଷେତ୍ରରୁ ଶିଖେ। ଏସବୁ ଶିକ୍ଷଣର ମାଧ୍ୟମ । ଅନ୍ୟ ପରିଭାଷାଟି ହେଉଛି ଶିକ୍ଷଣର ସମ୍ପାଦନ (Execution of Learnng / Skill)। ଶିକ୍ଷା କରାଯାଇଥିବା ଶିକ୍ଷଣ ବା କୌଶଳକୁ ପ୍ରକୃତ କାର୍ଯ୍ୟ ସମ୍ପାଦନରେ ରୂପାନ୍ତର କରିବା ଏକା କଥା ନୁହେଁ। ଉଦାହରଣସ୍ୱରୂପ, ଜଣେ ଶିକ୍ଷକ ବା ଅଧ୍ୟାପକ ଜ୍ଞାନ ଲାଭରେ ଧୂରୀଣ ହୋଇପାରନ୍ତି। ତାଙ୍କର ଜ୍ଞାନଗତ ସମ୍ବଳର ପ୍ରାଚୁର୍ଯ୍ୟ ଥାଇପାରେ। ମାତ୍ର ପ୍ରକୃତରେ ଶ୍ରେଣୀରେ ଶିକ୍ଷାଦାନ ସମୟରେ ସେ ବିଫଳକାମ ହୋଇପାରନ୍ତି। ସୁତରାଂ କୌଶଳ ଜ୍ଞାନର ଆହରଣ ଏବଂ କୌଶଳର ସମ୍ପାଦନ ଏକା କଥା ନୁହେଁ।

ବାନ୍ଦୁରା ଦର୍ଶାଇଲେ ଯେ ସଫଳ ସମ୍ପାଦନ ପାଇଁ ଏକ ସହାୟକ ବିଶ୍ୱାସବୋଧ ଆବଶ୍ୟକ। ବ୍ୟକ୍ତି କାର୍ଯ୍ୟଟି ନିଶ୍ଚୟ କରିପାରିବ, ଏପରି ବିଶ୍ୱାସ ଥିଲେ ବ୍ୟକ୍ତି ସଫଳତମ ଭାବରେ କରିପାରିବ। ମୁଁ ପାରିବି ନାହିଁ – ଏପରି ବିଶ୍ୱାସ ଜନ୍ମିଲେ ବ୍ୟକ୍ତିର ଶିରାପ୍ରଶିରାରେ ପ୍ରତିଟି କୋଷ ଏପରି ନକାରାତ୍ମକ ପ୍ରତିଧ୍ୱନି ସୃଷ୍ଟି କରିବ।

ଏହା ହିଁ ଆତ୍ମସାମର୍ଥ୍ୟବୋଧ। ବ୍ୟକ୍ତି ପୂର୍ଣ୍ଣ ସଫଳତାର ସହିତ କାର୍ଯ୍ୟଟିକୁ ସମ୍ପାଦନ କରିପାରିବ, ଏହି ବିଶ୍ୱାସ ହେଉଛି ଆତ୍ମସାମର୍ଥ୍ୟବୋଧ। ମନୋବିଜ୍ଞାନର ଯେ କୌଣସି ଧାରଣା ପରି ଏହାର ମଧ୍ୟ ପରିମାଣାତ୍ମକ ରୂପରେଖ ରହିଛି।

ଏହି ଆତ୍ମସାମର୍ଥ୍ୟବୋଧ ତିନି ଧରଣର ହୋଇଥାଏ : ସାଧାରଣ ଆତ୍ମସାମର୍ଥ୍ୟବୋଧ କ୍ଷେତ୍ର-ସଂଶ୍ଳିଷ୍ଟ ଆତ୍ମସାମର୍ଥ୍ୟବୋଧ ଏବଂ ଦଳଗତ ଆତ୍ମସାମର୍ଥ୍ୟବୋଧ।

ସାଧାରଣ ଆତ୍ମସାମର୍ଥ୍ୟବୋଧ (General ବା Generolized Self-Efficacy) ମାପିବା ପାଇଁ ବାନ୍ଦୁରାଙ୍କ ପରାମର୍ଶ ଅନୁଯାୟୀ ବହୁ ଗବେଷକ ପରିମାପକମାନ ପ୍ରସ୍ତୁତ କରିଛନ୍ତି। ତେବେ ଜର୍ମାନୀର ବର୍ଲିନ୍ ଫ୍ରି ବିଶ୍ୱ ବିଦ୍ୟାଳୟର କେତେକ ମନୋବିଜ୍ଞାନୀ ଯେଉଁ ପରିମାପକ ପ୍ରସ୍ତୁତ କରିଛନ୍ତି, ତାହାର ଦୃଷ୍ଟାନ୍ତ ଦିଆଯାଇପାରେ। ନିମ୍ନ ସାରଣୀରେ କେତୋଟି ନମୁନା ବାକ୍ୟର ଉଦ୍ଧୃତି ଦିଆଯାଇଛି।

ନିମ୍ନରେ କେତୋଟି ବାକ୍ୟ ଦିଆଯାଇଛି। ପ୍ରତିଟି ବାକ୍ୟ ଭଲ ରୂପେ ପଢ଼ ଏବଂ ତୁମର ବିଶ୍ୱାସ ଅନୁଯାୟୀ ପାର୍ଶ୍ୱରେ ଥିବା ୧, ୨, ୩ ଓ ୪ ମଧ୍ୟରୁ ଯେ କୌଣସି ଗୋଟିଏ ସଂଖ୍ୟା ବୃତ୍ତାୟିତ କର।

	ଆଦୌ ସତ ନୁହେଁ	ଅଳ୍ପ ସତ	ମୋଟାମୋଟି ସତ	ପୂର୍ଣ୍ଣ ସତ
❖ ଚେଷ୍ଟା କଲେ ମୁଁ ସବୁ ସମସ୍ୟାର ସମାଧାନ କରିପାରିବି ।	୧	୨	୩	୪
❖ ମୁଁ ଅନ୍ୟମାନଙ୍କୁ ଖୁସୀ କରିପାରିବି ।	୧	୨	୩	୪
❖ ସଫଳତାର ବାଟ ମୋତେ ଜଣା ।	୧	୨	୩	୪

ଉପର ଉଦାହରଣରେ ଯେଉଁ ସାଧାରଣ ଆତ୍ମସାମର୍ଥ୍ୟବୋଧ ପରିମାପକର ଦୃଷ୍ଟାନ୍ତ ଦିଆଯାଇଛି, ସେହି ପରିମାପକରେ ୧୦ଟି ବାକ୍ୟ । ସୁତରାଂ ଫଳାଙ୍କ (Score) ୧୦ରୁ ୪୦ ମଧ୍ୟରେ ରହିବ । ବ୍ୟକ୍ତିର ଫଳାଙ୍କକୁ ଚାହିଁ ଆତ୍ମସାମର୍ଥ୍ୟବୋଧ ସ୍ତରର ବ୍ୟାଖ୍ୟା କରାଯାଇପାରେ । ଏହାର ଅର୍ଥ ହେଉଛି ବ୍ୟକ୍ତିର ନିଜ ଦକ୍ଷତା ସମ୍ପର୍କରେ ବିଶ୍ୱାସ । ଏହା ମୋଟାମୋଟି ସାଧାରଣ ଦକ୍ଷତାର ସୂଚକ । କିନ୍ତୁ ପ୍ରଶ୍ନ ହେଉଛି : ଏପରି ଦକ୍ଷତାର ପ୍ରତ୍ୟାଶା ରଖିଥିବା ବ୍ୟକ୍ତି ରାସ୍ତାରେ ଗଲାବେଳେ ପୋଖରୀରେ ବୁଡ଼ି ଯାଉଥିବା ଶିଶୁଟିକୁ ଉଦ୍ଧାର କରିବେ କି ? ସମ୍ଭବତଃ ସେ ଏପରି କରିବେ ନାହିଁ କାରଣ ସେ ସନ୍ତରଣ ଜାଣନ୍ତି ନାହିଁ । ସୁତରାଂ ବାନ୍ଦୁରା ସାଧାରଣ ଆତ୍ମସାମର୍ଥ୍ୟବୋଧ ଅପେକ୍ଷା କ୍ଷେତ୍ର ସମ୍ପର୍କିତ (Domain - Specific) ସାମର୍ଥ୍ୟବୋଧ ପରିମାପ ଉପରେ ପ୍ରାଧାନ୍ୟ ଦେଉଥିଲେ । ଏ ଉଦାହାରଣରେ ବ୍ୟକ୍ତିର ସନ୍ତରଣ-ସାମର୍ଥ୍ୟବୋଧ ଆବଶ୍ୟକ । ଜଣେ ଶିକ୍ଷକ ପାଇଁ ଶିକ୍ଷାଦାନ ସାମର୍ଥ୍ୟବୋଧ ଯେପରି ଆବଶ୍ୟକ, ଗାଡ଼ିଚାଳକ ପାଇଁ ଗାଡ଼ି ଚାଳନା-ସାମର୍ଥ୍ୟବୋଧ ସେପରି ପ୍ରୟୋଜନ । ଗୋଟିଏ ବିଦ୍ୟାର୍ଥୀର ଶିକ୍ଷଣ - ସାମର୍ଥ୍ୟବୋଧ (Academic Efficacy) କିପରି ଆକଳନ କରାଯିବ, ତାହା ନିମ୍ନ ପ୍ରଦତ୍ତ ଦୃଷ୍ଟାନ୍ତରୁ ବୁଝି ହେବ ।

ମୁଁ ମୋ ଅନୁଷ୍ଠାନ ପ୍ରଦତ୍ତ ଶିକ୍ଷଣ - ଦାୟିତ୍ୱଟିକୁ ପୂର୍ଣ୍ଣ ଭାବରେ ପୂରଣ କରି ପାରିବି । ମୁଁ ଏ କାର୍ଯ୍ୟଟିକୁ କରିପାରିବି ଯଦିଓ -

	ଆଦୌ ସତ ନୁହେଁ	ଅଳ୍ପ ସତ	ମୋଟାମୋଟି ସତ	ପୂର୍ଣ୍ଣ ସତ
❖ ମୋର ସବୁ ସାଙ୍ଗସାଥୀ ମୋର ଦୃଷ୍ଟି ଅନ୍ୟ ଆଡ଼େ ଆକର୍ଷଣ କରୁଛନ୍ତି ।	୧	୨	୩	୪
❖ ଆମ ଘରେ ବେଶ୍ କିଛି ଅତିଥି ଆସିଛନ୍ତି ।	୧	୨	୩	୪
❖ ଦୂରଦର୍ଶନରେ ଗୋଟିଏ ଆକର୍ଷଣୀୟ କାର୍ଯ୍ୟକ୍ରମ ରହିଛି ।	୧	୨	୩	୪

ଉପର ଉଦାହରଣଟି ଲେଖକ ନିଜର ଗବେଷଣା କାର୍ଯ୍ୟ ପାଇଁ ଗଠନ କରିଥିବା ଶିକ୍ଷଣ-ଆତ୍ମସାମର୍ଥ୍ୟବୋଧର ଅଂଶ ବିଶେଷ । ଅନ୍ୟ ସବୁ କ୍ଷେତ୍ର-ସମ୍ବନ୍ଧିତ ଆତ୍ମସାମର୍ଥ୍ୟବୋଧର ପରିମାପକର ଫର୍ମ ପ୍ରାୟ ଏହିପରି । କେତେଗୁଡ଼ିଏ ପ୍ରତିବନ୍ଧକର ନାମ ଉଲ୍ଲେଖ କରି ଏହି ଧରଣର ପରିମାପକ ପ୍ରସ୍ତୁତ କରାଯାଇପାରେ (ଯଥା : ଗାଡ଼ିଚାଳନା ସାମର୍ଥ୍ୟବୋଧ, ସନ୍ତରଣ ସାମର୍ଥ୍ୟବୋଧ, ଶିକ୍ଷକତା ସାମର୍ଥ୍ୟବୋଧ, ଗୃହପରିଚାଳିନା ସାମର୍ଥ୍ୟବୋଧ, ଶିଶୁ ପରିପାଳନ ସାମର୍ଥ୍ୟବୋଧ) । ଏପରି ପରିମାପକ-ଲବ୍ଧ ଫଳାଙ୍କକୁ (Score) ଭିତ୍ତି କିଛି ଆଗାମୀ କାର୍ଯ୍ୟ ସମ୍ପାଦନର ପୂର୍ବାନୁମାନ କରାଗଲେ ପୂର୍ବାନୁମାନ ପ୍ରାୟ ସଠିକ୍ ରହିଥାଏ ।

କ୍ଷେତ୍ର-ସମ୍ପର୍କିତ ସାମର୍ଥ୍ୟବୋଧ ବ୍ୟତୀତ ବାନ୍ଦୁରା ଦଳଗତ ସାମର୍ଥ୍ୟବୋଧର (Collective Efficacy କିମ୍ବା Team Efficacy) ମଧ୍ୟ ପରିକଳ୍ପନା କରିଥିଲେ । ଗୋଟିଏ ଲକ୍ଷ୍ୟ ପୂରଣ କ୍ଷେତ୍ରରେ ସମ୍ପୃକ୍ତ ଦଳଟିର କେତେକ ପରିମାଣରେ ବିଶ୍ୱାସ ରହିଛି, ତାହାର ଆକଳନ ମଧ୍ୟ ପ୍ରୟୋଜନ ହୋଇପାରେ । ଗୋଟିଏ ଶିକ୍ଷାନୁଷ୍ଠାନରେ ନୂତନ ଶିକ୍ଷାପ୍ରଣାଳୀ ଅନୁସୃତ ହେବାର ନିଷ୍ପତ୍ତି କରାଗଲେ ଏହା କେତେ ପରିମାଣରେ ସଫଳ ହେବ, ତାହା ଏକ ନିର୍ଦ୍ଦିଷ୍ଟ ବ୍ୟକ୍ତି କିମ୍ବା ମୁଖ୍ୟ ପରିଚାଳକଙ୍କ ଉପରେ ନିର୍ଭର କରିବ ନାହିଁ । ଏହା ସମଷ୍ଟିଗତ ଭାବରେ ଶିକ୍ଷକ ଗୋଷ୍ଠୀର ଏକ ସାମୂହିକ ସାମର୍ଥ୍ୟବୋଧ ଉପରେ ନିର୍ଭର କରିବ । ପୂରା ଦଳଟିର ବିଶ୍ୱାସ ଥିଲେ, ଲକ୍ଷ୍ୟଟି ସଫଳ ରୂପ ନେଇପାରିବ ।

ସାମର୍ଥ୍ୟବୋଧର ଉତ୍ସ : ମନରେ ସାମର୍ଥ୍ୟବୋଧର ଅଙ୍କୁରଣ ଓ ବିକାଶ ଘଟେ

କିପରି ? ବାନ୍ଦୁରା ନିଜର ପରିବ୍ୟାପ୍ତ ଗବେଷଣା ଓ ଅନ୍ୟମାନଙ୍କର ଅନୁଧ୍ୟାନକୁ ଆଶ୍ରୟ କରି କେତେକ ଉପାଦେୟ ନୀତିର ସୂଚନା ଦେଇଥିଲେ । ଆମ ସାମର୍ଥ୍ୟବୋଧ ଜନ୍ମଗତ ନୁହେଁ; ଏହା ଶିକ୍ଷାକୃତ । ସୁତରାଂ ଉପଯୁକ୍ତ ଶିକ୍ଷା ଓ ପ୍ରଶିକ୍ଷଣ ମାଧ୍ୟମରେ ଏହା ବୃଦ୍ଧି କରିବା ସମ୍ଭବପର ।

ପ୍ରଥମତଃ ବୟସ ନିର୍ବିଶେଷରେ ଆତ୍ମସାମର୍ଥ୍ୟବୋଧ ବୃଦ୍ଧି କରିବାକୁ ଇଚ୍ଛୁକ ଥିବା ବ୍ୟକ୍ତି ନିଜ ଅନୁଭବର ପରିସରକୁ ବଢ଼ାଇବେ । ସଦାସର୍ବଦା ନିଜକୁ ସୁରକ୍ଷାର ବଳୟ ମଧ୍ୟରେ ସୀମିତ ରଖିଲେ ସାମର୍ଥ୍ୟବୋଧ ବିକଶିତ ହେବ ନାହିଁ । ସୁତରାଂ ନୂଆ ପରିବେଶକୁ ଯିବା, ନୂତନ ପରିସ୍ଥିତିର ସମ୍ମୁଖୀନ ହେବା ଏବଂ ନୂଆ ନୂଆ ଅନୁଭବକୁ ଅଙ୍ଗୀଭୂତ କରିବାର ପ୍ରୟାସ ଆବଶ୍ୟକ । ଏହି କାରଣରୁ ଶିକ୍ଷକଶିକ୍ଷୟତ୍ରୀ ଓ ଅଧ୍ୟାପକମାନେ ବିଦ୍ୟାର୍ଥୀମାନଙ୍କୁ ନିଜ ଶିକ୍ଷାନୁଷ୍ଠାନର ବାହାରକୁ ଯାଇ ବିଭିନ୍ନ କ୍ରୀଡ଼ା ପ୍ରତିଯୋଗିତା, ତର୍କ ପ୍ରତିଯୋଗିତା ଏବଂ ଶିକ୍ଷାମୂଳକ ଆଲୋଚନା ଚକ୍ରରେ ଅଂଶଗ୍ରହଣ କରିବାକୁ ପ୍ରରୋଚନା ଦିଅନ୍ତି ।

ଦ୍ୱିତୀୟତଃ ଆତ୍ମସାମର୍ଥ୍ୟବୋଧ ଗଠନ ସମୟରେ ଆରମ୍ଭରୁ ଖୁବ୍ କଷ୍ଟକର କାର୍ଯ୍ୟ କିମ୍ୱା ଖୁବ୍ ସହଜ କାମ ହାତକୁ ନ ନେଇ ମଧ୍ୟମ ମାତ୍ରାର କଷ୍ଟ କାମ ହାତକୁ ନେବା ଉଚିତ । ପ୍ରଥମରୁ ଅଧିକ କଷ୍ଟକର କାର୍ଯ୍ୟରେ ବାରମ୍ୱାର ବିଫଳ ହେଲେ ମନରେ ଅସହାୟତାବୋଧ ରୂପ ନେବ । ସେହିପରି ମୂଳରୁ ଅତି ସହଜ କାମ ହାତକୁ ନେଇ ସଦାସର୍ବଦା ସଫଳତା ଅନୁଭବ କଲେ ପର ପର୍ଯ୍ୟାୟରେ ବିଫଳତା ସହ୍ୟ କରିବା କଷ୍ଟକର ହେବ । ମାତ୍ର ମଧ୍ୟମ ମାତ୍ରାର କାର୍ଯ୍ୟ ପରିପକ୍ୱ କରିବ । କିଛି ପରିମାଣରେ ଦକ୍ଷତା ଗଠିତ ହୋଇ ସାରିବା ପରେ ଅଧିକ କଷ୍ଟକର କାର୍ଯ୍ୟ ହାତକୁ ନିଆଯାଇପାରେ ।

ତୃତୀୟତଃ ଆମସାମର୍ଥ୍ୟବୋଧର ଗଠନ ଓ ବିକାଶ ପାଇଁ ରୋଲ ମଡ଼େଲ ବା ଏକ ଅନୁକରଣୀୟ ବ୍ୟକ୍ତିତ୍ୱ ଆବଶ୍ୟକ । ନିକଟସ୍ଥ ପରିବେଶରେ ଏପରି ବ୍ୟକ୍ତିତ୍ୱର ଚିହ୍ନଟ ଓ ସନ୍ଧାନ ନେଲେ ଅନୁକରଣ ପ୍ରକ୍ରିୟା ଭଲ ହୁଏ । ନିଜର ପିତାମାତା, ଶିକ୍ଷକ କିମ୍ୱା ବନ୍ଧୁ ଦକ୍ଷତାର ଅଧିକାରୀ ହୋଇଥିଲେ ସେମାନଙ୍କୁ ଆଦର୍ଶ ରୂପେ ଗ୍ରହଣ କରାଯାଇପାରେ । ଏପରି ମଡ଼େଲ୍ କିପରି ହାବଭାବ ଦର୍ଶାଉଛନ୍ତି, କିପରି ଲକ୍ଷ୍ୟସାଧନ କରୁଛନ୍ତି – ତାହା ତନ୍ନତନ୍ନ ଲକ୍ଷ୍ୟ କରିବାକୁ ହେବ । ଏମାନଙ୍କୁ ଅନୁକରଣ କରି ଦକ୍ଷତା ବୃଦ୍ଧି କରାଯାଇପାରିବ ।

ଚତୁର୍ଥତଃ ସାମର୍ଥ୍ୟ ଗଠନ ପାଇଁ ପ୍ରରୋଚନା କାର୍ଯ୍ୟକାରୀ ହୁଏ । ବ୍ୟକ୍ତି ନିଜକୁ ବାରମ୍ୱାର କହି ଚାଲିବ : ''ମୁଁ ନିଶ୍ଚୟ ପାରିବି; ମୁଁ ନିଶ୍ଚୟ ପାରିବି ।'' ଏପରି ଆତ୍ମକଥନ

(Self-Talk) ଆମ ଶରୀରର ଆଭ୍ୟନ୍ତରୀଣ କ୍ରିୟାକଳାପ ଏବଂ ମାନସିକ ଶକ୍ତିକୁ ପରିବର୍ତ୍ତନ କରେ। ପୁନଶ୍ଚ ବଡ଼ମାନେ ମଧ୍ୟ ସାନମାନଙ୍କୁ କହିବେ – ''ତୁମେ ନିଶ୍ଚୟ ପାରିବ।' ପିତାମାତା ନିଜର ସନ୍ତାନ ସନ୍ତତିଙ୍କୁ କହିବେ, ଶିକ୍ଷକ ଶିକ୍ଷୟିତ୍ରୀ ଛାତ୍ରଛାତ୍ରୀଙ୍କୁ କହିବେ। ନେତୃସ୍ଥାନୀୟ ଲୋକେ ସେମାନଙ୍କ ଅନୁଗତମାନଙ୍କୁ କହିବେ। ଉତ୍ସାହ ଦେବା ଛଳରେ ଏପରି ସାମାଜିକ ପ୍ରବର୍ତ୍ତନା ଶକ୍ତିଶାଳୀ ହୋଇଥାଏ।

ଆତ୍ମସାମର୍ଥ୍ୟବୋଧର ଅନ୍ତର୍ନିହିତ କୌଶଳ : ବାନ୍ଦୁରା ନିଜର ବିଶ୍ଳେଷଣରେ ଦର୍ଶାଇଛନ୍ତି ଯେ ଆତ୍ମସାମର୍ଥ୍ୟବୋଧ ଆମ ଅନ୍ତର୍ଜଗତରେ କେତେକ ବିଶିଷ୍ଟ ପରିବର୍ତ୍ତନ ଆଣେ। ଅନ୍ତର୍ଜଗତର ଏହି ପରିବର୍ତ୍ତନ ଫଳରେ ବାହ୍ୟ ପରିବେଶରେ ବ୍ୟକ୍ତି ସଫଳତମ ଭାବରେ କାର୍ଯ୍ୟ ସମ୍ପାଦନ କରେ ଏବଂ ଲକ୍ଷ୍ୟସବୁ ପୂରଣ କରେ।

ପ୍ରଥମ ମାଧ୍ୟମଟି ଜ୍ଞାନାତ୍ମକ (Cognitive)। ଉଚ୍ଚତର ଆତ୍ମସାମର୍ଥ୍ୟବୋଧର ଅଧିକାରୀ ହୋଇଥିବା ବ୍ୟକ୍ତିଙ୍କର ଜ୍ଞାନ ଓ ଧାରଣା ପ୍ରସାରିତ। କ'ଣ କରିବାକୁ ହେବ, ସେ ତାହାର କେବଳ କଳ୍ପନା କରନ୍ତି ନାହିଁ, ମନେ ମନେ ସେ ସବୁ କାମ କରିବାର ଛବି ଅଙ୍କନ କରନ୍ତି। ଉଚ୍ଚ ଆତ୍ମସାମର୍ଥ୍ୟବୋଧ ରହିଥିବା ଜଣେ ବିଦ୍ୟାର୍ଥୀର କଥା ବିଚାର କରାଯାଉ। କୌଣସି ଏକ ବିଶିଷ୍ଟ ଅଧିବେଶନରେ ତାଙ୍କର ଏକ ନିବନ୍ଧ ଉପସ୍ଥାପନ କରିବାର କାର୍ଯ୍ୟସୂଚୀ ରହିଥିଲେ ସେ ପୂର୍ବରୁ ଯୋଜନା ପ୍ରସ୍ତୁତ କରନ୍ତି। ଯଥେଷ୍ଟ ପୂର୍ବାଭ୍ୟାସ (Rehearsal) କରନ୍ତି। ମନେମନେ ଦୃଶ୍ୟପଟରେ କଳ୍ପନା (Visualization) କରନ୍ତି। ସେ କେଉଁ ସ୍ଥାନରେ ଠିଆ ହେବେ, ନିଜକୁ କିପରି ଗତିଶୀଳ ରଖିବେ, ଅନ୍ୟମାନଙ୍କ ସହିତ କିପରି ଦୃଷ୍ଟି ବିନିମୟ କରିବେ ଏବଂ ଉପସ୍ଥିତ ବିଶିଷ୍ଟ ବ୍ୟକ୍ତିଙ୍କ ଉପସ୍ଥିତିଠାରୁ କେତେ ଦୂରବର୍ତ୍ତୀ କିମ୍ବା ନିକଟବର୍ତ୍ତୀ ହେବେ, ତାହାର ଏକ କାଳ୍ପନିକ ରୂପରେଖ ଗଠନ କରନ୍ତି । ସମୟର ପରିଚାଳନା, ବୈଦ୍ୟୁତିକ ଉପକରଣର ପରିଚାଳନା ଏବଂ କମ୍ପ୍ୟୁଟର୍ ଉପଯୋଗ ସମ୍ପର୍କିତ ଧାରଣାସବୁ ପୂର୍ବରୁ ଗଠିତ ହୋଇ ସାରିଥାଏ।

କେବଳ ଜ୍ଞାନ ଓ ଧାରଣାର ପରିଚାଳନା ନୁହେଁ, ଆତ୍ମସାମର୍ଥ୍ୟବୋଧର ଅଧିକାରୀ ବ୍ୟକ୍ତି ନିଜର ଅଭିପ୍ରେରଣାକୁ (Motivation) ମଧ୍ୟ ଉଚ୍ଚ ସ୍ତରରେ ରଖନ୍ତି। କାର୍ଯ୍ୟରେ ଯଥେଷ୍ଟ ଅଭିନିବେଶ (Attention) ଓ ଉତ୍ସାହ ଥାଏ ଏବଂ ସଫଳତା ପରେ ଲୋକେ କିପରି ଅଭିନନ୍ଦନ ଜଣାଇବେ ତାହାର ମଧ୍ୟ କଳ୍ପନା ଥାଏ। ସଫଳତା ସମୟର ସମ୍ଭାବ୍ୟ ସୁଖାନୁଭୂତି ଓ ଅଭ୍ୟର୍ଥନାର କଥାଭାବି ସେ ଅଧିକ ଅଭିପ୍ରେରିତ ହୁଅନ୍ତି। ଲକ୍ଷ୍ୟ କରିବାର କଥା ଯେ ଉଚ୍ଚ ଅସମାର୍ଥ୍ୟବୋଧର ଅଧିକାରୀ ବ୍ୟକ୍ତିଙ୍କର ପରିଶ୍ରମଶୀଳତା ଓ ଜ୍ଞାନକୌଶଳ

ସକ୍ରିୟ ରହିଛି, ଏହା ଭାବୁଥିବାରୁ ସେମାନେ ନିଜର ସକ୍ରିୟତା ଅତୁଟ ରଖନ୍ତି ଏବଂ ବୃଦ୍ଧି ମଧ୍ୟ କରନ୍ତି । ଅନ୍ୟ ପକ୍ଷରେ କମ୍ ସାମର୍ଥ୍ୟବୋଧ ରହିଥିବା ଲୋକମାନେ ସଫଳତା ତଥା ବିଫଳତା କ୍ଷେତ୍ରରେ କେବଳ ନିଜର ଭାଗ୍ୟକୁ ଦାୟୀ କରନ୍ତି । ଫଳରେ ସ୍ୱକୀୟ ଚେଷ୍ଟାରେ ବିଶେଷ ପରିବର୍ତ୍ତନ ଘଟି ନଥାଏ ।

ଉଚ୍ଚତର ଆତ୍ମସାମର୍ଥ୍ୟବୋଧ ରହିଥିବା ବ୍ୟକ୍ତିମାନଙ୍କର ତୃତୀୟ ସମ୍ବଳ ହେଉଛି ସେମାନଙ୍କ ଅନୁକୂଳ ଭାବାବେଗ । ସକାରାତ୍ମକ ଆବେଗ (ଆନନ୍ଦ, ଉଲ୍ଲାସ, ଉତ୍ସାହ, ସନ୍ତୋଷ) ସେମାନଙ୍କ କାର୍ଯ୍ୟଧାରାର ତୀବ୍ରତାକୁ ବଢ଼ାଏ; ସେମାନଙ୍କ ସମ୍ପୃକ୍ତି ମଧ୍ୟ ବଢ଼ାଏ । ମୋଟ ଉପରେ ଉଚ୍ଚସ୍ତରୀୟ ଆତ୍ମସାମର୍ଥ୍ୟବୋଧର ଅଧିକାରୀ ବ୍ୟକ୍ତିମାନେ ନିଜର ଜ୍ଞାନଗତ (Cognitive), ଅଭିପ୍ରେରଣାଗତ (Motivational) ଏବଂ ଭାବଗତ (Affectinve) ସମ୍ବଳର ପ୍ରଚୁର ଉପଯୋଗ କରୁଥିବାରୁ ପରିଣତି ଖୁବ୍ ସକାରାତ୍ମକ ହୋଇଥାଏ ।

ଆତ୍ମସାମର୍ଥ୍ୟବୋଧ ଏବଂ ମାନସିକ ସ୍ୱାସ୍ଥ୍ୟ : ବାନ୍ଦୁରାଙ୍କ ପରିକଳ୍ପିତ ଆତ୍ମସାମର୍ଥ୍ୟ ବୋଧର ଉପଯୋଗିତା ସୁସ୍ପଷ୍ଟ । ବିଶେଷତଃ ଉଚ୍ଚତର ଆତ୍ମସାମର୍ଥ୍ୟବୋଧ ବହୁ ସକାରାତ୍ମକ ତଥା ସ୍ୱାସ୍ଥ୍ୟପ୍ରଦ ବ୍ୟବହାରର ନିର୍ଦ୍ଧାରକ ହୋଇଥିବାରୁ ବୈଭବ ମନୋବିଜ୍ଞାନରେ ବାନ୍ଦୁରାଙ୍କ ଅବଦାନକୁ ଉଚ୍ଚତର ସ୍ଥାନ ଦିଆଯାଇଛି । କେବଳ ସ୍ୱାସ୍ଥ୍ୟପ୍ରଦ ବ୍ୟବହାରକୁ (ବ୍ୟାୟାମ, ପୁଷ୍ଟିକର ଖାଦ୍ୟ ଗ୍ରହଣ, ନିୟମାନୁବର୍ତ୍ତିତା, ପରିଶ୍ରମଶୀଳତା ଇତ୍ୟାଦି) ଅଙ୍ଗୀଭୂତ କରିବାର କ୍ଷେତ୍ର ନୁହେଁ, ସ୍ୱାସ୍ଥ୍ୟହାନିର କାରଣ ହେଉଥିବା ଆଚରଣ (ଧୂମପାନ, ନିଶା ସେବନ, ଅନ୍ୟ କେତେକ ଅନିୟମିତତା) ଦୂରୀକରଣରେ ମଧ୍ୟ ଆତ୍ମସାମର୍ଥ୍ୟବୋଧ ଗୁରୁତ୍ୱପୂର୍ଣ୍ଣ ଭୂମିକା ନେଇଥାଏ ।

ସ୍ୱାସ୍ଥ୍ୟପ୍ରଦ ବ୍ୟବହାରର ବିକାଶ କ୍ଷେତ୍ରରେ ଆତ୍ମସାମର୍ଥ୍ୟବୋଧର ଭୂମିକା ବହୁ ଗବେଷଣାରେ ପ୍ରତିପାଦିତ ହୋଇଛି । ଏପରି ସାମର୍ଥ୍ୟ ଥିବା ବ୍ୟକ୍ତିମାନେ ପୁଷ୍ଟିକର ଖାଦ୍ୟଗ୍ରହଣ, ବ୍ୟାୟାମ, ବିଶ୍ରାମ, ଆବଶ୍ୟକ ପରିମାଣରେ ନିଦ୍ରା, ସୁସଂଯତ ବ୍ୟବହାର ସମ୍ପର୍କୀୟ ପରାମର୍ଶ କେବଳ ଶୁଣନ୍ତି ନାହିଁ । ଥରେ ନିଷ୍ପତ୍ତି ନେଲାପରେ ଗ୍ରହଣ କରନ୍ତି । ନିଜର ସଂକଳ୍ପଟିକୁ କାର୍ଯ୍ୟକାରୀ କରିବାରେ ଏମାନଙ୍କ ଆତ୍ମସାମର୍ଥ୍ୟବୋଧ ସକ୍ରିୟ । 'ମୁଁ ପାରିବି ନାହିଁ' - ଏପରି ସନ୍ଦେହର ଦୋଳନ ମଧ୍ୟରେ ସେମାନେ ରୁହନ୍ତି ନାହିଁ । ସ୍ଥିର ସଂକଳ୍ପ ଚିତ୍ତରେ କାର୍ଯ୍ୟ କରୁଥିବାରୁ ସୁଖ ଓ ମାନସିକ ସ୍ୱାସ୍ଥ୍ୟ ବୃଦ୍ଧି ପାଏ ।

ସୁଖ ଓ ସ୍ୱାସ୍ଥ୍ୟ ଦିଗରେ ଯାହା ସବୁ ଅନ୍ତରାୟ, ସହଜରେ ତାକୁ ତ୍ୟାଗ କରନ୍ତି । ଧୂମପାନ ଓ ନିଶା ସେବନ କ୍ଷେତ୍ରରେ ବହୁ ସର୍ବେକ୍ଷଣ ପ୍ରମାଣ ଦେଇଛି ଯେ ଆତ୍ମ ସାମର୍ଥ୍ୟବୋଧର ଅଧିକାରୀ ବ୍ୟକ୍ତିମାନେ ଅପେକ୍ଷାକୃତ ସହଜ ଭାବରେ ଏବଂ ଅଳ୍ପ ସମୟ ବ୍ୟବଧାନରେ ଏପରି କୁଅଭ୍ୟାସ ତ୍ୟାଗ କରନ୍ତି ।

ଆତ୍ମସାମର୍ଥ୍ୟବୋଧ ଏକ ଅନନ୍ୟ ମାନସିକ ସମ୍ବଳ । ମନୁଷ୍ୟର ଶ୍ରୀବୃଦ୍ଧି ସାଧନରେ ଏହାର ଭୂମିକା ଗୁରୁତ୍ୱପୂର୍ଣ୍ଣ । ଏହାର ପରିକଳ୍ପନା, ପରିପ୍ରକାଶ, ପରିମାପ ଓ ଶିକ୍ଷଣ କ୍ଷେତ୍ରରେ ବାନ୍ଦୁରାଙ୍କ ଅବଦାନ ବୈଭବ ମନୋବିଜ୍ଞାନର ଏକ ଉଜ୍ଜ୍ୱଳ ଅଧ୍ୟାୟ ।

କ୍ୟାରୋଲ୍ ଡ୍ୱେକ୍ :

ବିଶ୍ୱର ଏକ ଅଗ୍ରଣୀ ବିଶ୍ୱବିଦ୍ୟାଳୟ ଷ୍ଟାନ୍‌ଫୋର୍ଡ଼ର ପ୍ରଫେସର୍ କ୍ୟାରୋଲ୍ ଡ୍ୱେକ୍ (Carol Dweck) ଅନ୍ୟତମ ପ୍ରତିଷ୍ଠିତ ବୈଭବ ମନୋବିଜ୍ଞାନୀ । ମନୁଷ୍ୟର ଲକ୍ଷ୍ୟ ସାଧନ ଏବଂ ଅଭିପ୍ରେରଣାର (Motivation) ଅନୁଧ୍ୟାନ କ୍ଷେତ୍ରରେ ଡ୍ୱେକ୍‌ଙ୍କ ଗବେଷଣା ପ୍ରକଳ୍ପ ବିଶେଷ ତାତ୍ପର୍ଯ୍ୟପୂର୍ଣ୍ଣ ।

ଗବେଷଣା ଯୋଜନାର ପ୍ରାରମ୍ଭିକ ପର୍ଯ୍ୟାୟରେ କ୍ୟାରୋଲ୍ ଡ୍ୱେକ୍ ମୁଖ୍ୟତଃ ଲକ୍ଷ୍ୟ ସାଧନ ସମୟରେ ପିଲାମାନେ ଯେଉଁ ସଫଳତା ଓ ବିଫଳତାର ଶରବ୍ୟ ହୁଅନ୍ତି, ତାହାର ବ୍ୟାଖ୍ୟାକରଣ ଉପରେ ଗବେଷଣା ଆରମ୍ଭ କରିଥିଲେ । ସଫଳତାର କାରଣକୁ କେଉଁ ଦୃଷ୍ଟିରେ ଦେଖନ୍ତି ? ବିଫଳତାର କାରଣ କ'ଣ ବୋଲି ଭାବନ୍ତି ? ଏ ଦୁଇଟି ପ୍ରଶ୍ନର ଅନୁଧ୍ୟାନ କରୁଥିବା ସମୟରେ ଡ୍ୱେକ୍ ଲକ୍ଷ୍ୟ କଲେ ଯେ ଅଧିକ ସଫଳକାମୀ ଓ କୃତିତ୍ୱସମ୍ପନ୍ନ ଶିକ୍ଷାର୍ଥୀମାନେ ସଫଳତାର କାରଣ ମୂଳରେ ଏପରି ସବୁ ଉପାଦାନର ଭୂମିକା ଦେଖନ୍ତି ଯେଉଁ ଉପାଦାନଗୁଡ଼ିକ ପରିବର୍ତ୍ତନକ୍ଷମ । ପରୀକ୍ଷାରେ ସଫଳ ହେଲେ ପରିଶ୍ରମଶୀଳତା କିମ୍ବା ଉପଯୋଗୀ କୌଶଳ ପ୍ରୟୋଗର ଭୂମିକା ଦେଖନ୍ତି । ବିଫଳତା ମଧ୍ୟ ଏମାନଙ୍କ ମନରେ ବିଷାଦ ଆଣି ନଥାଏ କାରଣ ସେମାନେ ଭାବିବସନ୍ତି ଯେ ପରବର୍ତ୍ତୀ ଥର ଉପଯୁକ୍ତ କୌଶଳ ଓ ପରିଶ୍ରମ ବଳରେ ସଫଳତା ଆଣିପାରିବେ । ଅନ୍ୟ ପକ୍ଷରେ ଠିକ୍ ଲକ୍ଷ୍ୟ ସାଧନରେ ଅଗ୍ରସର ହୋଇପାରୁ

ନଥିବା ବ୍ୟକ୍ତିବିଶେଷ ବିଫଳତା ମୂଳରେ ଯେଉଁ ସବୁ କାରଣର ଭୂମିକା ଦେଖନ୍ତି, ସେପରି କାରଣକୁ ପରିବର୍ତ୍ତନ କରିବା କଷ୍ଟକର। ପରୀକ୍ଷାରେ ଭଲ କରିବାର ଶକ୍ତି ମୋର ନାହିଁ। ଭାଗ୍ୟ ଓ ଅଦୃଷ୍ଟର ଇଙ୍ଗିତରୁ ଏସବୁ ଘଟିଛି।

ଡ୍ୱେକ୍ ଅଧିକ ଗବେଷଣା କରି ଦେଖିଲେ ଆମ ପରିବାର ତଥା ବିଦ୍ୟାଳୟ ଆମ ମନରେ ଏପରି ଭାବନା ସାମାଜୀକରଣ ପ୍ରକ୍ରିୟା ମାଧ୍ୟମରେ ଦୃଢ଼ କରେ। ସାଧାରଣତଃ ବିଦ୍ୟାଳୟରେ ବାଳିକାମାନେ ବାଳକମାନଙ୍କ ତୁଳନାରେ ଗଣିତରେ ଖରାପ କରନ୍ତି। ସୂକ୍ଷ୍ମ ପର୍ଯ୍ୟବେକ୍ଷଣ ମାଧ୍ୟମରେ ଡ୍ୱେକ୍ ଲକ୍ଷ୍ୟ କଲେ ଯେ ବାଳିକାଟି ଗଣିତରେ ଖରାପ କଲେ ଶିକ୍ଷକ / ଶିକ୍ଷୟିତ୍ରୀ କହୁଛନ୍ତି : ''ତୁମ ଦ୍ୱାରା ଏସବୁ ହେବ ନାହିଁ।'' ଏଠାରେ ମାନସିକ ଶକ୍ତି ଉପରେ ଗୁରୁତ୍ୱ ଦିଆଯାଉଛି। ଅଥଚ ବାଳକଟି ସେହି ପରିସ୍ଥିତିରେ (ଗଣିତରେ) ଖରାପ କଲେ ଶିକ୍ଷକ / ଶିକ୍ଷୟତ୍ରୀ କହୁଛନ୍ତି : ''ତୁମେ ଠିକ୍ ପରିଶ୍ରମ କରି ନାହଁ। ତେଣୁ ଏପରି ଘଟିଲା।'' ଲକ୍ଷ୍ୟ କରିବାର କଥା ଯେ ପରିଶ୍ରମ ଓ ସମୟ ବିନିଯୋଗ ଏକ ପରିବର୍ତ୍ତନଶୀଳ ଉପାଦାନ। ଡ୍ୱେକ୍ ନିଜ ଗବେଷଣାରେ ଦର୍ଶାଇଛନ୍ତି ଯେ ପୃଥକ୍ ପୃଥକ୍ ସାମାଜୀକରଣ ଶୈଳୀ ବାଳିକା ଓ ବାଳକ ମନରେ ଭିନ୍ନ ଭିନ୍ନ କାରଣ ବିଶ୍ଳେଷଣ ଭଙ୍ଗୀ ଗଠନ କରେ। ବାଳକଙ୍କ ପାଇଁ ଉଦ୍ଦିଷ୍ଟ ଶୈଳୀଟି ସେମାନଙ୍କୁ ସହାୟକ ହେବା ସ୍ଥଳେ ବାଳିକାମାନଙ୍କ ପାଇଁ ବ୍ୟବହୃତ ଶୈଳୀଟି ସେମାନଙ୍କର କ୍ଷତିସାଧନ କରେ।

ଉପର ଆଲୋଚନାରୁ ଏହା ସ୍ପଷ୍ଟ ଯେ ଲକ୍ଷ୍ୟସାଧନ କ୍ଷେତ୍ରରେ ସଫଳତା ବିଫଳତାର କାରଣ ବିଶ୍ଳେଷଣ କ୍ଷେତ୍ରରେ ନିୟନ୍ତ୍ରଣଶୀଳ ଉପାଦାନର (Controllable Factors) ଭୂମିକା ବୁଝାଇବା ପାଇଁ ଡ୍ୱେକ୍ ପରାମର୍ଶ ଦେଇଛନ୍ତି। ଏପରି ସବୁ ଉପାଦାନ ହେଉଛି ଶିକ୍ଷାକୃତ କୌଶଳ, ପରିଶ୍ରମର ମାତ୍ରା।

ଲକ୍ଷ୍ୟ ସାଧନ କ୍ଷେତ୍ରରେ ଡ୍ୱେକ୍‌ଙ୍କର ଅନ୍ୟ ଗୋଟିଏ ଉପଯୋଗୀ ପରିକଳ୍ପନା ହେଉଛି ସ୍ୱର୍ଦ୍ଧିତ ଲକ୍ଷ୍ୟ (Stretch Goal)। ଡ୍ୱେକ୍‌ଙ୍କ ପରାମର୍ଶ ଅନୁଯାୟୀ ଶିକ୍ଷକ ଶିକ୍ଷୟତ୍ରୀମାନେ ବିଦ୍ୟାର୍ଥୀ ପାଇଁ ଲକ୍ଷ୍ୟ ସ୍ଥିର କରିବା ସମୟରେ ପୂର୍ବର ସଫଳତା ସ୍ତରକୁ ମାନଦଣ୍ଡ ନ ନେଇ ଅପେକ୍ଷାକୃତ କଷ୍ଟକର ଲକ୍ଷ୍ୟ ଧାର୍ଯ୍ୟ କରିବା ଉଚିତ। ଗୋଟିଏ ଉଦାହରଣ ଦ୍ୱାରା ଏହାକୁ ସ୍ପଷ୍ଟ କରାଯାଇପାରେ। ମନେ କରାଯାଉ ଜଣେ ବିଦ୍ୟାର୍ଥୀ ଗତ ପରୀକ୍ଷାରେ ଗଣିତରେ ୬୦ ମାର୍କ ହାସଲ କରିଛି। ବର୍ତ୍ତମାନ ତା' ପାଇଁ କିପରି ଲକ୍ଷ୍ୟ ଧାର୍ଯ୍ୟ ହେବ ? କେଉଁଟି ସଠିକ୍ ନିଷ୍ପତ୍ତି ରହିବ ? - ୪୦ ମାର୍କ, ୬୦ ମାର୍କ, ୮୦ ମାର୍କ୍ କି ୧୦୦ ମାର୍କ୍ ? ଏଠାରେ ସ୍ୱର୍ଦ୍ଧିତ ଲକ୍ଷ୍ୟ ହେଉଛି ୮୦ ମାର୍କ। ଡ୍ୱେକଙ୍କ ମତରେ

କେବଳ ପରୀକ୍ଷା ନୁହେଁ, ଜୀବନର ବହୁ କ୍ଷେତ୍ରରେ ଏପରି ସ୍ୱର୍ଦ୍ଧିତ ଲକ୍ଷ୍ୟ (Stretch Goal) ଜୀବନ ବିକାଶର ସହାୟକ ହେବ।

ଡ୍ୱେକ୍‌ଙ୍କର ସଦ୍ୟତମ ପରିକଳ୍ପନା ହେଉଛି ଅଭିବୃଦ୍ଧି ସମ୍ପର୍କିତ (Growth Set) ଭାବଧାରା । ଅଭିପ୍ରେରଣା ଓ ଲକ୍ଷ୍ୟ ସାଧନ ପରିପ୍ରେକ୍ଷୀରେ ଡ୍ୱେକ୍ ଅନୁଭବ କଲେ ଯେ ଦୀର୍ଘ ସମୟ ଧରି ଭଲ କାମରେ ନିମଗ୍ନ ରହୁଥିବା ବ୍ୟକ୍ତିମାନଙ୍କର ବିଶ୍ୱାସବୋଧର ଏକ ସ୍ୱତନ୍ତତା ରହିଛି। ସେମାନେ ବିଶ୍ୱାସ କରନ୍ତି ଯେ ଶକ୍ତି ଅଧିକ ଶକ୍ତି ସଞ୍ଚରଣ କରିପାରେ । ଏହାକୁ ପରୀକ୍ଷା କରିବା ପାଇଁ ଷ୍ଟାନ୍‌ଫୋର୍ଡ଼ ବିଶ୍ୱବିଦ୍ୟାଳୟରେ ସେ ଗୋଟିଏ ସୁନ୍ଦର ସପରୀକ୍ଷଣର ବ୍ୟବସ୍ଥା କଲେ।

ବିଦ୍ୟାର୍ଥୀମାନଙ୍କୁ ଦୁଇଦଳରେ ବିଭକ୍ତ କରାଗଲା। ପ୍ରଥମ ଦଳକୁ ସ୍ଥିର ସମ୍ବଳର ଦଳ (Fixed Entity Group) କୁହାଯାଇପାରେ। ଏମାନଙ୍କୁ ଧାରଣା ଦିଆଗଲା ଯେ ମନୁଷ୍ୟର ଶକ୍ତି ଓ ସମ୍ବଳର ଏକ ସୀମା ଅଛି। ଶକ୍ତିର ବିନିଯୋଗ ହେଲେ ଧୀରେ ଧୀରେ ଶେଷ ହେବାର ସମ୍ଭାବନା ଅଛି। ଦ୍ୱିତୀୟ ଦଳଟିକୁ ବର୍ଦ୍ଧନକାରୀ ଶକ୍ତି / ସମ୍ବଳ ଦଳ (Incremental Entity Group) କୁହାଗଲା। ସେମାନଙ୍କୁ ବୁଝାଇ ଦିଆଗଲା ଯେ ଶକ୍ତି ଅଧିକ ଶକ୍ତି ସୃଷ୍ଟି କରିପାରେ।

ବର୍ତ୍ତମାନ ଏହି ଦୁଇ ଦଳର ବିଦ୍ୟାର୍ଥୀଙ୍କୁ ଏକ ଲକ୍ଷ୍ୟଯୁକ୍ତ କଷ୍ଟକର କର୍ମ ଦିଆଗଲା । ଦେଖାଗଲା ଯେ କିଛି ସମୟ ପରେ ପ୍ରଥମ ଦଳଟି କ୍ଲାନ୍ତ ଓ ଅବସନ୍ନ ହୋଇ ଆଗକୁ ଅଗ୍ରସର ନ ହେବାର ମନୋଭାବ ପ୍ରକାଶ କରୁଛନ୍ତି। ଅନ୍ୟ ପକ୍ଷରେ ଦ୍ୱିତୀୟ ଦଳର ପ୍ରଚେଷ୍ଟା ଅବ୍ୟାହତ ରହୁଛି। ସୁତରାଂ ତାତ୍ପର୍ଯ୍ୟପୂର୍ଣ୍ଣ ହେଉଛି ଶକ୍ତି ସମ୍ପର୍କରେ ଆମର ବିଶ୍ୱାସ। ଏହାକୁ ସୀମିତ ମନେ କଲେ ଏହାର ସୀମାବଦ୍ଧତା ଆମର ପଥରୁଦ୍ଧ କରିବ। ଗୋଟିଏ ସୀମା ପରେ ଆମେ ଅଧିକ ଅଗ୍ରସର ହୋଇପାରିବୁ ନାହିଁ। ଅଥଚ ଶକ୍ତିର ପୁନର୍ନିର୍ମାଣ ବିଶ୍ୱାସ ଆମେ ଅଧିକରୁ ଅଧିକ କାର୍ଯ୍ୟ କରିପାରିବୁ।

ଏହି ସଂପରୀକ୍ଷଣର ବାହାରକୁ ଯାଇ ଆଉ ଗୋଟିଏ କଥାକୁ ସୂକ୍ଷ୍ମ ଦୃଷ୍ଟିରେ ବିଚାର କରାଯାଇପାରେ। ଆମ ପରିବେଶର ଆମେ ପ୍ରଶଂସା କଲାବେଳେ କହିଥାଉ 'ବୁଦ୍ଧିମାନ୍ ପିଲା'। ବୁଦ୍ଧି ଏକ ସ୍ଥିର (Fixed) ଧାରଣା। ବୁଦ୍ଧିମତ୍ତାର ସ୍ତର ପରିବର୍ତ୍ତିତ ହେଲେ ମଧ୍ୟ ବଡ଼ ଧରଣର ପରିବର୍ତ୍ତନ ଘଟି ନଥାଏ। ଅନ୍ୟ ପକ୍ଷରେ ଆମେ କହିପାରୁ 'ପରିଶ୍ରମୀ ପିଲା'। ପରିଶ୍ରମ ଖୁବ୍ ପରିବର୍ତ୍ତନଶୀଳ। ସୁତରାଂ ଆପଣମାନେ ବିଚାର କରନ୍ତୁ ଆମର ସାମାଜୀକରଣ ପ୍ରକ୍ରିୟାରେ କେଉଁଟି ଉପଯୋଗୀ ? କେଉଁଟି ଅଧିକ ବିଜ୍ଞାନସମ୍ମତ

ପ୍ରୋତ୍ସାହନ : ବୁଦ୍ଧିମାନ କି ପରିଶ୍ରମୀ ? ଏ ବିଚାର ଅନ୍ତରାଳରେ ଡ୍ୱେକ୍‌ଙ୍କ ଭାବଧାରା ସଂଶ୍ଳିଷ୍ଟ ।

ଆବ୍ରାହାମ୍ ମାସ୍‌ଲୋ :

ବିଂଶ ଶତକର ମଧ୍ୟ ଭାଗରେ ଫ୍ରଏଡ୍‌ଙ୍କ ମନସମୀକ୍ଷା ଏବଂ ସ୍କିନର୍‌ଙ୍କ ବ୍ୟବହାରବାଦୀ ଚିନ୍ତାଧାରାର ମୁଖ୍ୟ ଦୁଇସ୍ରୋତକୁ ବାଦ୍ ଦେଇ ଯେଉଁ ତୃତୀୟ ଶକ୍ତି ମୁଣ୍ଡ ଟେକିଥିଲା ତାହା ହେଉଛି ମାନବବାଦୀ ବିଶ୍ଳେଷଣ । ଏହି ମାନବବାଦୀ ଚିନ୍ତାଧାରାର ମୁଖ୍ୟ ଆକର୍ଷଣ ଥିଲେ ଆବ୍ରାହାମ୍ ମାସ୍‌ଲୋ (Abraham Maslow) । ପୂର୍ବରୁ ସୂଚନା ଦିଆଯାଇଛି ଯେ ମାସ୍‌ଲୋ ପ୍ରଥମେ ଏହି ବୈଭବ ମନୋବିଜ୍ଞାନ (Positive Psychology) ଶବ୍ଦ ଦୁଇଟି ବ୍ୟବହାର କରିଥିଲେ । ସେ ୧୯୫୪ ମସିହାରେ ତାଙ୍କର ପ୍ରକାଶିତ ପୁସ୍ତକ 'ଅଭିପ୍ରେରଣା ଓ ବ୍ୟକ୍ତିତ୍ୱ'ର (Motivation and Personity) ଗୋଟିଏ ପରିଚ୍ଛେଦର ଶୀର୍ଷକ ଥିଲା ବୈଭବ ମନୋବିଜ୍ଞାନ । ଅବଶ୍ୟ ମାସ୍‌ଲୋ ଏହି ଶବ୍ଦଦ୍ୱୟର ପ୍ରଥମ ବ୍ୟବହାରକ ହେଲେ ମଧ୍ୟ ବୈଭବ ମନୋବିଜ୍ଞାନର ବିକାଶ ଓ ବିସ୍ତୃତି ମାସ୍‌ଲୋଙ୍କ (୧୯୦୮-୧୯୭୦) ପରବର୍ତ୍ତୀ ପର୍ଯ୍ୟାୟରେ ହିଁ ଘଟିଥିଲା ।

ଆବ୍ରାହାମ୍ ମାସ୍‌ଲୋ ଏବଂ କାର୍ଲ୍ ରୋଜର୍ସଙ୍କ ନେତୃତ୍ୱରେ ଯେଉଁ ମାନବବାଦୀ ଆନ୍ଦୋଳନ ରୂପ ନେଲା ତାହାର ମୂଳବାର୍ତ୍ତା ଥିଲା ମନୁଷ୍ୟର ଅନ୍ତର୍ନିହିତ ସଦ୍‌ଗୁଣ ଓ ଶକ୍ତିର ବିକାଶ । ଏଠାରେ ସ୍ମରଣ ରଖିବାକୁ ହେବ ଯେ ମନୋବିଜ୍ଞାନର ପୂର୍ବ ଦୁଇ ମୁଖ୍ୟସ୍ରୋତ ଫ୍ରଏଡ୍ରୀୟ ପରମ୍ପରା ଓ ସ୍କିନରୀୟ ଚିନ୍ତନ ବହୁ ଦୃଷ୍ଟିରୁ ନକାରାତ୍ମକ ଦୃଷ୍ଟିଭଙ୍ଗୀ । ଫ୍ରଏଡ଼ ମନୁଷ୍ୟର ଯୌନଲିପ୍‌ସାକୁ ପ୍ରାଧାନ୍ୟ ଦେବା ସ୍ଥଳେ ସ୍କିନର୍ ବ୍ୟବହାର ଗଠନରେ ପରିବେଶ ଓ ମନୁଷ୍ୟର ସମ୍ପର୍କକୁ ଯାନ୍ତ୍ରିକ ସମ୍ବନ୍ଧର ରୂପରେଖ ଦେଇଥିଲେ । ଅନ୍ୟ ପକ୍ଷରେ ତୃତୀୟ ଆନ୍ଦୋଳନର ସ୍ୱୀକୃତି ପାଇଥିବା ମାନବବାଦୀ ଚିନ୍ତାଧାରା (Huminastic View) ମଣିଷ ମଧ୍ୟରେ ପ୍ରଚ୍ଛନ୍ନ ଭାବରେ ରହିଥିବା ଅନୁକୂଳ ସମ୍ଭାବନାର ବାସ୍ତବକରଣ ଉପରେ ଗୁରୁତ୍ୱ ଦେଇଥିଲା । ଏକ ଅର୍ଦ୍ଧବିକଶିତ ମାନବୀୟ ସ୍ଥିତିରୁ ପୂର୍ଣ୍ଣ ବିକଶିତ ମାନବିକ ସ୍ଥିତିକୁ

ଯାତ୍ରା କରିବାର ସୁଯୋଗ ଓ ସମ୍ବଳ ବିଷୟରେ ମାସ୍‌ଲୋ ଓ ରୋଜର୍ସ ସଚେଷ୍ଟ ଥିଲେ ।

ଆବ୍ରାହାମ୍ ମାସ୍‌ଲୋଙ୍କ ବହୁ ଆଲୋଚିତ ଅବଦାନ ହେଉଛି ମାନବୀୟ ଚାହିଦାର ସୋପାନଭିତ୍ତିକ ଅଗ୍ରଗତି (Hierarchy of Needs)। ଏହାର ବର୍ଣ୍ଣନା ବୈଭବ ମନୋବିଜ୍ଞାନର ଲକ୍ଷ୍ୟ ଓ ପରିସର ପରିପ୍ରେକ୍ଷୀରେ ଦିଆଯାଇଛି। ମାସ୍‌ଲୋଙ୍କ ମତରେ ଜୀବନର ଗତିପଥରେ କୌଣସି ଚାହିଦା ନିମ୍ନତର କିମ୍ବା ଉଚ୍ଚତର ନୁହେଁ। ଜୀବନ ବିକାଶ ସହ ସମାନ୍ତରତା ରକ୍ଷା କର ଚାହିଦାସବୁର ପ୍ରାଧାନ୍ୟ ପରିବର୍ତ୍ତିତ ହୁଏ।

ପ୍ରାଥମିକ ସ୍ତରରେ ବ୍ୟକ୍ତି ଶାରୀରିକ ଚାହିଦା (ଖାଦ୍ୟ, ବସ୍ତ୍ର ଓ ଓ ଅତ୍ୟାବଶ୍ୟକ ସାମଗ୍ରୀ) ପ୍ରତି ଆକର୍ଷିତ ହୁଏ। ବେଶ୍ କିଛି ପରିମାଣରେ ଏହା ପରିପୂରଣ ହେଲାପରେ ସୁରକ୍ଷା ଓ ନିରାପତ୍ତା (ବାର୍ଦ୍ଧକ୍ୟ ଭତ୍ତା, ଚିକିତ୍ସା ପାଇଁ ଔଷଧ, ବାସଗୃହ) ପାଇଁ ଆଶାୟୀ ହୁଏ। ଏହାର ପରିପୂରଣ ପରେ ପରିବାର ସଦସ୍ୟମାନଙ୍କର ସଂପ୍ରୀତି, ସହକର୍ମୀଙ୍କ ସଦିଚ୍ଛା ଏବଂ ସାମାଜିକ ସଦିଚ୍ଛା ପାଇଁ ଆକାଂକ୍ଷିତ ହୁଏ। ଏ ସବୁର ପର୍ଯ୍ୟାପ୍ତ ପରିପୂରଣ ପରେ ନିଜର ଆତ୍ମମର୍ଯ୍ୟାଦାବୋଧ (Self-Esteem) ପାଇଁ ଆଗ୍ରହୀ ହୁଏ। ଏହାର ପ୍ରାପ୍ତି ପରେ ନିଜ ମଧ୍ୟରେ ପ୍ରଚ୍ଛନ୍ନ ଭାବରେ ରହିଥିବା ସମ୍ଭାବନାର ପୂର୍ଣ୍ଣ ରୂପାୟନ ଆଶାକରେ । ଏହାକୁ ଆତ୍ମସିଦ୍ଧି (Self-Actualization) କୁହାଯାଇପାରେ।

ବିସ୍ମୟର କଥା ଯେ ମାସ୍‌ଲୋଙ୍କ ଚିନ୍ତାଧାରା ଓ ଭାରତୀୟ ଦାର୍ଶନିକମାନଙ୍କ ମଧ୍ୟରେ ଏକ ସମାନ୍ତରତା ରହିଛି। ବୈଦିକ ଚିନ୍ତାର ପ୍ରକଟନ ରୂପେ ଉପନିଷଦରେ ମାନବୀୟ ବିକାଶର ଯେଉଁ ଚିତ୍ର ପ୍ରଦତ୍ତ ହୋଇଛି ସେଠାରେ ମଧ୍ୟ ଏକ କ୍ରମିକତା ରହିଛି: ଅନ୍ନମୟ କୋଷ, ପ୍ରାଣମୟ କୋଷ, ମନୋମୟ କୋଷ, ବିଜ୍ଞାନମୟ କୋଷ ଏବଂ ଆନନ୍ଦମୟ

କୋଷ। ଅବଶ୍ୟ ଭାରତୀୟ ଚିନ୍ତନର ବିଜ୍ଞାନମୟ ଓ ଆନନ୍ଦମୟ କୋଷ ମାସ୍‌ଲୋଙ୍କ ଆତ୍ମସିଦ୍ଧିଠାରୁ ଊର୍ଦ୍ଧ୍ୱରେ ସ୍ଥାନିତ ଏବଂ ଅଧିକ ମହତ୍ତର।

ସୋପାନ-ଭିତ୍ତିକ ଚାହିଦାର ପରିକଳ୍ପନା ବ୍ୟତୀତ ମାସ୍‌ଲୋଙ୍କ ବୈଭବମୟ ଚିନ୍ତନ ଅନ୍ୟ ଏକ କ୍ଷେତ୍ରରେ ପ୍ରକଟିତ ହୋଇଥିଲା। ସର୍ଜନଶୀଳ ବ୍ୟକ୍ତି ବିଶେଷଙ୍କର ବୈଶିଷ୍ଟ୍ୟ ଅନୁଧ୍ୟାନ କରିଥିଲେ ଏବଂ ବେଶ୍ କିଛିସଂଖ୍ୟକ ବିଶ୍ୱବିଶ୍ରୁତ ବ୍ୟକ୍ତିତ୍ୱଙ୍କ (ଯଥା : ମହାତ୍ମା ଗାନ୍ଧୀ) ଜୀବନରୁ ସେ ବିଶେଷତ୍ୱ ଚିହ୍ନଟ କରିବାର ପ୍ରୟାସ କରିଥିଲେ। ସାଙ୍ଗଠନିକ ସ୍ତରରେ ତାଙ୍କର ପ୍ରୟାସ ଫଳରେ ୧୯୬୧ ମସିହାରେ Journal of Humanistic Psychology ପ୍ରକାଶନ ଆରମ୍ଭ ହେଲା ଏବଂ ୧୯୬୩ ମସିହାରେ Association For Humanstic Psychology ରୂପ ନେଲା। ବୈଭବ ମନୋବିଜ୍ଞାନର ଭିତ୍ତିଭୂମିକୁ ସୁଦୃଢ଼ କରିବାରେ ଆବ୍ରାହାମ୍ ମାସ୍‌ଲୋଙ୍କ ଅବଦାନ ଅବିସ୍ମରଣୀୟ।

ତୃତୀୟ ଅଧ୍ୟାୟ

ତଲ୍ଲୀନତା (ନିମଗ୍ନତା)

"ମୋର ମନ ଇତସ୍ତତଃ ହୋଇ ଏ ଦିଗ ସେ ଦିଗକୁ ଦୌଡୁ ନାହିଁ। ମୋ ମନରେ ଅନ୍ୟ କିଛି ଭାବନା ନାହିଁ। ମୁଁ ଯାହା କରୁଛି ସେଥିରେ ପୂର୍ଣ୍ଣ ଭାବରେ ନିମଜ୍ଜିତ । ମୋର ଶରୀରରେ ଅପୂର୍ବ ପୁଲକ, ବାହାରର ଶବ୍ଦ କିଛି ଶୁଣା ଯାଉ ନାହିଁ ଓ ସମଗ୍ର ବିଶ୍ୱ ମୋଠାରୁ ବିଛିନ୍ନ ଥିଲା ପରି ଲାଗୁଛି। ମୋ ବିଷୟରେ ଓ ସମସ୍ୟା ସମ୍ପର୍କରେ ମୋ ମନରେ କିଛି ଭାବନା ନାହିଁ।"

"ମୋର ଏକାଗ୍ରତା ମୋର ନିଃଶ୍ୱାସ ପ୍ରଶ୍ୱାସ ପରି ସ୍ଥିର ଓ ଅଚଞ୍ଚଳ, ମୁଁ ଏ ବିଷୟରେ କିଛି ଭାବୁ ନାହିଁ। କାର୍ଯ୍ୟଟି ଆରମ୍ଭ କରିବା ପରେ ବାହ୍ୟ ଜଗତର କିଛି ଚେତନା ନାହିଁ। ଏ ସମୟରେ ହୁଏତ ଫୋନ୍ ବାଜିପାରେ। କବାଟ ଶବ୍ଦ କରି କିଏ ହୁଏତ ଡାକିପାରେ। ଭାବୁଛି ମୁଁ ଜାଣି ପାରିବି ନାହିଁ। ବାହାର ଜଗତ ଅଛି କି ନାହିଁ, ମୁଁ ଜାଣି ପାରୁନି।"

"ମୁଁ ଯାହା କରୁଛି ସେଥିରେ ଲୀନ ହୋଇ ଯାଉଛି। ମୋ କାମ ଓ ମୋ ଭିତରେ ଥିବା ବ୍ୟବଧାନ ହଜିଯାଇଛି।"

ଉପର ତିନୋଟି ଉଦ୍ଧୃତିରେ ବର୍ଣ୍ଣନା କରାଯାଇଥିବା ଅନୁଭୂତି ଆପଣ ଅନୁଭବ କରିଛନ୍ତି କି ? ଅନୁଭବ କରିଥିଲେ କେତେଥର ଏପରି ଅନୁଭବ ଲାଭ କରିଛନ୍ତି ? କିପରି କାର୍ଯ୍ୟରେ ଏପରି ଅନୁଭବର ସୂତ୍ରପାତ ହୋଇଛି ? କେତେ ସମୟ ଧରି ଏପରି ଅନୁଭବ ଅବ୍ୟାହତ ରହିଛି ? କେଉଁ ଘଟଣାରେ ଆପଣ ପୁଣି ଗତାନୁଗତିକ ସ୍ଥିତିକୁ ଫେରି ଆସିଛନ୍ତି ?

ବର୍ଣ୍ଣନା କରାଯାଉଥିବା ମାନସିକ ସ୍ଥିତିକୁ ତଲ୍ଲୀନତା (Flow) କୁହାଯାଇପାରେ। ଏପରି ମାନସିକତାରେ ତନ୍ମୟଭାବ ବା ନିମଗ୍ନ ବା ନିମଜ୍ଜିତ ରହିବାର ଭାବ ପ୍ରତିଫଳିତ ।

କହିବା ଅନାବଶ୍ୟକ ଯେ ତଲ୍ଲୀନତା ହିଁ ସକାରାତ୍ମକ ଭାବାବେଗର (ଆନନ୍ଦାନୁଭୂତି) ରାଜମାର୍ଗ।

ଚିକ୍‌ସେଣ୍ଟ୍‌ମିହାଇ (Csikszentmihalyi, ୧୯୯୦) ନାମକ ଜଣେ ପ୍ରଖ୍ୟାତ ମନୋବିଜ୍ଞାନୀ ବାହ୍ୟ ଜଗତରେ ନିଜର କାର୍ଯ୍ୟରେ ମନପ୍ରାଣ ହଜାଇ ଦେଇଥିବା ପର୍ବତାରୋହୀ, ଚେସ୍ ଖେଳାଳୀ, ସ୍ଥାପତ୍ୟଶିଳ୍ପୀ, ସନ୍ତରଣକାରୀ, ନର୍ତ୍ତକ ନର୍ତ୍ତକୀ, ସଙ୍ଗୀତଶିଳ୍ପୀ, କଲମଜୀବୀ ଏବଂ ଗବେଷକମାନଙ୍କୁ ପର୍ଯ୍ୟବେକ୍ଷଣ କରି ତଲ୍ଲୀନତାର ଏକ ବୈଜ୍ଞାନିକ ପରିଭାଷା ପ୍ରସ୍ତୁତ କଲେ। ଅବଶ୍ୟ ଯେ କୌଣସି କାର୍ଯ୍ୟରେ ତଲ୍ଲୀନତାର ପରିପ୍ରକାଶ ସମ୍ଭବପର ହେଲେ ମଧ୍ୟ ନିମ୍ନ ସାରଣୀ ପ୍ରଦର୍ଶିତ ଅବସ୍ଥାର (ଉଚ୍ଚତର ଦକ୍ଷତା ସହିତ ଉଚ୍ଚତର କାର୍ଯ୍ୟ ସମ୍ପାଦନର ଆହ୍ୱାନର ମେଳ) ଉପସ୍ଥିତି ତଲ୍ଲୀନତା ପାଇଁ ଅପରିହାର୍ଯ୍ୟ ।

ବ୍ୟକ୍ତିର ନିଜସ୍ୱ ଅନୁଭୂତ ଦକ୍ଷତା

କାର୍ଯ୍ୟଟି କେତେ ଆହ୍ୱାନପୂର୍ଣ୍ଣ ?		କମ୍	ବେଶୀ
	ବେଶୀ	ଉତ୍‌କଣ୍ଠା (Anxiety)	ତଲ୍ଲୀନତା
	କମ୍	ଉଦାସୀନତା	ବିରସତା (ବିରକ୍ତି)

ଉପର ସାରଣୀରୁ ଏହା ସ୍ପଷ୍ଟ ଯେ ତଲ୍ଲୀନତାର ଅନୁଭବ ସମୟରେ କାର୍ଯ୍ୟଟି ଆହ୍ୱାନପୂର୍ଣ୍ଣ (Challenging) ହେବା ସଙ୍ଗେ ସଙ୍ଗେ ବ୍ୟକ୍ତିର ଦକ୍ଷତାସ୍ତର ଖୁବ୍ ଉଚ୍ଚ ହୋଇ ଅନୁଭୂତ ହୋଇଥାଏ। ଅନ୍ୟ ପକ୍ଷରେ ବ୍ୟକ୍ତି ଉଚ୍ଚଦକ୍ଷତାର ଅଧିକାରୀ ହୋଇଥିବା ସ୍ଥଳେ କାର୍ଯ୍ୟଟି ସହଜ ଓ ନିରସିଆ ହୋଇଥିଲେ ବ୍ୟକ୍ତି ବିରକ୍ତି ଅନୁଭବ କରିବା ସ୍ୱାଭାବିକ । ସେହିପରି ବ୍ୟକ୍ତିର ବିଶେଷ ଦକ୍ଷତା ନ ଥାଇ କାର୍ଯ୍ୟଟି କଷ୍ଟକର ଓ ଆହ୍ୱାନପୂର୍ଣ୍ଣ ମନେ ହେଲେ ବ୍ୟକ୍ତି ଉତ୍‌କଣ୍ଠା (Anxiety) ଅନୁଭବ କରିଥାଏ। କାର୍ଯ୍ୟଟି ଆକର୍ଷଣହୀନ ଓ ଦକ୍ଷତାର ଅଭାବ ଥିଲେ ଉତ୍ସାହହୀନ ଉଦାସୀନ ପରିଣତି ସୃଷ୍ଟି ହେବାର ସମ୍ଭାବନା ବୃଦ୍ଧି ପାଏ।

ତଲ୍ଲୀନତାର ବାହାରେ ମନୁଷ୍ୟ ଯେ ଅନୁକୂଳ ଭାବାବେଗ (Positive Emotions) ଅନୁଭବ ନ କରିବ ଏ କଥା କୁହାଯାଉ ନାହିଁ। ହାତରେ ଖବରକାଗଜ ଧରି ଚା'

ପିଇବା ସମୟରେ, ଭଲ ଖାଦ୍ୟ ଖାଇବା ସମୟରେ, ବଗିଚାରେ ବୁଲିବା ସମୟରେ ଏବଂ ପ୍ରାକୃତିକ ଦୃଶ୍ୟ ଦେଖିବା ବେଳେ ପ୍ରତି ମଣିଷ ଆନନ୍ଦ ଅନୁଭବ କରେ । କିନ୍ତୁ ଦୈନନ୍ଦିନ ଜୀବନର ଗତାନୁଗତିକତା ମଧ୍ୟରେ ଏପରି ସୁଖାନୁଭୂତିର ସମ୍ଭାବନା ଥିଲେ ମଧ୍ୟ ତଲ୍ଲୀନତାଜନିତ ଆନନ୍ଦାନୁଭୂତିର କେତେକ ବୈଶିଷ୍ଟ୍ୟ ରହିଛି । ନିମ୍ନପ୍ରଦତ୍ତ ତୁଳନାତ୍ମକ ସୂଚନାରେ ଏହା ଅଧିକ ସ୍ପଷ୍ଟ ହେବ ।

ତଲ୍ଲୀନତା-ସୃଷ୍ଟ ଆନନ୍ଦାନୁଭୂତିର ବୈଶିଷ୍ଟ୍ୟ

ଗତାନୁଗତିକ ଜୀବନରେ ସୁଖାନୁଭୂତି

୧. କର୍ତ୍ତା ଓ କାର୍ଯ୍ୟ ଦୁଇଟି ଜିନିଷ-ଏପରି ଏକ ଦ୍ୱୈତ ଅନୁଭବ ।

୨. ''ମୁଁ କାର୍ଯ୍ୟଟି କରୁଛି'' - ଏପରି ଆତ୍ମ-ନିୟନ୍ତଣତାର ଅନୁଭବ ଥାଏ ।

୩. ଅଭିନିବେଶ (Attention) ଏପଟ ସେପଟ ହୁଏ ।

୪. କମ୍ ସମୟ କି ବେଶୀ ସମୟ ଯାଉଛି ଏପରି ସଚେତନତା ଥାଏ ।

୫. କାର୍ଯ୍ୟ ସମୟରେ ନିରବରେ ବିଶ୍ଳେଷଣ (ମୃଦୁ ଆତ୍ମକଥନ)

ତଲ୍ଲୀନତା-ଜନିତ ସୁଖାନୁଭୂତି

୧. କର୍ତ୍ତା ଓ କାର୍ଯ୍ୟ ଏକୀଭୂତ ହୋଇଯାଏ । ମୁଁ ଅଲଗା କାମଟିଏ କରୁଛି, ଏପରି ଅନୁଭବ ନଥାଏ ।

୨. କାର୍ଯ୍ୟ ମଧ୍ୟରେ ମୁଁତ୍ୱ ମିଳାଇ ଯାଇଥାଏ ।

୩. ପୂର୍ଣ୍ଣ ଏକାଗ୍ରତା (ଅଭିନିବେଶ ସ୍ଥିର ଓ ଅଚଞ୍ଚଳ)

୪. ସମୟ ଦ୍ରୁତଗତିରେ ଚାଲିଯାଏ କିମ୍ବା ଗୋଟିଏ ବିନ୍ଦୁରେ ଅଟକି ରହେ ।

୫. ତଲ୍ଲୀନତା ସମୟରେ ବିଶ୍ଳେଷଣ ନଥାଏ; ଏପରି ବିଶ୍ଳେଷଣ ତଲ୍ଲୀନତା ଭଗ୍ନ କରେ ।

୬. କ'ଣ କରିବି ନ କରିବି, ଏପରି ଗୋଳମାଳିଆ ଅବସ୍ଥା ଆସିପାରେ ।	୬. କାର୍ଯ୍ୟଧାରାରେ ପୂର୍ଣ୍ଣ ସ୍ୱଷ୍ଟତା ।
୭. ସକାରାତ୍ମକ ଆବେଗ ସହିତ ନକାରାତ୍ମକ ଆବେଗ ମଧ୍ୟ ରହିଥାଏ ।	୭. କେବଳ ସକରାତ୍ମକ ଭାବାବେଗର ପ୍ରବାହ ।
୮. ମାନସିକ ଚାପ ବଢ଼ିପାରେ ।	୮. ମାନସିକଚାପ ଚାଲିଯାଏ ।

ତଲ୍ଲୀନତାର ଉପାଦାନ :

ପୂର୍ବରୁ ସୂଚନା ଦିଆଯାଇଛି ଯେ ମାଇକ୍ ଚିକ୍‌ସେଣ୍ଟ୍‌ମିହାଇ ଚିତ୍ରଶିଳ୍ପୀ, କଣ୍ଠଶିଳ୍ପୀ ଏବଂ ବହୁ ସର୍ଜ୍ଜନଶୀଳ ବ୍ୟକ୍ତିମାନଙ୍କର ଅଖଣ୍ଡ ଏକାଗ୍ରତା ଓ ନିମଗ୍ନତା ଦେଖି ଅଭିଭୂତ ହୋଇଥିଲେ । ପରେ ପରେ ସ୍ଥପତି, ଖେଳାଳୀ ଓ ଅନ୍ୟମାନଙ୍କଠାରେ ମଧ୍ୟ ଏପରି ନିମଗ୍ନତା ଦେଖି ସେ ବିଧିବଦ୍ଧ ଗବେଷଣା ଆରମ୍ଭ କଲେ । ଦୀର୍ଘ ଚାଳିଶ ପଚାଶ ବର୍ଷ ଧରି ସେ ବିଧିବଦ୍ଧ ଗବେଷଣା କରି ତଲ୍ଲୀନତାର ତତ୍ତ୍ୱ ପ୍ରଖ୍ୟାପନ କରିଛନ୍ତି ।

ବହୁ କ୍ଷେତ୍ରରେ ନିମଗ୍ନତା ପ୍ରଦର୍ଶନ କରୁଥିବା ଲୋକମାନଙ୍କର ବ୍ୟକ୍ତିଗତ ଅନୁଭବ ଶୁଣିଛନ୍ତି ଏବଂ ଲିପିବଦ୍ଧ କରିଛନ୍ତି । କାର୍ଯ୍ୟ ମାଧ୍ୟମରେ ଏକାତ୍ମକତା ଅନୁଭବ କରୁଥିବାର ଅନୁଭୂତିର ସର୍ବେକ୍ଷଣକୁ ଅନୁଭବ ନମୁନା ପଦ୍ଧତି (Experience Sampling Method) କୁହାଯାଏ । ଏହି ପଦ୍ଧତିକୁ ଭିତ୍ତି କରି ଚିକ୍‌ସେଣ୍ଟ୍‌ମିହାଇ ତଲ୍ଲୀନତାର କେବଳ ସଂଜ୍ଞା ଦେଇ ନାହାନ୍ତି, ଏ ପ୍ରକ୍ରିୟାର ଉପାଦାନମାନ ମଧ୍ୟ ଚିହ୍ନଟ କରିଛନ୍ତି ।

ପରିପୂର୍ଣ୍ଣ ଅଭିନିବେଶ (Attention) ନେଇ କର୍ମସମ୍ପାଦନ ମଧ୍ୟରେ ନିମଜ୍ଜିତ ହେବାର ମାନସିକତା ହେଉଛି ତଲ୍ଲୀନତା । ନିମ୍ନ ସୂଚିତ ଉପାଦାନସମୂହ ତଲ୍ଲୀନତାର ରୂପରେଖକୁ ସ୍ୱଷ୍ଟ କରେ ।

୧. ଅନ୍ତର୍ନିହିତ ଅଭିପ୍ରେରଣା : ତଲ୍ଲୀନତା ସମୟରେ ମୁଖ୍ୟତଃ ଅନ୍ତର୍ନିହିତ ଅଭିପ୍ରେରଣା (Intrinsic Motivation) ସକ୍ରିୟ ଥାଏ । ଅଧିକାଂଶ ସମୟରେ ଲୋକମାନେ ଧନସମ୍ପଦ, ପ୍ରତିପତ୍ତି ଓ ଯଶକାମନା ପରି ବାହ୍ୟିକ ପୁରସ୍କାରର (ପ୍ରୋତ୍ସାହନ) ପ୍ରାପ୍ତି ଆଶାରେ କାର୍ଯ୍ୟ କରନ୍ତି । ମାତ୍ର ତଲ୍ଲୀନତା ସମୟରେ ବ୍ୟକ୍ତି ଅନ୍ତର୍ଜଗତର ପ୍ରାପ୍ତି

ନେଇ ସକ୍ରିୟ ହୁଏ; ବ୍ୟକ୍ତିର ଲକ୍ଷ୍ୟସବୁ ଏପରି ମାନସିକତା ସୃଷ୍ଟି କରେ ଯେ ବ୍ୟକ୍ତି ବୈଷୟିକ ଲାଭକ୍ଷତି ପ୍ରତି କୌଣସି ନଜର ଦେଇନଥାଏ । ନିର୍ଦ୍ଦିଷ୍ଟ ମୁହୂର୍ତ୍ତରେ ଆହ୍ୱାନ ପ୍ରତି ବ୍ୟକ୍ତି ଆନୁଗତ୍ୟ ପ୍ରଦର୍ଶନ କରି କର୍ମବିଭୋର ହୋଇଉଠେ ।

୨. **ଦକ୍ଷତା ଓ ଆହ୍ୱାନର ସମନ୍ୱୟ :** ତଲ୍ଲୀନତା ଅନୁଭବ ହେଉଥିବା କାର୍ଯ୍ୟସବୁ (ଯଥା : କଳା, ସାହିତ୍ୟ, ନୃତ୍ୟ, ଖେଳ, ଇତ୍ୟାଦି) ଭିନ୍ନ ଭିନ୍ନ ହୋଇପାରେ । ମାତ୍ର ଏ ସମସ୍ତ ବିବିଧତା ସତ୍ତ୍ୱେ ଗୋଟିଏ ଜିନିଷ ସମାନ ରହିଥାଏ । ତାହା ହେଉଛି ଦକ୍ଷତା ଓ କଷ୍ଟକରତା (ଆହ୍ୱାନ) ମଧ୍ୟରେ ସମାନ ସ୍ତରର ମେଳ । କାର୍ଯ୍ୟଟି ଖୁବ୍ କଷ୍ଟକର ହୋଇଥିଲେ ବ୍ୟକ୍ତି ହତୋତ୍ସାହ ହୋଇ ପଡ଼ିବ । କାର୍ଯ୍ୟଟି ମାମୁଲି ହୋଇଥିଲେ ବିରକ୍ତି ଆସିବ । ମାତ୍ର ବ୍ୟକ୍ତିର ଦକ୍ଷତାର ସ୍ତର ସହିତ ସମାନ ସ୍ତରରେ ଆହ୍ୱାନ (କଷ୍ଟକରତା) ରହିଲେ ତଲ୍ଲୀନତାର ସମ୍ଭାବନା ବୃଦ୍ଧି ପାଇବ । ଏହି ନୀତିକୁ ଆଧାର କରି ଯେଉଁ ନେତାମାନେ ସେମାନଙ୍କ ଅନୁଗତଙ୍କ ପାଇଁ କାର୍ଯ୍ୟ ଦାୟିତ୍ୱ ବାଛି ଦିଅନ୍ତି, ସେପରି ନେତା କର୍ମ ସଂସ୍ଥାରେ କର୍ମଚାରୀଙ୍କ ସ୍ତରରେ ତଲ୍ଲୀନତା ଆଣିପାରନ୍ତି ।

୩. **ଲକ୍ଷ୍ୟ ବା ଆଭିମୁଖ୍ୟର ସ୍ୱଷ୍ଟତା :** ତଲ୍ଲୀନତା ସମୟରେ ଲକ୍ଷ୍ୟ କରାଯାଇଛି ଯେ ବ୍ୟକ୍ତିମାନରେ ଲକ୍ଷ୍ୟ ବା ଆଭିମୁଖ୍ୟର ସ୍ୱଷ୍ଟତା ରହିଥାଏ । ଲକ୍ଷ୍ୟ ପୂରଣ ଦିଗରେ ଅଗ୍ରସର ହେବା ସମୟରେ ବ୍ୟକ୍ତି ଭଲ ରୂପେ ଜାଣେ ଯେ ତା'ର ପ୍ରକୃତ ଲକ୍ଷ୍ୟ କ'ଣ, ସେ କେତେଦୂର ଅଗ୍ରସର ହୋଇଛି ଏବଂ ଆଉ କେତେ ଦୂର ଯିବାକୁ ପଡ଼ିବ । ବାହ୍ୟ ଜଗତରୁ ନିଜ ଅଗ୍ରଗତିର କିଛିଟା ସୂଚନା (Feedback) ଆସିପାରେ କିମ୍ବା ବ୍ୟକ୍ତି ନିଜେ ମଧ୍ୟ କିଛିଟା ଆକଳନ କରିପାରେ । ପ୍ରତିଟି ପଦକ୍ଷେପରେ ଫଳାଫଳ ପ୍ରତି ସଚେତନ ରହିବାର ମାନସିକତା ରହିଥାଏ ।

୪. **ଗଭୀର ଓ ଲକ୍ଷ୍ୟବିଦ୍ଧ ଏକାଗ୍ରତା :** ତଲ୍ଲୀନତାର ଏକ ମୂଳ ବୈଶିଷ୍ଟ୍ୟ ହେଉଛି ଗଭୀର ଓ ଲକ୍ଷ୍ୟ-କେନ୍ଦ୍ରିତ ଏକାଗ୍ରତା । ପ୍ରତିଲୋକର ବାହ୍ୟ ଜଗତରେ ବହୁ ବସ୍ତୁ ବହୁ ଆକର୍ଷଣ ରହିଥାଏ । ମାତ୍ର ତଲ୍ଲୀନତା ଅନୁଭବ କରୁଥିବା ବ୍ୟକ୍ତିର ଦୃଷ୍ଟିରେ ଏକମାତ୍ର ଲକ୍ଷ୍ୟ ଦୀପ୍ତିମନ୍ତ ହୋଇ ଶୋଭାପାଉଥାଏ । ଅଭିନିବେଶ କେବଳ ସେହି ଲକ୍ଷ୍ୟ ବିନ୍ଦୁରେ କେନ୍ଦ୍ରିତ ଥାଏ । କୁଶଳୀ ତୀରବିନ୍ଧାଣୀ ଆଖିରେ କେବଳ ଲକ୍ଷ୍ୟ ବସ୍ତୁଟି ବ୍ୟତୀତ ଅନ୍ୟ କିଛି ନ ଦିଶିଲା ପରି ନିମଗ୍ନ ଚିତ୍ତ ନେଇ ଅଗ୍ରସର ହେଉଥିବା ବ୍ୟକ୍ତି ଦୃଷ୍ଟିରେ ଲକ୍ଷ୍ୟ ଏବଂ କେବଳ ଲକ୍ଷ୍ୟବିନ୍ଦୁଟି ପରିଦୃଷ୍ଟ ହୁଏ ।

୫. **କାର୍ଯ୍ୟ ଓ ସଚେତନତା ମଧ୍ୟରେ ସଂଯୋଗ :** ନିବିଷ୍ଟ ଚିତ୍ତରେ ନୃତ୍ୟ କରୁଥିବା ଗୋଟିଏ ନୃତ୍ୟଶିଳ୍ପୀର ପରିକଳ୍ପନା କରାଯାଇପାରେ। ତଲ୍ଲୀନତା ଅନୁଭବ କରୁଥିବା ଗୋଟିଏ ନୃତ୍ୟଶିଳ୍ପୀର ମଞ୍ଚ ଉପରେ ପ୍ରଦର୍ଶନର କଥା ଚିନ୍ତା କଲେ ଏ ଧାରଣାଟି ସୃଷ୍ଟି ହେବ। ବର୍ତ୍ତମାନ ମୁହୂର୍ତ୍ତରେ ହୁଏତ ନୃତ୍ୟଶିଳ୍ପୀଙ୍କ କାର୍ଯ୍ୟ ହେଉଛି ପଦଚାଳନା। ସୁତରାଂ ସେ ତାଙ୍କର ପୂର୍ଣ୍ଣ ଅଭିନିବେଶ ଗୋଡ଼ରେ ନିମ୍ନଦେଶରେ କେନ୍ଦ୍ରିତ ରଖିବେ। ଏହାର ଅର୍ଥ ନୁହେଁ ସେ ଠିଆ ହୋଇଥିବା ମଞ୍ଚ ସମ୍ମୁଖରେ ବସିଥିବା ଦର୍ଶକମଣ୍ଡଳୀ ପରିପାର୍ଶ୍ୱରେ ରହିଥିବା ବାଦ୍ୟଯନ୍ତ୍ରର ଶିଳ୍ପୀସମୂହ ଏବଂ ଆଲୋକସଜ୍ଜା ପରି ଅନ୍ୟସବୁ ପରିବେଶ ପ୍ରତି ଆଖିବୁଜି ଦେବେ। ଏସବୁ ଦିଗ ପ୍ରତି ସଚେତନ ରହିବେ କିନ୍ତୁ ମୁଖ୍ୟ ଅଭିନିବେଶ ପଦଚାଳନାର ଗତିବିଧି ପ୍ରତି କେନ୍ଦ୍ରିତ ରହିବ। ଏପରି ଏକ ସଂଯୋଗ ତଲ୍ଲୀନତାର ଏକ ବିଶେଷତ୍ୱ।

୬. **ସ୍ୱଚେତନାର ବିଲୋପ :** କର୍ତ୍ତାଭାବ (ମୁଁ ଏ କାର୍ଯ୍ୟଟି କରୁଛି) ଏପରି ଭାବନା ଧୀରେ ଧୀରେ ଲୋପ ହୁଏ। ଅନ୍ୟ ଭାଷାରେ କହିଲେ ନର୍ତ୍ତକୀ ନୃତ୍ୟର ରୂପ ନିଏ, ଲେଖକଟି ଲେଖା ହୋଇଯାଏ, ସନ୍ତରଣକାରୀ ସନ୍ତରଣ ହୋଇଯାଏ ଏବଂ କର୍ତ୍ତା ଓ କର୍ମ ଗୋଟିଏ ଦୃଷ୍ଟିରୁ ଏକୀଭୂତ ହୋଇଉଠନ୍ତି।

୭. **ବିଶ୍ଳେଷଣଶୂନ୍ୟତା :** ତଲ୍ଲୀନତା ସମୟରେ କାର୍ଯ୍ୟପ୍ରବାହ ଏତେ ଦ୍ରୁତଗତିରେ ଚାଲିଥାଏ ଯେ ଅନୁଭବକାରୀର ବିଶ୍ଳେଷଣ କରିବାର ଅବକାଶ ନ ଥାଏ। ''ଏଇଟି ଠିକ୍, ସେଇଟି ଭୁଲ୍'' – ଏପରି ମୂଲ୍ୟାଙ୍କନ ଆରମ୍ଭ କରିବା ମାତ୍ରେ ତଲ୍ଲୀନତା ତିରୋହିତ ହୋଇଯାଏ। ବିଶ୍ଳେଷଣ ଓ ମୂଲ୍ୟାୟନ ପରେ କରାଯାଇପାରେ। ମାତ୍ର ତଲ୍ଲୀନତାର ପ୍ରବାହ ମଧ୍ୟରେ ଏପରି ବିଚାର ବାଧକ ହୋଇଥାଏ। ସମୀକ୍ଷକମାନେ କୁହନ୍ତି: Analysis is Paralysis ସୁତରାଂ ପ୍ରବାହ ବାଧାହୀନ ଭାବରେ ଗତି କରିବା ଉଚିତ।

୮. **ସମୟ ପ୍ରତ୍ୟକ୍ଷଣର ବିପର୍ଯ୍ୟୟ :** ତଲ୍ଲୀନତାର ଅନୁଭବ ସମୟରେ ସମୟର ଅନୁଭବରେ ଏକ ବୈଚିତ୍ର୍ୟ ଥାଏ। ହୁଏତ ସମୟ ଅତି ଦ୍ରୁତଗତିରେ ଚାଲିଯାଉଛି ବୋଲି ମନେ ହୁଏ। ପାଞ୍ଚ ଘଣ୍ଟା କଟି ଯାଇଥିଲେ ମଧ୍ୟ କେବଳ ପାଞ୍ଚ ମିନିଟ୍ ଯାଇଥିବାର ଅନୁଭବ ହୁଏ। ଅନ୍ୟ କେତେକଙ୍କ କ୍ଷେତ୍ରରେ ସମୟ ଗୋଟିଏ ବିନ୍ଦୁରେ ଅଟକି ଯାଇଛି ବୋଲି ଅନୁଭବ ଆସେ। ପାଞ୍ଚ ମିନିଟ୍ ଆଦୌ ଅତିକ୍ରାନ୍ତ ହେଉ ନାହିଁ ଏବଂ ଘଡ଼ିର କଣ୍ଟା ଗୋଟିଏ ସ୍ଥାନରେ ଅଟକି ଯାଇଛି ବୋଲି ଅନୁଭବ ହୁଏ। ପ୍ରକୃତ ସମୟର ଆକଳନ ତଲ୍ଲୀନତା ଅନୁଭବକାରୀ ବ୍ୟକ୍ତି ପକ୍ଷରେ ପ୍ରାୟ ଅସମ୍ଭବ ହୋଇଉଠେ।

୯. **ଅନ୍ତର୍ଜଗତର ଆନନ୍ଦ :** ତଲ୍ଲୀନତାକୁ ଅବ୍ୟାହତ ରଖିବାରେ ଅନ୍ତର୍ନିହିତ ଆନନ୍ଦର ଭୂମିକା ହେଉଛି ମୁଖ୍ୟ। ବ୍ୟକ୍ତି କାହିଁକି କାର୍ଯ୍ୟଟି କରୁଛି, ଏପରି ପ୍ରଶ୍ନର ଉତ୍ତର ଦେବା ପାଇଁ ବ୍ୟକ୍ତି ହୁଏତ ବାହ୍ୟିକ ଲକ୍ଷ୍ୟଟି ପ୍ରତି ଅଙ୍ଗୁଳି ନିର୍ଦ୍ଦେଶ କରିବ। ନୃତ୍ୟ ଶିଳ୍ପୀଟି କାହିଁକି ନୃତ୍ୟ କରୁଛି, ଏହାର ଉତ୍ତରରେ ସେ ହୁଏତ କହିବ ଯେ ଲୋକଙ୍କୁ ଖୁସି କରିବାକୁ ସେ ନୃତ୍ୟ କରୁଛି। ସେହିପରି ଜଣେ କୁଶଳୀ ଲେଖକଙ୍କୁ ତାଙ୍କ ଲେଖାର କାରଣ ପଚାରିଲେ ସେ ହୁଏତ ସେହିପ୍ରକାର ଉତ୍ତର ଦେବେ। ଲୋକଙ୍କ ଜ୍ଞାନବର୍ଦ୍ଧନ ପାଇଁ ସେ ଲେଖୁଛନ୍ତି ବୋଲି କହିବେ। କିନ୍ତୁ ଏହା ପ୍ରକୃତ ଉତ୍ତର ନୁହେଁ। ପ୍ରକୃତ ଉତ୍ତର ହେଉଚି ଅନ୍ତର୍ଜଗତର ଆନନ୍ଦ। ଅବଶ୍ୟ ବର୍ତ୍ତମାନର ଅତ୍ୟାଧୁନିକ ସ୍ନାୟୁବିଜ୍ଞାନୀମାନେ କହିପାରନ୍ତି ଅକ୍ସିଟୋସିନ୍ (Oxytocin) ପରି ଜୀବରସର (Neurotransmitter) କ୍ଷରଣ ମସ୍ତିଷ୍କରେ ଘଟିଥାଏ, ଫଳରେ ଆନନ୍ଦ ଅନୁଭବ ବୃଦ୍ଧିପାଏ ।

ତଲ୍ଲୀନତାର ନିର୍ଦ୍ଧାରକ ଓ କ୍ରିୟାଶୀଳତା :

ଉପର ଆଲୋଚନାରେ ତଲ୍ଲୀନତାର ସଂଜ୍ଞା ଓ ସ୍ୱରୂପର ସୂଚନା ଦିଆଯାଇଛି। ବର୍ତ୍ତମାନ ଗୁରୁତ୍ୱପୂର୍ଣ୍ଣ ଦିଗଟି ହେଉଛି ତଲ୍ଲୀନତାର ନିର୍ଦ୍ଧାରକ ଅବସ୍ଥା (Condition) ଏବଂ ଏହାର କ୍ରିୟାଶୀଳତା (Mechanism)।

୧. **ସ୍ୱକ୍ରିୟ ଲକ୍ଷ୍ୟ :** ବିଭିନ୍ନ ପ୍ରକାର କ୍ରିୟାକଳାପରେ ତଲ୍ଲୀନତାର ଅନୁଭବ ଆସିଥାଏ। ପଠନ, ଅଧ୍ୟୟନ, କ୍ରୀଡ଼ା କସରତ୍ ଏବଂ କଳାତ୍ମକ କାର୍ଯ୍ୟରେ ଏପରି ଅନୁଭୂତି ଆସିପାରେ। ପୁଣି ଚେସ୍ ଖେଳିବା, ପର୍ବତ ଆରୋହଣ କରିବା, ନୌବିହାର ଓ ଦଳଗତ ଭାବରେ ମୋଟର୍ ସାଇକେଲ୍ ଦ୍ରୁତ ଚାଳନାରେ ମଧ୍ୟ ଏପରି ଅନୁଭବ ଆସିପାରେ । ତଲ୍ଲୀନତାର ସଂଜ୍ଞାର ମୂଳକଥା ହେଉଛି ଯେ କାର୍ଯ୍ୟଟି ହିଁ ଲକ୍ଷ୍ୟର ରୂପନିଏ । ତଲ୍ଲୀନତା ଭିନ୍ନ ସାଧାରଣ ଅବସ୍ଥାରେ କାର୍ଯ୍ୟ ଓ ଲକ୍ଷ୍ୟ ପୃଥକ୍ ଥାଏ ଏବଂ ନିର୍ଦ୍ଦିଷ୍ଟ ଲକ୍ଷ୍ୟ ପାଇଁ କାର୍ଯ୍ୟଟି କରାଯାଏ। ଉଦାହରଣସ୍ୱରୂପ, ଜ୍ଞାନାର୍ଜନ ପାଇଁ ଅଧ୍ୟୟନ କରାଯାଏ କିମ୍ବା ଶାରୀରିକ ସୁସ୍ଥତାର ବିକାଶ ପାଇଁ ବ୍ୟାୟାମ କରାଯାଏ। ମାତ୍ର ଅଧ୍ୟୟନ ପାଇଁ ଅଧ୍ୟୟନ କରାଗଲେ, ବ୍ୟାୟାମ ପାଇଁ ବ୍ୟାୟାମ କରାଗଲେ ତଲ୍ଲୀନତାର ସମ୍ଭାବନା ଖୁବ୍ ଅଧିକ।

ଏପରି ପ୍ରକ୍ରିୟାକୁ ସ୍ୱୟଂକ୍ରିୟ ଲକ୍ଷ୍ୟ (Autotelic) କୁହାଯାଇପାରେ। ଇଂରାଜୀ ଶବ୍ଦ (Autotelic) ମୂଳ ଗ୍ରୀକ୍ ଭାଷାରୁ ଗୃହୀତ। Autoର ଅର୍ଥ ହେଉଛି 'ସ୍ୱୟଂକ୍ରିୟ'

ଏବଂ Teli ଶବ୍ଦର ଅର୍ଥ ଲକ୍ଷ୍ୟ। ଏ ଶବ୍ଦଟିର ତାତ୍ପର୍ଯ୍ୟ ହେଉଛି ଯେ ତଲ୍ଲୀନତାର ସମ୍ଭାବନା ସୃଷ୍ଟି କରୁଥିବା କାର୍ଯ୍ୟଟିର କୌଣସି ଅନ୍ତିମ ଲକ୍ଷ୍ୟ ନଥାଏ (ଯଥା : ଭବିଷ୍ୟତର ଲାଭ ପାଇଁ କୌଣସି ଏକ କାମ କରିବା)। କାର୍ଯ୍ୟଟି ହିଁ କାର୍ଯ୍ୟଟିର ଲକ୍ଷ୍ୟ (ଯଥା: ଅଧ୍ୟୟନ ପାଇଁ ଅଧ୍ୟୟନ, ପର୍ବତ ଆରୋହଣର ଆନନ୍ଦ ପାଇଁ ପର୍ବତ ଆରୋହଣ)। ସୁତରାଂ ବାହ୍ୟିକ ଲାଭର ଆଶା ନଥାଇ ଅନ୍ତର୍ନିହିତ ଆନନ୍ଦ ହିଁ ମୂଳ ଉତ୍ସ।

୨. **ଆହ୍ୱାନପୂର୍ଣ୍ଣ କାର୍ଯ୍ୟକ୍ରମ :** ଜଣେ ତରୁଣ କିମ୍ବା ବୟସ୍କ ବ୍ୟକ୍ତି ଆଠ ବର୍ଷର ପିଲାଟି ସହିତ ଚେସ୍ ଖେଳିଲେ ତଲ୍ଲୀନତାର କି ସମ୍ଭାବନା ରହିଛି ? ନିଶ୍ଚିତ ଭାବରେ କୁହାଯିବ ଯେ ସମ୍ଭାବନା ନାହିଁ। ସହଜ ସରଳ କାମରେ ତଲ୍ଲୀନତାର ସମ୍ଭାବନା ନାହିଁ । କାମଟି ଆମର ସାମର୍ଥ୍ୟ ପ୍ରତି ଏକ ଆହ୍ୱାନ (Challenge) ସୃଷ୍ଟି କରୁଥିବା ଆବଶ୍ୟକ । ତଲ୍ଲୀନତାର ଅନୁଭବ ସମୟରେ କାର୍ଯ୍ୟଟିର କଷ୍ଟକରତା ଏବଂ ଆବଶ୍ୟକ ସାମର୍ଥ୍ୟର ଅନୁପାତ ୧:୧ ହେବା ପ୍ରୟୋଜନ। ଜଣେ ସର୍ଜନଶୀଳ ଗୀତିକାର ଗୀତଟି ଲେଖିବାର ମୁହୂର୍ତ୍ତ ଚିନ୍ତା କରନ୍ତୁ। ଜଣେ ଗଣିତଜ୍ଞ ଗୋଟିଏ ଜଟିଳ ଗାଣିତିକ ସମସ୍ୟାର ସମାଧାନ ମୁହୂର୍ତ୍ତ ଭାବିବସନ୍ତୁ। ଏପରି ସବୁ ମୁହୂର୍ତ୍ତରେ କାର୍ଯ୍ୟଟିର ଜଟିଳତାର ସ୍ତର ଏବଂ ବ୍ୟକ୍ତିର ଦକ୍ଷତାର ସ୍ତର ପ୍ରାୟ ସମାନ ସ୍ତରରେ ରହିଥାଏ। ଅନ୍ୟଥା ବ୍ୟକ୍ତିର ସାମର୍ଥ୍ୟ ତୁଳନାରେ କାମଟି ସହଜ ହେଲେ ବିରସ ଆସିବ ଏବଂ ସାମର୍ଥ୍ୟ ତୁଳନାରେ କାର୍ଯ୍ୟଟି କଷ୍ଟସାଧ ହେଲେ ଉତ୍କଣ୍ଠା (Anxiety) ଆସିବ। ସୁତରାଂ କେବଳ ଆହ୍ୱାନପୂର୍ଣ୍ଣ କଷ୍ଟକର କାର୍ଯ୍ୟ ହିଁ ତଲ୍ଲୀନତାର ସମ୍ଭାବନା ଗଠନ କରେ।

୩. **ସାଂସ୍କୃତିକ ପରିପ୍ରେକ୍ଷୀ :** ପ୍ରତି ସମାଜ ଓ ସଂସ୍କୃତି ନିଜର ନାଗରିକମାନଙ୍କ ପାଇଁ ବହୁବିଧ କାର୍ଯ୍ୟକ୍ରମର ଯୋଜନା ରଖିଥାଏ। କହିବା ଅନାବଶ୍ୟକ ଯେ ବିଭିନ୍ନ କାର୍ଯ୍ୟରେ ନିମଗ୍ନତା ସୃଷ୍ଟିର ପରିମାଣ କମ୍ ବେଶୀ ହୋଇଥାଏ। କେତେକ ଗତାନୁଗତିକ ରୁଟିନ୍‌ବନ୍ଧା କାର୍ଯ୍ୟରେ ତଲ୍ଲୀନତାର ସମ୍ଭାବନା କମ୍ ଥିବାବେଳେ ଅନ୍ୟ କେତେକ କାର୍ଯ୍ୟରେ ଏପରି ସମ୍ଭାବନା ଅଧିକ ଥାଏ। ଅବଶ୍ୟ ଜଣେ ବ୍ୟକ୍ତି ନିଜର ବ୍ୟକ୍ତିତ୍ୱ ଓ ମନୋବୃତ୍ତି ବଳରେ ସାଧାରଣ କାର୍ଯ୍ୟରେ ବି ଅସାଧାରଣ ତଲ୍ଲୀନତା ସୃଷ୍ଟି କରିପାରେ। ଦୃଷ୍ଟାନ୍ତ ସ୍ୱରୂପ, ରୋଷେଇ ଘରେ ଖାଦ୍ୟ ପ୍ରସ୍ତୁତ କରିବା ଏକ ନିତିଦିନିଆ ଗତାନୁଗତିକ ବିରକ୍ତିକର କାର୍ଯ୍ୟ ହୋଇପାରେ। କିନ୍ତୁ ଜଣେ ବ୍ୟକ୍ତି ଏପରି କାର୍ଯ୍ୟରେ ଅର୍ଥପୂର୍ଣ୍ଣତା ଭରିଦେଇ (ଯଥା: ସ୍ୱତନ୍ତ୍ର ଅତିଥିମାନଙ୍କ ପାଇଁ ଲୋଭନୀୟ ଖାଦ୍ୟ ପ୍ରସ୍ତୁତ କରିବା) ଏହାକୁ ତଲ୍ଲୀନତାର ଉତ୍ସ କହିପାରନ୍ତି।

ଆମ ସଂସ୍କୃତିରେ ବିଭିନ୍ନ ପର୍ବପର୍ବାଣୀ ସମୟରେ ନୃତ୍ୟ, ଗୀତ, ଆନନ୍ଦ ଉତ୍ସବ ଓ ସାମାଜିକ ସମାବେଶ ତଲ୍ଲୀନତାର ପରିବେଶ ସୃଷ୍ଟି କରିଥାଏ। ହୋଲି ସମୟର ନୃତ୍ୟଗୀତ, ରଥଯାତ୍ରା ଅବକାଶରେ ଆବେଗପୂର୍ଣ୍ଣ ସମାବେଶ ଏବଂ ଦଶହରା ସମୟରେ ବନ୍ଧୁମିଳନ ଆମ ସମାଜ ଓ ସଂସ୍କୃତିର ତଲ୍ଲୀନତା ସୃଷ୍ଟି କରିବାର ସୁନ୍ଦର ସୁନ୍ଦର ପ୍ରୟାସ । ଦୈନନ୍ଦିନ ଜୀବନର ବିରସତାକୁ ଭାଙ୍ଗିବା ପାଇଁ ପ୍ରତି ସଂସ୍କୃତିରେ ବ୍ୟବସ୍ଥା ରହିଛି। ଆମ ସଂସ୍କୃତିରେ ବହୁ ରୀତିନୀତି, ସାମାଜିକ ପ୍ରଥା ମାଧ୍ୟମରେ (ଯଥା : ବିବାହ ଉତ୍ସବ) ନିମଗ୍ନତା ମଧ୍ୟରେ ଆନନ୍ଦାନୁଭବର ସୁଯୋଗ ଦିଆଯାଏ।

୪. **ସମ୍ପର୍କଶୀଳତାର ନିବିଡ଼ତା :** ସମ୍ପର୍କଶୀଳତାର ପରିପ୍ରେକ୍ଷୀ ମଧ୍ୟରେ ଅନ୍ତରଙ୍ଗତାର ମାଧୁର୍ଯ୍ୟ ତଲ୍ଲୀନତାର ପରିଣତି ସୃଷ୍ଟି କରିପାରେ। ଅନେକଙ୍କ ଭ୍ରମପୂର୍ଣ୍ଣ ଧାରଣା ଜନ୍ମିପାରେ ଯେ ପାରିବାରିକ ଜୀବନର କେବଳ ପତିପତ୍ନୀଙ୍କ ଯୌନ ସମ୍ପର୍କ ତଲ୍ଲୀନତା ଓ ଆନନ୍ଦାନୁଭୂତିର ଉତ୍ସ ହୋଇଥାଏ। ମାତ୍ର ପ୍ରକୃତରେ ତଲ୍ଲୀନତାର ବହୁ ଉତ୍ସ ରହିଛି। ପତିପତ୍ନୀଙ୍କ ମଧ୍ୟରେ ପାରସ୍ପରିକ ଆନୁଗତ୍ୟ, ସମଧର୍ମୀ ଲକ୍ଷ୍ୟ, ଆଗ୍ରହ ଆଶାରେ ସ୍ୱପ୍ନର ସମତା, ଏବଂ ସମାନ ପ୍ରକାର ମୂଲ୍ୟବୋଧ ତଲ୍ଲୀନତା ସୃଜିପାରେ। ଏତଦ୍‌ବ୍ୟତୀତ ଯତ୍ନର ସହିତ ଶିଶୁମାନଙ୍କର ପରିପାଳନ ମଧ୍ୟ ତଲ୍ଲୀନତାର ଉତ୍ସ ହୋଇପାରେ । ଜୀବନର ବାଧାବନ୍ଧନ ଓ ଦୁର୍ବିପାକକୁ ଏକାଠି ହୋଇ ସମ୍ମୁଖୀନ ହେବା ଏବଂ ପ୍ରତିରୋଧ କରିବାର ପ୍ରୟାସ ମଧ୍ୟରେ ତଲ୍ଲୀନତାର ପ୍ରତିଫଳନ ଆସିପାରେ।

୫. ବିଜ୍ଞତାର ସହ ଶାରୀରିକ କାର୍ଯ୍ୟକଳାପ : ତଲ୍ଲୀନତାର ନିର୍ଦ୍ଧାରକ ଅବସ୍ଥା ଆଲୋଚନା କରିବା ସମୟରେ ଅନେକଙ୍କର ଧାରଣା ଜନ୍ମିପାରେ ଯେ କେବଳ ବୁଦ୍ଧିଦୀପ୍ତ ମାନସିକ କାର୍ଯ୍ୟକଳାପରେ (ଯଥା: ପଠନ ଅଧ୍ୟୟନ, ଗବେଷଣା, ଶଲ୍ୟ ଚିକିତ୍ସା) ତଲ୍ଲୀନତାର ସମ୍ଭାବନା ରହିଛି। ମାତ୍ର ଏହା ଠିକ୍ ନୁହେଁ। କେତେକ ଶାରୀରିକ କାର୍ଯ୍ୟକଳାପ (ଯଥା : ସନ୍ତରଣ, ପର୍ବତ ଆରୋହଣ ଇତ୍ୟାଦି) ତଲ୍ଲୀନତା ସୃଷ୍ଟି କରିପାରେ । ଗୁରୁତ୍ୱପୂର୍ଣ୍ଣ ଦିଗଟି ହେଉଛି କାର୍ଯ୍ୟଟିର କଷ୍ଟକର ଦିଗ। ଏହାର ମାତ୍ରା ଏପରି ହେବା ଉଚିତ ଯେ ଏହା ଆମର ସାମର୍ଥ୍ୟ ପ୍ରତି ଏକ ଆହ୍ୱାନ ସୃଷ୍ଟି କରିବ। ସମ୍ପୂର୍ଣ୍ଣ ଅସାଧ ହୋଇ ନ ଥିବ କି ପୂରାପୂରି ସହଜ ହୋଇ ନଥିବ। ବହୁ ଧରଣର କ୍ରୀଡ଼ାରେ ତଲ୍ଲୀନତା ସୃଷ୍ଟି କରିବାର ପ୍ରଚୁର ସମ୍ଭାବନା ରହିଛି।

ତଲ୍ଲୀନତାର ଉପଯୋଗିତା ଆଲୋଚନା ପୂର୍ବରୁ ଜୀବନର ବିଭିନ୍ନ କ୍ଷେତ୍ରରେ ତଲ୍ଲୀନତା ନୀତିର ପ୍ରୟୋଗ ବେଶ ଶିକ୍ଷାପ୍ରଦ।

ଜୀବନରେ ତଲ୍ଲୀନତାର ନୀତିର ପ୍ରୟୋଗ :

ଜୀବନ ଏକ ବିବିଧତାର ପ୍ରବାହ। ଜୀବନର ବିଭିନ୍ନ ପର୍ଯ୍ୟାୟରେ ଆକର୍ଷଣ ବିକର୍ଷଣର ରୂପରେଖ ପରିବର୍ତ୍ତିତ ହୁଏ। କିଶୋର କାଳରେ ଆନନ୍ଦଦାୟକ ମନେ ହେଉଥିବା କାର୍ଯ୍ୟ ହୁଏତ ପରବର୍ତ୍ତୀ ପର୍ଯ୍ୟାୟରେ ଅସାର ଓ ବିରକ୍ତିକର ମନେ ହୋଇପାରେ । ବସ୍ତୁତଃ ଜୀବନର ବିଭିନ୍ନ କ୍ଷେତ୍ରରେ ପ୍ରତିଟି କାର୍ଯ୍ୟ ମଧ୍ୟରେ ଅଳ୍ପବହୁତ ତଲ୍ଲୀନତାର ସମ୍ଭାବନା ଥିଲେ ମଧ୍ୟ ତଲ୍ଲୀନତାର ମୂଳ ନୀତିଟି ଆବିଷ୍କାର କରିବାକୁ ହେବ । ତଲ୍ଲୀନତାର ମୂଳ ମଞ୍ଜିଟିକୁ ଧରି ପାରିଲେ ଜୀବନର ବହୁ କ୍ଷେତ୍ରରେ ତଲ୍ଲୀନତା ଅନୁଭବର ସୃଷ୍ଟି କରିବା ସମ୍ଭବ ହେବ। ଜୀବନର ପ୍ରତିଟି କ୍ଷେତ୍ରର ସମ୍ଭାବ୍ୟ ତଲ୍ଲୀନତାର ଦୃଷ୍ଟାନ୍ତ ସମ୍ଭବ ନ ହେଲେ ମଧ୍ୟ କେତେକ ମୁଖ୍ୟ କ୍ଷେତ୍ରର ଉଦାହରଣ ଦିଆଯାଇପାରେ।

୧. **ଖେଳରେ ତଲ୍ଲୀନତା :** ସଂସାରରେ ବହୁ ଧରଣର ଖେଳ ରହିଛି। କେତେକ ଖେଳ ପ୍ରତିଯୋଗିତାଧର୍ମୀ ହେବା ସ୍ଥଳେ ଆଉ କେତେକ ଖେଳ ଆକସ୍ମିକତା ବା Chance ଉପରେ ଆଧାରିତ (ଯଥା - ଲୁଡୁ)। ନୃତ୍ୟ, ଗୀତ, ଅଭିନୟ ଓ ଚିତ୍ରକଳା ପରି କେତେକ ଖେଳ ଅଭିନୟ-ଭିତ୍ତିକ। କେଉଁ ଖେଳଟି ଖୁବ୍ ବେଶୀ ଆନନ୍ଦାନୁଭୂତି ଦେଇପାରିବ ସେ ସମ୍ପର୍କରେ ନିଶ୍ଚିତ ଭାବରେ କୁହାଯାଇ ପାରିବ ନାହିଁ। ଅବଶ୍ୟ ଏ କଥା ସତ ଯେ ଖେଳଟି ବ୍ୟକ୍ତିର ରୁଚି ଓ ଦକ୍ଷତାର ସମକକ୍ଷ ହେବା ଆବଶ୍ୟକ । ବ୍ୟକ୍ତିର ଦକ୍ଷତାକୁ ଚାହିଁ ଖେଳଟି ଆହ୍ୱାନ ସୃଷ୍ଟି କରିପାରୁଥିବ। ଜୀବନର ଗୋଟିଏ ସୋପାନରେ ଯେଉଁ ଖେଳ ଆକର୍ଷଣୀୟ ମନେ ହୁଏ, ପରବର୍ତ୍ତୀ ପର୍ଯ୍ୟାୟରେ ହୁଏତ ଆକର୍ଷଣ କମିଯାଏ। ସୁତରାଂ ମୂଳକଥା ହେଉଛି ଦକ୍ଷତା ଓ ଆକର୍ଷଣଶୀଳତା ପରସ୍ପରର ସମକକ୍ଷ ହେବା ପ୍ରୟୋଜନ।

୨. **ପରିବାରରେ ତଲ୍ଲୀନତା :** ପରିବାରରେ ତଲ୍ଲୀତନାର ପରିବେଶ ସୃଷ୍ଟି ପାଇଁ ପିତାମାତା ଓ ବୟସ୍କମାନଙ୍କର ଦାୟିତ୍ୱ ରହିଛି। ପିଲା ଓ କିଶୋର କିଶୋରୀମାନଙ୍କଠାରୁ ପିତାମାତା କ'ଣ ପ୍ରତ୍ୟାଶା କରୁଛନ୍ତି, ତାହା ସ୍ପଷ୍ଟ ଓ ସୁନିର୍ଦ୍ଦିଷ୍ଟ ଭାବରେ ଜଣାଇବେ। ମଝିରେ ମଝିରେ ଏ ସମ୍ପର୍କରେ ଆଲୋଚନା କରିବେ ଏବଂ ଏ ଦିଗରେ କେତେ ଅଗ୍ରଗତି କି ବିଚ୍ୟୁତି ଘଟୁଛି ତାହାର ଧାରଣା ଦେବେ। ପିଲାର ଶିକ୍ଷା ଓ ଭବିଷ୍ୟତ ବୃତ୍ତିଭିନ୍ନ ଅନ୍ୟ କେଉଁଥିରେ ଆଗ୍ରହ ରହିଛି, ତାହା ଚିହ୍ନଟ କରିବେ। ଅନୈତିକ ଓ ଅସାମାଜିକ ହୋଇ ନଥିଲେ ଏ ଦିଗରେ ଉତ୍ସାହ ଦେବେ। କେବଳ କଥାରେ ନୁହେଁ, କାର୍ଯ୍ୟ ଓ

ଆଚରଣ ମାଧ୍ୟମରେ ନିଜର ପ୍ରତିବଦ୍ଧତା ଜଣାଇବେ। ପିଲାମାନେ ପସନ୍ଦ ଅପସନ୍ଦର ତାଲିକା ସୂଚାଇବା ସମୟରେ ପିତାମାତା ନିଜର ପସନ୍ଦ ଅପସନ୍ଦ ଅଯଥା ଲଦିଦେବେ ନାହିଁ; ପିଲାମାନଙ୍କୁ ସ୍ୱାଧୀନତା ଦେବେ ଓ ଅନେକଗୁଡ଼ିଏ ବିକଳ୍ପର ସୁବିଧା ଦେବେ। ସର୍ବୋପରି ଲକ୍ଷ୍ୟପୂରଣ ଓ ରୁଚିର ସଂପ୍ରସାରଣ ପାଇଁ ସୁବିଧା ସୁଯୋଗ ଦେବେ।

୩. **ଲକ୍ଷ୍ୟ ପୂରଣରେ ତଲ୍ଲୀନତା :** ଲକ୍ଷ୍ୟ ପୂରଣର ମାଧ୍ୟମରେ ବହୁଲୋକ ତଲ୍ଲୀନତାର ଅନୁଭବ ପାଆନ୍ତି। ତଥାପି ଏପରି ସମ୍ଭାବନାକୁ ବୃଦ୍ଧି କରିବା ପାଇଁ କେତୋଟି ନୀତି ଅବଲମ୍ବନ କରାଯାଇପାରେ। ଗୋଟିଏ ନିର୍ଦ୍ଦିଷ୍ଟ ଲକ୍ଷ୍ୟ ସ୍ଥିର କଲାପରେ ଏହାକୁ ଛୋଟ ଛୋଟ ଉପଲକ୍ଷ୍ୟର (Sub-Goals) ରୂପ ଦେବା ଉପଯୋଗୀ ହେବ। ଲକ୍ଷ୍ୟ ଦିଗରେ ଅଗ୍ରସର ହେବା ସମୟରେ ନିଜର ଅଗ୍ରଗତିକୁ ମାପିବା ଏବଂ ଏ ଦିଗରେ ସଚେତନ ହେବା ବେଶ୍ ସହାୟକ। ଲକ୍ଷ୍ୟଟି ପ୍ରତି ଏକାଗ୍ରତା ରକ୍ଷା କରିବାକୁ ହେବ, ଲକ୍ଷ୍ୟଟିର ପ୍ରକୃତ ଆହ୍ୱାନ (କଷ୍ଟକରତା) ଚିହ୍ନଟ କରିବା ଏବଂ ଜାଣିବା ଆବଶ୍ୟକ। ଆହ୍ୱାନର ମୁକାବିଲା ପାଇଁ ଆବଶ୍ୟକ କୌଶଳ ଶିକ୍ଷା କରିବାକୁ ହେବ। ଏପରି କାର୍ଯ୍ୟକୁଶଳତା ଶିକ୍ଷା କରିବା ପାଇଁ ପରିପାର୍ଶ୍ୱରେ କି ସୁବିଧା ସୁଯୋଗ ରହିଛି ତାହାର ଉପଯୋଗ କରିବାକୁ ହେବ।

୪. **ନୃତ୍ୟ, ସଙ୍ଗୀତ ଓ ଯୋଗାଭ୍ୟାସ :** ନୃତ୍ୟ ଓ ସଙ୍ଗୀତ ପରି କଳାତ୍ମକ କାର୍ଯ୍ୟକ୍ରମ ମାଧ୍ୟମରେ ତଲ୍ଲୀନତାର ଅନୁଭବକୁ ଗଭୀର କରାଯାଇପାରେ। ନୃତ୍ୟ ଶୃଙ୍ଖଳିତ ଅଙ୍ଗଚାଳନାର ସୁଯୋଗ ଦେଇଥାଏ। ଆମ ଦେଶରେ ଭାରତନାଟ୍ୟମ୍ ଓ ଓଡ଼ିଶୀ ପରି ଶାସ୍ତ୍ରୀୟ ପରମ୍ପରାଭିତ୍ତିକ ନୃତ୍ୟମାନ ଆନନ୍ଦର ଅପୂର୍ବ ସମ୍ଭାର ସୃଷ୍ଟି କରିଥାଏ। ଏତଦ୍‌ବ୍ୟତୀତ ଭାରତରେ ବିଭିନ୍ନ ରାଜ୍ୟରେ ପ୍ରୋତ୍ସାହିତ ଲୋକନୃତ୍ୟର ବିଶାଳ ପରମ୍ପରା (ଯଥା: ମଣିପୁରୀ, ଛଉ ନୃତ୍ୟ) ରହିଛି। ନୃତ୍ୟ ପରି ସଙ୍ଗୀତର ପ୍ରସାରିତ ପରମ୍ପରା ଭାରତର ଏକ ବିଶିଷ୍ଟ ସମ୍ପଦ। ନିଜର ରୁଚି ଓ ଭୌଗୋଳିକ ପରିବେଶକୁ ବିଚାର କରି ଯେ କୌଣସି ନୃତ୍ୟ ସଙ୍ଗୀତର ମାଧ୍ୟମ ଗ୍ରହଣ କରାଯାଇପାରେ। ଓଡ଼ିଶାର ଆଦିବାସୀ ବହୁଳ ଅଞ୍ଚଳରେ ବିଭିନ୍ନ ଧରଣର ଲୋକଗୀତି ଓ ଲୋକନୃତ୍ୟକୁ ଆପଣେଇ ନେଇଥିବା ଲୋକମାନେ ତଲ୍ଲୀନତାର ଅପୂର୍ବ ଅନୁଭବ ଲାଭ କରନ୍ତି। ବିଭିନ୍ନ ଧରଣର ଯୋଗାସନ ଏବଂ ପତଞ୍ଜଳିଙ୍କ ପ୍ରଦର୍ଶିତ ଅଷ୍ଟାଙ୍ଗଯୋଗ ନିଜ ଜୀବନରେ ଅଙ୍ଗୀଭୂତ କରିଥିବା ଲୋକମାନେ ଏହା ମାଧ୍ୟମରେ ତଲ୍ଲୀନତା ଅନୁଭବ କରନ୍ତି।

୫. **କର୍ମ ବଳୟରେ ତଲ୍ଲୀନତା :** ବୃତ୍ତିଗତ ଏବଂ କର୍ମମୟ ଜୀବନର ଧାରା

ମଧ୍ୟରେ ବି ନିମଗ୍ନ ହେବାର ସମ୍ଭାବନା ରହିଛି। ନିଜର କାର୍ଯ୍ୟରେ ବିବିଧତା, କାର୍ଯ୍ୟକୌଶଳ, ଲକ୍ଷ୍ୟର ସୁନିର୍ଦ୍ଦିଷ୍ଟତା ଏବଂ ସଫଳତାର ସ୍ପଷ୍ଟ ଆକଳନର ବ୍ୟବସ୍ଥା ସହାୟକ ହୋଇଥାଏ। ଅନୁକୂଳ କାର୍ଯ୍ୟଧାରା ଓ ଉପଯୋଗୀ ବ୍ୟକ୍ତିତ୍ୱର ସମ୍ମିଳିତ ଅବସ୍ଥା ହିଁ ଆନନ୍ଦାନୁଭୂତିର ନିଶ୍ଚିତ ନିର୍ଦ୍ଧାରକ।

ଜୀବନର ବିଶିଷ୍ଟ କେତୋଟି କ୍ଷେତ୍ରରେ ତଲ୍ଲୀନତାର ଯେଉଁ ସମ୍ଭାବ୍ୟ ଚିତ୍ର ଦିଆଗଲା, ତାହା କେବଳ ଉଦାହରଣ ମାତ୍ର। ଜୀବନର ପ୍ରତିଟି କ୍ଷେତ୍ରରେ, ପ୍ରତିଟି ମୁହୂର୍ତ୍ତରେ ତଲ୍ଲୀନତା ଅନୁଭବର ସମ୍ଭାବନା ରହିଛି। ନିରବରେ ବସିଥିବା ସମୟରେ, ଇନ୍ଦ୍ରିୟାନୁଭୂତ ସମ୍ବେଦନ ଗ୍ରହଣ କରୁଥିବା ସମୟରେ, କିଛି ସ୍ମରଣ କରୁଥିବା ସମୟରେ ଏବଂ ବନ୍ଧୁ ଗହଣରେ ହସଖୁସି ମେଳରେ ତନ୍ମୟତାର ଅନୁଭବ ଆସିପାରେ। ତଲ୍ଲୀନତା ଅନୁଭବ କରିବାର ଉଦ୍ଦେଶ୍ୟକୁ ଆଖି ଆଗରେ ରଖି ଯୋଜନା ପ୍ରସ୍ତୁତ କରିବାର କୌଣସି ଆବଶ୍ୟକତା ନାହିଁ। ନିଷ୍ଠାର ସହିତ ଜୀବନ ପଥରେ ଚାଲିଯାଉଥିବା ସମୟରେ ମଣିଷ କେଉଁଠି କେଉଁଠି ତଲ୍ଲୀନତାକୁ ଝୁଣ୍ଟିପଡ଼େ।

ତଲ୍ଲୀନତାର ସୁଫଳ :

ପୂର୍ବ ଆଲୋଚନାରୁ ତଲ୍ଲୀନତାର ସୁଫଳ ଖୁବ୍ ସ୍ପଷ୍ଟ। ସ୍ୱତଃସ୍ଫୂର୍ତ୍ତ ଆନନ୍ଦର ଅନୁଭବ ଏକ ସୁନ୍ଦର ଅନୁଭୂତି। ଲକ୍ଷ୍ୟ-କେନ୍ଦ୍ରିତ ଏକାଗ୍ରତା ଫଳରେ ବ୍ୟକ୍ତି ଅନ୍ତର୍ଜଗତରେ ଆନନ୍ଦ ଅନୁଭବ କରେ। ଏହି ଅନ୍ତର୍ନିହିତ ପୁଲକ ସେ ସହଜରେ ଅନ୍ୟତ୍ର ଉପଲବ୍ଧି କରିନଥାଏ।

ଏହି ମୂଳ ପ୍ରାପ୍ତିକୁ ଆଧାର କରି ଅନ୍ୟ କେତୋଟି ସକରାତ୍ମକ ପରିଣତିର ବିଚାର କରାଯାଇପାରେ। ପ୍ରଥମତଃ କର୍ମନିଯୁକ୍ତି ସମୟରେ ହେଉ କିମ୍ବା ଅନ୍ୟ କୌଣସି ସମୟରେ ବ୍ୟକ୍ତିକୁ କାର୍ଯ୍ୟଲିପ୍ତ ରଖିବାର ଯୋଜନା ହେଉ, କେଉଁ କେଉଁ କାର୍ଯ୍ୟରେ ତଲ୍ଲୀନତାର ସମ୍ଭାବନା ଅଛି ତାହା ଚିହ୍ନିତ ହେବା ଆବଶ୍ୟକ। ଏପରି ଚିହ୍ନଟ ହେଲାପରେ ନିର୍ଦ୍ଦିଷ୍ଟ ବ୍ୟକ୍ତିକୁ ନିୟନ୍ତ୍ରଣ କରିବା ସମ୍ଭବପର ହେବ।

ଦୈନନ୍ଦିନ ଜୀବନର ଗତାନୁଗତିକତା ମଧ୍ୟରେ ବହୁ କାର୍ଯ୍ୟ ବିରସ ଓ ବିରକ୍ତି ସୃଷ୍ଟି କରିଥାଏ। ସେଥିପାଇଁ ତଲ୍ଲୀନତା ପଦ୍ଧତିର ସାହାଯ୍ୟ ନେଇ ନିର୍ଦ୍ଦିଷ୍ଟ ବ୍ୟକ୍ତି ପାଇଁ ଏକ ଗ୍ରହଣୀୟ ବିକଳ୍ପର ତାଲିକା ପ୍ରସ୍ତୁତ କରାଯାଇପାରେ। ନିତିଦିନିଆ ଜୀବନର ଏକ ମାମୁଲି କାର୍ଯ୍ୟ ହୋଇଥିଲେ ମଧ୍ୟ କାର୍ଯ୍ୟଟି ନିର୍ଦ୍ଦିଷ୍ଟ ବ୍ୟକ୍ତି ପାଇଁ ଆକର୍ଷଣୀୟ ହୋଇଥିଲେ ବ୍ୟକ୍ତିକୁ ନିୟନ୍ତ୍ରଣରେ ରଖିବା ପାଇଁ ସେ କାମଟିର ଉପଯୋଗ କରାଯାଇପାରିବ।

ତଲ୍ଲୀନତା ପ୍ରକ୍ରିୟାର ଏକ ବିଶିଷ୍ଟ ଉପଯୋଗିତା ହେଉଛି ସଫଳତାର ଅଭିବୃଦ୍ଧି । ପୂର୍ବରୁ ବିଶ୍ୱାସ କରାଯାଉଥିଲା ଯେ ଆମ୍ଭେମାନେ କାର୍ଯ୍ୟରେ ସଫଳତା ଲାଭ କଲେ ଅଧିକ ଆନନ୍ଦ ମିଳିବ। ଏହା କେତେକାଂଶରେ ସତ ହେଲେ ମଧ୍ୟ ଅନ୍ୟ ଦିଗଟି ଅଧିକ ସତ। ଆମର ଖୁସି ଓ ଆନନ୍ଦାନୁଭୂତି ବୃଦ୍ଧି ପାଇଲେ ସଫଳତାର ସମ୍ଭାବନା ଅଧିକରୁ ଅଧିକ ବୃଦ୍ଧିପାଏ। ସୁତରାଂ ତଲ୍ଲୀନତା ପରବର୍ତ୍ତୀ ସାଫଲ୍ୟର ଏକ ନିର୍ଦ୍ଧାରକ ରୂପେ କାର୍ଯ୍ୟକରେ।

କେବଳ ବ୍ୟକ୍ତିଗତ ସ୍ତରରେ ନୁହେଁ ସମଷ୍ଟିଗତ ଓ ଆନୁଷ୍ଠାନିକ ସ୍ତରରେ ତଲ୍ଲୀନତାର ଏକ ବିଶିଷ୍ଟ ଭୂମିକା ରହିଛି। କେତେକ କ୍ଷେତ୍ରର କାର୍ଯ୍ୟ ପରିବେଶ ସ୍ୱଭାବତଃ ନିରସ ଓ ବିରସତାପୂର୍ଣ୍ଣ। ପୋଲିସ ବିଭାଗ ଏପରି ଏକ ପରିସର। ବସ୍ତୁତଃ ଅମାନିଆଙ୍କ ସହିତ କାରବାର ଓ ଅପରାଧୀମାନଙ୍କ ସହ କାରବାର ପରିବେଶକୁ ବହୁ ମାତ୍ରାରେ ନିଷ୍ପ୍ରାଣ ଓ ବିରକ୍ତିକର କରିଥାଏ। ସୁତରାଂ କାର୍ଯ୍ୟ କରୁଥିବା ଲୋକମାନଙ୍କୁ ସକ୍ରିୟ ଓ ପ୍ରାଣବନ୍ତ ରଖିବା ପାଇଁ ତଲ୍ଲୀନତାର ପ୍ରବାହ ଆବଶ୍ୟକ ହୁଏ। ଉଦାହରଣ ସ୍ୱରୂପ, ଗବେଷକ ଚିକ୍‌ସେଣ୍ଟମିହାଇ ସ୍ୱେଡ଼ନର ପୋଲିସ୍ ବିଭାଗକୁ ପରାମର୍ଶ ଦେଇ କିଛି ଯୋଜନା ପ୍ରସ୍ତୁତ କଲେ। ତଲ୍ଲୀନତା ଅନୁଭବ କରିବାର ସମ୍ଭାବନା ବୃଦ୍ଧି କରାଗଲା। ଅନୁସନ୍ଧାନ କରିବାର ସମ୍ଭାବନା ବୃଦ୍ଧି କରାଗଲା। ଅନୁସନ୍ଧାନ ପାଇଁ ସଦାସର୍ବଦା ଜଣେ ସଙ୍ଗୀ-ଅଫିସରଙ୍କ ସହିତ ନ ଯାଇ ଏକାକୀ ଯିବାର ବ୍ୟବସ୍ଥା କରାଗଲା। କେତେକ ପରିବର୍ତ୍ତନ ଫଳରେ ପରିବେଶର ଗୁଣାତ୍ମକ ପରିବର୍ତ୍ତନ ଘଟିଲା।

ଅନେକ ମନୋବିଜ୍ଞାନୀ ଓ ମନୋଚିକିତ୍ସକ ସେମାନଙ୍କ ଚିକିତ୍ସା ପ୍ରକ୍ରିୟାରେ ତଲ୍ଲୀନତା ପଦ୍ଧତିର ପ୍ରୟୋଗ କରି ସୁଫଳ ପାଇଛନ୍ତି। ଅନେକ ଜାଣନ୍ତି ଯେ ଅଧିକାଂଶ ମାନସିକ ବିକୃତିରେ ବିଷାଦର ଅଳ୍ପ ବହୁତେ ଲକ୍ଷଣ ରହିଥାଏ। ସୁତରାଂ ବିପର୍ଯ୍ୟୟ ଅନୁଭବ କରୁଥିବା ବ୍ୟକ୍ତି ପକ୍ଷରେ ହସିବା, ଖୁସୀ ହେବା ଏବଂ ଆନନ୍ଦ ଅନୁଭବର ପ୍ଲାବନ ନିଶ୍ଚିତ ଭାବରେ ସକାରାତ୍ମକ ପରିଣତି ଆଣିଥାଏ।

ସ୍ଥୂଳତଃ ତଲ୍ଲୀନତା ଏକାଗ୍ରତା, ସକ୍ରିୟତା ଓ ଆନନ୍ଦାନୁଭୂତିର ସୂଚକ ହୋଇଥିବାରୁ ମନୁଷ୍ୟର ମାନସିକ ସ୍ୱାସ୍ଥ୍ୟ ଓ ସୁଖାନୁଭୂତିରେ ଏହାର ଗୁରୁତ୍ୱପୂର୍ଣ୍ଣ ଭୂମିକା ରହିଛି। କର୍ମ ସଂସ୍ଥାରେ ଏହାର ଯଥାଯଥ ଉପଯୋଗ କରି ପ୍ରଭାବଶୀଳ ନେତା କର୍ମଚାରୀମାନଙ୍କୁ ସକ୍ରିୟ ରଖିବା ସହିତ ଅନୁଷ୍ଠାନରେ ଉପାଦନଶୀଳତା ଓ ଗୁଣାତ୍ମକ ଉତ୍କର୍ଷ ବୃଦ୍ଧି କରିପାରିବେ ।

ତଲ୍ଲୀନତାର ନକାରାତ୍ମକ ଦିଗ : ମୋଟାମୋଟି ଭାବରେ ତଲ୍ଲୀନତା ଏକ ବିଶିଷ୍ଟ ସମ୍ବଳ। ମାତ୍ର ବିଜ୍ଞାନ ଓ ବୈଷୟିକ ଜ୍ଞାନ ମଧ୍ୟ କ୍ଷତିକାରକ ଲକ୍ଷ୍ୟ ଦିଗରେ ପ୍ରୟୋଗ କଲାପରି ତଲ୍ଲୀନତାକୁ ମଧ୍ୟ ଖରାପ ଦିଗରେ ବ୍ୟୟିତ କରାଯାଇପାରେ।

ଚିନ୍ତାହୀନ ଓ କୁପଥଗାମୀ ମଣିଷ ଖରାପ ଲକ୍ଷ୍ୟ ଖରାପ ଦିଗରେ ନିଜକୁ ନିମଜ୍ଜିତ ରଖିପାରେ। ମାଦକଦ୍ରବ୍ୟ, ଅପକର୍ମ ଓ କୁପ୍ରବୃତ୍ତି ମୋଡ଼ରେ ବି ଜଣେ ମନୁଷ୍ୟ ଆତ୍ମବିସ୍ମୃତ ହୋଇପାରେ। ଏହା ସହଜରେ ଅନୁମେୟ ଯେ ଏପରି ତନ୍ମୟତା ନିଶ୍ଚିତ ଭାବରେ କ୍ଷତିକାରକ। ବ୍ୟକ୍ତି ନିଜର କ୍ଷତି କରେ ଏବଂ ଗୋଷ୍ଠୀ ଓ ସମାଜର ମଧ୍ୟ କ୍ଷତିକରେ।

ଖରାପ ପ୍ରବୃତ୍ତି ଓ ଖରାପ କାର୍ଯ୍ୟରେ ବ୍ୟକ୍ତିର ନିମଜ୍ଜନ ଗଭୀର ହୋଇଥିବାରୁ ସଂଶୋଧନ ପ୍ରକ୍ରିୟା, ସମାଧାନ ପ୍ରକ୍ରିୟା ଅପେକ୍ଷାକୃତ କଷ୍ଟକର ହୋଇଥାଏ। ତେବେ ମନୁଷ୍ୟ ମୁଖ୍ୟତଃ ବୁଦ୍ଧିଚାଳିତ ପ୍ରାଣୀ ହୋଇଥିବାରୁ ଉତ୍ତମ ଲକ୍ଷ୍ୟ ଓ ଉତ୍ତମ କର୍ମଯୋଜନା ମାଧ୍ୟମରେ ତଲ୍ଲୀନତାର ଉପଯୋଗ କରାଇବାର ସମ୍ଭାବନା ଅଧିକ ଉଜ୍ଜ୍ୱଳ।

ଆପଣଙ୍କର ତଲ୍ଲୀନତାର ମାତ୍ରା ପରଖି ନିଅନ୍ତୁ।

ଆପଣଙ୍କ ଅନୁଭବର ମାତ୍ରାକୁ ଚାହିଁ ଉପଯୁକ୍ତ ସଂଖ୍ୟାଟି ଚିହ୍ନିତ କରନ୍ତୁ।

		ଅଳ୍ପ ପରିମାଣରେ	**କିଛି** ପରିମାଣରେ	**ବେଶୀ** ପରିମାଣରେ	**ଖୁବ୍ ବେଶୀ** ପରିମାଣରେ
୧.	ମୁଁ ତନ୍ମୟତା ଅନୁଭବ କରେ।	୧	୨	୩	୪
୨.	ମୁଁ ଉତ୍କଣ୍ଠାବିହୀନ ରହେ।	୧	୨	୩	୪
୩.	କ'ଣ କରିବାକୁ ହେବ, ତାହା ମୁଁ ଜାଣେ।	୧	୨	୩	୪
୪.	ମୁଁ ଲକ୍ଷ୍ୟ ଦିଗରେ କେତେ ପରିମାଣରେ ଅଗ୍ରସର ହେଉଛି, ସେ ବିଷୟରେ ମୋର ଧାରଣା ଥାଏ।	୧	୨	୩	୪
୫.	କାର୍ଯ୍ୟର ଯେ କୌଣସି ପରିସ୍ଥିତି ମୁଁ ସମ୍ଭାଳି ନିଏ।	୧	୨	୩	୪

୬.	କାର୍ଯ୍ୟ କରିବା ସମୟରେ ବାହ୍ୟ ଓ ଅସମ୍ପୃକ୍ତ ଦିଗ ପ୍ରତି ମୁଁ ସଚେତନ ରୁହେ।	୧	୨	୩	୪
୭.	କାର୍ଯ୍ୟରେ ମୋର ଆଗ୍ରହ ରହିଥାଏ।	୧	୨	୩	୪
୮.	ମୋର ଏକାଗ୍ରତା ରହିଥାଏ।	୧	୨	୩	୪
୯.	ସମୟ ଅତି ଧୀର କିମ୍ବା ଅତି ଦ୍ରୁତଗତିରେ ଚାଲିଗଲା ପରି ଅନୁଭବ ହୁଏ।	୧	୨	୩	୪
୧୦.	ମୋର ଜ୍ଞାନ ଓ କୌଶଳ କାର୍ଯ୍ୟଟିରେ ବିନିଯୁକ୍ତ ହେଲାପରି ମୋର ଅନୁଭବ ହୁଏ।	୧	୨	୩	୪

ବ୍ୟାଖ୍ୟା :

ପ୍ରତିଟି ବାକ୍ୟ ପାଇଁ ଆପଣ ଚିହ୍ନିତ କରିଥିବା ସଂଖ୍ୟା ମିଶାଇ ଦିଅନ୍ତୁ। ଆପଣଙ୍କ ଫଳାଙ୍କ ୧୦ରୁ ୪୦ ମଧ୍ୟରେ ରହିବ। ଫଳାଙ୍କ ୧୦ରୁ ୨୦ ମଧ୍ୟରେ ଥିଲେ ତଲ୍ଲୀନତାର ମାତ୍ରା ଅଳ୍ପ, ଫଳାଙ୍କ ୨୧ରୁ ୩୦ ମଧ୍ୟରେ ଥିଲେ ତଲ୍ଲୀନତାର ମାତ୍ରା ମଧ୍ୟମ; ଫଳାଙ୍କ ୩୧ରୁ ୪୦ ମଧ୍ୟରେ ଥିଲେ ତଲ୍ଲୀନତାର ମାତ୍ରା ପ୍ରଶଂସନୀୟ। ('ତଲ୍ଲୀନତା' ପୁସ୍ତକ ସମ୍ପର୍କରେ ଅଧିକ ଆଗ୍ରହ ଥିଲେ ପାଠକ ପାଠିକା ଲେଖକଙ୍କ ପୁସ୍ତକ ତଲ୍ଲୀନତା ଅଧ୍ୟୟନ କରିପାରନ୍ତି।)

ଚତୁର୍ଥ ଅଧ୍ୟାୟ

ସୁଖାନୁଭୂତି

ସୁଖର ଅନ୍ୱେଷଣ ଏକ ଚିରନ୍ତନ ପ୍ରୟାସ। ସୁଖର ସନ୍ଧାନ ପାଇଁ ଆଜକୁ ପ୍ରାୟ ଅଢ଼େଇ ହଜାର ବର୍ଷରୁ ଅଧିକ ସମୟ ସୀମା ବାହାରେ ରାଜପୁତ୍ର ସିଦ୍ଧାର୍ଥ ରାଜବଂଶର ସମସ୍ତ ଭୋଗବିଳାସ ତ୍ୟାଗ କରି ଗୃହତ୍ୟାଗୀ ହୋଇଥିଲେ। କଠୋର ସାଧନା କରିଥିଲେ । ବୌଦ୍ଧତ୍ୱ ପ୍ରାପ୍ତି ପରେ ବୌଦ୍ଧଧର୍ମ ମାଧ୍ୟମରେ ମନୁଷ୍ୟର ସୁଖଶାନ୍ତି ପାଇଁ ତାଙ୍କ ଜୀବନ ଉତ୍ସର୍ଗ କରିଥିଲେ।

ସୁଖାନୁଭୂତିର ସଂଜ୍ଞା, ଆନନ୍ଦାନୁଭୂତିର ମାର୍ଗ ଏବଂ ସୁଖଦୀପ୍ତ ଜୀବନର ବିକାଶ ପାଇଁ ଏବେ ମଧ୍ୟ ପ୍ରୟାସ ଲାଗି ରହିଛି। ଦାର୍ଶନିକ, ସମାଜ ବିଜ୍ଞାନୀ ଓ ମନୋବିଜ୍ଞାନୀମାନେ ଏ ଦିଗରେ ଅନୁଧ୍ୟାନ କରି କେତେକ ମୂଲ୍ୟବାନ ତଥ୍ୟ ଆହରଣ କରିଛନ୍ତି। ତଥାପି ସମ୍ପୂର୍ଣ୍ଣ ଓ ସନ୍ତୋଷଜନକ ଉତ୍ତରଠାରୁ ମନୁଷ୍ୟ ଦୂରରେ ରହିଥିଲା ପରେ ମନେହୁଏ। ଅନେକ ସମୟରେ ବାହ୍ୟିକ ଓ ଅର୍ଥନୈତିକ ମାନଦଣ୍ଡକୁ ଭିତ୍ତିକରି ମଣିଷ ବ୍ୟକ୍ତିଗତ ସ୍ତରରେ ଓ ସାମୂହିକ ସ୍ତରରେ ସୁଖୀ ବୋଲି କଳ୍ପନା କରେ। ମାତ୍ର ପ୍ରକୃତ ଅନୁଭବ ଦୃଷ୍ଟିରୁ ଏହା ଅଳୀକ (ମିଥ୍ୟା) ମନେ ହୁଏ। ଏବେ ଭୁଟାନର ରାଜା ଘୋଷଣା କରିଛନ୍ତି ଯେ ଜାତୀୟ ଉତ୍ପାଦନଶୀଳତା ପରିବର୍ତ୍ତେ ଜାତୀୟ ସୁଖାନୁଭୂତିର ସ୍ତର (Gross National Happiness) ଅଧିକ ଗ୍ରହଣୀୟ ପରିଭାଷା । ଏ ନିର୍ଘୋଷଣଟି ବିଶ୍ୱବାସୀଙ୍କ ମନରେ ଝଙ୍କାର ସୃଷ୍ଟି କରିଛି; ସ୍ୱୀକୃତି ଆଣିଛି।

ପ୍ରକୃତରେ ବିତ୍ତଶାଳୀ ଦେଶମାନଙ୍କରେ ସୁଖାନୁଭୂତିର ଅନୁଧ୍ୟାନ କରେ ବାହ୍ୟ ମାପକର ଅସାରତା ଜାଣିହୁଏ। କେବଳ ଅର୍ଥନୈତିକ ଅଭିବୃଦ୍ଧି ଯେ ଶେଷକଥା ନୁହେଁ, ଏହା ଅନୁଭୂତ ହୁଏ। ଉଦାହରଣ ସ୍ୱରୂପ, ପ୍ରାଚୁର୍ଯ୍ୟର ଶୀର୍ଷ ସ୍ଥାନରେ ଥିବା ଯୁକ୍ତରାଷ୍ଟ୍ର ଆମେରିକାର କଥା ବିଚାର କରାଯାଉ। ସୁଖାନୁଭୂତିର ଦୁଇଜଣ ପ୍ରମୁଖ ଗବେଷକ ଡାଏନର୍

ଓ ସେଲିଗ୍‌ମ୍ୟାନ ୨୦୦୪ ମସିହାରେ ଏକ ଗବେଷଣା ପତ୍ରିକାରେ ଯେଉଁ ପରିସଂଖ୍ୟାନ ଦେଇଛନ୍ତି, ତାକୁ ଆଧାର କରି କିଛି ବିସ୍ମୟକର ତଥ୍ୟ ପ୍ରଦାନ କରାଯାଇପାରେ । ଯୁକ୍ତରାଷ୍ଟ୍ର ଆମେରିକାରେ ବିଗତ ୫୦ ବର୍ଷ ମଧ୍ୟରେ ଆର୍ଥିକ ଓ ବୈଷୟିକ ପ୍ରଗତି ଅକଳ୍ପନୀୟ। ଆୟ ପ୍ରାୟ ତିନିଗୁଣ ହୋଇଛି। କାର୍, ଟେଲିଭିଜନ୍, କମ୍ପ୍ୟୁଟର୍, ବିଳାସସାମଗ୍ରୀ ଏବଂ ଅନ୍ୟ ସବୁ ମୂଲ୍ୟବାନ ପଦାର୍ଥର ମାଲିକାନା ତିନିଗୁଣ ହୋଇଛି। ଜନସଂଖ୍ୟାର ପ୍ରାୟ ଏକଚତୁର୍ଥାଂଶ ଲୋକ ବର୍ଷକୁ ୭୫୦୦୦ ଡଲାର୍‌ରୁ ଅଧିକ ରୋଜଗାର କରନ୍ତି। ଏପରି ଆୟ ଅତ୍ୟନ୍ତ ଉଚ୍ଚସ୍ତରୀୟ ରୋଜଗାର ବୋଲି ବିଚାର କରାଯାଏ।

ଭୌତିକ ଓ ଆର୍ଥିକ ପ୍ରଗତିର ପରିପ୍ରେକ୍ଷୀରେ ମାନସିକ ସ୍ୱାସ୍ଥ୍ୟର ରୂପରେଖ କିପରି ? ବିଶ୍ୱଯୋଜନାର ମାପକରେ ଆୟ ତିନିଗୁଣ ହୋଇଥିଲେ ମଧ୍ୟ ସୁଖାନୁଭୂତିର ମାତ୍ରା ଅରପିବର୍ତ୍ତିତ ରହିଛି। ଟିକିଏ ହେଲେ ବୃଦ୍ଧି ପାଇ ନାହିଁ। ଅଧିକରୁ ଅଧିକ ମାତ୍ରାରେ ମାନସିକ ବିପର୍ଯ୍ୟୟ ଓ ଆବେଗିକ ସମସ୍ୟା ଦେଖା ଦେଇଛି। ମାନସିକ ରୋଗର ସବୁଠାରୁ ସ୍ପଷ୍ଟ ପରିପ୍ରକାଶ ବିଷାଦ ବା ଡିପ୍ରେସନ୍ ଦଶଗୁଣ ହୋଇଛି। ବିଶେଷତଃ ଅପେକ୍ଷାକୃତ ଅଳ୍ପବୟସରେ ଯୁବକଯୁବତୀ ବିଷାଦର ଶରବ୍ୟ ହେଉଛନ୍ତି। ପୂର୍ବେ ସାଧାରଣତଃ ପ୍ରାୟ ୩୦ ବର୍ଷ ବୟସ ବେଳକୁ ବିଷାଦର ଲକ୍ଷଣ ପ୍ରକାଶ ପାଉଥିବା ସ୍ଥଳେ ବର୍ତ୍ତମାନ କିଶୋର ବୟସରେ (୧୨ ବର୍ଷରୁ ୧୮ ବର୍ଷ ମଧ୍ୟରେ) ଏହା ପରିଦୃଷ୍ଟ ହେଉଛି।

ପ୍ରାଚୁର୍ଯ୍ୟ ସତ୍ତ୍ୱେ ସୁଖଶାନ୍ତିର ଯେପରି ଅଭାବ ରହିଛି ସହରାଞ୍ଚଳର ବସ୍ତିରେ ବସବାସ କରୁଥିବା ଏବଂ ନିତିଦିନିଆ ଜୀବନ ସଂଗ୍ରାମରେ ବ୍ୟସ୍ତ ଥିବା ଲୋକମାନଙ୍କ ମଧ୍ୟରୁ କେତେକ ଲୋକ ମଧ୍ୟ ସୁଖଶାନ୍ତିର ବିବରଣୀ ଦିଅନ୍ତି। ସୁତରାଂ ଏ ଏକ ବିରାଟ ବିରୋଧାଭାସ (Paradox)। ଏପରି ବିରୋଧାଭାସ ଗବେଷକ ଓ ମନୋବିଜ୍ଞାନୀଙ୍କ ମନରେ କୌତୂହଳ ସୃଷ୍ଟି କରିବା ସ୍ୱାଭାବିକ। ପ୍ରକୃତରେ ସୁଖାନୁଭୂତିର ଅର୍ଥ କ'ଣ ? ଏହାର ସ୍ୱରୂପ କ'ଣ ? କେଉଁ କେଉଁ ଅବସ୍ଥା ସୁଖାନୁଭୂତିର ନିର୍ଦ୍ଧାରକ ? ପୁଣି କେଉଁ ଉପାୟରେ ଏହାର ପରିବର୍ତ୍ତନ କରାଯାଇପାରେ ? କହିବା ଅନାବଶ୍ୟକ ଯେ ବିଜ୍ଞାନସମ୍ମତ ପଦ୍ଧତିରେ ଏସବୁ ପ୍ରଶ୍ନର ଅନୁଧ୍ୟାନ ପାଇଁ ବୈଭବ ମନୋବିଜ୍ଞାନ ଏକ ସକ୍ରିୟ ଓ ସହାୟକ ଇଲାକା।

ସୁଖାନୁଭୂତି କ'ଣ ?

ବିଶିଷ୍ଟ ମନୋବିଜ୍ଞାନୀ ଥର୍ଣ୍ଡଡାଇକ୍ ଗୋଟିଏ ଖୁବ୍ ସରଳ ଅଥଚ ଖୁବ୍ ତାତ୍ପର୍ଯ୍ୟପୂର୍ଣ୍ଣ ବକ୍ତବ୍ୟ ରଖିଥିଲେ । ତାଙ୍କ ମତରେ "ଜ୍ଞାନ ରାଜ୍ୟରେ ଗୋଟିଏ ଧାରଣା ବା ପରିକଳ୍ପନାର ଅସ୍ତିତ୍ୱକୁ ସ୍ୱୀକାର କଲେ ତା'ର ଏକ ପରିମାଣ ରହିଛି ବୋଲି ଗ୍ରହଣ କରିବାକୁ ହେବ । ପୁଣି ଏହାର ପରିମାଣ ଥିଲେ ଏହାକୁ ମାପ କରିବା ସମ୍ଭବପର ହେବ ।" ଏହି ଦୃଷ୍ଟିରୁ ସୁଖାନୁଭୂତିର (Happiness) ପରିଭାଷା ଗ୍ରହଣ କରିବା ସମୟରେ ଏହାର ପରିମାଣାତ୍ମକ ଦିଗ ପ୍ରତି ପ୍ରଥମେ ସଚେତନ ହେବାକୁ ପଡ଼ିବ ।

ଆଧୁନିକ କାଳରେ ସୁଖାନୁଭୂତି ସମ୍ପର୍କରେ ମୂଳ ଗବେଷଣା ଆରମ୍ଭ କରିଥିବା ପ୍ରଫେସର ଡାଏନ୍‌ର ବିଶ୍ୱର ୪୫ଟି ଦେଶର ପ୍ରାୟ ଦଶଲକ୍ଷ ଲୋକଙ୍କୁ ସିଧାସଳଖ ପଚାରିଲେ : ଆପଣ କେତେ ଖୁସୀ ? ସେମାନଙ୍କ ଭାବପ୍ରକାଶକୁ ସାହାଯ୍ୟ କରିବା ପାଇଁ '୦'ରୁ '୧୦' ନମ୍ବର ଥିବା ସ୍କେଲ୍‌ଟି ଦିଆଗଲା । କୁହାଗଲା ଯେ '୦' ହେଉଛି ସର୍ବୋଚ୍ଚ ସୁଖହୀନତା ଏବଂ '୧୦' ହେଉଛି ସର୍ବୋଚ୍ଚ ସୁଖାନୁଭୂତି । ଜଣେ ସୁଖୀ କି ଅସୁଖୀ ସେପରି ବିଚାର କରିପାରୁ ନ ଥିବା ସ୍କେଲ୍ ବିନ୍ଦୁଟି ୫ । ଏପରି ପ୍ରକ୍ରିୟାରେ ଲୋକମାନଙ୍କ ହାରାହାରି ସୁଖାନୁଭୂତି ୬.୭୫ ସ୍ଥିରୀକୃତ ହେଲା ।

ସର୍ବେକ୍ଷଣ ମାଧ୍ୟମରେ ଏହା ସ୍ପଷ୍ଟ ହେଲା ଯେ ସୁଖାନୁଭୂତିର ସ୍ତର ସୂଚିତ କରିବା ସମୟରେ ସେମାନେ ମୁଖ୍ୟତଃ ତିନୋଟି ଉପାଦାନକୁ ବିଚାରଭୁକ୍ତ କରୁଛନ୍ତି । ଏ ତିନୋଟି ହେଉଛି ଜୀବନରେ ଅନୁଭୂତ ହେଉଥିବା ମୋଟାମୋଟି ସନ୍ତୋଷ, ଅନୁକୂଳ ଆବେଗର ବହୁଳତା ଏବଂ ପ୍ରତିକୂଳ ଆବେଗର ସ୍ୱଳ୍ପତା । ଲକ୍ଷ୍ୟ କରିବାର କଥା ଯେ ସୁଖାନୁଭୂତିର ଆକଳନ ବ୍ୟକ୍ତି ନିଜେ ନିଜ ପାଇଁ କରିଥାଏ । ବ୍ୟକ୍ତିର ନିଜସ୍ୱ ବିବୃତିକୁ ଭିତ୍ତିକରି ଏପରି ମୂଲ୍ୟାୟନ କରାଯାଏ । ସୁତରାଂ ଗବେଷଣାର ଆଦ୍ୟପାଦରେ ଡାଏନର୍ ଓ ଅନ୍ୟମାନେ ଏହାକୁ ବ୍ୟକ୍ତିନିଷ୍ଠ ସୁଖ ବା Subjective Well-Being (SWB) ପରିଭାଷା ପ୍ରୟୋଗ କଲେ । ଜୀବନରେ ଅନୁଭୂତ ହେଉଥିବା ସାମଗ୍ରିକ ସନ୍ତୋଷ (Total Life Satisfaction) ଏକ ମାନସିକ ପ୍ରକ୍ରିୟା । ଅନ୍ୟ ଦୁଇଟି ଉପାଦାନ ଆବେଗ (Emotion) କେନ୍ଦ୍ରିତ । ଗୋଟିଏ ହେଉଛି ସକାରାତ୍ମକ ଆବେଗର (ଉଲ୍ଲାସ, ହର୍ଷ, କରୁଣା, କ୍ଷମାଶୀଳତା ଓ ଆନନ୍ଦ) ଅନୁଭବର ବହୁଳତା । ଅନ୍ୟଟି ହେଉଛି ନକାରାତ୍ମକ ଆବେଗର (ଭୟ, କ୍ରୋଧ, ବିଷାଦ, ଆଶଙ୍କା ଇତ୍ୟାଦି) ସ୍ୱଳ୍ପତା ବା ଅଳ୍ପତା ।

ସୁତରାଂ ପ୍ରାରମ୍ଭିକ ପର୍ଯ୍ୟାୟରେ ସୁଖାନୁଭୂତିର ଯେଉଁ ବିଜ୍ଞାନ-ଭିତ୍ତିକ ପରିକଳ୍ପନା କରାଗଲା, ତାହାର ସଂଜ୍ଞା ବସ୍ତୁତଃ ଆବେଗ-କେନ୍ଦ୍ରିତ। ଅନୁକୂଳ (ସକାରାତ୍ମକ) ଆବେଗର ବହୁ ପ୍ରସାରିତ ଉପଯୋଗିତା ପୂର୍ବରୁ ଭିନ୍ନ ଏକ ପରିପ୍ରେକ୍ଷୀରେ ଆଲୋଚିତ ହୋଇଛି । ବିଶେଷତଃ ବାର୍‌ବାରା ଫ୍ରେଡ଼ରିକ୍‌ସନ୍‌ଙ୍କ ସଂପରୀକ୍ଷଣ ଓ ତାଙ୍କର ଅନୁକୂଳ ଆବେଗର ସଂପ୍ରସାରଣ ଓ ଗଠନ ତତ୍ତ୍ୱ (Broaden and Build Theory) ସହିତ ଅନେକ

ବାର୍‌ବାରା ଫେଡ୍ରିକ୍‌ସନ

ଲୋକ ବେଶ୍ ପରିଚିତ। ଏଠାରେ କର୍ଣ୍ଣେଲ୍ ବିଶ୍ୱବିଦ୍ୟାଳୟର (ଯୁକ୍ତରାଷ୍ଟ୍ର ଆମେରିକା) ପ୍ରଫେସର୍ ଆଲିସ ଆଇସେନ୍‌ଙ୍କ (Alice Isen) ଗବେଷଣାର ସୂଚନା ଦିଆଯାଇପାରେ। ପ୍ରଫେସର୍ ଫ୍ରେଡ଼ରିକ୍‌ସନଙ୍କ ପରି ପ୍ରଫେସର୍ ଆଇସେନ୍ ମଧ୍ୟ ସକାରାତ୍ମକ ଆବେଗର ପ୍ରସାରିତ ଭୂମିକା ସମ୍ପର୍କରେ ଗବେଷଣା କରିଥିଲେ । ତାଙ୍କର ବିଶ୍ୱାସ ଥିଲା ଯେ ମଧ୍ୟମ ମାତ୍ରାର ଅନୁକୂଳ ଆବେଗ ଲୋକମାନଙ୍କ ମନରେ ଅନ୍ୟକୁ ସାହାଯ୍ୟ କରିବାର ପ୍ରବଣତା ସୃଷ୍ଟି କରିବ। ଏପରି ଆବେଗର ଅଧିକାରୀ ହୋଇଥିବା ଲୋକମାନଙ୍କ ଭାବନାର ବଳୟ କଠୋର ଓ ସଂକୁଚିତ ନ ରହି ପ୍ରସାରିତ ଓ ନମନୀୟ ରହିବ। ସମସ୍ୟା ସମାଧାନ ମଧ୍ୟ ସୁଗମ ହେବ।

ପ୍ରଫେସର୍ ଆଇସେନ୍‌ଙ୍କ ଏକାଧିକ ପରୀକ୍ଷଣ ମଧ୍ୟରୁ ଗୋଟିଏ ଅନୁସନ୍ଧାନର ସଂକ୍ଷିପ୍ତ ବର୍ଣ୍ଣନା ଦିଆଯାଇପାରେ। ଗୋଟିଏ ସଂପରୀକ୍ଷଣରେ ୪୪ ଜଣ ଚିକିତ୍ସକଙ୍କୁ ତିନୋଟି ଦଳରେ ବିଭକ୍ତ କରାଗଲା। ଗୋଟିଏ ଦଳର ଚିକିତ୍ସକଙ୍କ ହାତରେ ଲୋଭନୀୟ ଚକୋଲେଟ୍ ଥିବା ବ୍ୟାଗଟିଏ ଦିଆଗଲା। ସେମାନଙ୍କ ମନରେ ଆନନ୍ଦ ଦେବା ଏହାର ମୁଖ୍ୟ ଉଦ୍ଦେଶ୍ୟ ଥିଲା। ଅବଶ୍ୟ ସେମାନେ ଶଲ୍ୟଚିକିତ୍ସା କରୁଥିବା ସମୟରେ ଏହାର ବ୍ୟବହାର ନ କରିବାକୁ ପରାମର୍ଶ ଦିଆଯାଇଥିଲା। ଦ୍ୱିତୀୟ ଦଳର ଚିକିତ୍ସକମାନେ ମାନବ ସେବା ସମ୍ପର୍କିତ ଏକ ନୀତିଗର୍ଭକ ଲେଖାଟିଏ ପଢ଼ିଲେ। ତୃତୀୟ ଦଳଟି ଗତାନୁଗତିକ ଚିକିତ୍ସକ ଦଳ।

ଚିକିତ୍ସାର ପରିବେଶଟି ଏହିପରି ଥିଲା । ପ୍ରତ୍ୟେକ ଚିକିତ୍ସକ ଜଣେ ଯକୃତ (Liver) ରୋଗୀର ରୋଗ ନିରୂପଣ ଏବଂ ଚିକିତ୍ସା କରିବେ । ଏପରି କାର୍ଯ୍ୟ ସମୟରେ ନିଜର ଭାବନା ଓ ନିଷ୍ପତ୍ତିକୁ ନିଜ ମୁଖରେ (ଅନ୍ୟମାନେ ଶୁଣିପାରିବା ଭଳି) କହି ଚାଲିଥିବେ ଏତଦ୍‌ବ୍ୟତୀତ ନିଜର ନିଷ୍ପତ୍ତି ଲେଖି ରଖିବେ । ନିଷ୍ପତ୍ତି ଗ୍ରହଣର ଏହି ଲେଖାଗୁଡ଼ିକ ଦୁଇଜଣ ନିରପେକ୍ଷ ବିଶେଷଜ୍ଞଙ୍କୁ ଦିଆଯାଇ ମୂଲ୍ୟାୟନ କରାଗଲା । କେତେ ଶୀଘ୍ର ନିଷ୍ପତ୍ତି ନିଆଯାଇଛି ଏବଂ କେତେ ଦକ୍ଷତାର ସହିତ ନିଷ୍ପତ୍ତି ନିଆଯାଇଛି, ତାହାର ଆକଳନ କରାଗଲା । ଦେଖାଗଲା ଯେ ଉପହାର ଲାଭ କରିଥିବା ଚିକିତ୍ସକ ଦଳଟି ଅନ୍ୟ ଦୁଇ ଦଳ ଚିକିତ୍ସକଙ୍କ ଦଳ ତୁଳନାରେ କେବଳ ଶୀଘ୍ର ନିଷ୍ପତ୍ତି ନେଇ ନାହାନ୍ତି । ସେମାନଙ୍କ ନିଷ୍ପତ୍ତି ଗ୍ରହଣରେ ଦକ୍ଷତା ଓ ନମନୀୟତା (Flexibility) ପ୍ରକଟିତ ହୋଇଛି । ଉପହାର ପ୍ରାପ୍ତି ମାନସିକ ସ୍ତରରେ ଅନୁକୂଳ ଆବେଗ ସୃଷ୍ଟିକରିବା ସ୍ୱାଭାବିକ । ସୁତରାଂ ଏପରି ସକାରାତ୍ମକ ଆବେଗର ସୁପ୍ରଭାବ ଚିକିତ୍ସା କାର୍ଯ୍ୟରେ ଦକ୍ଷତା ଓ ସଫଳତାରେ ପ୍ରତିଫଳିତ ହେବା ଖୁବ୍ ପ୍ରତ୍ୟାଶିତ । ପ୍ରଫେସର୍ ଫ୍ରେଡ୍‌ରିକ୍‌ସନ୍ ଓ ପ୍ରଫେସର୍ ଆଇସେନ୍‌ଙ୍କ ଗବେଷଣା ସକାରାତ୍ମକ ଭାବାବେଗର ସୁପ୍ରଭାବ ସ୍ପଷ୍ଟ କରିଥାଏ ।

ସୁଖାନୁଭୂତିର ଅର୍ଥ କ'ଣ ? ଏପରି ଆଲୋଚନା ପ୍ରସଙ୍ଗରେ ମୁଖ୍ୟତଃ ଅନୁକୂଳ ଭାବାବେଗର କଥା ହିଁ ବାରମ୍ବାର ଆଲୋଚନାର ପରିସରକୁ ଆସିବ । ଏହାକୁ ଆଶ୍ରୟ କରି ଡାଏନ୍‌ର ଏବଂ ତାଙ୍କର ସହଯୋଗୀମାନେ ଯେଉଁ ପରିମାପକ ପ୍ରସ୍ତୁତ କରିଥିଲେ, ତାହାର ବର୍ଣ୍ଣନା ପରେ ଦିଆଯିବ । ପୁସ୍ତକର ଲେଖକ ମଧ୍ୟ ନିଜସ୍ୱ ଗବେଷଣାରେ ଗୋଟିଏ ପରିମାପକ ପ୍ରସ୍ତୁତ କରିଥିଲେ ।

ଡାଏନରଙ୍କ ତିନି-ଉପାଦାନ ବିଶିଷ୍ଟ ସୁଖାନୁଭୂତି (ଜୀବନର ସାମଗ୍ରିକ ସନ୍ତୋଷ, ଅନୁକୂଳ ଆବେଗର ବାରମ୍ବାରତା ଓ ପ୍ରତିକୂଳ ଆବେଗର ସ୍ୱଳ୍ପତା) ଏକମାତ୍ର ପରିମାପକ ନୁହେଁ । ଗବେଷଣାର ପରବର୍ତ୍ତୀ ପର୍ଯ୍ୟାୟରେ ସୁଖାନୁଭୂତିର ଯେଉଁ ସଂଜ୍ଞା ବିବର୍ତ୍ତିତ ହେଲା ସେଥିରେ ପରିପୂର୍ଣ୍ଣ ଜୀବନ ଉପରେ ଅଧିକ ଗୁରୁତ୍ୱ ଦିଆଗଲା । ଏ ପରିକଳ୍ପନାର ବିକାଶ ଇତିହାସ ଦିଆଯିବ । ତେବେ ୧୯୮୯ ମସିହାରେ କ୍ୟାରୋଲ୍ ରିଫ୍ (Ryff) ଯେଉଁ ମନସ୍ତାତ୍ତ୍ୱିକ ସୁସ୍ଥତାର ପରିକଳ୍ପନା ପ୍ରଦାନ କଲେ ସେଥିରେ ଛ'ଟି ଉପାଦାନ ସ୍ଥାନ ପାଇଲା । ସେଗୁଡ଼ିକ ହେଉଛି ପରିବେଶ ଉପରେ ନିୟନ୍ତ୍ରଣ, ସ୍ୱାଧୀନ ମନୋଭାବ, ଅନ୍ୟମାନଙ୍କ ସହ ସୁସମ୍ପର୍କ, ବ୍ୟକ୍ତିଗତ ବିକାଶ, ଜୀବନର ଉଦ୍ଦେଶ୍ୟ ଏବଂ ଆତ୍ମସ୍ୱୀକୃତି । ଲକ୍ଷ୍ୟ

କରିବାର କଥା ଯେ ରିଫ୍‌ଙ୍କ ମନସ୍ତାତ୍ତ୍ୱିକ ସୁସ୍ଥତାର (Psychological Well-Being ବା PWB) ସବିଶେଷ ବର୍ଣ୍ଣନା ପୂର୍ବରୁ ସୁଖାନୁଭୂତିର ସ୍ୱରୂପ ଜାଣିବାକୁ ହେବ । ତେବେ ଏହା ସ୍ପଷ୍ଟ ଯେ ରିଫ୍‌ଙ୍କ ସଂଜ୍ଞାରେ ଜୀବନର ଅର୍ଥପୂର୍ଣ୍ଣତାକୁ ପ୍ରାଧାନ୍ୟ ଦିଆଯାଇଛି । ଏହାକୁ ନିମ୍ନମତେ ସୂଚିତ କରାଯାଇପାରେ ।

ମନସ୍ତାତ୍ତ୍ୱିକ ସୁସ୍ଥତା	=	ସୁଖାନୁଭୂତି + ଅର୍ଥପୂର୍ଣ୍ଣତା
(Psychologial Well-Being)	=	(Happiness + Meaningfulness)

ସୁଖାନୁଭୂତିର ସ୍ୱରୂପ :

ସୁଖାନୁଭୂତିର ସଂଜ୍ଞା ସମ୍ପର୍କରେ ସଂକ୍ଷିପ୍ତ ସୂଚନା ଦିଆସରିଛି । ପରବର୍ତ୍ତୀ ପର୍ଯ୍ୟାୟରେ ସୁଖାନୁଭୂତିର ପରିମାପକ (Measurement) ଆଲୋଚିତ ହେବା ପରେ ସୁଖାନୁଭୂତିର ଅର୍ଥ ପ୍ରାଞ୍ଜଳ ଭାବେ ପ୍ରକାଶ ପାଇବ । ସଂଜ୍ଞା ଯାହା ହେଲେ ମଧ୍ୟ ସୁଖାନୁଭୂତିର ସ୍ୱରୂପ ବା ପ୍ରକୃତି (Nature) ବିଷୟରେ କେତେକ ଗୁରୁତ୍ୱପୂର୍ଣ୍ଣ ତଥ୍ୟ ଅଧିକାଂଶ ବିଶେଷଜ୍ଞ ସ୍ୱୀକାର କରନ୍ତି । ସେସବୁର ଆଲୋଚନା ସୁଖାନୁଭୂତି ସମ୍ପର୍କରେ ଧାରଣାକୁ ଅଧିକ ବିସ୍ତୃତ କରେ ।

ପରିବର୍ତ୍ତନ-ପ୍ରଭାବର କ୍ରମବିଲୋପ (Adaptation) : ୧୯୭୧ ମସିହାରେ ବ୍ରିକ୍‌ମ୍ୟାନ୍ ଓ କ୍ୟାମ୍ପବେଲ୍ ନାମକ ଦୁଇଜଣ ମନୋବିଜ୍ଞାନୀ ମତବ୍ୟକ୍ତ କଲେ ଯେ, ମନୁଷ୍ୟର ଅନୁଭବ କ୍ଷେତ୍ରରେ କେତେକ ନିୟମ ରହିଛି ଏବଂ ଏହି ଅନୁଭବର ନିୟମ ସୁଖାନୁଭୂତି କ୍ଷେତ୍ରରେ ମଧ୍ୟ ପ୍ରଯୁଜ୍ୟ ହୁଏ । ଗୋଟିଏ ବିଶିଷ୍ଟ ନିୟମ ହେଉଛି ପରିବର୍ତ୍ତନ-ପ୍ରଭାବର କ୍ରମବିଲୋପ (Adaptation) । ଯେ କୌଣସି ପରିବର୍ତ୍ତନ ହଠାତ୍ ଅଧିକ ପ୍ରଭାବ ସୃଷ୍ଟି କରେ, ମାତ୍ର ଧୀରେ ଧୀରେ ପ୍ରଭାବର ମାତ୍ରା କଟିଯାଇ ଅବସ୍ଥା ପୂର୍ବପରି ସ୍ୱାଭାବିକ ହୋଇଯାଏ । ଉଦାହରଣ ସ୍ୱରୂପ, ଆମେ ଆଲୋକିତ ଓ ସ୍ୱାଭାବିକ ସୂର୍ଯ୍ୟାଲୋକର ବାତାବରଣ ମଧ୍ୟରୁ ପୂରାପୂରି ଆଲୋକବିହୀନ ଅନ୍ଧକାର ଗୃହରେ ପ୍ରବେଶ କଲେ ଆମକୁ ଅସ୍ୱସ୍ତି ଲାଗେ । ମାତ୍ର ଧୀରେ ଧୀରେ ଅସ୍ୱସ୍ତି କଟିଯାଏ ଏବଂ ଆମ ଚକ୍ଷୁ ଦୁଇଟି ସ୍ୱାଭାବିକ ହୋଇଯାଏ । ସେହିପରି ଦୀର୍ଘ ସମୟ ଧରି ଅନ୍ଧାର ଗୃହରେ (ଯଥା: ସିନେମା ହଲ୍‌ରେ) ବସିବା ପରେ ଆଲୋକିତ ପରିବେଶକୁ ଚାଲି ଆସିଲେ ଆଲୋକର ଅନୁଭବ ସହ୍ୟ କରିବା ପ୍ରଥମେ ପ୍ରଥମେ ଅସୁବିଧା ହୁଏ । ମାତ୍ର ଧୀରେ ଧୀରେ ଚକ୍ଷୁ ଅଭ୍ୟସ୍ତ ହୋଇଯାଏ । ଏହିପରି ପରିବର୍ତ୍ତନ ପ୍ରଭାବର ବିଲୋପକରଣ ବହୁକ୍ଷେତ୍ରରେ ଦେଖାଯାଏ ।

ମଣିଷର ସୁଖାନୁଭୂତି ଦୁଃଖାନୁଭୂତି କ୍ଷେତ୍ରରେ ମଧ୍ୟ ଏହି ନୀତିଟି କାର୍ଯ୍ୟକାରୀ ହୁଏ। ଧରାଯାଉ ଜଣେ କୌଣସି ଏକ କ୍ଷେତ୍ରରେ ସଫଳତା ହାସଲ କଲେ କିମ୍ବା ବଡ଼ ଧରଣର କୌଣସି ଏକ ପ୍ରାପ୍ତିର ଅନୁଭବ ପାଇଲେ। ନିଶ୍ଚିତ ଭାବରେ ଏହା ତାଙ୍କର ସୁଖ ବର୍ଦ୍ଧନ କରିବ। ମାତ୍ର କିଛି ସମୟ ପରେ (ଦିନ, ସପ୍ତାହ କିମ୍ବା ମାସ) ସେ ପୂର୍ବାବସ୍ଥାକୁ ଫେରି ଆସିବେ। ଅନ୍ୟ ଏକ ଦୃଷ୍ଟାନ୍ତର କଥା ବିଚାର କରିବା। କର୍ମସଂସ୍ଥାର ଜଣେ କର୍ମଚାରୀଙ୍କ ମାସିକ ବେତନ ବୃଦ୍ଧି ପାଇଲା। ନିଶ୍ଚିତ ଭାବରେ ଏ ସମ୍ବାଦ ପାଇବା ମାତ୍ରେ ତାଙ୍କର ଖୁସି ବଢ଼ିଯିବ। ଖୁସିର ମାତ୍ରା ଗୋଟିଏ ଶୀର୍ଷ ବିନ୍ଦୁକୁ ଯିବ। ମାତ୍ର କ୍ରମଶଃ ତାହା ଖସିବାକୁ ଆରମ୍ଭ କରିବ ଏବଂ ବେଶ୍ ସମୟର ବ୍ୟବଧାନ ପରେ ଏହା ପୂର୍ବାବସ୍ଥାରେ ରହିବ। ମନୋବିଜ୍ଞାନୀମାନେ ସର୍ବେକ୍ଷଣ କରି ଲଟେରୀ ଜିତିଥିବା ଲୋକମାନଙ୍କର ଆନନ୍ଦର ସ୍ତରର ଉତ୍ଥାନ ପତନ ଅନୁଧ୍ୟାନ କରିଛନ୍ତି। ଲଟେରୀ ଜିତିବା ପରେ ପରେ ଏପରି ଲୋକମାନେ ଖୁବ୍ ଉଚ୍ଚସ୍ତରର ସୁଖ ବା ଉଲ୍ଲାସ ଅନୁଭବ କଲେ ମଧ୍ୟ ଏପରି ଉଚ୍ଚସ୍ତରୀୟ ଆନନ୍ଦ ଖୁବ୍ ଦୀର୍ଘସ୍ଥାୟୀ ହୁଏ ନାହିଁ। ସେମାନେ ପୂର୍ବାବସ୍ଥାକୁ ଫେରି ଆସିଛନ୍ତି। ସୁତରାଂ ଏପରି ସୁଖାନୁଭୂତି କ୍ଷେତ୍ରରେ ଆନନ୍ଦର ଟ୍ରେଡ୍‌ମିଲ୍ (Hedonic Treadmill) ପରିଭାଷାଟି ପ୍ରୟୋଗ କରାଯାଇଛି।

କେବଳ ସୁଖାନୁଭୂତି ପ୍ରସଙ୍ଗରେ ନୁହେଁ, ଦୁଃଖର କିମ୍ବା ନକାରାତ୍ମକ ଆବେଗର ଅନୁଭୂତି କ୍ଷେତ୍ରରେ ମଧ୍ୟ ଅନୁରୂପ ପ୍ରଭାବହୀନତା ଅନୁଭୂତ ହୁଏ। ଏପରିକି ମନୋବିଜ୍ଞାନୀମାନେ ଦେଖିଛନ୍ତି ଯେ ବଡ଼ଧରଣର ଦୁର୍ଘଟଣାର ଶରବ୍ୟ ହୋଇ ଶାରୀରିକ ସ୍ତରରେ ଗଭୀର ପୀଡ଼ା ଅନୁଭବ କରୁଥିବା ଲୋକମାନେ ଧୀରେ ଧୀରେ ପୂର୍ବାବସ୍ଥାକୁ ପ୍ରତ୍ୟାବର୍ତ୍ତନ କରନ୍ତି। ନକାରାରାତ୍ମକ ପ୍ରଭାବ ଧୀରେ ଧୀରେ କଟିବ। ୧୯୮୨ ମସିହାରେ ସିଲ୍‌ଭର୍ (Silver) ନାମକ ଜଣେ ମନୋବିଜ୍ଞାନୀ ବିରାଟ ଦୁର୍ଘଟଣାର ଶରବ୍ୟ ହୋଇ ମେରୁମଜ୍ଜାରେ ଆଘାତ ଓ ପୀଡ଼ନ ଅନୁଭବ କରୁଥିବା ଲୋକମାନଙ୍କର ଯନ୍ତ୍ରଣାଦାୟକ ଅନୁଭବର ଆକଳନ କଲେ। ଗବେଷକ ଦେଖିଲେ ଯେ ପ୍ରାୟ ଆଠ ସପ୍ତାହ ପରେ ଲୋକମାନଙ୍କର ନକାରାତ୍ମକ ଆବେଗ କମିଯାଇ ଧୀରେ ଧୀରେ ସକାରାତ୍ମକ ଆବେଗର ଅନୁଭବ ଆରମ୍ଭ ହେଉଛି। ଅନ୍ୟ ଏକ ସର୍ବେକ୍ଷଣରେ ଚାକିରୀରୁ ବରଖାସ୍ତ ହୋଇଥିବା ଲୋକମାନଙ୍କ ଉପରେ ଗବେଷଣା କରାଯାଇଛି। ଦେଖାଯାଇଛି ଯେ ଚାକିରୀ ହରାଇବାର ପରମୁହୂର୍ତ୍ତରେ ଦୁଃଖାନୁଭୂତିର ମାତ୍ରା ଖୁବ୍ ବେଶୀ ହେଲେ ମଧ୍ୟ ଧୀରେ ଧୀରେ ଏହାର କୁପ୍ରଭାବ କଟିଥାଏ।

ବର୍ତ୍ତମାନ ପ୍ରଶ୍ନ ଉଠିପାରେ ପରିବର୍ତ୍ତନ ସୃଷ୍ଟି କରିଥିବା ସକାରାତ୍ମକ କିମ୍ବା ନକାରାତ୍ମକ ପ୍ରଭାବର ବିଲୋପ ଘଟି ବ୍ୟକ୍ତି ଯେଉଁ ମୂଳ ସ୍ତରକୁ ପ୍ରତ୍ୟାବର୍ତ୍ତନ କରେ ସେ ସ୍ତରଟି କେଉଁଠି ? ଗୋଟିଏ ଦଶ-ପଏଣ୍ଟ୍‌ର ସ୍କେଲର ପରିକଳ୍ପନା କରାଗଲେ ମଝି ପଏଣ୍ଟଟି ହେବ ୫.୫ (ଯେଉଁ ସ୍ଥିତି ସକାରାତ୍ମକ କିମ୍ବା ନକାରାତ୍ମକ ବୁଝାଇବ ନାହିଁ) । ଗବେଷଣାରୁ ଦେଖାଯାଉଛି ଯେ ବ୍ୟକ୍ତି ପ୍ରତ୍ୟାବର୍ତ୍ତନ କଲାପରେ ଯେଉଁ ବିନ୍ଦୁରେ ଅଟକି ରହେ ତାହା ୫.୫ଠାରୁ ଊର୍ଦ୍ଧ୍ୱରେ। ଏହାର ତାତ୍ପର୍ଯ୍ୟ ହେଉଛି ଯେ ଅଧିକାଂଶ ବ୍ୟକ୍ତି ଅଳ୍ପ ବହୁତେ ସୁଖାନୁଭୂତି ସ୍ଥିତିରେ ମୂଳତଃ ରହିଥାନ୍ତି। ସମ୍ଭବତଃ ମନୁଷ୍ୟ ମୁଖ୍ୟତଃ ସୁଖାନ୍ୱେଷୀ ହୋଇଥିବାରୁ ଏପରି ଘଟିଥାଏ। ଗବେଷକମାନେ ବ୍ୟକ୍ତିର ଏହି ମୂଳ ସ୍ଥିତି ବା ସ୍ତରକୁ ପୂର୍ବନିର୍ଦ୍ଧାରିତ ସ୍ଥିତି (Set Point) ଆଖ୍ୟା ଦେଇଛନ୍ତି। ପ୍ରଶ୍ନ ହେଉଛି କ'ଣ ନିର୍ଦ୍ଧାରଣ କରେ ପୂର୍ବନିର୍ଦ୍ଧାରିତ ସ୍ଥିତି ? କେତେକ ଗବେଷକ ଲକ୍ଷ୍ୟ କରିଛନ୍ତି ଯେ ବ୍ୟକ୍ତିର ମିଜାଜ (Moods) ଉପରେ ନିର୍ଭର କରି ଏହି ସ୍ତର କମ୍ କିମ୍ବା ବେଶୀ ହୋଇଥାଏ ।

ମିଜାଜର ଭୂମିକା : କୌଣସି ସାମୟିକ ଘଟଣା (ଯଥା : ବେତନ ବୃଦ୍ଧି ପାଇବା) ଫଳରେ ସୁଖାନୁଭୂତି ବୃଦ୍ଧି ପାଇବା ଏବଂ କ୍ରମେ କ୍ରମେ ଏହି ପ୍ରଭାବର ବିଲୋପ ଘଟି ପୂର୍ବ ସ୍ତରକୁ ଫେରି ଆସିବା ଏକ ସ୍ୱାଭାବସିଦ୍ଧ ପ୍ରକ୍ରିୟା। ମୋଟାମୋଟି ଭାବରେ ବ୍ୟକ୍ତିର ବ୍ୟକ୍ତିତ୍ୱକୁ ଚାହିଁ ଏପରି ପ୍ରତ୍ୟାବର୍ତ୍ତନ ଘଟୁଥିବାର ମତବ୍ୟକ୍ତ କରିବା ସ୍ଥଳେ କେତେକ ବିଶେଷଜ୍ଞମାନେ ସ୍ୱତନ୍ତ୍ର ଭାବେ ମିଜାଜକୁ ଦାୟୀ କରନ୍ତି। ଏଠାରେ ମିଜାଜ (Moods) ଓ ଆବେଗ (Emotion) ମଧ୍ୟରେ ପାର୍ଥକ୍ୟ ଦର୍ଶାଇବା ଆବଶ୍ୟକ। ଆବେଗ ବା ଭାବାବେଗ ଲକ୍ଷ୍ୟ-ପ୍ରେରିତ। ଆମେ କ୍ରୋଧ ଅନୁଭବ କରିବା ସମୟରେ କୌଣସି ନିର୍ଦ୍ଦିଷ୍ଟ ବ୍ୟକ୍ତି ବା ଘଟଣା (ଯଥା: ରେଳଯାତ୍ରା ପାଇଁ ଟିକେଟ୍ ନ ମିଳିବା) ପ୍ରତି କ୍ରୋଧ ପ୍ରକାଶ କରିଥାଉ । ସେହିପରି ଖୁସି ବା ଆନନ୍ଦ ଅନୁଭବ କରିବା ସମୟରେ ଏହା ନିର୍ଦ୍ଦିଷ୍ଟ ବ୍ୟକ୍ତି କିମ୍ବା ଘଟଣା (ଯଥା : କାର୍ଯ୍ୟରେ ସଫଳତା) ପ୍ରତି ଉଦ୍ଦିଷ୍ଟ ଥାଏ। ମାତ୍ର ମିଜାଜ ହେଉଛି କିଛି ପରିମାଣରେ ବିକ୍ଷିପ୍ତ। ଆମେ ଖୁସି ମିଜାଜରେ ଥିବା ବେଳେ ଲକ୍ଷ୍ୟହୀନ ଅବସ୍ଥାରେ ରାସ୍ତାରେ ମନେ ମନେ ଗୁଣୁଗୁଣୁ ସ୍ୱରରେ ଗୀତ ଗାଇ ଚାଲିଥାଉ ।

ସାଧାରଣତଃ ଦେଖାଯାଏ ଯେ ମଣିଷର ମିଜାଜ ଏକ ଆବେଗିକ ଶୈଳୀ ରୂପେ ସ୍ଥିର ଓ ଅପରିବର୍ତ୍ତିତ ହୁଏ। ବିଶିଷ୍ଟ ମନୋବିଜ୍ଞାନୀ କାଗାନ୍ ଏ ଦିଗରେ ବିଧିବଦ୍ଧ ଗବେଷଣା କରି ବାଲ୍ୟକାଳୀନ ମିଜାଜ ପର୍ଯ୍ୟବେକ୍ଷଣ କରିଛନ୍ତି। କାଗାନ୍ ଦେଖିଛନ୍ତି ଯେ ଶିଶୁ ଅବସ୍ଥାରେ ହସଖୁସିଆ, ଚିଡ଼ିଚିଡ଼ା ମିଜାଜ କିମ୍ବା ଭୟାଳୁ ଓ ଆତଙ୍କିତ ମିଜାଜ ଜୀବନସାରା

ପ୍ରାୟ ରହିଯାଏ । ଏହାର ଅର୍ଥ ନୁହେଁ ଯେ ଆଦୌ ପରିବର୍ତ୍ତନ ହୁଏ ନାହିଁ । ମାତ୍ର ପରିବର୍ତ୍ତନ ସମ୍ଭାବନା ଅପେକ୍ଷାକୃତ କମ୍ ।

ବର୍ତ୍ତମାନ ମିଜାସର ପ୍ରୟୋଗାତ୍ମକ ଦିଗ ସହଜରେ ଅନୁମେୟ । ହସଖୁସିଆ ମିଜାସର ଅଧିକାରୀ ହୋଇଥିବା ଲୋକମାନେ ଘଟଣା-ପ୍ରଭାବିତ ସୁଖ କିମ୍ବା ଦୁଃଖର ଅନୁଭୂତି ପରେ ସେମାନଙ୍କ ଅନୁକୂଳ ମିଜାସ ଉପରେ ନିର୍ଭର କରି ମୂଳ ଅନୁକୂଳ ସୁଖାନୁଭୂତି ସ୍ତରକୁ ପ୍ରତ୍ୟାବର୍ତ୍ତନ କରନ୍ତି । ଅନ୍ୟ ପକ୍ଷରେ ପ୍ରତିକୂଳ ମିଜାସ (ଚିଡ଼ିଚିଡ଼ା ସ୍ୱଭାବର କିମ୍ବା ଭୟାଳୁ ସ୍ୱଭାବର) ଲୋକମାନେ ଘଟଣା କ୍ରମେ ସକାରାତ୍ମକ କିମ୍ବା ନକାରାତ୍ମକ ଅନୁଭବ ପାଇବା ପରେ ମୂଳ ନକାରାତ୍ମକ ମିଜାସ ଅନୁଯାୟୀ ମୂଳ ସ୍ତରକୁ ଖସି ଆସନ୍ତି । ମୂଳସ୍ତରର (Set) ଉତ୍ସ ଜାଣିବା ପାଇଁ ଆଉ କିଛି ଜ୍ଞାତବ୍ୟ ବିଷୟ ଆବଶ୍ୟକ ।

ପୂର୍ବନିର୍ଦ୍ଧାରିତ ସ୍ତର : ପୂର୍ବ ଆଲୋଚନା ଅନୁଯାୟୀ ମନୁଷ୍ୟର ବାହ୍ୟ ଘଟଣାର ପ୍ରଭାବରେ ମନୁଷ୍ୟର ସୁଖାନୁଭୂତି ବା ଦୁଃଖାନୁଭୂତିର ସ୍ତର ପରିବର୍ତ୍ତିତ ହୋଇପାରେ । ମାତ୍ର ଏ ପରିବର୍ତ୍ତନ ସାମୟିକ । ଏହି ପରିବର୍ତ୍ତନ ସୃଷ୍ଟ ପ୍ରଭାବର ମାତ୍ରା ବିଲୋପ ହୋଇ (Adaptation) ବ୍ୟକ୍ତି ପୂର୍ବ ନିର୍ଦ୍ଧାରିତ ସ୍ତର ବା Set Pointକୁ ପ୍ରତ୍ୟାବର୍ତ୍ତନ କରେ । ଏହି ସ୍ତର ଦୀର୍ଘସ୍ଥାୟୀ ।

ଏହି ପୂର୍ବ ନିର୍ଦ୍ଧାରିତ ସ୍ତରଟି ସ୍ଥିର ଓ ଅପରିବର୍ତ୍ତିତ (ସାମୟିକ ପରିବର୍ତ୍ତନ ବ୍ୟତୀତ) ରହିବାର ବିଶେଷ କାରଣ ହେଉଛି ଯେ ଏହା ବଂଶାନୁଗତି (Heredity) ଦ୍ୱାରା ନିର୍ଦ୍ଧାରିତ ହୋଇଥାଏ । ୧୯୯୯ ମସିହାରେ ପ୍ରଫେସର୍ ଡାଭିଡ୍ ଲିକେନ୍ (David Lykken) ଏକ ବିରାଟ ଧରଣର ଯମଜ ପ୍ରକଳ୍ପ କରିଥିଲେ । ଏହା ମିନେସୋଟାର ପୃଥକ-ପରିପାଳିତ ଯମଜ ସନ୍ତାନ ଅନୁଧ୍ୟାନ ନାମରେ ପରିଚିତ । ସ୍ମରଣ କରାଯାଇପାରେ ଯେ ଯମଜ ଅନୁଧ୍ୟାନରେ ଭାତୃରୂପୀ ଯମଜ (Fraternal Twins) ସହିତ ସମରୂପୀ ଯମଜ (Identical Twins) ତୁଳନା କରାଯାଇଥାଏ । ପୁଣି ମନେ ରଖିବାକୁ ହେବ ଯେ ଭାତୃରୂପୀ ଯମଜ ସନ୍ତାନ ଦୁଇଟି ପୃଥକ୍ ଡିମ୍ବାଣୁର ଜନ୍ମ ନେଇଥିବାରୁ ସେମାନଙ୍କ ମଧ୍ୟରେ ବଂଶାନୁକୃତିର ମାତ୍ରା ଅପେକ୍ଷାକୃତ କମ୍ । ମାତ୍ର ସମରୂପୀ ଯମଜ ସନ୍ତାନଦ୍ୱୟ ଗୋଟିଏ ଡିମ୍ବାଣୁରୁ ଜନ୍ମ ନେଉଥିବାରୁ ସେମାନଙ୍କ ମଧ୍ୟରେ ବଂଶାନୁକୃତିର ମାତ୍ରା ଅପେକ୍ଷାକୃତ ଅଧିକ । ଲିକେନ୍ ସମରୂପୀ ଓ ଭାତୃରୂପୀ ଯମଜମାନଙ୍କର ସୁଖାନୁଭୂତିର ପରିମାପ (Measurement) ନିର୍ଦ୍ଧାରିତ କରି ସିଦ୍ଧାନ୍ତ ନେଲେ ଯେ ସୁଖାନୁଭୂତି ବହୁମାତ୍ରାର ବଂଶାନୁକୃତି ଦ୍ୱାରା ନିର୍ଦ୍ଧାରିତ । ଏହି କାରଣରୁ ସାମୟିକ ଘଟଣା ସୁଖାନୁଭୂତିର ସ୍ତରରେ ସାମୟିକ

ଭାବେ ପରିବର୍ତ୍ତନ ଆଣିଲେ ମଧ୍ୟ ବ୍ୟକ୍ତି ପୁନଶ୍ଚ ତା'ର ପୂର୍ବ-ନିର୍ଦ୍ଧାରିତ ସ୍ତରକୁ (Set Point) ପ୍ରତ୍ୟାବର୍ତ୍ତନ କରିଥାଏ। ଏହି ସ୍ତରଟି ବଂଶାନୁକୃତି ଦ୍ୱାରା ନିର୍ଦ୍ଧାରିତ ହେବାର ୯୮ ପ୍ରତିଶତ ସମ୍ଭାବନା ରହିଛି।

ଲିକେନ୍‌ଙ୍କ ଗବେଷଣାକୁ ଭିତ୍ତି କରି ନିମ୍ନ ସାରଣୀରେ ଏକ ତୁଳନାତ୍ମକ ତଥ୍ୟ ପ୍ରଦାନ କରାଯାଉଛି। ଲକ୍ଷ୍ୟକଲେ ଦେଖାଯିବ ଅନ୍ୟତ୍ର ପ୍ରତିପାଳିତ ହେଲେ ମଧ୍ୟ ସମରୂପୀ ଯମଜଙ୍କଠାରେ ସୁଖାନୁଭୂତିର ସହସମ୍ବନ୍ଧ (Correlation) ଉଚ୍ଚ ସ୍ତରରେ ରହିଛି। ସାରଣୀରେ ପ୍ରଦର୍ତ୍ତ ତଥ୍ୟ।

ସମରୂପୀ ଯମଜ ଓ ଭାତୃରୂପୀ ଯମଜ ମଧ୍ୟରେ ସୁଖାନୁଭୂତିର ତୁଳନାତ୍ମକ ଚିତ୍ର

	ଅନୁଧ୍ୟାନ ପଦ୍ଧତି	ଅନୁଧ୍ୟାନ ଦଳ ସଂଖ୍ୟା	ସହସମ୍ବନ୍ଧର ମାତ୍ରା
❖	ଭିନ୍ନ ପରିପାଳିତ ସମରୂପୀ ଯମଜ	୬୯	.୫୩
❖	ଏକତ୍ର ପରିପାଳିତ ସମରୂପୀ ଯମଜ	୬୬୩	.୪୪
❖	ଭିନ୍ନ ପରିପାଳିତ ଭାତୃରୂପୀ ଯଜମ	୫୦	.୧୩
❖	ଏକତ୍ର ପରିପାଳିତ ଭାତୃରୂପୀ ଯମଜ	୭୧୫	୦.୦୮

ତଥ୍ୟ ଅନୁଯାୟୀ ସମରୂପୀ ଯମଜମାନଙ୍କ କ୍ଷେତ୍ରରେ ସହସମ୍ବନ୍ଧ .୫୩/.୪୪ ଥିବା ସ୍ଥଳେ ଭାତୃରୂପୀ ଯମଜମାନଙ୍କ କ୍ଷେତ୍ରରେ ସହସମ୍ବନ୍ଧ .୧୩/.୦୮ ରହିଛି। ପୁଣି ଲକ୍ଷ୍ୟ କରିବାର କଥା ଯେ ସମରୂପୀ ଯମଜମାନଙ୍କ କ୍ଷେତ୍ରରେ ଭିନ୍ନ ଭିନ୍ନ ସ୍ଥାନରେ ପ୍ରତିପାଳିତ ହୋଇଥିବା ଏବଂ ଏକାସ୍ଥାନରେ ପ୍ରତିପାଳିତ ହୋଇଥିବା ଯମଜମାନଙ୍କ ସୁଖାନୁଭୂତିର ସହସମ୍ବନ୍ଧରେ ବିଶେଷ ପାର୍ଥକ୍ୟ ନାହିଁ (ପରିସଂଖ୍ୟାନ ଦୃଷ୍ଟିରୁ ସହସମ୍ବନ୍ଧ .୫୩ ଓ ସହସମ୍ବନ୍ଧ .୪୪ ପରସ୍ପର ପୃଥକ୍ ନୁହେଁ।)

ଲିକେନ୍‌ଙ୍କ ମତାନୁଯାୟୀ ସୁଖାନୁଭୂତିର ପ୍ରାୟ ୪୪ରୁ ୫୩ ପ୍ରତିଶତ ଅଂଶ ବଂଶାନୁକୃତି ଦ୍ୱାରା ନିର୍ଦ୍ଧାରିତ ହୋଇଥାଏ। ସୁଖାନୁଭୂତିର ବ୍ୟକ୍ତିଗତ ପୂର୍ବନିର୍ଦ୍ଧାରିତ ସ୍ତର (Set Point) ୯୮ ପ୍ରତିଶତ ବଂଶାନୁକୃତି ନିର୍ଦ୍ଧାରଣ କରିଥାଏ। ଲିକେନ୍ ପୁନଶ୍ଚ ଦର୍ଶାଇଛନ୍ତି ଯେ ତାଙ୍କ ପ୍ରକଳ୍ପର ଆରମ୍ଭ କାଳରେ ଆକଳନ କରାଯାଇଥିବା ସୁଖାନୁଭୂତି

ଏବଂ ତାହାର ନ' ବର୍ଷ ପରେ ପରିମାପ କରାଯାଇଥିବା ସୁଖାନୁଭୂତି ମଧ୍ୟରେ ସହସମ୍ବନ୍ଧ ଗଭୀର ଓ ତାତ୍ପର୍ଯ୍ୟପୂର୍ଣ୍ଣ। ମୂଳତଃ ବଂଶାନୁକୃତିର ଗଭୀର ପ୍ରଭାବଫଳରେ ପ୍ରତି ମଣିଷର ଏହି ପୂର୍ବ-ନିର୍ଦ୍ଧାରିତ ସ୍ତର (Set Point) ଅପରିବର୍ତ୍ତିତ ଓ ସ୍ଥିର ରହିଥାଏ। ଏହି ସ୍ତରର ପ୍ରାୟ ୯୮ ପ୍ରତିଶତ ବଂଶାନୁଗତି ସୂତ୍ରରେ ଆସିଥାଏ।

ସାଂସ୍କୃତିକ ପରିପ୍ରେକ୍ଷୀ : ସାଂସ୍କୃତିକ, ସାମାଜିକ ଓ ରାଜନୈତିକ ଅବସ୍ଥା ସେ ଦେଶର ଲୋକମାନଙ୍କର ସୁଖାନୁଭୂତିକୁ ପ୍ରଭାବିତ କରିଥାଏ। ଟ୍ରିଆଣିସକ (୨୦୦୦) ପରି ବହୁ-ସଂସ୍କୃତି ସମ୍ପର୍କରେ ଗବେଷଣା କରୁଥିବା ମନୋବିଜ୍ଞାନୀମାନେ ଲକ୍ଷ୍ୟ କରିଛନ୍ତି ଯେ ରାଜନୈତିକ ଶୋଷଣ ଓ ସାମାଜିକ ଅତ୍ୟାଚାର ନ ଥିବା ଏକ ସ୍ଥିର ଗଣତାନ୍ତ୍ରିକ ପରମ୍ପରାଚାଳିତ ଦେଶମାନଙ୍କରେ ଲୋକମାନଙ୍କର ସୁଖାନୁଭୂତିର ସ୍ତର ଅପେକ୍ଷାକୃତ ଅଧିକ। ସେହିପରି ଅନ୍ୟ କେତେକ ବିଚାର କରନ୍ତି ଯେ ଗୋଷ୍ଠୀ କେନ୍ଦ୍ରିତ (Collectivist) ଦେଶ ତୁଳନାରେ ବ୍ୟକ୍ତି-କେନ୍ଦ୍ରିତ (Individualistic) ଦେଶରେ ସୁଖାନୁଭୂତିର ସ୍ତର ଅପେକ୍ଷାକୃତ ଅଧିକ।

ଆମକୁ ମନେ ରଖିବାକୁ ହେବ ଯେ ବୈଭବ ମନୋବିଜ୍ଞାନର ମୌଳିକ ଭାବଧାରା ମଣିଷର ଶକ୍ତି, ସାମର୍ଥ୍ୟ ଓ ସବଳତା ଉପରେ ପ୍ରତିଷ୍ଠିତ। ପୁଣି କେଉଁ ସୁଗୁଣଟି ସାମର୍ଥ୍ୟ ଓ ସବଳତାର ପ୍ରତୀକ, ତାହା ସଂସ୍କୃତି ପରିପ୍ରେକ୍ଷୀରେ ନିର୍ଦ୍ଧାରିତ ହୁଏ। ଉଦାହରଣ ସ୍ୱରୂପ, କେତେକ ଗୋଷ୍ଠୀରେ ଆକ୍ରମଣାତ୍ମକ ମନୋଭାବ ଦକ୍ଷତାର ସୂଚକ ବୋଲି ବିଚାର କରାଯିବା ସ୍ଥଳେ ଅନ୍ୟ କେତେକ ଗୋଷ୍ଠୀରେ ଏହା ମାନସିକ ସ୍ୱାସ୍ଥ୍ୟର ଅନ୍ତରାୟ ବୋଲି ବିଚାର କରାଯାଏ। ପୂର୍ବସୂଚିତ ସେଲିଗ୍‌ମ୍ୟାନ୍‌ଙ୍କ ବ୍ୟକ୍ତିଗତ ପ୍ରାଚୁର୍ଯ୍ୟ (Signature Strength) ପ୍ରଶ୍ନାବଳୀର ବ୍ୟବହାର କରାଯାଇ ଦେଖାଗଲା ଯେ ଯୁକ୍ତରାଷ୍ଟ୍ର ଆମେରିକାର ବଡ଼ ବଡ଼ ନଗରୀରେ (ନିଉୟର୍କ, ଲସ୍‌ଆଞ୍ଜେଲସ ଇତ୍ୟାଦି) ଲୋକମାନେ ମସ୍ତିଷ୍କ-କେନ୍ଦ୍ରିତ ଗୁଣାବଳୀ (ଯଥା: ଉନ୍ମୁକ୍ତ ମନ, ଅନୁସନ୍ଧିତ୍ସା ଇତ୍ୟାଦି) ପ୍ରତି ଅଧିକ ଗୁରୁତ୍ୱଦେବା ସ୍ଥଳେ ଛୋଟ ଛୋଟ ସହରରେ (ଯଥା : ଡାଲାସ୍, ପିନ୍‌ସ୍‌ଟନ୍) ହୃଦୟ-କେନ୍ଦ୍ରିତ ଗୁଣାବଳୀ (କ୍ଷମାଶୀଳତା, ସହନଶୀଳତା) ପ୍ରତି ପ୍ରାଧାନ୍ୟ ଦେଉଛନ୍ତି। ଗୋଟିଏ ଦେଶ ମଧ୍ୟରେ ଏପରି ପାର୍ଥକ୍ୟ ଥିବାବେଳେ ଦେଶ ଦେଶ ମଧ୍ୟରେ ଭିନ୍ନତା ରହିବା ସ୍ୱାଭାବିକ।

ଅବଶ୍ୟ ଆଧୁନିକ ଜଗତରେ କେବଳ ଦେଶ ଦେଶ ମଧ୍ୟରେ ସଂସ୍କୃତିଗତ ପାର୍ଥକ୍ୟ ପରିଦୃଷ୍ଟ ହେଉ ନାହିଁ। ଅଧିକାଂଶ ବଡ଼ ବଡ଼ ଦେଶରେ ବିଭିନ୍ନ ଗୋଷ୍ଠୀର ଲୋକେ ବସବାସ କରୁଛନ୍ତି। ଧର୍ମ, ଭାଷା, ଜନ୍ମସ୍ଥାନ ଓ ଅନ୍ୟସବୁ ମୂଳ ଆଧାରକୁ ଭିତ୍ତିକରି

ଗୋଟିଏ ଦେଶରେ ବହୁ ସଂସ୍କୃତିର ସହାବସ୍ଥାନ ବୃଦ୍ଧି ପାଇବାରେ ଲାଗିଛି । ଏକାଧିକ ଗୋଷ୍ଠୀ ଓ ସମ୍ପ୍ରଦାୟରେ ବିଶ୍ୱାସ, ବିଚାରଧାରା, ରୁଚି ଅରୁଚି, ସାମର୍ଥ୍ୟ ଅସାମର୍ଥ୍ୟରେ ବିଭିନ୍ନତା ରହିବା ସ୍ୱାଭାବିକ । ସାଂସ୍କୃତିକ ଓ ସାମାଜିକ ବିବିଧତାର ପରିପ୍ରେକ୍ଷୀ ମଧ୍ୟରେ ହିଁ ସୁଖାନୁଭୂତିର ସଂଜ୍ଞା, ପରିମାପ ଓ ପରିବର୍ଦ୍ଧନ ପ୍ରୟାସର ଯୋଜନା କରିବାକୁ ହେବ ।

ବିଗତ ପଚାଶ ଷାଠିଏ ବର୍ଷ ଧରି ବିଶ୍ୱର ବିଭିନ୍ନ ଦେଶରେ ସୁଖାନୁଭୂତିର ତୁଳନାତ୍ମକ ଅନୁଧ୍ୟାନ କରାଯାଇଛି । ଗବେଷଣାରୁ ଦେଖାଯାଇଛି ଯେ ବିଶ୍ୱର ଅଧିକାଂଶ ଦେଶରେ ଲୋକମାନେ ନକାରାତ୍ମକ ଭାବାବେଗ ଅପେକ୍ଷା ସକାରାତ୍ମକ ଭାବାବେଗ ଅନୁଭବ କରନ୍ତି । ସାଧାରଣତଃ ବହୁଦେଶୀୟ ତୁଳନା ମଧ୍ୟରେ ଦଶ-ପଏଣ୍ଟ ସ୍କେଲ୍ ବ୍ୟବହାର କରାଯାଏ । ଉଚ୍ଚସ୍ତରୀୟ ଫଳାଙ୍କ (୮.୦ରୁ ଅଧିକ) ଦର୍ଶାଉଥିବା ଦେଶସବୁ ଅପେକ୍ଷାକୃତ ସୁଖୀ, ଏବଂ ନିମ୍ନସ୍ତରୀୟ ଫଳାଙ୍କ (୫.୦ରୁ କମ୍) ଦର୍ଶାଉଥିବା ଦେଶ ସବୁ ସୁଖାନୁଭୂତିର ନିମ୍ନରେ ରହିଥିବାର ସିଦ୍ଧାନ୍ତ ନିଆଯାଏ । ଏହି କ୍ରମରେ ଡେନ୍‌ମାର୍କ, ଅଷ୍ଟ୍ରେଲିଆ, ଆଇସ୍‌ଲାଣ୍ଡ୍ ଓ ସୁଇଜରଲାଣ୍ଡ ସୁଖୀ ଦେଶର ମାନ୍ୟତା ପାଇବା ସ୍ଥଳେ ନାଇଜେରିଆ, ପାନାମା ଓ ମେକ୍‌ସିକୋ ସୁଖାନୁଭୂତିର ନିମ୍ନସ୍ତରରେ ରହିଛନ୍ତି । କାରଣ ବିଶ୍ଳେଷଣ କ୍ଷେତ୍ରରେ ଅର୍ଥନୈତିକ ସ୍ୱଚ୍ଛଳତାକୁ (କ୍ରୟ କରିବାର କ୍ଷମତା) ପ୍ରାଧାନ୍ୟ ଦିଆଗଲେ ମଧ୍ୟ ଅର୍ଥନୈତିକ ବିକାଶର ବାହାରେ ଥିବା ଉପାଦାନ ସବୁର ଭୂମିକା ଅସ୍ୱୀକାର କରାଯାଇ ନାହିଁ (ଉଦାହରଣ : ଜାପାନ୍ ଆର୍ଥିକ ପରିମାପକରେ ଉଚ୍ଚରେ ଥିଲେ ମଧ୍ୟ ସୁଖାନୁଭୂତିର ସ୍ତର ଅପେକ୍ଷାକୃତ କମ୍ ।)

ସୁଖାନୁଭୂତିର ଉତ୍ସ :

ବୈଜ୍ଞାନିକ ବିଶ୍ଳେଷଣ କାରଣ ଓ ଫଳାଫଳର ଅନୁଧ୍ୟାନ ଉପରେ ନିର୍ଭର କରିଥାଏ । ବୈଜ୍ଞାନିକମାନେ କାରଣ ମନେ କରୁଥିବା ଉପାଦାନଟିକୁ ନିୟନ୍ତ୍ରଣରେ ରଖି ଏହାର ପରିମାଣକୁ ଶୃଙ୍ଖଳିତ ପଦ୍ଧତିରେ ପରିବର୍ତ୍ତନ କରନ୍ତି । ଏହି ପରିବର୍ତ୍ତନର ପରିଣାମକୁ ମାପ କରି କାରଣ ଓ ଫଳାଫଳର ସମ୍ପର୍କରେ ସିଦ୍ଧାନ୍ତ ଗ୍ରହଣ କରନ୍ତି । ଉଦାହରଣ ସ୍ୱରୂପ, ଜଣେ ପଦାର୍ଥ ବିଜ୍ଞାନୀ ଉତ୍ତାପକୁ (ଯଥା ୪୦° ସେଣ୍ଟିଗ୍ରେଡ୍, ୬୦° ସେଣ୍ଟିଗ୍ରେଡ୍, ୮୦° ସେଣ୍ଟିଗ୍ରେଡ୍) ଏହି ତିନୋଟି ସ୍ତରରେ ପରିବର୍ତ୍ତନ କରି ଗୋଟିଏ ନିର୍ଦ୍ଦିଷ୍ଟ ଗ୍ୟାସ୍‌ର (ଯଥା : ଅମ୍ଳଜାନ) ଆୟତନ କିପରି ପରିବର୍ତ୍ତିତ ହେଉଛି ତାହା ଲକ୍ଷ୍ୟ କରନ୍ତି । ଏହି ପରୀକ୍ଷାକୁ ଭିତ୍ତିକରି ଉତ୍ତାପ ଓ ଆୟତନର ସମ୍ପର୍କ ବିଷୟରେ ସିଦ୍ଧାନ୍ତ ଗ୍ରହଣ ସହଜ ହୁଏ । ଏପରି ପରୀକ୍ଷା ଚାଲିଥିବା ସମୟରେ ସମଗ୍ର ପରିବେଶଟି ନିୟନ୍ତ୍ରିତ ରହୁଥିବାରୁ ଏବଂ ଅନ୍ୟ

କୌଣସି ବାହ୍ୟିକ ଉପାଦାନ ମଝିରେ ପଶି ବିଭ୍ରାଟ ସୃଷ୍ଟି କରୁ ନଥିବାରୁ ବୈଜ୍ଞାନିକ ପରୀକ୍ଷା ନିରୀକ୍ଷା ନିର୍ଭରଯୋଗ୍ୟ ବିଚାର କରାଯାଏ ।

ଅନ୍ୟ ପକ୍ଷରେ ମନସ୍ତତ୍ତ୍ୱ ପରି ସମାଜବିଜ୍ଞାନରେ ଏପରି ସଂପରୀକ୍ଷଣ (Experiment) ପୂରାପୂରି ଅସମ୍ଭବ ନ ହେଲେ ମଧ୍ୟ ପରିବେଶକୁ ନିୟନ୍ତ୍ରଣ କରି କାରଣ ଓ ଫଳାଫଳର ସମ୍ପର୍କ (Cause and Effect Relation) ଅନୁଧ୍ୟାନ କରିବା ବେଶ୍ କଷ୍ଟକର । ସୁତରାଂ ମନୋବିଜ୍ଞାନର ଅନ୍ୟ ସବୁ ବିଭାଗ ପରି ବୈଭବ ମନୋବିଜ୍ଞାନୀମାନେ ସର୍ବେକ୍ଷଣ ଉପରେ ନିର୍ଭର କରିଛନ୍ତି । ସେପରି ବିଶ୍ଳେଷଣରେ କିଛି ମାତ୍ରାରେ ସମ୍ଭାବ୍ୟ କାରଣର ଅନୁଧ୍ୟାନ ସମ୍ଭବ ହେଲେ ମଧ୍ୟ ଏହାକୁ ପୂରାପୂରି କାରଣ ଓ ଫଳାଫଳ ବିଶ୍ଳେଷଣ କୁହାଯିବ ନାହିଁ । କାରଣ ଓ ଫଳାଫଳର ବିଶ୍ଳେଷଣ ପାଇଁ ଆମକୁ ସଂପରୀକ୍ଷଣ ପଦ୍ଧତି ଉପରେ ନିର୍ଭର କରିବାକୁ ହେବ ।

ସୁଖାନୁଭୂତିର ମୂଳଉତ୍ସ (Sources) ଜାଣିବା ପାଇଁ ଅନେକଗୁଡ଼ିଏ ଅନୁଧ୍ୟାନ କରାଯାଇଛି । ବହୁଗୁଡ଼ିଏ ସମ୍ଭାବ୍ୟ ଉତ୍ସକୁ (ଯଥା : ବଂଶାନୁଗତି, ପୁରୁଷ କି ସ୍ତ୍ରୀ, ବୟସ, ବ୍ୟକ୍ତିତ୍ୱ, ଶିକ୍ଷାଗତ ଯୋଗ୍ୟତା ଇତ୍ୟାଦି) ଦୃଷ୍ଟିରେ ରଖି ପ୍ରତିଟିର ଭୂମିକା ଅନୁଧ୍ୟାନ କରାଯାଇଛି ।

ପ୍ରତିଟି ସମ୍ଭାବ୍ୟ ଉତ୍ସର ଭୂମିକା ଆଲୋଚନା କରିବା ପୂର୍ବରୁ ସୁଖାନୁଭୂତିର ଜଣେ ଅଗ୍ରଣୀ ଗବେଷକ ଲୁବୋମିର୍ସ୍କିଙ୍କ (Lyubomirsky) ପ୍ରଦତ୍ତ ଏକ ପରିକଳ୍ପନା ସହିତ ପରିଚିତି ଆବଶ୍ୟକ । ତାଙ୍କର ମୂଳ ମନ୍ତବ୍ୟକୁ ନିମ୍ନ ପ୍ରଦତ୍ତ ଗୋଟିଏ ଚାର୍ଟ ଆକାରରେ ଉପସ୍ଥାପିତ କରାଯାଇପାରେ । ଏ ମତଟି ଅଧିକାଂଶ ବୈଭବ ମନୋବିଜ୍ଞାନୀ ସମର୍ଥନ କରିଛନ୍ତି । ଏଥିରେ ଦେଖାଯାଇଥିବା ଭଳି -

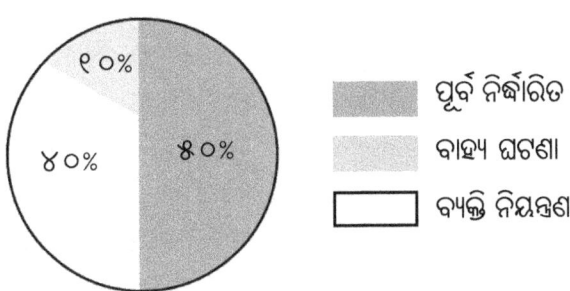

ବାହାର ଜଗତରେ ଘଟି ଯାଉଥିବା ଘଟଣା ଆମ ସୁଖାନୁଭୂତିର ୧୦ ପ୍ରତିଶତ ନିର୍ଦ୍ଧାରଣ କରିଥାଏ। ବଂଶାନୁଗତି (Heredity) ଓ ପୂର୍ବନିର୍ଦ୍ଧାରିତ ସମ୍ଭାବନା ପ୍ରାୟ ୫୦ ପ୍ରତିଶତ ନିର୍ଦ୍ଧାରଣ କରେ। ଅବଶିଷ୍ଟ ୪୦ ପ୍ରତିଶତ ମନୁଷ୍ୟର ନିୟନ୍ତ୍ରଣରେ ରହିଥାଏ, ଲୁବୋମିର୍ସ୍କି ଯୁକ୍ତି କରୁଥିଲେଯେ ଆମ ନିୟନ୍ତ୍ରଣରେ ଥିବା ୪୦ ପ୍ରତିଶତ ସୁଖାନୁଭୂତିକୁ ଆମେ ଉପେକ୍ଷା କରିବା ଉଚିତ ନୁହେଁ। ବିଜ୍ଞତାର ସହିତ ଯୋଜନାବଦ୍ଧ ଭାବରେ କାର୍ଯ୍ୟ କଲେ ଆମେ ସୁଖାନୁଭୂତିର ଅଭିବୃଦ୍ଧି କରିପାରିବା। ବର୍ତ୍ତମାନ ପ୍ରତିଟି ଉପାଦାନର ଭୂମିକା ଆଲୋଚନା କରାଯାଇପାରେ ।

ଲୁବୋମିର୍ସ୍କି

ବଂଶାନୁଗତି (Heredity)

ବଂଶାନୁଗତିର ଭୂମିକା (ବିଶେଷତଃ ଲିକେନ୍‌ଙ୍କ ଯମଜ ସନ୍ତାନ ସମ୍ପର୍କୀୟ ଅନୁଧ୍ୟାନ) ବିଷୟରେ ପୂର୍ବରୁ ସୂଚନା ଦିଆଯାଇଛି। ଏ କଥା ମଧ୍ୟ ଆଲୋଚିତ ହୋଇଛି ଯେ ପ୍ରତି ବ୍ୟକ୍ତିର ସୁଖାନୁଭୂତି କ୍ଷେତ୍ରରେ ଏକ ପୂର୍ବ ନିର୍ଦ୍ଧାରିତ ସ୍ତର (Set Point) ରହିଥାଏ। ବ୍ୟକ୍ତି ଘଟଣା ପ୍ରବାହରେ ସୁଖ କିମ୍ବା ଦୁଃଖ ଅନୁଭବ କରିବାର ପର ପର୍ଯ୍ୟାୟରେ ଏହି ପ୍ରଭାବର ବିଲୋପ (Adaptation) ଘଟି ବ୍ୟକ୍ତି ତା'ର ପୂର୍ବନିର୍ଦ୍ଧାରିତ ସ୍ତରକୁ ପ୍ରତ୍ୟାବର୍ତ୍ତନ କରେ। ଏହି ପୂର୍ବ ନିର୍ଦ୍ଧାରିତ ସ୍ତର ମୂଳତଃ ବ୍ୟକ୍ତିର ବଂଶାନୁଗତି ନିର୍ଦ୍ଧାରଣ କରିଥାଏ ବୋଲି ଲିକେନ୍ (୧୯୯୯) ମତ ଦେଇଥିଲେ।

ଅନ୍ୟ ଦୁଇଟି ଅନୁରୂପ ଅଧ୍ୟୟନ ଦ୍ୱାରା ମଧ୍ୟ ଏହି ସିଦ୍ଧାନ୍ତଟି ସମର୍ଥିତ ହୁଏ। ହେଡ଼ି ଓ ୱେରିଂ (Heady & Wearing, 1989) ୧୯୮୧ରୁ ୧୯୮୭ ପର୍ଯ୍ୟନ୍ତ ଅଷ୍ଟ୍ରେଲିଆର ନାଗରିକମାନଙ୍କୁ ପର୍ଯ୍ୟବେକ୍ଷଣ କଲେ। ବିଭିନ୍ନ ଘଟଣା (ନୂଆ ବନ୍ଧୁ, ବିବାହ, ପିଲାମାନଙ୍କୁ ନେଇ ଉପୁଜିଥିବା ସମସ୍ୟା, ଚାକିରୀ ହରାଇବା) କିପରି ସୁଖାନୁଭୂତି କିମ୍ବା ଦୁଃଖାନୁଭୂତି ବଢ଼ାଇଛି, ତାହାର ଆକଳନ କଲେ। ମାତ୍ର ଗବେଷକଦ୍ୱୟ ଦେଖିଲେ ଯେ ଘଟଣା ଘଟିଯିବା ପରେ ଧୀରେ ଧୀରେ ଲୋକମାନଙ୍କ ଆବେଗ ଅନୁଭୂତି ପୂର୍ବର ସ୍ତରକୁ ଫେରି ଆସିଲା। ସେହିପରି ଡାଏନର୍ ଓ ତାଙ୍କର ସହଯୋଗୀ ଆମେରିକାର କଲେଜ ଛାତ୍ରଛାତ୍ରୀଙ୍କୁ

ଅନୁଧ୍ୟାନ କରି ଦେଖିଲେ ଯେ ବାହ୍ୟଜଗତର ଛୋଟବଡ଼ ଘଟଣା ସେମାନଙ୍କ ସୁଖାନୁଭୂତି ବୃଦ୍ଧି କରୁଛି କି ହ୍ରାସ କରୁଛି। ମାତ୍ର ସମୟକ୍ରମେ ସେମାନେ ପୂର୍ବନିର୍ଦ୍ଧାରିତ ସ୍ତରକୁ ପ୍ରତ୍ୟାବର୍ତ୍ତନ କରୁଛନ୍ତି।

ଘଟଣା-ପ୍ରଭାବିତ ସୁଖ ଦୁଃଖର ଅନୁଭବ ପରେ ପରେ ପୂର୍ବନିର୍ଦ୍ଧାରିତ ସ୍ତରକୁ (Set Point) ପ୍ରତ୍ୟାବର୍ତ୍ତନ କରିବାର ମାନସିକ ପ୍ରବଣତା ପରୋକ୍ଷଭାବେ ବଂଶାନୁଗତି ସପକ୍ଷରେ ପ୍ରମାଣ ଦେଇଥାଏ। କିନ୍ତୁ ବଂଶାନୁଗତିକ ସପକ୍ଷରେ ପ୍ରତ୍ୟକ୍ଷ ପ୍ରମାଣ ହେଉଛି ଲିକେନ୍‌ଙ୍କ ଯମଜ ଅନୁଧ୍ୟାନ (Lykken, 1999)। ଲିକେନ୍ ସମରୂପୀ ଯମଜ ଓ ଭାତୃରୂପୀ ଯମଜଙ୍କ ସୁଖାନୁଭୂତି ତୁଳନା କରି ଦେଖିଲେ ଯେ ଏକତ୍ର କିମ୍ବା ଭିନ୍ନ ଭିନ୍ନ ପରିବେଶରେ ପ୍ରତିପାଳିତ ସମରୂପୀ ଯମଜମାନଙ୍କର ସୁଖାନୁଭୂତିରେ ଅଧିକ ସାମଞ୍ଜସ୍ୟ ରହୁଛି। କହିବା ଅନାବଶ୍ୟକ ଯେ ଭାତୃରୂପୀ ଯମଜ ତୁଳନାରେ ସମରୂପୀ ଯମଜମାନଙ୍କର ପିତୃମାତୃଦତ୍ତ (ତଥା ପୂର୍ବପୁରୁଷଙ୍କ) ଜିନ୍‌ରୁ ଅଧିକ ଅଂଶର ଉପସ୍ଥିତି ବଂଶାନୁଗତିର ଭୂମିକାକୁ ସ୍ୱୀକୃତି ଦେଉଛି।

ଜିନ୍‌ର ଭୂମିକା ସମ୍ପର୍କରେ ଆଉ ଗୋଟିଏ କୌତୂହଳପୂର୍ଣ୍ଣ ସିଦ୍ଧାନ୍ତର ଅବତାରଣା କରାଯାଇପାରେ। ସାଧାରଣ ଲୋକ ଏବଂ କେତେକ ମନୋବିଜ୍ଞାନୀଙ୍କର ଧାରଣା ଯେ ସୁଖାନୁଭୂତିକୁ ବ୍ୟାହତ କରୁଥିବା ଗୋଟିଏ ଡିପ୍ରେସନ୍ ଜିନ୍ ବା ଅବସାଦର ଜିନ୍ ରହିଛି । ବିଭିନ୍ନ ପ୍ରକାର ମାନସିକତା ଓ ବ୍ୟକ୍ତିତ୍ୱ ମୂଳରେ ଯେଉଁ ସବୁ ଜିନ୍‌କୁ ଜେନୋମ୍ ଗବେଷଣା ମାଧ୍ୟମରେ ଚିହ୍ନଟ କରାଯିବାର ପ୍ରୟାସ କରାଯାଇଛି ତନ୍ମଧ୍ୟରେ ଗୋଟିଏ ବିଶେଷ ଜିନ୍ ହେଉଛି 5-HTTLPR। ଏହା ଡିପ୍ରେସନ୍ ବା ଅବସାଦ ଜିନ୍। ଏହା ଦୁଇ ପ୍ରକାରର ହୋଇଥାଏ,; ଗୋଟିଏ ବଡ଼ ଓ ଗୋଟିଏ ଛୋଟ। ଛୋଟଟି କ୍ଷତିକାରକ ଜିନ୍ ଏବଂ ଏହା ବିଷାଦ ସହିତ ସମ୍ପୃକ୍ତ।

କାସ୍ପି ଏବଂ ତାଙ୍କର ସହଯୋଗୀମାନେ ୨୦୦୩ରୁ ଗୋଟିଏ ବିଶେଷ ଧରଣର ଗବେଷଣା କଲେ। ସେମାନେ ଏହି କ୍ଷତିକାରକ ଜିନ୍ ଥିବା ୮୪୭ ଶିଶୁଙ୍କୁ ନିଉଜିଲାଣ୍ଡରେ ଠାବକଲେ। ତା'ପରେ ଏହି ଶିଶୁମାନେ ବଡ଼ହେବା ପର୍ଯ୍ୟନ୍ତ ଧାରାବାହିକ ଭାବେ ପର୍ଯ୍ୟବେକ୍ଷଣ କଲେ। ସେମାନଙ୍କର ବୟସ ୨୬ ବର୍ଷ ହେଲାବେଳକୁ ଜୀବନରେ କେତୋଟି ବିପର୍ଯ୍ୟୟର ଘଟଣା ସମ୍ମୁଖୀନ ହୋଇଛନ୍ତି ଏବଂ ସେମାନଙ୍କର ବିଷାଦର ମାତ୍ରା କେତେ ତାହା ଆକଳନ କଲେ। କୌତୂହଳର ବିଷୟ ଯେ ଯେଉଁମାନଙ୍କର

କ୍ଷତିକାରକ ଛୋଟ ଧରଣର 5-HTTLPR ଜିନ୍ ଥିଲା ଏବଂ ତା' ସହିତ ସେମାନେ ଜୀବନରେ ଦୁର୍ଭାଗ୍ୟଜନକ ଘଟଣାର ଶୀକାର ହୋଇଥିଲେ କେବଳ ସେହିମାନଙ୍କର ହିଁ ବିଷାଦ ଲକ୍ଷଣ ପ୍ରକାଶ ପାଇଥିଲା। ଏହାର ତାତ୍ପର୍ଯ୍ୟ ହେଉଛି ଯେ କେବଳ ଜିନ୍‌ର ଉପସ୍ଥିତି ଲକ୍ଷଣ ପ୍ରକାଶର କାରଣ ହୋଇ ନଥାଏ, ଏଥିପାଇଁ ପରିବେଶଗତ ଚାଳକ (Trigger) ପ୍ରୟୋଜନ ହୁଏ । ଜିନ୍ ବନ୍ଧୁକର ଗୁଳି ସହ ତୁଳନୀୟ ହୋଇପାରେ ମାତ୍ର ଏହାକୁ ସକ୍ରିୟ କରିବା ପାଇଁ ପରିବେଶ ଚାଳକର ଭୂମିକା ନିଏ।

ବ୍ୟକ୍ତିତ୍ୱ :

ସୁଖାନୁଭୂତିରେ ମନୁଷ୍ୟର ବ୍ୟକ୍ତିତ୍ୱ କେତେ ପରିମାଣରେ ନିର୍ଦ୍ଧାରକ ହୋଇଥାଏ, ତାହା ଏକ ଗୁରୁତ୍ୱପୂର୍ଣ୍ଣ ପ୍ରଶ୍ନ। କେଉଁ ବ୍ୟକ୍ତିତ୍ୱର ଅଧିକାରୀ ଲୋକମାନେ ଅପେକ୍ଷାକୃତ ସୁଖାନୁଭୂତିର ଅନୁଭବ ପାଆନ୍ତି।

ବ୍ୟକ୍ତିତ୍ୱ ପରିପ୍ରେକ୍ଷୀରେ ଅସଂଖ୍ୟ ପରିମାପକ ରହିଛି। ସୁତରାଂ ପୃଥକ୍ ଭାବେ ପ୍ରତିଟି ଉପାଦାନ ସହିତ ସୁଖାନୁଭୂତିର ସମ୍ପର୍କ ଆଲୋଚନା ସମ୍ଭବ ନୁହେଁ। ତେବେ ମାକ୍‌କ୍ରେ ଏବଂ କୋଷ୍ଟାଙ୍କ ବହୁ ପ୍ରସାରିତ ପଞ୍ଚ-ବୃହତ୍ ବ୍ୟକ୍ତିତ୍ୱ ଉପାଦାନ (Five Big Factors of Personality) ସମଗ୍ର ବିଶ୍ୱରେ ବହୁଳ ଭାବେ ବ୍ୟବହୃତ ହେଉଥିବାରୁ ଏହାକୁ ମାନଦଣ୍ଡ ରୂପେ ଗ୍ରହଣ କରାଯାଇପାରେ। ଏହି ପରିମାପରେ ପାଞ୍ଚୋଟି ବୃହତ୍ ଉପାଦାନ ରହିଛି। ସେଗୁଡ଼ିକ ହେଉଛି; ଆବେଗିକ ଅସ୍ଥିରତା (Neuroticism), ବହିର୍ମୁଖୀତ୍ୱ (Extravesion), ସହମତି (Agreeableness), ଉନ୍ମୁକ୍ତତା (Openness) ଏବଂ ବିବେକିତା (Conscientiousness)। ବିଶ୍ୱର ବିଭିନ୍ନ ଦେଶରେ ଏହା ପ୍ରୟୋଗ କରାଯାଇଛି । ସ୍ଥଳ ବିଶେଷରେ ଅନ୍ୟ ଦେଶରେ ସାମାନ୍ୟ ପରିମାର୍ଜିତ ହୋଇଛି। ଉଦାହରଣ ସ୍ୱରୂପ ଚୀନା ଦେଶରେ ଏହି ପାଞ୍ଚୋଟି ଉପାଦାନ ବ୍ୟତୀତ ଅନ୍ୟ ଗୋଟିଏ ବୃହତ୍ ଉପାଦାନ 'ସହନଶୀଳତା'ର ଅସ୍ତିତ୍ୱ ସ୍ୱୀକାର କରାଯାଇଛି।

ଏହାକୁ ବ୍ୟବହାର କରି ବହୁ ମନୋବିଜ୍ଞାନୀ ବ୍ୟକ୍ତିତ୍ୱ ଓ ସୁଖାନୁଭୂତିର ସମ୍ପର୍କ ଅନୁସନ୍ଧାନ କରିଛନ୍ତି। ପୃଥକ୍ ଭାବେ ପ୍ରତିଟି ଅନୁଧ୍ୟାନର ସିଦ୍ଧାନ୍ତ ଆଲୋଚନା ନ କରି ଡିନିଭେ ଓ କୁପର୍ (DeNeve & Cooper, 1998) ଯେଉଁ ସାରାଂଶ ଦର୍ଶାଇଛନ୍ତି, ତାହା ପ୍ରଣିଧାନର ବିଷୟ।

ବୃହତ୍ ଉପାଦାନ	ସାମଗ୍ରିକ ସହସମ୍ବନ୍ଧ	ଅନୁଧ୍ୟାନର ସଂଖ୍ୟା
ବହିର୍ମୁଖୀତ୍ୱ	.୧୭	୮୨
ଆବେଗିକ ଅସ୍ଥିରତା	-.୨୨	୭୪
ସହମତି	.୧୭	୫୯
ଉନ୍ମୁକ୍ତତା	.୧୧	୪୧
ବିବେକିତା	.୨୧	୧୧୫

ସାରଣୀରେ ଦିଆଯାଇଥିବା ସହସମ୍ବନ୍ଧ (Correlation) ଲକ୍ଷ୍ୟ କଲେ ବ୍ୟକ୍ତିତ୍ୱ-ସୁଖାନୁଭୂତି ସମ୍ପର୍କ ସହଜରେ ବୁଝିହେବ। ବହିର୍ମୁଖୀ ବ୍ୟକ୍ତିମାନେ ସୁଖାନୁଭୂତିର ଅଧିକାରୀ । କାରଣ ସହଜରେ ଅନୁମେୟ। ବହିର୍ମୁଖୀ ବ୍ୟକ୍ତିତ୍ୱରେ ସକ୍ରିୟତା, ଲୋକପ୍ରିୟତା, ସାମାଜିକତା ଓ ଅନୁସନ୍ଧିତ୍ସା ପ୍ରତିଫଳିତ। ଏପରି ଲୋକମାନେ ବନ୍ଧୁତ୍ୱ ପ୍ରତି ଗୁରୁତ୍ୱ ଆରୋପ କରନ୍ତି, ସାମାଜିକ ସଂସର୍ଗ ଓ ସମାବେଶ କାମନା କରନ୍ତି ଏବଂ ପ୍ରୀତିପ୍ରଦ ଆଚରଣ କରନ୍ତି। ସୁତରାଂ ଏପରି ଲୋକମାନେ ଅଧିକ ସୁଖୀ ହେବା ସ୍ୱାଭାବିକ୍ । ଆବେଗିକ ଅସ୍ଥିରତା ଏକ ନକାରାତ୍ମକ ଉପାଦାନ। ଏଥିରେ ବିଷାଦ, ଉତ୍‌କଣ୍ଠା (Anxiety), ଈର୍ଷା, ଅସୂୟା ଓ ମାନସିକ ଚାପ ଅଙ୍ଗୀଭୂତ। ଏହା ସହିତ ସୁଖାନୁଭୂତିର ନକାରାତ୍ମକ ସମ୍ପର୍କ ସୂଚିତ ହୋଇଛି। ଅନ୍ୟ ଭାଷାରେ କହିଲେ ଆବେଗିକ ଅସ୍ଥିରତା ପରି ବ୍ୟକ୍ତିତ୍ୱ-ସମ୍ପନ୍ନ ଲୋକେ ସୁଖାନୁଭୂତିରୁ ବଂଚିତ ହୁଅନ୍ତି। ତୃତୀୟ ଉପାଦାନଟି ସହମତି। ଅନ୍ୟମାନଙ୍କ ସହ ମିଳିମିଶି ଚଳିବା ଏବଂ ଏକମତ ହେବାର ମାନସିକତା ସୁଖାନୁଭୂତିର ସହାୟକ ହୋଇଥାଏ । ଉନ୍ମୁକ୍ତତାର ଅର୍ଥ ହେଉଛି ଉନ୍ମୁକ୍ତ (ଖୋଲା) ମନ ନେଇ ନୂତନ ଧାରଣା, ନୂଆ ବ୍ୟକ୍ତି ଏବଂ ନୂଆ ତଥା ଅପରିଚିତ ପରିବେଶକୁ ଗ୍ରହଣ କରିବା ଏକ ସକାରାତ୍ମକ ମନୋଭାବ। ଏହା ଆମର ଜ୍ଞାନ, ସାମାଜିକ ବଳୟ ଏବଂ ଅନୁଭବକୁ ପ୍ରସାରିତ କରିଥାଏ । ସକାରାତ୍ମକ ଭାବରେ ଏହା ସୁଖାନୁଭୂତି ସହ ସମ୍ବନ୍ଧିତ। ପରିଶେଷରେ ସୂଚିତ ହୋଇଛି ଯେ ବିବେକିତା ଓ ସୁଖାନୁଭୂତି ମଧ୍ୟରେ ସକାରାତ୍ମକ ସଂଯୋଗ ରହିଛି । ବିବେକିତାର ପରିସର ମଧ୍ୟରେ ରହିଛି ଶୃଙ୍ଖଳାବୋଧ, ନିୟମାନୁବର୍ତ୍ତିତା, କର୍ତ୍ତବ୍ୟନିଷ୍ଠା ଓ ଆତ୍ମସଂଯମ। ଏଗୁଡ଼ିକ ଉଚ୍ଚତର ମାନବିକ ମୂଲ୍ୟବୋଧର ସୂଚକ। ଏହା ସହିତ ସୁଖାନୁଭୂତିର ଗଭୀର ସମ୍ବନ୍ଧ ପ୍ରଦର୍ଶିତ ହେବା ଖୁବ୍ ପ୍ରତ୍ୟାଶିତ।

ଅବଶ୍ୟ ବ୍ୟକ୍ତିତ୍ୱ ଓ ସୁଖାନୁଭୂତିର ସମ୍ପର୍କ ଗବେଷଣା କରିବା ପରିପ୍ରେକ୍ଷୀରେ

କେତେକ ଗବେଷକ ଡାଏନରଙ୍କ ଆବେଗ-କେନ୍ଦ୍ରିତ ତିନି ଉପାଦାନ ବିଶିଷ୍ଟ ପରିମାପକ (SWB) ନ ନେଇ ରିଫ୍‌ଙ୍କ ଅର୍ଥପୂର୍ଣ୍ଣତା କେନ୍ଦ୍ରିତ ମନସ୍ତାତ୍ତ୍ୱିକ ସୁସ୍ଥତା (Psychological Well-Being ବା (PWB) ପରିମାପକ ବ୍ୟବହାର କରିଛନ୍ତି । ଏଠାରେ ମଧ୍ୟ ଅନୁରୂପ ସିଦ୍ଧାନ୍ତ ଗୃହୀତ ହୋଇଛି । ସିଦ୍ଧାନ୍ତର ସାରମର୍ମକୁ ନିମ୍ନ ସାରଣୀରେ ପ୍ରକାଶ କରାଯାଇପାରେ ।

ବ୍ୟକ୍ତିତ୍ୱ ଓ ସୁଖାନୁଭୂତି ସମ୍ପର୍କ

ବ୍ୟକ୍ତିତ୍ୱ ଉପାଦାନ	ଡାଏନରଙ୍କ ମାପକ	ରିଫ୍‌ଙ୍କ ମାପକ
ଆବେଗିକ ଅସ୍ଥିରତା	ପ୍ରତିକୂଳ ସମ୍ପର୍କ	ପ୍ରତିକୂଳ ସମ୍ପର୍କ
ବହିର୍ମୁଖୀତ୍ୱ	ଅନୁକୂଳ ସମ୍ପର୍କ	ଅନୁକୂଳ ସମ୍ପର୍କ
ଉନ୍ମୁକ୍ତତା	ଅନୁକୂଳ ସମ୍ପର୍କ	ଅନୁକୂଳ ସମ୍ପର୍କ
ବିବେକିତା	ଅନୁକୂଳ ସମ୍ପର୍କ	ଅନୁକୂଳ ସମ୍ପର୍କ
ସହମତି	କମ୍ ପରିମାଣର ଅନୁକୂଳ ସମ୍ପର୍କ	କମ୍ ପରିମାଣର ଅନୁକୂଳତା ସମ୍ପର୍କ

ସ୍ତ୍ରୀ / ପୁରୁଷ ପାର୍ଥକ୍ୟ :

ସୁଖାନୁଭୂତି କ୍ଷେତ୍ରରେ ସ୍ତ୍ରୀ-ପୁରୁଷ ପାର୍ଥକ୍ୟ ସମ୍ବନ୍ଧୀୟ ପ୍ରଶ୍ନ ବହୁ ପୁରାତନ । ଏ ଦିଗରେ ଅସଂଖ୍ୟ ଅନୁଧ୍ୟାନ କରାଯାଇଛି । କେତେକ ଅନୁଧ୍ୟାନରେ ପୁରୁଷମାନେ ସାମାନ୍ୟ ଅଧିକା ସୁଖାନୁଭୂତି ଦର୍ଶାଇବା ସ୍ଥଳେ ଅନ୍ୟ ଅନୁସନ୍ଧାନର ନାରୀମାନେ ସାମାନ୍ୟ ଅଧିକା ସୁଖାନୁଭୂତି ପ୍ରଦର୍ଶନ କରିବାର ଫଳାଫଳ ମିଳିଛି । ସୁତରାଂ ସିଦ୍ଧାନ୍ତ ଗ୍ରହଣ ପାଇଁ **ବିଶ୍ଳେଷଣୋତ୍ତର ପ୍ରକ୍ରିୟାର** (Meta-Analysis) ଉପଯୋଗ କରାଯାଇଛି । ବିଶ୍ଳେଷଣୋତ୍ତର ପ୍ରକ୍ରିୟା କ'ଣ, ତାହାର ସୂଚନା ଦେବା ଯଥାର୍ଥ ହେବ । ଗୋଟିଏ ଉଦାହରଣ ଦ୍ୱାରା ଏହାକୁ ପ୍ରାଞ୍ଜଳ କରାଯାଇପାରେ । ଏହି ପ୍ରକ୍ରିୟାରେ ଅତୀତରେ ସମ୍ପନ୍ନ କରାଯାଇଥିବା ସମସ୍ତ ଅନୁଧ୍ୟାନକୁ ବିଚାରକୁ ନିଆଯାଏ । ମନେ କରାଯାଉ ଆମର ମୌଳିକ ପ୍ରଶ୍ନ ହେଉଛି : ନାରୀ ଅଧିକ ସୁଖୀ କି ପୁରୁଷ ଅଧିକ ସୁଖୀ ? ଏହାର ସମାଧାନ ପାଇଁ କୌଣସି ଏକ ନିର୍ଦ୍ଦିଷ୍ଟ ଅନୁଧ୍ୟାନକୁ ବିଚାର ନ କରି ଏ କ୍ଷେତ୍ରରେ ହୋଇଥିବା ସମସ୍ତ ଗବେଷଣାକୁ ବିଚାର କରିବା । ଧରାଯାଉ ନାରୀ-ପୁରୁଷର ସୁଖାନୁଭୂତିର ତୁଳନାତ୍ମକ

ଅନୁଧ୍ୟାନର ସଂଖ୍ୟା ହେଉଛି ୮୦୦୦ । କହିବା ଅନାବଶ୍ୟକ ଯେ, ଆଧୁନିକ ଯୁଗରେ କମ୍ପ୍ୟୁଟର ସହାୟତାରେ ଏ ସମସ୍ତ ଅନୁଧ୍ୟାନକୁ ସ୍ଥାନିତ କରିବା ଅସମ୍ଭବ ନୁହେଁ । ପୁନଶ୍ଚ ମନେ କରାଯାଉଯେ ୫୦୦୦ ଅନୁଧ୍ୟାନ ନାରୀ ଅଧିକ ସୁଖୀ ବୋଲି ପ୍ରାମାଣିକ ଫଳାଫଳ ଦେଇଛି, ୨୦୦୦ ଅନୁଧ୍ୟାନରେ ପୁରୁଷମାନେ ଅଧିକ ସୁଖୀ ବୋଲି ପ୍ରଦର୍ଶିତ ହୋଇଛି ଏବଂ ଅବଶିଷ୍ଟ ୧୦୦୦ ଅନୁଧ୍ୟାନରେ ନାରୀ-ପୁରୁଷ ମଧ୍ୟରେ ପାର୍ଥକ୍ୟର ପ୍ରମାଣ ନାହିଁ । ଏହି ତଥ୍ୟକୁ ଭିତ୍ତିକରି ନାରୀମାନଙ୍କର ଅଧିକ ସୁଖାନୁଭୂତିର ସିଦ୍ଧାନ୍ତ ସହଜ ନୁହେଁ କି ?

ଆଉ ଗୋଟିଏ ବିକଳ୍ପ ସମ୍ଭାବନାର କଥା ଚିନ୍ତା କରାଯାଉ । ଆଠ ହଜାର ଅନୁଧ୍ୟାନ ମଧ୍ୟରୁ ୩୦୦୦ ଅନୁଧ୍ୟାନରେ ନାରୀମାନଙ୍କର ଅଧିକ ସୁଖାନୁଭୂତି, ୩୦୦୦ ଅନୁଧ୍ୟାନରେ ପୁରୁଷମାନଙ୍କର ବେଶୀ ସୁଖାନୁଭୂତି ଏବଂ ୨୦୦୦ ଅନୁଧ୍ୟାନରେ ନାରୀ-ପୁରୁଷ ପାର୍ଥକ୍ୟର ଅନୁପସ୍ଥିତି ପ୍ରଦର୍ଶିତ ହେଉଥିଲେ ନାରୀ କି ପୁରୁଷକୁ ଆଗୁଆ ବୋଲି ସିଦ୍ଧାନ୍ତ ଗ୍ରହଣ କରିବା ଅସମ୍ଭବ । ଏ କ୍ଷେତ୍ରରେ ନାରୀ ଓ ପୁରୁଷମାନଙ୍କର ସୁଖାନୁଭୂତିର ସ୍ତର ପ୍ରାୟ ସମାନ ବୋଲି କହିବାକୁ ହେବ ।

ବିଶ୍ଳେଷଣୋତ୍ତର ପ୍ରକ୍ରିୟାରେ (Meta-Analysis) ଯେଉଁ ଗବେଷଣା-ଲବ୍ଧ ସିଦ୍ଧାନ୍ତ ମିଳିଛି ସେଥିରେ ଏହିପରି ଏକ ପରିଣତି ପରିଦୃଷ୍ଟ ହୁଏ । ନାରୀ ଓ ପୁରୁଷମାନଙ୍କର ସୁଖାନୁଭୂତିର ସ୍ତର ପ୍ରାୟ ସମାନ । ତେବେ ସେଥିରେ ଏକ କୌତୂହଳପୂର୍ଣ୍ଣ ଦିଗ ରହିଛି । ନିମ୍ନ ଚିତ୍ରଟିକୁ ଲକ୍ଷ୍ୟ କଲେ ତାହା ସ୍ପଷ୍ଟ ହେବ ।

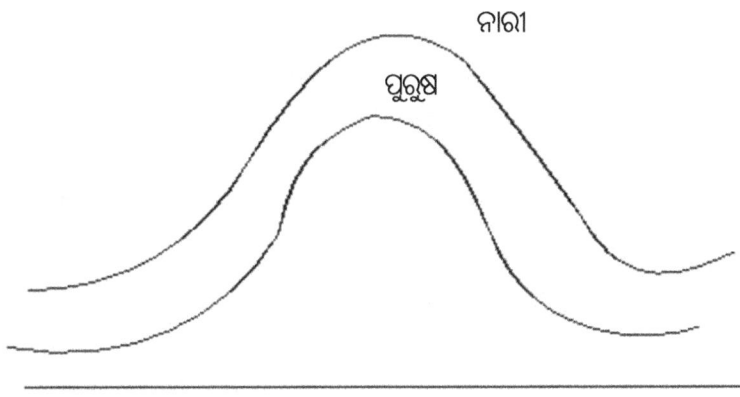

ଚିତ୍ରରୁ ଏହା ସ୍ପଷ୍ଟ ଯେ ନାରୀମାନଙ୍କର ଆବେଗର ପରିସୀମା ପୁରୁଷ ତୁଳନାରେ ବିସ୍ତୃତ । ଏହାର ତାତ୍ପର୍ଯ୍ୟ ଯେ ନାରୀମାନେ ଯେପରି ଅଧିକ ପରିମାଣର ନକାରାତ୍ମକ ଆବେଗ (ବିଷାଦ, ଉତ୍‌କଣ୍ଠା, ମାନସିକ ଚାପ) ଅନୁଭବ କରନ୍ତି ସେହିପରି ବେଶୀ ପରିମାଣର ସକାରାତ୍ମକ ଆବେଗର (ହର୍ଷ, ଉଲ୍ଲାସ, ଆନନ୍ଦ) ଅନୁଭବ ପାଆନ୍ତି । ସୁତରାଂ ନାରୀମାନେ ଆବେଗ ଅନୁଭବର ଗୋଟିଏ ପାର୍ଶ୍ୱରେ ଅସୁବିଧାର ସମ୍ମୁଖୀନ ହେବା ସ୍ଥଳେ ଅନ୍ୟ ପାର୍ଶ୍ୱରେ ସୁବିଧା ପାଆନ୍ତି । ଅନ୍ୟ ପକ୍ଷରେ ପୁରୁଷମାନେ ଆବେଗ ଅନୁଭବର ଏକ ସୀମିତ ସ୍କେଲ୍‌ରେ (ମାପକ) ବିଚରଣ କରନ୍ତି । ଚିତ୍ରଟିରେ ଏହା ସୁସ୍ପଷ୍ଟ ଯେ ପୁରୁଷ ଓ ନାରୀମାନଙ୍କର ସୁଖାନୁଭୂତି ସ୍କେଲରେ ମଧ୍ୟମାନ (Mean) ଓ ମଧ୍ୟମା (Median) ସମାନ । ସୁତରାଂ ନାରୀ ଓ ପୁରୁଷମାନଙ୍କ ସୁଖାନୁଭୂତିର ସ୍ତର ସମାନ ବୋଲି ସିଦ୍ଧାନ୍ତ ଗ୍ରହଣ କରାଯାଇଛି ।

ବିବାହିତ ସ୍ଥିତି :

ପ୍ରାୟ ୯୦ ପ୍ରତିଶତ ବ୍ୟକ୍ତି ବିବାହିତ ଜୀବନଯାପନ କରୁଥିବାରୁ ସୁଖାନୁଭୂତି ସହିତ ଏହାର ସମ୍ପର୍କ ଅନୁଧ୍ୟାନ କରାଯାଇଛି । ମାୟର୍ସ୍ (Myers 2000) ଏବଂ ଅନ୍ୟ ଗବେଷକମାନେ ମତ ଦିଅନ୍ତି ଯେ ବିବାହିତ ଜୀବନ ଏକ ଅନ୍ତରଙ୍ଗ ବନ୍ଧୁ କିମ୍ବା ବାନ୍ଧବୀର ସମ୍ବଳ ପ୍ରଦାନ କରୁଥିବାରୁ ଏହା ଅଧିକାଂଶଙ୍କ ପାଇଁ ସୁଖାନୁଭୂତିର ଉତ୍ସ ହୋଇଥାଏ । ଦେଶ ବିଦେଶରେ କରାଯାଉଥିବା ବହୁସଂଖ୍ୟକ ଅନୁଧ୍ୟାନ ଏବଂ ବିଶ୍ଳେଷଣୋତ୍ତର (Meta-Analysis) ସିଦ୍ଧାନ୍ତ ବିବାହ ସପକ୍ଷରେ ମତପ୍ରଦାନ କରେ ।

ମାନସିକ ସ୍ୱାସ୍ଥ୍ୟ ଦୃଷ୍ଟିରୁ ବିବାହର ଏକାଧିକ ଉପଯୋଗିତା ଥିଲେ ମଧ୍ୟ ଆଜିକାଲି ବ୍ୟକ୍ତିସର୍ବସ୍ୱ ଜୀବନଶୈଳୀର ସମ୍ପ୍ରସାରଣ ଫଳରେ ପାରିବାରିକ ଅଶାନ୍ତି ଓ ବିବାହ ବିଚ୍ଛେଦର ମାତ୍ରା ବୃଦ୍ଧି ପାଉଥିବାରୁ ପାରିବାରିକ ସୁଖଶାନ୍ତିର ବିକାଶ ପାଇଁ କେତେକ ମନୋବିଜ୍ଞାନୀ ନିରବଚ୍ଛିନ୍ନ ଗବେଷଣା କରିଚାଲିଛନ୍ତି । ୱାସିଂଟନ ବିଶ୍ୱବିଦ୍ୟାଳୟର (ସିଆଟଲ୍, ଯୁକ୍ତରାଷ୍ଟ୍ର ଆମେରିକା) ପ୍ରଫେସର ଜନ୍ ଗଟ୍‌ମ୍ୟାନ (John Gottman, 1999) ବହୁସଂଖ୍ୟକ ବିବାହିତ ଦମ୍ପତିମାନଙ୍କୁ ନେଇ ସେମାନଙ୍କ ସହିତ ବିସ୍ତୃତ ସାକ୍ଷାତ୍‌କାର୍ ମାଧ୍ୟମରେ କେତେକ ଉପାଦେୟ ତଥ୍ୟ ପ୍ରଦାନ କରିଛନ୍ତି । ତାଙ୍କର ଅନୁଧ୍ୟାନ 'ସଂପ୍ରୀତି ଗବେଷଣାଗାର' (Love Lab) ନାମରେ ପରିଚିତ । ବିବାହିତ ସମ୍ପର୍କକୁ କଳୁଷିତ କରୁଥିବା ଏବଂ ବିକଶିତ କରୁଥିବା ଉପାଦାନସବୁର ଯେଉଁ ଚିହ୍ନଟ ଗଟ୍‌ମ୍ୟାନ୍ କରିଛନ୍ତି, ତାହା ନିମ୍ନ ସାରଣୀରେ ପ୍ରକାଶ କରାଯାଇପାରେ ।

ସଂପ୍ରୀତି ଗବେଷଣାଗାରଲବ୍ଧ ଉପାଦାନ ସମୂହ :

ନକାରାତ୍ମକ ଉପାଦାନ

- ❖ ମତ ଅମେଳରୁ କଳହ
- ❖ ପାରସ୍ପରିକ କଟୁ ସମାଲୋଚନା
- ❖ ଘୃଣାର ପ୍ରକାଶ୍ୟ ରୂପ
- ❖ ନିଜର ତୃଟିକୁ ସ୍ୱୀକାର ନ କରି ଅଯଥା ପ୍ରତିରୋଧ
- ❖ ଅଙ୍ଗଭଙ୍ଗୀରେ ବିଦ୍ରୂପ ପ୍ରଦର୍ଶନ

ସକାରାତ୍ମକ ଉପାଦାନ

- ❖ ଦିନର ଶେଷ ପର୍ଯ୍ୟାୟରେ ଏକାଠି ବସି କଥାବାର୍ତ୍ତା
- ❖ ପରସ୍ପର ପ୍ରତି ସ୍ନେହ, ଶ୍ରଦ୍ଧା ଓ ସଂପ୍ରୀତି
- ❖ ପାରସ୍ପରିକ ପ୍ରଶଂସା
- ❖ ପ୍ରତି ସପ୍ତାହରେ ଅନ୍ତତଃ ଗୋଟିଏ ସମ୍ମିଳିତ କାର୍ଯ୍ୟ

ବୟସର ଭୂମିକା :

ବୟସର ଭୂମିକା ସମ୍ପର୍କରେ ସର୍ବସ୍ୱୀକୃତ ମତାମତ ପ୍ରାୟ ନାହିଁ। ଗୋଟିଏ ସମୟରେ କିଶୋର ସମୟକୁ ଝଡ଼ଝଞ୍ଜାର ସମୟ ରୂପେ ବର୍ଣ୍ଣନା କରାଯାଇ ଏହି ସମୟରେ ସୁଖାନୁଭୂତିର ମାତ୍ରା ଖୁବ୍ କମ୍ ବୋଲି ବିଚାର କରାଯାଉଥିଲା। ମାତ୍ର ବର୍ତ୍ତମାନ ଏପରି ସିଦ୍ଧାନ୍ତ ଗ୍ରହଣୀୟ ନୁହେଁ। ଜୀବନର ପ୍ରତିଟି ପର୍ଯ୍ୟାୟର ସମ୍ବଳ ପରିବର୍ତ୍ତିତ ହୁଏ, ସମସ୍ୟା ପରିବର୍ତ୍ତିତ ହୁଏ। ଏ ଦୃଷ୍ଟିରୁ କିଶୋରକାଳକୁ ସୁଖାନୁଭୂତିର ନିମ୍ନ ସ୍ତରରେ ରଖିବା ଯୁକ୍ତିଯୁକ୍ତ ନୁହେଁ। ଅବଶ୍ୟ କିଶୋର କିଶୋରୀମାନେ କେତେକ ଜଟିଳତାର ଶରବ୍ୟ ହେଉଥିବାରୁ ଏକ ଆହ୍ୱାନପୂର୍ଣ୍ଣ ଅବସ୍ଥା ସୃଷ୍ଟି ହୁଏ।

ଏଠାରେ କିଶୋର-କିଶୋରୀମାନଙ୍କର ମାନସିକ ସ୍ୱାସ୍ଥ୍ୟକୁ ବାଧା ଦେଉଥିବା ଦୁଇ ତିନୋଟି ଉପାଦାନର ସୂଚନା ଦିଆଯାଇପାରେ। ଏଗୁଡ଼ିକ ଯଥାଯଥ ଭାବେ ପରିଚାଳନା କଲେ କିଛି ପରିମାଣରେ ବିପର୍ଯ୍ୟୟ ଏଡ଼ାଇ ସୁଖାନୁଭୂତିର ମାତ୍ରା ବୃଦ୍ଧି କରିବା ସମ୍ଭବପର ହେବ।

କିଶୋରକାଳୀନ ଉଦ୍‌ବେଳନକୁ ବୁଝିବାକୁ ହେଲେ ଶାରୀରିକ ପରିବର୍ତ୍ତନ ବିଶେଷ କରି ମସ୍ତିଷ୍କଗତ ପରିବର୍ତ୍ତନ ବୁଝିବାକୁ ହେବ। ଏହି ସମୟରେ ମସ୍ତିଷ୍କରେ ଦୁଇଟି ବିଶେଷ ଧରଣର ପରିବର୍ତ୍ତନ ଘଟେ। ଗୋଟିଏ ହେଉଛି ମସ୍ତିଷ୍କର ସ୍ନାୟୁସବୁର ସଂକ୍ଷିପ୍ତକରଣ ପ୍ରକ୍ରିୟା

(Pruning)। ତିନିବର୍ଷରୁ ପନ୍ଦର ବର୍ଷ ମଧ୍ୟରେ ମସ୍ତିଷ୍କର ସ୍ନାୟୁ ଦୁଇଗୁଣ ବୃଦ୍ଧିପାଏ, ମାତ୍ର କୈଶୋର ଅବସ୍ଥାରେ ଅଦରକାରୀ ସ୍ନାୟୁସମୂହ ବହିଷ୍କୃତ ହୋଇ ସଂକ୍ଷିପ୍ତକରଣ (Pruning) ସକ୍ରିୟ ହୁଏ। ଲେଖକମାନେ ନିଜ ରଚନାର ଦ୍ୱିତୀୟ ଓ ପରିମାର୍ଜିତ ସଂସ୍କରଣ ସମୟରେ ଯେପରି ବହିର ଅଦରକାରୀ ଅଂଶକୁ କାଣ୍ଟଛାଣ୍ଟ୍ କରି ସଂକ୍ଷିପ୍ତ କରନ୍ତି, ମସ୍ତିଷ୍କ ମଧ୍ୟ ଅନୁରୂପ ଭାବରେ କାର୍ଯ୍ୟ କରେ। ସ୍ନାୟୁ ବିଜ୍ଞାନୀମାନେ ଏପରି କାର୍ଯ୍ୟକୁ ନୂତନ ରାଜପଥ ନିର୍ମାଣ ସହିତ ତୁଳନା କରିଛନ୍ତି। ପୁରୁଣା ରାସ୍ତାଟିକୁ ଭାଙ୍ଗି ଦେଇ ନୂତନ ରାସ୍ତା ନିର୍ମାଣ କରିବା ସମୟରେ ଗାଡ଼ିସବୁର ଚଳାଚଳ ପାଇଁ ଅସ୍ଥାୟୀ ବୁଲାଣିଆ ରାସ୍ତା ତିଆରି ହୋଇଥାଏ। ମସ୍ତିଷ୍କର ମଧ୍ୟ ଅନୁରୂପ ଅବସ୍ଥା। ଫଳରେ ସାମୟିକ ଭାବେ କିଶୋର ମସ୍ତିଷ୍କର କାର୍ଯ୍ୟକଳାପରେ କିଛିଟା ଅସ୍ଥିରତା ଉପୁଜିଥାଏ।

କିଶୋରକାଳୀନ ଉଦ୍‌ବେଳନର ଅନ୍ୟ ଗୋଟିଏ ଅଧିକ ଶକ୍ତିଶାଳୀ କାରଣ ରହିଛି । ଆମ ମସ୍ତିଷ୍କର ଏକ ବିଶିଷ୍ଟ ଅଂଶ ହେଉଛି ଅଗ୍ରମସ୍ତିଷ୍କ (କପାଳର ପଶ୍ଚାତ୍‌ଭାଗ) । ଏହି ଅଗ୍ରମସ୍ତିଷ୍କର ଏକ ଗୁରୁତ୍ୱପୂର୍ଣ୍ଣ ଅଂଶ ହେଉଛି Prefrontal। ଏହା ଆମର ଯୋଜନା (Planning), ନିଷ୍ପତ୍ତି ଗ୍ରହଣ ଏବଂ ଆତ୍ମନିୟନ୍ତ୍ରଣ ପରି ବିଶିଷ୍ଟ କାର୍ଯ୍ୟ କରିଥାଏ । କିନ୍ତୁ ଏହି ଅଂଶଟି କୈଶୋର ସମୟରେ ପୂର୍ଣ୍ଣ ବିକଶିତ ହୋଇନଥାଏ। ଏହା ଯୌବନରେ ପ୍ରାୟ ୨୫ ବର୍ଷ ବୟସ ବେଳକୁ ପୂର୍ଣ୍ଣ ବିକଶିତ ହୁଏ। ଅନ୍ୟ ପକ୍ଷରେ ମସ୍ତିଷ୍କର ତଳ ଅଂଶରେ ବୃନ୍ତ ମସ୍ତିଷ୍କରେ ଥିବା ଅଂଶ Amygdala ବିକଶିତ ହୋଇ ସାରିଥାଏ। ଆମିଗଡ଼ାଲାକୁ ଆବେଗ ମସ୍ତିଷ୍କ କୁହାଯାଇପାରେ। ଏହା ଭାବାବେଗର ନିୟନ୍ତ୍ରକ। ବର୍ତ୍ତମାନ କିଶୋର କିଶୋରୀମାନଙ୍କର ମାନସିକ ଉଦ୍‌ବେଳନ ସହଜରେ ଅନୁମେୟ। ଚିନ୍ତନ ପରିପକ୍ୱତାର କେନ୍ଦ୍ର Prefrontal Cortex ବିକଶିତ ହେବା ପୂର୍ବରୁ ଆବେଗ ପ୍ରକାଶ (Amygdala) ବିକଶିତ ହେବାର ଅର୍ଥ ହେଉଛି ବ୍ରେକ୍‌ର ବ୍ୟବହାର ନ ଜାଣି ଦ୍ରୁତଗତିରେ ଗାଡ଼ି ଚଳାଇବା। ସୁତରାଂ ମାନସିକ ସ୍ୱାସ୍ଥ୍ୟ କ୍ଷେତ୍ରରେ କେତେକ ବିପଦର ସମ୍ଭାବନା ସ୍ୱାଭାବିକ।

କିଶୋର-କିଶୋରୀମାନଙ୍କର ଅନ୍ୟ ଏକ ମାନସିକ ସଂକଟ ହେଉଛି ଆତ୍ମପରିଚିତିର ସଂକଟ (Identity Crisis)। ବିଶିଷ୍ଟ ମନୋବିଜ୍ଞାନୀ ଏରିକ୍‌ଏରିକସନ୍ ଏହାକୁ ଆତ୍ମପରିଚିତିର ଦ୍ୱନ୍ଦ୍ୱ ବୋଲି ଉଲ୍ଲେଖ କରିଛନ୍ତି। ଏରିକ୍‌ସନ୍‌ଙ୍କ ମତରେ ମଣିଷ ଜୀବନର ପ୍ରତିଟି ସୋପାନରେ କିଛି ନା କିଛି ଦ୍ୱନ୍ଦ୍ୱର ସମ୍ମୁଖୀନ ହୁଏ। କିଶୋର ଅବସ୍ଥାରେ ଦ୍ୱନ୍ଦ୍ୱ ହେଉଛି ଆତ୍ମ-ପରିଚିତିର ଦ୍ୱନ୍ଦ୍ୱ। ଏପରି ପ୍ରଶ୍ନ କିଶୋର ମନକୁ ଆଲୋଡ଼ିତ କରେ : ମୁଁ

କିଏ ? ମୁଁ କାହାପରି ହେବି ? ମୁଁ ବାପାଙ୍କୁ ଅନୁସରଣ କରିବି କି ମା'ଙ୍କୁ ଅନୁକରଣ କରିବି ? ମୁଁ ମୋର ଶିକ୍ଷକଙ୍କ ପରି ହେବି କି ଆମ ସହରର ରାଜନୈତିକ ନେତା ପରି ହେବି ? ମୁଁ ଗଣତନ୍ତ୍ରର ଅନୁଗତ ହେବି କି ସାମ୍ୟବାଦର ପୂଜକ ହେବି ? ଏପରି ସମସ୍ୟାଜଡ଼ିତ ହୋଇ କିଶୋର କିଶୋରୀ ଉଦ୍‌ବେଳିତ ହୁଅନ୍ତି। ଠିକ୍ ଧରଣର ସାମାଜୀକରଣ ଫଳରେ ଅନୁକରଣୀୟ ବ୍ୟକ୍ତିତ୍ୱର (Role Model) ଚୟନ ପରେ ବ୍ୟବହାରରେ ସ୍ଥିରତା ଆସେ।

କିଶୋର କିଶୋରୀମାନଙ୍କ ଉପରେ ଗଭୀର ଗବେଷଣା କରିଥିବା ଜଣେ ବିଶେଷଜ୍ଞ ଡାଭିଡ୍ ଏଲ୍‌କାଇଣ୍ଡ୍ (David Elkind) କିଶୋର ବୟସର ଆଉ ଦୁଇଟି ଦୁର୍ବଳତା ଲକ୍ଷ୍ୟ କରିଛନ୍ତି। ଏ ଦୁଇଟି ସେମାନଙ୍କ ଅହେତୁକ ଅନନ୍ୟତା (Fable Characterstic) କୁହାଯାଏ। ଏପରି ମାନସିକତାର ଶରବ୍ୟ ହୋଇ ସେମାନେ ନିଜର ଅଯଥା ଅନନ୍ୟତାର କଳ୍ପନା କରନ୍ତି। ଏପରି ବାକ୍ୟ ସେମାନଙ୍କ ମୁଖରୁ ବାରମ୍ବାର ଶୁଣାଯାଏ। ''ମୋ ପରି କେହି ଗାଡ଼ି ଚଳାଇ ପାରିବେ ନାହିଁ। ମୋ ପରି କେହି ପହଁରି ପାରିବେ ନାହିଁ'' ଇତ୍ୟାଦି ଇତ୍ୟାଦି। ଅନ୍ୟ ଭାବନାଟି ହେଉଛି ନିଜକୁ ସମସ୍ତଙ୍କ ଦୃଷ୍ଟିର କେନ୍ଦ୍ରବିନ୍ଦୁ ବୋଲି (Audience Characteristic) ବିଚାର କରିବା। କିଶୋର କିଶୋରୀ ବିଚାର କରନ୍ତି ଯେ ସେମାନେ ହେଉଛନ୍ତି ମଞ୍ଚ ଉପରର ଅଭିନେତା କିମ୍ବା ଅଭିନେତ୍ରୀ। ଅନ୍ୟମାନେ ସମସ୍ତେ ଦର୍ଶକ; ସମସ୍ତେ ସେମାନଙ୍କ ଆଡ଼କୁ ଚାହିଁ ରହିଛନ୍ତି। ଏପରି ଅଳୀକ ଭାବନାର ବଶବର୍ତ୍ତୀ ହେବା ଫଳରେ କେତେକ ଅଯଥା କାର୍ଯ୍ୟରେ ଲିପ୍ତ ହୋଇପଡ଼ନ୍ତି। ଅଯଥା ବଦ୍‌ସାହସ ଓ ଦୁଃସାହସିକ କାର୍ଯ୍ୟ ଦର୍ଶାନ୍ତି। ଏହା ମାନସିକ ସ୍ୱାସ୍ଥ୍ୟର ହାନି ଘଟାଇଥାଏ । ଅବଶ୍ୟ କିଶୋର କିଶୋରୀମାନେ ଏପରି କେତୋଟି ଆହ୍ୱାନର ସମ୍ମୁଖୀନ ହେଲେ ମଧ୍ୟ ଉପଯୋଗୀ ସାମାଜୀକରଣ ଓ ପ୍ରଶିକ୍ଷଣ ବଳରେ ସୁଖାନୁଭୂତିର ଅଧିକାରୀ ହୋଇପାରିବେ ।

ବୟସ-ସଂଶ୍ଳିଷ୍ଟ ଆଉ ଗୋଟିଏ ଧାରଣା ମଧ୍ୟ ହେଉଛି ଯେ ବାର୍ଦ୍ଧକ୍ୟ ସୁଖାନୁଭୂତିର ଅନ୍ତରାୟ। ବାର୍ଦ୍ଧକ୍ୟ ଅବସ୍ଥାରେ ଶାରୀରିକ ସମସ୍ୟା ବୃଦ୍ଧିପାଇ କେତେକ କ୍ରିୟାକର୍ମ ସୀମିତ ହୋଇଯିବାରୁ ସୁଖାନୁଭୂତି ବାଧାପ୍ରାପ୍ତ ହୁଏ। ବିଶେଷତଃ ଅସହାୟତାବୋଧ ସୁଖାନୁଭୂତିକୁ ହ୍ରାସ କରେ। ଅସହାୟତାର ମାନସିକତା ଏହିସବୁ ବାକ୍ୟରେ ପ୍ରତିଫଳିତ : ''ଘରେ ମୋ କଥା କେହି ଶୁଣୁ ନାହାଁନ୍ତି; ମୋ ଅନୁସାରେ ପରିବାରରେ ଖାଦ୍ୟ ପ୍ରସ୍ତୁତ ହେଉ ନାହିଁ; ମୁଁ ଚାହିଁବା ମୁତାବକ ବୁଲିଯାଇ ପାରୁ ନାହିଁ; କ'ଣ ସବୁ ମୂଲ୍ୟବାନ୍ ସାମଗ୍ରୀ କିଣାଯିବ, ସେ ବିଷୟରେ ମୋର ପରାମର୍ଶ ଲୋଡ଼ା ହେଉ ନାହିଁ।'' ଶାରୀରିକ ସୀମାବଦ୍ଧତା ସହିତ ଏପରି ଅସହାୟତାବୋଧ ସୁଖାନୁଭୂତିକୁ ବାଧାଦିଏ।

ଏପରି ବାଧକ ସତ୍ତ୍ୱେ ବହୁ ବୃଦ୍ଧବୃଦ୍ଧା ଓ ବର୍ଷୀୟାନ ବ୍ୟକ୍ତି ଯୁବକମାନଙ୍କ ତୁଳନାରେ ଅଧିକ ସୁଖାନୁଭୂତିର ଅଧିକାରୀ ହୁଅନ୍ତି । ବିଶେଷତଃ ଧର୍ମୀୟ ଭାବନା ଓ ଆଧ୍ୟାତ୍ମିକତାର ଚିନ୍ତନ ନେଇ ଜୀବନଯାପନ କରୁଥିବା ବର୍ଷୀୟାନ ବ୍ୟକ୍ତି ମାନସିକ ସ୍ତରରେ ସୁଖାନୁଭୂତିର ଅନୁଭବ ପାଆନ୍ତି । ବିଭିନ୍ନ ଧର୍ମୀୟ ରୀତିନୀତିର ସମୟ ଦେଉଥିବା ବର୍ଷୀୟାନ ମହିଳାମାନେ ସୁଖୀ ହେବାର ଦୃଷ୍ଟାନ୍ତ ସମାଜ ବିଜ୍ଞାନୀମାନେ ଭାରତ ବର୍ଷରେ ଲକ୍ଷ୍ୟ କରିଛନ୍ତି ।

ବାର୍ଦ୍ଧକ୍ୟ ଅବସ୍ଥାରେ ସୁଖାନୁଭୂତିକୁ ପରିବର୍ଦ୍ଧନ କରୁଥିବା ଦୁଇଟି ମନସ୍ତାତ୍ତ୍ୱିକ ଦିଗ ଗବେଷକମାନେ ଲକ୍ଷ୍ୟ କରିଛନ୍ତି । ପ୍ରଥମଟିକୁ ସାମାଜିକ-ଆବେଗିକ ଚୟନନୀତି (Socio-Emotional Selectivity) କୁହାଯାଇଛି । ପରିଣତ ବୟସରେ ବୃଦ୍ଧବୃଦ୍ଧାମାନେ ନିଜର ରୁଚି, ଆଗ୍ରହ ଓ ଲକ୍ଷ୍ୟକୁ ଅଧିକ ବିସ୍ତୃତ ନ କରି କ୍ରମଶଃ ସୀମିତ କରନ୍ତି । ସେମାନେ ଅତୀତରେ ଯେଉଁଥିରେ ଦକ୍ଷତା ହାସଲ କରିଛନ୍ତି, ତାହାକୁ କେନ୍ଦ୍ରକରି ନିଜର କର୍ମଯୋଜନା ଗଭୀର ଓ ଦୃଢ଼ କରନ୍ତି । ଏହା ସଫଳତାକୁ ଅଧିକ ଗଭୀର ଓ ଭାବାବେଗକୁ ଅଧିକ ପ୍ରୀତିପ୍ରଦ କରେ । ଦ୍ୱିତୀୟତଃ ଯେଉଁମାନେ ସର୍ଜନଶୀଳ ସେମାନେ ସେପରି ଗଠନମୂଳକ କାମରେ ନିରବଚ୍ଛିନ୍ନତା ରକ୍ଷା କରନ୍ତି । କ୍ରମାଗତ ଭାବରେ କମନୀୟ ଓ ସର୍ଜନାତ୍ମକ କାର୍ଯ୍ୟ କଲେ ଦକ୍ଷତା ବୃଦ୍ଧିପାଇବା ସହିତ ଆନନ୍ଦାନୁଭୂତି ମଧ୍ୟ ବୃଦ୍ଧି ପାଇଥାଏ । ସୁତରାଂ ବହୁ କ୍ଷେତ୍ରରେ ବୟସର ଆଧିକ୍ୟ ବାଧକ ହୋଇ ନଥାଏ ।

ଅନେକଲୋକ ବିଶ୍ୱାସ କରନ୍ତି ଯେ ବିବାହିତ ନାରୀମାନେ ପ୍ରଜନନ କ୍ଷମତା ହରାଇବା ପରେ ବିଷାଦର ଶରବ୍ୟ ହୁଅନ୍ତି; ଫଳରେ ମଧ୍ୟବର୍ଷୀୟ ନାରୀମାନଙ୍କର ସୁଖାନୁଭୂତିରେ ବିଲୟ ଘଟେ । ସନ୍ତାନ-ସମ୍ଭବା ନ ହେବାର ଦୁଃଖ କିଛିଟା ସମନ୍ୱୟଗତ ଚାପ ସୃଷ୍ଟି କରେ; ମାତ୍ର ବହୁ ଗବେଷଣାରୁ ଦେଖାଯାଇଛି ଯେ ଏହି ପ୍ରଜନନ କ୍ଷମତାର ବିଲୋପ ପ୍ରତି ମନୋବୃତ୍ତି ହେଉଛି ନିର୍ଣ୍ଣାୟକ ଅବସ୍ଥା । କେତେକ ମଧ୍ୟ-ବର୍ଷୀୟ ନାରୀ ଜୀବନ-ଚକ୍ରର ଏହି ପରିବର୍ତ୍ତନ ପ୍ରତି ଠିକ୍ ଧରଣର ମନୋବୃତ୍ତି ଗଠନ କରନ୍ତି ଏବଂ ଏ ଅବସ୍ଥାକୁ ସହଜରେ ଅତିକ୍ରମ କରନ୍ତି । ସେମାନଙ୍କର ସୁଖାନୁଭୂତି ଅବ୍ୟାହତ ରୁହେ ।

ସେହିପରି ଆଉ ଗୋଟିଏ ଅବସ୍ଥା ହେଉଛି **ଶୂନ୍ୟ-ନୀଡ଼ ପ୍ରକ୍ରିୟା** । ପୁତ୍ରକନ୍ୟା ବଡ଼ ହୋଇ ବିବାହିତ ଅବସ୍ଥାରେ ଘର ଛାଡ଼ି ଅନ୍ୟତ୍ର ଯାଇପାରନ୍ତି । ଏପରି ଅବସ୍ଥାରେ ପିତାମାତା ଏକାକୀତ୍ୱ ଅନୁଭବ କରିବାର ସମ୍ଭାବନା ଅଛି । ଏ କ୍ଷେତ୍ରରେ ମଧ୍ୟ ବହୁ ପିତାମାତାଙ୍କର ସୁଖାନୁଭୂତି ବ୍ୟାହତ ନ ହୋଇପାରେ । ପୁଣି ପିଲାମାନେ ଘରକୁ ଫେରି ଆସିଲେ ସୁଖ ଦୁଃଖର ମିଶ୍ରିତ ଅନୁଭୂତି ଉପଲବ୍ଧ ହୁଏ । ଶୂନ୍ୟ ନୀଡ଼ରେ ଜୀବନଯାପନ

କରିବାର ସମନ୍ୱୟଶୀଳତା ଆସିବା ପରେ ବର୍ଷୀୟାନ ପିତାମାତାଙ୍କର ସୁଖାନୁଭୂତି ବ୍ୟାହତ ହୋଇ ନଥାଏ।

ଆଉ ଗୋଟିଏ ବହୁ-ଆଲୋଚିତ ସୋପାନ ହେଉଛି ମଧ୍ୟ ଜୀବନର ସଂକଟ (Mid-Life Crisis)। ବିଶେଷତଃ କର୍ମସଂସ୍ଥା ସହିତ ଜଡ଼ିତ ଥିବା କର୍ମଚାରୀଙ୍କ ଜୀବନରେ କିଛି ପରିମାଣରେ ସଂକଟ ପ୍ରାୟ ୪୫-୫୦ ବର୍ଷର ବୟସ ବେଳକୁ ପରିଦୃଷ୍ଟ ହୁଏ। ଦେଖାଯାଏ ଯେ ଏ ବୟସରେ କେତେକ ଲୋକ ଯୌନ ଅପରାଧ, ଅର୍ଥନୈତିକ ଅପରାଧ କିମ୍ବା ଅସାମାଜିକ କାର୍ଯ୍ୟ ସହ ଲିପ୍ତ ହୋଇ ମାନସିକ ସ୍ଥିରତା ହରାଇବସନ୍ତି। ମାନସିକ ଚାପ ଓ ବିଷାଦର ଶରବ୍ୟ ହୁଅନ୍ତି। ଏହି ସମୟରେ ଚାକିରୀ ଓ ବୃତ୍ତିଗତ ଜୀବନରେ ପଦୋନ୍ନତି ଓ ଅନ୍ୟସବୁ ପ୍ରଗତି ବନ୍ଦ ହୋଇଯିବାର ସମ୍ଭାବନା ଥିବାରୁ ଏପରି ଘଟିବାର ଆଶଙ୍କା ଥାଏ। ଗତିହୀନତା ମଧ୍ୟରୁ ବାହାରି ଆସିବାର ଅସଫଳ ଚେଷ୍ଟା କରୁକରୁ ବ୍ୟକ୍ତି ଅପରାଧ-ସଂଶ୍ଳିଷ୍ଟ ହୋଇପଡ଼େ ଏବଂ ମାନସିକ ଶାନ୍ତି ହରାଏ। ମାତ୍ର ପ୍ରତିଟି କର୍ମସଂସ୍ଥାରେ ଓ ପ୍ରତିଟି ଜୀବନରେ ଏହା ଘଟି ନଥାଏ। ଉପଯୋଗୀ ପ୍ରଶିକ୍ଷଣ ଓ ବ୍ୟକ୍ତିଗତ ସତର୍କତା ବଳରେ ଏହାକୁ ଏଡ଼ାଇଯିବା ବେଶ୍ ସମ୍ଭବପର।

ବର୍ତ୍ତମାନ ବୈଷୟିକ-ପ୍ରଗତି ପ୍ରଭାବିତ ଜୀବନରେ ଆଉ ଏକ ଧରଣର ମଧ୍ୟବର୍ଷୀୟ ପୁରୁଷ ଓ ନାରୀ ଗୋଷ୍ଠୀର ଉପସ୍ଥିତି ଲୋକଲୋଚନକୁ ଆସିଛି। ଏମାନଙ୍କ ମାନସିକ ସ୍ୱାସ୍ଥ୍ୟ ଓ ସୁଖାନୁଭୂତି ପୂର୍ବରୁ ଗବେଷଣା-ପରିସରଭୁକ୍ତ ନ ହେଲେ ମଧ୍ୟ ଭବିଷ୍ୟତରେ ଅନୁଶୀଳନର ସମ୍ଭାବନା ରହିଛି। ଆଜିକାଲି ଭାରତୀୟ ପରିବାରର ବହୁ ଉଚ୍ଚଶିକ୍ଷିତ ପୁତ୍ର କନ୍ୟା ବୈଷୟିକ ଶିକ୍ଷାଲାଭ କରି ବିଦେଶରେ ବସବାସ କରୁଛନ୍ତି। ବିଦେଶରେ ମଧ୍ୟ ନିଯୁକ୍ତି ପାଉଛନ୍ତି। ବିବାହିତ କନ୍ୟା କିମ୍ବା ବୋହୂ ସନ୍ତାନ ସମ୍ଭବା ହେଲେ ପିତାମାତା କିମ୍ବା ଶାଶୁ ଶଶୁର ବିଦେଶ ଯାଇ ସେଠାରେ ଯତ୍ନକାରୀର ଭୂମିକା ନେଉଛନ୍ତି। ପୁଅ ବୋହୂ କିମ୍ବା କନ୍ୟାଜାମାତାଙ୍କର କର୍ମନିଯୁକ୍ତି ଥିବାରୁ ବର୍ଷୀୟାନ ପିତାମାତା କିମ୍ବା ଶାଶୁ ଶ୍ୱଶୁର ପର୍ଯ୍ୟାୟକ୍ରମେ ପିଲା ବଡ଼ ହେବା ପର୍ଯ୍ୟନ୍ତ ଯତ୍ନ ନେଉଛନ୍ତି। ଝିଅର ପିତାମାତା ବର୍ଷର ପ୍ରଥମ ଛ'ମାସ ଯତ୍ନନେବା ପରେ ପରବର୍ତ୍ତୀ ଛ'ମାସ ଝିଅର ଶାଶୁ ଶଶୁର ଯତ୍ନ ନେଉଛନ୍ତି। ଏହା ପର୍ଯ୍ୟାୟକ୍ରମେ ବର୍ଷ ବର୍ଷ ଧରି ଗଡ଼ିଚାଲିଛି। ଏହାକୁ **ଘୂର୍ଣ୍ଣିତ ପିତାମହ-ପିତାମହୀ ଲକ୍ଷଣ (Revolving Grandpa-Grandma Syndrome)** କୁହାଯାଇପାରେ।

ଏହି ପ୍ରକ୍ରିୟାରେ ସମ୍ପୃକ୍ତ ବର୍ଷୀୟାନ ପୁରୁଷ ଓ ନାରୀମାନଙ୍କ ସୁଖାନୁଭୂତିର ଆକଳନ

କରାଯାଇ ନଥିଲେ ମଧ୍ୟ ଭବିଷ୍ୟତ ପାଇଁ ଏ ଯେ ଗବେଷଣାର ସାମଗ୍ରୀ, ଏଥିରେ ସନ୍ଦେହ ନାହିଁ।

ମନୋବିଜ୍ଞାନୀ ଚିକ୍‌ସେଣ୍ଟ୍‌ମିହାଇଙ୍କ କଥା ପୂର୍ବରୁ କୁହାଯାଇଛି। ସେ ଗୋଟିଏ ଆକର୍ଷଣୀୟ ସର୍ବେକ୍ଷଣରେ କିଶୋର କିଶୋରୀ ଏବଂ ବର୍ଷୀୟାନ ନାରୀ ପୁରୁଷଙ୍କ ମଧ୍ୟରେ କେତେକ ତାତ୍ପର୍ଯ୍ୟପୂର୍ଣ୍ଣ ପାର୍ଥକ୍ୟ ଆବିଷ୍କାର କଲେ। ଦେଖାଗଲା ଯେ କିଶୋର କିଶୋରୀମାନଙ୍କର ମିଜାଜ ଅପେକ୍ଷାକୃତ ଗୋଟିଏ ପ୍ରାନ୍ତରୁ (ଭଲ ହେଉ ଅଥବା ମନ୍ଦ ହେଉ) ଶୀର୍ଷ ଆଡ଼କୁ ରହିଥାଏ। ପ୍ରତିକୂଳ ଆବେଗ ପ୍ରକାଶ କଲାବେଳେ ସତେ ଯେପରି ଆକାଶଟି ସେମାନଙ୍କ ମଥାରେ ଖସି ପଡୁଛି, ଏପରି ଭାବ ବ୍ୟକ୍ତ କରନ୍ତି। ପୁଣି ଏପରି ମିଜାଜ ମଧ୍ୟ କ୍ଷଣସ୍ଥାୟୀ। ଏହାର ଦ୍ରୁତ ପରିବର୍ତ୍ତନ ଘଟେ। ଅନ୍ୟପକ୍ଷରେ ବର୍ଷୀୟାନ ବ୍ୟକ୍ତିମାନଙ୍କର ମିଜାଜ ଓ ଆବେଗ ଶୀର୍ଷକୁ ଯାଏ ନାହିଁ ଏବଂ ଏହା ଅପେକ୍ଷାକୃତ ଦୀର୍ଘସ୍ଥାୟୀ ହୋଇଥାଏ।

ପରିଶେଷରେ କୁହାଯିବ ଯେ ଜୀବନରେ ପ୍ରତିଟି ପର୍ଯ୍ୟାୟରେ ଶୈଶବ, ବାଲ୍ୟ, କୈଶୋର, ଯୌବନ ଓ ଉତ୍ତର ଯୌବନରେ ଲକ୍ଷ୍ୟବିନ୍ଦୁ ପରିବର୍ତ୍ତିତ ହୁଏ ଏବଂ ପ୍ରତିବଦ୍ଧତା ମଧ୍ୟ ବଦଳେ। ସୁତରାଂ ସମସ୍ୟାର ରୂପରେଖ ଏବଂ ସୁଖାନୁଭୂତିର ହ୍ରାସବୃଦ୍ଧି ପରିବର୍ତ୍ତିତ ହେବାର ସମ୍ଭାବନା ଅସ୍ୱୀକାର କରାଯିବ ନାହିଁ।

ଆୟ, ସାମାଜିକ ସ୍ଥିତି ଓ ଶିକ୍ଷାଗତ ଯୋଗ୍ୟତା :

ମନୁଷ୍ୟର ପ୍ରଗତି ସହିତ ଅର୍ଥନୈତିକ ଅବସ୍ଥାର ଭୂମିକାକୁ ସ୍ୱୀକାର କରାଯାଇଛି । ଅଧିକାଂଶ ଲୋକ ବିଶ୍ୱାସ କରନ୍ତି ଯେ ବ୍ୟକ୍ତିର ଆୟ ତାହାର ସୁଖାନୁଭୂତିର ସ୍ତର ନିର୍ଦ୍ଧାରଣ କରେ। ମାତ୍ର ବୈଭବ ମନୋବିଜ୍ଞାନର ଗବେଷଣା ପୃଥକ୍ ଚିତ୍ର ପ୍ରଦାନ କରିଥାଏ। ସଂଯୁକ୍ତ ରାଷ୍ଟ୍ରସଙ୍ଘ ଯେଉଁ ମାନବିକ ବିକାଶର ମାନଦଣ୍ଡ (Human Development Index) ଦିଏ, ସେଥିରେ ଆୟ ସହିତ ଶିକ୍ଷାର ସ୍ତର ଓ ସ୍ୱାସ୍ଥ୍ୟର ସୁବିଧା ସୁଯୋଗ ସଂଶ୍ଳିଷ୍ଟ ଥାଏ। ଭୁଟାନର ରାଜା ଦେଶବାସୀଙ୍କ ସୁଖାନୁଭୂତିର ସାମଗ୍ରିକ ସୂଚକଙ୍କୁ ଦେଶର ଉତ୍ପାଦନଶୀଳତାଠାରୁ ଅଧିକ ଗୁରୁତ୍ୱପୂର୍ଣ୍ଣ କହି ବିଶ୍ୱବାସୀଙ୍କ ଦୃଷ୍ଟି ଆକର୍ଷଣ କରିଛନ୍ତି।

ଆୟ ଓ ସୁଖାନୁଭୂତିର ସମ୍ପର୍କକୁ କେନ୍ଦ୍ର କରି ଅସଂଖ୍ୟ ଅନୁଧ୍ୟାନ କରାଯାଇଛି। ଏହାକୁ ଭିତ୍ତିକରି କୁହାଯାଇପାରେ ଯେ ଆୟ ଗୋଟିଏ ଉଚ୍ଚସ୍ତରରେ ପହଞ୍ଚିବା ପର୍ଯ୍ୟନ୍ତ ଏହା ସୁଖାନୁଭୂତିକୁ ବଢ଼ାଇ ଚାଲିଥାଏ। ଏହି ସ୍ତରଟି ଅତିକ୍ରମ କଲାପରେ ବର୍ଦ୍ଧିତ ଆୟର କୌଣସି ଉଲ୍ଲେଖଯୋଗ୍ୟ ଅବଦାନ ଆଉ ରହେ ନାହିଁ।

ବହୁ ସଂସ୍କୃତି-ଅନୁଧ୍ୟାନ ରୂପେ ଡାଏନର୍ ଓ ଔଷି (Diener & Oushi, 2000) ୪୦ ଦେଶଭିତ୍ତିକ ଅନୁଧ୍ୟାନଟି ତାତ୍ପର୍ଯ୍ୟପୂର୍ଣ୍ଣ। ସେଥିରୁ ମିଳିଥିବା ତଥ୍ୟ ଅନୁଯାୟୀ ନିମ୍ନ ସାରଣୀଟି ଲକ୍ଷ୍ୟ କରାଯାଇପାରେ।

ଆୟ ଓ ସନ୍ତୋଷ ମଧ୍ୟରେ ସମ୍ବନ୍ଧ :

ଜୀବନର ଦିଗ	ସହସମ୍ବନ୍ଧ (Correlations)
ଜୀବନରେ ସାମଗ୍ରିକ ସନ୍ତୋଷ	.୧୩
ଜୀବନରେ ସାମଗ୍ରିକ ସନ୍ତୋଷ (ଛାତ୍ରଛାତ୍ରୀ)	.୧୦
ଆର୍ଥିକ ସନ୍ତୋଷ	.୨୫
ଆର୍ଥିକ ସନ୍ତୋଷ (ଛାତ୍ରଛାତ୍ରୀ)	.୧୮

ଉପରୁ ସାରଣୀରେ ଯେଉଁ ସହସମ୍ବନ୍ଧ (Correlations) ପ୍ରଦର୍ଶିତ ହୋଇଛି, ସେସବୁ ପରିମିତ ପରିମାଣରେ ସଂଯୋଗ (ଅତି ସବଳ ନୁହେଁ କି ଅତି ଦୁର୍ବଳ ନୁହେଁ) । କେବଳ ଆର୍ଥିକ ସନ୍ତୋଷ ସହିତ ଆର୍ଥିକ ସ୍ଥିତିର ଦୃଢ଼ ସମ୍ବନ୍ଧ ରହିଛି।

ଏହି ୪୦ ଦେଶୀୟ ଅନୁଧ୍ୟାନରେ ଭାରତର ସ୍ଥିତି ବିଚିତ୍ର ଧରଣର। ଅର୍ଥନୈତିକ ଦୃଷ୍ଟିକୋଣରୁ ଭାରତର ସ୍ଥିତି ସେପରି ସନ୍ତୋଷଜନକ ନୁହେଁ। ଯୁକ୍ତରାଷ୍ଟ୍ର ଆମେରିକାରେ ଲୋକମାନଙ୍କର କ୍ରୟ କରିବାର ସାମର୍ଥ୍ୟକୁ ୧୦୦ ଧରାଗଲେ ଭାରତରେ ତାହା ୫ ହେବ, କିନ୍ତୁ ସୁଖାନୁଭୂତିର ୧୦-ପଏଣ୍ଟ ସ୍କେଲ୍‌ରେ ଭାରତର ସ୍ଥାନ ବେଶ୍ ଉଚ୍ଚରେ; ଏହା ହେଉଛି ୬.୭। ଭାରତରେ ସ୍କୋର୍ ଅତି ଉଚ୍ଚତର ନ ହେଲେ ମଧ୍ୟ ଅତି ନିମ୍ନରେ ନାହିଁ। ଅନ୍ୟ ପକ୍ଷରେ କ୍ରୟ କରିବାର କ୍ଷମତା ଦୃଷ୍ଟିରୁ ଜାପାନ୍ ଖୁବ୍ ଉଚ୍ଚରେ ରହିଲେ ମଧ୍ୟ ଜୀବନର ସାମଗ୍ରିକ ସନ୍ତୋଷ ସେପରି ଉଚ୍ଚସ୍ତରୀୟ ନୁହେଁ। ସେହିପରି ଯୁକ୍ତରାଷ୍ଟ୍ର ଆମେରିକା, ଫ୍ରାନ୍‌ସ ଓ ଜାପାନ୍‌ରେ ବିଗତ ଅର୍ଦ୍ଧ ଶତାବ୍ଦୀରେ ଆୟ ଦୁଇ ଗୁଣରୁ ଅଧିକ ବୃଦ୍ଧି ପାଇଥିଲେ ମଧ୍ୟ ଜୀବନର ସାମଗ୍ରିକ ସନ୍ତୋଷ ଅପରିବର୍ତ୍ତିତ ରହିଛି। ଏହାର ଅର୍ଥ ହେଉଛି ଯେ ଆର୍ଥିକ ସ୍ଥିତି ସୁଖାନୁଭୂତିର ସ୍ତର ନିର୍ଦ୍ଧାରଣ କରୁ ନାହିଁ। ଧନସମ୍ପଦ ବ୍ୟତୀତ ଅନ୍ୟ କେତେକ ଉପାଦାନର ଭୂମିକା ସୁଖାନୁଭୂତିର ସ୍ତର ନିର୍ଦ୍ଧାରଣ କରୁଛି।

ରବର୍ଟ ବିଶ୍ୱାସ-ଡାଏନର୍ କୋଲ୍‌କାତାର ଦରିଦ୍ର ପିଲାମାନଙ୍କର ସୁଖ ଦୁଃଖର ସଂଜ୍ଞା ଏବଂ ପରିବାର, ବନ୍ଧୁବର୍ଗ, ଖାଦ୍ୟପେୟ ଓ ଅନ୍ୟ କେତେକ କ୍ଷେତ୍ରରେ ସେମାନଙ୍କ

ସନ୍ତୋଷର ଅଧ୍ୟୟନ କରିଛନ୍ତି। ଦାରିଦ୍ର୍ୟ ସତ୍ତ୍ୱେ ସୁଖ ସନ୍ତୋଷର ଝଲକ ସ୍ଥାନେ ସ୍ଥାନେ ପରିଦୃଷ୍ଟ ବୋଲି ତାଙ୍କ ଗବେଷଣାରେ ପ୍ରମାଣିତ ହୋଇଛି। ଦାରିଦ୍ର୍ୟ ଦୂରୀକରଣ ଯୋଜନା ସଦାସର୍ବଦା ସବୁଦେଶରେ କାମ୍ୟ ହେଲେ ମଧ୍ୟ ଆର୍ଥିକ ପ୍ରଗତିକୁ ସୁଖାନୁଭୂତିର ଏକମାତ୍ର ନିର୍ଦ୍ଧାରକ ବିଚାର କରିବା ବିଜ୍ଞତା ନୁହେଁ। ଅର୍ଥନୈତିକ ବଳୟର ବାହାରେ ଅନ୍ୟ ଉପାଦାନର ଅନ୍ୱେଷଣ ଅବ୍ୟାହତ ରହିବ।

ଶିକ୍ଷାଗତ ଯୋଗ୍ୟତାର ପ୍ରଭାବ ଅଳ୍ପ ପରିମାଣରେ ପରିଦୃଷ୍ଟ ହେବା ସ୍ଥଳେ ଅନ୍ୟ କେତେକ ଅନୁଧ୍ୟାନରେ ଶିକ୍ଷାର ସ୍ତର ଓ ସୁଖାନୁଭୂତି ମଧ୍ୟରେ ପ୍ରତିକୂଳ ସମ୍ବନ୍ଧ ପରିଦୃଷ୍ଟ ହୁଏ। ସମ୍ଭବତଃ ଉଚ୍ଚତର ଶିକ୍ଷାଲାଭ କରିଥିବା ଯୁବକ ଯୁବତୀମାନଙ୍କର ନଭଶ୍ଚୁମ୍ବୀ ଆକାଂକ୍ଷା ଏପରି ନକାରାତ୍ମକ ସମ୍ବନ୍ଧ ଗଠନ କରେ। ମାତ୍ରାଧିକ ଅଭୀପ୍‌ସା ଅଧିକ ବିଫଳତା ଆଣେ, ସୁତରାଂ ସୁଖାନୁଭୂତି ବାଧାପ୍ରାପ୍ତ ହୁଏ।

ସାମାଜିକ ଶ୍ରେଣୀ (Social Class) ଏବଂ ସୁଖାନୁଭୂତିର ସମ୍ବନ୍ଧ କେତେକ ଦେଶରେ ପରିଦୃଷ୍ଟ ହେବା ସ୍ଥଳେ ଅନ୍ୟ ଦେଶରେ ଏହା କୌଣସି ଭୂମିକା ନଥାଏ। ସାଧାରଣତଃ ସମାଜରେ ବିଭିନ୍ନ ସାମାଜିକ ଶ୍ରେଣୀର ଆଖିଦୃଶିଆ ଉପସ୍ଥିତି ଥିଲେ ଏପରି ସମ୍ପର୍କର ପ୍ରମାଣ ଅନୁଧ୍ୟାନ ଓ ସର୍ବେକ୍ଷଣରେ ପ୍ରତିଫଳିତ ହୁଏ।

ସୁଖାନୁଭୂତିର ତତ୍ତ୍ୱ

ସୁଖାନୁଭୂତି ସମ୍ପର୍କରେ ଯେଉଁ ଉଚ୍ଚତର ଗବେଷଣାର ଅଙ୍କୁରଣ ଓ ବିକାଶ ଘଟିଛି, ତାହାର ଦୁଇଟି ମୁଖ୍ୟ ସ୍ରୋତ ରହିଛି। ଗୋଟିଏ ହେଉଛି ଅନୁଭୂତିମୂଳକ (Empirical) ଅନୁସନ୍ଧାନ ଏବଂ ଅନ୍ୟଟି ହେଉଛି ତତ୍ତ୍ୱନିଷ୍ଠ ବିଶ୍ଳେଷଣ। ପ୍ରଥମଟିର ପ୍ରଭାବରେ କେତେକ ପ୍ରଶ୍ନର ସମାଧାନ କରାଯାଇଛି। ସୁଖାନୁଭୂତିର କିପରି ଆକଳନ କରାଯିବ ? କେଉଁ କେଉଁ ଉପାଦାନ ସହିତ ସୁଖାନଭୂତିର ସମ୍ବନ୍ଧ (ଅନୁକୂଳ ତଥା ପ୍ରତିକୂଳ ସମ୍ପର୍କ) ରହିଛି, ସେସବୁ ଅନୁଭୂତିମୂଳକ ଅନୁସନ୍ଧାନ ଦ୍ୱାରା ସ୍ଥିର କରାଯାଏ। ଆମର ଏ ପର୍ଯ୍ୟନ୍ତ ହୋଇଥିବା ଆଲୋଚନାରେ ଏ ପ୍ରକ୍ରିୟାଟି ପ୍ରତିଫଳିତ।

ଦ୍ୱିତୀୟ ଧାରାଟି ଅପେକ୍ଷାକୃତ ଜଟିଳ। ଏହା ଅଧିକ ବିଶ୍ଳେଷଣଧର୍ମୀ। ସୁଖାନୁଭୂତିର ଅନ୍ତରାଳର ଯେଉଁସବୁ ପ୍ରକ୍ରିୟା ସକ୍ରିୟ ରହିଛି ସେ ପ୍ରକିୟାରୁ ଚିହ୍ନଟ କରିବା ଏ ଧରଣର କାର୍ଯ୍ୟ।

ସୁଖାନୁଭୂତିର ଅନ୍ତରାଳରେ ସକ୍ରିୟ ଥିବା ପ୍ରକ୍ରିୟା ଚିହ୍ନଟ କରିପାରିଲେ ଭବିଷ୍ୟତର

କର୍ମଯୋଜନା (Intervention) ସହଜ ହେବ। କେଉଁ ନୀତିର ଅନୁସରଣ କଲେ ସୁଖାନୁଭୂତି ବୃଦ୍ଧି କରିବା ସମ୍ଭବ ହେବ ? କେଉଁ ନୀତିର ପ୍ରୟୋଗ କଲେ ସୁଖାନୁଭୂତିର ବିଲୟକୁ ପ୍ରତିରୋଧ କରିହେବ ? ଏପରି ତାତ୍ତ୍ୱିକ ଦୃଷ୍ଟିକୋଣର ବିଚାର ବିଶ୍ଳେଷଣ ବ୍ୟକ୍ତିଗତ ଓ ସାମୂହିକ ସୁସ୍ଥତାବର୍ଦ୍ଧନରେ ସହାୟକ ହେବ।

ଅବଶ୍ୟ ଏ କଥା ସତ ଯେ କୌଣସି ଏକ ନିର୍ଦ୍ଦିଷ୍ଟ ତତ୍ତ୍ୱ ସବୁ ଗବେଷକଙ୍କ ସ୍ୱୀକୃତି ଲାଭ କରି ନାହିଁ। ସୁଖାନୁଭୂତିର ସବୁ ଦିଗକୁ ବୁଝାଇ ପାରୁଥିବା ବଳିଷ୍ଠ ତତ୍ତ୍ୱର ବିକାଶକୁ ଅପେକ୍ଷା କରିବା ପ୍ରକ୍ରିୟାରେ ଏକାଧିକ ବିଚାରକୁ ଅବଲୋକନ କରିବା ଅଯୌକ୍ତିକ ନୁହେଁ ।

ଲକ୍ଷ୍ୟକେନ୍ଦ୍ରିତ ତତ୍ତ୍ୱ (Telic Theories)

ଲକ୍ଷ୍ୟବିନ୍ଦୁ ତତ୍ତ୍ୱରେ ବିଚାର କରାଯାଏ ଯେ କୌଣସି ପ୍ରକ୍ରିୟାର ଶେଷ ପରିଣତିର ପ୍ରାପ୍ତି ସୁଖାନୁଭୂତି ଆଣିଥାଏ। ଏପରି ପ୍ରକ୍ରିୟା ଲକ୍ଷ୍ୟସାଧନ କିମ୍ବା ଚାହିଦା ପରିପୂରଣ ହୋଇପାରେ, ମୂଳ ଗ୍ରୀକ୍‌ଶବ୍ଦ Telosର ଅର୍ଥ ଉଦ୍ଦେଶ୍ୟ ବା ଆଭିମୁଖ୍ୟ ହୋଇଥିବାରୁ ଇଂରାଜୀରେ ଏହାକୁ Telic କୁହାଯାଇଛି। ଚାହିଦାର ପରିପୂର୍ତ୍ତିରେ ସୁଖାନୁଭୂତି ଏବଂ ଚାହିଦାସବୁ ଅପୂରିତ ରହିବାର ଅବସ୍ଥା ଦୁଃଖାନୁଭୂତି ବୋଲି ବିଚାର କରାଯାଇଛି।

ଅବଶ୍ୟ ଲକ୍ଷ୍ୟ ଉପରେ ନିର୍ଭର କରି ସାଧନା ବା ସଂଗ୍ରାମ ବିଭିନ୍ନ ଧରଣର ହୋଇପାରେ। ମଣିଷ କେତେକ ସହଜାତ କିମ୍ବା ଶିକ୍ଷାକୃତ ଚାହିଦାର ପରିପୂରଣ ଲାଗି ପ୍ରୟାସ କରିପାରେ। ଚାହିଦା ସମ୍ପର୍କରେ ମଣିଷ ସଚେତନ ଥାଇପାରେ କିମ୍ବା ନଥାଇପାରେ । କିନ୍ତୁ ଚାହିଦା (Needs) ପୂରଣ ମୁହୂର୍ତ୍ତରେ ସୁଖାନୁଭୂତିର ଅନୁଭୂତି ଆସେ । ଅନ୍ୟ ପକ୍ଷରେ କେତେକ ପ୍ରୟାସ ଲକ୍ଷ୍ୟ କେନ୍ଦ୍ରିତ। ବ୍ୟକ୍ତି ସ୍ପଷ୍ଟ ଭାବରେ ଜାଣିଥାଏ ଯେ ସେ ନିର୍ଦ୍ଦିଷ୍ଟ ଲକ୍ଷ୍ୟ ପାଇଁ ପ୍ରଚେଷ୍ଟା କରୁଛି। କେବଳ ସେହି ନିର୍ଦ୍ଦିଷ୍ଟ ଲକ୍ଷ୍ୟ ପରିପୂରିତ ହେଲେ ସୁଖର ପ୍ରାପ୍ତି ଘଟିଥାଏ। ଅବଶ୍ୟ ଚାହିଦା (Needs) ଏବଂ ଲକ୍ଷ୍ୟ ପରସ୍ପରର ବିରୋଧୀ ନୁହେଁ । ଚାହିଦା ସବୁ କିପରି ଭାବରେ ସୋପାନଭିତ୍ତିକ ପର୍ଯ୍ୟାୟର ଲକ୍ଷ୍ୟର ରୂପାନ୍ତରୀତ ହୁଏ ତାହା ପୂର୍ବ ଆଲୋଚିତ ମାସ୍‌ଲୋଙ୍କ ଚାହିଦାର ସୋପାନ (Hierarchy of Needs) ପରିକଳ୍ପନାରେ ପ୍ରତିଫଳିତ।

ଲକ୍ଷ୍ୟ ଓ ସୁଖାନୁଭୂତିର ପରିପ୍ରେକ୍ଷୀରେ ଲକ୍ଷ୍ୟର କେଉଁ କେଉଁ ବୈଶିଷ୍ଟ୍ୟ ସୁଖାନୁଭୂତିକୁ ବିକଶିତ କରେ, ସେ ଦିଗରେ ସ୍ପଷ୍ଟ ଧାରଣା ଆବଶ୍ୟକ।

ଲକ୍ଷ୍ୟର ଗୁଣାତ୍ମକ ଦିଗ : ଲକ୍ଷ୍ୟର ପରିପୂରଣ ସୁଖାନୁଭୂତିର ମଞ୍ଜି କଥା। ସୁଖାନୁଭୂତି ସମ୍ପର୍କୀୟ ସାକ୍ଷାତକାର ସମୟରେ ଲୋକମାନେ ସେମାନଙ୍କ ଲକ୍ଷ୍ୟ କାମନା ବାସନା, ଆକାଂକ୍ଷା ଓ ଅଭିଳାଷର ପରପୂର୍ତ୍ତି ହିଁ ସୁଖ ବୋଲି ପ୍ରକାଶ କରନ୍ତି। କିନ୍ତୁ ଗବେଷକ ଅଧିକରୁ ଅଧିକ ଗଭୀରତାକୁ ପ୍ରବେଶ କଲେ ବୁଝିପାରନ୍ତି ଯେ କୌଣସି ଅର୍ଥପୂର୍ଣ୍ଣ କାର୍ଯ୍ୟ ବା ପ୍ରକଳ୍ପ ସହିତ ଗଭୀର ସମ୍ପୃକ୍ତି ହିଁ ସୁଖ ଦେଇଥାଏ।

ମନୁଷ୍ୟ ଜୀବନରେ ଅର୍ଥପୂର୍ଣ୍ଣତା (Meaningfulness) ସମସ୍ତେ ଗୁରୁତ୍ୱ ଦିଅନ୍ତି । କିନ୍ତୁ ମନୁଷ୍ୟ ଜୀବନର ଲକ୍ଷ୍ୟକୁ ବାଦ୍ ଦେଇ ଜୀବନର ଅର୍ଥପୂର୍ଣ୍ଣତାର ଅର୍ଥ କ'ଣ ? ଲକ୍ଷ୍ୟର ମହତ୍ତ୍ୱ ହିଁ ଜୀବନରେ ଅର୍ଥପୂର୍ଣ୍ଣତା ଭରିଥାଏ। କେତେକ ଲକ୍ଷ୍ୟ ମାମୁଲି ହେବା ସ୍ଥଳେ ଅନ୍ୟ କେତେକ ଲକ୍ଷ୍ୟ ଅର୍ଥପୂର୍ଣ୍ଣ ହୋଇଥାଏ।

ବ୍ୟବହାରିକ ସ୍ତରରେ ବହୁ ମନୋବିଜ୍ଞାନୀ ଅର୍ଥପୂର୍ଣ୍ଣ (Meaningful) ଲକ୍ଷ୍ୟର ଚିହ୍ନଟ ପାଇଁ ପ୍ରୟାସ କରିଛନ୍ତି। ପୂର୍ବ ଆଲୋଚିତ ର୍ୟାନ୍ ଓ ଡେସିଙ୍କ (Ryan & Deci, 2000) ଆତ୍ମ-ନିର୍ଦ୍ଧାରଣ ତତ୍ତ୍ୱ (Self-Determination Theory ବା SDT) ଅନୁଯାୟୀ ତିନୋଟି ଚାହିଦାର ପରିପୂରଣ ପ୍ରୟାସ ମନୁଷ୍ୟର କର୍ମଧାରାକୁ ଉନ୍ନତ କରିଥାଏ । ସେ ତିନୋଟି ଚାହିଦା ହେଉଛି ଦକ୍ଷତା, ସ୍ୱାଧୀନ ମନୋଭାବ ଏବଂ ପାରସ୍ପରିକ ସୁସମ୍ପର୍କ। ଏହି ପର୍ଯ୍ୟାୟରେ କେତେକ ମନୋବିଜ୍ଞାନ ଧର୍ମୀୟ ଭାବନା ଓ ଆଧ୍ୟାତ୍ମିକତାକୁ ଗୁରୁତ୍ୱ ଦେବା ସ୍ଥଳେ ଅନ୍ୟ କେତେକ ସ୍ୱାତିକ୍ରମଣକୁ (Self-Transcendence) ପ୍ରାଧାନ୍ୟ ଦେଇଛନ୍ତି । ସ୍ୱାତିକ୍ରମଣର ଅର୍ଥ ହେଉଛି ନିଜର ବ୍ୟକ୍ତିଗତ ଲକ୍ଷ୍ୟ ଓ ସ୍ୱାର୍ଥ ମଧ୍ୟରେ ସୀମିତ ନ ରହି ଅନ୍ୟର ଓ ସାମୂହିକ ମଙ୍ଗଳ ପାଇଁ କାର୍ଯ୍ୟକରିବାର ମାନସିକତା । ସ୍ଥୂଳତଃ ମହାନ୍ ଲକ୍ଷ୍ୟର ଚିହ୍ନଟ ଓ ଏ ଦିଗରେ ପ୍ରୟାସ ସୁଖାନୁଭୂତିର ସଫଳ ମାର୍ଗ ବୋଲି ବିଚାର କରାଯାଇଛି।

ଉତ୍କର୍ଷପୂର୍ଣ୍ଣ ଲକ୍ଷ୍ୟର ଚିହ୍ନଟ କ୍ଷେତ୍ରରେ କେତେକ ବୈଭବ ମନୋବିଜ୍ଞାନୀ ଆଉ ଗୋଟିଏ ପରିଭାଷା ପ୍ରୟୋଗ କରିଛନ୍ତି। ତାହା ହେଉଛି ବାହ୍ୟିକ ଲକ୍ଷ୍ୟ (Extrinsic Goals) ବନାମ ଅନ୍ତର୍ନିହିତ ଲକ୍ଷ୍ୟ (Intrinsic Goals)। ଏମୋନ୍ସ (Emmons, 1999) ବୈଭବ ମନୋବିଜ୍ଞାନୀ ମତ ଦିଅନ୍ତି ଯେ ଅନ୍ତର୍ନିହିତ ଲକ୍ଷ୍ୟ ସଦାସର୍ବଦା ଅର୍ଥପୂର୍ଣ୍ଣ ଓ ମହତ୍ତର। ଏପରି ଲକ୍ଷ୍ୟରେ ବାହ୍ୟ ଜଗତର ଧନ ସମ୍ପତ୍ତି, ଯଶ ସମ୍ମାନ, ପଦପଦବୀ ଏବଂ ଭୌତିକ ବିଳାସର ଉଦ୍ଦେଶ୍ୟ ନ ଥାଇ ଅନ୍ୟ ପାଇଁ ହିତକର କାର୍ଯ୍ୟ, ଉତ୍ତର-

ପୁରୁଷର ସର୍ବାଙ୍ଗୀନ ଉନ୍ନତି ଓ ବିଶ୍ୱମଙ୍ଗଳର ଚିନ୍ତା ସ୍ଥାନ ପାଇଥାଏ । ଆଧ୍ୟାତ୍ମିକ ଭାବନା ଏବଂ ଈଶ୍ୱର ବିଶ୍ୱାସ ମଧ୍ୟ ଏପରି ଅନ୍ତର୍ନିହିତ ଲକ୍ଷ୍ୟ ।

ମହତ୍ତ୍ୱପୂର୍ଣ୍ଣ ଲକ୍ଷ୍ୟର ଚିହ୍ନଟ ପ୍ରସଙ୍ଗରେ ଆଉ ଗୋଟିଏ ମାନଦଣ୍ଡ ଗ୍ରହଣ କରାଯାଇପାରେ । ତାହା ହେଉଛି ଆକର୍ଷଣକାରୀ ଲକ୍ଷ୍ୟ ବନାମ ବିକର୍ଷଣକାରୀ ଲକ୍ଷ୍ୟ । ଆକର୍ଷଣକାରୀ ଲକ୍ଷ୍ୟ ଦିଗର ଲୋକମାନେ ଆକର୍ଷିତ ହୁଅନ୍ତି ଏବଂ ସେ ଦିଗରେ ଅଗ୍ରସର ହୁଅନ୍ତି । ଅନ୍ୟ ପକ୍ଷରେ ବିକର୍ଷଣକାରୀ ଲକ୍ଷ୍ୟଠାରୁ ଲୋକେ ଦୂରେଇଯିବାକୁ ଚାହାଁନ୍ତି । ବନ୍ଧୁ ବାନ୍ଧବୀ ସହିତ ସମୟ ଅତିବାହିତ କରିବାର ଇଚ୍ଛା ପ୍ରଥମ ଧରଣର ଲକ୍ଷ୍ୟ । ମାତ୍ର ଏକାକୀତ୍ୱ ଏଡ଼ାଇଯିବା ଦ୍ୱିତୀୟ ଧରଣର ଲକ୍ଷ୍ୟ ।

ମୂଳତଃ ସବୁ ଧରଣର ଲକ୍ଷ୍ୟର ପରିପୂରଣ ଦିଗରେ ପ୍ରଚେଷ୍ଟା ଆମ ସୁଖର କାରଣ ହୋଇ ନଥାଏ । ଗବେଷଣାରୁ ଜଣାଯାଏ ଯେ ସୁଚିନ୍ତିତ କାର୍ଯ୍ୟ, ଅନ୍ତରଙ୍ଗତା, ଆଧ୍ୟାତ୍ମିକତା ଓ ସ୍ୱାତିକ୍ରମଣ (Self-Transcendence) ଅର୍ଥପୂର୍ଣ୍ଣତା ପ୍ରଦାନ କରୁଥିବାରୁ ସୁଖାନୁଭୂତିର କାରଣ ହୁଏ । ଅନ୍ୟ ପକ୍ଷରେ ବାହ୍ୟିକ ଜଗତର କ୍ଷମତା ଓ ଭୌତିକ କାମନା ସ୍ଥାୟୀ ସୁଖାନୁଭୂତିର ଉତ୍ସ ହୋଇ ନଥାଏ । ସେହିପରି ର୍ୟାନ୍ ଓ ଡେସିଙ୍କ ନିର୍ଦ୍ଦେଶିତ ଅନ୍ତର୍ନିହିତ ଚାହିଦା (ଦକ୍ଷତା, ସଂପ୍ରୀତି ଓ ସ୍ୱାଧୀନ ମନୋଭାବ) ସୁଖାନୁଭୂତିର ବଳୟ ଗଠନ କରେ । ସୁତରାଂ ଅର୍ଥପୂର୍ଣ୍ଣ ଓ ମହତ୍ତ୍ୱପୂର୍ଣ୍ଣ ଲକ୍ଷ୍ୟ ଚିହ୍ନଟ କରିବାକୁ ହେବ ଏବଂ ଏହାର ପରିପୂରଣ ଦିଗରେ ଗଭୀର ପ୍ରୟାସ କରିବାକୁ ହେବ । 'ଲକ୍ଷ୍ୟ-ଭିତ୍ତିକ ତଥ୍ୟ ଅନୁଯାୟୀ ଏହା ସୁଖାନୁଭୂତିର ସଫଳ ମାର୍ଗ ।

ଅଗ୍ର-ନିମ୍ନ ବନାମ ନିମ୍ନ-ଅଗ୍ର ତତ୍ତ୍ୱ :

ଅଗ୍ର-ନିମ୍ନ ଏବଂ ନିମ୍ନ-ଅଗ୍ର ତତ୍ତ୍ୱ ଅନୁଯାୟୀ ସୁଖାନୁଭୂତି ହେଉଛି ଅଂଶ ବିଶେଷର ସମଷ୍ଟି । ନିମ୍ନ-ଅଗ୍ର (Bottom-Up) ତତ୍ତ୍ୱରେ ବିଚାର କରାଯାଏ ଯେ ଛୋଟ ଛୋଟ ଆନନ୍ଦର ସମଷ୍ଟି ବିଶାଳ ସୁଖାନୁଭୂତି ଗଠନ କରିଥାଏ । ମଣିଷ ନିଜେ ସୁଖୀ କି ନୁହେଁ ବୋଲି ବିଚାର କରିବା ସମୟରେ ଜୀବନର ଅନୁଭୂତ ଛୋଟ ଛୋଟ ଘଟଣାକୁ ଲକ୍ଷ୍ୟ କରେ । ସେ ଏକ ପ୍ରକାର ମାନସିକ ଗଣିତର ଉପଯୋଗ କରେ । ସାନ ସାନ ଆନନ୍ଦମୟ ମୁହୂର୍ତ୍ତର ସଂଖ୍ୟା ଅଧିକ ହୋଇଥିଲେ ଏହାର ସମଷ୍ଟିକୁ ସୁଖର ଅନୁଭବ ରୂପେ ବିଚାର କରେ ।

ଅନ୍ୟ ପ୍ରକାରେ ବ୍ୟକ୍ତି ଅଗ୍ର-ନିମ୍ନ ତତ୍ତ୍ୱର (Top-Down) ପରିସର ମଧ୍ୟରେ ବଡ଼

ବଡ଼ ସାମଗ୍ରିକ ଆନନ୍ଦର ଆକଳନ କରେ। ଏଠାରେ ବ୍ୟକ୍ତି ବିଶେଷ ଭାବରେ ନିଜର ବ୍ୟକ୍ତିତ୍ୱ ଦ୍ୱାରା ପରିଚାଳିତ ହୁଏ। ମନେ କରାଯାଉ ବ୍ୟକ୍ତି ଜଣକ ମୋଟାମୋଟି ଭାବରେ ଆଶାବାଦୀ। ସବୁ ଘଟଣାକୁ ସକାରାତ୍ମକ ଦୃଷ୍ଟିଭଙ୍ଗୀରେ ଦେଖିବା ତାଙ୍କ ବ୍ୟକ୍ତିତ୍ୱର ବୈଶିଷ୍ଟ୍ୟ। ସୁତରାଂ ସବୁ ଘଟଣାକୁ ଏପରି ସକାରାତ୍ମକ ଓ ପ୍ରସନ୍ନତାର ସହିତ ଦେଖିବା ଫଳରେ ଏହି ପ୍ରସାରିତ ସୁଖାନୁଭୂତି ଜୀବନର ବିଭିନ୍ନ ଦିଗକୁ ବିଚ୍ଛୁରିତ ହୁଏ। ଜଳପ୍ରପାତର ପ୍ରବାହ ପରି ଏହା ଜୀବନର ବିଭିନ୍ନ ଦିଗକୁ ସୁପ୍ରଭାବିତ କରୁଥିବାରୁ ଏହାକୁ ଅଗ୍ର-ନିମ୍ନ ତତ୍ତ୍ୱ କୁହନ୍ତି।

ନିମ୍ନ-ଅଗ୍ର ତତ୍ତ୍ୱ ଅନୁଯାୟୀ ସୁଖାନୁଭୂତି ଛୋଟ ଛୋଟ ଆନନ୍ଦାନୁଭୂତିର ସମଷ୍ଟି ହୋଇଥିବାରୁ ଏଠାରେ ଅନ୍ୟ ଗୋଟିଏ ସମସ୍ୟା ରହିଛି। ଧରାଯାଉ ଜଣେ ବ୍ୟକ୍ତି ପଦୋନ୍ନତି ପାଇଲା, ଲଟେରୀ ଜିତିଲା ଏବଂ ଅବସର ବିନୋଦନ ମାଧ୍ୟମରେ ଆନନ୍ଦ ଲାଭ କଲା। ଏସବୁ ଘଟଣା-ପ୍ରସୂତ ଆନନ୍ଦର ସମଷ୍ଟି ସୁଖାନୁଭୂତି ଆଣିବ। ମାତ୍ର ଧୀରେ ଧୀରେ ଆନନ୍ଦ କମିଯିବ। ପଦୋନ୍ନତିରୁ ମିଳିଥିବା ପଇସାପତ୍ର ସରିଯିବ। ଆମୋଦପ୍ରମୋଦ ସରିଯିବ। ଛୁଟି ସରିଯିବ। ଆନନ୍ଦର ମୁହୂର୍ତ୍ତ କଟିଯାଇ ଗତାନୁଗତିକ ଜୀବନ ପୁଣି ଚାପି ହୋଇଯିବ। ପୂର୍ବରୁ ସୁଖାନୁଭୂତି ହୁଏତ ଆଉ ରହିବ ନାହିଁ। ବିଷାଦର ବଳୟ ପୁନଶ୍ଚ ପ୍ରସାରିତ ହେବ। ସୁତରାଂ ନିମ୍ନ-ଅଗ୍ର ତତ୍ତ୍ୱ କାର୍ଯ୍ୟ କରିବ ସେହି ପରିସ୍ଥିତିରେ ଯେତେବେଳେ ଦୁଇ ତିନୋଟି ଆନନ୍ଦଦାୟକ ଘଟଣା ଘଟି ଚାଲିଥିବ ।

ଅନ୍ୟ ପକ୍ଷରେ ଅଗ୍ର-ନିମ୍ନ ତତ୍ତ୍ୱ ଅନୁଯାୟୀ ସୁଖାନୁଭୂତି ଅଲଗା ଅଲଗା ଛୋଟ ଛୋଟ ପ୍ରୀତିପ୍ରଦ ଘଟଣା ଉପରେ ନିର୍ଭର କରେ ନାହିଁ। ଏହା ଏପରି ଏକ ଉପାଦାନ ବା ପରିକଳ୍ପନା ଉପରେ ନିର୍ଭର କରେ ଯାହାକି ବିସ୍ତୃତ ଭାବରେ ମାନସିକତା ଓ ବ୍ୟବହାରକୁ ପ୍ରଭାବିତ କରିବ। ଉଦାହରଣ ସ୍ୱରୂପ, ଭଲ ମିଜାଜ ରକ୍ଷା କରିବାର ଅଭ୍ୟାସର କଥା ବିଚାର କରାଯାଇପାରେ। ଜଣେ ବ୍ୟକ୍ତିଙ୍କର ଭଲ ମିଜାଜର ଅଭ୍ୟାସ ଥିଲେ ସେ ପ୍ରାୟ ସବୁବେଳେ ସକାରାତ୍ମକ ଅନୁଭବର ସୁଯୋଗ ପାଇବେ। ପ୍ରତିଟି ଛୋଟ ଛୋଟ ଘଟଣାର ସମଷ୍ଟି ଉପରେ ତାଙ୍କର ସୁଖାନୁଭୂତି (କିମ୍ବା ଦୁଃଖାନୁଭୂତି) ନିର୍ଭର କରିବ ନାହିଁ। ସକାରାତ୍ମକ ଭାବନାକୁ ସଦାସର୍ବଦା ଧରି ରଖିଥିବା କିମ୍ବା ଆଶାବାଦର ଦୃଷ୍ଟିଭଙ୍ଗୀ ନେଇ ଜୀବନଯାପନ କରୁଥିବା ବ୍ୟକ୍ତିମାନେ ଏ ଧରଣର। ଏହି ଭାବଗତ ଅନୁକୂଳତା ଫଳରେ ଯେଉଁ ସୁଖାନୁଭୂତିର ପ୍ରାପ୍ତି ହୁଏ, ତାହାକୁ ସହଜରେ ଅଗ୍ର-ନିମ୍ନ (Top-Down) ତତ୍ତ୍ୱ ଦ୍ୱାରା ବ୍ୟାଖ୍ୟା କରାଯାଇପାରେ।

ଅଗ୍ର-ନିମ୍ନ ତତ୍ତ୍ୱର ଆଲୋଚନାର ଆଉ ଗୋଟିଏ ତାତ୍ତ୍ୱିକ ଧାରା ଦୃଷ୍ଟିକୁ ଆସେ।

ତାହା ହେଉଛି ବିଭିନ୍ନ ଧରଣର ଚିନ୍ତନ ଶୈଳୀକୁ ନେଇ ତାତ୍ତ୍ୱିକ ବିଚାର। ଏହି କ୍ରମରେ ଦୁଇ ତିନୋଟି ମୁଖ୍ୟ ତତ୍ତ୍ୱର ଆଲୋଚନା କରାଯାଇପାରେ। ସେଗୁଡ଼ିକ ହେଉଛି ଅନୁସଙ୍ଗ (Association) ତତ୍ତ୍ୱ, ବିବେଚନା (Judgment) ତତ୍ତ୍ୱ ଓ ତୁଳନା ତତ୍ତ୍ୱ।

ଅନୁସଙ୍ଗ ତତ୍ତ୍ୱ (Association Theory)

ସୁଖାନୁଭୂତିର ତତ୍ତ୍ୱ ପରିପ୍ରେକ୍ଷୀରେ ବହୁ ବିଶେଷଜ୍ଞ ମନୁଷ୍ୟର ସ୍ମୃତିଶକ୍ତି ଅଭ୍ୟାନୁକୁଳନ (Conditioning) ଓ ସଂଜ୍ଞାନାତ୍ମକ (Cognitive) ନୀତିର ଉପଯୋଗ କରିଛନ୍ତି। ଏଗୁଡ଼ିକୁ ଅନୁସଙ୍ଗ ତତ୍ତ୍ୱ କୁହାଯାଇପାରେ।

ପ୍ରଥମେ ସ୍ମୃତି-ସଂଶ୍ଳିଷ୍ଟ ଅନୁସଙ୍ଗର କଥା ବିଚାର କରାଯାଉ। ଲୋକମାନଙ୍କୁ ସେମାନଙ୍କର ସ୍ମୃତିଚାରଣ କରିବାକୁ କୁହାଗଲେ ଦେଖାଯିବ ଯେ ସେମାନେ ଭଲ ମିଜାଜରେ ଥିଲେ ଅଧିକ ମାତ୍ରାର ସୁଖଦ ସ୍ମୃତିର ବର୍ଣ୍ଣନା ଦେବେ। ସେମାନେ ଖରାପ ମିଜାଜରେ ଥିଲେ ଦୁଃଖଦ ସ୍ମୃତିର ବର୍ଣ୍ଣନା ଦେବେ। ଏହି ଭାବନାକୁ ଆଶ୍ରୟ କରି କୁହାଯାଇପାରେ ଯେ କିଛି ଲୋକଙ୍କର ସୁଖଦ ବା ସକାରାତ୍ମକ ସ୍ମୃତି ସହ ସମ୍ପର୍କ ନିବିଡ଼। ସେମାନେ ଅଧିକାଂଶ ସମୟରେ ସୁଖସ୍ମରଣ କରନ୍ତି। ଅନ୍ୟ ପକ୍ଷରେ କେତେକ ଲୋକ ଅଧିକାଂଶ ସମୟରେ ଦୁଃଖଦ ସ୍ମୃତିର ବର୍ଣ୍ଣନା ଦିଅନ୍ତି। ତାତ୍ପର୍ଯ୍ୟ ହେଉଛି ଯେ ସୁଖଦ ସ୍ମୃତି ସହିତ ଅଧିକ ସମ୍ପର୍କ ଥିବା ଏବଂ ଭଲ କଥା ମନେ ପକାଇବାର ଲୋକମାନେ ଅପେକ୍ଷାକୃତ ଅଧିକ ସୁଖୀ ହୁଅନ୍ତି। ଅନ୍ୟ ପକ୍ଷରେ ଦୁଃଖଦ ଓ ନକାରାତ୍ମକ ସ୍ମୃତିଚାରଣ କରୁଥିବା ଲୋକମାନେ ଦୁଃଖୀ ହେବାର ସମ୍ଭାବନା ଅଧିକ।

ଅନ୍ୟ ଗୋଟିଏ ଅନୁସଙ୍ଗ (Association) ପ୍ରେରିତ ସୁଖାନୁଭୂତିର ମାର୍ଗ ହେଉଛି ପାଭଲଭ୍‌ଙ୍କ ଅଭ୍ୟାନୁକୂଳନଟି (Conditionig) ନୀତି-ପ୍ରତିଷ୍ଠିତ ଆନନ୍ଦ ସଂଯୋଗ। ମନୋବିଜ୍ଞାନର ଛାତ୍ରଛାତ୍ରୀମାନେ ପାଭ୍‌ଲଭ୍‌ଙ୍କ (Pavlov's) ଏହି ନୀତି ସହ ଖୁବ୍ ପରିଚିତ । ପାଭ୍‌ଲଭ୍ ଆବିଷ୍କାର କରିଥିଲେ ଯେ ଗୋଟିଏ ଘଣ୍ଟି ଶବ୍ଦ ତାଙ୍କ ପୋଷା କୁକୁର ପାଇଁ ଅର୍ଥହୀନ। କିନ୍ତୁ କୁକରଟି ଖାଇବାର ଠିକ୍ ଅବ୍ୟବହିତ ପୂର୍ବରୁ ଘଣ୍ଟିଶବ୍ଦ ଶୁଣାଗଲେ ଏବଂ ଏପରି ପ୍ରକ୍ରିୟାର ବାରମ୍ବାର ପୁନରାବୃତ୍ତି କରାଗଲେ କୁକୁର ଘଣ୍ଟି ଶବ୍ଦ ଶୁଣିବା ମାତ୍ରେ କୁକୁର ପାଟିରୁ ଲାଳ ବୋହିବ। ଘଣ୍ଟି ବାଜିବା ଓ ଲାଳ ବୋହିବା ସମ୍ପର୍କ ବସ୍ତୁତଃ ଅପ୍ରାକୃତିକ ହୋଇଥିଲେ ମଧ୍ୟ ଏ ଦୁଇଟିର ସାମୀପ୍ୟ ଏକ ସମ୍ପର୍କ ଗଠନ କରିବ । ଠିକ୍ ସେହିପରି ଆମ ଦୈନନ୍ଦିନ ଜୀବନର ବହୁ ବସ୍ତୁ ଓ ଘଟଣା ପ୍ରଥମେ ଅସମ୍ପୃକ୍ତ ଓ

ଅର୍ଥହୀନ ଥାଇପାରେ। ମାତ୍ର ସେସବୁ ଆମର ଅନୁକୂଳ ଭାବାବେଗ (Emotion or Affects) ସହିତ ସଂଯୋଜିତ ହେଲେ ତାହାର ଆକର୍ଷଣ ବଢ଼େ। ତାହା ଆମକୁ ସୁଖ ଦିଏ। ଉଦାହରଣ ସ୍ୱରୂପ, ଗୋଟିଏ ନିର୍ଦ୍ଦିଷ୍ଟ ସ୍ଥାନ କିମ୍ବା ରେସ୍ତୋରାଁ ଆମ ପାଇଁ ମାମୁଲି ଓ ଅର୍ଥହୀନ ହୋଇପାରେ। ମାତ୍ର ଆମର ପ୍ରିୟ ବନ୍ଧୁ ବା ବାନ୍ଧବୀ ସେଠାରେ ବସବାସ କଲେ କିମ୍ବା ସେଠାରେ ଖାଦ୍ୟ ଗ୍ରହଣ କଲେ ଆମର ସେ ସ୍ଥାନ ପ୍ରତି ଆକର୍ଷଣ ବଢ଼େ । ସେ ସ୍ଥାନକୁ ଗଲେ କିମ୍ବା ସେ ସ୍ଥାନର କଥା ଚିନ୍ତାକଲେ ଆମେ ଆନନ୍ଦ ପାଇଥାଉ। ଲକ୍ଷ୍ୟ କରିବାର କଥା ଯେ ଆରମ୍ଭରୁ ଏ ସ୍ଥାନଟିର ଆମ ପାଇଁ କୌଣସି ଭାବଗତ ଉପଯୋଗିତା ନ ଥିଲେ ମଧ୍ୟ କୌଣସି ଏକ ପ୍ରିୟବସ୍ତୁ ବା ପ୍ରିୟବ୍ୟକ୍ତି ସହ ତାହାର ସମ୍ପୃକ୍ତି (Association) ଏପରି ପ୍ରୀତିପ୍ରଦ ଆକର୍ଷଣ ବୃଦ୍ଧି କରିଥାଏ।

ବୈଭବ ମନୋବିଜ୍ଞାନର ଜଣେ ସୁଖାନୁଭୂତି ବିଶେଷଜ୍ଞ ଫୋର୍ଡ଼ଡାଇସ୍ (Fordyce, 1977) ମତ ଦିଅନ୍ତି ଯେ ପୂର୍ବ ଆଲୋଚିତ ସଂଯୋଗ ବେଳେ ବେଳେ ଆକସ୍ମିକ ଭାବରେ ଆସିଥିଲେ ମଧ୍ୟ କେତେକ ଲୋକ ସଚେତନ ଭାବରେ ଏପରି ସଂଯୋଗ ଗଠନ କରନ୍ତି । ଆବେଗହୀନ ଓ ଅସମ୍ପୃକ୍ତ ବସ୍ତୁ ଓ ଘଟଣାକୁ ସେମାନେ ସଚେତନ ଭାବରେ ସକାରାତ୍ମକ ଆବେଗ ସହିତ ସଂଯୋଗ କରନ୍ତି। ଉଦାହରଣ ସ୍ୱରୂପ ପାଠପଢ଼ିବା ଛୋଟ ପିଲାଙ୍କ ପାଇଁ ଆବେଗହୀନ କିମ୍ବା ବିରକ୍ତିକର (ନକାରାତ୍ମକ ଆବେଗ) ହୋଇପାରେ। ମାତ୍ର ଯୋଜନାବଦ୍ଧ ଭାବରେ ପିଲାମାନେ ଭଲ ପାଉଥିବା ଫୁଲଫଳ ଭରା ଉଦ୍ୟାନ ପରିବେଶରେ କିଛିଦିନ ଧରି କ୍ରମାଗତ ଭାବରେ ପଢ଼ାଇଲେ ଆକର୍ଷଣ ବୃଦ୍ଧିର ସମ୍ଭାବନା ରହିଛି। ପିଲାମାନେ ପାଠପ୍ରତି ଆକୃଷ୍ଟ ହେବା ସଙ୍ଗେ ସଙ୍ଗେ ଅଧିକ ଆନନ୍ଦ ଅନୁଭବ କରିବେ। ସୁତରାଂ ଜାଣିଶୁଣି ସଚେତନ ଭାବରେ ଆମର ଅନୁକୂଳ ଆବେଗକୁ ସମ୍ପୃକ୍ତିହୀନ (Neutral) ବସ୍ତୁ, ବ୍ୟକ୍ତି ବା ଘଟଣା ସହିତ ସଂଯୋଗ କଲେ ଏସବୁ ବ୍ୟକ୍ତି ବସ୍ତୁ ବା ଘଟଣା ଆମ ଆନନ୍ଦର ଉତ୍ସ ହୋଇପାରିବ।

ବିବେଚନା ତତ୍ତ୍ୱ :

ଆମକୁ ସୁଖାନୁଭୂତି ଦେଉଥିବା ଆଉ ଗୋଟିଏ ମାନସିକ ପ୍ରକ୍ରିୟା ହେଉଛି ବିବେଚନା (Judgment)। ଅନେକ ସମୟରେ ଆମେ ନିଜକୁ କିମ୍ବା ନିଜର ଅନୁଭବକୁ ଏକ ନିର୍ଦ୍ଦିଷ୍ଟ ମାନଦଣ୍ଡ (Standard) ସହ ତୁଳନା କରି ନିଜର ସୁଖାନୁଭୂତି କିମ୍ବା ଦୁଃଖାନୁଭୂତି ସମ୍ପର୍କରେ ବିବେଚନା କରିଥାଉ।

ପ୍ରଶ୍ନ କରିପାରେ : ଏ ମାନଦଣ୍ଡଟି କ'ଣ ? ଏ ମାନଦଣ୍ଡଟି ବିଭିନ୍ନ ଧରଣର ହୋଇପାରେ। ବ୍ୟକ୍ତିର ନିଜସ୍ୱ ବିଗତ ଅନୁଭବ ମାନଦଣ୍ଡ ହୋଇପାରେ। ନିକଟ ଅତୀତରେ ସେ ଦୁଃଖୀ ଜୀବନଯାପନ କରୁଥିଲେ ଏବଂ ବର୍ତ୍ତମାନ ସେ ପ୍ରାଚୁର୍ଯ୍ୟର ଅଧିକାରୀ । ଏପରି ତୁଳନା ତାକୁ ସୁଖାନୁଭୂତି ଦେବ। ଅନ୍ୟ ପକ୍ଷରେ ସେ ଅତୀତରେ ସବୁ ସମ୍ବଳର ଅଧିକାରୀ ହୋଇଥିବା ସ୍ଥଳେ ବର୍ତ୍ତମାନ ସମସ୍ୟା-ବିଜଡ଼ିତ ଜୀବନ କାଟୁଥିଲେ ଅତୀତର ମାନଦଣ୍ଡ ତାକୁ ଦୁଃଖୀ କରାଇବ।

ଏହି ପର୍ଯ୍ୟାୟରେ ବ୍ୟକ୍ତି ନିଜ ଜୀବନର ସବୁଠାରୁ ଗୁରୁତ୍ୱପୂର୍ଣ୍ଣ ବ୍ୟକ୍ତିଙ୍କୁ ମାନଦଣ୍ଡ ନେଇପାରନ୍ତି। ସେପରି ବ୍ୟକ୍ତିଙ୍କ ତୁଳନାରେ ସେ ଅଧିକ ସୁଖରେ ଅଛନ୍ତି କି ଦୁଃଖରେ ଅଛନ୍ତି, ଏପରି ବିଚାର ବିବେଚନା ତାଙ୍କର ସୁଖାନୁଭୂତିର ସ୍ତର ନିର୍ଦ୍ଧାରଣ କରିବ। ଏହି କ୍ରମରେ ବ୍ୟକ୍ତି ନିଜର ଭାଇଭଉଣୀ, ବନ୍ଧୁ କି ବାନ୍ଧବୀ, ପ୍ରତିବେଶୀ କିମ୍ବା ସହକର୍ମୀ କିମ୍ବା ସେହିପରି ନିକଟ ପରିବେଶର କୌଣସି ବ୍ୟକ୍ତିଙ୍କୁ ମାନଦଣ୍ଡ ନେଇଥାଆନ୍ତି।

ଲେଖକ (ଫମୋସା) ସ୍କୁଲ ବୟସର ପଢ଼ିଥିବା ଗୋଟିଏ ଓଡ଼ିଆ ଉପନ୍ୟାସର (ଉପନ୍ୟାସଟିର ନାମ 'ବୋଉ') ଗୋଟିଏ ଚରିତ୍ର ବିଷୟରେ ଏ ପର୍ଯ୍ୟନ୍ତ ମନେ ରଖିଛନ୍ତି । ଚରିତ୍ରଟିର ବକ୍ତବ୍ୟ : ''ମୁଁ କେବେ ସୁଖରେ ଉଦ୍‌ବେଳିତ ହୁଏ ନାହିଁ କି ଦୁଃଖରେ ବିଗଳିତ ହୁଏ ନାହିଁ। କାରଣ ମୁଁ ଯେତେବେଳେ ଉପରକୁ ଚାହେଁ, ସେତେବେଳେ ଦେଖେ ଯେ ଅଧିକରୁ ଅଧିକ ସୁଖ ଉପଭୋଗ କରୁଥିବା ବହୁଲୋକ ଅଛନ୍ତି। ମୁଁ ଯେତେବେଳେ ତଳକୁ ଚାହେଁ ଦେଖେ ଯେ ଦୁଃଖ ଯନ୍ତ୍ରଣାରେ କାଳାତିପାତ କରିବାର ଲୋକଙ୍କ ସଂଖ୍ୟା ବି ଅଧିକା, ମୋର ଦୁଃଖ ଦୂରେଇଯାଏ।'' ଏ ସ୍ୱର ଏକ ଆଶାବାଦର ସ୍ୱର।

ବିବେଚତନା ତତ୍ତ୍ୱ ପ୍ରସଙ୍ଗରେ ଆଉ ଗୋଟିଏ କୌତୂହଳପୂର୍ଣ୍ଣ ମାନଦଣ୍ଡର ଉଲ୍ଲେଖ କରାଯାଇପାରେ। ତାହା ହେଉଛି ବ୍ୟକ୍ତିର ଆକାଂକ୍ଷା ବା ଅଭିଳାଷର (Aspiration) ସ୍ତର। ଅଭିଳାଷର ପରିମାଣ ଅନୁପାତରେ ବେଶୀ ଅଂଶ ପରିପୂରିତ ହେଲେ ସୁଖାନୁଭୂତିର ପ୍ରାପ୍ତି ଘଟେ, ଅନ୍ୟ ପକ୍ଷରେ ଅପୂରିତ ଅଂଶ ଅଧିକା ହେଲେ ଦୁଃଖାନୁଭୂତିର ଅନୁଭବ ଆସେ । ଗାଣିତିକ ଭାଷାରେ ସୁଖାନୁଭୂତିକୁ ନିମ୍ନ ପ୍ରକାର ପ୍ରକାଶ କରାଯାଇପାରେ।

$$ସୁଖାନୁଭୂତି = \frac{ପରିପୂରିତ\ ଅଭିଳାଷ}{ସମୁଦାୟ\ ଅଭିଳାଷ}$$

ଉପର ସମୀକରଣରୁ ଏହା ସ୍ପଷ୍ଟ ଯେ ସମୁଦାୟ ଅଭିଳାଷ ତୁଳନାରେ ଯେତିକି ଅଧିକରୁ ଅଧିକ ଅଭିଳାଷ ଜୀବନରେ ପରିପୂରିତ ହେବ, ସେହି ଅନୁପାତରେ ସୁଖାନୁଭୂତି ବୃଦ୍ଧି ପାଇବ।

ତୁଳନା ତତ୍ତ୍ୱ :

ସୁଖାନୁଭୂତି ପରିପ୍ରେକ୍ଷୀରେ ଯେଉଁ ତୁଳନା ତତ୍ତ୍ୱର (Comparison Theory) ପରିକଳ୍ପନା କରାଯାଇଛି, ତାହାର ଦୁଇଟି ରୂପ ଅଛି : ନିମ୍ନମୁଖୀ ତୁଳନା ଓ ଊର୍ଦ୍ଧଗାମୀ ତୁଳନା। ସାମାଜିକ ଦୃଷ୍ଟିକୋଣରୁ ନିମ୍ନ ବା ଖରାପ ଅବସ୍ଥାରେ ରହିଥିବା ଲୋକମାନଙ୍କ ସହ ନିଜକୁ ତୁଳନା କରେ ତାହାକୁ ନିମ୍ନମୁଖୀ ତୁଳନା (Downward Comparison) କୁହନ୍ତି। ଅନ୍ୟ ପକ୍ଷରେ ସାମାଜିକ ଦୃଷ୍ଟିକୋଣରୁ ଉଚ୍ଚମାନର (ଅଧିକ ଧନସମ୍ପତ୍ତି, ପ୍ରତିଷ୍ଠା, ଯଶସମ୍ମାନ) ଥିବା ଲୋକଙ୍କ ସହିତ ନିଜକୁ ତୁଳନା କଲେ ତାହା ଊର୍ଦ୍ଧ୍ୱମୁଖୀ ତୁଳନା (Upward Comparison) କୁହନ୍ତି।

ନିମ୍ନଗାମୀ ତୁଳନାର ଉପଯୋଗିତା : ମୋଟାମୋଟି ଭାବେ ଦେଖାଯାଏ ନିମ୍ନଗାମୀ ତୁଳନା କରୁଥିବା ଲୋକମାନେ ଅପେକ୍ଷାକୃତ ଅଧିକ ସୁଖୀ। ନିମ୍ନମୁଖୀ ତୁଳନା କରୁଥିବା ଲୋକମାନଙ୍କ ମୁହଁରେ ଏପରି ସବୁ ବାକ୍ୟ ବକ୍ତବ୍ୟରେ ସ୍ଥାନ ପାଇଥାଏ । ''ଅନ୍ୟମାନଙ୍କ ତୁଳନାରେ ମୁଁ ବେଶୀ ଭଲରେ ଅଛି। ଅନ୍ୟମାନେ ମୋଠାରୁ ଅଧିକ ଖରାପ ଅବସ୍ଥାରେ ରହିଛନ୍ତି। ଅନ୍ୟମାନଙ୍କର ଦୁଃଖ କଷ୍ଟ ମୋର ଦୁଃଖ କଷ୍ଟଠାରୁ ବେଶ୍ ଅଧିକ। ଅନ୍ୟମାନଙ୍କ ଦୁରବସ୍ଥା ତୁଳନାରେ ମୋର ଅବସ୍ଥା ଖୁବ୍ ସ୍ୱଚ୍ଛଳ।''

ନିମ୍ନଗାମୀ ତୁଳନା ପ୍ରୟୋଗ କରୁଥିବା ଲୋକମାନେ କାହିଁକି ସୁଖାନୁଭୂତିର ଅଧିକାରୀ ହୁଅନ୍ତି, ସେ ସମ୍ପର୍କରେ କିଛି ମନୋବିଜ୍ଞାନୀ ମତବ୍ୟକ୍ତ କରିଛନ୍ତି। ସେମାନଙ୍କ ମତରେ ଅନ୍ୟମାନଙ୍କର ଖରାପ ପରିସ୍ଥିତିର ପରିପ୍ରେକ୍ଷୀରେ ନିଜର ସ୍ୱାଭାବିକ କିମ୍ବା ସ୍ୱଚ୍ଛଳ ଅବସ୍ଥା ଅନୁଭବ କଲେ ବ୍ୟକ୍ତିମନରେ ନିୟନ୍ତ୍ରଣ ବିଶ୍ୱାସ ଦୃଢ଼ ହୁଏ। ''ମୋର ପରିବେଶ ଉପରେ ମୋର ନିୟନ୍ତ୍ରଣ ରହିଛି'' - ଏପରି ବିଶ୍ୱାସ ବଢ଼େ। ଏପରି ନିୟନ୍ତ୍ରଣ-ବିଶ୍ୱାସ ସୁଖାନୁଭୂତିର ସହାୟକ ହୁଏ।

ବୈଭବ ମନୋବିଜ୍ଞାନୀ ଲୁବୋମିର୍ସ୍କି (୨୦୦୭) ନିମ୍ନମୁଖୀ ତୁଳନାର ଉପକାରିତା ଓ ଉର୍ଦ୍ଧ୍ୱମୁଖୀ ତୁଳନାର ଅପକାରିତା ପରିବର୍ତ୍ତେ ତୁନଳାର ଏକ ସୂକ୍ଷ୍ମତର ଦିଗ ପ୍ରତି ଦୃଷ୍ଟି ଆକର୍ଷଣ କରିଛନ୍ତି। ସେ ଗୋଟିଏ ଅନୁଧ୍ୟାନରେ 'ଖୁବ୍ ସୁଖୀ' ଏବଂ 'ଖୁବ୍ ଦୁଃଖୀ' ଲୋକମାନଙ୍କୁ ନେଇ ଦୀର୍ଘ ସମୟ ସାକ୍ଷାତ୍‌କାରରେ ସମୟ କାଟିଲେ। ସେମାନେ କାହିଁକି ସୁଖୀ ବା କାହିଁକି ଦୁଃଖୀ ଅନୁଭବ କରୁଛନ୍ତି, ସେ କଥା ପଚାରିଲେ। ସେ ଦେଖିଲେ ପ୍ରକୃତରେ ଉଚ୍ଚତର ସୁଖ ଅନୁଭବ କରୁଥିବା ଲୋକମାନେ ନିମ୍ନମୁଖୀ ତୁଳନାର ବହୁଳ ବ୍ୟବହାର କରୁ ନାହାନ୍ତି। ସେମାନେ ତୁଳନାତ୍ମକ ଭାଷା ପ୍ରୟୋଗ କଲାବେଳେ ବାହ୍ୟିକ ତୁଳନାରେ ବିଶେଷ ଧ୍ୟାନ ନ ଦେଇ ଅନ୍ତର୍ଜଗତର ଉପାଦାନ ପ୍ରତି ଧ୍ୟାନ ଦେଉଛନ୍ତି । ସେମାନେ ସାହିତ୍ୟ କ୍ଷେତ୍ରରେ ବିକଶିତ କି ସନ୍ତରଣ କାର୍ଯ୍ୟରେ ପାରଦର୍ଶୀ ସେ କଥା ବିଚାର କରୁଛନ୍ତି। ଅନ୍ତର୍ଜଗତର ବିକାଶ ଓ ବିଳୟ ସେମାନଙ୍କ ସୁଖାନୁଭୂତି କି ଦୁଃଖାନୁଭୂତି ଦେଉଛି। ବାହ୍ୟିକ ତୁଳନା କରୁଥିଲେ ମଧ୍ୟ ଏହାର ପ୍ରଭାବ ନଗଣ୍ୟ ଓ ଆଖିଦୃଶିଆ ନୁହେଁ।

ସଦ୍ୟତମ ତତ୍ତ୍ୱ : ସୁଖାନୁଭୂତିର ସ୍ନାୟୁ ବିଜ୍ଞାନ

ସୁଖାନୁଭୂତିର ତତ୍ତ୍ୱ ପରିପ୍ରେକ୍ଷୀରେ ସ୍ନାୟୁବିଜ୍ଞାନ ସମର୍ଥିତ ତଥ୍ୟ ସଦ୍ୟତମ ପରିପ୍ରକାଶ । ସୁଖାନୁଭୂତିର ସଂଜ୍ଞାରେ ସକରାତ୍ମକ ଆବେଗ ଏବଂ ଅର୍ଥପୂର୍ଣ୍ଣତାର ଅନୁଭବ ମୌଳିକ ହୋଇଥିବାରୁ ଏ ଦୁଇ ଉପାଦାନର ଅନୁଭବ ସମୟରେ ମସ୍ତିଷ୍କର କେଉଁସବୁ ସ୍ନାୟୁକେନ୍ଦ୍ର ସମ୍ପୃକ୍ତ ରହେ, ତାହା ହିଁ ଏହି ତତ୍ତ୍ୱଟି ସୁନିର୍ଦ୍ଦିଷ୍ଟ କରିଥାଏ।

ମସ୍ତିଷ୍କ ଗୋଟିଏ ଦୃଷ୍ଟିରୁ ସାମଗ୍ରିକ ଭାବରେ କାର୍ଯ୍ୟକଲେ ମଧ୍ୟ ସ୍ଥାନୀୟକରଣ (Localization) ନୀତି ମସ୍ତିଷ୍କକୁ ସକ୍ରିୟ ରଖେ। ଆମର ବିଭିନ୍ନ କାର୍ଯ୍ୟ ପାଇଁ ମସ୍ତିଷ୍କର ପୃଥକ୍ ପୃଥକ୍ ଅଂଶ ସକ୍ରିୟ ହୋଇଥାଏ। ଉଦାହରଣ ସ୍ୱରୂପ, ଆମେ କୌଣସି ନିଷ୍ପତ୍ତି ଗ୍ରହଣ କରିବା ସମୟରେ ଆମ ଅଗ୍ରମସ୍ତିଷ୍କ (ଯେଉଁଟି କପାଳର ଠିକ୍ ପଛପଟେ ରହିଛି) ସକ୍ରିୟ ଦେଖାଯାଏ। ଆଧୁନିକ ଯୁଗରେ ମସ୍ତିଷ୍କର କାର୍ଯ୍ୟକଳାପ ଜାଣିବା ବ୍ୟବହାର କରାଯାଉଥିବା ବିଭିନ୍ନ ଧରଣର ଛବି ଉତ୍ତୋଳନକାରୀ କୌଶଳ (ଏମ୍.ଆର୍.ଆଇ. କିମ୍ବା ପେଟ୍ ସ୍କାନ୍) ମାଧ୍ୟମରେ ଚିତ୍ର ଦେଖି ଏହା ଜାଣି ହେବ। ଏକ ନିର୍ଦ୍ଦିଷ୍ଟ ଅନୁଭବ ସମୟରେ (ଯଥା : ଆନନ୍ଦାନୁଭୂତି ସମୟରେ) ମସ୍ତିଷ୍କର କେଉଁ ଅଂଶରେ ବୈଦ୍ୟୁତିକ କାର୍ଯ୍ୟକଳାପ ଚାଲିଛି, ତାହା ଜାଣିହେବ।

ସୁଖାନୁଭୂତି ପ୍ରସଙ୍ଗରେ ମସ୍ତିଷ୍କର ଯେଉଁ ଅଂଶ ଆବେଗ ଅନୁଭବ ସହ ସମ୍ପୃକ୍ତ, ତାହା ଚିହ୍ନଟ କରାଯାଇଛି। ଏ କ୍ଷେତ୍ରରେ ବର୍ତ୍ତମାନର ସବୁଠାରୁ ଅଧିକ ପ୍ରଖ୍ୟାତି ଅର୍ଜନ କରିଥିବା ମନୋବିଜ୍ଞାନୀ ତଥା ସ୍ନାୟୁବିଜ୍ଞାନୀ ରିଚାର୍ଡ୍ ଡାଭିଡ୍‌ସନ୍‌ଙ୍କ (Richard Davidson, 2012) ଅବଦାନ ସର୍ବସ୍ୱୀକୃତ। ଡାଭିଡ୍‌ସନଙ୍କ ମତାନୁଯାୟୀ ସୁଖାନୁଭୂତି ସମୟରେ ଅଗ୍ରମସ୍ତିଷ୍କର ବାମପାର୍ଶ୍ୱ (Left Prefrontal Cortex) ସକ୍ରିୟତା ଦର୍ଶାଏ ଏବଂ ଦୁଃଖାନୁଭୂତି ସମୟରେ ଅଗ୍ରମସ୍ତିଷ୍କର ଦକ୍ଷିଣ ପାର୍ଶ୍ୱ (Right Prefrontal Cortex) ସକ୍ରିୟତା ଦର୍ଶାଏ। ସ୍ନାୟୁବିଜ୍ଞାନର ଭାଷାରେ ସୁଖାନୁଭୂତିକୁ ନିମ୍ନ ସମୀକରଣ ମାଧ୍ୟମରେ ପ୍ରକାଶ କରାଯାଇପାର :

$$\text{ସୁଖାନୁଭୂତି} = \frac{\text{ଅଗ୍ରମସ୍ତିଷ୍କର ବାମପାର୍ଶ୍ୱର କ୍ରିୟା}}{\text{ଅଗ୍ରମସ୍ତିଷ୍କର ଦକ୍ଷିଣ ପାର୍ଶ୍ୱର କ୍ରିୟା}}$$

ଏହି ଭଗ୍ନାଂଶଟିର ତାତ୍ପର୍ଯ୍ୟ ହେଉଛି ଯେ ଅଗ୍ରମସ୍ତିଷ୍କର ବାମପାର୍ଶ୍ୱରେ କ୍ରିୟାକଳାପ ବୃଦ୍ଧି ପାଇବା ସହିତ ଦକ୍ଷିଣ ପାର୍ଶ୍ୱର କ୍ରିୟାକଳାପ ହ୍ରାସ ପାଇବା ବିଧେୟ। ବ୍ୟବହାରିକ ଦୃଷ୍ଟିକୋଣରୁ ସକାରାତ୍ମକ ଭାବ (Affect ବା Emotion) ଏବଂ ସକାରାତ୍ମକ ଭାବନା ବୃଦ୍ଧି ପାଇଲେ ଅଗ୍ରମସ୍ତିଷ୍କର ବାମପାର୍ଶ୍ୱର ସକ୍ରିୟତା ବୃଦ୍ଧି ପାଇବ। ଅବଶ୍ୟ ଏହା ବୃଦ୍ଧି ପାଇଲେ ନକାରାତ୍ମକ ଭାବ ଓ ଭାବନା କମିବ ଏବଂ ଅଗ୍ରମସ୍ତିଷ୍କର ଦକ୍ଷିଣ ପାର୍ଶ୍ୱର କ୍ରିୟାକଳାପ ହ୍ରାସ ପାଇବ। ଏହି ସ୍ନାୟବିକ କ୍ରିୟାକଳାପ ସୁଖାନୁଭୂତିର ସହାୟକ ହେଲେ ସୁଦ୍ଧା ସୁଖାନୁଭୂତିକୁ ଗଭୀର ଓ ଦୀର୍ଘସ୍ଥାୟୀ କରିବାକୁ ଆଉ ଗୋଟିଏ ସହାୟକ ଅବସ୍ଥା ପ୍ରୟୋଜନ ।

ଆମର ବୃନ୍ତମସ୍ତିଷ୍କ (Brain Stem) ଯେଉଁଠାରେ ଆମର ମେରୁମଜ୍ଜା ବା Spinal Cord) ସରିଛି ଏବଂ ପ୍ରକୃତ ମସ୍ତିଷ୍କ ଆରମ୍ଭ ହୋଇଛି – ନିକଟରେ ଦୁଇଟି କ୍ଷୁଦ୍ର ଅଂଶ ହେଉଛି ଆମିଗଡ଼ାଲା (Amygdala) ଏବଂ ହିପୋକ୍ୟାମ୍ପସ୍ (Hippocampus)। ଏ ଦୁଇଟିର କାର୍ଯ୍ୟ ଖୁବ୍ ଗୁରୁତ୍ୱପୂର୍ଣ୍ଣ। ଆମିଗ୍‌ଡାଲାକୁ ଆମର ଆବେଗ ମସ୍ତିଷ୍କ କୁହାଯାଇପାରେ । ଏହା କ୍ଷତିଗ୍ରସ୍ତ ହେଲେ ଆମର ଡରଭୟ ବଢ଼ିଯାଏ ଏବଂ ଉତ୍‌କଣ୍ଠା ଓ ମାନସିକ ଚାପ ମଧ୍ୟ ବଢ଼େ। ସେହିପରି ହିପୋକ୍ୟାମ୍ପସ୍ ଆଉ ଗୋଟିଏ ଖଳନାୟକ । ଏହା ନକାରାତ୍ମକ ସ୍ମୃତିର ଭଣ୍ଡାର। ସକ୍ରିୟ ହେଲେ ଖରାପ ଓ ନକାରାତ୍ମକ ସ୍ମୃତି ବ୍ୟକ୍ତିଙ୍କୁ କବଳିତ କରେ। ଉଦାହରଣ ସ୍ୱରୂପ, ବ୍ୟକ୍ତି ଖାଲି ବୋତଲଟିଏ ଦେଖିବା ମାତ୍ରେ ଅତୀତର

ନଷ୍ଟକାରୀ ସ୍ମୃତି (ମଦ୍ୟପ ସାଙ୍ଗ, ସେମାନଙ୍କ ସହିତ ଆଡ୍‌ଡା ଓ ଅନ୍ୟସବୁ ଅସାମାଜିକ କାର୍ଯ୍ୟକଳାପ) ମନକୁ ଆବୋରିବସେ । ତେଣୁ ସୁଖାନୁଭୂତିକୁ ଗଭୀର ଓ ସ୍ଥାୟୀ କରିବା ପାଇଁ ଆମିଗ୍‌ଡାଲା ଓ ହିପୋକ୍ୟାମ୍ପସ୍‌ର ସକ୍ରିୟତାକୁ ସୀମିତ ରଖିବାକୁ ହେବ । ନିରନ୍ତର ଓ ଉଚ୍ଚତର ସକାରାତ୍ମକ ଭାବ ଓ ଭାବନା ଆମିଗ୍‌ଡାଲା ଓ ହିପୋକ୍ୟାମ୍ପସ୍‌ର ଗତିବିଧିକୁ ସୀମିତ ରଖିପାରିବ ।

ସୁଖାନୁଭୂତିର ତତ୍ତ୍ୱ ମଧ୍ୟରୁ କେଉଁଟି ଅଧିକ ଶକ୍ତିଶାଳୀ ତାହା ନିର୍ଦ୍ଦିଷ୍ଟ କରିବା କଷ୍ଟକର । ଭବିଷ୍ୟତର ଗବେଷଣା ଏ ଦିଗରେ ଅଧିକ ଆଲୋକପାତ କରିବ ।

ପଞ୍ଚମ ଅଧ୍ୟାୟ

ବୈଭବ ମନୋବିଜ୍ଞାନର ଅଗ୍ରଦୂତ

ଜୀବନ-ସନ୍ତୋଷ ଓ ଆବେଗ :

ଗର୍ଡ଼ନ ଆଲ୍‌ପୋର୍ଟ

ସୁଖାନଭୂତିର ଯେଉଁ ସଂଜ୍ଞାଟି ସ୍ୱୀକୃତି ଲାଭ କରିଛି ସେଥିରେ ଅନ୍ତର୍ଭୁକ୍ତ ଥିବା ତିନୋଟି ଉପାଦାନ ମଧ୍ୟରୁ ଜୀବନର ସାମଗ୍ରିକ ସନ୍ତୋଷ (Total Life Satisfaction) ଅନ୍ୟତମ। ଅନ୍ୟ ଦୁଇଟି ଉପାଦାନ ହେଉଛି ଅନୁକୂଳ ଆବେଗର ବହୁଳତା ଏବଂ ପ୍ରତିକୂଳ ଆବେଗର ସ୍ୱଳ୍ପତା । ଅନେକ ଗବେଷକ ସୁଖାନୁଭୂତିର ଏକମାତ୍ର ମାପକ ପ୍ରୟୋଗ କରିବା ସମୟରେ ଜୀବନ ସନ୍ତୋଷ ଉପାଦାନଟିକୁ ହିଁ ଗ୍ରହଣ କରିଛନ୍ତି। ଜୀବନ ସନ୍ତୋଷ (Life Satisfaction) ପରିକଳ୍ପନାର ଗୁରୁତ୍ୱ ଦୃଷ୍ଟିରୁ ଏହାର ବ୍ୟବହାରିକ ସଂଜ୍ଞା ସମ୍ପର୍କରେ ଧାରଣା ଆବଶ୍ୟକ।

ଜୀବନ-ସନ୍ତୋଷର ପରିମାପ ପାଇଁ ପ୍ରଖ୍ୟାତ ମନୋବିଜ୍ଞାନୀ ସେଲିଗ୍‌ମ୍ୟାନ୍ ବ୍ୟବହାର କରିଥିବା ଜୀବନ-ସନ୍ତୋଷର ମାପକଟି ନିମ୍ନ ସାରଣୀରେ ଦିଆଯାଇଛି। ଆପଣ ନିଜ ପାଇଁ କିମ୍ବା ଅନ୍ୟ କୌଣସି ବ୍ୟକ୍ତି ପାଇଁ ଏହା ବ୍ୟବହାର କରିପାରନ୍ତି।

ନିମ୍ନରେ ଦିଆଯାଉଥିବା ବାକ୍ୟଗୁଡ଼ିକ ପଢ଼ନ୍ତୁ। ପ୍ରତିଟି ବାକ୍ୟ ସହିତ ଅମତ କି ଏକମତ ତାହା ସ୍ଥିର କରି ବାକ୍ୟ ପାର୍ଶ୍ୱରେ ୧ ରୁ ୭ ପର୍ଯ୍ୟନ୍ତ ସଂଖ୍ୟା ବ୍ୟବହାର କରି ନିଜର ମତାମତ ବ୍ୟକ୍ତ କରନ୍ତୁ।

୭ = ପୂରାପୂରି ଏକମତ

୬ = ମୋଟାମୋଟି ଏକମତ

୫ = ଅଳ୍ପ ଏକମତ

୪ = ଏକମତ ନୁହେଁ କି ଅମତ ନୁହେଁ

୩ = ଅଳ୍ପ ଅମତ

୨ = ମୋଟାମୋଟି ଅମତ

୧ = ପୂରାପୂରି ଅମତ

- ବହୁ ଦୃଷ୍ଟିରୁ ମୋର ଅଭିଳାଷ ଅନୁଯାୟୀ ମୋ ଜୀବନ ଚାଲିଛି।

- ମୋ ଜୀବନର ଅବସ୍ଥା ଖୁବ୍ ସୁନ୍ଦର।

- ମୋ ଜୀବନ ନେଇ ମୁଁ ପୂରାପୂରି ସନ୍ତୁଷ୍ଟ।

- ଏ ପର୍ଯ୍ୟନ୍ତ ମୁଁ ଯାହା କିଛି ଭଲ ଚାହିଁଛି, ତାହା ପାଇଛି।

- ଆଉ ଥରେ ଜୀବନ-ଧାରଣ କଲେ ମୁଁ ଏକାପରି ଜୀବନ ଚାହିଁବି।

ସମୁଦାୟ ଫଳାଙ୍କ ସ୍ଥିର କରନ୍ତୁ।

୩୦ରୁ ୩୫ ଫଳାଙ୍କ ଖୁବ୍ ଉଚ୍ଚସ୍ତରୀୟ ସନ୍ତୋଷର ସୂଚକ।

୨୫ରୁ ୨୯ ଫଳାଙ୍କ ଅଧିକ ସନ୍ତୋଷ (ହାରାହାରିଠାରୁ ବେଶୀ)।

୨୦ରୁ ୨୪ ଫଳାଙ୍କ ମୋଟାମୋଟି ସନ୍ତୁଷ୍ଟ।

୧୫ରୁ ୧୯ ଫଳାଙ୍କ ଅଳ୍ପ ଅସନ୍ତୁଷ୍ଟ (ହାରାହାରି ନିମ୍ନରେ)।

୧୦ ରୁ ୧୪ ଫଳାଙ୍କ ଅସନ୍ତୋଷ।

୫ରୁ ୯ ଫଳାଙ୍କ ଖୁବ୍ ଅସନ୍ତୋଷ (ହାରାହାରିର ବହୁ ନିମ୍ନରେ)।

ପୁସ୍ତକ-ପ୍ରଦତ୍ତ ପୂର୍ବ ଆଲୋଚନାରୁ ଏହା ସ୍ପଷ୍ଟ ଯେ ଜୀବନରେ ବିଭିନ୍ନ ପର୍ଯ୍ୟାୟରେ ଅନୁକୂଳ (ସକାରାତ୍ମକ) ଆବେଗ ହିଁ କେନ୍ଦ୍ରବିନ୍ଦୁ। ତାହା ଜୀବନ-ସନ୍ତୋଷକୁ ଋଦ୍ଧିମନ୍ତ କରେ। ବିଭିନ୍ନ ପର୍ଯ୍ୟାୟ କହିଲେ ମନୁଷ୍ୟର ଅତୀତ, ବର୍ତ୍ତମାନ ଓ ଭବିଷ୍ୟତକୁ ବୁଝାଇଥାଏ। ଭବିଷ୍ୟତର ସକାରାତ୍ମକ ଆବେଗ ହେଉଛି ବ୍ୟକ୍ତିର ଆଶା (Hope), ଆଶାବାଦ (Optimism), ଆସ୍ଥା ଓ ବିଶ୍ୱାସ । ବର୍ତ୍ତମାନର ସକାରାତ୍ମକ ଆବେଗ ହେଉଛି ଆନନ୍ଦ, ପ୍ରଫୁଲ୍ଲତା, ଉତ୍ସାହ, ଶାନ୍ତଭାବ ଓ ତଲ୍ଲୀନତା (Flow) । ଅତୀତର ସକାରାତ୍ମକ ଆବେଗ ହେଉଛି ସନ୍ତୋଷ, ତୃପ୍ତି, ନିରାପତ୍ତା ଓ ପ୍ରାପ୍ତି ।

ମନେ ରଖିବାକୁ ହେବ ଯେ ଏହି ତିନୋଟି ସୁଖାନୁଭୂତିର ସହାବସ୍ଥାନ ସବୁବେଳେ ସମ୍ଭବ ନୁହେଁ । ଜଣେ ବ୍ୟକ୍ତିର ଅତୀତ ଦୁଃଖଦ ହେବା ସ୍ଥଳେ ବର୍ତ୍ତମାନ ଓ ଭବିଷ୍ୟତ ସୁଖଦ ହୋଇପାରେ । ପୁଣି ଭବିଷ୍ୟତ ଦୁଃଖଦ ହୋଇ ଅତୀତ ଓ ବର୍ତ୍ତମାନ ସକାରାତ୍ମକ ଆବେଗରେ ପରିପୂର୍ଣ୍ଣ ହୋଇପାରେ । ଏ ବିଚାରର ତାତ୍ପର୍ଯ୍ୟ ହେଉଛି ଯେ ପରିପୂର୍ଣ୍ଣ ଓ ଆନନ୍ଦାନୁଭୂତିର ଜୀବନଯାପନ କରିବାକୁ ହେଲେ ଜୀବନର ପ୍ରତିଟି ପର୍ଯ୍ୟାୟରେ (ଅତୀତ, ବର୍ତ୍ତମାନ ଓ ଭବିଷ୍ୟତ) ସକାରାତ୍ମକ ଆବେଗକୁ ଜୀବନର ଅଙ୍ଗୀଭୂତ କରିବାକୁ ହେବ । ପ୍ରଥମେ ଅତୀତର କଥା ବିଚାର କରାଯାଉ ।

ଅତୀତ ଜୀବନର ସୁଖାନୁଭୂତି :

ସିମମଣ୍ଡ୍ ଫ୍ରଏଡ୍

ଅତୀତ ଜୀବନର ସୁଖାନୁଭୂତିର ବଳୟରେ ନିରାପତ୍ତା ଭାବ, ସନ୍ତୋଷ, ତୃପ୍ତି ଓ ପ୍ରାପ୍ତିର ଉପସ୍ଥିତି ଆବଶ୍ୟକ ଥିବା ସ୍ଥଳେ ତିକ୍ତତା, କ୍ରୋଧ, ପ୍ରତିହିଂସା ଓ ଈର୍ଷାର ଅନୁପସ୍ଥିତି ପ୍ରୟୋଜନ ।

ଅତୀତର ସ୍ମୃତି : ଅନେକ ଲୋକ ବିଶ୍ୱାସ କରନ୍ତି ଯେ ଆମର ଅତୀତ ହିଁ ବର୍ତ୍ତମାନ ଓ ଭବିଷ୍ୟତକୁ ରୂପଦିଏ । ଏପରି ବିଶ୍ୱାସର ବଶବର୍ତ୍ତୀ ଲୋକମାନେ ଅପେକ୍ଷାକୃତ ନିଷ୍କ୍ରିୟ ହୋଇପଡ଼ନ୍ତି । ସେମାନେ ନିଜକୁ ଏକ ଭାସମାନ ନୌକା ମନେ କରି ଗତିପଥ ପରିବର୍ତ୍ତନ କରିବାର କୌଣସି ପ୍ରୟାସ କରନ୍ତି ନାହିଁ । ଏକପ୍ରକାର ନିଶ୍ଚେଷ୍ଟତା (Inertia) ସେମାନଙ୍କୁ ଆବୋରି ବସେ । ଅବଶ୍ୟ ତିନିଜଣ ବିଶିଷ୍ଟ ଚିନ୍ତାନାୟକଙ୍କ ଭାବଧାରା ମଣିଷର ଅତୀତ-ଆନୁଗତ୍ୟ ସୃଷ୍ଟିରେ ସହାୟକ ହୋଇଥିଲା ।

ଚାର୍ଲସ୍ ଡାରୱଇନ୍ ଘୋଷଣା କରିଥିଲେ ଯେ ଆମେ ସମସ୍ତେ ଅତୀତ ସଫଳତାର

ପ୍ରତୀକ । ଆମର ପୂର୍ବପୁରୁଷମାନେ ଅତୀତର ଜୀବନ ସଂଗ୍ରାମରେ ସଫଳ ଭାବରେ ସଂଗ୍ରାମ କରିଥିବାରୁ ଏବଂ ଠିକ୍ ଭାବେ ପ୍ରଜନନ କ୍ରିୟାକଳାପକୁ ଆଗେଇ ନେଇଥିବାରୁ ଆମେ ସବୁ ତିଷ୍ଠି ରହିଛୁ । ଅତୀତର ଯେଉଁ ମନ୍ତ୍ର (ଜୀବନ ପାଇଁ ସଂଗ୍ରାମ ଓ ଯୋଗ୍ୟତମର ଉଦ୍‌ବର୍ତ୍ତନ) ଆମକୁ ତିଷ୍ଠି ରହିବାର ଅଧିକାର ଦେଇଛି, ସେହି ନୀତି ପୁନଶ୍ଚ ଆମ ଭବିଷ୍ୟତର ସୁରକ୍ଷା କବଚ ହେବ ବୋଲି ଡାରଉଇନ୍ ଇଙ୍ଗିତ ଦେଇଥିଲେ । ଅନୁରୂପ ଭାବରେ କାର୍ଲମାର୍କ୍ସ ମଧ୍ୟ ଅତୀତର ପ୍ରାଧାନ୍ୟ ନିର୍ଘୋଷଣ କରିଥିଲେ । ଅତୀତରେ ଶ୍ରେଣୀ ସଂଘର୍ଷ ଫଳରେ ପୁଞ୍ଜିବାଦର (Capitalism) ବିଲୟ ଘଟି ସାମ୍ୟବାଦର Communism) ବିଜୟ ଘଟିଛି ଏବଂ ଭବିଷ୍ୟତରେ ମଧ୍ୟ ଏହାର ପୁନରାବୃତ୍ତି ଘଟିବ ।

ମନୋବିଜ୍ଞାନ ରାଜ୍ୟରେ ସିଗ୍‌ମଣ୍ଡ୍ ଫ୍ରଏଡ଼୍‌ଙ୍କ ମନସମୀକ୍ଷାର ବିସ୍ତୃତ ପ୍ରଭାବ (ବିଂଶଶତକରୁ ଆରମ୍ଭ କରି ୧୯୭୦ ପର୍ଯ୍ୟନ୍ତ) ପ୍ରାୟ ସତୁରୀ ବର୍ଷ କାଳ ଲୋକଙ୍କୁ ବେଶ୍ ପ୍ରଭାବିତ କରିଥିଲା । ଫ୍ରଏଡ଼ୀୟ ତତ୍ତ୍ୱର ଏକ ମୌଳିକ ଉପପାଦ୍ୟ ହେଉଛି : ''ବ୍ୟକ୍ତିର ବ୍ୟକ୍ତିତ୍ୱ ତା'ର ପାଞ୍ଚ ଛ' ବର୍ଷ ତଳକୁ ପୂର୍ଣ୍ଣ ସଙ୍ଗଠିତ ହୋଇ ସାରିଥାଏ ଏବଂ ପରବର୍ତ୍ତୀ ପର୍ଯ୍ୟାୟରେ ଯେଉଁ ସବୁ ପରିବର୍ତ୍ତନ ହୁଏ, ସେଗୁଡ଼ିକ କେବଳ କାଁ ଭାଁ ପରିବର୍ତ୍ତନ । ବ୍ୟକ୍ତିତ୍ୱ ପ୍ରାୟତଃ ଅପରିବର୍ତ୍ତିତ ରୁହେ । ସୁତରାଂ ପରବର୍ତ୍ତୀ ପର୍ଯ୍ୟାୟରେ ବ୍ୟକ୍ତିର ଯେଉଁ ସମସ୍ତ ସ୍ୱାଭାବିକ ତଥା ଅସ୍ୱାଭାବୀ ବ୍ୟବହାର ପରିଦୃଷ୍ଟ ହୁଏ, ତାହାର ମୂଳମଞ୍ଜି ଏହି ବାଲ୍ୟକାଳରେ ହିଁ ରୋପିତ ହୋଇଥାଏ ।''

ଫ୍ରଏଡ଼ୀୟ ଉପପାଦ୍ୟର ପ୍ରୟୋଗାତ୍ମକ ଦିଗ ସହଜରେ ଅନୁମେୟ । ବାଲ୍ୟଜୀବନ ପରେ ଜୀବନ କେବଳ ଆରମ୍ଭ ହୋଇ ନଥାଏ; ଜୀବନର ପ୍ରତିଟି ମନସ୍ତାତ୍ତ୍ୱିକ ଘଟଣା ଅତୀତ ଅନୁଭବ ଦ୍ୱାରା ନିର୍ଦ୍ଧାରିତ ହୋଇଥାଏ । ନିର୍ଦ୍ଦିଷ୍ଟ ଭାବରେ କହିବାକୁ ଗଲେ ଆମ ମଧ୍ୟରେ ଅବଦମିତ ହୋଇ ରହିଥିବା ଯୌନଗତ ଓ ଆକ୍ରମଣାତ୍ମକ (Aggressive) ଦ୍ୱନ୍ଦ୍ୱର ସମାଧାନ କରିବାରେ ହିଁ ଆମର ଜୀବନ କଟିଯାଏ । ମନୋଚିକିତ୍ସକର ଚିକିତ୍ସା ଗୃହରେ ବିଶେଷଜ୍ଞ ମଧ୍ୟ ତାହା ହିଁ କରନ୍ତି । ବାଲ୍ୟକାଳର ସ୍ମୃତି ଉଦ୍ଧାର କରିବା ମାଧ୍ୟମରେ ବିପର୍ଯ୍ୟୟଗ୍ରସ୍ତ ବ୍ୟକ୍ତିର ମାନସିକ ଚାପ ହାଲୁକା କରନ୍ତି । ଏପରି ବିଚାରରେ ବାଲ୍ୟକାଳ ଜୀବନର କେବଳ ଏକ ପ୍ରସ୍ତୁତିକାଳ ନୁହେଁ, ଏହା ଭବିଷ୍ୟତ ଜୀବନର ନିର୍ଦ୍ଧାରକ ।

ପ୍ରାୟ ସତୁରୀ ବର୍ଷ ଧରି ଏପରି ଫ୍ରଏଡ଼ୀୟ ତତ୍ତ୍ୱ ବିରାଟ ପ୍ରଭାବ ସୃଷ୍ଟି କରିଥିଲେ ମଧ୍ୟ ଆଧୁନିକ ଯୁଗରେ ଏହାର ପ୍ରଭାବ ସଂକୁଚିତ ହୋଇଛି । ଆବଶ୍ୟକତାଠାରୁ ମାତ୍ରାଧିକ ଗୁରୁତ୍ୱ ବାଲ୍ୟକାଳକୁ ଦିଆଯାଉଥିବାର ବିଚାର କରଯାଇଛି । ବାଲ୍ୟକାଳକୁ ପ୍ରାଧାନ୍ୟ

ଦେବା ପ୍ରକ୍ରିୟାରେ ଫ୍ରଏଡ୍ ଓ ଫ୍ରଏଡ଼ୀୟମାନେ ଆବେଗକୁ (Emotion) ମାତ୍ରାଧିକ ଗୁରୁତ୍ୱ ଦେଇଛନ୍ତି। ବାଲ୍ୟକାଳୀନ ଅନୁଭୂତ ଆବେଗ ଯେଉଁ ଚାପ ସୃଷ୍ଟି କରେ ସେ ଆବେଗର ଚାପ (Hydraulics of Emotion) ମୁକ୍ତ ହେବା ପାଇଁ ବାଟ ନ ପାଇ ଅବରୁଦ୍ଧ ରହି ରହିଥାଏ। ଜୀବନର ପରବର୍ତ୍ତୀ ପର୍ଯ୍ୟାୟରେ ବିଭିନ୍ନ ମାନସିକ ଲକ୍ଷଣ ମାଧ୍ୟମରେ ଏହି ଆବେଗ ବାହାରି ଆସେ । ଏହି ଭାବନାକୁ ଭିତ୍ତି କରି ଫ୍ରଏଡ଼ଙ୍କ ମନୋଚିକିତ୍ସାରେ କଥୋପକଥନକୁ ପ୍ରାଧାନ୍ୟ ଦିଆଯାଉଥିଲା ଏବଂ ସମସ୍ୟାଜଡ଼ିତ ବ୍ୟକ୍ତି ନିଜର ସମସ୍ତ ଅତୀତର ସ୍ମୃତିକୁ ମୁକ୍ତ ଭାବରେ ପ୍ରକାଶ କରିବାକୁ ପ୍ରୋତ୍ସାହିତ କରାଯାଉଥିଲା ।

ଅଭିଜ୍ଞାନ ବିପ୍ଳବ : ବିଂଶ ଶତକରୁ ଆରମ୍ଭରୁ ପ୍ରାୟ ଷାଠିଏ ସତୁରୀ ବର୍ଷ ଫ୍ରଏଡ଼ଙ୍କ ମନସମୀକ୍ଷା ଓ ସ୍କିନରୀୟ ବ୍ୟବହାରବାଦୀ ଚିନ୍ତାଧାରାର ପ୍ରଭାବ କ୍ରମଶଃ ଦୁର୍ବଳ ହେବାକୁ ଲାଗିଲା। ଆବେଗର ଚାପରେ ବ୍ୟକ୍ତିର ଅନ୍ତର୍ଜଗତରେ ଯେଉଁସବୁ ଭାବ ଓ ଭାବନା ଅବଦମିତ ହୋଇ ରହିଛି ସେସବୁ କୌଣସି ପ୍ରିୟଜନ କିମ୍ବା ଉପଦେଶକଙ୍କ ପାଖରେ ପ୍ରକାଶ କଲେ ସମସ୍ୟା ଅପସରି ଯିବ ବୋଲି ଫ୍ରଏଡ୍ ଯେଉଁ ଦାବି କରୁଥିଲେ, ତାହା ପ୍ରତି ବିଶ୍ୱାସରେ ବାଧା ଆସିଲା।

ବହୁ ପରୀକ୍ଷା ନିରୀକ୍ଷାରେ ଦେଖାଗଲା ଯେ ବ୍ୟକ୍ତିକୁ ଫ୍ରଏଡ଼ୀୟ କଥାବାର୍ତ୍ତାର ଚିକିତ୍ସା (Talk Therapy) ପ୍ରତ୍ୟାଶିତ ସଫଳ ହେଉ ନାହିଁ। ବ୍ୟକ୍ତିକୁ ଅଡୁଆ କଥା ପ୍ରକାଶ କରିବାର ସୁଯୋଗ ଦେଲେ ସେ ଅଧିକ ଅଡୁଆ ଭିତରେ ପଶି ଯାଉଛି। ରାଗ ପ୍ରକାଶର ସୁଯୋଗ ଦେଲେ ଅଧିକ କ୍ରୋଧୀ ହୋଇ ହୃଦ୍‌ରୋଗର ଆଶଙ୍କା ବଢ଼ାଉଛି। ଉତ୍‌କଣ୍ଠା ପ୍ରକାଶ ଉତ୍ସାହିତ କଲେ ଅଧିକ ଉତ୍‌କଣ୍ଠିତ ହୋଇପଡୁଛି। ଏହିପରି ଏକ ପରିପ୍ରେକ୍ଷୀ ମଧ୍ୟରେ ବେକ୍ ବିଂଶ ଶତାବ୍ଦୀର ସପ୍ତମ ଦଶକରେ ଅଭିଜ୍ଞାନାତ୍ମକ ଚିକିତ୍ସାର (Cognitive Therapy) ପରାମର୍ଶ ଦେଲେ। ମନସ୍ତତ୍ତ୍ୱରେ ଏ ଏକ ବିରାଟ ଆଲୋଡ଼ନ । ଏଠାରେ ମଧ୍ୟ ନିଜର ଭାବନା ପ୍ରକାଶ କରିବାକୁ ସୁଯୋଗ ଦିଆଯାଏ। ମାତ୍ର ଏଠାରେ କେବଳ ତିକ୍ତ ଅନୁଭୂତି କିମ୍ବା ଆବେଗ ଉପରେ ଗୁରୁତ୍ୱ ଦିଆ ନ ଯାଇ ମୋଟାମୋଟି ଭାବନା ଉପରେ ପ୍ରାଧାନ୍ୟ ଦିଆଯାଏ।

ବେକ୍ ବିଶ୍ୱାସ କରୁଥିଲେ ଯେ ଭଲ ଓ ଖରାପ ଘଟଣା ପ୍ରତ୍ୟେକଙ୍କ ଜୀବନରେ ଘଟେ। ଧୀରେ ଧୀରେ ଅବସ୍ଥା ସ୍ୱାଭାବିକ ହୁଏ। ସୁତରାଂ କଥାବାର୍ତ୍ତାର ଚିକିତ୍ସାର (Talk Therapy) ସାହାଯ୍ୟ ନିଆଗଲେ ମଧ୍ୟ ସମନ୍ୱୟଶୀଳତା (Adaptation) ଉପରେ

ଗୁରୁତ୍ୱ ଦିଆଯିବା ଉଚିତ । କେଉଁପରି ତ୍ରୁଟିପୂର୍ଣ୍ଣ ଚିନ୍ତନ ବା ଭାବନା ଅସ୍ୱାଭାବୀ ବ୍ୟବହାର ସୃଷ୍ଟି କରିଛି ଏବଂ କେଉଁପରି ବିଶ୍ୱାସର ଅନୁଗତ ହେଲେ ସମନ୍ୱୟଶୀଳତାର ବୃଦ୍ଧି ଘଟିବ, ତା' ଉପରେ ପ୍ରାଧାନ୍ୟ ଦିଆଯିବ ।

ତେବେ ଅତୀତର ତିକ୍ତ ଆବେଗର ପ୍ରଭାବ ଓ ତା'ର ସ୍ମୃତିକୁ ଲୋପ କରାଯିବ କିପରି ? ଅତୀତର ପରିଚାଳନା କ୍ଷେତ୍ରରେ ଯେଉଁ ଦୁଇଟି ଉପାଦାନ ବାଧା ସୃଷ୍ଟି କରିଥାଏ, ତାହା ହେଉଛି ଅତୀତର ଭଲ ଘଟଣାର ସ୍ମୃତିକୁ ଯଥୋଚିତ ସମ୍ମାନ ଦିଆଯାଇ ନଥାଏ ଏବଂ ଅତୀତର ଖରାପ ଘଟଣାର ସ୍ମୃତିକୁ ମାତ୍ରାଧିକ ପ୍ରାଧାନ୍ୟ ଦିଆଯାଉଥାଏ । ସୁତରାଂ ଅତୀତର ସ୍ମୃତିର ସଫଳ ପରିଚାଳନା ହେଉଛି କୃତଜ୍ଞତା ଜ୍ଞାପନର ମାନସିକତା ଏବଂ କ୍ଷମାଶୀଳତା ।

କୃତଜ୍ଞତାଜ୍ଞାପନର ମାନସିକତା : ଅଳ୍ପ ବହୁତ ସାହାଯ୍ୟ ଦେଉଥିବା ବ୍ୟକ୍ତି ପ୍ରତି ସ୍ୱୀକୃତି ଜଣାଇ ଅନ୍ତରର ଶ୍ରଦ୍ଧା ଓ ସମ୍ମାନ ପ୍ରକଟ କରିବା ହେଉଛି କୃତଜ୍ଞତା । କୃତଜ୍ଞତାର ଇଂରାଜୀ ଶବ୍ଦ Gratitude ମୂଳ ଲାଟିନ୍ Gratisରୁ ଆସିଛି । ମୂଳ ଲାଟିନ୍ ଶବ୍ଦର ଅର୍ଥ ହେଉଛି ଦୟା, କରୁଣା ଓ ମହାନତା । ସୁତରାଂ କୃତଜ୍ଞତା ଶବ୍ଦର ଅନ୍ତରାଳରେ ଦେବା ଓ ନେବାର ମହନୀୟତା ପ୍ରତିଫଳିତ ।

ଆମେ କେବଳ ଅନ୍ୟ ମଣିଷଠାରୁ ଉପକାର ପାଇ ନଥାଉ । ଜୀବ ଜଗତ, ବୃକ୍ଷଲତା ଓ ଅନ୍ୟ କେତେକ ପରିବେଶରୁ ମଧ୍ୟ ଉପକାର ପାଇଥାଉ । ସଜୀବ ହେଉ ଅଥବା ନିର୍ଜୀବ ହେଉ ଆମର ଉପକାରୀ ସ୍ଥିତି ପ୍ରତି ଆନୁଗତ୍ୟ ପ୍ରକାଶ କରିବା, ସ୍ୱୀକାରୋକ୍ତି ଜ୍ଞାପନ କରିବା, ପ୍ରଶଂସା କରିବା ଏବଂ ଶ୍ରଦ୍ଧାଜ୍ଞାପନ କରିବାର ଆଚରଣ ହେଉଛି କୃତଜ୍ଞତା ।

କୃତଜ୍ଞତା ଜ୍ଞାପନ ଏକ ଉଚ୍ଚତର ମାନସିକତା ହୋଇଥିବାରୁ ମନସ୍ତତ୍ତ୍ୱବିଦ୍‌ମାନେ ଏପରି ଫଳାଫଳ ସମ୍ପର୍କରେ ଗବେଷଣା କରିଛନ୍ତି । ଯେଉଁମାନଙ୍କର ଅଧିକ କୃତଜ୍ଞତା-ବୋଧ ରହିଛି ସେମାନେ ଶିକ୍ଷାଗତ ଓ ବୃତ୍ତିଗତ ଜୀବନରେ ଅପେକ୍ଷାକୃତ ଅଧିକ ସଫଳତା ହାସଲ କରନ୍ତି । ସେମାନଙ୍କର ଆଶାବାଦ, ମାନସିକ ପ୍ରସନ୍ନତା, ଶାନ୍ତି ଓ ପ୍ରଗତି ଅପେକ୍ଷାକୃତ ଅଧିକ । କୃତଜ୍ଞତାବୋଧର ଏକାଧିକ ସଫଳତା ଥିବାରୁ ଏହାର ଅନୁକରଣ ଓ ବିକାଶ ଏକ ଗୁରୁତ୍ୱପୂର୍ଣ୍ଣ ଦାୟିତ୍ୱ ।

କୃତଜ୍ଞତାବୋଧର ବିକାଶ ପାଇଁ ମନୋବିଜ୍ଞାନୀମାନେ ବିଭିନ୍ନ ପରାମର୍ଶ ଦେଇଛନ୍ତି ।

କୃତଜ୍ଞତା ଦିନଲିପି ବା ଡାଏରୀ ଲିଖନର ଅଭ୍ୟାସ ଏକ ସୁନ୍ଦର ପ୍ରଣାଳୀ। କୃତଜ୍ଞତା ଡାଏରୀ ବା ପତ୍ରିକାର (Gratitue Journal) ଶୈଳୀ ଏହିପରି ହେବା ଉଚିତ । ଗୋଟିଏ ଖାତାରେ ଯେପରି ଆୟ ଓ ବ୍ୟୟ ଲେଖାଯାଏ ସେହିପରି ଶୈଳୀ ଅନୁସୃତ ହେବା ବିଧେୟ । ପ୍ରତିଦିନ ଖାତାର ବାମପାର୍ଶ୍ୱ ପୃଷ୍ଠାରେ ଆମେ ଅନ୍ୟ ପାଇଁ କ'ଣ କରିପାରିଲେ ତାହା ଲେଖା ରହିବ ଏବଂ ଦକ୍ଷିଣ ପାର୍ଶ୍ୱ ପୃଷ୍ଠାରେ ଅନ୍ୟମାନେ ଆମ ପାଇଁ କ'ଣ କରିଛନ୍ତି ତାହା ଉଲ୍ଲେଖ କରାଯିବ। ପ୍ରତିଦିନ ଏପରି ବାମ ଓ ଦକ୍ଷିଣ ପାର୍ଶ୍ୱ ପୃଷ୍ଠାଟି ପୂରଣ କରାଯିବ। ସେପରି କିଛି ଲେଖିବାର ନ ଥିଲେ ପୃଷ୍ଠାଟି ସେଦିନ ଶୂନ୍ୟ ରହିବ। ଦୀର୍ଘକାଳୀନ ଭିତ୍ତିରେ ଏପରି ଦିନଲିପି ଲେଖୁଥିବା ବ୍ୟକ୍ତିମାନେ ଅନ୍ୟମାନଙ୍କ (ଏପରି ଡାଏରୀ ଲେଖୁନଥିବା) ତୁଳନାରେ ଅଧିକ ଆତ୍ମସନ୍ତୋଷ ଓ ସୁଖଶାନ୍ତି ଅନୁଭବ କରନ୍ତି।

ଅନ୍ୟ କେତେକ ମନୋବିଜ୍ଞାନୀ ପିଲା ଓ କିଶୋର କିଶୋରୀମାନଙ୍କ କ୍ଷେତ୍ରରେ ଅନ୍ୟ ଏକ ପ୍ରଣାଳୀର ଉପଯୋଗ କରିଛନ୍ତି। ସେମାନେ ସମ୍ପୃକ୍ତ ସ୍କୁଲ୍ କିମ୍ବା କଲେଜକୁ ଯାଇ ଶ୍ରେଣୀ ଗୃହରେ ଶିକ୍ଷାର୍ଥୀମାନଙ୍କୁ ସେମାନଙ୍କର ସବୁଠାରୁ ପ୍ରିୟ ଶିକ୍ଷକ, ଶିକ୍ଷୟତ୍ରୀଙ୍କ ନାମ ସ୍ମରଣ କରିବାର ପରାମର୍ଶ ଦେଇଛନ୍ତି। ସେମାନେ ମନରାଜ୍ୟରେ ସେମାନଙ୍କର ସବୁଠାରୁ ପ୍ରିୟ ଶିକ୍ଷକ କିମ୍ବା ଶିକ୍ଷୟତ୍ରୀଙ୍କ ନାମ ମନେ ପକାଇବା ପରେ ତାଙ୍କ ଉଦ୍ଦେଶ୍ୟରେ କୃତଜ୍ଞତାର ଚିଠିଟି ଲେଖିବାର ଉପଦେଶ ଦେଇଛନ୍ତି। ପ୍ରତ୍ୟେକ ଛାତ୍ର କିମ୍ବା ଛାତ୍ରୀର ଲିଖିତ କୃତଜ୍ଞତାପୂର୍ଣ୍ଣ ଚିଠିଟି ଯେପରି ନିର୍ଦ୍ଦିଷ୍ଟ ଶିକ୍ଷକ / ଶିକ୍ଷୟତ୍ରୀଙ୍କ ପାଖରେ ବ୍ୟକ୍ତିଗତ ଭାବେ ପହଞ୍ଚି ପାରିବ ତାହାର ବ୍ୟବସ୍ଥା କରାଯାଏ। ଏପରି କାର୍ଯ୍ୟ ନିଃସନ୍ଦେହରେ ଛାତ୍ର କିମ୍ବା ଛାତ୍ରୀ ହୃଦୟରେ କୃତଜ୍ଞତାର ଭାବ ଜାଗ୍ରତ କରିଥାଏ।

ଜାପାନୀମାନେ ନାଇକେନ୍ (Naiken) ନାମକ ଯେଉଁ ଏକ ଧ୍ୟାନର ପରିକଳ୍ପନା କରିଛନ୍ତି ତାହାର କେନ୍ଦ୍ରବିନ୍ଦୁରେ ରହିଛି କୃତଜ୍ଞତାର ଅନୁଭବ। ଏ ଧ୍ୟାନରେ ଧ୍ୟାନକାରୀ ମୁଖ୍ୟତଃ ନିଜକୁ ତିନୋଟି ପ୍ରଶ୍ନ ପଚାରେ। ସେ ତିନୋଟି ପ୍ରଶ୍ନ କୃତଜ୍ଞତା ସହିତ ଜଡ଼ିତ । ପ୍ରଶ୍ନଗୁଡ଼ିକ ହେଉଛି : 'ମୁଁ, କ'ଣ ପାଇଛି ?' ଦ୍ୱିତୀୟ ପ୍ରଶ୍ନଟି ହେଉଛି ? ମୁଁ କ'ଣ ଦେଇଛି ? ତୃତୀୟ ପ୍ରଶ୍ନଟି ହେଉଛି: ମୁଁ ଅନ୍ୟମାନଙ୍କୁ କି ଧରଣର ଦୁଃଖକଷ୍ଟ ଦେଇଛି ? କହିବା ଅନାବଶ୍ୟକ ଯେ ଏ ତିନୋଟି ପ୍ରଶ୍ନ ନିଜକୁ ପଚାରି ଭାବନାରେ ବୁଡ଼ି ରହିବା ଫଳରେ କୃତଜ୍ଞତାର ଅଙ୍କୁରଣ ଓ ବିକାଶ ଘଟିଥାଏ।

କୃତଜ୍ଞତା କେବଳ ଏକ ପରିକଳ୍ପନା ନୁହେଁ; ଏହାର ପରିମାଣାତ୍ମକ ରୂପରେଖ

ନିର୍ଦ୍ଧାରଣ କରାଯାଇପାରେ । ଜଣେ ବ୍ୟକ୍ତି ମନରେ କେତେ ପରିମାଣରେ କୃତଜ୍ଞତାବୋଧ ରହିଛି, ତାହା ସହଜ ଉପାୟରେ ଜାଣିବା ପାଇଁ ଗୋଟିଏ ସରଳ ପ୍ରଶ୍ନ ପଚରାଯାଇପାରେ: କେଉଁ କେଉଁ ଘଟଣା ବା ବସ୍ତୁ ଆପଣଙ୍କ ମନରେ କୃତଜ୍ଞତା ଭାବ ସଞ୍ଚାର କରିଛି ? ବ୍ୟକ୍ତିଙ୍କର ଉତ୍ତରର ସଂଖ୍ୟା ବା ପରିମାଣ କୃତଜ୍ଞତାବୋଧର ମୋଟାମୋଟି ଧାରଣା ଦେଇପାରେ । ଅଧିକସଂଖ୍ୟକ ଘଟଣା ପାଇଁ କୃତଜ୍ଞତା ଅନୁଭବ କରୁଥିବା ବ୍ୟକ୍ତିର ଅଧିକ କୃତଜ୍ଞତାବୋଧ ରହିଛି ବୋଲି ବିଚାର କରାଯାଇପାରେ ।

ଅନ୍ୟ ଗୋଟିଏ କୌଶଳ ହେଉଛି ଜଣେ ବ୍ୟକ୍ତି ନିଜ ସମ୍ପର୍କରେ ଲେଖିଥିବା ଗଳ୍ପକୁ (କିମ୍ବା ଆତ୍ମଜୀବନୀକୁ) ଆଧାର କରି କୃତଜ୍ଞତାର ଆକଳନ କରାଯାଇପାରେ । ବ୍ୟକ୍ତି ଅନ୍ୟ କାହା ପ୍ରତି କୃତଜ୍ଞ କିମ୍ବା ଋଣୀ ହେବାର ସୂଚନା ଦେଇଛନ୍ତି ତାହା ସହଜରେ କୃତଜ୍ଞତାର ମାତ୍ରା ଦର୍ଶାଇବ ।

ମୂଳତଃ ବ୍ୟକ୍ତିଗତ ଜୀବନରେ ପ୍ରାପ୍ତି ପାଇଁ ସଦାସର୍ବଦା ଅନ୍ୟମାନଙ୍କୁ ସ୍ମରଣ କରିବା ଏବଂ ନିଜର ଶ୍ରଦ୍ଧାଞ୍ଜାପନ କରିବା ଏକ ବିଶେଷ ଧରଣର ମୂଲ୍ୟବୋଧ । ଏପରି ଅନୁକରଣ ଓ ବିକାଶ ପାଇଁ ପ୍ରତ୍ୟେକ ବ୍ୟକ୍ତିର ପ୍ରୟାସ ଆବଶ୍ୟକ । ନିମ୍ନପ୍ରଦତ୍ତ ପ୍ରଶ୍ନାବଳୀ ମାଧ୍ୟମରେ ଆପଣ ନିଜର କୃତଜ୍ଞତାବୋଧ ଆକଳନ କରିପାରନ୍ତି ।

କୃତଜ୍ଞତା ପ୍ରଶ୍ନାବଳୀ :

ନିମ୍ନରେ ଛ'ଟି ବାକ୍ୟ ଦିଆଯାଇଛି । ପ୍ରତ୍ୟେକଟି ବାକ୍ୟ ଭଲ ରୂପେ ପଢ଼ନ୍ତୁ ଏବଂ ଆପଣଙ୍କ ବିଶ୍ୱାସ ଅନୁଯାୟୀ ବାକ୍ୟ ପାର୍ଶ୍ୱରେ ୧ରୁ ୭ ପର୍ଯ୍ୟନ୍ତ ଗୋଟିଏ ସଂଖ୍ୟା ଲେଖନ୍ତୁ ।

ପୂରାପୂରି ଅମତ ହୋଇଥିଲେ ୧ ଲେଖନ୍ତୁ ।

ଅମତ ହୋଇଥିଲେ ୨ ଲେଖନ୍ତୁ ।

ଅଳ୍ପ ଅମତ ହୋଇଥିଲେ ୩ ଲେଖନ୍ତୁ ।

ଠିକ୍ କରି ନ ପାରିଲେ ୪ ଲେଖନ୍ତୁ ।

ଅଳ୍ପ ଏକମତ ହୋଇଥିଲେ ୫ ଲେଖନ୍ତୁ ।

ବେଶୀ ଏକମତ ହୋଇଥିଲେ ୬ ଲେଖନ୍ତୁ ।

ପୂରାପୂରି ଏକମତ ହୋଇଥିଲେ ୭ ଲେଖନ୍ତୁ ।

୧. ଅନ୍ୟ ପାଖରେ ଋଣୀ ହେଲାଭଳି ଜୀବନରେ ବେଶ୍ କିଛି ରହିଛି ।

୨. ଜୀବନରେ କୃତଜ୍ଞତା ଅନୁଭବ କରିବାର ତାଲିକା ପ୍ରସ୍ତୁତ କଲେ ତାଲିକାଟି ଦୀର୍ଘ ହେବ ।

୩. ସଂସାରକୁ ଚାହିଁଲେ କୃତଜ୍ଞତା ପ୍ରକାଶ କରିବା ପାଇଁ ମୁଁ ବେଶ୍ କିଛି ଦେଖେ ।

୪. କିଛି ଧରଣର ଲୋକଙ୍କ ପାଖରେ ମୁଁ ଋଣୀ ।

୫. ମୋର ବୟସ ବଢ଼ିବା ସଙ୍ଗେ ସଙ୍ଗେ ମୁଁ ଅନୁଭବ କରୁଛି ଯେ ମୋ ଜୀବନ-ଇତିହାସର ବଳୟ ମଧ୍ୟକୁ ବହୁଲୋକ ଚାଲି ଆସୁଛନ୍ତି ।

୬. ମୋର ଜୀବନର ଗଠନ ଓ ବିକାଶରେ ଅନ୍ୟମାନଙ୍କର ଅବଦାନ ରହିଛି ।

ଆପଣ ପ୍ରତିଟି ବାକ୍ୟ ପାଇଁ ସୂଚିତ କରୁଥିବା ସଂଖ୍ୟା ମିଶାଇବା ପରେ ଯୋଗଫଳ ୬ରୁ ୪୨ ମଧ୍ୟରେ ରହିବ । ଆପଣ ନିମ୍ନମତେ ବ୍ୟାଖ୍ୟା କରିପାରନ୍ତି ।

୧୦ରୁ କମ୍ : କୃତଜ୍ଞତାବୋଧର ଅଭାବ

୧୧ରୁ ୨୦ : ଅଳ୍ପ ପରିମାଣର କୃତଜ୍ଞତାବୋଧ

୨୧ରୁ ୩୦ : ଅଧିକ ପରିମାଣର କୃତଜ୍ଞତାବୋଧ

୩୦ରୁ ବେଶୀ : ପର୍ଯ୍ୟାପ୍ତ କୃତଜ୍ଞତାବୋଧ ।

ଉପର ଆଲୋଚନାରୁ ଏହା ସ୍ପଷ୍ଟ ଯେ ଅତୀତର ସକାରାତ୍ମକ ସ୍ମୃତିକୁ ଅଧିକ ପ୍ରୀତିପ୍ରଦ, ଅଧିକ ସୁଖମୟ କରିବାକୁ ହେଲେ କୃତଜ୍ଞତା ଜ୍ଞାପନର ମାନସିକତା ଏ ଦିଗରେ ସହାୟକ ହେବ । ବର୍ତ୍ତମାନ ଦ୍ୱିତୀୟ ପ୍ରଶ୍ନଟି ହେଉଛି ଅତୀତର ନକାରାତ୍ମକ ସ୍ମୃତିକୁ ପ୍ରଭାବହୀନ କରାଯିବ କିପରି ? ଅତୀତର ଦୁଃଖଦ ସ୍ମୃତି, ଅତୀତର ଶାନ୍ତି, ସନ୍ତୋଷ ଓ ଆନନ୍ଦକୁ ବ୍ୟାହତ କରୁଥିବାରୁ ଏହାକୁ ପ୍ରଭାବହୀନ କରିବା ନିତାନ୍ତ ଆବଶ୍ୟକ । ଏହି ଲକ୍ଷ୍ୟ ପୂରଣର ସଫଳ ମାର୍ଗ ହେଉଛି ଅତୀତର ଦୁଃଖଦ ସ୍ମୃତିର ବିସ୍ମରଣ ଏବଂ ଏହି ଦୁଃଖଦ ସ୍ମୃତିର କାରଣ ହୋଇଥିବା ଘଟଣା ବ୍ୟକ୍ତି / ଗୋଷ୍ଠୀ ପ୍ରତି କ୍ଷମାଶୀଳତା ।

କ୍ଷମାଶୀଳତାର ସୁପ୍ରଭାବ : ଅତୀତର ଦୁଃଖଦ ସ୍ମୃତିଜଡ଼ିତ ବ୍ୟକ୍ତି, ଗୋଷ୍ଠୀ ଓ ବିରୋଧ ଶକ୍ତିର କାର୍ଯ୍ୟକଳାପ ଭୁଲିଯାଇ ସେମାନଙ୍କ ପ୍ରତି କ୍ଷମାଶୀଳ ମନୋଭାବ ଗଠନ କରିବାର ବହୁ ଐତିହାସିକ ପ୍ରମାଣ ରହିଛି । ଦକ୍ଷିଣ ଆଫ୍ରିକାର ବରେଣ୍ୟ ନେତା ନେଲ୍‌ସନ୍

ମାଣ୍ଡେଲା ବର୍ଣ୍ଣ ବୈଷମ୍ୟ ବିରୁଦ୍ଧରେ ଚଳାଇଥିବା ସଂଗ୍ରାମରେ ବିଜୟଲାଭ କରିବା ପରେ ବିରୁଦ୍ଧ ଶକ୍ତି ପ୍ରତି କ୍ଷମାଶୀଳ ମନୋଭାବ ଦର୍ଶାଇଥିଲେ । ଏହା ପରବର୍ତ୍ତୀ ପ୍ରଗତିରେ ବେଶ୍ ସହାୟକ ହୋଇଥିଲା । ସେହିପରି ଭାରତୀୟ ସ୍ୱାଧୀନତା ସଂଗ୍ରାମର ପୂର୍ଣ୍ଣ ସଫଳତା ପରେ ଜାତିର ପିତା ମହାତ୍ମା ଗାନ୍ଧୀ ଓ ତାଙ୍କର ଅନୁଗତ ପଣ୍ଡିତ ଜବାହରଲାଲ ନେହେରୁଙ୍କ ସହନଶୀଳ ଓ କ୍ଷମାଶୀଳ ଆଚରଣ ସଦ୍‌ଭାବ ଗଠନରେ ବେଶ୍ ସହାୟକ ହୋଇଥିଲା ।

ଅବଶ୍ୟ ଏହା ସତ ଯେ ଅନୁକୂଳ (ସକାରାତ୍ମକ) ଆବେଗ ଜୀବନ ପାଇଁ ଅଧିକ ଉପଯୋଗୀ ହେଲେ ମଧ୍ୟ ଏହାର ସ୍ଥାୟୀତ୍ୱ ନକାରାତ୍ମକ ଆବେଗ ତୁଳନାରେ କମ୍ । ଅତୀତରେ ଆମ ପ୍ରତି ଅନ୍ୟାୟ ଆଚରଣ କରିଥିବା ବ୍ୟକ୍ତିର କାର୍ଯ୍ୟକଳାପକୁ ଭୁଲିଯାଇ ତା'ପ୍ରତି କ୍ଷମାଶୀଳ ଆଚରଣ ଦର୍ଶାଇବା କଷ୍ଟକର ବ୍ୟାପାର । ଏହାକୁ ଭୁଲିବାକୁ ଅଧିକ ଚେଷ୍ଟା କଲେ ଏହା ଅଧିକ ମନେ ପଡ଼ିବ । ସୁତରାଂ ବିସ୍ମରଣ ଓ କ୍ଷମାଶୀଳତା ପାଇଁ କି କୌଶଳ ଅବଲମ୍ବନ କରାଯିବ ?

କ୍ଷମାଶୀଳତାର ବିଶିଷ୍ଟ ଗବେଷକ ଡକ୍ଟର ଓର୍‌ଦିଂଟନ୍ ତାଙ୍କ ମା'ଙ୍କୁ ଜଣେ ନୃଶଂସ ଭାବରେ ହତ୍ୟା କଲାପରେ ସେ କେଉଁ ପଦ୍ଧତିରେ କ୍ଷମାଶୀଳତା ଓ ବିସ୍ମରଣର ଉପଯୋଗ କରିଥିଲେ, ତାହାକୁ ସେ ଏକ ପଞ୍ଚସୋପାନ ବିଶିଷ୍ଟ ମାନସିକ ପ୍ରକ୍ରିୟା ରୂପେ ବର୍ଣ୍ଣନା କରିଛନ୍ତି । ମନେ ରଖିବାକୁ ସହଜ ହେବା ପାଇଁ ସେ ଏକ ସ୍ମାରକ ଶବ୍ଦ Reach ବ୍ୟବହାର କରିଛନ୍ତି । ସୋପାନଗୁଡ଼ିକ ଏହିପରି:

୧. R: Recall ପ୍ରଥମେ ଦୁଃଖଦ ଘଟଣାଟିକୁ ମନେପକାନ୍ତୁ । ଧୀର ଭାବରେ ନିଃଶ୍ୱାସ ଛାଡ଼ି ବିଚଳିତ ନ ହୋଇ ଦୃଶ୍ୟଟିର କଳ୍ପନା କରନ୍ତୁ ।

୨. E: Empathize କେଉଁ ପରିସ୍ଥିତିରେ ପଡ଼ି ସେ ଲୋକଟି ଗର୍ହିତ ଆଚରଣ କଲା, ତାହା ଚିନ୍ତା କରି ସମ୍ବେଦନଶୀଳ ହୁଅନ୍ତୁ ।

୩. A : Altruistic Gift ନିଜର ଭବିଷ୍ୟତ ସନ୍ତୋଷ ଦୃଷ୍ଟିରୁ କ୍ଷମା କରନ୍ତୁ ।

୪. C : Commit To Forgive ପ୍ରକାଶ୍ୟ ଭାବରେ କ୍ଷମା ଦେବାର ନିଷ୍ପତ୍ତି ନିଅନ୍ତୁ ।

୫. H : Hold On : ମନରେ ଯେଉଁ କ୍ଷମାଶୀଳତା ଭାବନା ଆସିଛି ତାହାକୁ ଧରି ରଖନ୍ତୁ ।

ଅତୀତ ସମ୍ପର୍କରେ ତିନୋଟି ମାର୍ଗ ଅତୀତର ସକାରାତ୍ମକ ଆବେଗକୁ (ସନ୍ତୋଷ, ଶାନ୍ତି, ପରିପୂର୍ଣ୍ଣ ନିରାପତ୍ତା ଭାବ) ଉଜ୍ଜୀବିତ କରି ଅଧିକ ସୁଖାନୁଭୂତି ପ୍ରଦାନ କରିବ।

୧. ପ୍ରଥମଟି ବୌଦ୍ଧିକ ମାର୍ଗ: ଅତୀତ ଭବିଷ୍ୟତକୁ ନିର୍ଦ୍ଧାରଣ କରେ - ଏ ନୀତିଟି ଭ୍ରମାତ୍ମକ; ଏହାକୁ ବିଦାୟ ଦେବାକୁ ପଡ଼ିବ।

୨. ଅତୀତ ସହିତ ସମ୍ପୃକ୍ତ ଥିବା ବ୍ୟକ୍ତି, ଗୋଷ୍ଠୀ ଓ ଘଟଣା ପ୍ରତି କୃତଜ୍ଞତା ଜ୍ଞାପନ କରି ଆନନ୍ଦ ବର୍ଦ୍ଧନ କରାଯିବ। ଏହା ସକାରାତ୍ମକ ସ୍ମୃତିକୁ ଶକ୍ତିଶାଳୀ କରିବ।

୩. ଅତୀତର ତିକ୍ତତା ସହିତ ଜଡ଼ିତ ଥିବା ବସ୍ତୁ, ବ୍ୟକ୍ତି ଓ ଘଟଣା ପ୍ରତି କ୍ଷମାଶୀଳ ମନୋଭାବ ଗ୍ରହଣ କରି ଏବଂ ସେସବୁକୁ ବିସ୍ମରଣ କରି କ୍ଷତିକାରକ ପ୍ରଭାବକୁ ବିଲୋପ କରାଯିବ। ଅତୀତର ସ୍ମୃତି ପରିଚାଳନାରେ ତିନୋଟି ବିରାଟ ଆୟୁଧ ।

ବର୍ତ୍ତମାନର ସ୍ଥିତି :

ବର୍ତ୍ତମାନର ମୁହୂର୍ତ୍ତସବୁକୁ ସୁଖାନୁଭୂତିର ଉତ୍ସ କରିବା ପାଇଁ ଦୁଇଟି ପୃଥକ୍ ପ୍ରଣାଳୀର ଉପଯୋଗ କରିବାକୁ ହୁଏ। ଗୋଟିଏ ହେଉଛି ଆନନ୍ଦ (Pleasure) ଏବଂ ଅନ୍ୟଟି ହେଉଛି ତୃପ୍ତି (Gratification)। ଆନନ୍ଦ ମୁଖ୍ୟତଃ ଇନ୍ଦ୍ରିୟାନୁଭୂତି ଓ ଶକ୍ତିଶାଳୀ ଆବେଗ ଉପରେ ଆଧାରିତ । ଦାର୍ଶନିକମାନେ ଏହାକୁ 'ଆବେଗର କଞ୍ଚାମାଲ' (Raw feels) କହିଥାନ୍ତି। ଆଇସକ୍ରିମ୍ ଖାଇବାର ପର ପର ସୁଖ, ଯୌନସୁଖ ଏବଂ ସେହିପରି ତତ୍‌କାଳୀନ ସୁଖ ଏ ଧରଣର ଆନନ୍ଦ। ଏସବୁ ଆନନ୍ଦ ହଠାତ୍ ଅନୁଭୂତ ହୁଏ ଏବଂ ହଠାତ୍ ଚାଲିଯାଏ । ଚିନ୍ତନ ବା ଭାବନାର ବିଶେଷ ଆବଶ୍ୟକତା ନ ଥାଏ। ଅନ୍ୟଟି ହେଉଛି ତୃପ୍ତି (Gratification)। ତୃପ୍ତି ସମୟରେ ଆବେଗର କଞ୍ଚାମାଲ୍ ନ ଥାଏ; ମାତ୍ର ଏପରି ପ୍ରକ୍ରିୟା ସମୟରେ ଆମ୍ଭେମାନେ ପୂରାପୂରି ପ୍ରକ୍ରିୟାଟି ମଧ୍ୟରେ ନିମଗ୍ନ ରହିଥାଉ। କୌଣସି ଏକ ଆକର୍ଷଣୀୟ ପୁସ୍ତକର ଅଧ୍ୟୟନରେ ମଗ୍ନ ରହିବା, ନୃତ୍ୟ ଓ ଗୀତରେ ବୁଡ଼ିଯିବା, ପର୍ବତାରୋହଣ ଏବଂ ପ୍ରିୟଜନଙ୍କ ସହ ଦୀର୍ଘସମୟ ପ୍ରୀତିପ୍ରଦ କଥାବାର୍ତ୍ତା ଏପରି ତୃପ୍ତିର ଉତ୍ସ ହୋଇପାରେ। କହିବା ଅନାବଶ୍ୟକ ଯେ ତୃପ୍ତିର ପ୍ରଭାବ ଅପେକ୍ଷାକୃତ ଅଧିକକାଳ ତିଷ୍ଠି ରହେ ଏବଂ ଏହି ପ୍ରକ୍ରିୟା ସମୟରେ ବ୍ୟକ୍ତିର ଚିନ୍ତନ ବା ଭାବନା ସକ୍ରିୟ ଥାଏ।

ଆନନ୍ଦାନୁଭୂତି ବହୁମାତ୍ରାରେ ଶରୀରଭିତ୍ତିକ, ଏହାର ଅନୁଭବ ତାତ୍‌କ୍ଷଣିକ ଆଇସକ୍ରିମ୍‌ଟି ପାଟିରେ ଦେଲାମାତ୍ରେ ଅନୁଭୂତି ଆସେ; ଏଥିପାଇଁ ବିବେଚନା, ବିଚାର ଆଲୋଚନା ଆବଶ୍ୟକ ହୋଇ ନଥାଏ। ଉଦ୍‌ବର୍ତ୍ତନ ନୀତିରେ ଆମର ସ୍ପର୍ଶ, ସ୍ୱାଦଗ୍ରହଣ,

ସୁଗନ୍ଧ ଆସ୍ୱାଦନ, ଶ୍ରବଣ, ଦର୍ଶନ ଆଦି କ୍ରିୟାକଳାପ ମସ୍ତିଷ୍କ ସହିତ ଏପରି ସଂଯୋଜିତ ହୋଇଥାଏ ଯେ ଆମେ ସେହି ମୁହୂର୍ତ୍ତରେ ଆନନ୍ଦ ନିରାନନ୍ଦର ଅନୁଭବ ପାଇଥାଉ। କୌଣସି ମହୋତ୍ସବରେ ଲୋଭନୀୟ ଖାଦ୍ୟ ଖାଇବା, ଖରାଦିନର କ୍ଳାନ୍ତି ପରେ ସୁଶୀତଳ ଜଳରେ ସ୍ନାନ କରିବା, ବନ୍ଧୁମାନଙ୍କ ଗହଣରେ ମଜାଦାର ହାସ୍ୟକର ଚଳଚ୍ଚିତ୍ର ଦେଖିବା ଏବଂ ମଧୁର ସଂଗୀତ ଏ ଧରଣର ଆନନ୍ଦ।

ଇନ୍ଦ୍ରିୟାନୁଭୂତ ତାତ୍‌କ୍ଷଣିକ ସୁଖ (ଯଥା: ଆଇସ୍‌କ୍ରିମ ଖାଇବାର ଆନନ୍ଦ) ଆନନ୍ଦଦାୟକ ହେଲେ ମଧ୍ୟ ଏହାର ପ୍ରଭାବ କ୍ଷଣସ୍ଥାୟୀ। ଆଇସ୍‌କ୍ରିମ୍ ଖାଇବାର ପରେ ପରେ ଆଉ ଗୋଟିଏ ଆଇସ୍‌କ୍ରିମ୍ ଖାଇଲେ ଅପେକ୍ଷାକୃତ କମ୍ ଆନନ୍ଦ ମିଳେ। ପୁଣି କ୍ରମାଗତ ଭାବେ ଅଳ୍ପକେତୋଟି ଖାଇବା ପରେ ଅନ୍ୟଟି ଖାଇଲେ ଅନୁଭୂତିରେ ଆନନ୍ଦ ନଥାଏ। କାଠ ପରି ଗୋଟିଏ କଠିନ ବସ୍ତୁକୁ ପାଟିରେ ପୂରାଇବାର ଅନୁଭବ ହୁଏ। ମୋଟ ଉପରେ ଇନ୍ଦ୍ରିୟାନୁଭୂତ ସୁଖର ସ୍ଥାୟୀତ୍ୱ ଖୁବ୍ କମ୍। ଗୋଟିଏ ମଜାଦାର କୌତୂହଳପୂର୍ଣ୍ଣ ଛବିର ପ୍ରଭାବ କିଛି ସମୟ ରହିପାରେ, ମାତ୍ର କ୍ରମଶଃ ଏହି ପ୍ରଭାବ ଚାଲିଯାଏ।

ଶରୀରତାତ୍ତ୍ୱିକ ଦୃଷ୍ଟିକୋଣରୁ ମଧ୍ୟ କୌଣସି ଶରୀର-ଭିତ୍ତିକ ଆନନ୍ଦଦାୟକ ବସ୍ତୁର ବାରମ୍ବାର ଉପସ୍ଥାପନ ତାହାର ପ୍ରଭାବ ହ୍ରାସ କରିଥାଏ। ମସ୍ତିଷ୍କର ସ୍ନାୟୁକେନ୍ଦ୍ର ମଧ୍ୟ କୌଣସି ବସ୍ତୁର ପୁନରାବୃତ୍ତି ପ୍ରତି ପ୍ରତିକ୍ରିୟାଶୀଳତା ଦର୍ଶାଇବାରୁ ନିବୃତ୍ତ ରୁହେ। ଏପରିକି କେତେକ ପରୀକ୍ଷାରେ ଦେଖାଯାଇଛି ଯେ ଗବେଷଣାଗାରର ମୂଷା ବାରମ୍ବାର ଗୋଟିଏ ଆକର୍ଷଣୀୟ ଖାଦ୍ୟ ଖାଇଲାପରେ କିମ୍ବା ବାରମ୍ବାର ଅନ୍ୟ କିଛି ଦେହଜ ସୁଖ ପାଇବା ପରେ ସାମାନ୍ୟ ପରିମାଣରେ ବିଦ୍ୟୁତ୍ ଆଘାତ ପାଇବାକୁ ଅଧିକ ପସନ୍ଦ କରୁଛି (ବିଦ୍ୟୁତ୍ ଆଘାତ ପ୍ରୀତିପ୍ରଦ ନ ହୋଇ ଅପ୍ରୀତିକର ହେଲେ ମଧ୍ୟ)।

ଆନନ୍ଦଦାୟକ ବସ୍ତୁର ଘନଘନ ଉପସ୍ଥାପନ ଏହାର ସୁପ୍ରଭାବକୁ ବିଲୋପ କରୁଥିବାରୁ (Habituation) ପ୍ରକୃତ ସମସ୍ୟାଟି ହେଉଛି: ଏହାର ଆନନ୍ଦବର୍ଦ୍ଧନକାରୀ ପ୍ରକୃତିକୁ ଅତୁଟ ରଖାଯିବ କିପରି ? ବିଭିନ୍ନ ପରୀକ୍ଷା ନିରୀକ୍ଷା କରି ମନୋବିଜ୍ଞାନୀମାନେ ପରାମର୍ଶ ଦେଇଛନ୍ତି ଯେ ଆନନ୍ଦଦାୟକ ଶକ୍ତିକୁ ଅତୁଟ ରଖିବା ତଥା ବର୍ଦ୍ଧନ କରିବା ପାଇଁ ଉପସ୍ଥାପନର ମଧ୍ୟଭାଗରେ ସୁଚିନ୍ତିତ ଭାବରେ ସମୟର ବ୍ୟବଧାନ ଦେବାକୁ ହେବ। ଏହାର ଅର୍ଥ ହେଉଛି ଯେ ପୁନରାବୃତ୍ତିଜନିତ ପ୍ରଭାବବିଲୋପକ (Habituation) ଦୂର କରିବା ପାଇଁ ମଝିରେ ମଝିରେ ସମୟର ବ୍ୟବଧାନ ରଖିବାକୁ ହେବ। ଏହାର ବ୍ୟବହାରିକ ଅର୍ଥ ହେଉଛି ଯେ ଏକାଦିକ୍ରମେ ତିନି ଚାରୋଟି ଆଇସ୍‌କ୍ରିମ୍ ନ ଖାଇ ଗୋଟିଏ ବା

ଦୁଇଟି ଖାଇବା ପରେ ଅପେକ୍ଷା କରନ୍ତୁ। ବେଶ୍ ସମୟର ବ୍ୟବଧାନ ପରେ ଅନ୍ୟ ଆଇସ୍‌କ୍ରିମ୍‌ଟି ଖାଇଲେ ଆନନ୍ଦର ପରିମାଣ ବେଶୀ ରହିବ। ସେହିପରି ଲଗାତାର ଭାବରେ ଦୁଇ ତିନୋଟି ଚଳଚ୍ଚିତ୍ର ନ ଦେଖି ମଝିରେ ବ୍ୟବଧାନ (ସମୟର ବ୍ୟବଧାନ) ରଖନ୍ତୁ। ଏପରି ଅଲଗା ବା ପୃଥକ୍ ପ୍ରଦର୍ଶନ ଆନନ୍ଦକୁ ଅତୁଟ ରଖିବ।

ଗୋଟିଏ ଜିନିଷର ବାରମ୍ବାର ପୁନରାବୃତ୍ତି ତାହାକୁ ପ୍ରଭାବହୀନ କରିବାର ଆଶଙ୍କା ଥିବାରୁ ଉପସ୍ଥାପନ ମଝିରେ ସମୟର ବ୍ୟବଧାନ ରଖିବାକୁ ପରାମର୍ଶ ଦିଆଯାଉଛି। ପ୍ରଶ୍ନ ଉଠିପାରେ: କେତେ ସମୟର ବ୍ୟବଧାନ ଦିଆଯିବ ? ଏ କ୍ଷେତ୍ରରେ ସୁନିର୍ଦ୍ଦିଷ୍ଟ ଉତ୍ତର ଦେବା କଷ୍ଟକର। ଆମକୁ ଥରକୁ ଥର ବ୍ୟବଧାନର ସମୟ ବଦଳାଇ (ଏକ ପ୍ରକାର ପରୀକ୍ଷାମୂଳକ ପଦ୍ଧତିରେ) ସବୁଠାରୁ ଭଲ କାର୍ଯ୍ୟ କରୁଥିବା ମଧ୍ୟାନ୍ତର ବାହାର କରିବାକୁ ହେବ।

ଆଉ ଗୋଟିଏ ଉପାଦାନ ଏ କ୍ଷେତ୍ରରେ ବେଶ୍ କାମ କରିପାରେ। ତାହା ହେଉଛି ବିସ୍ମୟ କିମ୍ବା କିଛି ଅପ୍ରତ୍ୟାଶିତ ଉପସ୍ଥାପନ। ପତି ବା ପତ୍ନୀ ଦୀର୍ଘ ସମୟ ଧରି ଦୂରଦର୍ଶନର କାର୍ଯ୍ୟକ୍ରମ ଦେଖୁଥିବା ସମୟରେ କପେ ଚା' କିମ୍ବା କଫି ଯୋଗାଇବା ଏବଂ ଘରର ପିଲାମାନେ ଦୀର୍ଘସମୟ ଧରି ଲୁଡୁ ଖେଳୁଥିବା ସମୟରେ ସେମାନଙ୍କ ପିଠିରେ ସ୍ନେହର ସ୍ପର୍ଶ ଦେବା ଏ ଧରଣର ବିସ୍ମୟ। ଏହା କମି ଆସୁଥିବା ଆନନ୍ଦ ମୁହୂର୍ତ୍ତକୁ ପୁନଶ୍ଚ ଉଜ୍ଜୀବିତ କରେ।

ଆନନ୍ଦ ଆସ୍ୱାଦନ : ଆନନ୍ଦମୟ ମୁହୂର୍ତ୍ତକୁ ଅଧିକତର ଆନନ୍ଦମୁଖର କରିବାର ଗୋଟିଏ ପ୍ରଣାଳୀ ହେଉଛି ଆନନ୍ଦ ଆସ୍ୱାଦନ (Savouring)। ଆଧୁନିକ ଜୀବନର ମାତ୍ରାଧିକ ଗତିଶୀଳତାର କେତେକ ସମସ୍ୟା ମଧ୍ୟ ରହିଛି। ଆମର ଆନନ୍ଦମୟ ମୁହୂର୍ତ୍ତ ପ୍ରତି ଧ୍ୟାନଶୀଳ ହୋଇ ଅଧିକ ଆନନ୍ଦ ଅନୁଭବ କରିବାର ପ୍ରଣାଳୀ ହେଉଛି ଆନନ୍ଦ ଆସ୍ୱାଦନ (Savouring)। ବ୍ରାଏଣ୍ଟ୍ ଓ ଭେରୋଫ୍ (F.B. Bryant & J. Veroff) ଏହି ପରିକଳ୍ପନାକୁ ଏକ ବିଜ୍ଞାନ-ଭିତ୍ତିକ ରୂପରେଖ ଦେଇଛନ୍ତି। ଆନନ୍ଦର ଅନୁଭବ ପ୍ରତି ଅଭିନିବିଷ୍ଟ ହୋଇ ଆମେ ଆନନ୍ଦ ଅନୁଭବ କରିପାରିବୁ।

ଆଧୁନିକ ଜୀବନରେ ତରତର ହୋଇ କାମ କରିବା (ଦ୍ରୁତଗତିରେ କୌଣସି ମତେ ଖାଇଦେଇ ଦୌଡ଼ିବା, ଦୌଡ଼ିଦୌଡ଼ି କୋଠରିରେ ବସି ବହିଟିରେ ଆଖି ବୁଲାଇ ନେବା ଇତ୍ୟାଦି) ପ୍ରକ୍ରିୟା ମଧ୍ୟରେ ଜୀବନର ବହୁ ସରସତା ହରାଇଥାଉ। ବ୍ରାଏଣ୍ଟ୍ ଓ ଭେରୋଫ୍‌ଙ୍କ ମତରେ ଖାଇବା ପରି ଏକ ସାଧାରଣ ଓ ମାମୁଲି କାର୍ଯ୍ୟରେ ବି ଅସାଧାରଣ

ଆନନ୍ଦର ଅନୁଭବକୁ ଗ୍ରହଣ କରାଯାଇପାରେ। ଖାଦ୍ୟକୁ ତରବରରେ ଗିଳି ନ ଦେଇ ପ୍ରତ୍ୟେକଟି ମୁହୂର୍ତ୍ତର ଅନୁଭବ ପ୍ରତି ସଚେତନ ହେବା ଆନନ୍ଦ ଆସ୍ୱାଦନର ବୈଶିଷ୍ଟ୍ୟ। ଧରିବା ସମୟରେ ସ୍ପର୍ଶାନୁଭୂତି, ଖାଦ୍ୟପଦାର୍ଥକୁ ନିରୀକ୍ଷଣ କରିବା ସମୟରେ ଦର୍ଶାନାନୁଭୂତି, ପାଟିରେ ରସନେନ୍ଦ୍ରିୟର କାର୍ଯ୍ୟ, ଉଦରସ୍ଥ କରିବା ସମୟରେ ଗଳା ଓ ଖାଦ୍ୟ ନଳୀର ସମ୍ପୃକ୍ତି ପ୍ରତି ସଚେତନ ହେବା ଆନନ୍ଦ ଆସ୍ୱାଦନର (Savouring) ବିଭିନ୍ନ ସ୍ତର। ଆନନ୍ଦ ଆସ୍ୱାଦନର ବିକାଶ ପାଇଁ ଗବେଷକଦ୍ୱୟ ନିମ୍ନଲିଖିତ ପାଞ୍ଚୋଟି କୌଶଳ ପ୍ରତି ଦୃଷ୍ଟି ଆକର୍ଷଣ କରିଛନ୍ତି।

୧. **ଭାବର ଆଦାନପ୍ରଦାନ :** ଆପଣ ଗୁରୁତ୍ୱ ହେଉଥିବା ଏକ ନିର୍ଦ୍ଦିଷ୍ଟ ଅନୁଭୂତି ପ୍ରତି ଅଭିନିବିଷ୍ଟ ହୁଅନ୍ତୁ। ଏହାକୁ ଏକାଗ୍ରତାର ସହ କିଛି ପ୍ରିୟଜନଙ୍କୁ କୁହନ୍ତୁ। ବାହ୍ୟ ଆକର୍ଷଣ ଆପଣଙ୍କ ବକ୍ତବ୍ୟର ସ୍ରୋତକୁ ଏପଟ ସେପଟ ନ କରୁ। ଧୀର ଗତିରେ କୁହନ୍ତୁ। ଆନନ୍ଦ ଆସ୍ୱାଦନର ଏ ଏକ ସୁନ୍ଦର ମାର୍ଗ।

୨. **ସ୍ମୃତି ସୌଧ :** ମାନସିକ ସ୍ତରରେ ଛବିଟି ସାଇତି ରଖନ୍ତୁ କିମ୍ବା ଭୌତିକ ସ୍ତରରେ ଛବିଟି ନେଇପାରନ୍ତି। ଅନ୍ୟମାନଙ୍କ ଗହଣରେ ପରେ ଏହାକୁ ମାଧ୍ୟମ କରି ସ୍ମୃତିଚାରଣ କରିପାରନ୍ତି। ଆପଣ ପର୍ବତାରୋହଣ କରିବା ସମୟରେ ଖଣ୍ଡେ ଖଣ୍ଡେ ପଥର, ନୂଆ ସ୍ଥାନ ବୁଲୁଥିବା ସମୟରେ କୌଣସି ଏକ ସ୍ମାରକୀ ବସ୍ତୁ କିମ୍ବା ସମୁଦ୍ର କୂଳରେ ବସିଥିବା ସମୟରେ ସଂଗୃହୀତ ଏକ ଛୋଟ ଶାମୁକା ଏପରି ଉପଲକ୍ଷ ହୋଇପାରେ । ଏହାକୁ ଆଧାର କରି ପ୍ରତ୍ୟେକ ମୁହୂର୍ତ୍ତର ଅନୁଭବର ରସ ଆସ୍ୱାଦନ କରିପାରନ୍ତି।

୩. **ଆତ୍ମପ୍ରସାଦ :** ନିଜର କୃତିତ୍ୱ ବା ସଫଳତାର ମୁହୂର୍ତ୍ତକୁ ମନେ ପକାଇ ଆନନ୍ଦ ଅନୁଭବ କରିବା ନୀତିବିରୁଦ୍ଧ ନୁହେଁ। ଏପରି ମୁହୂର୍ତ୍ତର ସ୍ମରଣ ଏବଂ ଅନ୍ୟମାନଙ୍କ ପାଖରେ ଏହାର ବର୍ଣ୍ଣନା ଆପଣଙ୍କ ମନରେ ଅଯଥା ଗର୍ବଭାବ ଆଣିବ ବୋଲି ଭାବନ୍ତୁ ନାହିଁ । ଏହି ସଫଳତା ପାଇଁ ଆପଣଙ୍କୁ କିପରି ପରିଶ୍ରମ କରିବାକୁ ପଡ଼ିଥିଲା ଏବଂ କିପରି ଦୀର୍ଘଦିନ ଅପେକ୍ଷା କରିବାକୁ ପଡ଼ିଥିଲା, ତାହାର ଚିନ୍ତନ କରନ୍ତୁ।

୪. **ଅନୁଭବକୁ ଅଧିକ ତୀକ୍ଷ୍ଣ କରିବାର ପ୍ରୟାସ :** ପ୍ରତିଟି ସୁନ୍ଦର ଅନୁଭବ ଏକ ବହୁଦିଗ-ବିଶିଷ୍ଟ ଅନୁଭୂତି। ଭଲ ଗୀତଟିଏ ଶୁଣିବା ସମୟରେ ଆମେ ଏହାର ଭାବ, ଭାଷା ଓ ସ୍ୱର ପ୍ରତି ଅଭିନିବିଷ୍ଟ ହୋଇଥାଉ। ଗୀତର ଏ ପ୍ରତିଟି ବୈଭବ ପ୍ରତି ଧ୍ୟାନଶୀଳ ହେଲେ ଆମ ଅନୁଭବର ଆସ୍ୱାଦନ ବୃଦ୍ଧିପାଏ।

୫. ନିମ୍ନଗ୍ନତା : ଆନନ୍ଦ ଆସ୍ୱାଦନ ସମୟରେ ନିମଗ୍ନତା ଏକାନ୍ତ ପ୍ରୟୋଜନ। ଆମର ଆନନ୍ଦ ଲକ୍ଷ୍ୟରେ କେନ୍ଦ୍ରିତ ରଖିବାକୁ ହେବ। ଅଫିସ୍‌ରେ କେଉଁ କାର୍ଯ୍ୟ ଅସମାପ୍ତ ରହିଛି, କାଲି କେଉଁ ବିଲ୍ ପାଇଁ କାର୍ଯ୍ୟ କରାଯିବ ଏବଂ ଆଜି ରାତିରେ କି ଖାଦ୍ୟ ପ୍ରସ୍ତୁତ ହେବ, ଏପରି ଭାବନା ଆନନ୍ଦ ଆସ୍ୱାଦନର ବିରୋଧୀ ଏବଂ ଏହାକୁ ବର୍ତ୍ତମାନ ଆଦୌ ସ୍ୱାଗତ କରାଯିବ ନାହିଁ।

ଆଲୋଚନାରୁ ସ୍ପଷ୍ଟ ଯେ ଆଲୋଚିତ କୌଶଳଗୁଡ଼ିକ (ଆତ୍ମ-ଅଭିନନ୍ଦନ, କୃତଜ୍ଞତା ଜ୍ଞାପନ, ଆତ୍ମବିସ୍ମୃତି) ଆନନ୍ଦାନୁଭୂତିର ସହାୟକ। ସୁଖାନୁଭୂତିର ପରିବର୍ଦ୍ଧନ ପାଇଁ ଏପରି କୌଶଳ ବିଶେଷ ପ୍ରୟୋଜନ। ଆନନ୍ଦ ଆସ୍ୱାଦନ ପରି ଆଉ ଗୋଟିଏ ସମଧର୍ମୀ ପ୍ରକ୍ରିୟା ହେଉଛି ମନସ୍କତା (Mindfulness)।

ମନସ୍କତା : ମନୁଷ୍ୟ ବହୁକାର୍ଯ୍ୟ ଯନ୍ତ୍ରବତ୍ ଅନ୍ୟମନସ୍କ ହୋଇ କରିଥାଏ। ଅନୁଭବର ସ୍ତରଗୁଡ଼ିକ ପ୍ରତି ସେ ଅଭିନିବିଷ୍ଟ ନ ଥାଏ। ଅନ୍ୟ ପକ୍ଷରେ ମନସ୍କତା (Mindfulness) ବଳରେ ସେ ବର୍ତ୍ତମାନର ପ୍ରତିଟି ମୁହୂର୍ତ୍ତର ଅନୁଭବକୁ ନୂଆ କରି ଦେଖେ। ଏକ ରସହୀନ ନିରସ ବସ୍ତୁକୁ ରସପୂର୍ଣ୍ଣ ଚକ୍ଷୁରେ ଦେଖେ। ହାର୍ଭାର୍ଡ଼ ବିଶ୍ୱବିଦ୍ୟାଳୟର ଏଲେନ୍ ଲାଞ୍ଜର୍ (Elen Langer) ଏ କ୍ଷେତ୍ରରେ ଜଣେ ଅଗ୍ରଣୀ ଗବେଷକ।

ଲାଞ୍ଜର୍‌ଙ୍କ ମତରେ ପ୍ରାଚ୍ୟ ଜଗତର ଧ୍ୟାନର ପରମ୍ପରା ମନର ଗତିଶୀଳତାର ବିକ୍ଷିପ୍ତତା ହ୍ରାସ କରି ଏହାକୁ ଧୀର ଓ ଅଚଞ୍ଚଳ କରେ। ଧ୍ୟାନର ବହୁ ପ୍ରଣାଳୀ ଥିଲେ ମଧ୍ୟ ବୌଦ୍ଧଦର୍ଶନ ଓ ହିନ୍ଦୁ ଦର୍ଶନର ଧ୍ୟାନ-ପ୍ରଣାଳୀ ଏବେ ବହୁ ପ୍ରସାରିତ ରୂପରେଖ ନେଇଛି । ଭାବାତୀତ ଧ୍ୟାନ (Transcendentanl Meditation or TM) ପଶ୍ଚାତ୍ୟଜଗତରେ ବହୁ ଜନପ୍ରିୟତା ହାସଲ କରିଛି। ମନର ସ୍ଥିରତା ହାସଲ ପାଇଁ ଧ୍ୟାନର ଉପଯୋଗିତା ବହୁ ସ୍ୱୀକୃତି ଲାଭ କରିଛି। ମାନସିକ ସ୍ଥିରତା ବ୍ୟତୀତ ଉଦ୍‌ବେଗ ଓ ମାନସିକ ଚାପ ପରି ସମସ୍ୟାସବୁର ଦୂରୀକରଣରେ ଏହାର ଭୂମିକାକୁ ସ୍ୱୀକାର କରାଯାଇଛି। ଧ୍ୟାନ ସମ୍ପର୍କରେ ଅନ୍ୟତ୍ର ଆଲୋଚନା କରାଯଇଥିବାରୁ ଏଠାରେ ସଂକ୍ଷିପ୍ତ ସୂଚନା ପ୍ରଦତ୍ତ କରାଗଲା।

ବର୍ତ୍ତମାନର ସୁଖାନୁଭୂତି ପ୍ରକ୍ରିୟାରେ ତୃପ୍ତିର ତାତ୍ପର୍ଯ୍ୟ :

ପୂର୍ବ ଆଲୋଚନାରେ ଆନନ୍ଦାନୁଭୂତିର କେତେକ ପ୍ରକ୍ରିୟା ଆଲୋଚିତ ହେଲେ ମଧ୍ୟ ସମ୍ଭବତଃ ଆନନ୍ଦ (Pleasure) ଏବଂ ତୃପ୍ତି (Gratification) ମଧ୍ୟରେ ଥିବା

ଏକ ପାର୍ଥକ୍ୟ ଏ ପର୍ଯ୍ୟନ୍ତ ସ୍ପଷ୍ଟ ହୋଇ ନାହିଁ । ମୋଟାମୋଟି ଭାବେ ଆନନ୍ଦାନୁଭୂତି ସକାରାତ୍ମକ ଆବେଗ ସହିତ ସଂଶ୍ଳିଷ୍ଟ । ଲୋଭନୀୟ ଖାଦ୍ୟ ଖାଇବା କିମ୍ବା ଖରାଦିନେ ଶୀତଳ ଜଳରେ ସ୍ନାନ କରିବା ଏକ ଇନ୍ଦ୍ରିୟାନୁଭୂତ ଆନନ୍ଦ । ତାତ୍‌କ୍ଷଣିକ ନୀତିରେ ଆନନ୍ଦାନୁଭୂତି ଆସିଥାଏ । ଏଥିରେ ଚିନ୍ତନ ବା ଭାବନାର ବିଶେଷ ଭୂମିକା ନ ଥାଏ ।

କିନ୍ତୁ ଆନନ୍ଦାନୁଭୂତି ଓ ତୃପ୍ତି ଗ୍ରହଣ ମଧ୍ୟରେ ପାର୍ଥକ୍ୟ ହେଉଛି ସୁଖକର ଜୀବନ ଓ ଉତ୍ତମ ଜୀବନ ମଧ୍ୟରେ ପାର୍ଥକ୍ୟ; ସୁଖକର ଜୀବନ (Pleasant Life) ମୁଖ୍ୟତଃ ଇନ୍ଦ୍ରିୟାନୁଭୂତ ଆନନ୍ଦ ଓ ସକାରାତ୍ମକ ଆବେଗ ଉପରେ ଆଧାରିତ କିନ୍ତୁ ତୃପ୍ତି ମନୁଷ୍ୟର ବ୍ୟକ୍ତିଗତ ଶକ୍ତି, ସାମର୍ଥ୍ୟ ଓ ସଦ୍‌ଗୁଣ ଉପରେ ପ୍ରତିଷ୍ଠିତ ।

ପ୍ରକୃତରେ ତୃପ୍ତି କିପରି ଉପଲବ୍ଧ ହୁଏ, ତାହାର ବିଜ୍ଞାନ-ଭିତ୍ତିକ ଉତ୍ତର ଇଚ୍ଛା କଲେ ଆମକୁ ଜଣେ ବିଶିଷ୍ଟ ମନୋବିଜ୍ଞାନୀଙ୍କ ଅବଦାନ ପ୍ରତି ଅଭିନିବିଷ୍ଟ ହେବାକୁ ପଡ଼ିବ । ସେ ମଧ୍ୟ ବୈଭବ ମନୋବିଜ୍ଞାନର ଜଣେ ଅଗ୍ରଣୀ ଗବେଷକ । ସେ ହେଉଛନ୍ତି ଚିକ୍‌ସେଣ୍ଟ୍‌ମିହାଇ (Mike Csikszentmihalyi) । ତାଙ୍କର ଜୀବନ ଇତିହାସ ବିସ୍ମୟ ଓ କୌତୂହଳ ପରିପୂର୍ଣ୍ଣ ।

ତାଙ୍କ ନାମଟି ଇଟାଲୀର ଟ୍ରାନ୍‌ସିଲ୍‌ଭାନିଆ ଅଞ୍ଚଳର St. Michael of Csik ସହରକୁ କେନ୍ଦ୍ରକରି ଦ୍ୱିତୀୟ ବିଶ୍ୱଯୁଦ୍ଧ ସମୟରେ ଗ୍ରହଣ କରାଯାଇଥିଲା । ତାଙ୍କର ପିତା ହଙ୍ଗେରୀର ଜଣେ ସମ୍ଭ୍ରାନ୍ତବଂଶୀୟ ବ୍ୟକ୍ତି ଥିଲେ । ସେତେବେଳେ ସମ୍ଭ୍ରାନ୍ତ ବଂଶୀୟ ଲୋକଙ୍କ ନାମ ଶେଷରେ 'I' ଅକ୍ଷରଟି ଯୋଗ କରାଯାଉଥିଲା । ଦୁର୍ଭାଗ୍ୟବଶତଃ ଦ୍ୱିତୀୟ ବିଶ୍ୱଯୁଦ୍ଧ ମାଇକ୍‌ଙ୍କ ବାଲ୍ୟକାଳର ସୌନ୍ଦର୍ଯ୍ୟ ନଷ୍ଟ କଲା । ୧୯୪୮ ମସିହାରେ ଷ୍ଟାଲିନ୍‌ଙ୍କ ଆକ୍ରମଣରେ ହଙ୍ଗେରୀ ବିପର୍ଯ୍ୟସ୍ତ ହେଲା । ମାଇକଙ୍କ ବାପା ରୋମ୍‌ରେ ହଙ୍ଗେରୀର ରାଷ୍ଟ୍ରଦୂତ ଥିଲେ; ମାତ୍ର ଯୁଦ୍ଧ କାରଣରୁ ଏହି ପଦତ୍ୟାଗ କରି ସେ ରୋମ୍‌କୁ ଚାଲି ଆସିଲେ । ବର୍ତ୍ତମାନ ଜୀବନ ସଂଗ୍ରାମ ତାଙ୍କର ମୁଖ୍ୟ କେନ୍ଦ୍ରବିନ୍ଦୁ ଥିଲା । ସେ ଗୋଟିଏ ରେସ୍ତୋରାଁ ଖୋଲି କିଛିଟା ସମ୍ଭାଳି ନେବାକୁ ଚେଷ୍ଟା କଲେ । ମାତ୍ର ତାହା ସଫଳ ହେଲା ନାହିଁ । ମାଇକ୍‌ଙ୍କ ପରିବାର ନିଃସ୍ୱ ହୋଇପଡ଼ିଲା ।

ସମସ୍ତ ବିପର୍ଯ୍ୟୟ ସତ୍ତ୍ୱେ ମାଇକ୍‌ଙ୍କ ଆଗ୍ରହ ମଳିନ ପଡ଼ି ନଥିଲା, ଆଶା ଉଜ୍ଜୀବିତ ହେଲା । ବିଂଶ ଶତକର ପଞ୍ଚମ ଦଶକରେ ସେ ଇଟାଲୀରେ ଦର୍ଶନ, ଇତିହାସ ଓ ଧର୍ମନୀତି ଅଧ୍ୟୟନ କଲେ । ସେତେବେଳେ ମନସ୍ତତ୍ତ୍ୱକୁ ଶିକ୍ଷାନୁଷ୍ଠାନରେ ସ୍ୱୀକୃତି ଦିଆଯାଇ ନଥିଲା ।

କାର୍ଲ ୟୁଙ୍ଗ୍‌ଙ୍କ ମନସ୍ତାତ୍ତ୍ୱିକ ରଚନା ପାଠ କରି ମନୋବିଜ୍ଞାନର ଅଧ୍ୟୟନ ପାଇଁ ଆକାଂକ୍ଷା ଜନ୍ମିଲା । ସେ ମନସ୍ତତ୍ତ୍ୱ ଅଧ୍ୟୟନ କରିବାକୁ ଆମେରିକା ଯୁକ୍ତରାଷ୍ଟ୍ର ଚାଲିଆସିଲେ । ସେ ଚିତ୍ର ଅଙ୍କନ କଲେ, ଲେଖାଲେଖି ଆରମ୍ଭ କଲେ । ଆଶ୍ଚର୍ଯ୍ୟର କଥା ଯେ ଇଂରାଜୀ ତାଙ୍କର ତୃତୀୟ ଭାଷା ହେଲେ ମଧ୍ୟ New Yorker ପତ୍ରିକା ପାଇଁ ଲେଖାଲେଖି କରି ଜନାଦୃତି ଲାଭ କଲେ । ଉଚ୍ଚତର ଗବେଷଣା କରି ଡକ୍ଟରେଟ୍ ଉପାଧି ପାଇଲେ । ତାଙ୍କ ଜୀବନରେ ସବୁଠାରୁ ବଡ଼ ଅନୁସନ୍ଧିତ୍ସା, ସବୁଠାରୁ ବଡ଼ ପ୍ରଶ୍ନ ଥିଲା : କେଉଁ ଅବସ୍ଥାରେ ମନୁଷ୍ୟ ତା'ର ସର୍ବୋତ୍ତମ କୃତି ପ୍ରଦର୍ଶନ କରିପାରେ ?

ମାଇକ୍ ଚିକ୍‌ସେଣ୍ଟ୍‌ମିହାଇଙ୍କ ସର୍ବୋତ୍ତମ ଅବଦାନ ହେଉଛି ତଲ୍ଲୀନତା (Flow) ସମ୍ବନ୍ଧୀୟ ତତ୍ତ୍ୱ । କେତେବେଳେ ଆପଣଙ୍କ ପାଇଁ ସମୟ ପୂରାପୂରି ଅଟକି ଯାଇ ସ୍ଥିର ହୋଇଯାଏ ? କେତେବେଳେ ଆପଣ ଅନୁଭବ କରନ୍ତି ଯେ ଆପଣ ଯାହା କରିବାକୁ ଚାହାଁନ୍ତି ତାହା କରୁଛନ୍ତି ଏବଂ ସେ କାମଟି ସାରିବାକୁ ଚାହାଁନ୍ତି ନାହିଁ । ଏ କାମ ବିଭିନ୍ନ ଧରଣର ହୋଇପାରେ । ଚିତ୍ର ଅଙ୍କନ ହୋଇପାରେ, ଭଲି ଖେଳିବା ହୋଇପାରେ, ପ୍ରିୟଜନ ପ୍ରତି ସ୍ନେହଶ୍ରଦ୍ଧା ଦର୍ଶାଇବା ହୋଇପାରେ, ଗୋଟିଏ ସମାବେଶରେ କହିବାର ସୁଯୋଗ ହୋଇପାରେ, କିମ୍ବା କୌଣସି ବ୍ୟକ୍ତିର ଦୁଃଖ ଶୁଣିବା ହୋଇପାରେ ।

ଆମେରିକାର କ୍ଲାରେମେଣ୍ଟ ବିଶ୍ୱବିଦ୍ୟାଳୟର ପିଟର୍ ଡ୍ରକର୍ ବାଣିଜ୍ୟ ପରିଚାଳନା ସ୍କୁଲର୍ ପ୍ରଖ୍ୟାତ ପ୍ରଫେସର ରୂପେ ମାଇକ୍ ଚିକ୍‌ସେଣ୍ଟ୍‌ମିହାଇଙ୍କ ତଲ୍ଲୀନତାର ପରିକଳ୍ପନା ଏକ ଅନନ୍ୟ ଧାରଣା । ଏହା ତୃପ୍ତି ଅନୁଭବର ଏକ ବିଶେଷ ମୁହୂର୍ତ୍ତ । ଆମେ ଯାହା କରୁଛୁ ସେଥିରେ ପୂରାପୂରି ନିମଗ୍ନ ରହିବାର ମାନସିକତା ହେଉଛି ତଲ୍ଲୀନତା । ତଲ୍ଲୀନତା ଦୃଷ୍ଟାନ୍ତ ଦେବାକୁ ଯାଇ ମାଇକ୍ କୁହନ୍ତି ଯେ ଥରେ ବୁଦାପେଷ୍ଟ (ହଙ୍ଗେରୀ)ରେ ରହୁଥିବା ତାଙ୍କର ଅଶୀବର୍ଷୀୟ ଭାଇଙ୍କ ଘରକୁ ଯାଇଥିଲେ । ତାଙ୍କର ଭାଇ ଜଣେ ଅବସରପ୍ରାପ୍ତ ଧାତୁ ବିଜ୍ଞାନୀ । ଧାତବ ପଦାର୍ଥର ଗଠନାକୃତି ଅଧ୍ୟୟନ କରିବାରେ ତାଙ୍କର ପରମ ଆଗ୍ରହ । ମାଇକ୍ ବୁଲି ଯାଇଥିବା ଦିନ ଲକ୍ଷ୍ୟ କଲେ ଯେ ସକାଳେ ଦୁଇଭାଇ ଏକାଠି ବସି ପ୍ରାତଃ ଭୋଜନ ଶେଷ କଲା ପରେ ତାଙ୍କ ଭାଇ ଗୋଟିଏ ଛୋଟ ସ୍ଫଟିକ ଧରି ବସି ଯାଇ ପରୀକ୍ଷା ନିରୀକ୍ଷା ଆରମ୍ଭ କଲେ । କାର୍ଯ୍ୟ ଶେଷ କରି ସେ ଉଠିଲା ବେଳକୁ ସୂର୍ଯ୍ୟ ପଶ୍ଚିମ ଦିଗରେ ଅସ୍ତ ହୋଇ ସାରିଛନ୍ତି । ଏ ହେଉଛି ନିମଜ୍ଜିତ ରହିବାର ପ୍ରକୃଷ୍ଟ ଉଦାହରଣ ।

ତଲ୍ଲୀନତାର ବୈଶିଷ୍ଟ୍ୟ ସୂଚାଇବାକୁ ଯାଇ ମାଇକ୍ ନିମ୍ନଲିଖିତ ସ୍ୱାତନ୍ତ୍ର୍ୟ ଉଲ୍ଲେଖ କରିଛନ୍ତି :

- କାର୍ଯ୍ୟଟି ଆହ୍ୱାନପୂର୍ଣ୍ଣ ଏବଂ ଏହା ଉଚ୍ଚତର କାର୍ଯ୍ୟକୌଶଳ ଆବଶ୍ୟକ କରେ ।
- ଆମେ ଏକାଗ୍ରତା ରକ୍ଷାକରୁ ।
- ଆମର ଲକ୍ଷ୍ୟ ସ୍ପଷ୍ଟ ।
- ଲକ୍ଷ୍ୟ ପୂରଣର ଫଳାଫଳ ସମ୍ପର୍କରେ ସଚେତନ ଥାଉ ।
- କାର୍ଯ୍ୟରେ ଆମର ନିୟନ୍ତ୍ରଣ ରହିଥାଏ ।
- ମୁଁ କାମଟି କରୁଛି – ଏପରି କର୍ତ୍ତାଭାବ ଲୋପ ହୁଏ ।
- ସମୟ ଗୋଟିଏ ବିନ୍ଦୁରେ ଅଟକି ରହେ କିମ୍ବା ଦ୍ରୁତଗତିରେ ଦୌଡ଼ିଥାଏ ।

ଲକ୍ଷ୍ୟ କଲେ ଦେଖାଯିବ ଯେ ଉପର ତାଲିକାରେ ତଲ୍ଲୀନତାର ବୈଶିଷ୍ଟ୍ୟ ମଧ୍ୟରେ କୌଣସି ଭାବାବେଗର ନାମ ଉଲ୍ଲେଖ ନାହିଁ । ତତ୍କ୍ଷଣିକ ଆନନ୍ଦାନୁଭବ ସମୟରେ ଆବେଗ ଥାଏ । କୌଣସି ସୁଗନ୍ଧର ଆସ୍ୱାଦନ ସମୟରେ, ମିଷ୍ଟାନ୍ନ ଭକ୍ଷଣ ସମୟରେ ଏବଂ ବ୍ୟଥାକ୍ଲିଷ୍ଟ ଶରୀରରେ ମୃଦ୍ୟୁଚାପ ଦେବା ସମୟରେ ଆନନ୍ଦର ଅନୁଭବ ଘଟେ । ଏ ଆନନ୍ଦ ମୁହୂର୍ତ୍ତର ଆନନ୍ଦ । ଭବିଷ୍ୟତ ପାଇଁ କିଛି ଗଚ୍ଛିତ ରହେ ନାହିଁ । ଏ ଜମାର କୋଣସି ସୁଧ ନାହିଁ । ମାତ୍ର ଆମେ ତଲ୍ଲୀନତା ଅନୁଭବ କରିବା ସମୟରେ ଭବିଷ୍ୟତ ପାଇଁ ମନସ୍ତାତ୍ତ୍ୱିକ ମୂଳଧନ (Psychological Capital) ଗଚ୍ଛିତ ରଖୁ ଏବଂ ଏହା ଆମର ଆଗାମୀ ମନସ୍ତାତ୍ତ୍ୱିକ ବିକାଶରେ ସହାୟକ ହୁଏ । ଅନ୍ୟ ଭାଷାରେ କହିଲେ ଆନନ୍ଦାନୁଭୂତି ଆମର ଶରୀରଭିତ୍ତିକ ସଫଳତା, ମାତ୍ର ତୃପ୍ତି ଲାଭ ହେଉଛି ଆମର ମନସ୍ତାତ୍ତ୍ୱିକ ବିକାଶର ସଫଳତା ।

ଚିକ୍ସେଣ୍ଟ୍ମିହାଇ ଓ ତାଙ୍କର ସହଯୋଗୀମାନେ ଅସଂଖ୍ୟ ଲୋକଙ୍କୁ ଅଳ୍ପ ଅଳ୍ପ ସମୟର ବ୍ୟବଧାନରେ ସେମାନଙ୍କ ଅନୁଭବର ବର୍ଣ୍ଣନା ସଂଗ୍ରହ (Experience Sampling Method ବା ESM) କରି ବହୁ ଉପାଦେୟ ତଥ୍ୟ ଆହରଣ କରିଛନ୍ତି । ଗୋଟିଏ ସର୍ବେକ୍ଷଣରେ ଅଳ୍ପ ପରିମାଣର ତଲ୍ଲୀନତା ଅନୁଭବ କରୁଥିବା ୨୫୦ ଜଣ ପ୍ରତିଭାଗୀ ଏବଂ ଅଧିକ ପରିମାଣର ତଲ୍ଲୀନତା ଅନୁଭବ କରୁଥିବା ୨୫୦ ଜଣ ପ୍ରତିଭାଗୀଙ୍କୁ ନେଇ ଏକ ତୁଳନାତ୍ମକ ଅନୁସନ୍ଧାନ କଲେ । ଗବେଷକମାନେ ଦେଖିଲେ ଯେ ଅଳ୍ପ ତଲ୍ଲୀନତା ଅନୁଭବ କରୁଥିବା ପ୍ରତିଭାଗୀମାନେ ଆନନ୍ଦ ଅନୁଭବର 'ସହଜ ପନ୍ଥା' (ଦୋକାନ ବଜାରରେ ବୁଲିବା, ଦୂରଦର୍ଶନ ଦେଖିବା ଇତ୍ୟାଦି) ସମୟ ଦିଅନ୍ତି । ଅନ୍ୟ ପକ୍ଷରେ

ଅଧିକ ତଲ୍ଲୀନତା ଅନୁଭବ କରୁଥିବା ପ୍ରତିଭାଗୀମାନେ ସଙ୍ଗଠିତ କାର୍ଯ୍ୟ କଳାପରେ ଶୃଙ୍ଖଳିତ ପଦ୍ଧତିରେ କ୍ରୀଡ଼ା ପ୍ରିୟ କାର୍ଯ୍ୟ ବା Hobbiesରେ ସମୟ ଦିଅନ୍ତି ।

ସବୁଠାରୁ ତାତ୍ପର୍ଯ୍ୟପୂର୍ଣ୍ଣ ଦିଗ ହେଉଛି ଯେ ସହଜ ପନ୍ଥାର ଆନନ୍ଦାନୁଭୂତି ଓ ତଲ୍ଲୀନତା-ପ୍ରେରିତ ଅନୁଭବର ପରିଣତି ଭିନ୍ନ ହୋଇଥାଏ । ପ୍ରଥମଟି ବିଷାଦ ଓ ମାନସିକ ରୋଗର କାରଣ ହେବା ସ୍ଥଳେ ଦ୍ୱିତୀୟଟି ମାନସିକ ସ୍ୱାସ୍ଥ୍ୟର କାରଣ ହୁଏ ।

ଆଧୁନିକ ସମୟରେ ସୁଖାନୁଭୂତିର ସହଜିଆ ରାସ୍ତା (Shortcuts of Happiness) ଯେତେ ବେଶୀ ବୃଦ୍ଧି ପାଉଛି, ମାନସିକ ଅବସାଦର ପରିମାଣ ମଧ୍ୟ ତତୋଧିକ ବୃଦ୍ଧି ପାଉଛି । ଗତ ପଚାଶବର୍ଷ ମଧ୍ୟରେ ସମୃଦ୍ଧ ଦେଶମାନଙ୍କରେ ଅବସାଦର ମାତ୍ରା ଆଶାତୀତ ପରିମାଣରେ ବୃଦ୍ଧି ପାଇଛି । ଦୂର ଅତୀତର ୧୯୬୦ ବେଳକୁ ହାରାହାରି ୨୯.୫ ବର୍ଷ ବୟସ ବେଳକୁ ଅବସାଦ ପ୍ରକାଶ୍ୟ ରୂପ ନେଉଥିଲା । ଏବେ ପ୍ରଗତିଶୀଳ ଦେଶରେ ପ୍ରାୟ ୧୪.୫ ବର୍ଷ ବେଳକୁ ଏହା ପ୍ରକାଶ୍ୟ ରୂପ ନେଉଛି । ଏ ଏକ ବିରାଟ ବିରୋଧାଭାସ । କ୍ରୟ କରିବାର ଶକ୍ତି, ଶିକ୍ଷା ସୁଯୋଗ, ଆମୋଦ ପ୍ରମୋଦ ବ୍ୟବସ୍ଥା ଅକଳ୍ପନୀୟ ଭାବରେ ବୃଦ୍ଧି ପାଇଛି । ଆନନ୍ଦର ଏ ସହଜ ପନ୍ଥା ସତ୍ତ୍ୱେ ମାନସିକ ସ୍ୱାସ୍ଥ୍ୟ ବିକଶିତ ହୋଇ ନାହିଁ ।

ତାତ୍‌କ୍ଷଣିକ ଆନନ୍ଦାନୁଭୂତି ଏବଂ ମନୁଷ୍ୟର ଶକ୍ତି, ସାମର୍ଥ୍ୟ ଓ ସଦ୍‌ଗୁଣ ଉପରେ ପ୍ରତିଷ୍ଠିତ ତୃପ୍ତି ଓ ତଲ୍ଲୀନତା ମଧ୍ୟରେ ଯେଉଁ ପାର୍ଥକ୍ୟ ରହିଛି ସେଥିପ୍ରତି ଧ୍ୟାନଶୀଳ ହେବାକୁ ପଡ଼ିବ । ପ୍ରଥମଟି ଆମକୁ ମାନସିକ ରୁଗ୍‌ଣତାର ବଳୟକୁ ନେଇଯିବାର ଯେପରି ସମ୍ଭାବନା ରହିଛି, ପ୍ରକୃତ ତୃପ୍ତି (Gratification) ପାଇଁ ମନୁଷ୍ୟର ପ୍ରୟାସ ଆମକୁ ସେତିକି ବିକଶିତ କରିବ । ବର୍ତ୍ତମାନର ଆଲୋଚନା ଠିକ୍ ପୂର୍ବରୁ ତଲ୍ଲୀନତା ସମ୍ପର୍କରେ ସବିଶେଷ ଆଲୋଚନା କରାଯାଇଛି; ଏତଦ୍‌ବ୍ୟତୀତ ଅଧିକ ଚର୍ଚ୍ଚା ପାଇଁ ଲେଖକଙ୍କ ତଲ୍ଲୀନତା ପୁସ୍ତକ ସହାୟକ ।

ଭବିଷ୍ୟତର ଗତି :

ଜୀବନର ସନ୍ତୋଷ ପରିପ୍ରେକ୍ଷୀରେ ଅତୀତର ସ୍ମୃତିର ପରିଚାଳନା ଏବଂ ବର୍ତ୍ତମାନର ଆନନ୍ଦାନୁଭୂତି ଓ ତୃପ୍ତି ସାଧନ (Gratifiction) ଗୁରୁତ୍ୱପୂର୍ଣ୍ଣ ହୋଇଥିବା ସ୍ଥଳେ ଭବିଷ୍ୟତର ଗତି ପାଇଁ ଆଶା ଓ ଆଶାବାଦୀ ଦୃଷ୍ଟିଭଙ୍ଗୀ ତାତ୍ପର୍ଯ୍ୟପୂର୍ଣ୍ଣ । ଆସ୍ଥା, ବିଶ୍ୱାସ, ଆଶା ଓ ଆଶାବାଦୀ ଦୃଷ୍ଟିଭଙ୍ଗୀରୁ ଭବିଷ୍ୟତରେ ସୁଖାନୁଭୂତି ସୃଷ୍ଟି ହୁଏ । ଆଶା (Hope) ଓ ଆଶାବାଦ (Optimism) ସମ୍ପର୍କରେ ଅଳ୍ପବହୁତେ ସମସ୍ତେ କିଛି ଜାଣନ୍ତି । ପୁସ୍ତକର ପରବର୍ତ୍ତୀ

ପର୍ଯ୍ୟାୟରେ ଆଶା ଓ ଆଶାବାଦ ସମ୍ପର୍କରେ ସୁବିସ୍ତୃତ ଆଲୋଚନାର ପରିକଳ୍ପନା ଥିବାରୁ ଏଠାରେ ପ୍ରସାରିତ ସୂଚନା ଦିଆଯାଉ ନାହିଁ।

ସଂକ୍ଷେପରେ ଆଶା ହେଉଛି ଗନ୍ତବ୍ୟ ସ୍ଥଳରେ ପହଞ୍ଚିବାର ବିଶ୍ୱାସ। ଏଥିରେ ଦୁଇଟି ଉପାଦାନ ଅନ୍ତର୍ଭୁକ୍ତ। ଗୋଟିଏ ହେଉଛି ଲକ୍ଷ୍ୟ ସାଧନ ପାଇଁ ଏକାଧିକ ମାର୍ଗର ପରିକଳ୍ପନା (Pathway Thinking)। ଅନ୍ୟଟି ହେଉଛି ସଫଳତା ସହ ଲକ୍ଷ୍ୟ ହାସଲ କରିବାର ମନୋବଳ । ସ୍ନାଇଡ଼ର ଏ ପରିକଳ୍ପନାର ଅଗ୍ରଣୀ ଗବେଷକ। ଏହା ସହଜରେ ଅନୁମେୟ ଯେ ଉଚ୍ଚତର ଆଶା ବହୁ କ୍ଷେତ୍ରରେ ସକାରାତ୍ମକ ଆବେଗ ଓ ସଫଳତାର କାରଣ ହୋଇଥାଏ । ଏ ଦୃଷ୍ଟିରୁ ଜୀବନର ସୁଖାନଭୂତି ସହିତ ଏହାର ସମ୍ପୃକ୍ତି ଖୁବ୍ ଗଭୀର।

ଆଶାବାଦୀ ଦୃଷ୍ଟିଭଙ୍ଗୀ (Optimism) ଅନ୍ୟ ଏକ ସମଧର୍ମୀ ପରିକଳ୍ପନା। ମାର୍ଟିନ୍ ସେଲିଗ୍‌ମ୍ୟାନ୍‌ଙ୍କ ରଚନା (Learned Optimism) (ଶିକ୍ଷାକୃତ ଆଶାବାଦିତା) ବୈଭବ ମନୋବିଜ୍ଞାନ ସାହିତ୍ୟର ଏକ ମୂଲ୍ୟବାନ ଗବେଷଣା ପୁସ୍ତକ। ଆଶାବାଦିତାର ସଂଜ୍ଞା, ଏହାର ପରିମାପ ଏବଂ ଏହାର ବିକାଶ ଦିଗରେ ପ୍ରୟୋଗାତ୍ମକ ପନ୍ଥାମାନ ଏ ପୁସ୍ତକରେ ବର୍ଣ୍ଣନା କରାଯାଇଛି । ସେଲିଗ୍‌ମ୍ୟାନ୍ ବର୍ଣ୍ଣିତ ପନ୍ଥାର ଅବଲମ୍ବନରେ କିପରି ସଫଳ ଉପଦେଶନ କାର୍ଯ୍ୟକ୍ରମ କରିପାରିଛନ୍ତି, ତାହାର ଦିଗଦର୍ଶନ ସମସ୍ତଙ୍କ ପାଇଁ ଅନୁମୋଦନର ସାମଗ୍ରୀ।

ଜୀବନର ସାମଗ୍ରିକ ସନ୍ତୋଷକୁ ଗଭୀର ଓ ଦୀର୍ଘସ୍ଥାୟୀ କରିବାକୁ ହେଲେ ସମୟ ତ୍ରିଭୁଜର ଅତୀତ, ବର୍ତ୍ତମାନ ଓ ଭବିଷ୍ୟତକୁ ଯଥାଯଥ ପରିଚାଳନା କରିବାକୁ ହେବ। ଆଲୋଚିତ ପନ୍ଥା ସକାରାତ୍ମକ ଆବେଗ ଓ ସନ୍ତୋଷ ପ୍ରଦାନ କରିବ।

ଚାରିତ୍ରିକ ସବଳତା

ପୂର୍ବ ଆଲୋଚନାରେ ସୁଖାନୁଭୂତିର ଯେଉଁ ସଂଜ୍ଞାର ପୁନରାବୃତ୍ତି କରାଯାଇଛି, ସେଥିରେ ଦୁଇଟି କେନ୍ଦ୍ରବିନ୍ଦୁ ସୁସ୍ପଷ୍ଟ । ଗୋଟିଏ ହେଉଛି ସକାରାତ୍ମକ ଆବେଗ (Positive emotion ବା affect) ଏବଂ ଅନ୍ୟଟି ହେଉଛି ଜୀବନର ଅର୍ଥପୂର୍ଣ୍ଣତା (Meaningfulness) । ପ୍ରଥମଟି ସହଜରେ ଅନୁମେୟ । ହସ, ଖୁସି ଓ ଆନନ୍ଦମୟ ମୁହୂର୍ତ୍ତସବୁର ଅନୁଭବ ବ୍ୟତିରେକ ସୁଖାନୁଭୂତିର ପରିକଳ୍ପନା ଅସମ୍ଭବ । ଦ୍ୱିତୀୟ କେନ୍ଦ୍ରବିନ୍ଦୁ ଅର୍ଥପୂର୍ଣ୍ଣତାକୁ କିଛି ପରିମାଣରେ ପ୍ରାଞ୍ଜଳ କରାଯାଇପାରେ ।

ସ୍ମରଣ କରାଯାଇପାରେ ଯେ ଅର୍ଥପୂର୍ଣ୍ଣତାକୁ ଗୁରୁତ୍ୱ ଦେଉଥିବା ସୁଖାନୁଭୂତିର ଏହି Eudaimonic ସଂଜ୍ଞାଟି ଆରିଷ୍ଟଟଲ୍‌ଙ୍କ ଗ୍ରୀକ୍ ପରମ୍ପରା ଉପରେ ଆଧାରିତ । ଖ୍ରୀଷ୍ଟପୂର୍ବ ଚତୁର୍ଥ ଶତକରେ ବିଶ୍ୱବିଶ୍ରୁତ ଗ୍ରୀକ୍ ଦାର୍ଶନିକ ଆରିଷ୍ଟଟଲ୍ ବିଶ୍ୱାସ କରୁଥିଲେ ଯେ ନୀତିଗତ ଆଦର୍ଶ ଜୀବନଯାପନ କରୁଥିବା ଲୋକମାନେ ହିଁ ସୁଖର ଅନୁଭବ ପାଆନ୍ତି । ଏ ଦୃଷ୍ଟିରୁ ସଦଗୁଣ-ପ୍ରେରିତ ଜୀବନ ଓ ସୁଖମୟ ଜୀବନ ଏକରକମ ସମାର୍ଥବୋଧକ ।

ଆଧୁନିକ ଯୁଗରେ ରିଫ୍‌ଙ୍କ (Ryff, 1998) ପରି ବୈଭବ ମନୋବିଜ୍ଞାନୀମାନେ ଏହି ଆରିଷ୍ଟଟଲୀୟ ବିଚାରଧାରାର ଅନୁକରଣରେ ସୁଖାନୁଭୂତିର ସଂଜ୍ଞା ନିର୍ଦ୍ଦେଶ କରିଛନ୍ତି । ଅବଶ୍ୟ ରିଫ୍ ଆରିଷ୍ଟଟଲ୍‌ଙ୍କ ମୂଳଭାବନାକୁ ଏକ ସଂପ୍ରସାରିତ ରୂପରେଖ ଦେଇ ଏହାର ଅନୁଭବକ୍ଷମ (Empirical) ଉପାଦାନମାନ ସ୍ପଷ୍ଟ କରିଛନ୍ତି । ରିଫ୍‌ଙ୍କ ମତରେ ଏପରି ସୁଖ ସଂଜ୍ଞାର ଉପାଦାନ ହେଉଛି : ସ୍ୱାଧୀନ ମନୋଭାବ, ପରିବେଶରେ ନିୟନ୍ତ୍ରଣଶୀଳତା ଅନୁଭବ, ଅନ୍ୟମାନଙ୍କ ସହ ସୁସମ୍ପର୍କ, ବ୍ୟକ୍ତିଗତ ବିକାଶ, ଅର୍ଥପୂର୍ଣ୍ଣତା ଏବଂ ଆତ୍ମସ୍ୱୀକୃତି । ଏହା ସ୍ପଷ୍ଟ ଯେ ଛ'ଟି ଉପାଦାନ ମଧ୍ୟରେ ଅର୍ଥପୂର୍ଣ୍ଣତା (Meaningfulness) ହେଉଛି ସଂଯୋଗକାରୀ ମୂଲ୍ୟବୋଧ । ସୁଖାନୁଭୂତିର ସଂଜ୍ଞା ଏହା ଉପରେ ଆଧାରିତ ।

ସୁଖାନୁଭୂତିର ଏହି ଦ୍ୱିତୀୟ ସଂଜ୍ଞାଟି ନୀତିଗତ ଜୀବନ ଓ ସଦ୍‌ଗୁଣ ଉପରେ ଆଧାରିତ ହୋଇଥିବାରୁ ବୈଭବ ମନୋବିଜ୍ଞାନୀମାନେ ମନୁଷ୍ୟର ସାମର୍ଥ୍ୟ ଓ ସଦାଚାର ବିଷୟରେ ପର୍ଯ୍ୟାପ୍ତ ଗବେଷଣା କରିଛନ୍ତି । ସଦ୍‌ଗୁଣର ବର୍ଗୀକରଣର ଏକ ପ୍ରୟାସ ସେଲିଗ୍‌ମ୍ୟାନ୍‌ଙ୍କ

ଅବଦାନ ପ୍ରସଙ୍ଗରେ ବ୍ୟକ୍ତିଗତ ପ୍ରାଚୁର୍ଯ୍ୟ (Signature Strength) ଶିରୋନାମା ମାଧ୍ୟମରେ ପୂର୍ବରୁ ଆଲୋଚିତ ହୋଇଛି । ଏଠାରେ କେତୋଟି ଚାରିତ୍ରିକ ସବଳତାର (Character Strength) ଆଲୋଚନା କରାଯାଇପାରେ । ସେଗୁଡ଼ିକ ହେଉଛି ପରୋପକାର, ଆଶାବାଦିତା, ସକାରାତ୍ମକ ଭାବନା ଏବଂ ମନସ୍ତାତ୍ତ୍ୱିକ ପ୍ରତ୍ୟାବର୍ତ୍ତନ (Psychological Resilience) ।

ଅନେକ ଲୋକ ଡାରଉଇନ୍‌ଙ୍କ ବିବର୍ତ୍ତନ ତଥ୍ୟର ଏକ ଭ୍ରମାତ୍ମକ ବିଚାର କରି କୌଣସି ଉପାୟରେ ନିଜକୁ ସୁରକ୍ଷିତ ରଖି ଆଗକୁ ଧସେଇ ପଶିବାର ମନୋଭାବର ଜୟଗାନ କରନ୍ତି । ପରୋକ୍ଷରେ ଆକ୍ରମଣାତ୍ମକ ବ୍ୟବହାରକୁ (Aggressive Behavior) ସେମାନେ ଗ୍ରହଣୀୟ ମନେ କରନ୍ତି । ଡାରଉଇନ୍ ଜୀବନ ସଂଗ୍ରାମ (Struggle for Existence) ଏବଂ ଯୋଗ୍ୟତମର ତିଷ୍ଠି ରହିବା (Survival of the Fittest) ନୀତିର ଜୟଯାତ୍ରା ଉଦ୍‌ଘୋଷଣ କରିଛନ୍ତି ବୋଲି ଯୁକ୍ତି ବାଢ଼ନ୍ତି । କିନ୍ତୁ ଏପରି ବିଚାର ତ୍ରୁଟିପୂର୍ଣ୍ଣ । ଜୀବଭିତ୍ତିକ (Biological) ସ୍ତରରେ କେତେକ ସାମର୍ଥ୍ୟ ଆମର ବିବର୍ତ୍ତନର ସହାୟକ ହୋଇ ପ୍ରସାରିତ ହେବା ସ୍ଥଳେ ନୈତିକ ଓ ସାମାଜିକ ସ୍ତରରେ ମଧ୍ୟ କେତେକ ଗୁଣାବଳୀ ଆମ ଉଦ୍‌ବର୍ତ୍ତନର ସହାୟକ ହୋଇଥାଏ । ଏପରି ଘଟୁ ନଥିଲେ ଆମେ ରୋଗୀମାନଙ୍କର ଚିକିତ୍ସାର ବ୍ୟବସ୍ଥା କରିବାର କାରଣ କ'ଣ ? ଶିଶୁ ଓ ବୃଦ୍ଧବୃଦ୍ଧାମାନଙ୍କର ଯତ୍ନ ନିଆଯିବାର କାରଣ କ'ଣ ? ସବୁପ୍ରକାର ନୈତିକ ଓ ସାମାଜିକ ସହାୟତା ମୂଳରେ ଦୁର୍ବଳକୁ ସାହାଯ୍ୟ ଦେବା ଏବଂ ଅକ୍ଷମର କ୍ଷମତା ବୃଦ୍ଧି କରିବା ଏକ ସାମାଜିକ ଦାୟିତ୍ୱ ।

କିଛି ଦଶକ ପୂର୍ବେ ଉଇଲ୍‌ସନ୍ (Wilson) ନାମକ ଜଣେ ପ୍ରଖ୍ୟାତ ଜୀବବିଜ୍ଞାନୀ (Sociobiology) ନାମକ ଏକ ପୁସ୍ତକ ରଚନା କରି ଚହଳ ସୃଷ୍ଟି କରିଥିଲେ । ବିଜ୍ଞାନାଗାରର ନିୟନ୍ତ୍ରିତ ପରିବେଶ ମଧ୍ୟରେ ମୂଷାମାନଙ୍କ ଉପରେ ଗବେଷଣା କରି ସେ ଦର୍ଶାଇଲେ ଯେ ସ୍ୱାର୍ଥତ୍ୟାଗ କରି ଅନ୍ୟକୁ ସାହାଯ୍ୟ କରିବାର (କୌଣସି ପ୍ରତିଉପକାରର ଆଶା ନ ରଖି) ପ୍ରବୃତ୍ତି ମଧ୍ୟ ବଂଶାନୁଗତ କ୍ରମରେ ଗୋଟିଏ ପୁରୁଷରୁ ଅନ୍ୟ ପୁରୁଷକୁ ଗତି କରିଥାଏ । ଏହା ଏକ ବିପ୍ଳବାତ୍ମକ ସିଦ୍ଧାନ୍ତ । କାରଣ ଡାରଉଇନ୍ ତତ୍ତ୍ୱ-ପ୍ରଭାବିତ ବହୁ ଲୋକଙ୍କର ବିଶ୍ୱାସ ଯେ ଆମର ଆକ୍ରମଣାତ୍ମକ ମାନସିକତା (Aggressive Behavior) ଆମ ଜୀବନଯାତ୍ରା ଅଧିକ ସହାୟକ ହୋଇଥିବାରୁ ଏହାର ବଂଶାନୁକ୍ରମିକତାର ସମ୍ଭାବନା ବେଶୀ । ମାତ୍ର ଉଇଲ୍‌ସନ୍‌ଙ୍କ ପରୀକ୍ଷା ଦର୍ଶାଇଲେ ଯେ ଆମର ସ୍ୱାର୍ଥତ୍ୟାଗ,

ଆମର ପରୋପକାର ମଧ୍ୟ ପ୍ରଗତିର ସହାୟକ ହୋଇଥିବାରୁ ଏହାର ମଧ୍ୟ ବଂଶାନୁଗତି (Heritability) ରହିଛି । ତାତ୍ତ୍ୱିକ ଦୃଷ୍ଟିକୋଣରୁ ଡାରୱଇନ୍‌ଙ୍କ ପ୍ରସାରିତ ଭୌତିକ ବିବର୍ତ୍ତନ (Physical Evolution) ଏବଂ ଉଇଲ୍‌ସନ୍‌ଙ୍କ ପ୍ରଦର୍ଶିତ ନୈତିକ ବିବର୍ତ୍ତନ (Evolution) ସମାନ୍ତରାଳ ଭାବରେ ଗତି କରିଥାଏ ।

କେବଳ ବଂଶାନୁଗତି ଦୃଷ୍ଟି କୋଣରୁ ନୁହେଁ, ଅନ୍ୟ ପଦ୍ଧତିରେ ମଧ୍ୟ ମଣିଷ ପରୋପକାର ଓ ନିଃସ୍ୱାର୍ଥ ସେବା ପରି ମହତ୍ ଗୁଣ ଶିକ୍ଷା କରିଥାଏ । ଐତିହାସିକ ଘଟଣାବଳୀକୁ ଭିତ୍ତି କରି ସ୍ୱତନ୍ତ୍ର ପ୍ରମାଣର ଉପସ୍ଥାପନ କରାଯାଇପାରେ ।

ଦ୍ୱିତୀୟ ବିଶ୍ୱଯୁଦ୍ଧ ସମୟରେ ଇହୁଦିମାନେ କିପରି ହିଟଲରଙ୍କ ନାରକୀୟ ଯନ୍ତ୍ରଣାର ଶରବ୍ୟ ହୋଇଥିଲେ, ତାହା ମାନବ ଇତିହାସର ଏକ କଳଙ୍କିତ ଅଧ୍ୟାୟ । ହିଟଲରଙ୍କ ନାଜୀ ସୈନକ ଓ ସେନାପତିମାନେ ଏହି ଯନ୍ତ୍ରଣାର ନାୟକ ଥିଲେ । ଏପରି ଅତ୍ୟାଚାରର ଶରବ୍ୟ ହୋଇ ୬୦ ଲକ୍ଷ ଇହୁଦି ଗ୍ୟାସ୍ କଠୋରୀ, ମୃତ୍ୟୁ ଶିବିର ଓ ଅନ୍ୟସବୁ ନାରକୀୟ ପଦ୍ଧତିରେ ମୃତ୍ୟୁବରଣ କଲେ । ବିଶ୍ୱଯୁଦ୍ଧ ଶେଷ ହେବା ପରେ ହିଟଲରଙ୍କ ପତନ ପରେ ଇହୁଦିମାନେ ସଙ୍ଗଠିତ ହୋଇ ନାଜୀ ଅତ୍ୟାଚାରୀମାନଙ୍କୁ ଖୋଜି ଖୋଜି ଠାବ କରିବାକୁ ଉଦ୍ୟମ କଲେ । ଯେଉଁମାନେ ଧରା ପଡ଼ିଲେ, ସେମାନଙ୍କର ବିଚାର କରାଯାଇ ନ୍ୟାୟୋଚିତ ଦଣ୍ଡ ବିଧାନର ବ୍ୟବସ୍ଥା କରାଗଲା । ଏପରି ପ୍ରକ୍ରିୟାର ଆଉ ଗୋଟିଏ କୌତୂହଳପୂର୍ଣ୍ଣ ଦିଗ ରହିଥିଲା ।

ଇହୁଦିମାନେ ଇଉରୋପର ବିଭିନ୍ନ ଦେଶରେ ବିକ୍ଷିପ୍ତ ଭାବରେ ରହୁଥିବାରୁ ନାଜୀ ଅତ୍ୟାଚାରର ସ୍ଥାନ ମଧ୍ୟ ବିକ୍ଷିପ୍ତ ଓ ପ୍ରସାରିତ ଥିଲା । ଏହା ଏକ ଐତିହାସିକ ସତ୍ୟ ଯେ ବିଶ୍ୱରେ ସହାନୁଭୂତିଶୀଳ ଓ ସମ୍ବେଦନଶୀଳ ଲୋକଙ୍କ ସଂଖ୍ୟା କମ୍ ହେଲେ ମଧ୍ୟ ବିରଳ ନୁହେଁ । ସୁତରାଂ ଇହୁଦିମାନଙ୍କୁ ଗୋଡ଼ାଇ ଗୋଡ଼ାଇ ନାଜୀ ଅତ୍ୟାଚାରୀ ଆକ୍ରମଣ କରୁଥିବା ସମୟରେ କେତେକ ଦୟାଶୀଳ ସହୃଦୟ ଲୋକ ନିଜ ଗୃହରେ ଇହୁଦିମାନଙ୍କୁ ଆଶ୍ରୟ ଦେଇଥିଲେ । ନାଜୀ ସୈନିକଙ୍କ ଦୃଷ୍ଟିରୁ ସେମାନଙ୍କୁ ବଞ୍ଚାଇ ରଖି ନିଜ ଗୃହରେ ଗୋପନରେ ଆଶ୍ରୟ ଦେଇଥିଲେ । ସେମାନଙ୍କ ନିଜ ଜୀବନ ଏଥିରେ ବିପଦାପନ୍ନ ହୋଇପାରେ ଏପରି ଆଶଙ୍କା ରହିଥିଲା । ତଥାପି କିଛି ଜର୍ମାନୀଲୋକ ଓ ଅନ୍ୟ ଇଉରୋପୀୟ ଦେଶର ଲୋକମାନେ ଏପରି ନିଃସ୍ୱାର୍ଥପର ଉପକାର କରିଥିଲେ । କହିବା ଅନାବଶ୍ୟକ ଯେ ଏପରି ସାହାଯ୍ୟ ପ୍ରଦାନ କରୁଥିବା ଲୋକମାନଙ୍କର ପିଲାମାନେ ଏସବୁ ଦେଖିଥିବେ ।

ଛୋଟ ବୟସରୁ ସେମାନଙ୍କ ପିତାମାତାଙ୍କ ନିସ୍ୱାର୍ଥପର ପରୋପକାର ଦୃଶ୍ୟ ସେମାନଙ୍କ ମନରେ ନିଶ୍ଚୟ ରେଖାପାତ କରିଥିବ।

ବର୍ତ୍ତମାନ ବିଶ୍ୱଯୁଦ୍ଧ ଓ ହିଟଲରଙ୍କ ପତନ ପରେ ସଙ୍ଗଠିତ ଭାବରେ ଇହୁଦିମାନେ ଧ୍ୱଂସକାରୀ ବ୍ୟକ୍ତି ବିଶେଷଙ୍କୁ ଯେପରି ଠାବ ଏବଂ ଚିହ୍ନଟ କରୁଥିଲେ, ସେହିପରି ଉପକାରୀ ଓ ସାହାଯ୍ୟକାରୀ ଲୋକମାନଙ୍କୁ ମଧ୍ୟ ଠାବ କଲେ। ସେମାନଙ୍କର ସନ୍ତାନସନ୍ତତି ଏହା ମଧ୍ୟରେ ବଡ଼ ହୋଇ ସାରିଥିଲେ। ଗବେଷକମାନେ ଲକ୍ଷ୍ୟକଲେ ଯେ ଅତି ଛୋଟ ଅବସ୍ଥାରେ ସେମାନଙ୍କର ପିତାମାତା ଯେଉଁ ସାହାଯ୍ୟ ସହାନୁଭୂତି ପ୍ରଦର୍ଶନ କରିଥିଲେ ତାହାର ପ୍ରଭାବ ଯଥେଷ୍ଟ ସୁଫଳ ଦେଇଛି। ବର୍ତ୍ତମାନ ବଡ଼ ହୋଇଥିବା ତରୁଣ ତରୁଣୀ ମଧ୍ୟ ସେମାନଙ୍କ ପିତାମାତାଙ୍କ ପରି ସ୍ନେହପ୍ରବଣ, ଦୟାଶୀଳ ଓ ସମ୍ବେଦନଶୀଳ ବ୍ୟକ୍ତିତ୍ୱର ଅଧିକାରୀ ହୋଇଛନ୍ତି। ନିଜର ସ୍ୱାର୍ଥକୁ ଖାତିର ନ କରି ଅନ୍ୟକୁ ସାହାଯ୍ୟ କରିବାର ମାନସିକତା ସେମାନଙ୍କ ମଧ୍ୟରେ ବିକଶିତ ହୋଇଛି।

ପର୍ଯ୍ୟବେକ୍ଷଣଲବ୍ଧ ଏହି ସିଦ୍ଧାନ୍ତ ଅତ୍ୟନ୍ତ ତାତ୍ପର୍ଯ୍ୟପୂର୍ଣ୍ଣ। ଭୟଭୀତ ଅବସ୍ଥାରେ ସେମାନଙ୍କ ପିତାମାତା ଦୁର୍ଦ୍ଦଶାଗ୍ରସ୍ତ ଇହୁଦିମାନଙ୍କୁ ଆଶ୍ରୟ ଦେଇଥିବାର ଚିତ୍ର ସେମାନଙ୍କ ଜୀବନକୁ ଗଭୀର ଭାବେ ପରିବର୍ତ୍ତିତ କରିଛି। ସୁତରାଂ କେବଳ ବଂଶାନୁଗତି ମାଧ୍ୟମରେ ନୁହେଁ, ଅନୁକରଣୀୟ ବ୍ୟକ୍ତିତ୍ୱର (Role Models) ପର୍ଯ୍ୟବେକ୍ଷଣ ମଧ୍ୟ ମନରେ ଏପରି ମାନସିକତାର ବୀଜ ବପନ କରେ।

ସକାରାତ୍ମକ ଚରିତ୍ର :

ବୈଭବ ମନୋବିଜ୍ଞାନରେ ସକାରାତ୍ମକ ଚରିତ୍ରର (Positive Character) ଭୂମିକା ସମ୍ପର୍କରେ ଆଲୋଚନା ଏକ ମୌଳିକ ଦିଗ ଓ ଏ ସମ୍ପର୍କରେ ଆଲୋଚନା ଏକ ମୌଳିକ ଓ ପ୍ରାରମ୍ଭିକ ଆବଶ୍ୟକତା। ଆରମ୍ଭରେ ଅନେକଙ୍କର ଧାରଣା ଜନ୍ମିପାରେ ଯେ ବୈଭବ ମନୋବିଜ୍ଞାନ ଏକ ନୀତିଶାସ୍ତ୍ର ନୁହେଁ। ସୁତରାଂ ବୈଭବ ମନୋବିଜ୍ଞାନ ପରି ଏକ ବିଜ୍ଞାନଭିତ୍ତିକ ଶୃଙ୍ଖଳାରେ ଖରାପ ଚରିତ୍ର ଓ ଭଲ ଚରିତ୍ର ପରି ପରିଭାଷାର ସ୍ଥାନ କେଉଁଠି ?

ଏହା ଅବଶ୍ୟ ସ୍ୱୀକାର୍ଯ୍ୟ ଯେ ଦୀର୍ଘ ଜୀବନ ଓ ସ୍ୱାସ୍ଥ୍ୟପୂର୍ଣ୍ଣ ଜୀବନର ଅନୁଶୀଳନ ବୈଭବ ମନୋବିଜ୍ଞାନର ଏକ ମୁଖ୍ୟ ଆଭିମୁଖ୍ୟ। କେଉଁ କେଉଁ ଉପାଦାନ ମଣିଷକୁ ଦୀର୍ଘାୟୁ କରେ ଏବଂ କେଉଁ କେଉଁ ଅବସ୍ଥା ଅଳ୍ପାୟୁ କରେ - ତାହାର ଅନୁସନ୍ଧାନ ବୈଭବ ମନୋବିଜ୍ଞାନରେ କରାଯାଇଛି।

ଭାରତ ପରି ବିରାଟ ଦେଶରେ ବିଭିନ୍ନ ଅଞ୍ଚଳରେ ଆୟୁର ତାରତମ୍ୟ ରହିଛି। ବିଭିନ୍ନ ରାଜ୍ୟରେ ଶିଶୁ ମୃତ୍ୟୁହାରର ପାର୍ଥକ୍ୟ ମଧ୍ୟ ରହିଛି। ଯୁକ୍ତରାଷ୍ଟ୍ର ଆମେରିକା ପରି ବିତ୍ତଶାଳୀ ରାଷ୍ଟ୍ରରେ ଲାସ୍ ଭେଗାସ୍ ପରି ବିଳାସବ୍ୟସନପୂର୍ଣ୍ଣ ନଗରୀରେ ହାରାହାରି ଆୟୁ ତାହାର ସନ୍ନିକଟବର୍ତ୍ତୀ ଉଟା (Utah) ରାଜ୍ୟ ହାରାହାରି ଆୟୁ ତୁଳନାରେ ବେଶ୍ କମ୍। କ'ଣ ହୋଇପାରେ ଏହାର କାରଣ ? ଏହାର ଗବେଷଣାଲବ୍ଧ ସଠିକ୍ ଉତ୍ତର ନଥିଲେ ମଧ୍ୟ ଅନ୍ୟ କେତେକ ସ୍ଥଳରେ ବିଜ୍ଞାନସମ୍ମତ ପଦ୍ଧତିର ପ୍ରୟୋଗ କରାଯାଇଛି। ପୂର୍ବରୁ ସୂଚିତ ହୋଇଥିବା ଗୀର୍ଜାର ସେବିକା ଅନୁଧ୍ୟାନ ଗୋଟିଏ ସୁନ୍ଦର ଦୃଷ୍ଟାନ୍ତ। ତରୁଣୀମାନେ ଗୀର୍ଜାର ସେବିକା କାର୍ଯ୍ୟରେ ପ୍ରବେଶ କରିବା ସମୟରେ ଲିଖିତ ଅଭିପ୍ରାୟକୁ (ଗୀର୍ଜାର ରେକର୍ଡ଼ ପ୍ରକୋଷ୍ଠରେ ସଂରକ୍ଷିତ ଥିବା) ଅନୁସନ୍ଧାନ କରି ଦେଖାଗଲା ଯେ କେତେକ ତରୁଣୀ ଆନନ୍ଦସୂଚକ ଆବେଗିକ ଶବ୍ଦର ବହୁଳ ବ୍ୟବହାର କରିଛନ୍ତି। ଏପରି ସକାରାତ୍ମକ ଆବେଗର ସୂଚନା ଦେଇଥିବା ସେବିକାମାନେ ଅଧିକ ଦିନ ବଞ୍ଚି ରହିଛନ୍ତି ଏବଂ ସୁଖମୟ ଜୀବନ ଯାପନ କରିଛନ୍ତି। ସେବିକାମାନେ ପ୍ରକାଶ କରିଥିବା ସକାରାତ୍ମକ ଆବେଗ ଓ ସ୍ମିତହସକୁ ଆକଳନ କରାଯାଇ ଖୁସି ଅଭିବ୍ୟକ୍ତିର ଏକ କ୍ରମାନ୍ୱୟ ତାଲିକା ପ୍ରସ୍ତୁତ କରାଗଲା । ପୁନଶ୍ଚ ଏହି ତାଲିକାର ସବା ଉପରେ ଥିବା ଏକଚତୁର୍ଥାଂଶ ତରୁଣୀମାନଙ୍କ ସହିତ ସବୁଠାରୁ ତଳେ ଥିବା ଏକ ଚତୁର୍ଥାଂଶ ସେବିକାଙ୍କ ଜୀବନର ତୁଳନାତ୍ମକ ବିଚାର କରାଗଲା। ଦେଖାଗଲା ଯେ ତାଲିକାର ଉପରେ ଥିବା ସେବିକାମାନଙ୍କ ମଧ୍ୟରୁ ପ୍ରାୟ ୯୦ ପ୍ରତିଶତ ସେବିକା ୮୫ ବର୍ଷରେ ଜୀବିତ ଥିବା ସ୍ଥଳେ ତାଲିକାର ନିମ୍ନରେ ଥିବା ସେବିକା ମଧ୍ୟରୁ ମାତ୍ର ୩୪ ପ୍ରତିଶତ ୬୦ ବୟସରେ ଜୀବିତ ରହିଛନ୍ତି। ପୁନଶ୍ଚ ତାଲିକାର ଉପର ଏକ ଚତୁର୍ଥାଂଶ ସ୍ଥାନ ପାଇଥିବା ସେବିକା ମଧ୍ୟରୁ ପ୍ରାୟ ୫୪ ପ୍ରତିଶତ ୯୪ ବର୍ଷ ବୟସରେ ଜୀବିତ ଥିବା ସ୍ଥଳେ ସର୍ବନିମ୍ନ ଏକ ଚତୁର୍ଥାଂଶ ତାଲିକାର ମାତ୍ର ୧୧ ପ୍ରତିଶତ ଏ ବୟସରେ ଜୀବିତ ଅଛନ୍ତି। ସୁତରାଂ ସକାରାତ୍ମକ ଆବେଗ ଓ ଆନନ୍ଦାନୁଭୂତି ଯେ ଦୀର୍ଘ ଆୟୁର ଏକ ବିଶିଷ୍ଟ ନିର୍ଦ୍ଧାରକ, ଏହା ଏକ ପ୍ରମାଣ-ପ୍ରତିଷ୍ଠିତ ସିଦ୍ଧାନ୍ତ।

ଅନ୍ୟ ଗୋଟିଏ ସମଧର୍ମୀ ଓ ବିଜ୍ଞାନ-ଭିତ୍ତିକ ଅନୁଧ୍ୟାନ ହେଉଛି ''ସ୍ମିତହାସ୍ୟର ଅନୁସନ୍ଧାନ''। ବିଂଶ ଶତକର ନବମ ଦଶକରେ ହାର୍କର ଓ କେଲମର୍ (Harker & Kelmer) ନାମକ ଦୁଇଜଣ ମନୋବିଜ୍ଞାନୀ ଏହି ଅନୁଧ୍ୟାନଟି କରିଥିଲେ। ସାଧାରଣତଃ ପାଶ୍ଚାତ୍ୟ ଦେଶର ବିଶ୍ୱବିଦ୍ୟାଳୟ ଓ ଉଚ୍ଚ ଶିକ୍ଷାନୁଷ୍ଠାନରେ ପ୍ରତିବର୍ଷ ଓ ପ୍ରତିଶ୍ରେଣୀର ଛାତ୍ରଛାତ୍ରୀମାନଙ୍କର ବାର୍ଷିକ ଫଟୋ-ପୁସ୍ତିକାର ବିଧି ରହିଛି। ଏହି ଦୁଇ ଗବେଷକ ଉଚ୍ଚ

ଶ୍ରେଣୀରେ ଅଧ୍ୟୟନ କରୁଥିବା କାଲିଫର୍ଣ୍ଣିଆ (ବର୍କେଲୀ) ବିଶ୍ୱବିଦ୍ୟାଳୟର ୧୪୧ ଜଣ ଛାତ୍ରଛାତ୍ରୀଙ୍କ ଫଟୋ ସଂଗ୍ରହ କଲେ ଏବଂ ସେମାନଙ୍କ ମୁଖରେ ଫୁଟି ଉଠିଥିବା ସ୍ମିତହସ କେତେ ଜୀବନ୍ତ ତାହାର ଆକଳନ କଲେ। ଗବେଷଣାରୁ ଦେଖାଗଲା ଯେ ଅକୃତ୍ରିମ ହସ ପ୍ରଦର୍ଶନ କରୁଥିବା ଛାତ୍ରଛାତ୍ରୀ ସେମାନଙ୍କର ଆଗାମୀ ଜୀବନରେ ଅଧିକ ସୁଖୀ ହେଉଛନ୍ତି। ସେମାନଙ୍କ ଦାମ୍ପତ୍ୟ ଜୀବନ ଅପେକ୍ଷାକୃତ ସ୍ଥିର ଓ ସୁଖମୟ। କୌତୂହଳର ବିଷୟ ଯେ ଶାରୀରିକ ଆକର୍ଷଣଶୀଳତାର ବିଚାରକୁ ବାଦ୍ ଦେଲେ ମଧ୍ୟ ସ୍ମିତହସର ସୁପ୍ରଭାବ ଅପରିବର୍ତ୍ତିତ ରହୁଛି। ଗବେଷଣାରେ ପ୍ରତିଭାଗୀ ଥିବା ମହିଳାମାନଙ୍କୁ ସେମାନଙ୍କର ୨୭ ବର୍ଷ, ୪୩ ବର୍ଷ ଓ ୫୨ ବର୍ଷ ବୟସ ସମୟରେ ସଂଯୋଗ ସ୍ଥାପନ କରାଗଲା। ସେମାନଙ୍କର ବୈବାହିକ ଜୀବନ, ସାମଗ୍ରିକ ଜୀବନରେ ସନ୍ତୋଷ ଓ ସୁଖାନୁଭୂତି ଆକଳନ କରାଗଲା। ଲକ୍ଷ୍ୟ କରାଗଲା ଯେ ସେମାନଙ୍କ ନିଷ୍କପଟ ଓ ବିମଳ ସ୍ମିତହସ ଏସବୁ ଉପାଦାନର ନିର୍ଭୁଲ ପୂର୍ବାନୁମାନ କରିପାରୁଛି।

ସେବିକା (ନନ୍ ଅନୁଧ୍ୟାନ) ଓ ସ୍ମିତହସ ସର୍ବେକ୍ଷଣର ଫଳାଫଳ ବହୁ ଦୃଷ୍ଟିରୁ ତାତ୍ପର୍ଯ୍ୟପୂର୍ଣ୍ଣ। ଭାବଗତ ଅନୁକୂଳତା (Positive Emotion) ପରି ଏକମାତ୍ର ସୂଚକ ଯେ ଆଗାମୀ ସୁଖମୟ ଜୀବନର ପୂର୍ବାନୁମାନ କରିଥାଏ, ଏପରି ସିଦ୍ଧାନ୍ତର ବ୍ୟବହାରିକ ମୂଲ୍ୟ କମ୍ ନୁହେଁ। ବର୍ତ୍ତମାନ ଯେଉଁ କେତୋଟି ପ୍ରଶ୍ନ ଆଲୋଡ଼ନ ସୃଷ୍ଟିକରେ ସେଗୁଡ଼ିକ ହେଉଛି :

୧. ସକାରାତ୍ମକ ଆବେଗ ଆମକୁ ଆନନ୍ଦାନୁଭୂତି ପ୍ରଦାନ କରିବା ବ୍ୟତୀତ ଅଧିକ କିଛି ଉପକାର କରିଥାଏ କି ?

୨. କେଉଁମାନେ ପ୍ରଚୁର ପରିମାଣରେ ଏପରି ଅନୁଭବର ଅଧିକାରୀ ହୁଅନ୍ତି ?

୩. ଆମ୍ଭେମାନେ କିପରି ଭାବରେ ଏପରି ସକାରାତ୍ମକ ଆବେଗ ଅନୁଭବର ଅଧିକାରୀ ହୋଇପାରିବୁ ?

ପୂର୍ବରୁ କୁହାଯାଇଛି ଉପର ତିନୋଟି ପ୍ରଶ୍ନର ସନ୍ତୋଷଜନକ ଉତ୍ତର ଆମ ପାଖରେ ନ ଥିଲା। ଗୋଟିଏ ପ୍ରଧାନ କାରଣ ହେଉଛି ଯେ ମନୋବିଜ୍ଞାନ ମୁଖ୍ୟତଃ ରୋଗକୈନ୍ଦ୍ରିକ ବା ଚିକିତ୍ସା-କୈନ୍ଦ୍ରିକ ଶୃଙ୍ଖଳା ରହିଥିଲା। ପ୍ରାୟ ଶହେଟି ବିଷାଦ-ଭିତ୍ତିକ ଗବେଷଣା ନିବନ୍ଧ ସ୍ଥାନରେ ଗୋଟିଏ ମାତ୍ର ଆନନ୍ଦ-କୈନ୍ଦ୍ରିକ ନିବନ୍ଧ ଗବେଷଣା ପତ୍ରିକାରେ ପ୍ରକାଶ ପାଉଥିଲା। ବର୍ତ୍ତମାନ ବୈଭବ ମନୋବିଜ୍ଞାନର ଉନ୍ମେଷ ଓ ବିକାଶ ଫଳରେ ଗବେଷଣା ଓ ଅନୁଧ୍ୟାନର ରୂପରେଖ ପରିବର୍ତ୍ତିତ ହେଉଛି।

ସୁଖ ଓ ଦୁଃଖର ମୁହୂର୍ତ୍ତଗୁଡ଼ିକ ବ୍ୟକ୍ତି କିପରି ବ୍ୟାଖ୍ୟା କରୁଛି ତାହା ଗୁରୁତ୍ୱପୂର୍ଣ୍ଣ । ଯୁକ୍ତରାଷ୍ଟ୍ର ଆମେରିକାର ପ୍ରିନ୍ସଟନ୍ ବିଶ୍ୱବିଦ୍ୟାଳୟର ସୁବିଖ୍ୟାତ ମନୋବିଜ୍ଞାନୀ ଡାନିଏଲ୍ କାନେମ୍ୟାନ୍ (Daniel Kahneman) ଗୋଟିଏ ସପରୀକ୍ଷଣ ବର୍ଣ୍ଣନା କରିଛନ୍ତି। ପେଟରୋଗର ଚିକିତ୍ସା ପାଇଁ ଚିକିତ୍ସାଳୟକୁ ଆସୁଥିବା ରୋଗିମାନଙ୍କୁ ସମୟ ସମୟରେ ଗୋଟିଏ ପରୀକ୍ଷା କରାଯାଏ । ସେମାନଙ୍କ ମଳଦ୍ୱାରରେ ଗୋଟିଏ ନଳୀ ଭର୍ତ୍ତି କରାଯାଇ ତାହାକୁ ତଳ ଉପର କରାଯାଏ। ଏହା ବେଶ୍ ଯନ୍ତ୍ରଣାଦାୟକ। ଗୋଟିଏ ସଂପରୀକ୍ଷଣରେ କାନେମ୍ୟାନ ୬୮୨ ଜଣ ରୋଗିଙ୍କୁ ଦୁଇଟି ଦଳରେ ବିଭକ୍ତ କଲେ। ଗୋଟିଏ ଦଳରେ ରୁଟିନ୍ ପରୀକ୍ଷା ମୁତାବକ ନଳୀଟି ଭର୍ତ୍ତି କରାଯାଇ ତଳ ଉପର କରାଗଲା। ଅନ୍ୟ ଦଳରେ ନଳୀଟି ଭର୍ତ୍ତି କରାଯାଇ ଗୋଟିଏ ମିନିଟ୍ ଅଧିକ ସମୟ ରଖାଗଲା, ମାତ୍ର ତଳ ଉପର କରାଗଲା ନାହିଁ। ପରବର୍ତ୍ତୀ ପର୍ଯ୍ୟାୟରେ ଆଉ ଥରେ ଏ ପରୀକ୍ଷାରେ ଅଂଶ ଗ୍ରହଣ କରିବାକୁ ସେଇ ୬୮୨ ଜଣ ରୋଗୀଙ୍କୁ ପଚରାଯିବାରୁ ଦ୍ୱିତୀୟ ଦଳର ରୋଗୀମାନଙ୍କ ମଧ୍ୟରୁ ଅଧିକାଂଶ ରାଜି ହେଲେ। ଏହାର କାରଣ ହେଉଛି ଯେ ଦ୍ୱିତୀୟ ଦଳର ରୋଗୀମାନେ ଗୋଟିଏ ମିନିଟ୍ ଅଧିକ ଅସ୍ୱସ୍ତିକର ଅନୁଭବ ମଧ୍ୟରେ ରହୁଥିଲେ ମଧ୍ୟ ଅନୁଭବର ଶେଷ ପର୍ଯ୍ୟାୟଟି ଏତେ ଯନ୍ତ୍ରଣା ଦାୟକ ନଥିଲା।

ଆଉ ଗୋଟିଏ ପରୀକ୍ଷାରେ ମାର୍ଟିନ ସେଲିଗ୍‌ମ୍ୟାନ୍ ଲୋକମାନଙ୍କୁ କହିଲେ ଯେ ସେ ଗୋଟିଏ ମେସିନ୍ ବାହାର କରିଛନ୍ତି। ନିଜକୁ ଏହି ମେସିନ୍ ସହିତ ସଂଯୁକ୍ତ କରି ମେସିନ୍‌ଟିକୁ ସକ୍ରିୟ କଲେ ଏହି ମେସିନ୍ ମସ୍ତିଷ୍କକୁ ଉଚ୍ଚକିତ (Stimulate) କରିବ ଏବଂ ସେମାନେ ଆନନ୍ଦର ଅନୁଭବ ପାଇବେ। ମେସିନ୍‌ଟି ବ୍ୟବହାର କରି ସେମାନେ ଆନନ୍ଦରେ ଜୀବନ କାଟିପାରନ୍ତି। କିନ୍ତୁ ଦେଖାଗଲା ଯେ ଅନେକ ଲୋକ ଏ ମେସିନ୍ ପାଖରେ ରଖିବାକୁ ଆଗ୍ରହ ଦର୍ଶାଉ ନାହାନ୍ତି। କୌଣସି କାରଣ ନ ଥାଇ କୌଣସି ଭିତ୍ତିଭୂମି ନ ଥାଇ ଆନନ୍ଦ ଅନୁଭବ କରିବା ଇଚ୍ଛା ସେପରି ବଳବତୀ ନୁହେଁ। ଦାବିଦାର ନ ହୋଇ ଆନନ୍ଦ ଗ୍ରହଣ କରିବାର ଆଗ୍ରହ ସଂଖ୍ୟା ବେଶୀ ନୁହେଁ।

ସହଜ ମାର୍ଗରେ ଆନନ୍ଦ ଅନୁଭବର (Short-Cuts to happiness) ହୁଏତ ରହିଛି। ବଜାରରେ ବୁଲିବା, ନିଶାସେବନ କରିବା, ଅଶ୍ଳୀଳ ଚଳଚ୍ଚିତ୍ର ଦେଖିବା, ବୁଦ୍ଧିହୀନ ଯୌନକର୍ମ ଇତ୍ୟାଦି ସାମୟିକ ଆନନ୍ଦ ଦେଇଥାଏ। ମାତ୍ର ଏସବୁ ପନ୍ଥା ଚିରନ୍ତନ

ସୁଖାନୁଭୂତିର ମାର୍ଗ ନୁହେଁ, ଚାରିତ୍ରିକ ବଳିଷ୍ଠତା ଉପରେ ହିଁ ଚିରନ୍ତନ ସୁଖାନୁଭୂତି ଆଧାରିତ ।

ପ୍ରକୃତ ଆନନ୍ଦାନୁଭୂତିର ଭିତ୍ତି କ'ଣ ? ଗୋଟିଏ ଉଦାହରଣ ଦ୍ୱାରା ଏହାକୁ ସ୍ପଷ୍ଟ କରାଯାଇପାରେ । ଥରେ ଗୋଟିଏ ଜୀପ୍‌ରେ ଅଳ୍ପ ବୟସର ତରୁଣ ତରୁଣୀ ଦ୍ରୁତଗତିରେ ଆଗେଇ ଯାଉଥିଲେ । ଗୋଟିଏ ଛକ ପାଖରେ ଜଣେ ଯୁବକ ଗାଡ଼ି ଚାଳକକୁ ଗାଡ଼ିଟିକୁ ବନ୍ଦ ରଖିବାକୁ କହିଲେ - ''ଛକଟି ପାର ହୋଇ ଅନ୍ୟପଟକୁ ଆସନ୍ତୁ; ମୁଁ ଅଳ୍ପ ସମୟ ପରେ ଆପଣମାନଙ୍କ ସହିତ ଯୋଗ ଦେବି ।'' ସମସ୍ତେ ଭାବିଲେ ଯୁବକ ଜଣକ ନିକଟସ୍ଥ ଦୋକାନରୁ କିଛି କିଣିବା ପରେ ଗାଡ଼ିକୁ ଚାଲିଆସିବେ । ମାତ୍ର ଦେଖାଗଲା ଯେ ଯୁବକ ଜଣକ ଜଣେ ଦୃଷ୍ଟିହୀନ ଲୋକକୁ ଲୋକଗହଳି କାଟି ଛକଟି ପାର କରାଇଦେଇ ଗାଡ଼ିକୁ ଫେରି ଆସିଛନ୍ତି । ମୁହଁରେ ତାଙ୍କର ସ୍ମିତହସ, ପ୍ରକୃତରେ ଏହା ହିଁ ଆନନ୍ଦାନୁଭୂତି । ଦୟା, ପରୋପକାର ଏବଂ ସେବାକର୍ମ ଉପରେ ପ୍ରତିଷ୍ଠିତ ଆନନ୍ଦ ହିଁ ଦୀର୍ଘସ୍ଥାୟୀ ଆନନ୍ଦ ।

ମନୁଷ୍ୟ ମଧ୍ୟରେ ଯେଉଁ ଚାରିତ୍ରିକ ବଳିଷ୍ଠତା ରହିଛି, ତାହାରି ଉପରେ ପ୍ରତିଷ୍ଠିତ ଆନନ୍ଦାନୁଭବ ହିଁ ଦୀର୍ଘସ୍ଥାୟୀ ସୁଖାନୁଭୂତି । ଅତୀତରେ ବହୁ ବିଜ୍ଞବ୍ୟକ୍ତି, ବହୁ କ୍ଲାସିକାଲ୍ ଗ୍ରନ୍ଥସମୂହ ଏବଂ ଚିନ୍ତାନାୟକ ମନୁଷ୍ୟ ଚରିତ୍ରର ବଳିଷ୍ଠ ଦିଗ ପ୍ରତି ଦୃଷ୍ଟି ଆକର୍ଷଣ କରିଛନ୍ତି । ଆରିଷ୍ଟଟଲ୍, କନ୍‌ଫୁସିଅସ୍ ଏବଂ ଆକୁଇନ୍‌ସ ଏହାର ଚର୍ଚ୍ଚା କରିଛନ୍ତି । ଜାପାନ୍‌ର ଯୋଦ୍ଧାମାନଙ୍କର ସାମୁରାଇ ପରମ୍ପରାର ଏପରି ଆଚରଣ ବିଧିର ଉଲ୍ଲେଖ ଅଛି । ଭାରତୀୟ ପରମ୍ପରାରେ ଶ୍ରୀମଦ୍ ଭଗବତ୍ ଗୀତାରେ ଉଚ୍ଚତର ମାନବିକ ଗୁଣର ପ୍ରାଞ୍ଜଳ ବର୍ଣ୍ଣନା ଦିଆଯାଇଛି ।

ବୈଭବ ମନୋବିଜ୍ଞାନର ପରିସର ମଧ୍ୟରେ ଅନୁରୂପ ପ୍ରୟାସ କରାଯାଇଛି । ବିଂଶ ଶତକର ନବମ ଦଶକରେ ମାର୍ଟିନ୍ ସେଲିଗ୍‌ମ୍ୟାନ୍ ଏବଂ ତାଙ୍କର ସହଯୋଗୀ ମନୋବିଜ୍ଞାନୀମାନେ ଦେଖିଲେ ଯେ ବ୍ୟକ୍ତିନିଷ୍ଠ ଗୁଣ ପ୍ରକାଶ କରୁଥିବା ଶବ୍ଦମାନଙ୍କର ସଂଖ୍ୟା (ଇଂରାଜୀ ଭାଷାରେ) ପ୍ରାୟ ୧୮,୦୦୦ ପାଖାପାଖି ରହିବ । ସେଲିଗ୍‌ମ୍ୟାନ୍ ସଦ୍‌ଗୁଣସମୂହର ଏକ ଯୁକ୍ତିଯୁକ୍ତ ବିଭାଗୀକରଣ ପ୍ରସ୍ତୁତ କରିବାକୁ ଉଦ୍ୟମ କଲେ । ମନୋଚିକିତ୍ସକମାନେ ସମ୍ମିଳିତ ଭାବରେ ଯେପରି ମାନସିକ ବିକୃତିର ଏକ ବିଜ୍ଞାନସମ୍ମତ ବର୍ଗୀକରଣ ପ୍ରସ୍ତୁତ କରିଛନ୍ତି ଏବଂ ଏହି ମାର୍ଗଦର୍ଶିକା ପୁସ୍ତକ (Diagnostic and Stastistical Manual ବା DSM5) ସମଗ୍ର ବିଶ୍ୱରେ ଅନୁସୃତ ହେଉଛି, ସେପରି

ସଦ୍‌ଗୁଣାବଳୀର ଏକ ବିଭାଗୀକରଣ ପ୍ରସ୍ତୁତ କରାଗଲା । ଏହାର ଫଳସ୍ୱରୂପ ସେଲିଗ୍‌ମ୍ୟାନ୍‌ ଯେଉଁ ବ୍ୟକ୍ତି ପ୍ରାଚୁର୍ଯ୍ୟ ବା Signature Strength ର ତାଲିକା ପ୍ରସ୍ତୁତ କଲେ ସେଥିରେ ଛ'ଟି ମୁଖ୍ୟ ବିଭାଗର ଗୁଣାବଳୀ ସ୍ଥାନ ପାଇଥିଲା । ସେ ଛ'ଟି ବିଭାଗ ହେଉଛି -

- ପ୍ରଜ୍ଞାସୂଚକ ସଦ୍‌ଗୁଣ
- ସାହସ ସମ୍ପର୍କିତ ସଦ୍‌ଗୁଣ
- ସଂପ୍ରୀତି ଓ ମାନବିକତା
- ନ୍ୟାୟ-ବିଷୟକ ଗୁଣାବଳୀ
- ମିତାଚାର
- ଆଧ୍ୟାତ୍ମିକତା ଓ ଅତିକ୍ରମଣ

(ସଦ୍‌ଗୁଣାବଳୀର ପୂରା ତାଲିକାଟି ବୈଭବ ମନୋବିଜ୍ଞାନର ଲକ୍ଷ୍ୟ ପ୍ରସଙ୍ଗରେ ସଦ୍‌ଗୁଣର ପର୍ଯ୍ୟାଲୋଚନା ଶିରୋନାମାରେ ପ୍ରଦତ୍ତ ହୋଇଛି ।)

ଉପର ଆଲୋଚନାର ଶେଷ ବକ୍ତବ୍ୟ ହେଉଛି ଆନନ୍ଦର ଅନୁଭବ ପାଇଁ ଅନେକଗୁଡ଼ିଏ ସହଜିଆ ପନ୍ଥା (ତାସ୍ ଖେଳିବା, ଦୂରଦର୍ଶନ ଦେଖିବା ଇତ୍ୟାଦି) ଥିଲେ ମଧ୍ୟ ଏହା ପ୍ରକୃତ ଓ ଦୀର୍ଘସ୍ଥାୟୀ ସୁଖର ମାର୍ଗ ନୁହେଁ। ସେଲିଗ୍‌ମ୍ୟାନ୍‌ଙ୍କ ପରିଭାଷାରେ ବ୍ୟକ୍ତିଗତ ପ୍ରାଚୁର୍ଯ୍ୟ (Signature Strength) ବା ସଦ୍‌ଗୁଣ-ପ୍ରେରିତ ଆନନ୍ଦାନୁଭୂତି ହିଁ ସୁଖର ନିଦର୍ଶନ ।

ନିଃସ୍ୱାର୍ଥପରୋପକାର :

ସଦ୍‌ଗୁଣର ତାଲିକା ଦୀର୍ଘ ହେବା ସ୍ୱାଭାବିକ । ସୁତରାଂ ପୁସ୍ତକର ସୀମିତ କଳେବର ମଧ୍ୟରେ ପ୍ରତିଟି ସଦ୍‌ଗୁଣର ପର୍ଯ୍ୟାଲୋଚନା ସମ୍ଭବ ନୁହେଁ । ଅଳ୍ପକେତୋଟି ମୁଖ୍ୟ ଚାରିତ୍ରିକ ବଳିଷ୍ଠତାର ଆଲୋଚନା କରାଯାଇପାରେ । ନିଃସ୍ୱାର୍ଥପର ଭାବରେ ଅନ୍ୟର ଉପକାର କରିବା (Altruism) ଏ ଧରଣର ଏକ ମହନୀୟ ଗୁଣ । ସମଗ୍ର ବିଶ୍ୱ ଇତିହାସରେ ମଦର ତେରେସାଙ୍କ ତ୍ୟାଗପୂତ ଜୀବନର ଅସଲ କଥା ଏବଂ ଓଡ଼ିଶା ଇତିହାସରେ ଦରଦୀ ଗୋପବନ୍ଧୁ ଦାସଙ୍କ ନିଃସ୍ୱାର୍ଥପର ସେବାର ଗରିମା କିଏ ବା ନ ଜାଣେ ?

ନିଃସ୍ୱାର୍ଥପର ପରୋପକାର ଦୈନନ୍ଦିନ ଜୀବନର ସାହଯ୍ୟ ପ୍ରଦାନ ବ୍ୟବହାରଠାରୁ ଭିନ୍ନ । ଅନେକସମୟରେ ଜଣେ ଅନ୍ୟକୁ ସାହାଯ୍ୟ କରିବା ସମୟରେ

ସାଧାରଣତଃ ପ୍ରତିଦାନର ଆଶା ଥାଏ। ଆମେ ଅନ୍ୟକୁ ସାହାଯ୍ୟ କଲେ ତା'ଠାରୁ ପ୍ରଶଂସା, ଅର୍ଥ କିମ୍ବା ସେହିପରି କିଛି ସାମଗ୍ରୀ ଲାଭ କରିବୁ ଏପରି ପ୍ରତିଦାନର ଆଶା ଥାଏ। ବଡ଼ ଧରଣର ସାହାଯ୍ୟ (ଯଥା : ପୋଖରୀରେ ବୁଡ଼ିଯାଉଥିବା ପିଲାକୁ ଉଦ୍ଧାର କରିବା) କରିବା ସମୟରେ ଆଶା ଥାଏ ଯେ ଖବର କାଗଜରେ କିମ୍ବା ରେଡ଼ିଓ ଅଥବା ଟେଲିଭିଜନର ସମ୍ବାଦ ପ୍ରସାରଣ ସମୟରେ ସାହାଯ୍ୟକାରୀର ନାମ ପ୍ରସାରଣ କରାଯିବ। ଅନ୍ୟ ପକ୍ଷରେ ନିଃସ୍ୱାର୍ଥପର ଉପକାର ସମୟରେ ପ୍ରତିଦାନର ଆଶା ନଥାଏ।

ପ୍ରତିଦାନର ଆଶା ନ ରଖି ନିଃସ୍ୱାର୍ଥପର ଭାବରେ ସାହାଯ୍ୟ ପ୍ରଦାନ କରିବା ଏକ ବିଶିଷ୍ଟ ଧରଣର ମାନବିକ ଚରିତ୍ର। ଏପରି ସାହାଯ୍ୟ କରିବା ସମୟରେ ସାହାଯ୍ୟକାରୀ ମନରେ ସମାନୁଭୂତି (Empathy) ସକ୍ରିୟ ଥାଏ। ସମାନୁଭୂତି ଫଳରେ ସାହାଯ୍ୟ ପ୍ରଦାନକାରୀ ବ୍ୟକ୍ତି ମାନସିକ ସ୍ତରରେ ସାହାଯ୍ୟ ନେଉଥିବା ବ୍ୟକ୍ତିର ସ୍ତରକୁ ଓହ୍ଲାଇ ଆସେ। ଜଣେ ଡାକ୍ତର ନିଃସ୍ୱାର୍ଥପର ଭାବରେ ଗୋଟିଏ ରୋଗୀର ଚିକିତ୍ସା କରୁଛନ୍ତି। ଏ କ୍ଷେତ୍ରରେ ଡାକ୍ତର ମନେ ମନେ ଭାବନ୍ତି : ''ମୁଁ ରୋଗୀ ହୋଇଥିଲେ ମୋର ନିଶ୍ଚୟ କଷ୍ଟକର ଅନୁଭୂତି ହୋଇଥାଆନ୍ତା।'' ଏପରି ସମାନୁଭୂତି ଉପକାର କରିବାର ମାନସିକତାକୁ ଦୃଢ଼ କରିଥାଏ।

ଅନ୍ୟ ବ୍ୟକ୍ତି କିମ୍ବା ଅନ୍ୟ ଏକ ଗୋଷ୍ଠୀର ମଙ୍ଗଳ ପାଇଁ କାର୍ଯ୍ୟ ବା ସାହାଯ୍ୟ କରିବା ଏପରି ନିଃସ୍ୱାର୍ଥପର ପରୋପକାର। ଏ ସମ୍ପର୍କରେ ଅଧିକ ଗବେଷଣା କରିଥିବା ପ୍ରଫେସର୍ ଡାନିୟଲ୍ ବ୍ୟାଟ୍‌ସନ୍ (Daniel Batson) ମତ ଦିଅନ୍ତି ଯେ ଏପରି ନିଃସ୍ୱାର୍ଥପର ଉପକାରରେ ନିମ୍ନ ସୂଚିତ ଉପାଦାନ ସ୍ଥାନ ପାଇ ନଥାଏ।

୧. ଅନେକ ହୁଏତ ଭୁଲବଶତଃ ଧାରଣା କରି ବସନ୍ତି ଯେ ସାହାଯ୍ୟ କରି ନ ପାରିଲେ ଆମ ମଧ୍ୟରେ ଏକ ଅସ୍ୱସ୍ତିବୋଧ ହୁଏ; ସମ୍ଭବତଃ ସେଥିପାଇଁ ଆମେ ଉପକାର କରିଥାଉ।

୨. ଆମ ମଧ୍ୟରେ ଉପୁଜୁଥିବା ଅପରାଧବୋଧ ଦୂର କରିବା ପାଇଁ ଆମେ ଅନ୍ୟକୁ ସାହାଯ୍ୟ କରୁ। (ଉଦାହରଣ : ଆମର ପଡ଼ୋଶୀ ଅର୍ଦ୍ଧଭୁକ୍ତ ରହୁଥିବା ବେଳେ ଆମେ ପୂରାପେଟ ଖାଇବୁ କିପରି ?)

୩. ଅନ୍ୟମାନଙ୍କଠାରୁ ପ୍ରଶଂସା, ସମ୍ମାନ ଓ ଅଭିନନ୍ଦନର ସୁଖ ପାଇବା ପାଇଁ ଆମେ ଉପକାର କରୁ।

ଅନ୍ୟ ଭାଷାରେ କହିଲେ ବୁଝାଯିବ ଯେ ନିଃସ୍ୱାର୍ଥପର ଉପକାର ମୁଖ୍ୟତଃ ସ୍ୱତଃସ୍ଫୁର୍ତ୍ତ । କିଛି ଲୋକଙ୍କର ଚାରିତ୍ରିକ ସବଳତା ସେମାନଙ୍କ ମନରେ ଦୟା, ସଂପ୍ରୀତି, ସହାନୁଭୂତି ଓ ସମ୍ବେଦନଶୀଳତାର ମଞ୍ଜି ବୁଣିଥାଏ । ସୁତରାଂ ସମାନୁଭୂତି ପ୍ରେରିତ ହୋଇ ସେମାନେ ପରୋପକାର କରନ୍ତି ।

ଅବଶ୍ୟ ଭାବଗତ ସମାନୁଭୂତି ସମସ୍ତେ ସମାନ ପରିମାଣରେ ଅନୁଭବ କରନ୍ତି ନାହିଁ । ଅନ୍ୟମାନେ ଦୁର୍ଦ୍ଦଶାଗ୍ରସ୍ତ ଏବଂ ଆମମାନଙ୍କର ସହାୟତା ଲୋଡ଼ନ୍ତି, ଏପରି ଦେଖିଲା ପରେ ସମାନୁଭୂତି (Empathy) ସକ୍ରିୟ ହୁଏ । ଅତ୍ୟାଧୁନିକ ସ୍ନାୟୁବିଜ୍ଞାନର ଗବେଷଣା ଦର୍ଶାଇଥାଏ ଯେ ମସ୍ତିଷ୍କର ଦର୍ପଣ ସ୍ନାୟୁ (Mirror Neuron) ନାମକ ଏକ ଅଂଶବିଶେଷ ଦୁର୍ଦ୍ଦଶା ଦେଖୁଥିବା ଲୋକକୁ ଦୁର୍ଦ୍ଦଶା ଭୋଗୁଥିବା ଲୋକମାନଙ୍କର ମାନସିକ ଚିତ୍ର ପ୍ରଦାନ କରେ । ଅବଶ୍ୟ ସବୁ ମଣିଷର ଏପରି ଦର୍ପଣ ସ୍ନାୟୁ ଥିଲେ ମଧ୍ୟ ସମସ୍ତେ ସମାନ ପରିମାଣରେ ସେବାପ୍ରବୃତ୍ତ ହୁଅନ୍ତି ନାହିଁ ।

ପୂର୍ବରୁ ହିଟଲରଙ୍କ ନାରକୀୟ ଅତ୍ୟାଚାର ସମୟରେ ଦୟାପ୍ରବଣ ସମ୍ବେଦନଶୀଳ ଜର୍ମାନୀ ଅଧିବାସୀ ନିଜ ଜୀବନ ହାନିର ଆଶଙ୍କା ଥାଇ ମଧ୍ୟ ବିପଦଗ୍ରସ୍ତ ଇହୁଦିଙ୍କୁ ଆଶ୍ରୟ ଦେବାର କଥା କୁହାଯାଇଛି । ଏହା ସହଜରେ ଅନୁମେୟ ଯେ ଅଳ୍ପ ବୟସରେ ନିଜର ପିତାମାତାଙ୍କର ନିଃସ୍ୱାର୍ଥପର ପରୋପକାର ଦେଖିଥିବା ପିଲାମାନେ ସେମାନଙ୍କର ପରିଣତ ବୟସରେ ଅନୁରୂପ ଆଦର୍ଶ ଦର୍ଶାଇବାର ସମ୍ଭାବନା ଅଧିକ । ଏ ପ୍ରସଙ୍ଗରେ ବିଶ୍ୱବିଶ୍ରୁତ ମନୋବିଜ୍ଞାନୀ ଆଲବର୍ଟ ବାନ୍ଦୁରାଙ୍କ ପରିକଳ୍ପନା ପର୍ଯ୍ୟବେକ୍ଷଣ ଶିକ୍ଷଣର (Observational Learning ବା Social learning) ଗୁରୁତ୍ୱ ଉଲ୍ଲେଖଯୋଗ୍ୟ । ଏପରି ସାମାଜୀକରଣ (Socialization) ବୀଜ ବପନ କରିଥାଏ । ଏହା କ୍ରମଶଃ ସମାଜକଲ୍ୟାଣମୁଖୀ (Prosocial Personality) ବ୍ୟକ୍ତିତ୍ୱର ରୂପ ନିଏ । ଏପରି ବ୍ୟକ୍ତିତ୍ୱସମ୍ପନ୍ନ ଲୋକେ ନିଃସ୍ୱାର୍ଥ ଉପକାର (Altruism) ଦର୍ଶାଇବାର ପ୍ରବଣତା ଖୁବ୍ ଅଧିକ ।

ପାରିବାରିକ ଲାଳନପାଳନ ମଧ୍ୟରେ ଏପରି ସମାଜ-କଲ୍ୟାଣମୁଖୀ ବ୍ୟକ୍ତିତ୍ୱ (Prosocial Personality) ବିକଶିତ ହେବାର ସମ୍ଭାବନା ରହିଛି । ପରିବାରରେ ପିତାମାତା ସ୍ନେହଶୀଳ ହୋଇଥିଲେ ସେମାନଙ୍କର ସନ୍ତାନସନ୍ତତି ପ୍ରତି ଶ୍ରଦ୍ଧା ଓ ଅନ୍ତରଙ୍ଗତା (Attachment) ଏପରି ପରିବେଶ ଗଠନ କରେ । ଅନ୍ୟସବୁ ବୟସ୍କ ବ୍ୟକ୍ତି ଏବଂ ଯତ୍ନକାରୀ ଅନୁରୂପ ଭାବରେ ଶ୍ରଦ୍ଧାଶୀଳତାର ଅଧିକାରୀ ହୋଇଥିଲେ ସେମାନେ ମଧ୍ୟ

ପିତାମାତାଙ୍କ ପରି ଅନୁକରଣୀୟ ବ୍ୟକ୍ତିତ୍ୱର (Role Models) ଭୂମିକା ନିର୍ବାହ କରନ୍ତି । ବଡ଼ମାନଙ୍କର ନିଃସ୍ୱାର୍ଥ ଉପକାର, ସେମାନଙ୍କର ନୈତିକ ଆଚରଣର ପର୍ଯ୍ୟାପ୍ତ ନମୁନା ଏବଂ ସାମାଜିକ କାର୍ଯ୍ୟକଳାପ ପିଲାମାନଙ୍କୁ ଅଭିପ୍ରେରିତ କରାଏ। ଆମ୍ଭେମାନେ କାହିଁକି ଅନ୍ୟର ଉପକାର କରିବା ଉଚିତ, ଏ ସମ୍ପର୍କରେ ସେମାନଙ୍କର ପ୍ରଶିକ୍ଷଣ ପିଲାମାନଙ୍କୁ ଅଧିକ ପ୍ରରୋଚିତ କରେ। ପିଲାମାନଙ୍କର ନୈତିକ ବିକାଶର ଏପରି ସାମାଜୀକରଣର ଗୁରୁତ୍ୱ ବିଶିଷ୍ଟ ମନୋବିଜ୍ଞାନୀ କୋଲ୍‌ବର୍ଗ (Kohlberg) ତାଙ୍କର ନୈତିକ ବିକାଶ ତତ୍ତ୍ୱରେ ସୂଚନା ଦେଇଛନ୍ତି। ପଞ୍ଚ ବୃହତ୍ ଉପାଦାନର (Five Big Factors of Personality) ପ୍ରତିପାଦକ ମାକ୍ରେ ଓ କୋଷ୍ଟା ଏପରି ବ୍ୟକ୍ତିତ୍ୱ ତାଙ୍କର ସହମତି (Agreableness) ଉପାଦାନରେ ସ୍ଥାନିତ କରିଛନ୍ତି। ସ୍ଥୂଳତଃ ନିଃସ୍ୱାର୍ଥପର ଭାବରେ ଅନ୍ୟର ଉପକାର କରିବାର ଏକ ଉଚ୍ଚ ମାନସିକତା ବିକଶିତ ବ୍ୟକ୍ତିତ୍ୱର ଏକ ସୁଗଠିତ ଉପାଦାନ।

ପରୋପକାର ମାନସିକତାର ବିକାଶ : ସମାଜ ମଙ୍ଗଳମୁଖୀ ବ୍ୟକ୍ତିତ୍ୱ ତଥା ନିଃସ୍ୱାର୍ଥପର ପରୋପକାର ମନୋଭାବର ବିକାଶ ସମ୍ପର୍କରେ ପ୍ରାଞ୍ଜଳ ବର୍ଣ୍ଣନା ଦିଆଯାଇଛି । ଉପାଦେୟ ସାମାଜୀକରଣ (Socialization) ଏ ଦିଗରେ କିପରି ବଳିଷ୍ଠ ଭୂମିକା ଗ୍ରହଣ କରେ ତାହାର ସୂଚନା ଦିଆଯାଇଛି। ବିଶେଷତଃ ପରିବାରରେ ପିତାମାତାଙ୍କ ଆଦର୍ଶ ବ୍ୟବହାର ଏବଂ ପିଲାମାନଙ୍କୁ ବୁଝାଇବାରୁ ପ୍ରୟାସ ଏ ଦିଗରେ ସହାୟକ ଭୂମିକା ନିଏ। ନିକଟସ୍ଥ ପରିବେଶର ଅନ୍ୟମାନେ ମଧ୍ୟ ଏ କ୍ଷେତ୍ରରେ ଅନୁକରଣୀୟ ବ୍ୟକ୍ତିତ୍ୱ ବା Role Models ହୋଇ ପାରନ୍ତି। ଏପରି ପ୍ରାରମ୍ଭିକ ପ୍ରସ୍ତୁତି ନେଇ ବ୍ୟକ୍ତି ଏହି ମହତ୍‌ଗୁଣର ଅଧିକାରୀ ହୋଇଥାଏ । ଏତଦ୍ ବ୍ୟତୀତ ଅନ୍ୟ କେତୋଟି ସହାୟକ ବ୍ୟବସ୍ଥାର ସୂଚନା ଦିଆଯାଇପାରେ।

ପରୋପକାର ପରି ଚାରିତ୍ରିକ ବଳିଷ୍ଠତାର ବିକାଶ ପାଇଁ ଗୋଟିଏ ବିଶେଷ ମାର୍ଗ ହେଉଛି ଗୋଷ୍ଠୀ ବା ସମାଜରେ ବିଭିନ୍ନ ଧରଣର ସ୍ୱେଚ୍ଛାସେବୀ କାର୍ଯ୍ୟରେ ନିଜର ସମ୍ପୃକ୍ତି । ବଡ଼ମାନେ ଅନେକ ସମୟରେ କିଶୋର କିଶୋରୀ ଏବଂ ତରୁଣ ତରୁଣୀଙ୍କୁ ସମାଜର ଜନହିତକର କାର୍ଯ୍ୟରେ ନିୟୋଜିତ କରିପାରନ୍ତି। ବିଦ୍ୟାଳୟର ବିଭିନ୍ନ କାର୍ଯ୍ୟକ୍ରମରେ, ଗୋଷ୍ଠୀର ବିଭିନ୍ନ ଉତ୍ସବ ସମୟରେ ତଥା ସମଷ୍ଟିଗତ ଦୁର୍ବିପାକ (ବନ୍ୟା ମରୁଡ଼ି, ବାତ୍ୟା ଭୂମିକମ୍ପ ଇତ୍ୟାଦି) ସମୟରେ ପୁନର୍ଗଠନ କାର୍ଯ୍ୟରେ ସାହଯ୍ୟ କରିବା ମାଧ୍ୟମରେ ଏପରି ଉଚ୍ଚତର ମାନସିକତାର ବିକାଶ ଘଟେ। ଏତଦ୍‌ବ୍ୟତୀତ ଭିନ୍ନକ୍ଷମ ପିଲାଙ୍କୁ ସାହାଯ୍ୟ କରିବା, ଭିନ୍ନକ୍ଷମ ଲୋକଙ୍କର ଥାଇଥାନ, ବଡ଼ ଧରଣର ସମାଜ ମଙ୍ଗଳ କାର୍ଯ୍ୟ ପାଇଁ ପାଣ୍ଠି ସଂଗ୍ରହ କାର୍ଯ୍ୟରେ ଯୋଗଦାନର ପ୍ରକ୍ରିୟା ପରାର୍ଥ ପ୍ରବୃତ୍ତିକୁ ବିକଶିତ କରେ।

ସମାନୁଭୂତି ଓ ନିଃସ୍ୱାର୍ଥପର ସେବା ମନୋଭାବ ବିକାଶର ଅନ୍ୟ ଗୋଟିଏ ମାର୍ଗ ହେଉଛି ଦୁର୍ଦ୍ଦଶାଗ୍ରସ୍ତ ଓ ଅସହାୟ ବ୍ୟକ୍ତିମାନଙ୍କ ସହିତ ଏକାଠି ହେବାର ପରିବେଶ ମଧ୍ୟରେ ପ୍ରବେଶ କରିବା। ଅନେକ ସମୟରେ ସାଧାରଣ ଲୋକେ ନିଜ ଘର ଓ ପରିବେଶର ସୁରକ୍ଷା ବଳୟ ମଧ୍ୟରେ ବାନ୍ଧି ହୋଇ ଅନ୍ୟର ଦୁଃଖକଷ୍ଟ ବୁଝିବାର ଓ ଅନୁଭବ କରିବାର ସୁଯୋଗ ପାଇନଥାନ୍ତି। କିନ୍ତୁ ଅନ୍ୟର ଦୃଷ୍ଟିଭଙ୍ଗୀ ସଂସ୍ପର୍ଶରେ ଆସିଲେ ଧୀରେ ଧୀରେ ବୁଝାମଣା ବଢ଼ିଥାଏ। ବ୍ୟବସାୟିକ ଅନୁଷ୍ଠାନ ସମେତ ବିଭିନ୍ନ ସଂସ୍ଥା ଓ ଅନୁଷ୍ଠାନରେ ଆଜିକାଲି କର୍ପୋରେଟ୍ ସାମାଜିକ ଦାୟିତ୍ୱ (Corporate Social Responisbility) ପ୍ରକଳ୍ପ କାର୍ଯ୍ୟକାରୀ ହେଉଛି। ଏହି ପ୍ରକଳ୍ପ ଅନୁଯାୟୀ ସଂସ୍ଥା ସେମାନଙ୍କ ମୂଳଧନର ଗୋଟିଏ ଅଂଶ ଜନମଙ୍ଗଳ କାର୍ଯ୍ୟରେ ବ୍ୟୟ କରିବାର ବିଧି ରହିଛି। ଉଦାହରଣ ସ୍ୱରୂପ, ଗୋଟିଏ ସଂସ୍ଥା ତାହାର ନିକଟରେ ଥିବା ବସ୍ତି ଅଞ୍ଚଳର ପରିଷ୍କାର ପରିଚ୍ଛନ୍ନତା କାର୍ଯ୍ୟ ହାତକୁ ନେଇଛି। ଏପରିସ୍ଥଳେ ସଂସ୍ଥାଟିର ଯେଉଁ କୋଡ଼ିଏ ପଚଶ ଜଣକୁ ଏପରି ଦାୟିତ୍ୱ ଦିଆଯାଇଛି ସେମାନେ ନିଶ୍ଚୟ ଅନ୍ତର୍ଦୃଷ୍ଟି ଲାଭ କରିବେ। ଦରିଦ୍ର ଲୋକମାନେ କିପରି ଅବହେଳିତ ଅବସ୍ଥାରେ ଅଛନ୍ତି, ତାହାର ଚାକ୍ଷୁଷ ପ୍ରମାଣ ଓ ଅନୁଭବ ପାଇଲାପରେ ସେମାନଙ୍କ ମନରେ ସେବା ମନୋଭାବ ଅଙ୍କୁରିତ ହେବ।

ସାମାଜିକ ଅନ୍ୟାୟର ଶିକାର ହୋଇଥିବା ଲୋକମାନଙ୍କର ଅଧିକାର, ଶିଶୁ ଅଧିକାର, ନାରୀମାନଙ୍କର ସଶକ୍ତିକରଣ ଏବଂ ଏହିପରି ସବୁ ଆନ୍ଦୋଳନରେ ସ୍ୱେଚ୍ଛାସେବୀ ରୂପେ କାମ କରିଥିବା ଲୋକମାନଙ୍କ ସମ୍ପର୍କରେ ବୈଭବ ମନୋବିଜ୍ଞାନୀମାନେ ଅନୁସନ୍ଧାନ କରିଛନ୍ତି। ବ୍ୟାଟ୍‌ସନ୍ (Batson) ଏ ଦିଗରେ ଜଣେ ଅଗ୍ରଣୀ ଗବେଷକ। ସେମାନେ ଲକ୍ଷ୍ୟ କରିଛନ୍ତି ଯେ କେତେକ ଲୋକ ବେଶ୍ ପରିମାଣରେ ଉଚ୍ଚତର ମୂଲ୍ୟବୋଧ ଦ୍ୱାରା ଅନୁପ୍ରାଣିତ। ବିଭିନ୍ନ ଧରଣର ମାନବିକ ଅଧିକାର ପାଇଁ ନିଃସ୍ୱାର୍ଥପର ଭାବରେ ସଂଗ୍ରାମ କରୁଥିବା ନିଃସ୍ୱାର୍ଥପର ଜନ ସେବକମାନେ ଏ ଧରଣର। ସୁତରାଂ ଅନ୍ତର୍ନିହିତ ସେବା ମୂଲ୍ୟବୋଧ ନିଃସ୍ୱାର୍ଥପର ଉପକାରର ଏକ ବଳିଷ୍ଠ ନିର୍ଦ୍ଧାରକ ହୋଇଥାଏ।

ପରୋପକାର ବ୍ୟବହାରର ପରିମାପ : ପରୋପକାର ମନୋଭାବକୁ ପରିମାଣାତ୍ମକ ରୂପରେଖ ଦେବା ପାଇଁ ଅନେକ ପ୍ରୟାସ ହୋଇଛି। ତେବେ ଏଠାରେ ଗୋଟିଏ ଦୃଷ୍ଟାନ୍ତମୂଳକ ପରିମାପକର ଅବତାରଣା କରାଯାଇପାରେ। ଆମେରିକା ମନୋବିଜ୍ଞାନ ପରିଷଦର ୧୦୬ତମ ବାର୍ଷିକ ସମ୍ମିଳନୀରେ (୧୯୯୮) ଉପସ୍ଥାପିତ ହୋଇଥିବା ଗାରୀ ନିକେଲ୍‌ଙ୍କ (Gary Nickel) ପରିମାପକଟି ନିମ୍ନରେ ଦିଆଯାଇଛି।

ଏହା ଗୋଟିଏ ଦକ୍ଷତାସୂଚକ ପରିମାପକ ନୁହେଁ। ଆପଣ ପରିବେଶକୁ କିପରି ଅନୁଭବ କରନ୍ତି, ତାହା ଜାଣିବା ପାଇଁ ନିମ୍ନରେ କେତୋଟି ବାକ୍ୟ ଦିଆଯାଇଛି। କିଛି ଠିକ୍ କିମ୍ବା ଭୁଲ୍ ଉତ୍ତର ନାହିଁ। ପ୍ରତିଟି ବାକ୍ୟ ଭଲ ରୂପେ ପଢ଼ନ୍ତୁ। ନିଜର ରାଜି କିମ୍ବା ଅରାଜି ସୂଚାଇବା ପାଇଁ ନିମ୍ନମତେ ସଂଖ୍ୟା ବ୍ୟବହାର କରି ଆପଣଙ୍କ ମତାମତ ବ୍ୟକ୍ତ କରନ୍ତୁ।

୧. ଦୃଢ଼ଭାବରେ ଅମତ

୨. ଅମତ

୩. ଅମତ କି ଏକମତ କହିହେବ ନାହିଁ

୪. ଏକମତ

୫. ଦୃଢ଼ ଭାବରେ ଏକମତ।

୧. ଅନ୍ୟକୁ ସାହାଯ୍ୟ କରିବା ସମୟର ଅପଚୟ।

୨. ସୁଯୋଗ ମିଳିଲେ ଅସୁବିଧାରେ ଥିବା ଲୋକଙ୍କୁ ମୁଁ ସାହାଯ୍ୟ କରି ଖୁସୀ ହୁଏ ।

୩. ମୁଁ କାହାର ପଡ଼ିଥିବା ପଇସା ପାଇଲେ ଫେରାଇଦେବାର ଚେଷ୍ଟା କରିବି।

୪. ସାଙ୍ଗସାଥୀ ଓ ପରିବାରର କୌଣସି ସଦସ୍ୟଙ୍କୁ ସାହାଯ୍ୟ କରିବାରେ ମୁଁ ଗଭୀର ଆନନ୍ଦ ପାଏ।

୫. କାହାର ଡାକ୍ତରଖାନା ଯିବାର ଥିଲେ ତାଙ୍କ ସହିତ ଯିବାର ଅଡୁଆକୁ ମୁଁ ଏଡ଼ାଇଯାଏ ।

୬. ଦରକାର ବେଳେ ଅନ୍ୟକୁ ସାହାଯ୍ୟ କରିବା ଆନନ୍ଦଦାୟକ।

୭. ସ୍ୱେଚ୍ଛାସେବୀର କାମର ପରିଣତି ଭଲ।

୮. ବାଟ ଭୁଲି ଯାଇଥିବା ଲୋକଙ୍କୁ ବାଟ ବତାଇବାରେ ମୋର ବିଶେଷ ଆଗ୍ରହ ନ ଥାଏ।

୯. ସ୍ୱେଚ୍ଛାସେବୀ କାମ ଆନନ୍ଦଦାୟକ।

୧୦. ସମାଜ ମଙ୍ଗଳ କାର୍ଯ୍ୟ ପାଇଁ ମୁଁ ପ୍ରତି ମାସର ଅର୍ଥ କିମ୍ବା ସମୟ ଦେଇଥାଏ।

୧୧. ମୋର ପରିବାରର ଅଂଶ ହୋଇ ନଥିଲେ ବୟସ୍କମାନଙ୍କୁ ସାହାଯ୍ୟ କରିବା ମୋର କାମ ନୁହେଁ।

୧୨. ପିଲାମାନାଙ୍କୁ ପରୋପକାରର ମହତ୍ତ୍ୱ ଶିକ୍ଷାଦେବା ଉଚିତ।

୧୩. ମୁଁ ମୋର ମୃତ୍ୟୁ ପରେ ମୋ ଶରୀରର କୌଣସି ଏକ ଅଂଶ ଚିକିତ୍ସାଳୟକୁ ଦାନ କରିବାକୁ ଚାହେଁ।

୧୪. ମୁଁ ରହୁଥିବା ଅଞ୍ଚଳର ଗୋଷ୍ଠୀ ବା ସ୍କୁଲର କିଛି ଉନ୍ନତିମୂଳକ କାର୍ଯ୍ୟରେ ମୁଁ ସକ୍ରିୟ ଅଂଶ ନିଏ।

୧୫. ଅନ୍ୟକୁ ସାହାଯ୍ୟ କଲେ ମୁଁ ଖୁସୀ ହୁଏ।

୧୬. ମୋ ଧାଡ଼ିର ଆଗରେ ଥିବା ଲୋକର ଅଳ୍ପ କିଛି ଖୁଚୁରା ପଇସା ଆବଶ୍ୟକ ହେଲେ ମୁଁ ଦେଇଦେବି।

୧୭. ମୁଁ ଗୋଟିଏ ଅଭାବୀ ଲୋକକୁ ସାହାଯ୍ୟ କରିଛି, ଏ କଥା ଭାବି ମୁଁ ଗର୍ବ ଅନୁଭବ କରେ।

୧୮. ସାହାଯ୍ୟ କଲେ ଲୋକେ ପରନିର୍ଭରଶୀଳ ହୋଇ ଅଳସୁଆ ହୁଅନ୍ତି ।

୧୯. ବିଶେଷ ଦାନଦକ୍ଷିଣାରେ ମୋର ବିଶ୍ୱାସ ନାହିଁ।

୨୦. ଦରିଦ୍ର ଲୋକଙ୍କୁ ସାହାଯ୍ୟ କରିବା ଉଚିତ କାର୍ଯ୍ୟ।

ବ୍ୟାଖ୍ୟା : ବାକ୍ୟ ନମ୍ବର ୧, ୫, ୮, ୧୧, ୧୮ ଓ ୧୯ ପରୋପକାର ବିପରୀତ ଦିଗରେ ରହିଛି। ସୁତରାଂ ଏହାର ଫଳାଙ୍କ ସ୍ଥିର କଲାବେଳେ ବିପରୀତ ଦିଗରେ ହିସାବ କରନ୍ତୁ, ଅର୍ଥାତ୍ '୧' ସୂଚିତ ହୋଇଥିଲା ତାହାକୁ '୫', '୨'କୁ '୪', '୩' ସୂଚିତ ହୋଇଥିଲେ ୩ '୨' ସୂଚିତ ହୋଇଥିଲେ ତାହାକୁ '୪' ଏବଂ '୧' ସୂଚିତ ହୋଇଥିଲେ ତାହାକୁ '୫' ବୋଲି ବିଚାର କରନ୍ତୁ। ଏହା କରିବା ପରେ ସବୁ ବାକ୍ୟର ଫଳାଙ୍କ (Scores) ମିଶାଇ ଦିଅନ୍ତୁ। ଏହା ୨୦ ରୁ ୧୦୦ ମଧ୍ୟରେ ରହିବ । ଏହି ଫଳାଙ୍କର ମଧ୍ୟମା ହେଉଛି ୬୦। ସୁତରାଂ ଜଣେ ବ୍ୟକ୍ତିର ଫଳାଙ୍କ ୬୦ରୁ ଯେତେ ବେଶୀ ଅଧିକ, ସେ ବ୍ୟକ୍ତିର ପରୋପକାର ମାନସିକତା ସେତେ ଅଧିକ ବୋଲି ବିଚାର କରାଯିବ। ଅନ୍ୟ ପକ୍ଷରେ ଏହା ୬୦ ଠାରୁ ଯେତେ ତଳକୁ ଯିବ, ଏପରି ମାନସିକତା ସେହି ଅନୁପାତରେ କମ୍ ବୋଲି ବିଚାର କରାଯିବ। ବ୍ୟାଖ୍ୟା ପାଇଁ ନିମ୍ନ ସୂଚନାର ଉପଯୋଗ କରିପାରନ୍ତି –

୨୦ ରୁ ୩୯ : ଖୁବ୍ କମ୍ ପରୋପକାର ମନୋବୃତ୍ତି।

୪୦ରୁ ୫୯ : କମ୍ ପରୋପକାର ମନୋବୃତ୍ତି।

୬୧ରୁ ୭୯ : ବେଶୀ ପରୋପକାର ମନୋବୃତ୍ତି ।

୮୦ ରୁ ୧୦୦ : ଖୁବ୍ ବେଶୀ ପରୋପକାର ମନୋବୃତ୍ତି।

୬୦ : କମ୍ ନୁହେଁ କି ବେଶୀ ନୁହେଁ।

ସ୍ନାୟୁଗତ ଭିତ୍ତି : ପରୋପକାର ମନୋଭାବର ପରିମାପକ ବୈଭବ ମନୋବିଜ୍ଞାନର ପ୍ରସାରିତ ହେବା ପରେ ଏହି ସୁସାମାଜିକ ବ୍ୟବହାରର ବଂଶାନୁଗତ କାରଣ ସମ୍ପର୍କରେ କୌତୂହଳ ବଳବତୀ ହୋଇଛି। ଏହି ମାନସିକତାର ଅନ୍ତରାଳରେ ଥିବା ସମାନୁଭୂତିର (Empathy) ବଂଶାନୁଗତି ସମ୍ପର୍କରେ ଅନୁସନ୍ଧିତ୍ସା ତୀବ୍ର ହୋଇଛି। ବ୍ୟାଟ୍‌ସନଙ୍କ ସମେତ ବହୁ ମନୋବିଜ୍ଞାନୀ ସମରୂପୀ ଯମଜ (Idential Twins) ଏବଂ ଭ୍ରାତୃରୂପୀ ଯମଜ (Fraternal Twins) ମଧ୍ୟରେ ସମାନୁଭୂତିର ତୁଳନାତ୍ମକ ବିଚାର କରି ସିଦ୍ଧାନ୍ତ ଗ୍ରହଣର ନିଷ୍ପତ୍ତି ନେଇଛନ୍ତି। ଏଠାରେ ଉଲ୍ଲେଖ କରାଯାଇପାରେ ସମରୂପୀ ଯମଜମାନେ ଗୋଟିଏ ଡିମ୍ବାଣୁରୁ ଜନ୍ମ ନେଉଥିବାରୁ ଦୁଇ ଡିମ୍ବାଣରୁ ଜନ୍ମ ନେଉଥିବା ଯମଜମାନଙ୍କ ତୁଳନାରେ ବଂଶାନୁଗତିର ଅବଦାନ ଅଧିକ। ବ୍ୟାଟ୍‌ସନ ଓ ଅନ୍ୟମାନେ ଦେଖିଛନ୍ତି ଯେ ସମରୂପୀ ଯମଜ ମଧ୍ୟରେ ସମାନୁଭୂତିର ସହସମ୍ବନ୍ଧ ହାରାହାରି .୪୧ ହେବା ସ୍ଥଳେ ଭ୍ରାତୃରୂପୀ ଯମଜ ମଧ୍ୟରେ ଏହି ସହସମ୍ବନ୍ଧ (Correlation) .୦୫। ସୁତରାଂ ଏହା ବଂଶାନୁଗତିର ଭୂମିକାର ସ୍ପଷ୍ଟ ପ୍ରମାଣ ଦେଇଥାଏ। ଅନ୍ୟ କେତେକ ଗବେଷକ ଏପରି ସହସମ୍ବନ୍ଧ ସମରୂପୀ ଯମଜ ମଧ୍ୟରେ .୨୨ରୁ .୩୦ ରହୁଥିବା ସ୍ଥଳେ ଭ୍ରାତୃରୂପୀ ଯମଜ ମଧ୍ୟରେ ଏହି ସହସମ୍ବନ୍ଧ .୦୫ରୁ .୦୯ ମଧ୍ୟରେ ସୀମିତ ରହେ ବୋଲି ସ୍ନାଇଡ଼ର୍ ଓ ଲୋପେଜ୍ ତାଙ୍କ ପୁସ୍ତକରେ ଉଲ୍ଲେଖ କରିଛନ୍ତି। ଏଠାରେ ମଧ୍ୟ ବଂଶାନୁକୃତିର ପ୍ରଭାବ ସ୍ପଷ୍ଟ ସୂଚିତ ହେଉଛି।

ସମାନୁଭୂତିର (Empathy) ଅନ୍ୟ ଗୋଟିଏ ଦିଗ ଦେଉଛି ମସ୍ତିଷ୍କର କ୍ରିୟାକଳାପ । ସ୍ନାୟୁ ବିଜ୍ଞାନୀମାନେ ଏବେ ମତ ଦେଇଛନ୍ତି ଯେ ସମାନୁଭୂତି ପାଇଁ ମସ୍ତିଷ୍କର ଅଗ୍ରମସ୍ତିଷ୍କ ଓ ପେରିଏଟାଲ୍ ମସ୍ତିଷ୍କର ସକ୍ରିୟତା ଆବଶ୍ୟକ (ଡାମାସିଓ, ୨୦୦୨)। ସମାନୁଭୂତି ପାଇଁ ଦୁର୍ଦ୍ଦଶାଗ୍ରସ୍ତ ମଣିଷର ଦୁଃସ୍ଥିତିର କଳ୍ପନା କରିବାର ସାମର୍ଥ୍ୟ ପ୍ରୟୋଜନ। ଏପରି କଳ୍ପନା ପ୍ରବଣତା ପାଇଁ ମସ୍ତିଷ୍କର ଏହି ଦୁଇଟି ଅଂଶର (ଅଗ୍ରମସ୍ତିଷ୍କ ଓ ପେରିଆଟାଲ) ସମ୍ପୃକ୍ତି ପ୍ରୟୋଜନ। ଦୁର୍ଘଟଣା ବା ଅନ୍ୟ କୌଣସି କାରଣରୁ ଏହି ଦୁଇଟି ଅଂଶ କ୍ଷତିଗ୍ରସ୍ତ ହୋଇଥିଲେ ସମ୍ପୃକ୍ତ ବ୍ୟକ୍ତି ସମାନୁଭୂତି ଦର୍ଶାଇ ନଥାଏ। ଉପକାର କରିବାର ପ୍ରବଣତା

ମଧ୍ୟ ଲୋପପାଏ । ସେହିପରି ବିଂଶ ଶତକର ନବମ ଦଶକରେ 'ଦର୍ପଣ ସ୍ନାୟୁ' (Mirror Neuron) ଆବିଷ୍କାର କରିଥିବା ପ୍ରଥମ ମନୋବିଜ୍ଞାନୀ ରିଜୋଲାଟି (Rizzolatti) ମତ ଦିଅନ୍ତି ଯେ ଅନ୍ୟର ଦୁଃଖ ଦୁର୍ଦ୍ଦଶା ଦେଖି ଆମେ କାହିଁକି ସହାନୁଭୂତି ଅନୁଭବ କରୁ, ଦର୍ପଣ ସ୍ନାୟୁ ତାହା ବୁଝାଇଥାଏ । ଗୋଟିଏ ମାଙ୍କଡ଼ କାମ କରୁଛି, ତାହା ଦେଖିବା ସମୟରେ ଅନ୍ୟ ଗୋଟିଏ ମାଙ୍କଡ଼ର ମସ୍ତିଷ୍କରେ ଅନୁରୂପ ଚିତ୍ର ପ୍ରକଟିତ ହୁଏ । ସୂକ୍ଷ୍ମ ବୈଦ୍ୟୁତିକ ଉପାୟରେ କ୍ଷୁଦ୍ର ଇଲେକ୍ଟ୍ରୋଡ୍ ପ୍ରାଣୀ ମସ୍ତିଷ୍କରେ ଖଞ୍ଜାଯାଇ ଏହା ବୈଜ୍ଞାନିକ ଉପାୟରେ ଅନୁଧ୍ୟାନ କରାଯାଇଛି । ଅବଶ୍ୟ ମଣିଷ ମସ୍ତିଷ୍କରେ ସିଧାସଳଖ ଇଲେକ୍ଟ୍ରୋଡ୍ ଖଞ୍ଜିବା ସହଜ ହୋଇ ନଥିବାରୁ ପ୍ରାଣୀ-ଆଧାରିତ ସିଦ୍ଧାନ୍ତକୁ ପୂରାପୂରି ମନୁଷ୍ୟ କ୍ଷେତ୍ରରେ ଗ୍ରହଣ କରିବାରେ କିଛିଟା ବାଧକ ରହିଛି । ତଥାପି ଆଧୁନିକ ସମୟରେ ସ୍ନାୟୁଭିତ୍ତିକ ଅନୁଧ୍ୟାନ ସମାନୁଭୂତି ପରି କିଛି ସାମାଜିକ (Prosocial) ବ୍ୟବହାରର କାରଣ ସମ୍ପର୍କରେ ଦିଗ୍‌ଦର୍ଶନ ଦେଇପାରିଛି ।

ଆଶା ଓ ଆଶାବାଦୀ ଦୃଷ୍ଟିଭଙ୍ଗୀ

ବ୍ୟକ୍ତିଗତ ସାମର୍ଥ୍ୟର ଏକ ବଳିଷ୍ଠ ଦିଗ ହେଉଛି ଆଶା (Hope) ଏବଂ ଆଶାବାଦୀ ଦୃଷ୍ଟିଭଙ୍ଗୀ (Optimism)। ପୂର୍ବ ଆଲୋଚନାରେ ସୂଚନା ଦିଆଯାଇଛି ଯେ ମନୁଷ୍ୟର ଆନନ୍ଦାନୁଭୂତି ପାଇଁ ମଣିଷକୁ ଯଥାଯଥ ଭାବରେ ତା'ର ଅତୀତ, ବର୍ତ୍ତମାନ ଓ ଭବିଷ୍ୟତକୁ ପରିଚାଳନା କରିବାକୁ ହେବ। ଅତୀତର ସ୍ମୃତି ଉଭୟ ସୁଖ ଦୁଃଖର କାରଣ ହୋଇଥିବାରୁ ସ୍ମୃତିର ଯଥାର୍ଥ ପରିଚାଳନା ଦ୍ୱାରା ସୁଖଦ ଅନୁଭବର ବୃଦ୍ଧି ଏବଂ ଦୁଃଖଦ ଅନୁଭୂତିର ହ୍ରାସ ସମ୍ଭବପର ହୋଇପାରିବ। ସେହିପରି ବର୍ତ୍ତମାନର ଶାନ୍ତି, ସନ୍ତୋଷ ଓ ପ୍ରଫୁଲ୍ଲତା ବୃଦ୍ଧି କରିବା ପାଇଁ ସ୍ମୃତି ଆସ୍ୱାଦନ (Savouring), କାର୍ଯ୍ୟରେ ଏକାନ୍ତ ନିମଗ୍ନତା ବା ତଲ୍ଲୀନତା ଏବଂ ବର୍ତ୍ତମାନ-ମନସ୍କତା ପରି କେତେକ ଉପଯୋଗୀ ମାନସିକତାର ପ୍ରୟୋଗ କରିବାକୁ ହେବ।

ଜୀବନର ସୁଖ ଓ ଆନନ୍ଦାନୁଭୂତି ପାଇଁ କେବଳ ଅତୀତ ଓ ବର୍ତ୍ତମାନ ସୁଖଦ ଅନୁଭବର ଉତ୍ସ ହେବା ଯଥେଷ୍ଟ ନୁହେଁ। ଭବିଷ୍ୟତ ମଧ୍ୟ ସୁଖାନୁଭୂତିର କାରଣ ହେବା ପ୍ରୟୋଜନ। ଏପରି ସମ୍ଭାବନା ବୃଦ୍ଧି କରିବା ପାଇଁ ଯେଉଁ ଉପାଦାନ ସବୁଠାରୁ ଅଧିକ ପ୍ରୟୋଜନ, ତାହା ହେଉଛି ଆଶା ଓ ଆଶାବାଦିତା।

ଆଶା

ବିଶିଷ୍ଟ ଇଂରାଜୀ କବି ଆଲେକ୍‌ଜାଣ୍ଡାର୍ ପୋପ୍‌ଙ୍କର କବିତାର ଗୋଟିଏ କାଳଜୟୀ ଧାଡ଼ି ହେଉଛି 'Hope springs eternal in human breast'। ମଣିଷ ହୃଦୟରେ ଆଶାର ନିର୍ଝର ସଦା ପ୍ରବହମାନ। ଓଡ଼ିଆ କବି ଉତ୍କଳମଣି ଗୋପବନ୍ଧୁ ଦାସ ମଧ୍ୟ ଅନ୍ୟତ୍ର ଲେଖିଛନ୍ତି -

ଜୀବନ କି ଖାଲି ନିରାଶାର ବାଲି
ମରୁ ମରୀଚିକା ସେନେହ ପ୍ରୀତି
ତେବେ କି ଆଶାରେ କହ ଏ ସଂସାରେ
ପର ପାଇଁ ନର ମରୁଛି ନିତି ॥

ପ୍ରକୃତରେ ଆଶା ହିଁ ମଣିଷ-ଜୀବନକୁ ଗତିଶୀଳତା ଦେଇଛି । କେବଳ ମନୁଷ୍ୟ କାହିଁକି, ସମଗ୍ର ପ୍ରାଣୀଜଗତ ମଧ୍ୟ ଆଶା-ଚାଳିତ । ଆଲେକ୍‌ଜାଣ୍ଡାର୍ ପୋପ୍‌ଙ୍କର ଯେଉଁ କବିତାଂଶର ଉଦାହରଣ ଦିଆଗଲା, ସେହି କବିତାର (Essays on man) ଅନ୍ୟ ଗୋଟିଏ ଅଂଶରେ କବି ଲେଖିଛନ୍ତି ଯେ ମେଷ ଶାବକଟି ତା'ପରଦିନ କଂସେଇର ଛୁରୀ ଚୋଟରେ ନିହିତ ହେବ ବୋଲି ଜାଣି ନ ଥାଏ । ଏପରି ଜାଣିଥିଲେ ସେ କଂସେଇର ହାତକୁ ସ୍ନେହ ଆଦାରରେ ଚାଟୁ ନଥାନ୍ତା । ମେଷ ଶାବକର ମଧ୍ୟ ଆଶା ରହିଛି ଯେ ତା'ର ଜୀବନ ଗଡ଼ି ଚାଲିବ ।

ଅଷ୍ଟ୍ରିଆର ବିଶ୍ୱବିଖ୍ୟାତ ମନୋବିଜ୍ଞାନୀ ଓ ସ୍ନାୟୁବିଜ୍ଞାନୀ ଭିକ୍ଟର୍ ଫ୍ରାଙ୍କଲ୍‌ଙ୍କ ଜୀବନୀ ସମ୍ପର୍କରେ ସୂଚନା ଦିଆ ହୋଇଛି । ନାଜୀମାନଙ୍କର ଯନ୍ତ୍ରଣା ଶିବିରରେ ସେ କିପରି ମୃତ୍ୟୁ ସହିତ ସଂଗ୍ରାମ କରୁଥିଲେ ତାହାର କିଛିଟା ବର୍ଣ୍ଣନା ଦିଆଯାଇଛି । ହଜାର ହଜାର ଲୋକଙ୍କର ମୃତ୍ୟୁର ଦୃଶ୍ୟ ସେ ପ୍ରତିଦିନ ଦେଖୁଥିଲେ । ଏସବୁ ସତ୍ତ୍ୱେ ସେ ଜୀବନର ଅର୍ଥପୂର୍ଣ୍ଣତାର ଅନ୍ୱେଷଣ କରୁଥିଲେ । ଦିନେ ସେ ମୃତ୍ୟୁ ଶିବିରରୁ ମୁକ୍ତି ପାଇ ବାହାର ଜଗତକୁ ଆସି ମଣିଷକୁ ବଞ୍ଚିବାର ମନ୍ତ୍ର ଶିକ୍ଷାଦେବେ ବୋଲି ଆଶା ପୋଷଣ କରିଥିଲେ । ତାଙ୍କର ଆଶା ମଧ୍ୟ ସାର୍ଥକ ହୋଇଥିଲା ।

ଜୀବନ ପରିଚାଳନାରେ 'ଆଶା'ର ଗୁରୁତ୍ୱ ବହୁ ପୂର୍ବରୁ ଚର୍ଚ୍ଚାର ପରିସର ମଧ୍ୟକୁ ଆସିଥିଲେ ମଧ୍ୟ ବୈଭବ ମନୋବିଜ୍ଞାନର ବିକାଶ କାଳରେ ଏହାର ବୈଜ୍ଞାନିକ ରୂପରେଖ ଓ ପ୍ରୟୋଗାତ୍ମକ ଦିଗ ଅଧିକ ସ୍ପଷ୍ଟ ହୋଇଛି । ରିକ୍ ସ୍ନାଇଡ଼ର୍ (Rick Snyder, 2000) ଏ ଦିଗରେ ଅଧିକ ଗବେଷଣା କରି ମନୁଷ୍ୟର ସୁଖାନୁଭୂତିରେ ଏହାର ଭୂମିକା ପ୍ରାଞ୍ଜଳ କରିଛନ୍ତି ।

ମାର୍ଗ ଚିନ୍ତନ ଓ ସାମର୍ଥ୍ୟ ଚିନ୍ତନ : ସ୍ନାଇଡ଼ର୍ 'ଆଶା'ର ପରିକଳ୍ପନାରେ ଦୁଇଟି ଉପାଦାନ ସ୍ପଷ୍ଟ କରିଛନ୍ତି । ସ୍ନାଇଡ଼ର୍‌ଙ୍କ ମତରେ ଆଶା ଏକ କ୍ରିୟାହୀନ ଭାବନା ନୁହେଁ; ଏହା ବେଶ୍ ସକ୍ରିୟ । ଏହାର ପ୍ରଥମ ଉପାଦାନ ହେଉଛି ମାର୍ଗ ଚିନ୍ତନ (Pathways thinking) । ଆଶାର ଅଧିକାରୀ ହୋଇଥିବା ବ୍ୟକ୍ତି କେବଳ ଭବିଷ୍ୟତର ଭଲ ଆଶା ରଖି ଅଗ୍ରସର ହୋଇ ନଥାଏ । ନିର୍ଦ୍ଦିଷ୍ଟ ଲକ୍ଷ୍ୟବିନ୍ଦୁ ସମ୍ପର୍କରେ ଧାରଣା ଥାଏ ଏବଂ ଲକ୍ଷ୍ୟବିନ୍ଦୁରେ ପହଞ୍ଚିବାର ମାର୍ଗମାନ ମଧ୍ୟ ଜାଣିଥାଏ । ବିଭିନ୍ନ ସମ୍ଭାବ୍ୟ ମାର୍ଗ ସମ୍ପର୍କରେ ଚିନ୍ତନ ଆଶାର ସାମଗ୍ରୀ । ଏପରି ଚିନ୍ତନ ବ୍ୟକ୍ତିର ଲକ୍ଷ୍ୟ ପ୍ରତି ଆକର୍ଷଣଶୀଳତା ବୃଦ୍ଧି କରିଥାଏ । ଅନେକ ସମୟରେ ଆଶାପୂର୍ଣ୍ଣ ବ୍ୟକ୍ତି ଆତ୍ମକଥନର (ଲକ୍ଷ୍ୟ ପୂରଣ ବାଟ

ମୋତେ ଜଣାଅଛି; ଗୋଟିଏ ରାସ୍ତା ବନ୍ଦ ହୋଇଗଲେ ମୁଁ ଆଉ ଗୋଟିଏ ମାର୍ଗର ସନ୍ଧାନ କରିବି) ଉପଯୋଗ କରିବାର ଦେଖାଯାଏ। ଏପରି ଚିନ୍ତନର ଏକାଧିକ ବିକଳ୍ପ ଓ ସମାଧାନର ପନ୍ଥା ଚିନ୍ତା କରିବା ଫଳରେ ମାର୍ଗଗୁଡ଼ିକର ମୂଲ୍ୟାୟନ ଅପେକ୍ଷାକୃତ ସହଜ ହୁଏ।

ଆଶାର ଅନ୍ୟ ଉପାଦାନଟି ହେଉଛି ସାମର୍ଥ୍ୟ ଚିନ୍ତନ (Agency Thinking) । ଆଶାର ଅଧିକାରୀ ହୋଇଥିବା ବ୍ୟକ୍ତିର ଆତ୍ମବିଶ୍ୱାସ ଦୃଢ଼। ତା'ର ଆତ୍ମକଥନରେ ''ମୁଁ ଏହା ନିଶ୍ଚୟ ପାରିବି'', ଏପରି ବିଶ୍ୱାସ ପ୍ରତିଧ୍ୱନିତ ହୁଏ। ଏପରି ଚିନ୍ତନ ଫଳରେ ବ୍ୟକ୍ତିର ଅଭିପ୍ରେରଣାଗତ (Motivational) ଶକ୍ତି ବୃଦ୍ଧିପାଏ ଏବଂ ସେ ବିରୁଦ୍ଧ ଶକ୍ତିର ମୁକାବିଲା କରିପାରିବ (କୌଣସି ବାଧା ମୋତେ ଅଟକାଇ ପାରିବ ନାହିଁ।) ବୋଲି ଆତ୍ମପ୍ରତ୍ୟୟ ଜନ୍ମେ।

ଆଶା ଓ ଆବେଗ : ଆଶାରେ ଭାବନା ଓ ଭାବାବେଗ (Emotion) ଦୁଇଟିର ଗୁରୁତ୍ୱ ରହିଛି। ଲକ୍ଷ୍ୟଟି ନିଶ୍ଚୟ ସଫଳ ହେବ ଓ ଏହା ଭାବିବା ମାତ୍ରେ ଶରୀରରେ ଏବଂ ମନରେ ଯଥେଷ୍ଟ ଭାବାବେଗ ସୃଷ୍ଟି ହୁଏ। ଅତୀତରେ ବ୍ୟକ୍ତିଜଣଙ୍କ କିପରି ବିଭିନ୍ନ ପ୍ରତିବନ୍ଧକର ସମ୍ମୁଖୀନ ହୋଇ ସେସବୁର ମୁକାବିଲା କରିଛି ତାହା ସ୍ମରଣ କରେ, ଏପରି ସ୍ମୃତି ସମ୍ବଳ ତା'ର ବେଶ୍ ସହାୟକ ହୁଏ। ଅତୀତର ଶିକ୍ଷା ଓ ଶିକ୍ଷାକୃତ କୌଶଳ ଏବଂ ସ୍ମୃତି-ଆଧାରିତ ମନୋବଳ ଅଧିକରୁ ଅଧିକ କର୍ମ ପ୍ରବଣତା ସୃଷ୍ଟି କରୁଥିବାରୁ ଅନେକ ଗବେଷକ ଆଶାର ଅଭିଜ୍ଞାନାତ୍ମକ ଦିଗ (Cognitive Aspects) ଉପରେ ଗୁରୁତ୍ୱ ଦେଇଛନ୍ତି।

ଉଚ୍ଚ ଆଶାର ଅଧିକାରୀ ହୋଇଥିବା ବ୍ୟକ୍ତିମାନେ ଉତ୍ସାହ ଓ ସକାରାତ୍ମକ ଆବେଗ ଅନୁଭବ କରନ୍ତି। ଅତୀତରେ ଲକ୍ଷ୍ୟ-ପୂରଣଜନିତ ସଫଳତାର ସ୍ମୃତି ସେମାନଙ୍କୁ ଉତ୍ସାହ ଦିଏ। ଅନ୍ୟ ପକ୍ଷରେ ଆଶାହୀନ ଲୋକମାନେ ନାନା ସଂଶୟ ଓ ସନ୍ଦେହର ଘେର ମଧ୍ୟରେ ରହି ନିଶ୍ଚେଷ୍ଟତା ଓ ନକାରାତ୍ମକ ଆବେଗ ଅନୁଭବ କରନ୍ତି। ପ୍ରୟୋଗାତ୍ମକ ଦିଗକୁ ଚିତ୍ରରେ ସୂଚିତ କରାଯାଇପାରେ।

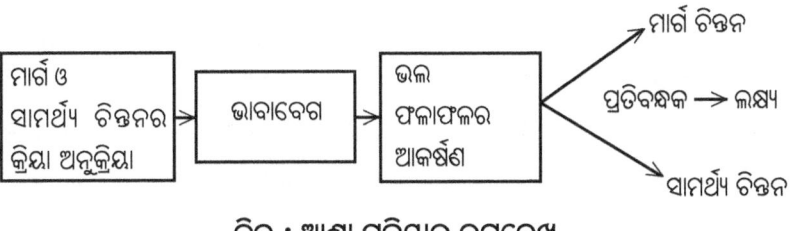

ଚିତ୍ର : ଆଶା ପ୍ରକ୍ରିୟାର ରୂପରେଖ

ଚିତ୍ରରେ ବାମ ପାର୍ଶ୍ୱରେ ସୂଚିତ ହେଲାପରି ମାର୍ଗଚିନ୍ତନ ଓ ସାମର୍ଥ୍ୟ ଚିନ୍ତନ ମଧ୍ୟରେ ପାରସ୍ପରିକ କ୍ରିୟା-ଅନୁକ୍ରିୟା ଗୁରୁତ୍ୱପୂର୍ଣ୍ଣ। ଏହା ଭାବାବେଗକୁ ଜନ୍ମ ଦିଏ। ଭାବାବେଗ ଫଳରେ ସକ୍ରିୟତା ବୃଦ୍ଧି ପାଏ ଏବଂ ବ୍ୟକ୍ତିର ଲକ୍ଷ୍ୟ ସାଧନର ସୁଫଳ ଚିନ୍ତାକରି ଆକର୍ଷିତ ହୁଏ। ଲକ୍ଷ୍ୟକୁ ଯେତେ ଅଧିକ ମୂଲ୍ୟବାନ ଓ ଆକର୍ଷଣଶୀଳ ଅନୁଭବକରେ ସେହି ଅନୁପାତରେ ବେଶୀ ବେଶୀ ସକ୍ରିୟ ହୁଏ ଏବଂ ଲକ୍ଷ୍ୟସାଧନ ଦିଗରେ ଅଗ୍ରସର ହୁଏ। ବର୍ତ୍ତମାନ ଲକ୍ଷ୍ୟସାଧନ ପରିପ୍ରେକ୍ଷୀରେ ମାର୍ଗଚିନ୍ତନ ଓ ସାମର୍ଥ୍ୟ ଚିନ୍ତନ ଅଭିପ୍ରେରିତ ହୁଏ। ବ୍ୟକ୍ତି ବାଧକସବୁର ଭାବନା କଲେ ମଧ୍ୟ ମାର୍ଗଚିନ୍ତନ ଓ ସାମର୍ଥ୍ୟ ଚିନ୍ତନର ଦୃଢ଼ତା ବଳରେ ବାଧାବିଘ୍ନ ଅତିକ୍ରମ କରିବାର ମାନସିକ ବଳ ପାଇଥାଏ । ଆଶାର ଦୃଢ଼ତା ଲକ୍ଷ୍ୟପୂରଣରେ ଏବଂ ଆନନ୍ଦାନୁଭୂତିରେ ବେଶ୍ ସହାୟକ ହୁଏ।

ଆଶାର ପରିମାପକ : 'ଆଶା' ଏକ ପ୍ରୟୋଗଧର୍ମୀ ପରିକଳ୍ପନା ହୋଇଥିବାରୁ ଏହାର ପରିମାପ (Measurement) ପାଇଁ ଭିନ୍ନ ଭିନ୍ନ ଧରଣର ମାପକ ଫର୍ମ ରହିଛି। ଏହାର ପରିକଳ୍ପନାରେ ଦୁଇଟି ଫର୍ମ ରହିଛି; ଗୋଟିଏ ହେଉଛି ଗୁଣ ସୂଚକ ଫର୍ମ (Trait Scale) ଏବଂ ଅନ୍ୟଟି ହେଉଛି ଅବସ୍ଥା-ସୂଚକ ସ୍କେଲ୍ (State Scale)।

ଗୁଣସୂଚକ ଆଶା ପରିମାପକ କହିବାର ତାତ୍ପର୍ଯ୍ୟ ହେଉଛି ଯେ ଏହି ପରିମାପକ ଦ୍ୱାରା ଆକଳନ କରାଯାଇଥିବା ଆଶାର ପରିମାଣ ପ୍ରାୟତଃ ସ୍ଥିର ଓ ଅପରିବର୍ତ୍ତିତ ରୁହେ (କୌଣସି ବ୍ୟକ୍ତିତ୍ୱ-ସୂଚକ ଗୁଣ ପରି)। ମୂଳ ଗବେଷକମାନେ ଯେଉଁ ମାପକଟିର ପରିକଳ୍ପନା କରିଥିଲେ ସେଥିରେ ୧୨ଟି ବାକ୍ୟ ରହିଛି। ଚାରୋଟି ବାକ୍ୟ ମାର୍ଗଚିନ୍ତନକୁ ସୂଚିତ କରିବା ସ୍ଥଳେ ଚାରୋଟି ବାକ୍ୟ ସାମର୍ଥ୍ୟ ଚିନ୍ତନକୁ ସୂଚିତ କରୁଛି। ସବୁ ବାକ୍ୟ- ଗୁଡ଼ିକ ଉଚ୍ଚତର ଆଶାର ସୂଚକ; ସୁତରାଂ ଫଳାଙ୍କ ନିର୍ଦ୍ଧାରଣ ସମୟରେ ଚିହ୍ନିତ ଅଙ୍କକୁ ଓଲଟାଇବାର (Reversing) ଆବଶ୍ୟକତା ନାହିଁ। ଅନ୍ୟ ଚାରୋଟି ବାକ୍ୟ ଅସମ୍ପୃକ୍ତ, ତେଣୁ ଫଳାଙ୍କ ନିର୍ଦ୍ଧାରଣରେ ଏ ଚାରୋଟିର ଭୂମିକା ନାହିଁ। ପ୍ରତିଭାଗୀମାନଙ୍କୁ '୧'ରୁ '୮' ପର୍ଯ୍ୟନ୍ତ ସଂଖ୍ୟା ବ୍ୟବହାର କରି ନିଜର ମତାମତ ପ୍ରକାଶ କରିବାର ସୁଯୋଗ ଦିଆଯାଏ, '୧' ସଂଖ୍ୟାଟି 'ସମ୍ପୂର୍ଣ୍ଣ ଭୁଲ'ର ସୂଚକ ଦେବା ସ୍ଥଳେ '୮' ସଂଖ୍ୟାଟି ସମ୍ପୂର୍ଣ୍ଣ ଠିକ୍‌ର ସୂଚକ ବୋଲି କୁହାଯାଏ। ମାର୍ଗ ଚିନ୍ତନର ସୂଚକ ହୋଇଥିବା ଚାରୋଟି ବାକ୍ୟର ଉତ୍ତରକୁ ମିଶାଇଲେ ମାର୍ଗଚିନ୍ତନର ଫଳାଙ୍କ ନିର୍ଦ୍ଧାରିତ ହୁଏ। ସେହିପରି ସାମର୍ଥ୍ୟସୂଚକ ଚାରୋଟି

ବାକ୍ୟର ଉତ୍ତରକୁ ମିଶାଇଲେ ସାମର୍ଥ୍ୟ ଚିନ୍ତନର ଫଳାଙ୍କ ସୂଚିତ ହୁଏ। ଏହି ଦୁଇ ଉପାଦାନ ଚିନ୍ତନର ଯୋଗଫଳ ଆଶାର ଫଳାଙ୍କ (Score) ରୂପେ ଗୃହୀତ ହୁଏ। ଆଶା ପରିମାପକକୁ ଗବେଷକମାନେ ଭବିଷ୍ୟତ ମାପକ ବୋଲି ମଧ୍ୟ କହିଛନ୍ତି। ନିମ୍ନରେ ମାପକରେ ଥିବା ଦୁଇଟି ବାକ୍ୟର ଉଦାହରଣ ଦିଆଯାଉଛି :

୧. ମୁଁ ଜୋର୍‌ଦାର ମୋ ଲକ୍ଷ୍ୟର ଅନୁସରଣ କରେ (ସାମର୍ଥ୍ୟ ଚିନ୍ତନ)

୨. ମୋ ସମସ୍ୟାର ସମାଧାନ ପାଇଁ ଅନେକ ବାଟ ରହିଛି (ମାର୍ଗ ଚିନ୍ତନ)

ଅବସ୍ଥାସୂଚକ ଆଶା ପରିମାପକର ଫର୍ମ ମଧ୍ୟ ଏକାପରି। ଏଥିରେ ଛ'ଟି ବାକ୍ୟ ଏବଂ ପ୍ରତିଭାଗୀମାନେ '୧'ରୁ '୮' ପର୍ଯ୍ୟନ୍ତ ସଂଖ୍ୟା ବ୍ୟବହାର କରି ନିଜର ମତାମତ ବ୍ୟକ୍ତ କରନ୍ତି। ପ୍ରତିକ୍ରିୟା ପ୍ରକାଶ ପୂର୍ବରୁ ସେହି ମୁହୂର୍ତ୍ତରେ ସେମାନେ ଯେଉଁ ମାନସିକ ସ୍ଥିତି ଦେଇ ଗତି କରୁଛନ୍ତି, ସେ ବିଷୟରେ ଚିନ୍ତନ କରିବାକୁ ଦୁଇ ତିନି ମିନିଟ୍ ସମୟ ଦିଆଯାଏ। ସେମାନେ ମନ ସ୍ଥିର କଲାପରେ ସେମାନଙ୍କ ମତାମତ ଉଲ୍ଲେଖ କରିବାର ସୁଯୋଗ ଦିଆଯାଏ। ଛ'ଟି ବାକ୍ୟ ମଧ୍ୟରୁ ତିନୋଟି ମାର୍ଗ ଚିନ୍ତନର ସୂଚକ ଦେବା ସ୍ଥଳେ ଅନ୍ୟ ତିନୋଟି ସାମର୍ଥ୍ୟର ସୂଚକ ହୋଇଥାଏ। ଦୁଇଟି ଉପାଦାନର ସମଷ୍ଟିର ଫଳାଙ୍କ ଅବସ୍ଥାସୂଚକ ଆଶାର (State Hope) ପରିମାଣ ଦର୍ଶାଇଥାଏ । ନିମ୍ନରେ ଦୁଇଟି ବାକ୍ୟର ଉଦାହରଣ ଦିଆଯାଉଛି –

୧. ଲକ୍ଷ୍ୟ ବିନ୍ଦୁରେ ପହଞ୍ଚିବାର ଅନେକ ରାସ୍ତା ମୋତେ ଦିଶୁଛି। (ମାର୍ଗ ଚିନ୍ତନ)

୨. ବର୍ତ୍ତମାନ ମୁଁ ନିଜକୁ ସଫଳ ବ୍ୟକ୍ତି ରୂପେ ଦେଖି ପାରୁଛି। (ସାମର୍ଥ୍ୟ ଚିନ୍ତନ)

ଶିଶୁମାନଙ୍କ ଆଶା ପରିମାପକ ମଧ୍ୟ ଅନୁରୂପ ଭାବରେ ସ୍ନାଇଡ଼୍‌ର ଓ ଅନୁଗାମୀମାନଙ୍କ ଦ୍ୱାରା ବିକଶିତ ହୋଇଥିଲା। ଏହି ପରିମାପକରେ ଛ'ଟି ବାକ୍ୟ ରହିଛି। ପ୍ରତି ବାକ୍ୟ ପାଇଁ ଶିଶୁଟି କିଛି ସମୟ ଭାବିବାକୁ ସୁଯୋଗ ଦିଆଯାଏ। ପରେ ବାକ୍ୟର ନିମ୍ନରେ ଥିବା ବିକଳ୍ପ ମଧ୍ୟରୁ ଗୋଟିଏ ବାଛି ନେଇ ନିଜର ମନୋଭାବ ବ୍ୟକ୍ତ କରେ। ଛ'ଟି ବିକଳ୍ପର ଫଳାଙ୍କ ୧ରୁ ଆରମ୍ଭ କରି '୬' ପର୍ଯ୍ୟନ୍ତ ରହିଥାଏ। ଛ'ଟି ବାକ୍ୟ ମଧ୍ୟରୁ ତିନୋଟି ମାର୍ଗ ଚିନ୍ତନର ସୂଚକ ରହିଥାଏ। ନିମ୍ନରେ ଦୁଇଟି ଉଦାହରଣ ଦିଆଯାଉଛି :

୧. ମୁଁ ଭାବୁଛି ଯେ ମୁଁ ଖୁବ୍ ଭଲରେ ଅଛି (ସାମର୍ଥ୍ୟ ଚିନ୍ତନ)

- କେବେ ବି ନୁହେଁ
- ଖୁବ୍ କମ୍ ସମୟରେ
- ବେଶୀ ସମୟରେ
- ପ୍ରାୟ ସବୁବେଳେ

୨. ମୋ ଜୀବନ ପାଇଁ ଯାହା ଗୁରୁତ୍ୱପୂର୍ଣ୍ଣ ସେପରି ଜିନିଷ ହାସଲ କରିବାର ବାଟ ମୁଁ ଭାବିପାରେ। (ମାର୍ଗ ଚିନ୍ତନ)

- କେବେ ବି ନୁହେଁ
- ଖୁବ୍ କମ୍ ସମୟରେ
- ବେଶୀ ସମୟରେ
- ଅଧିକାଂଶ ସମୟରେ
- ପ୍ରାୟ ସବୁବେଳେ

ଏସବୁ ପରିମାପକ ବ୍ୟତୀତ ସ୍ନାଇଡ଼ର୍ ଓ ତାଙ୍କର ସହଯୋଗୀମାନେ ବିଭିନ୍ନ ପରିପ୍ରେକ୍ଷୀର ଉପଯୋଗୀ ହେଲାଭଳି ଅନେକ ମାପକ ପ୍ରସ୍ତୁତ କରିଛନ୍ତି। ବୈଭବ ମନୋବିଜ୍ଞାନର ଶିକ୍ଷାର୍ଥୀ, ଶିକ୍ଷକ ଓ ଗବେଷକମାନେ ଅନୁରୂପ ଭାବରେ ମାପକ ପ୍ରସ୍ତୁତ କରିପାରିବେ।

ଆଶାର ବିକାଶ : ସ୍ନାଇଡ଼ରଙ୍କ ମତରେ ମନୁଷ୍ୟର ଶୈଶବ, ବାଲ୍ୟ, କୈଶୋର, ଯୌବନ ଓ ଉତ୍ତର-ଯୌବନ କାଳରେ ପର୍ଯ୍ୟାୟ କ୍ରମେ ଆଶାର ବିକାଶ ଘଟେ। ଜୀବନର ପ୍ରତିଟି ସୋପାନରେ ଲକ୍ଷ୍ୟବିନ୍ଦୁ ପରିବର୍ତ୍ତିତ ହୁଏ ଏବଂ ତଦନୁସାରେ ଲକ୍ଷ୍ୟ-ସମ୍ପର୍କିତ ଚିନ୍ତନ ବିବର୍ତ୍ତିତ ହୁଏ।

ଶୈଶବ କାଳରେ ଏକବର୍ଷ ବୟସର ଶେଷ ଭାଗରେ ଶିଶୁ କାରଣ ଓ ପରିଣତିର ସମ୍ପର୍କ ଧୀରେ ଧୀରେ ଶିକ୍ଷାକରେ। ବଲ୍‌ଟିକୁ ଗୋଡ଼ରେ ମାରିବା ପରେ ବଲ୍‌ଟି ଗଡ଼ିବାକୁ ଆରମ୍ଭ କରେ ଏବଂ ଏହାର ପର୍ଯ୍ୟବେକ୍ଷଣ କାର୍ଯ୍ୟ-କାରଣ ସମ୍ପର୍କରେ କିଛିଟାଧାରଣା ଦିଏ। ପୁନଶ୍ଚ ଶିଶୁଟି ପାଟିରେ କିଛି ଅସ୍ପଷ୍ଟ ଶବ୍ଦ ଉଚ୍ଚାରଣ କଲାପରେ ପିତାମାତା ଏବଂ ଅନ୍ୟ କୌଣସି ଯତ୍ନକାରୀ ବ୍ୟକ୍ତି ସ୍ୱାଗତ-ସୂଚକ ପ୍ରତିକ୍ରିୟା ଦର୍ଶାନ୍ତି। ଅନ୍ୟ ସମୟରେ

ଶିଶୁ ଅସ୍ୱସ୍ତି ଅନୁଭବ କରି କାନ୍ଦିବା ମାତ୍ରେ ମା' କୋଳାଗ୍ରତ କରନ୍ତି। ଏସବୁ ଘଟଣା ନିର୍ଦ୍ଦିଷ୍ଟ ଲକ୍ଷ୍ୟ ଏବଂ ଲକ୍ଷ୍ୟ ପୂରଣର ମାର୍ଗ ସମ୍ପର୍କରେ ଶିଶୁକୁ କିଛି ଧାରଣା ଦିଏ।

ବାଲ୍ୟକାଳୀନ ବିକାଶ ସମୟରେ ଲକ୍ଷ୍ୟ-ପ୍ରେରିତ କାର୍ଯ୍ୟକଳାପର ଅଧିକ ବିକାଶ ଘଟେ। ବିଶେଷତଃ ଶିଶୁ ଏବଂ ଶିଶୁର ମୁଖ୍ୟ ଯତ୍ନକାରୀ ଜନନୀ ମଧ୍ୟରେ ଯେଉଁ ଅନ୍ତରଙ୍ଗତାର ବିକାଶ ଘଟେ ତାହା ଶିଶୁର ଆଶାକୁ ଋଦ୍ଧିମନ୍ତ କରେ। ଅନ୍ତରଙ୍ଗତା ଫଳରେ ଶିଶୁର ଭୟ ଓ ଉଦ୍‌ବେଗ କମିଯାଏ; ଅନ୍ୱେଷଣ ପ୍ରକ୍ରିୟା ବଢ଼ିଯାଏ। ଫଳରେ କେଉଁ କାର୍ଯ୍ୟ ଫଳରେ କେଉଁ ଲକ୍ଷ୍ୟ ସାଧିତ ହେଉଛି, ଶିଶୁ ତାହା ଧୀରେ ଧୀରେ ଶିକ୍ଷା କରେ। ଗବେଷଣାରୁ ଦେଖା ଯାଇଛି ଯେ ବାଲ୍ୟ କାଳରେ ପିତାମାତା (ଏବଂ ଅନ୍ୟ ସବୁ ମୁଖ୍ୟ ଯତ୍ନକାରୀ) ଶିଶୁକୁ ସ୍ନେହ ଶ୍ରଦ୍ଧା ଓ ଅନ୍ତରଙ୍ଗତା ପ୍ରଦାନ କରୁଥିଲେ ଶିଶୁର ଶିକ୍ଷଣ କ୍ଷିପ୍ରତର ହୁଏ। ପିତାମାତାଙ୍କ ସାମାଜିକ ସହାୟତା ଓ ଭାବଗତ ଉଷ୍ମତା (Warmth) ଶିଶୁର ଆଶାଭାବକୁ ବିକଶିତ କରେ।

ପ୍ରାକ୍-ବିଦ୍ୟାଳୟ ବୟସରେ (ବୟସ ୩ ବର୍ଷରୁ ୬ ବର୍ଷ ମଧ୍ୟରେ) ପିଲାର ଭାଷାଗତ ବିକାଶ ଦ୍ରୁତତର ହୁଏ। ଖେଳାଖେଳି କରିବାର ସୁଯୋଗ, ଗପ ଶୁଣିବାରେ ଏବଂ କହିବାରେ ଆଗ୍ରହ, ନିତିଦିନିଆ ରୁଟିନ୍‌ବନ୍ଧା କାର୍ଯ୍ୟକଳାପ ମଧ୍ୟ ଶିକ୍ଷଣ (Learning) ପ୍ରକ୍ରିୟାକୁ କ୍ଷିପ୍ରତର କରେ। ଏହା ସହିତ ପିଲାମାନଙ୍କର ନିଜସ୍ୱ ପର୍ଯ୍ୟବେକ୍ଷଣ କାର୍ଯ୍ୟ-କାରଣର ସମ୍ପର୍କ ଶିକ୍ଷା ଦିଏ।

କିଶୋର କାଳର ଆରମ୍ଭରେ ଏବଂ କିଶୋର କାଳରେ କିଶୋର କିଶୋରୀ ବସ୍ତୁଗତ ଜଗତର ବାହାରେ ମଧ୍ୟ (ବିମୂର୍ତ୍ତ ଚିନ୍ତନ ବା Abstract Thinking)) ଭାବନାସ୍ତରରେ କେତେକ ସମସ୍ୟା ସମାଧାନ କରନ୍ତି। ଭୌତିକ ସ୍ତରରେ ଚେୟାର ସବୁକୁ ଏପଟ ସେପଟ ନ କରି ମଧ୍ୟ କେଉଁପରି ସଜ୍ଜୀକରଣ କଲେ କିପରି ଦେଖାଯିବ, ତାହାର କଳ୍ପନା କରିପାରନ୍ତି। ଏ ଧରଣର ଯୁକ୍ତିବାଦୀ ଚିନ୍ତନ ଗଠନ କରିପାରନ୍ତି। ଏ ଧରଣର ଯୁକ୍ତିବାଦୀ ଚିନ୍ତନର ଦକ୍ଷତା ଓ ସ୍ମରଣ ସାମର୍ଥ୍ୟ କିଶୋର କିଶୋରୀମାଙ୍କର ମାର୍ଗ ଚିନ୍ତନ ଓ ସାମର୍ଥ୍ୟ ଚିନ୍ତନକୁ ଋଦ୍ଧିମନ୍ତ କରି ଆଶାକୁ ଅଧିକ ବିକଶିତ କରେ।

ପ୍ରାକ୍-ଯୌବନରେ ଏବଂ ଯୌବନରେ ଅଧିକ ସ୍ୱାଧୀନତା, ଅଧିକ ସଙ୍ଗସୁଖ ଏବଂ ପ୍ରଚୁର ଶିକ୍ଷଣ ସୁଯୋଗ ଆଶା-ବିକାଶର ସହାୟକ ହୁଏ। ବିଶେଷତଃ ନିଜର ପରିପାର୍ଶ୍ୱରେ ଅନୁକରଣୀୟ ବ୍ୟକ୍ତିଙ୍କୁ (Role Models) ଦେଖିବାର ସୁଯୋଗ ଉପଯୋଗୀ ଭୂମିକା ଶିକ୍ଷା କରିବାର ସୁଯୋଗ ଦିଏ। ଅନ୍ୟମାନେ ଦକ୍ଷତାର ସହ କିପରି ସମସ୍ୟା

ସମାଧାନ କରୁଛନ୍ତି, ତାହା ଦେଖିବା ଏବଂ ଶିକ୍ଷା କରିବା ଏକ ବିଶେଷ ଧରଣର ସମ୍ବଳ । ଯେଉଁମାନେ ନିଜର ଅତି ନିକଟରେ ଥିବା ଅନୁକରଣୀୟ ବ୍ୟକ୍ତିତ୍ୱ ବା Role Modelଙ୍କ ପ୍ରଭାବକୁ ସ୍ୱୀକାର କରି ନିଜ ଜୀବନରେ ଅଙ୍ଗୀଭୂତ କରିପାରନ୍ତି, ସେମାନେ ଖୁବ୍ ସଫଳକାମ ହୁଅନ୍ତି । ପିତାମାତା ଓ ଶିକ୍ଷକଶିକ୍ଷୟତ୍ରୀ ମଧ୍ୟ ନିଜର ପୁତ୍ରକନ୍ୟା ଏବଂ ଛାତ୍ରଛାତ୍ରୀଙ୍କ ମନରେ ଆଶା ଓ ବିଶ୍ୱାସର ବିକାଶ ତ୍ୱରାନ୍ୱିତ କରିବାକୁ ଚାହିଁଲେ ବହୁଦୂରରେ ଥିବା ଅନୁକରଣୀୟ ବ୍ୟକ୍ତିତ୍ୱ ବଦଳରେ ଖୁବ୍ ନିକଟ ପରିବେଶର ଅନୁକରଣୀୟ ବ୍ୟକ୍ତିତ୍ୱ ପ୍ରତି ଦୃଷ୍ଟି ଆକର୍ଷଣ କରିବା ଉଚିତ ହେବ ।

ଆଶା ଓ ଆନନ୍ଦାନୁଭୂତି : ସୁଖାନୁଭୂତି ଓ ମାନସିକ ସ୍ୱାସ୍ଥ୍ୟର ବହୁ ନିର୍ଦ୍ଧାରକ ମଧ୍ୟରେ ଆଶା ଅନ୍ୟତମ । ମୋଟାମୋଟି ଭାବରେ ଆଶା ଜୀବନର ବହୁ ଧରଣର ସଫଳତା ସହିତ ସଂଶ୍ଳିଷ୍ଟ । ଗବେଷଣାରୁ ଦେଖାଯାଇଛି ଯେ ସ୍ନାଇଡ଼ରଙ୍କ ଆଶା ମାପକର ଉଚ୍ଚସ୍ତରୀୟ ଆଶା ଦର୍ଶାଉଥିବା ଛାତ୍ରଛାତ୍ରୀମାନେ ପରୀକ୍ଷାରେ କୃତିତ୍ୱ ଦର୍ଶାନ୍ତି । କ୍ରୀଡ଼ା ପ୍ରତିଯୋଗିତାର ଅଧିକ ସଫଳତା ହାସଲ କରନ୍ତି ଏବଂ ଅଧିକ ଶାରୀରିକ ସୁସ୍ଥତା ଦର୍ଶାନ୍ତି । ଉଚ୍ଚ ଆଶାସମ୍ପନ୍ନ ବ୍ୟକ୍ତିମାନେ ଅପେକ୍ଷାକୃତ କମ୍ ପରିମାଣରେ ରୋଗର ଶରବ୍ୟ ହୁଅନ୍ତି । କେବଳ ସେତିକି ନୁହେଁ, ଆଶା ମାପକରେ ଉଚ୍ଚସ୍ତରର ଫଳାଙ୍କ ହାସଲ କରୁଥିବା ବ୍ୟକ୍ତିମାନେ ଅଧିକ ମାତ୍ରାରେ ରୋଗର ପ୍ରତିଷେଧ ବ୍ୟବସ୍ଥା ଗ୍ରହଣ କରିବାର ପ୍ରମାଣ ରହିଛି । ଏମାନେ ଅଧିକ ପରିମାଣରେ ସ୍ୱାସ୍ଥ୍ୟର ଯତ୍ନ ନିଅନ୍ତି ଏବଂ ବ୍ୟାୟାମ କରନ୍ତି ।

ପ୍ରତିଷେଧ ବ୍ୟବସ୍ଥା ବ୍ୟତୀତ ଆଶା ଅନ୍ୟ ଏକ ସ୍ତରରେ ସକ୍ରିୟ ଓ ଉପଯୋଗୀ ଭୂମିକା ଗ୍ରହଣ କରେ । ବ୍ୟକ୍ତି ରୋଗରେ କବଳିତ ହେବା ପୂର୍ବରୁ ପ୍ରତିଷେଧ (Preventive) ବ୍ୟବସ୍ଥା ଗୁରୁତ୍ୱପୂର୍ଣ୍ଣ । ମାତ୍ର ବ୍ୟକ୍ତି ରୋଗର କବଳିତ ହେବା ପରେ ତାତ୍ପର୍ଯ୍ୟପୂର୍ଣ୍ଣ ହେଉଛି ବ୍ୟକ୍ତିର ଆତ୍ମବିଶ୍ୱାସ । ସ୍ନାଇଡ଼ର 'ଆଶା'ର ସକାରାତ୍ମକ ଭୂମିକାକୁ ଦୃଷ୍ଟିରେ ରଖି 'ଆଶା ଚିକିତ୍ସା' ହିଁ (Hope Therapy) ପରିକଳ୍ପନା କରିଛନ୍ତି । ଏହି ଚିକିତ୍ସା ପଦ୍ଧତିରେ ରୋଗଗ୍ରସ୍ତ ବ୍ୟକ୍ତି ଆରୋଗ୍ୟ ହେବାର ଲକ୍ଷ୍ୟକୁ ଅନୁଭବ କରେ, ଲକ୍ଷ୍ୟ ଦିଗରେ ଅଗ୍ରସର ହେବାର ବିଭିନ୍ନ ମାର୍ଗକୁ ଚିହ୍ନଟ କରେ ଏବଂ ଲକ୍ଷ୍ୟ ହାସଲ ପାଇଁ ନିଜକୁ ଅଭିପ୍ରେରିତ କରିପାରେ ।

ଆଶା ତତ୍ତ୍ୱର ପରିକଳ୍ପନା ଅନୁଯାୟୀ ଉଚ୍ଚସ୍ତରୀୟ ଆଶାର ଅଧିକାରୀ ହୋଇଥିବା ବ୍ୟକ୍ତି ଅନେକଗୁଡ଼ିଏ ସମାଧାନର ରାସ୍ତା ଦେଖନ୍ତି । ଆଶା ଚିକିତ୍ସାରେ ମଧ୍ୟ ଅନୁରୂପ ପଦକ୍ଷେପ ନିଆଯାଏ । ରୋଗଗ୍ରସ୍ତ ବ୍ୟକ୍ତିକୁ ଅନେକଗୁଡ଼ିଏ ସମାଧାନର ରାସ୍ତା ଶିକ୍ଷା

ଦିଆଯାଏ । ବ୍ୟକ୍ତିର ମାର୍ଗଚିନ୍ତନ ଏପରି ବିସ୍ତୃତ ହେବା ଫଳରେ ସେ ଗତିପଥରେ ଆସୁଥିବା ବାଧାବିଘ୍ନ ନେଇ ବିଶେଷ ବ୍ୟସ୍ତ ହୁଅନ୍ତି ନାହିଁ। ଗୋଟିଏ ସମାଧାନ ରାସ୍ତା କଷ୍ଟକର ହେଲେ ମଧ୍ୟ ଅନ୍ୟଟି ସୁଗମ ହେବ ବୋଲି ଭାବି ନିଅନ୍ତି। ମାର୍ଗ ଚିନ୍ତନର ବିକାଶ ସହିତ ସାମର୍ଥ୍ୟ ଚିନ୍ତନ ମଧ୍ୟ ଦୃଢ଼ କରାଯାଏ। ନିଜର ସମସ୍ୟା ବ୍ୟକ୍ତି ନିଜେ ସମାଧାନ କରିପାରିବ, ଏପରି ଆତ୍ମସାମର୍ଥ୍ୟବୋଧ ବଳଶାଳୀ କରାଯାଏ। ଫଳରେ ରୋଗର ବଳୟ ମଧ୍ୟରୁ ବାହାରି ଆସି ବ୍ୟକ୍ତି ସୁଖୀ ଓ ସ୍ୱାସ୍ଥ୍ୟପୂର୍ଣ୍ଣ ଜୀବନଯାପନ କରିପାରିବ ବୋଲି ପ୍ରତ୍ୟୟ ଜନ୍ମେ।

ଅନ୍ୟ ଗୋଟିଏ ଦିଗ ଆଶା ଚିକିତ୍ସାକୁ ଅଧିକ ଶକ୍ତିଶାଳୀ ଓ ଫଳବତୀ କରିଥାଏ । ତାହା ହେଉଛି ପୂର୍ବ ଆଲୋଚିତ ଫ୍ରାଙ୍କଲ୍‌ଙ୍କ ପରିକଳ୍ପନା ଜୀବନର ଅର୍ଥପୂର୍ଣ୍ଣତାର ଅନ୍ୱେଷଣ (Search for Meaning in Life)। ଚିକିତ୍ସକ ଓ ଉପଦେଶକ ବ୍ୟକ୍ତି ମନରେ ଅର୍ଥପୂର୍ଣ୍ଣତାର ମଞ୍ଜି ବୁଣି ଦେଇପାରିଲେ ଆଶା ଚିକିତ୍ସା ଏକ ସଫଳ ଜୀବନର ସ୍ୱାଦ ନିଶ୍ଚୟ ଆଣିପାରିବ।

ଆଶାବାଦୀ ଦୃଷ୍ଟିଭଙ୍ଗୀ :

ବ୍ୟକ୍ତିତ୍ୱ ପରିପ୍ରେକ୍ଷୀରେ ଆଶାବାଦୀ (Optimist) ଏବଂ ନୈରାଶ୍ୟବାଦୀ (Pessimist) ଶବ୍ଦ ଦୁଇଟି ଆମର ଦୈନନ୍ଦିନ ପରିଭାଷାର ବହୁ ବ୍ୟବହୃତ ଶବ୍ଦ। ଏ ଦୁଇଟିର ପାର୍ଥକ୍ୟ ଦର୍ଶାଇବାକୁ ଚେଷ୍ଟା କରିବା ସମୟରେ ଲୋକମାନେ ସାଧାରଣତଃ ଗୋଟିଏ ଉଦାହରଣର ପୁନରାବୃତ୍ତି କରନ୍ତି। ଗୋଟିଏ ଗ୍ଲାସ୍‌ରେ କିଛି ପାଣି ଥିବା ସମୟରେ ଆଶାବାଦୀ ଲୋକଟି କୁହେ : ଗ୍ଲାସଟି ଜଳରେ ଅଧାପୂର୍ଣ୍ଣ ରହିଛି। ଅନ୍ୟ ପକ୍ଷରେ ନୈରାଶ୍ୟବାଦୀ ଲୋକଟି କୁହେ : ଗ୍ଲାସଟି ଅଧା ଖାଲି ରହିଛି।

ନିକଟ ଅତୀତରେ ଜଣେ ଲେଖକ 'ଜେବ୍ରା ପ୍ରଶ୍ନ' ଶୀର୍ଷକ ପୁସ୍ତକଟିଏ ରଚନା କରିଛନ୍ତି। ସେଥିରେ ସର୍ଜନଶୀଳ ଶୈଳୀରେ ଆଶାବାଦ ଓ ନୈରାଶ୍ୟବାଦ ମଧ୍ୟରେ ପାର୍ଥକ୍ୟକୁ ପରିସ୍ଫୁଟ କରାଯାଇଛି। ଜଣେ ଲୋକ ଜେବ୍ରାକୁ ପଚାରିଛି : ଜେବ୍ରା ! ତୁମେ କଳାର ପଟା ପଟା ଦାଗ ଥାଇ ଧଳା ରଙ୍ଗର କି ଧଳାର ପଟା ପଟା ଦାଗ ଥାଇ କଳା ରଙ୍ଗର ? ଜେବ୍ରା ପ୍ରଶ୍ନ କର୍ତ୍ତାଙ୍କୁ ପାଲଟା ପ୍ରଶ୍ନ ପଚାରିଛି : ତୁମର ସାମୟିକ ଦୁଃଖ ଥାଇ ତୁମେ ସୁଖୀ, କି ସାମୟିକ ସୁଖ ଥାଇ ତୁମେ ଦୁଃଖୀ ? ତୁମର ସାମୟିକ ବିଷାଦ ଥାଇ ତୁମେ ପ୍ରସନ୍ନଚିତ୍ତ, ନା ସାମୟିକ ପ୍ରସନ୍ନତା ଥାଇ ତୁମେ ବିଷାଦଗ୍ରସ୍ତ ? ତୁମେ ସାମୟିକ କ୍ଳାନ୍ତି ନେଇ

ସତେଜ ଥାଅ କି, ସାମୟିକ ସତେଜତା ଥାଇ କ୍ଳାନ୍ତ ଅନୁଭବ କର ? ତୁମେ ସାମୟିକ ଅଳ୍ପଭାଷୀ ହୋଇ ବହୁତ କଥା କୁହ କି ସାମୟିକ ବହୁଭାଷୀ ହୋଇ ଅଳ୍ପକଥା କହିଥାଅ ?

ଜେବ୍ରାର ପାଲଟା ପ୍ରଶ୍ନରୁ ଏହା ସ୍ପଷ୍ଟ ସୂଚିତ ହୁଏ ଯେ ଆଶାବାଦ ଓ ନୈରାଶ୍ୟବାଦ ଏକ ଦୃଷ୍ଟିଭଙ୍ଗୀ। ଆଶାବାଦୀ ବ୍ୟକ୍ତି ଭବିଷ୍ୟତ ସମ୍ପର୍କରେ ଉଚ୍ଚ ଆଶା ପୋଷଣ କରନ୍ତି । ସକାରାତ୍ମକ ଫଳାଫଳର କାମନା କରନ୍ତି। ଆଶାବାଦ ସମ୍ପର୍କରେ ଆଲୋଚନା କରିବା ପୂର୍ବରୁ ସ୍ମରଣ ରଖିବାକୁ ହେବ ଯେ ଏ ପୁସ୍ତକର ଅନ୍ୟ କେତେକ ପ୍ରସଙ୍ଗରେ ଆଶାବାଦର ସଂକ୍ଷିପ୍ତ ସୂଚନା ଉପସ୍ଥାପିତ ହୋଇଛି। ବିଶିଷ୍ଟ ବୈଭବ ମନୋବିଜ୍ଞାନୀ ମାର୍ଟିନ୍ ସେଲିଗ୍ମ୍ୟାନ୍ଙ୍କ ଅନନ୍ୟ କୃତି ମଧ୍ୟରେ ତାଙ୍କ ରଚିତ 'ଶିକ୍ଷାକୃତ ଆଶାବାଦ' (Learned Optimism, 1998) ଏକ ଅନବଦ୍ୟ ରଚନା ହୋଇଥିବାରୁ 'କତିପୟ ବୈଭବମନୋବିଜ୍ଞାନୀ' ଶୀର୍ଷକରେ ଏହାର ସୂଚନା ରହିଛି। ପୁନଶ୍ଚ ବୈଭବ ମନୋବିଜ୍ଞାନର ଲକ୍ଷ୍ୟ, 'ଅନୁକୂଳ ବ୍ୟକ୍ତି-ବୈଶିଷ୍ଟ୍ୟ' ଏବଂ 'ଅନୁକୂଳ ବ୍ୟକ୍ତିନିଷ୍ଠ ଅନୁଭବ' ପରିପ୍ରେକ୍ଷୀରେ ମଧ୍ୟ ଆଶାବାଦର ସଂକ୍ଷିପ୍ତ ସୂଚନା ଦିଆଯାଇଛି। ତଥାପି ବୈଭବ ମନୋବିଜ୍ଞାନର ତତ୍ତ୍ୱ ଓ ପ୍ରୟୋଗ ଦୃଷ୍ଟିରୁ ଆଶାବାଦ ଦୃଷ୍ଟିଭଙ୍ଗୀର ସ୍ୱରୂପ, ପରିମାପକ, ବିକାଶର ନିର୍ଦ୍ଧାରକ, ବିକାଶ ପ୍ରଣାଳୀ ଏବଂ ମାନସିକ ସ୍ୱାସ୍ଥ୍ୟ ସହିତ ସମ୍ପର୍କ ଆଲୋଚନା କରାଯାଇପାରେ।

ଆଶାବାଦୀ ଦୃଷ୍ଟିଭଙ୍ଗୀର ସ୍ୱରୂପ : ଟାଇଗର୍ (Lionel Tiger, 1979) ଆଶାବାଦର ସଂଜ୍ଞା ଦେବାକୁ ଯାଇ କହିଛନ୍ତି ଯେ ଏହା ଏକପ୍ରକାର ମିଜାଜ ବା ମନୋବୃତ୍ତି । ଆଶାବାଦୀ ମନୋବୃତ୍ତି ବା ମିଜାଜର ଅଧିକାରୀ ହୋଇଥିବା ବ୍ୟକ୍ତିମାନେ ଭବିଷ୍ୟତ ପାଇଁ ସକାରାତ୍ମକ ପ୍ରତ୍ୟାଶା ପୋଷଣ କରନ୍ତି। ଏପରି ସକାରାତ୍ମକ ପ୍ରତ୍ୟାଶା ସାମାଜିକ କିମ୍ବା ବସ୍ତୁଗତ ହୋଇପାରେ । ଏହି ଆଶାବାଦ ଏକ କ୍ରିୟାହୀନ ପ୍ରତ୍ୟାଶା ନୁହେଁ। ଆଶାବାଦୀ ବ୍ୟକ୍ତିମାନଙ୍କର ଉଚ୍ଚତର କ୍ରିୟାଶୀଳତା ଓ ଅଭିପ୍ରେରଣା ରହିଥାଏ। ଲକ୍ଷ୍ୟ ହାସଲ ଦିଗରେ ସେମାନେ ଅଭିପ୍ରେରିତ ହୁଅନ୍ତି।

ମଣିଷ ବସ୍ତୁତଃ ଆଶାବାଦୀ ବୋଲି ଅନେକ ବିଚାର କରନ୍ତି। ଅବଶ୍ୟ ଅତୀତର କ୍ଲାସିକାଲ୍ ମନୋବିଜ୍ଞାନୀ ଏବଂ ଆଧୁନିକ ମନୋବିଜ୍ଞାନୀ ମଧ୍ୟରେ କିଛିଟା ପାର୍ଥକ୍ୟ ରହିଛି । ସିଗମଣ୍ଡ୍ ଫ୍ରଏଡ୍ଙ୍କ ପରି କ୍ଲାସିକାଲ୍ ଚିନ୍ତାନାୟକମାନେ ଭାବୁଥିଲେ ଯେ ସୁସ୍ଥ ମଣିଷ ବିଶେଷ ଭାବରେ ଆଶାବାଦୀ କିମ୍ବା ନୈରାଶ୍ୟବାଦୀ ହେବା ଉଚିତ ନୁହେଁ। ପରିବେଶରେ ସେମାନଙ୍କର ଯେତିକି ପରିମାଣରେ ନିୟନ୍ତ୍ରଣ ରହିଛି ସେମାନେ ସେତିକି

ପରିମାଣରେ ନିୟନ୍ତ୍ରଣର ଅଧିକାରୀ ବୋଲି ନିଜକୁ ଭାବି ବସିବା ଉଚିତ। ଗୋଟିଏ ଉଦାହରଣ ଦ୍ୱାରା ଏହାକୁ ସ୍ପଷ୍ଟ କରାଯାଇପାରେ। ମନେ କରାଯାଉ ଜଣେ ବ୍ୟକ୍ତିର ନିକଟସ୍ଥ ପରିବେଶ ଉପରେ ୭୦ ପ୍ରତିଶତ ନିୟନ୍ତ୍ରଣ ରହିଛି। ସୁତରାଂ ବ୍ୟକ୍ତିଜଣକ ନିଜର ନିୟନ୍ତ୍ରଣ ୭୦ ପ୍ରତିଶତ ଭାବିଲେ ଫ୍ରଏଡ୍ ତାଙ୍କୁ ମାନସିକ ସୁସ୍ଥତାର ଅଧିକାରୀ ବୋଲି ବିଚାର କରୁଥିଲେ । ନିୟନ୍ତ୍ରଣ ବିଶ୍ୱାସ ୭୦ ପ୍ରତିଶତରୁ ବେଶୀ ହେଲେ କିମ୍ବା କମ୍ ହେଲେ ଏହା ମାନସିକ ଅସୁସ୍ଥତାର ଲକ୍ଷଣ ବୋଲି ବିଚାର କରାଯାଉଥିଲା। ମାତ୍ର ଆଧୁନିକ ମନୋବିଜ୍ଞାନୀମାନଙ୍କର ବିଚାରଧାରା ସାମାନ୍ୟ ଭିନ୍ନ ଧରଣର। ଶେଲୀ ଟେଲର୍ଙ୍କ ପରି ବୈଭବ ମନୋବିଜ୍ଞାନୀମାନେ ବିଚାର କରନ୍ତି ଯେ ବ୍ୟକ୍ତିର ୭୦ ପ୍ରତିଶତ ନିୟନ୍ତ୍ରଣ ଥିଲେ ମଧ୍ୟ ବ୍ୟକ୍ତିଜଣକ ୮୦ ପ୍ରତିଶତର ନିୟନ୍ତ୍ରଣ ଭାବିବସିବା ଉପଯୋଗୀ ହେବ। ବାସ୍ତବ ନିୟନ୍ତ୍ରଣ (୭୦ ପ୍ରତିଶତ) ତୁଳନାରେ ଏହା ସାମାନ୍ୟ ବେଶୀ ହେଲେ ମଧ୍ୟ ଏପରି ଏକ ଆଶାବାଦୀ ଦୃଷ୍ଟିଭଙ୍ଗୀ କାମରେ ଲାଗିବ। ଅବଶ୍ୟ ବାସ୍ତବତାଠାରୁ ବେଶୀ ଦୂରେଇଯିବା (ଯଥା: ବାସ୍ତବରେ ୭୦ ପ୍ରତିଶତ ନିୟନ୍ତ୍ରଣ ଥିବା ବେଳେ ୯୦ ପ୍ରତିଶତ ବା ୯୫ ପ୍ରତିଶତ ନିୟନ୍ତ୍ରଣ ଭାବିବସିବା) କ୍ଷତିକାରକ ହୋଇଥାଏ। ସେଥିପାଇଁ ମନୋବିଜ୍ଞାନୀମାନେ ଆଶାବାଦ (Optimism) ପରିଭାଷା ପ୍ରୟୋଗ କରିବା ସମୟରେ ବସ୍ତୁତଃ ପ୍ରୟୋଗଧର୍ମୀ ଆଶାବାଦ (Pragmatic Optimism) କିମ୍ବା ବାସ୍ତବମୁଖୀ ଆଶାବାଦ (Realistic Optimism) କିମ୍ବା କାର୍ଯ୍ୟକ୍ଷମ ଆଶାବାଦ (Functional Optimism) ଶବ୍ଦମାନ ବ୍ୟବହାର କରିଥାଆନ୍ତି।

ଆଶାବାଦ ବହୁ ଧରଣର ସଫଳତା ସହିତ ସଂଶ୍ଳିଷ୍ଟ। ଉଚ୍ଚତର ଆଶାବାଦର ଅଧିକାରୀ ହୋଇଥିବା ଶିକ୍ଷାର୍ଥୀମାନେ ସ୍କୁଲ କଲେଜରେ ଉଲ୍ଲେଖନୀୟ ସଫଳତା ହାସଲ କରନ୍ତି। କର୍ମ ସଂସ୍ଥାରେ ଅଧିକ ସଫଳତା ଓ ପଦୋନ୍ନତି ହାସଲ କରନ୍ତି। ବିଶେଷତଃ ବାଣିଜ୍ୟ ବ୍ୟବସାୟ ଏବଂ ବିକ୍ରୟ କଳାରେ ଏମାନଙ୍କର କାର୍ଯ୍ୟଦକ୍ଷତା ପ୍ରକାଶ ପାଏ। ଅନ୍ୟ ପକ୍ଷରେ ନୈରାଶ୍ୟବାଦୀ ବ୍ୟକ୍ତିମାନେ ଅବସାଦ (Depression) କବଳିତ ହୋଇ ମାନସିକ ବିପର୍ଯ୍ୟୟର ଶରବ୍ୟ ହେବାର ଅଧିକ ସମ୍ଭାବନା ରହିଛି।

ସ୍ଥୂଳତଃ ଗବେଷକମାନେ ଆଶାବାଦ ସମ୍ପର୍କରେ ତିନୋଟି ଦୃଷ୍ଟିଭଙ୍ଗୀ ଗ୍ରହଣ କରିଛନ୍ତି। କେତେକ ମନୋବିଜ୍ଞାନୀ ଏହାକୁ ଏକ ଜନ୍ମଗତ ପ୍ରବଣତାର (Dispositional Concept) ସ୍ଥାନ ଦେଇଛନ୍ତି। ବ୍ୟକ୍ତିତ୍ୱର ଅନ୍ୟସବୁ ଦିଗ ପରି (ଯଥା: ଅନ୍ତର୍ମୁଖୀ ବନାମ ବହିର୍ମୁଖୀ) ଏହା ମନୁଷ୍ୟର ବ୍ୟବହାରକୁ ପ୍ରଭାବିତ କରେ ବୋଲି ଯୁକ୍ତି ବାଢ଼ିଛନ୍ତି ।

ଆଉ କେତେକ ମନୋବିଜ୍ଞାନୀ ଏହାକୁ ଏକ ଅଭିଜ୍ଞାନାତ୍ମକ ଶୈଳୀ (Cognitive Style) ବୋଲି ବିଚାର କରିଛନ୍ତି। ଆଶାବାଦୀ ବ୍ୟକ୍ତି ଗୋଟିଏ ଧରଣର ଅଭିଜ୍ଞାନାତ୍ମକ ରୀତିରେ ଅନୁଭବ କରିବା ସ୍ଥଳେ ନୈରାଶ୍ୟବାଦୀମାନେ ଭିନ୍ନ ଧରଣର ଶୈଳୀରେ ପ୍ରତ୍ୟକ୍ଷଣ କରନ୍ତି। ଅନ୍ୟ କେତେକ ମନୋବିଜ୍ଞାନୀ ଆଶାବାଦୀ ଓ ନୈରାଶ୍ୟବାଦୀ ଲୋକମାନଙ୍କୁ ଭିନ୍ନ ଭିନ୍ନ ଆତ୍ମନିୟନ୍ତ୍ରଣର ପନ୍ଥା ଅନୁସରଣ କରିବାର ଯୁକ୍ତି କରନ୍ତି। ସେମାନଙ୍କ ମତରେ ଆଶାବାଦୀ ଲୋକମାନେ ବାଧାବିଘ୍ନର ସମ୍ମୁଖୀନ ହେଲେ ନିଜର ସମନ୍ୱୟ ଶୈଳୀ ପରିବର୍ତ୍ତନ କରନ୍ତି। ଫଳରେ ସେମାନେ ଗୁରୁତ୍ୱ ଆରୋପ କରୁଥିବା ଲକ୍ଷ୍ୟବିନ୍ଦୁ ପ୍ରତି ଆକର୍ଷଣ ହ୍ରାସ ନ ପାଇ ସେମାନଙ୍କ କର୍ମତତ୍ପରତା ଜାରି ରହେ। ସେମାନେ ନିଜକୁ ଅନୁରୂପ ଭାବରେ ପ୍ରସ୍ତୁତ କରନ୍ତି ଏବଂ ଅଗ୍ରଗତି ଅବ୍ୟାହତ ରଖନ୍ତି। ଫଳତଃ ଲକ୍ଷ୍ୟସାଧନ ସମ୍ଭବ ହୁଏ ଏବଂ ମାନସିକ ସ୍ୱାସ୍ଥ୍ୟ ମଧ୍ୟ ଅତୁଟ ରହେ।

ଆଶାବାଦର ପରିମାପକ : ଆଶାବାଦକୁ ମାପିବା ପାଇଁ ଯେଉଁ ପ୍ରୟାସ ହୋଇଛି ତାହାର ଦୁଇଟି ପନ୍ଥା ରହିଛି। ସେୟର୍ ଓ କାର୍ଭର୍‌ଙ୍କ (Scheier & Carver 1985) ସାମଗ୍ରିକ ଭାବରେ ଆଶାବାଦର ପରମାପ ପାଇଁ ପ୍ରଶ୍ନାବଳୀ ପ୍ରସ୍ତୁତ କରିଛନ୍ତି। ସେମାନେ ଏହାକୁ ''ଜୀବନ ଆଭିମୁଖ୍ୟ ପରିମାପକ'' (Life Orientation Test / LOT) ବୋଲି ନାମକରଣ କରିଛନ୍ତି । ଏହି ପରିମାପକରେ ୧୦ଟି ବାକ୍ୟ ରହିଛି ଏବଂ ଏଥିରୁ ଚାରୋଟି ବାକ୍ୟ ଅସମ୍ପୃକ୍ତ ଓ ଏହାର ଫଳାଙ୍କ ନିର୍ଦ୍ଧାରଣ କରାଯିବ ନାହିଁ। ଛ'ଟି ବାକ୍ୟ ମଧ୍ୟରୁ ତିନୋଟି ଆଶାବାଦର ସୂଚକ ଏବଂ ଅନ୍ୟ ତିନୋଟି ନୈରାଶ୍ୟବାଦର ସୂଚକ। ସୁତରାଂ ନୈରାଶ୍ୟବାଦର ସୂଚକ ହୋଇଥିବା ବାକ୍ୟ ପାଇଁ ଫଳାଙ୍କକୁ ବିପରୀତମୁଖୀ (Reversed Scoring) କରାଯିବ। ପ୍ରତିଭାଗୀମାନେ ପ୍ରତିଟି ବାକ୍ୟ ପାଇଁ ନିଜର ସମ୍ମତି - ଅସମ୍ମତି ପାଞ୍ଚ-ପଏଣ୍ଟ ସ୍କେଲ୍‌ରେ ସୂଚିତ କରନ୍ତି (୧: ସମ୍ପୂର୍ଣ୍ଣ ଅମତ, ୨: ଅମତ; ୩: କହିବା କଷ୍ଟକର ୪: ଏକମତ; ୫. ସମ୍ପୂର୍ଣ୍ଣ ଏକମତ)। ଏହା ସହଜରେ ଅନୁମେୟ ଯେ ଜଣେ ବ୍ୟକ୍ତିର ଆଶାବାଦର ଫଳାଙ୍କ ୬ରୁ ୩୦ ମଧ୍ୟରେ ରହିବ। ସୁତରାଂ ନିର୍ଦ୍ଦିଷ୍ଟ ବ୍ୟକ୍ତିର ଫଳାଙ୍କ ଉପରେ ନିର୍ଭର କରି ତାଙ୍କର ଆଶାବାଦ/ନୈରାଶ୍ୟବାଦର ବ୍ୟାଖ୍ୟା କରାଯାଇପାରେ । ନିମ୍ନରେ ଏହି ପରିମାପକରେ ଥିବା ଦୁଇଟି ବାକ୍ୟର ଉଦାହାରଣ ଦିଆଯାଇଛି :

୧. ମୁଁ ମୋର ଭବିଷ୍ୟତ ନେଇ ସବୁବେଳେ ଆଶାବାଦୀ।

୨. ମୋ ଜୀବନର ଭଲ ଘଟଣା ଘଟିବା ନେଇ ମୋର ପ୍ରାୟ ଭରସା ନାହିଁ।

ଆଶାବାଦର ପରିମାପ କ୍ଷେତ୍ରରେ ମାର୍ଟିନ୍ ସେଲିଗ୍ମ୍ୟାନଙ୍କ ଆଶାବାଦୀ ବିଶ୍ଳେଷଣ ଶୈଳୀ (Optimistic Explanatory Style) ମାପକଟି ଅଧିକ ମାତ୍ରାରେ ପ୍ରୟୋଗ କରାଯାଇଛି। ଆଶାବାଦୀ ଓ ନୈରାଶ୍ୟବାଦୀ ଲୋକମାନେ ଖରାପ ଘଟଣା ଓ ଭଲ ଘଟଣାର କାରଣକୁ କିପରି ବିଶ୍ଳେଷଣ କରନ୍ତି, ତାହାର ଭିତ୍ତି ଉପରେ ନିର୍ଭର କରି ଏହି ମାପକ ପ୍ରସ୍ତୁତ ହୋଇଥିବାରୁ ତାହାର ଏପରି ନାମକରଣ କରାଯାଇଛି।

ପ୍ରଥମେ ଖରାପ ଘଟଣାର କଥା ବିଚାର କରାଯାଉ। ଭଲ ହେଉ ବା ଖରାପ ହେଉ, ଘଟଣାଟି ଘଟିବା ପରେ ଏହାର କାରଣ ସମ୍ପର୍କରେ ପ୍ରତି ବ୍ୟକ୍ତି ମନରେ ତିନୋଟି ପ୍ରଶ୍ନ ଜାଗରିତ ହୁଏ : (୧) ଘଟଣାଟି ପାଇଁ କିଏ ଦାୟୀ ? (୨) ଘଟଣାର ପ୍ରଭାବ କେତେଦିନ ରହିବ ? (୩) ଘଟଣାଟି ଜୀବନର କେଉଁ କେଉଁ ଦିଗକୁ ବିପର୍ଯ୍ୟସ୍ତ କରିବ ? ବ୍ୟକ୍ତି ମନରେ ଯେଉଁ ଉତ୍ତର ଆସେ ସେହି ଅନୁସାରେ ତା'ର ନୈରାଶ୍ୟବାଦୀ ସ୍ତର ନିର୍ଦ୍ଧାରିତ ହୁଏ। ନୈରାଶ୍ୟବାଦୀ ବ୍ୟକ୍ତିମାନେ ଖରାପ ଘଟଣାର କାରଣ ମୂଳରେ ନିଜକୁ ଦାୟୀ ମନେ କରନ୍ତି। ଘଟଣାଟିର କୁପ୍ରଭାବ ଦୀର୍ଘସ୍ଥାୟୀ ମନେ କରନ୍ତି (ଯଥା: ମୋ ଜୀବନରୁ ସୁଖ ସବୁଦିନ ପାଇଁ ଚାଲିଗଲା) ଏବଂ କୁପ୍ରଭାବଟି ବ୍ୟାପକ (ଯଥା: ମୋ ପୂରା ଜୀବନଟି କ୍ଷତିଗ୍ରସ୍ତ ହେଲା) ବିଚାର କରନ୍ତି। ମୋଟଉପରେ ନୈରାଶ୍ୟବାଦୀ ଖରାପ ଘଟଣାର କାରଣରେ ନିଜକୁ ଦାୟୀ, ପ୍ରଭାବଟି ଦୀର୍ଘସ୍ଥାୟୀ ଏବଂ ପ୍ରଭାବଟି ବ୍ୟାପକ ବିଚାର କରେ। ଅନ୍ୟ ପକ୍ଷରେ ଏପରି ଖରାପ ଘଟଣାର କାରଣରେ ବାହ୍ୟ ଅବସ୍ଥାର ଭୂମିକା ରହିଛି, ପ୍ରଭାବଟି ଅପେକ୍ଷାକୃତ ଅଳ୍ପସ୍ଥାୟୀ ଏବଂ ପ୍ରଭାବ ସୀମିତ ବୋଲି ଆଶାବାଦୀ ବିଚାର କରେ।

ଘଟଣାଟି ଭଲ ବା ସକାରାତ୍ମକ ହୋଇଥିଲେ ବିପରୀତ ଧରଣର ଶୈଳୀ ପରିଦୃଷ୍ଟ ହୁଏ। ନୈରାଶ୍ୟବାଦୀ ଭଲ ଘଟଣାର କାରଣ ମୂଳରେ ବାହ୍ୟିକ ଉପାଦାନର ଭୂମିକା, ପ୍ରଭାବଟି ଅସ୍ଥାୟୀ ଓ ସୀମିତ ମନେ କରେ। ମାତ୍ର ଆଶାବାଦୀ ବ୍ୟକ୍ତି ଭଲ ଘଟଣାରେ ନିଜର ବ୍ୟକ୍ତିଗତ ସମ୍ପୃକ୍ତି, ଏପରି ସୁପ୍ରଭାବଟି ଦୀର୍ଘସ୍ଥାୟୀ ଏବଂ ଏହାର ସୁପ୍ରଭାବକୁ ବ୍ୟାପକ ମନେ କରେ।

ଏହି ଯୁକ୍ତିର ଆଧାରରେ ସେଲିଗ୍ମ୍ୟାନ୍ ଓ ସହଯୋଗୀମାନେ ବିଭିନ୍ନ ବର୍ଗର ପ୍ରତିଭାଗୀଙ୍କ ପାଇଁ (ପିଲା, ଯୁବକଯୁବତୀ, ବୟସ୍କ ବ୍ୟକ୍ତି) ଆଶାବାଦୀ ବିଶ୍ଳେଷଣ ଶୈଳୀର ମାପକ ପ୍ରସ୍ତୁତ କରିଛନ୍ତି। ଏହି ସବୁ ମାପକର ଫର୍ମଟି ପ୍ରାୟ ଏହିପରି।

'ନିମ୍ନରେ କେତୋଟି ଘଟଣାର ଅବତାରଣା କରାଯାଉଛି। ପ୍ରତିଟି ଘଟଣା ଆପଣଙ୍କ ଜୀବନରେ ଘଟିବାର କଳ୍ପନା କରନ୍ତୁ। ପ୍ରତି ଘଟଣା ପାଇଁ ଦୁଇଟି ସମ୍ଭାବ୍ୟ କାରଣର ଉଲ୍ଲେଖ ଅଛି। ଯେଉଁ କାରଣଟି ଆପଣଙ୍କ ପାଇଁ ପ୍ରଯୁଜ୍ୟ ('କ' କିମ୍ବା 'ଖ') ତାହା ଚିହ୍ନିତ କରନ୍ତୁ।

ଆପଣ ସେ ଦିନ ଖେଳରେ ସହଜରେ ଜିତିଲେ, କାରଣ -

(କ) ଆପଣ ଜଣେ କୁଶଳୀ ଖେଳାଳୀ।

(ଖ) ଆପଣଙ୍କ ଭାଗ୍ୟ ସେଦିନ ଅନୁକୂଳ ଥିଲା।

ଏହା ସହଜରେ ଅନୁମେୟ ଯେ ଆପଣଙ୍କ 'କ' ଚୟନଟି ଆଶାବାଦର ସୂଚକ ହେବା ସ୍ଥଳେ 'ଖ' ଚୟନଟି ନୈରାଶ୍ୟବାଦର ସୂଚକ। ସେଲିଗ୍‌ମ୍ୟାନ୍‌ଙ୍କ ପ୍ରଶ୍ନାବଳୀ ବ୍ୟତୀତ ଅନ୍ୟ କେତେକ ଅଭିନବ ଉପାୟରେ ମଧ୍ୟ ଆଶାବାଦର ଆକଳନ କରାଯାଇପାରେ। ଏ ଧରଣର ଗୋଟିଏ ପଦ୍ଧତି ହେଉଛି କେଭ୍ ପ୍ରଣାଳୀ (Content Analysis of Verbal Explanation ବା CAVE)। କୌଣସି ବ୍ୟକ୍ତିର ବକ୍ତବ୍ୟ ମଧ୍ୟରେ ଭଲ ଘଟଣା ପରିପ୍ରେକ୍ଷୀରେ କେତେ ବ୍ୟକ୍ତିର ସମ୍ପୃକ୍ତି (Internality) ରହିଛି, କେତେ ସ୍ଥାୟୀତ୍ୱ (Stability) ରହିଛି ଏବଂ କେତେ ବ୍ୟାପକତା (Globality) ସେସବୁର ଆକଳନ ଆଶାବାଦର ସୂଚକ। ଅନ୍ୟ ପକ୍ଷରେ ଖରାପ ଘଟଣା ପରିପ୍ରେକ୍ଷୀର ବ୍ୟକ୍ତି କେତେ ବାହ୍ୟକାରଣ ଦେଖୁଛି (Externality), ପ୍ରଭାବକୁ କେତେ ଅସ୍ଥାୟୀ ମନେ କରୁଛି (Instability) ଏବଂ ପ୍ରଭାବକୁ କେତେ ସୀମିତ ମନେ କରୁଛି (Specificity) ତାହା ଆଶାବାଦର ସୂଚନା ଦିଏ । ଚିକିତ୍ସାଳୟରେ ସେବା ପ୍ରାର୍ଥୀର କଥାବାର୍ତ୍ତା ଓ ସାକ୍ଷାତ୍‌କାର ସମୟରେ କଥାବାର୍ତ୍ତାର ସାମଗ୍ରୀ ଏବଂ ସାକ୍ଷାତକାର ସାମଗ୍ରୀକୁ ବିଶ୍ଳେଷଣ କରି ଆଶାବାଦର ଆକଳନ କରାଯାଇପାରିବ।

ଆଶାବାଦର ନିର୍ଦ୍ଧାରକ : କେଉଁସବୁ ଉପାଦାନ ଆଶାବାଦର ନିର୍ଦ୍ଧାରକ ହୋଇଥାଏ ସେ ସମ୍ପର୍କରେ ଗବେଷଣା କରାଯାଇଛି। ଭାତୃରୂପୀ ଯମଜମାନଙ୍କ ତୁଳନାରେ ସମରୂପୀ ଯମଜମାନଙ୍କ ମଧ୍ୟରେ ଆଶାବାଦର ସାମଞ୍ଜସ୍ୟ ଅଧିକ ପରିମାଣର ପରିଦୃଷ୍ଟ ହେଉଥିବାରୁ ଆଶାବାଦର ବିକାଶ କ୍ଷେତ୍ରର କିଛି ପରିମାଣରେ ବଂଶାନୁଗତିକତାର ଭୂମିକା ରହିଥିବାର ବିଚାର କରାଯାଏ।

ଆଶାବାଦର ବିକାଶରେ ପରିବେଶ ବିଶେଷ ଭୂମିକା ନିର୍ବାହ କରେ। ନିରାପଦ

ଓ ସଂଗତିପୂର୍ଣ୍ଣ ପରିବେଶ ଯୋଗାଉଥିବା ପିତାମାତାଙ୍କର ପିଲାମାନେ ଆଶାବାଦୀ ହୁଅନ୍ତି । କେଉଁ କାରଣରୁ କେଉଁ ପରିଣତି ଘଟୁଛି, ଏପରି ପ୍ରାଞ୍ଜଳ ଭାବେ ବୁଝାଇ ଦେଇପାରୁଥିବା ଲୋକମାନଙ୍କର ପିଲାମାନେ ଆଶାବାଦୀ ହେବାର ସମ୍ଭାବନା ବେଶୀ । ଆଶାବାଦର ମାପକ ପରିପ୍ରେକ୍ଷୀରେ ଯେଉଁ କାରଣ ବିଶ୍ଳେଷଣ ଭଙ୍ଗୀର କଥା କୁହାଯାଇଛି ସେପରି କାରଣ ବିଶ୍ଳେଷଣ ବ୍ୟବହାର କରୁଥିବା ଲୋକମାନଙ୍କର ପିଲାମାନେ ଆଶାବାଦୀ ହୁଅନ୍ତି । ଅନ୍ୟ ଭାଷାରେ କହିଲେ ଆଶାବାଦୀ ପିଲାମାନଙ୍କର ପିତାମାତା ଭଲ ଘଟଣାର କାରଣରେ ନିଜର ସମ୍ପୃକ୍ତି ଦେଖନ୍ତି; ଘଟଣାର ସୁପ୍ରଭାବକୁ ଦୀର୍ଘସ୍ଥାୟୀ ବିଚାର କରନ୍ତି ଏବଂ ଏହି ପ୍ରଭାବ ଜୀବନର ବହୁଦିଗକୁ ବିକଶିତ କରିବ ବୋଲି ଆଶା ପ୍ରକାଶ କରନ୍ତି । ଅନ୍ୟପକ୍ଷରେ ଖରାପ ଘଟଣା ସମୟରେ ଘଟଣାର କାରଣଟି ବାହ୍ୟ ଉପାଦାନ-ପ୍ରେରିତ, ପ୍ରଭାବଟି ଅସ୍ଥାୟୀ ଓ ସୀମିତ ବୋଲି ପ୍ରକାଶ କରନ୍ତି । ପିତାମାତା ଓ ବୟସ୍କମାନଙ୍କର ଏପରି ସାମାଜୀକରଣ ହିଁ ଆଶାବାଦ ବିକାଶରେ ମୁଖ୍ୟ ଭୂମିକା ନିଏ ।

ଆଶାବାଦର ବିକାଶ ପାଇଁ ତାଲିମ : ମାନସିକ ଚିକିତ୍ସା କ୍ଷେତ୍ରରେ ବିରାଟ ସଫଳତା ହାସଲ କରିଥିବା ମନୋବିଜ୍ଞାନୀ ବେକ୍ (Beck) ଏବଂ ଏଲିସ୍‌ଙ୍କ (Ellis) ଭାବଧାରାକୁ ଭିତ୍ତି କରି ସେଲିଗ୍ମ୍ୟାନ ଆଶାବାଦର ବିକାଶ ପାଇଁ ସୋପାନ-ଭିତ୍ତିକ ମଡ଼େଲ ପ୍ରସ୍ତୁତ କରିଛନ୍ତି ।

ବେକ୍ ଓ ଏଲିସ୍‌ଙ୍କ ମୂଳ ଭାବଧାରାକୁ ABCDE Model ମାଧ୍ୟମରେ ବୁଝାଇ ଦିଆଯାଇପାରେ । A : Antecedent ପରିପ୍ରେକ୍ଷୀ (ମୁଁ ପରୀକ୍ଷାରେ ଅକୃତକାର୍ଯ୍ୟ); B : Belief ବିଶ୍ୱାସ (ମୁଁ ଅଯୋଗ୍ୟ); C : Consequence ପରିଣତି (ମୋତେ ଖରାପ ଲାଗୁଛି) ।

ନକାରାତ୍ମକ ବା ଖରାପ ମିଜାଜର (ମୋତେ ଖରାପ ଲାଗୁଛି) ପରିବର୍ତ୍ତନ ପାଇଁ ନିମ୍ନମତେ ତାଲିମ ଆବଶ୍ୟକ ।

D : Disputation ପ୍ରତିବାଦ (ମୁଁ ଅଯୋଗ୍ୟ ହୋଇ ନଥିବାର ପ୍ରମାଣ) ନିଜେ ନିଜପାଖରେ ଜାହିର କରିବାକୁ ହେବ କିମ୍ବା ଉପଦେଶକ ଯୁକ୍ତି କିମ୍ବା ପ୍ରରୋଚନା ମାଧ୍ୟମରେ ସାବ୍ୟସ୍ତ କରିବେ ।

E : Energization ପୁନର୍ବଳନା ପ୍ରତିବାଦ (ପ୍ରତିରୋଧ) ସ୍ତରଟି ସଫଳ ହେଲେ ବ୍ୟକ୍ତି ମନରୁ ଖରାପ ବା ନକାରାତ୍ମକ ଭାବ ଓ ଭାବନା ଚାଲିଯିବ । ଭଲ ମିଜାଜ ଗଠିତ ହେବ ।

ସେଲିଗ୍‌ମ୍ୟାନ୍ ଅନୁରୂପ ଭାବରେ ଆଶାବାଦର ତାଲିମ ଯୋଜନା ପ୍ରସ୍ତୁତ କରିଛନ୍ତି । ଧରାଯାଉ ବିଭିନ୍ନ ପରିପାର୍ଶ୍ୱିକ କାରଣରୁ ଖରାପ ଘଟଣା ଘଟିଛି ଏବଂ ଏହା ଫଳରେ ନୈରାଶ୍ୟ ଜନ୍ମିଛି । ବର୍ତ୍ତମାନ ଏହି ନୈରାଶ୍ୟକୁ କାଟି ଆଶାବାଦର ଅଙ୍କୁରଣ ଓ ବିକାଶ କରିବାକୁ ହେବ ।

ନୈରାଶ୍ୟର ଶରବ୍ୟ ହୋଇଥିବା ପିଲା ବା ବ୍ୟକ୍ତି ପାଇଁ ପରିବର୍ତ୍ତନ ପଦକ୍ଷେପ ଗ୍ରହଣ କରିବାକୁ ହେବ । ଏପରି ପରିବର୍ତ୍ତନ ପଦ୍ଧତି ନିମ୍ନ ଲିଖିତ ତିନୋଟି ଉପାୟରେ କରାଯାଇପାରେ ।

୧. **ଅନ୍ୟ ଦିଗରେ ଆକର୍ଷଣ :** ନକାରାତ୍ମକ ଭାବନା ବାରମ୍ବାର ମନରେ ପ୍ରବେଶ କରି ମନକୁ ଦୁର୍ବଳ ଓ ନୈରାଶ୍ୟବାଦୀ କରିଥାଏ । ସୁତରାଂ ଏପରି ନକାରାତ୍ମକ ଚିନ୍ତନର ସ୍ରୋତକୁ ବନ୍ଦ କରିବା ପାଇଁ ଜୋର୍‌ରେ କହିବାକୁ ହେବ – 'ବନ୍ଦକର' । ଏଥିପାଇଁ ବଡ଼ ଅକ୍ଷରରେ ଲେଖାଥିବା ଗୋଟିଏ କାର୍ଡ଼ର ମଧ୍ୟ ବ୍ୟବହାର କରାଯାଇପାରେ । ଦୃଷ୍ଟିକୁ ଆସିଲା ଭଳି ଗୋଟିଏ ରବର ବ୍ୟାଣ୍ଡ୍ କିମ୍ବା ସେହିପରି କିଛି ଦୃଷ୍ଟି-ଆକର୍ଷକ ବସ୍ତୁର ସାହାଯ୍ୟ ନେଇ ମନକୁ ଅନ୍ୟ ଦିଗରେ ଚାଳନ କରିବାକୁ ହେବ ।

୨. **ନକାରାତ୍ମକ ଭାବନାଠାରୁ ଦୂରତ୍ୱ :** ମନକୁ ବାରମ୍ବାର କହିବାକୁ ହେବ ଯେ ମନରେ ପ୍ରବେଶ କରୁଥିବା ନକାରାତ୍ମକ ଭାବନା କେବଳ ଭାବନା ମାତ୍ର । ଏହାର ପ୍ରକୃତ (ବାସ୍ତବିକ୍) ଅସ୍ତିତ୍ୱ ନାହିଁ ।

୩. **ଆତ୍ମକଥନ ବା ଅନ୍ତଃସଂଯମ :** ବିଚାରାଳୟରେ ଯେପରି ଯୁକ୍ତିତର୍କର ପ୍ରୟୋଗ କରାଯାଏ ସେପରି ଯୁକ୍ତି ତର୍କ ପ୍ରୟୋଗ ନିଜ ସପକ୍ଷରେ କରାଯିବ । ମୁଁ କେଉଁ କେଉଁ କାରଣରୁ ଅଯୋଗ୍ୟ ନୁହେଁ'' – ସେପରି ଘଟଣା ସବୁ ମନେ ପକାଇ ନିଜକୁ ସବଳ କରିବାକୁ ହେବ ।

ଏହିସବୁ ପ୍ରଣାଳୀରେ ମନରୁ ନକାରାତ୍ମକ ଭାବନାକୁ ବହିଷ୍କାର କରାଯାଇ କିଛି ଗଠନମୂଳକ ସକାରାତ୍ମକ ଚିନ୍ତନର ଅଙ୍କୁରଣ କରାଯାଇପାରେ । ସେଲିଗ୍‌ମ୍ୟାନ୍ ପରୀକ୍ଷାମୂଳକ ପଦ୍ଧତିରେ ସ୍କୁଲ ପିଲାମାନଙ୍କୁ ଦଶ ବାରୋଟି ଅଧିବେଶନରେ ଅନୁଭବ ଦେଇ ସେମାନଙ୍କ ମନରେ ଆଶାବାଦ ସଞ୍ଚାର କରିପାରିଥିଲେ । ସେହିପରି ଜେଲ୍‌ରେ ମଧ୍ୟ ତାଲିମ ପ୍ରଦାନର ଆୟୋଜନ କରି କଏଦୀମାନଙ୍କ ମନରୁ ନୈରାଶ୍ୟବାଦ ଦୂର

କରିବାରେ ସକ୍ଷମ ହୋଇଥିଲେ । ଆଶାବାଦ ଯେ ଏକ ଶିକ୍ଷାକୃତ ସମ୍ବଳ ଓ ତାଲିମ ମାଧ୍ୟମରେ ଏହାର ବିକାଶ ସମ୍ଭବପର, ଏହାର ଗବେଷଣା ଭିତ୍ତିକ ପ୍ରମାଣ ରହିଛି ।

ଆଶାବାଦ ଓ ମାନସିକ ସ୍ୱାସ୍ଥ୍ୟ : ଆଶାବାଦ ସମ୍ପର୍କରେ ବିଶେଷ କୌତୂହଳ ଜନ୍ମିବାର ମୁଖ୍ୟ କାରଣ ହେଉଛି ମାନସିକ ସ୍ୱାସ୍ଥ୍ୟ ସହିତ ଏହାର ସମ୍ବନ୍ଧ । ଆଶାବାଦୀ ବ୍ୟକ୍ତି ଉତ୍ତମ ସ୍ୱାସ୍ଥ୍ୟର ଅଧିକାରୀ ହେବା ସ୍ଥଳେ ନୈରାଶ୍ୟବାଦୀ ଲୋକମାନେ ବିଷାଦଗ୍ରସ୍ତ ହେବାର ବହୁ ପ୍ରମାଣ ରହିଛି ।

ଅନେକଗୁଡ଼ିଏ ଅନୁଧ୍ୟାନରେ ଦେଖାଯାଇଛି ଯେ ଆଶାବାଦୀ ବ୍ୟକ୍ତିମାନେ ସ୍ୱାସ୍ଥ୍ୟର ଅନୁକୂଳ ହେବାଭଳି ବ୍ୟବହାର ପ୍ରଦର୍ଶନ କରନ୍ତି । ଅନ୍ୟ ପକ୍ଷରେ ନୈରାଶ୍ୟବାଦୀ ବ୍ୟକ୍ତିମାନେ ମାତ୍ରାଧିକ ମାନସିକ ଚାପ ଓ ଅସୁସ୍ଥତାର ଶରବ୍ୟ ହୁଅନ୍ତି । ମାୟର୍ସ (Myers, 2000) ଦର୍ଶାଇଛନ୍ତି ଯେ ୧୯୪୬ ମସିହାରେ ହାର୍ଭାର୍ଡ଼ ବିଶ୍ୱବିଦ୍ୟାଳୟର ସ୍ନାତକମାନଙ୍କ ମଧ୍ୟରେ ସବୁଠାରୁ ଅଧିକ ନୈରାଶ୍ୟବାଦୀ ଥିବା ସ୍ନାତକମାନଙ୍କୁ ପୁନଶ୍ଚ ୧୯୮୦ ମସିହାରେ ଅନୁଧ୍ୟାନର ପରିସର ମଧ୍ୟକୁ ଅଣାଗଲା । ଦେଖାଗଲା ଯେ ଏମାନଙ୍କଠାରେ ବିଭିନ୍ନ ଧରଣର ଅସୁସ୍ଥତାର ଲକ୍ଷଣ ପ୍ରକାଶ ପାଇଛି ।

ଅନ୍ୟ ଏକ ଅନୁଧ୍ୟାନରେ ଶିଶୁମାନଙ୍କୁ ଜନ୍ମ ଦେଇଥିବା ମହିଳାମାନଙ୍କର ଅବସାଦ (Depression) ଆକଳନ କରାଗଲା । ଦେଖାଗଲା ଯେ ପ୍ରସବର ବହୁପୂର୍ବରୁ ଆଶାବାଦୀ ଥିବା ମହିଳାମାନେ ମାନସିକ ସ୍ତରରେ ବିଶେଷ ବିଷାଦଗ୍ରସ୍ତ ହୋଇ ନାହାନ୍ତି । ମାତ୍ର ପ୍ରସବ ପୂର୍ବରୁ ବିଷାଦଗ୍ରସ୍ତ ଥିବା ମହିଳାମାନଙ୍କର ବିଷାଦ ଖୁବ୍ ବଢ଼ି ଯାଇଛି ।

ସେୟର୍ (Scheier) ଓ ତାଙ୍କର ସହଯୋଗୀମାନେ ଗୋଟିଏ ବଡ଼ ଧରଣର ହୃଦ୍‌ରୋଗ ପାଇଁ ଶଲ୍ୟ ଚିକିତ୍ସାକୁ ଅପେକ୍ଷା କରିଥିବା ରୋଗୀମାନଙ୍କର ଆଶାବାଦ-ନୈରାଶ୍ୟବାଦ ମାପ କଲେ । ଶଲ୍ୟ ଚିକିତ୍ସାର ଠିକ୍ ପରେ ପରେ ଗୋଟିଏ ସପ୍ତାହ ପରେ ଏବଂ ଛ' ମାସ ପରେ ପୁନଶ୍ଚ ସେମାନଙ୍କର ଆଶାବାଦର ପରିମାପ ଗ୍ରହଣ କରାଗଲା । ଦେଖାଗଲା ଯେ ଆଶାବାଦୀ ରୋଗୀମାନେ ଅଧିକ ସନ୍ତୋଷ ପ୍ରକଟ କରୁଛନ୍ତି । ସେମାନଙ୍କର ଆରୋଗ୍ୟ ଲାଭ ମଧ୍ୟ ଦ୍ରୁତଗତିରେ ସାଧିତ ହେଉଛି ।

କର୍କଟ ରୋଗୀମାନଙ୍କ କ୍ଷେତ୍ରରେ ମଧ୍ୟ ଆଶାବାଦୀ ଲୋକମାନେ ଅଧିକ ସମନ୍ୱୟଶୀଳତାର ପ୍ରମାଣ ଦେଉଛନ୍ତି ।

ପରବର୍ତ୍ତୀ ଅନୁଧ୍ୟାନମାନଙ୍କରେ ଆଶାବାଦ କେଉଁ ପ୍ରକ୍ରିୟା ଫଳରେ ଶଲ୍ୟଚିକିତ୍ସାର ରୋଗୀମାନଙ୍କର ସହାୟକ ହେଉଛି, ତାହାର ଗବେଷଣା କରାଯାଇଛି। ଦେଖାଯାଇଛି ଯେ ଆଶାବାଦ ଶଲ୍ୟଚିକିତ୍ସା ଦେଇ ଗତି କରୁଥିବା ଲୋକମାନଙ୍କର ମିଜାସରେ ପରିବର୍ତ୍ତନ ଆଣେ। ସେମାନେ ଅଧିକ ଜୀବନ ସନ୍ତୋଷର ଅନୁଭବ ପାଆନ୍ତି; ଫଳତଃ ଚିକିତ୍ସାକାଳୀନ ଏବଂ ଚକିତ୍ସା-ପର ସମନ୍ୱୟ ସମୟରେ ଭଲ ଖାପଖୁଆଇ ପାରନ୍ତି। କାର୍ଭର୍ ଓ ସେୟର୍‌ଙ୍କ ପରି ବିଶେଷଜ୍ଞ ଏହା ପର୍ଯ୍ୟବେକ୍ଷଣ କରିଛନ୍ତି।

ସ୍ତନ୍ୟ କର୍କଟ ପରି ଅନ୍ୟ ସମସ୍ୟା ପ୍ରସଙ୍ଗରେ ମଧ୍ୟ ଆଶାବାଦର ଭୂମିକା ଅଧ୍ୟୟନ କରାଯାଇଛି। ଗୋଟିଏ ଅନୁଧ୍ୟାନରେ ସ୍ତନ୍ୟ-କର୍କଟ ପାଇଁ ଚିକିତ୍ସିତ ହେଉଥିବା ମହିଳାମାନଙ୍କୁ ରୋଗ ନିରୂପଣ ସମୟରେ ଶଲ୍ୟ ଚିକିତ୍ସାର ପୂର୍ବଦିନ ଶଲ୍ୟ ଚିକିତ୍ସାର ସାତରୁ ଦଶଦିନ ପରେ ଏବଂ ତିନି, ଛ ଓ ବାର ମାସ ପରେ ସାକ୍ଷାତ୍କାର ସମୟରେ ସେମାନଙ୍କ ସମନ୍ୱୟଶୀଳତାର ଆକଳନ କରାଗଲା। ଦେଖାଗଲା ଯେ ଆଶାବାଦର ଅଧିକାରୀ ହୋଇଥିବା ମହିଳାମାନେ ପ୍ରତିଟି ସୋପାନରେ ଉଚ୍ଚତର ଓ ସଫଳ ସମନ୍ୱୟ ପ୍ରଦର୍ଶନ କରୁଛନ୍ତି।

ଆଶାବାଦର ସକରାତ୍ମକ ଭୂମିକା କେବଳ ଖରାପ ଅବସ୍ଥାର ନିୟନ୍ତ୍ରଣ ମଧ୍ୟରେ ସୀମିତ ନୁହେଁ। ଭଲ ଅବସ୍ଥାର ପରିବର୍ଦ୍ଧନରେ ମଧ୍ୟ ଏହା ସହାୟକ ହୁଏ। ସେଲିଗ୍‌ମ୍ୟାନ ଗୋଟିଏ ଇନ୍ସୁରାନ୍ସ କମ୍ପାନୀର ସର୍ବେକ୍ଷଣରେ ଲକ୍ଷ୍ୟ କଲେ ଯେ ଆଶାବାଦୀ କର୍ମଚାରୀମାନେ କେବଳ ଅପେକ୍ଷାକୃତ ଅଧିକସଂଖ୍ୟକ ଇନ୍ସୁରାନ୍ସ ବିକ୍ରୟ କରିବାରେ ସଫଳ ହୋଇ ନାହାନ୍ତି, ପ୍ରଥମ ବର୍ଷର ଚାକିରୀକାଳ ମଧ୍ୟରେ ଅନ୍ୟ କମ୍ପାନୀ ତୁଳନାରେ କେବଳ ଅଧା କର୍ମଚାରୀ ଚାକିରୀ ଛାଡ଼ି ଅନ୍ୟତ୍ର ଚାଲି ଯାଇଛନ୍ତି। ମୋଟ ଉପରେ ସୁସ୍ଥ ଓ ସୁଖମୟ ଜୀବନର ନିର୍ଦ୍ଧାରକ ରୂପେ ଆଶାବାଦର ଭୂମିକା ବେଶ୍ ଉଲ୍ଲେଖଯୋଗ୍ୟ।

ମନସ୍ତାତ୍ତ୍ୱିକ ପ୍ରତ୍ୟାବର୍ତ୍ତନ (Resilience)

ସାଧାରଣ ଘଟଣା ଅସାଧାରଣ ଅନ୍ତର୍ଦୃଷ୍ଟିର କାରଣ ହୋଇପାରେ। ବିଶ୍ୱ ଇତିହାସରେ ଦେଖାଯାଏ ଯେ ଅନେକ ସମୟରେ ବିସ୍ମୟକର ଆବିଷ୍କାର ଗବେଷଣାଗାରର ସୀମିତ ପରିବେଶ ମଧ୍ୟରେ ଘଟି ନଥାଏ। ବେଳେବେଳେ ସମାଜରେ ଘଟୁଥିବା ଅସାଧାରଣ ଘଟଣା, ବ୍ୟକ୍ତି ଜୀବନର ଅବିଶ୍ୱାସନୀୟ ଘଟଣା ଏବଂ ବିଶ୍ୱର ଅନ୍ୟ କେତେକ ଅସ୍ୱାଭାବିକ ଘଟଣା ଆମର ଦୃଷ୍ଟି ଆକର୍ଷଣ କରେ। ଅବିଶ୍ୱାସ୍ୟ ଘଟଣାରେ କେତେକ ବିସ୍ମିତ ହୁଅନ୍ତି, କେତେକ ଭୟଭୀତ ହୁଅନ୍ତି କିନ୍ତୁ ଅଳ୍ପ କେତେକ ଲୋକ ଏପରି ବିଚିତ୍ର ଘଟଣାର

ଅନ୍ତରାଳରେ ଥିବା ବିସ୍ମୟକର ନିୟମଟିକୁ ଚିହ୍ନଟ କରିବାର ପ୍ରୟାସ କରନ୍ତି । ମନସ୍ତାତ୍ତ୍ୱିକ ପ୍ରତ୍ୟାବର୍ତ୍ତନ (Resilience) ଏପରି ଏକ ବିଚିତ୍ର ନିୟମ ।

ଦ୍ୱିତୀୟ ବିଶ୍ୱଯୁଦ୍ଧ ପରେ (୧୯୪୫ ମସିହାରେ) ଇଂଲଣ୍ଡର ସରେ ଅଞ୍ଚଳର ଲିଙ୍ଗ୍ ଫିଲ୍ଡ଼ ଗ୍ରାମରେ ଗୋଟିଏ ଅନାଥାଶ୍ରମରେ ୨୪ ଜଣ ଅନାଥ ଶିଶୁ ପହଞ୍ଚିଲେ । ଏମାନେ ସମସ୍ତେ ହିଟଲରଙ୍କ ନାଜୀ ମୃତ୍ୟୁ ଶିବିରରୁ ଉଦ୍ଧାର ପାଇଥିବା ଅସହାୟ ଶିଶୁ । ଏମାନଙ୍କ ମଧ୍ୟରୁ ଅଧିକାଂଶଙ୍କର ବୟସ ତିନିରୁ ଆଠବର୍ଷ ବୟସ ମଧ୍ୟରେ ରହିଥିଲା । ଏମାନେ ପୋଲାଣ୍ଡର୍ ଅସ୍‌ଭଇଜ୍ ମୃତ୍ୟୁ ଶିବିର ପରି ସବୁଠାରୁ ଅଧିକ ନାରକୀୟ ଶିବିରରୁ ମୁକ୍ତି ପାଇଥିଲେ । ଦଳଗତ ଭାବରେ ଇହୁଦିମାନଙ୍କୁ ଫାଶୀ ଦିଆଯାଉଥିବାର ଦୃଶ୍ୟ ଏମାନେ ଦେଖିଥିଲେ । ରୁଦ୍ଧ ଗ୍ୟାସ କୋଠରୀ ମଧ୍ୟରେ ଶହ ଶହ ଲୋକ ଭସ୍ମୀଭୂତ ହେବା ପରେ ପାଉଁଶ ଭରା ବାକ୍‌ସକୁ ଗୋଟିଏ ସ୍ଥାନରୁ ଅନ୍ୟ ସ୍ଥାନକୁ ନେବାର କାର୍ଯ୍ୟ ମଧ୍ୟ ଏମାନେ କରିଥିଲେ । ଏମାନଙ୍କ ଶରୀରରେ ଗଳିତ ଶବର ଦୁର୍ଗନ୍ଧ ଲାଖି ରହିଥିଲା । ଏପରି ତିକ୍ତ ଅନୁଭବ ଦେଇ ଗତି କରିଥିବା ଶିଶୁମାନଙ୍କର ମାନସିକ ବେଦନା ସହଜରେ ଅନୁମେୟ ।

ଏହି ଶିଶୁମାନେ ଲିଙ୍ଗ୍ ଫିଲ୍ଡ଼ ଅନାଥାଶ୍ରମରେ ପ୍ରତିପାଳିତ ହେବା ପରେ ବିଭିନ୍ନ ପର୍ଯ୍ୟାୟରେ ମନୋବିଜ୍ଞାନୀମାନେ ସେମାନଙ୍କ ମନସ୍ତାତ୍ତ୍ୱିକ ବିକାଶ ଅନୁଧ୍ୟାନ କଲେ । ୧୯୭୯ ମସିହା ବେଳକୁ ଏହି ଶିଶୁମାନଙ୍କ ମଧ୍ୟରୁ ଚାରି ଜଣଙ୍କର ବୟସ ୩୭ ବର୍ଷ ହୋଇ ସାରିଥିଲା । ଆମେରିକା ମନୋବିଜ୍ଞାନ ପରିଷଦର ଜଣେ ମନୋବିଜ୍ଞାନୀ ସାରା ମସ୍କୋଭିଜ୍ ଏମାନଙ୍କୁ ଅନୁଧ୍ୟାନ କରିବା ଆରମ୍ଭ କଲେ । ଅବଶ୍ୟ ଏହା ପୂର୍ବରୁ ସିଗମଣ୍ଡ୍ ଫ୍ରଏଡ଼୍‌ଙ୍କ କନ୍ୟା ଆନା ଫ୍ରଏଡ଼୍ ମଧ୍ୟ ଏମାନଙ୍କୁ ଚିହ୍ନଟ କରିଥିଲେ । ମସ୍କୋଭିଜ୍ ୧୯୭୯ରୁ ୧୯୮୪ ମଧ୍ୟରେ ଏମାନଙ୍କ ସହିତ ଦୀର୍ଘକାଳୀନ ସାକ୍ଷାତ୍‌କାର୍ ମାଧ୍ୟମରେ ଏମାନଙ୍କର ବିକାଶର ଧାରା ପର୍ଯ୍ୟବେକ୍ଷଣ କଲେ ।

ସେ ଦେଖିଲେ ଯେ ଅନାଥ ଶିଶୁ ହିସାବରେ ଆସିଥିବା ଶିଶୁମାନଙ୍କ ମଧ୍ୟରୁ କନିଷ୍ଠତମ ବର୍ଲ ଓ ଲେ ସବୁଠାରୁ ଅଧିକ କ୍ଷତିଗ୍ରସ୍ତ ହୋଇଛନ୍ତି । ସେମାନେ ସାମାଜିକ ସ୍ତରରେ କିମ୍ବା ଶିକ୍ଷା-ଦୀକ୍ଷାରେ ବିଶେଷ ଉନ୍ନତି କରି ନାହାନ୍ତି । ଜୀବନସାରା ସେମାନଙ୍କୁ ସଂଗ୍ରାମ କରିବାକୁ ପଡ଼ିଛି । ଅତୀତର କ୍ଷତ ସେମାନଙ୍କ ବର୍ତ୍ତମାନ ଜୀବନର ଏକ ଦାଗ ହୋଇ ରହିଯାଇଛି । ଅନ୍ୟପକ୍ଷରେ ଜ୍ୟାକ୍ ଓ ବେଲାଙ୍କ ଜୀବନ ଭିନ୍ନ ମୋଡ଼ ନେଇଛି । ଜ୍ୟାକ୍ ବିବାହିତ ହୋଇ ପତ୍ନୀ ସହ ସୁଖମୟ ଜୀବନ ବିତାଉଛି । ତା'ର ପତ୍ନୀ ଖୁବ୍ ଭଲ ପ୍ରକୃତିର ମହିଳା; ତାଙ୍କର ଦୁଇଟି ସନ୍ତାନ । ଜ୍ୟାକ୍ ଲଣ୍ଡନ୍‌ରେ ଟ୍ୟାକ୍‌ସି ଚଳାଏ ଏବଂ

ଲୋକମାନଙ୍କ ସଂସର୍ଗ ଉପଭୋଗ କରେ। ସାକ୍ଷାତ୍‌କାର ସମୟରେ ସେ ସ୍ୱୀକାର କଲା ଯେ ଅତୀତର ଦୁଃଖଦ ସ୍ମୃତି ତାକୁ ବେଳେବେଳେ ବ୍ୟଥିତ କରୁଥିଲା; କିନ୍ତୁ ବର୍ତ୍ତମାନ ସେ ଭଲ ଅଛି। ତା'ର ପତ୍ନୀ ବେଲା ଖୁବ୍ କର୍ମତତ୍ପର ଏବଂ ଆତ୍ମବିଶ୍ୱାସରେ ଭରପୂର । ନିକଟରେ ତା'ର ପତିଙ୍କର ହୃଦ୍‌ରୋଗ ପାଇଁ ଶଲ୍ୟ ଚିକିତ୍ସା କରାଯାଇଥିଲେ ମଧ୍ୟ ସେ ଭାଙ୍ଗି ପଡ଼ି ନାହିଁ। ତା'ର ଦୃଢ଼ ବିଶ୍ୱାସ ଯେ ତା'ର ପରିବାର ଏ ସମସ୍ତ ଦୁର୍ଯୋଗରୁ ବାହାରି ଆସି ଜୀବନରେ ଆଗେଇ ଯିବେ। ସେ ନିଜେ କାରିଗରୀ ସାମଗ୍ରୀସବୁର ଏକ ବ୍ୟବସାୟ ଆରମ୍ଭ କରିଛି ଏବଂ ଏହା ଭଲ ଚାଲିଛି। ପିଲାମାନଙ୍କର ସମସ୍ୟା ବିଚାର କରୁଥିବା ବିଚାରାଳୟରେ ସହାୟକର କାମ ମଧ୍ୟ କରିଛି। ଏସବୁର ପର୍ଯ୍ୟବେକ୍ଷଣ ଓ ଅନୁଧ୍ୟାନ ମନୋବିଜ୍ଞାନୀ ମସ୍କୋଭିଜ୍ ଏବଂ ଅନ୍ୟ ବିଶେଷଜ୍ଞଙ୍କ ମନରେ ଗୋଟିଏ ତାତ୍ପର୍ଯ୍ୟପୂର୍ଣ୍ଣ ପ୍ରଶ୍ନର ଆଲୋଡ଼ନ ସୃଷ୍ଟି କରେ। ପ୍ରଶ୍ନଟି ଯେଉଁ ପ୍ରକାର ଖରାପ ପରିସ୍ଥିତି ବର୍ଲ ଓ ଲେ'ଙ୍କ ଜୀବନରେ ବିପର୍ଯ୍ୟୟ ସୃଷ୍ଟିକଲା, ସେ ପ୍ରକାର ଅବସ୍ଥା ଜ୍ୟାକ୍ ଓ ବେଲାଙ୍କ ଜୀବନରେ ବିକାଶର ସମ୍ଭାବନା ସୃଷ୍ଟି କଲା କିପରି ?

ଏହି ପ୍ରଶ୍ନ ବିଂଶ ଶତକର ସପ୍ତମ ଦଶକରେ ଗବେଷକମାନଙ୍କର ଦୃଷ୍ଟି ଆକର୍ଷଣ କଲା। ଯୁକ୍ତରାଷ୍ଟ୍ର ଆମେରିକାର ମିନେସୋଟା ବିଶ୍ୱବିଦ୍ୟାଳୟର ମନୋବିଜ୍ଞାନୀ ନର୍ମାନ୍ ଗାର୍ମେଜୀ (Norman Garmezy) ଶିଶୁମାନଙ୍କର ବିକାଶର ଅନ୍ତରାୟ ହେଉଥିବା ଉପାଦାନସମୂହର ଭୂମିକା ସମ୍ପର୍କରେ ଗବେଷଣା କରୁଥିଲେ। ଏହି ପ୍ରକ୍ରିୟାରେ ସେ ଗୋଟିଏ ଅଦ୍‌ଭୁତ ଜିନିଷ ଲକ୍ଷ୍ୟକଲେ। ସେ ଦେଖିଲେ ଯେ ଶୀଜୋଫ୍ରେନିୟା (ଚିତ୍ତଭ୍ରଂଶୀ ବାତୁଳତା) ପରି ଉତ୍କଟ ମାନସିକ ରୋଗର ଶରବ୍ୟ ହୋଇଥିବା ପିତାମାତାଙ୍କର ସନ୍ତାନସନ୍ତତି ମଧ୍ୟରେ ମାନସିକ ରୋଗର ସମ୍ଭାବନା ରହୁଥିଲେ ମଧ୍ୟ କେତେକ ପିଲା ଏପରି କୁପ୍ରଭାବ ଏଡ଼ାଇ ଯାଉଛନ୍ତି। ସେମାନେ କୁପ୍ରଭାବମୁକ୍ତ ଶିଶୁ ହିସାବରେ ସୁବିକଶିତ ହୋଇପାରୁଛନ୍ତି। ଗାର୍ମେଜୀ ଏ ପ୍ରକ୍ରିୟାକୁ ମନସ୍ତାତ୍ତ୍ୱିକ ପ୍ରତ୍ୟାବର୍ତ୍ତନ (Resilience ବା Invulnerability) ଆଖ୍ୟା ଦେଲେ। ଅବସ୍ଥାଟିକୁ ନିମ୍ନମତେ ସୂଚିତ କରାଯାଇପାରେ ।

	ଦାରିଦ୍ର ଓ ଦୁରବସ୍ଥା	ପ୍ରାଚୁର୍ଯ୍ୟ
ଦକ୍ଷତାର ବିକାଶ	ମନସ୍ତାତ୍ତ୍ୱିକ ପ୍ରତ୍ୟାବର୍ତ୍ତନ	ସୁଯୋଗର ସୁଫଳ
ଦକ୍ଷତାର ବିଲୟ	ଦୁର୍ଯୋଗର କୁଫଳ	ନଷ୍ଟ ସୁଯୋଗ

ପଙ୍କରେ ପଦ୍ମ-ପ୍ରକ୍ରିୟା

ଉପରେ ମନସ୍ତାତ୍ତ୍ୱିକ ପ୍ରତ୍ୟାବର୍ତ୍ତନର (Resilence) ଯେଉଁ ଦୃଷ୍ଟାନ୍ତ ଦିଆଗଲା, ତାହା କେବଳ ନାଜୀ ଯନ୍ତ୍ରଣାଶିବିରରୁ ଉଦ୍ଧାର ପାଇଥିବା ଅନାଥ ଶିଶୁଙ୍କ ମଧ୍ୟରେ ସୀମିତ ନୁହେଁ । ବିଶ୍ୱ ଇତିହାସରେ ଅନ୍ୟତ୍ର ମଧ୍ୟ ଏହାର ଉଦାହରଣ ରହିଛି ।

ରୁମାନିଆର ଅତ୍ୟାଚାରୀ ଶାସକ ଚେଚେସ୍କୁଙ୍କୁ ୧୯୮୯ ମସିହାରେ ସେ ଦେଶର ଜନସାଧାରଣ କ୍ଷମତାଚ୍ୟୁତ କରିଥିଲେ । ଏହି ଅତ୍ୟାଚାରୀ ଏକଛତ୍ରବାଦୀ ଶାସକଙ୍କ ଅମଳରେ ଦେଢ଼ଲକ୍ଷ ଶିଶୁ ଦୟନୀୟ ନାରକୀୟ ଅବସ୍ଥା ମଧ୍ୟରେ ରହିଥିଲେ । ଏହି ଅତ୍ୟାଚାରୀ ଶାସକ ୧୯୬୫ ମସିହାରେ କ୍ଷମତା ନିଜ ହାତକୁ ନେଲେ ଏବଂ ନାରୀମାନଙ୍କର ଜନ୍ମ ନିୟନ୍ତ୍ରଣ ଅଧିକାର ରଦ୍ଦ କରାଗଲା । ଅଳ୍ପ ସମୟ ବ୍ୟବଧାନରେ ରୁମାନିଆର ଜନସଂଖ୍ୟା ଆଶାତୀତ ବୃଦ୍ଧି କରିବା ତାଙ୍କର ଉଦ୍ଦେଶ୍ୟ ଥିଲା । ସୁତରାଂ ୪୫ ବର୍ଷ ବୟସ ପୂର୍ବରୁ ନାରୀମାନେ ଗର୍ଭନିରୋଧ ବଟିକା ବ୍ୟବହାର କରିପାରୁ ନଥିଲେ । ଶିଶୁ ବିକାଶ କେନ୍ଦ୍ର ନାମରେ ଯେଉଁ ଶିଶୁ ଆଶ୍ରୟସ୍ଥଳ ନିର୍ମାଣ କରାଯାଇଥିଲା ତାହା ଅତ୍ୟନ୍ତ ନିମ୍ନମାନର ରହିଥିଲା । ଚାରି ପାଞ୍ଚ ଜଣ ଶିଶୁଙ୍କ ପାଇଁ ଗୋଟିଏ ମାତ୍ର ଖଟର ବ୍ୟବସ୍ଥା ଥିଲା । ପରିସ୍ରାରେ ଓଦା ହୋଇଥିବା କମ୍ବଳ ଶିଶୁମାନେ ବ୍ୟବହାର କରୁଥିଲେ । ସ୍ୱାସ୍ଥ୍ୟ ଓ ପରିଚ୍ଛନ୍ନତାର କୌଣସି ମାନଦଣ୍ଡ ରକ୍ଷା କରାଯାଉ ନଥିଲା । ପୁଷ୍ଟିକର ଖାଦ୍ୟର ଅଭାବ ଓ ଚିକିତ୍ସାର ଅଭାବ ଶିଶୁମାନଙ୍କୁ ଦୁଃସ୍ଥ ପରିବେଶରେ ଏକରକମ ବନ୍ଦୀ କରି ରଖିଥିଲା ।

ଚେଚେସ୍କୁଙ୍କ ପତନ ପରେ କେତେକ ଉଦାର ପ୍ରକୃତିର ଲୋକ ଏବଂ ବିତ୍ତଶାଳୀ ଦେଶ ଏପରି ଦୁର୍ଦ୍ଦଶାଗ୍ରସ୍ତ ପିଲାମାନଙ୍କର ରକ୍ଷଣାବେକ୍ଷଣ ଦାୟିତ୍ୱ ଗ୍ରହଣ କରିବାକୁ ଆଗେଇ ଆସିଲେ । ପ୍ରଗତିଶୀଳ କାନାଡ଼ାରେ ବଦାନ୍ୟ ବ୍ୟକ୍ତିମାନେ ଏପରି ୪୬ ଜଣ ପିଲାଙ୍କର ବିକାଶ ଦାୟିତ୍ୱ ଗ୍ରହଣ କରିଥିଲେ । ଏପରି ପିଲାମାନଙ୍କର ବୟସ ଆଠ ମାସରୁ ସାଢ଼େ ଚାରିବର୍ଷ ବୟସ ମଧ୍ୟରେ ରହିଥିଲା । ମୂଳରୁ କାନାଡ଼ାର ଜନ୍ମ ହୋଇ ପ୍ରତିପାଳିତ ହୋଇଥିବା ସମବୟସର ପିଲାମାନଙ୍କ ସହିତ ଏମାନଙ୍କର ବିକାଶର ଏକ ତୁଳନାତ୍ମକ

ବିଚାର କରାଗଲା। କାନାଡ଼ାରେ ପୌଷ୍ୟ ଶିଶୁ ରୂପେ ଗ୍ରହଣ କରାଯିବା ପୂର୍ବରୁ ଏହି ଦୁର୍ଦ୍ଦଶାଗ୍ରସ୍ତ ପିଲାମାନଙ୍କର ଅନ୍ତତଃ ଚାରୋଟି କ୍ଷେତ୍ରରେ ସମସ୍ୟା ରହିଥିଲା :

- ଏମାନଙ୍କ ବୁଦ୍ଧି ଅଙ୍କ ହାରାହାରି ୮୫।
- ଆଚରଣଗତ ସମସ୍ୟା ଥିଲା।
- ଯେଉଁ ପରିବାର ସେମାନଙ୍କୁ ପୋଷ୍ୟ ସନ୍ତାନ ରୂପେ ଗ୍ରହଣ କରିଥିଲେ ସେପରି ପରିବାର ପ୍ରତି ବିଶେଷ ଶ୍ରଦ୍ଧା ଓ ସମ୍ମାନ ନ ଥିଲା।
- ପ୍ରତି ପିଲାର ମୁଦ୍ରାଦୋଷ (ସବୁବେଳେ ଦୋହଲିବା କିମ୍ବା ମୁଣ୍ଡକୁ ସ୍ଥିର ନ ରଖି ବାମ ଡାହାଣ ଦିଗକୁ ବୁଲାଇବା।)

ମାତ୍ର ଦୁଇବର୍ଷ ମଧ୍ୟରେ ଉଲ୍ଲେଖଯୋଗ୍ୟ ପରିବର୍ତ୍ତନ ପରିଦୃଷ୍ଟ ହେଲା। ଛ'ମାସ ବୟସ ପୂର୍ବରୁ ଯେଉଁମାନେ କାନାଡ଼ା ଆସିଥିଲେ ସେମାନଙ୍କର ସକାରାତ୍ମକ ପରିବର୍ତ୍ତନ ଦ୍ରୁତଗତିରେ ଘଟିଥିଲା। ସେମାନେ ମୋଟାମୋଟି କାନାଡ଼ାରେ ଜନ୍ମଲାଭ କରିଥିବା ପିଲାଙ୍କ ସହିତ ସମାନ ଧରଣର ବିକଶିତ ଶିଶୁ ଭଳି ଦେଖାଗଲେ।

କେବଳ କାନାଡ଼ାରେ ପୋଷ୍ୟସନ୍ତାନ ରୂପେ ପ୍ରତିପାଳିତ ଶିଶୁ ନୁହେଁ, ଲଣ୍ଡନ ଓ ଅନ୍ୟ ଦେଶକୁ ଯାଇ ଉଚ୍ଚତର ପରିବେଶରେ ପ୍ରତିପାଳିତ ଶିଶୁମାନଙ୍କର ମଧ୍ୟ ସକାରାତ୍ମକ ପରିବର୍ତ୍ତନ ଲକ୍ଷ୍ୟ କରାଯାଇଛି।

ଗାର୍ମେଜୀ ସମେତ ଅନ୍ୟ ମନୋବିଜ୍ଞାନୀମାନେ ଦେଖିଛନ୍ତି ଯେ ଦୁଃସ୍ଥ ଓ ଅବହେଳିତ ପରିବେଶରେ ପ୍ରତିପାଳିତ ହେଉଥିବା ପ୍ରାୟ ୩୦ ପ୍ରତିଶତ ପିଲାମାନଙ୍କର ଏପରି ମନସ୍ତାତ୍ତ୍ୱିକ ପ୍ରତ୍ୟାବର୍ତ୍ତନ (Resilience) ସାମର୍ଥ୍ୟ ରହିଛି। ପାଶ୍ଚାତ୍ୟ ଦେଶମାନଙ୍କରେ ଏହି ୩୦ ପ୍ରତିଶତ ପର୍ଯ୍ୟବେକ୍ଷଣ ବାରମ୍ବାର ପରୀକ୍ଷିତ ହୋଇଛି। ପଙ୍କରେ ପଦ୍ମ-ପ୍ରକ୍ରିୟାର (Lotus-in-the-mud) ପ୍ରକୃତ ପରିମାଣ ସମ୍ପର୍କରେ ଭାରତବର୍ଷର ସଠିକ୍ ପରିମାଣାତ୍ମକ ତଥ୍ୟ ନଥିଲେ ମଧ୍ୟ ଏହାର ସ୍ଥିତି ସମ୍ପର୍କରେ ସନ୍ଦେହ ନାହିଁ।

ମନସ୍ତାତ୍ତ୍ୱିକ ପ୍ରତ୍ୟାବର୍ତ୍ତନର ନିର୍ଦ୍ଧାରକ :

ମନସ୍ତାତ୍ତ୍ୱିକ ପ୍ରତ୍ୟାବର୍ତ୍ତନ ପରିପ୍ରେକ୍ଷୀରେ ସବୁଠାରୁ ତାତ୍ପର୍ଯ୍ୟପୂର୍ଣ୍ଣ ପ୍ରଶ୍ନଟି ହେଉଛି: କେଉଁସବୁ ଉପାଦାନ ଏଭଳି ଏକ ବିଶିଷ୍ଟ ମନସ୍ତାତ୍ତ୍ୱିକ ସାମର୍ଥ୍ୟର ନିର୍ଦ୍ଧାରକ ହୋଇଥାଏ ? ଖରାପ ପରିସ୍ଥିତିର କୁପ୍ରଭାବକୁ ସମସ୍ତେ ଏଡ଼ାଇ ପାରନ୍ତି ନାହିଁ କି ଏହାର ପ୍ରଭାବର

ପରିମାଣକୁ ସଂକୁଚିତ କରିପାରନ୍ତି ନାହିଁ। ଯେଉଁମାନେ କରିପାରନ୍ତି ସେମାନଙ୍କ କ୍ଷେତ୍ରରେ କେଉଁସବୁ ଉପାଦାନ ସକ୍ରିୟ ଭୂମିକା ଗ୍ରହଣ କରେ।

ଏ କ୍ଷେତ୍ରରେ ଉଚ୍ଚତର ଗବେଷଣା କରିଥିବା ମନୋବିଜ୍ଞାନୀମାନେ ତିନୋଟି ଉପାଦାନର ଭୂମିକା ଚିହ୍ନଟ କରିଛନ୍ତି।

- ମୋର ଅଛି ମନୋଭାବ (ସୁରକ୍ଷା ଉପାଦାନ)
- ମୁଁ ଏପରି (ବ୍ୟକ୍ତିତ୍ୱ ଉପାଦାନ)
- ମୁଁ ପାରିବି (ଦକ୍ଷତା ଉପାଦାନ)

ସୁରକ୍ଷା ଉପାଦାନ : ମନସ୍ତାତ୍ତ୍ୱିକ ପ୍ରତ୍ୟାବର୍ତ୍ତନର ବିକାଶ ପାଇଁ ସୁରକ୍ଷା ଉପାଦାନ ଅତ୍ୟାବଶ୍ୟକ। ଦୁଃସ୍ଥ ଅବସ୍ଥା ଦେଇ ଗତି କରୁଥିବା ଶିଶୁ କିଶୋର କିଶୋରୀ (ଏପରିକି ତରୁଣ ତରୁଣୀ) ମଧ୍ୟରୁ କେତେକଙ୍କର ଏହି ଉପାଦାନଟି ବଳିଷ୍ଠ ଥାଏ। ସେମାନେ ସଦାସର୍ବଦା ମନେ କରନ୍ତି ଯେ ଜୀବନର ମରୁଭୂମିରେ ମଧ୍ୟ ମରୁଦ୍ୟାନ ରହିଛି। ଏମାନଙ୍କ ଜୀବନରେ କେହିନା କେହି ସମ୍ବେଦନଶୀଳ ବ୍ୟକ୍ତିତ୍ୱ ରହିଥାନ୍ତି। ପରିବାରରେ ହୁଏତ ଶାନ୍ତିପୂର୍ଣ୍ଣ ସ୍ୱାଭାବିକ ଅବସ୍ଥା ନଥାଏ। ପିତାମାତା ମଧ୍ୟ ଦୁଶ୍ଚରିତ୍ର ହୋଇପାରନ୍ତି। ମାତ୍ର ଜୀବନର ଜଣେ ଅନ୍ତରଙ୍ଗ ବନ୍ଧୁ କିମ୍ବା ସମ୍ବେଦନଶୀଳ ଶିକ୍ଷକ / ଶିକ୍ଷୟତ୍ରୀ କିମ୍ବା ଦରଦୀ ମାମୁଁ / ମାଇଁ କିମ୍ବା ପିଉସା / ପିଇସୀ ଥାଇପାରନ୍ତି। ଏପରି ପିଲାଟି ସ୍କୁଲରେ ପୁରସ୍କାର ପାଇଲେ କିମ୍ବା ପ୍ରତିଯୋଗିତାରେ ଜିତିଲେ ସେକଥା ପ୍ରଥମେ ବାପମା'ଙ୍କୁ ନ କହି ନିଜର ସମ୍ବେଦନଶୀଳ ପ୍ରିୟଜନଙ୍କୁ କୁହେ। ଅତ୍ୟାଚାରୀ ଅବସ୍ଥାକୁ ଅତିକ୍ରମ କରି ଯଶସ୍ୱୀ ହୋଇଥିବା ପ୍ରତ୍ୟେକ ଶିଶୁ କିମ୍ବା କିଶୋର / କିଶୋରୀ କିମ୍ବା ତରୁଣ / ତରୁଣୀଙ୍କ ଜୀବନରେ ଏପରି ଏକ ସୁରକ୍ଷା କବଚ ରହିଥାଏ। ସମସ୍ତ ପ୍ରକାର ମାନସିକ ଚାପତାପରୁ ଏହି ବ୍ୟକ୍ତି ରକ୍ଷା କରନ୍ତି।

ଜଣେ ଦରଦୀ ଓ ସମ୍ବେଦନଶୀଳ ବ୍ୟକ୍ତି ବିପର୍ଯ୍ୟୟଗ୍ରସ୍ତ ପିଲାପାଇଁ କେବଳ ଏକ ନିର୍ଭରଯୋଗ୍ୟ ଆଶ୍ରୟସ୍ଥଳ ରୂପେ କାର୍ଯ୍ୟ କରନ୍ତି ନାହିଁ, ସେ ପିଲାର ମାନସିକ ଚାପ ବହୁ ପରିମାଣରେ ହ୍ରାସ କରନ୍ତି। ଅବଶ୍ୟ ଏପରି ରକ୍ଷା ପ୍ରଦାନକାରୀ ଜଣେ ବ୍ୟକ୍ତି ନ ହୋଇ ଗୋଟିଏ ଅନୁଷ୍ଠାନ ମଧ୍ୟ ହୋଇପାରେ। ସମାଜରେ ସକ୍ରିୟ ଥିବା କୌଣସି ଦଳ ମଧ୍ୟ ଏ ଦାୟିତ୍ୱ ନିର୍ବାହ କରିପାରେ। ସ୍ଥୁଳତଃ ପିଲାମାନଙ୍କ ମଧ୍ୟରେ ଏପରି ମନସ୍ତାତ୍ତ୍ୱିକ ପ୍ରତ୍ୟାବର୍ତ୍ତନର ସାମର୍ଥ୍ୟ ପାଇଁ ଦରଦୀ ବ୍ୟକ୍ତି କିମ୍ବା ଅନୁଷ୍ଠାନ ଆବଶ୍ୟକ। ଏହା ବ୍ୟତୀତ

ଏପରି ସମ୍ବେଦନଶୀଳ ସମ୍ପର୍କଶୀଳତା ଦୈନନ୍ଦିନ ଜୀବନର ଅନୁଭୂତି ମଧ୍ୟରେ ସକ୍ରିୟ ହୋଇଥାଏ।

ବ୍ୟକ୍ତିତ୍ୱ ଉପାଦାନ : ମନସ୍ତାତ୍ତ୍ୱିକ ପ୍ରତ୍ୟାବର୍ତ୍ତନର ସାମର୍ଥ୍ୟର ବିକାଶ ପାଇଁ ପିଲା, କିଶୋର, କିଶୋରୀ ଏବଂ ତରୁଣ ତରୁଣୀଙ୍କର ସହାୟକ ବ୍ୟକ୍ତିତ୍ୱ ପ୍ରୟୋଜନ। ଏପରି ଦକ୍ଷତା ପାଇଁ ପିଲା ବା ବ୍ୟକ୍ତି ପ୍ରଥମେ କଷ୍ଟକର ଏବଂ ଆହ୍ୱାନପୂର୍ଣ୍ଣ ବାସ୍ତବତାକୁ ସ୍ୱୀକାର କରିବେ ଏବଂ ନିଜକୁ ପ୍ରସ୍ତୁତ କରିବେ। ଏଥିପାଇଁ ଆଶାବାଦୀ ଦୃଷ୍ଟିଭଙ୍ଗୀ ଆବଶ୍ୟକ। ଅବଶ୍ୟ ଏଠାରେ ଅବାସ୍ତବ ଆଶାବାଦ କଥା କୁହାଯାଉ ନାହିଁ। ଆଶାବାଦର ପରିମାଣ ସୀମା ଅତିକ୍ରମ କରି ଅବାସ୍ତବ ରୂପରେଖ ନେବ ନାହିଁ (ପରିମାଣ ଏପରି ହେବ ନାହିଁ, ଯେ ବ୍ୟକ୍ତିର ଅସୁସ୍ଥତା ସତ୍ତ୍ୱେ ସେ ଡାକ୍ତରଙ୍କ ପରାମର୍ଶ ଲୋଡ଼ିବ ନାହିଁ।)

ଆଶାବାଦର ବିକାଶ ପରିପ୍ରେକ୍ଷୀରେ ପୂର୍ବରୁ ଭିକ୍ଟର୍ ଫ୍ରାଙ୍କଲ୍‌ଙ୍କ ଚମତ୍କାର ପରିକଳ୍ପନା ''ଜୀବନର ଅର୍ଥପୂର୍ଣ୍ଣତାର ଅନ୍ୱେଷଣ'' କଥା କୁହାଯାଇଛି। ମନସ୍ତାତ୍ତ୍ୱିକ ପ୍ରତ୍ୟାବର୍ତ୍ତନ ଆଶା କରୁଥିବା ବ୍ୟକ୍ତି ବିଶେଷ ନିଜସ୍ୱ ଅନ୍ୱେଷଣ ପ୍ରକ୍ରିୟା ଜାରି ରଖିବେ। ନିଷ୍କ୍ରିୟ ଆଶାବାଦୀ ନ ହୋଇ ସେ ସକ୍ରିୟ ଆଶାବାଦୀ ହେବେ।

ଫରାସୀ ଭାଷାରେ ମନସ୍ତାତ୍ତ୍ୱିକ ପ୍ରତ୍ୟାବର୍ତ୍ତନକୁ ବ୍ରିକୋଲେଜ୍ କୁହନ୍ତି। ବ୍ରିକୋଲେଜ୍‌ର ପ୍ରକୃତ ଅର୍ଥ ହେଉଛି ଯେ ଗୋଟିଏ ଦ୍ରୁତଗାମୀ ଅଶ୍ୱ ଦ୍ରୁତଗତିରେ ଅଗ୍ରସର ହେଉଥିବା ସମୟରେ ଗତିପଥରେ କୌଣସି ଏକ ପ୍ରତିବନ୍ଧକ (ଯଥା: ବିରାଟ ଶିଳାଖଣ୍ଡ) ଆସିଲେ ଅଶ୍ୱଟି ଅଟକି ରହେ ନାହିଁ। ସେ ତା'ର ଗତିପଥ ପରିବର୍ତ୍ତନ କରି ପୁନଶ୍ଚ ଅଗ୍ରସର ହୁଏ। ମନସ୍ତାତ୍ତ୍ୱିକ ପ୍ରତ୍ୟାବର୍ତ୍ତନ ଚାହୁଁଥିବା ବ୍ୟକ୍ତିର ବ୍ୟକ୍ତିତ୍ୱରେ ଏପରି ବିଚକ୍ଷଣତା ଆବଶ୍ୟକ।

ଜୀବନର ଅନ୍ତତଃ ଗୋଟିଏ ଦିଗ ପ୍ରତି ଅର୍ଥପୂର୍ଣ୍ଣ ଦୃଷ୍ଟିଭଙ୍ଗୀ ଗ୍ରହଣ କରିବାର ବ୍ୟକ୍ତିତ୍ୱ ବେଶ୍ ସହାୟକ ବ୍ୟକ୍ତିତ୍ୱ-ଉପାଦାନ। ଜୀବନର ପରିପାର୍ଶ୍ୱରେ ଥିବା ବସ୍ତୁ ଓ ଘଟଣା ସବୁର ନବୀକରଣ କରିବାର ମନୋଭାବ ବେଶ୍ କାମ ଦିଏ।

ଆଲୋଚିତ ମାନସିକତା ଉପରେ କାର୍ଯ୍ୟକରୁଥିବା ବହୁ ଗବେଷକ ମତ ଦିଅନ୍ତି ଯେ ଆଧ୍ୟାତ୍ମିକତା ଏବଂ ଧାର୍ମିକ ବିଶ୍ୱାସ ଅନେକ ସମୟରେ ଏ ଦିଗରେ ଫଳପ୍ରଦ ପରିଣତି ସୃଷ୍ଟି କରିବାର ପ୍ରମାଣ ରହିଛି। ଆଧ୍ୟାତ୍ମିକତା ଓ ଧର୍ମୀୟ ବିଶ୍ୱାସ ମଧ୍ୟରେ ଯେଉଁ ସୂକ୍ଷ୍ମ ପାର୍ଥକ୍ୟ ରହିଛି ତାହା ଅନ୍ୟତ୍ର ଆଲୋଚନା କରାଯିବ। ତେବେ ଧର୍ମୀୟ ବିଶ୍ୱାସ,

ବିଶେଷତଃ ଅନ୍ତର୍ନିହିତ ଧର୍ମୀୟ ବିଶ୍ୱାସ ଏବଂ ଉଚ୍ଚତର ଶକ୍ତିରେ ଆସ୍ଥା ଓ ବିଶ୍ୱାସ, ମନସ୍ତାତ୍ତ୍ୱିକ ପ୍ରତ୍ୟାବର୍ତ୍ତନର ନିର୍ଦ୍ଧାରକ ହେବାର ବହୁ ଗବେଷଣା-ଲବ୍‌ଧ ପ୍ରମାଣ ରହିଛି ।

ଦକ୍ଷତା ଉପାଦାନ : ମନସ୍ତାତ୍ତ୍ୱିକ ପ୍ରତ୍ୟାବର୍ତ୍ତନର ବିକାଶ ପାଇଁ ସ୍ଥଳ ବିଶେଷରେ କେତେକ ଯୋଜନାବଦ୍ଧ କାର୍ଯ୍ୟକ୍ରମର ସୁଯୋଗ ନିଆଯାଇଛି ।

ମନସ୍ତାତ୍ତ୍ୱିକ ପ୍ରତ୍ୟାବର୍ତ୍ତନର ସାମର୍ଥ୍ୟର ବିକାଶ ପାଇଁ ଏକାଗ୍ରତା ଏକ ବିଶେଷ ଧରଣର ସମ୍ବଳ । ଶିଶୁ ଓ କିଶୋର କିଶୋରୀମାନେ ହୁଏତ ଧ୍ୟାନ କରିବାର ଶୈଳୀ ଓ ଅଭିଜ୍ଞତା ସହିତ ପରିଚିତ ନଥାଇପାରନ୍ତି । ବହୁ ଧରଣର ଧ୍ୟାନଶୈଳୀ ରହିଛି । ଦକ୍ଷତାପୂର୍ଣ୍ଣ ଧ୍ୟାନ ସମ୍ଭବ ନ ହେଲେ ମଧ୍ୟ ଜୀବନର ପ୍ରସ୍ତୁତିକାଳରୁ ଏକାଗ୍ରତାର ଅଭ୍ୟାସ ଏବଂ ନିଜର ଅଭିନିବେଶର (Attention) ନିୟନ୍ତ୍ରଣ ଏ ଦିଗରେ ବେଶ୍ ସହାୟକ ହୁଏ ।

ଧ୍ୟାନ ସମ୍ପର୍କରେ ଅନ୍ୟତ୍ର ଆଲୋଚନାର ଯୋଜନା ଥିଲେ ମଧ୍ୟ ଦୁଇଟି ମୁଖ୍ୟ ଉପାଦାନ ସମ୍ପର୍କରେ ସଂକ୍ଷିପ୍ତ ସୂଚନା ଦିଆଯାଇପାରେ । ସ୍ଥିର-ଅଭିନିବେଶ କିମ୍ବା ଏକାଗ୍ରତାମୁଖୀ ଧ୍ୟାନ ପ୍ରଣାଳୀରେ ଏକ ନିର୍ଦ୍ଦିଷ୍ଟ ବସ୍ତୁ, ଭାବନା କିମ୍ବା ମାନସିକ ଛବି ଉପରେ ଭାବନା କେନ୍ଦ୍ରିତ ରଖାଯାଏ । ମନର ନିଜସ୍ୱ ସ୍ୱଭାବ ଫଳରେ ଅଭିନିବେଶ ଅନ୍ୟତ୍ର ଗତିକଲେ ମଧ୍ୟ ଧ୍ୟାନକାରୀ ପୁନଶ୍ଚ ଅଭିନିବେଶକୁ ମୂଳ ଭାବନାକୁ ଫେରାଇ ଆଣନ୍ତି । ମୁକ୍ତ-ଧ୍ୟାନ ପ୍ରଣାଳୀରେ ଚେତନା ପରିସର ମଧ୍ୟକୁ ଯାହା କିଛି ଆସେ, ତାହାକୁ ବାଧା ନ ଦେଇ କେବଳ ସାକ୍ଷୀ ଭାବରେ ଦେଖିବାକୁ ହୁଏ । ଭାବନାସବୁ ତରଙ୍ଗ ପରି ଆସେ ଓ ଯାଏ । କୌଣସି ମୂଲ୍ୟାୟନ ନ କରି ଏସବୁ ପ୍ରତ୍ୟକ୍ଷଣ କରିବା ପ୍ରକ୍ରିୟାରେ ମନ ସ୍ଥିର ହୁଏ ।

ମାନସିକ ପ୍ରତ୍ୟାବର୍ତ୍ତନ ଓ ମାନସିକ ସ୍ୱାସ୍ଥ୍ୟ :

ମାନସିକ ପ୍ରତ୍ୟାବର୍ତ୍ତନର ଦକ୍ଷତା ଥିବା ଶିଶୁ, କିଶୋର କିଶୋରୀ ଏବଂ ତରୁଣ ତରୁଣୀମାନେ ପର୍ଯ୍ୟାପ୍ତ ସୁଖାନୁଭୂତି ଓ ଆନନ୍ଦାନୁଭୂତିର ଅଧିକାରୀ ହୁଅନ୍ତି ।

ପ୍ରଥମ କଥା ହେଉଛି ଯେ ମନସ୍ତାତ୍ତ୍ୱିକ ପ୍ରତ୍ୟାବର୍ତ୍ତନର ସାମର୍ଥ୍ୟ ଫଳରେ ମାନସିକ ଚାପ ସୀମିତ ରହେ । ଦୈନନ୍ଦିନ ଜୀବନରେ ଖୁବ୍ ଅଳ୍ପ ପରିମାଣର ଚାପ ଉପଯୋଗୀ ହେଲେ ମଧ୍ୟ ମାନସିକ ଚାପର ଆଧିକ୍ୟ କ୍ଷତିସାଧନ କରେ । ମାତ୍ର ସୀମିତ ଚାପ ଫଳରେ ଜୀବନ ବିକଶିତ ହୁଏ ।

ଦ୍ୱିତୀୟ ଦିଗଟି ହେଉଛି ନକାରାତ୍ମକ ଆବେଗ ଅପେକ୍ଷା ସକାରାତ୍ମକ ଆବେଗ

ଅଧିକ କାମ୍ୟ ହେଲେ ମଧ୍ୟ ଉଚ୍ଚସ୍ତରର ସକାରାତ୍ମକ ଆବେଗ (ଲଟେରୀ ଜିତିବାର ଆନନ୍ଦ) ଅପେକ୍ଷା ମଧ୍ୟମ ଓ ନିମ୍ନ ମାତ୍ରାର ସକାରାତ୍ମକ ଆବେଗ (ଶାନ୍ତି, ସନ୍ତୋଷ, ଏକାଗ୍ରତା) ଅଧିକ ଫଳପ୍ରଦ ହୋଇଥାଏ। ମନସ୍ତାତ୍ତ୍ୱିକ ପ୍ରତ୍ୟାବର୍ତ୍ତନର ସାମର୍ଥ୍ୟ ଥିବା ବ୍ୟକ୍ତିମାନେ ଏପରି ସକାରାତ୍ମକ ଆବେଗ ସୃଷ୍ଟି କରିବାରେ ଅଧିକ ସଫଳ ହେବାରୁ ଅଧିକ ସ୍ୱାସ୍ଥ୍ୟର ଉପଭୋଗ କରନ୍ତି।

ସକାରାତ୍ମକ ଚିନ୍ତନ :

ମନୁଷ୍ୟ କେବଳ ଏକ ଭୌଗଳିକ ବିଶ୍ୱରେ ବସବାସ କରିନଥାଏ; ସେ ଏକ ବିଶ୍ୱାସର ବିଶ୍ୱ ମଧ୍ୟରେ ଆତଯାତ ହୁଏ। ଏ ଦୃଷ୍ଟିରୁ ସୁଖ ଓ ଦୁଃଖ କେବଳ ଦୁଇଟି ବିପରୀତଧର୍ମୀ ଅବସ୍ଥା ନୁହଁନ୍ତି, ଏ ଦୁଇଟି ବ୍ୟକ୍ତିତ୍ୱର ମଧ୍ୟ ଦୁଇଟି ପାର୍ଶ୍ୱ। ସୁଖୀ-ବ୍ୟକ୍ତିତ୍ୱ ତା'ର ଜଗତକୁ ଆନନ୍ଦମୟ ଦେଖି ବିଭୋର ହେବା ସ୍ଥଳେ ଦୁଃଖୀ-ବ୍ୟକ୍ତିତ୍ୱ ଜଗତକୁ ଦୁଃଖମୟ ଦେଖି ବ୍ୟଥିତ ହୁଏ।

ବିଶିଷ୍ଟ ମନୋବିଜ୍ଞାନୀ ଲୁବୋମିର୍ସ୍କି ଓ ଲିପର୍ (Lyubomirsky & Lepper, 1999) ଗୋଟିଏ ସଂପରୀକ୍ଷଣରେ ଲୋକମାନେ ଭଲ ଓ ଖରାପ ମିଜାସରେ ଥିବା ସମୟରେ ସେମାନଙ୍କର ଚିନ୍ତନ ଶୈଳୀ ଅନୁଧ୍ୟାନ କଲେ। କେତେକ ଘଟଣାର ବର୍ଣ୍ଣନା ଦେଇ ସେମାନେ କିପରି ନିଷ୍ପତ୍ତି ଗ୍ରହଣ କରୁଛନ୍ତି, ତାହାର ବିଶ୍ଳେଷଣ କଲେ। ଦେଖାଗଲା ଯେ ସେମାନଙ୍କର ମିଜାସ୍ ଖରାପ ଥିବା ସମୟରେ ସେମାନେ ଅନ୍ୟମାନଙ୍କ ପ୍ରତି ଅଧିକ ଈର୍ଷାନ୍ୱିତ ହେଉଛନ୍ତି, ଅନ୍ୟମାନଙ୍କ ତୁଳନାରେ ସେମାନଙ୍କର କ'ଣ ନାହିଁ ସେ ବିଷୟରେ ଅଧିକ ସଚେତନ ହେଉଛନ୍ତି, ଅନ୍ୟମାନଙ୍କର ସୁଦିନରେ ଖୁସୀ ହେବା ପରିବର୍ତ୍ତେ ଅନ୍ୟମାନଙ୍କର ଦୁର୍ଦ୍ଦିନ ଓ ବିଫଳତାରେ ଖୁସୀ ହେଉଛନ୍ତି। ଅନ୍ୟ ପକ୍ଷରେ ସେମାନେ ଭଲ ମିଜାସରେ ଥିବା ସମୟରେ ସେମାନେ ନିଜର ସଫଳତାର କଥା ଭାବି ଖୁସୀ ହେଉଛନ୍ତି, ଅନ୍ୟର ସଫଳତା ଓ ବିଫଳତା ବିଶେଷ ପ୍ରତିକ୍ରିୟା ସୃଷ୍ଟି କରୁ ନାହିଁ। ଭଲ ଓ ଖରାପ ମିଜାସର ଏ ଯେଉଁ ସାମୟିକ ପ୍ରଭାବ ପରିଦୃଷ୍ଟ ହୁଏ, ସୁଖୀ ଓ ଦୁଃଖୀ ବ୍ୟକ୍ତିତ୍ୱର ମଧ୍ୟ ଅନୁରୂପ ସୁପ୍ରଭାବ ଓ କୁପ୍ରଭାବର ସ୍ଥାୟୀ ପ୍ରତିଫଳନ ପରିଦୃଷ୍ଟ ହୁଏ। ସୁଖୀ ବ୍ୟକ୍ତିତ୍ୱର ଲୋକମାନେ ଅନ୍ୟମାନଙ୍କର ସଫଳତା ବିଫଳତା ନେଇ ବିଶେଷ ଆଲୋଡ଼ିତ ହୁଅନ୍ତି ନାହିଁ। ନିଜର ଲକ୍ଷ୍ୟ ସାଧନ ଦିଗରେ ସେମାନଙ୍କ ଅଭିନିବେଶ କେନ୍ଦ୍ରିତ ରହେ । ଏହାର ଅର୍ଥ ନୁହେଁ ଯେ ସେମାନେ ନିଜ ସ୍ୱାର୍ଥ ନେଇ ସଦା ବ୍ୟସ୍ତ। କିନ୍ତୁ ଅନ୍ୟମାନଙ୍କ ତୁଳନାରେ ସେମାନେ ବିଶେଷ ସଫଳ ହୋଇପାରି ନାହାନ୍ତି, ଏପରି ପରିଣତି-ସୂଚନା (Feedback) ସେମାନଙ୍କୁ ବ୍ୟଥିତ କରେ ନାହିଁ। ଅନ୍ୟମାନେ ସେମାନଙ୍କ ତୁଳନାରେ ଅଧିକ ବିଫଳ, ଏପରି ସୂଚନା ମଧ୍ୟ ସେମାନଙ୍କୁ ପ୍ରଫୁଲ୍ଲିତ କରେ ନାହିଁ।

ଅନ୍ୟ ପକ୍ଷରେ ଅସୁଖୀ ବ୍ୟକ୍ତିତ୍ୱର ଲୋକମାନେ ଅନ୍ୟମାନଙ୍କ ସହ ସେମାନଙ୍କର ତୁଳନା ପ୍ରତି ଅତି ମାତ୍ରାରେ ସଚେତନ ଥାଆନ୍ତି। ଅନ୍ୟମାନଙ୍କ ତୁଳନାରେ ସେମାନଙ୍କର କାର୍ଯ୍ୟ ସମ୍ପାଦନ ନିମ୍ନମାନର ହେଲେ ସେମାନେ ବିବ୍ରତ ବୋଧକରନ୍ତି। କେବଳ ଅନ୍ୟମାନେ ସେମାନଙ୍କ ତୁଳନାରେ ବିଫଳକାମ ହେଲେ ସେମାନେ ଖୁସୀ ହୁଅନ୍ତି। ଏ ସମସ୍ତ ପର୍ଯ୍ୟବେକ୍ଷଣ ଓ ସର୍ବେକ୍ଷଣରୁ ମନେ ହୁଏ ଯେ ସୁଖୀ ଓ ଅସୁଖୀ ବ୍ୟକ୍ତିମାନଙ୍କର ବାହ୍ୟ ଜଗତ ଯେପରି ହେଉନା କାହିଁକି, ଅନ୍ତର୍ଜଗତରେ ସେମାନେ ଭିନ୍ନ ଭିନ୍ନ ବାସ୍ତବତାର ବିଶ୍ୱ ଗଠନ କରନ୍ତି।

ବୈଭବ ମନୋବିଜ୍ଞାନର ଦୃଷ୍ଟିକୋଣରୁ ସୁଖୀ ବ୍ୟକ୍ତିତ୍ୱର ଲୋକମାନେ ଅଧିକ ପରିମାଣରେ ସକାରାତ୍ମକ ଚିନ୍ତନର ଅଧିକାରୀ ହୋଇଥିବାରୁ ମୌଳିକ ପ୍ରଶ୍ନଟି ହେଉଛି : ଅଧିକରୁ ଅଧିକ ସକାରାତ୍ମକ ଚିନ୍ତନର ଅଧିକାରୀ ହେବା କିପରି ? ନିମ୍ନରେ କେତୋଟି ମୁଖ୍ୟ ସକାରାତ୍ମକ ଚିନ୍ତନର ଉତ୍ସ ବର୍ଣ୍ଣନା କରାଯାଉଛି।

ଆତ୍ମମର୍ଯ୍ୟାଦାବୋଧ

ଆମ୍ଭେମାନେ ସମସ୍ତେ ବ୍ୟକ୍ତିଗତ ସକାରାତ୍ମକ ଆବେଗକୁ ସମାନ ଧରଣର ପ୍ରାଧାନ୍ୟ ଦେଉ କି ? ସମ୍ଭବତଃ ନାଁ। କେତେକ ସଂସ୍କୃତିରେ ବ୍ୟକ୍ତିଗତ ଆବେଗକୁ ଗୁରୁତ୍ୱ ଦିଆଯିବା ସ୍ଥଳେ ଭାରତ ଓ ଜାପାନ ପରି ଗୋଷ୍ଠୀମୁଖୀ (Collectivist) ଦେଶରେ ସାମୂହିକ ଆବେଗକୁ ଅଧିକ ଗୁରୁତ୍ୱ ଦିଆଯାଏ । ଗୋଟିଏ ସାଧାରଣ ଉଦାହରଣ ଦ୍ୱାରା ଏହାକୁ ସ୍ପଷ୍ଟ କରାଯାଇପାରେ । ଆମେରିକା, କାନାଡ଼ା ଓ ଜର୍ମାନୀ ପରି ବ୍ୟକ୍ତିମୁଖୀ (Individualist) ଦେଶରେ କର୍ମସଂସ୍ଥାର ଜଣେ କର୍ମଚାରୀଙ୍କୁ ପଚରା ଯାଇପାରେ : ଆପଣ କାହିଁକି କର୍ମସଂସ୍ଥାରେ କାର୍ଯ୍ୟ କରୁଛନ୍ତି ? ଖୁବ୍ ସମ୍ଭବତଃ ସେ ଉତ୍ତର ଦେବେ ଯେ କାର୍ଯ୍ୟ

କାର୍ଲ ରୋଜର୍ସ

କଲେ ତାଙ୍କର ଆର୍ଥିକ ଅବସ୍ଥା ଭଲ ହେବ। ସେ ବାସୋପଯୋଗୀ ଘରଟିଏ କରିପାରିବେ। ଆନନ୍ଦ ଲାଭ ପାଇଁ ଦେଶବିଦେଶରେ ଭ୍ରମଣ କରିପାରିବେ। ସୁନ୍ଦର ଓ ବିଳାସମୟ ଜୀବନଯାପନ କରିପାରିବେ। ଲକ୍ଷ୍ୟ କରିବାର କଥା ଯେ ଏଭଳି ଉତ୍ତରରେ ବ୍ୟକ୍ତିଗତ ଆବେଗ ଓ ଅନୁଭବ ପ୍ରତିଫଳିତ। ଅଥଚ ଏକା ଧରଣର ପ୍ରଶ୍ନ ଜାପାନ କିମ୍ବା ଭାରତରେ ପଚରାଗଲେ ଭିନ୍ନ ଧରଣର ଉତ୍ତର ମିଳିବ। ଜଣେ ଭାରତୀୟ କହିବେ ଯେ କର୍ମସଂସ୍ଥାର କାର୍ଯ୍ୟ ତାଙ୍କୁ ପିଲାମାନଙ୍କୁ ଅଧିକ ପାଠ ପଢ଼ାଇବାର ସୁଯୋଗ ଦେବ। ସେ ପରିବାରକୁ ସୁରକ୍ଷା ଦେଇପାରିବେ ଏବଂ ସ୍ୱଚ୍ଛଳ ଅବସ୍ଥା ଦେଇପାରିବେ। ସୁତରାଂ ନିଜର ବ୍ୟକ୍ତିଗତ ବିକାଶ ଅପେକ୍ଷା ପାରିବାରିକ ଜୀବନର ସମୃଦ୍ଧି ଅଧିକ ଗୁରୁତ୍ୱପୂର୍ଣ୍ଣ। ସୁତରାଂ ନିଜର ବ୍ୟକ୍ତିଗତ ବିକାଶର ପ୍ରାଧାନ୍ୟ ନିର୍ଦ୍ଦିଷ୍ଟ ଦେଶର ପରିପ୍ରେକ୍ଷୀ ଉପରେ ନିର୍ଭର କରେ।

ବ୍ୟକ୍ତିଗତ ବିକାଶ କେତେ ମାତ୍ରାରେ ଗୁରୁତ୍ୱପୂର୍ଣ୍ଣ, ଏହାର ବିଚାର ପ୍ରସ୍ତୁତି ସଂସ୍କୃତି ଭେଦରେ ଭିନ୍ନ ହେଲେ ମଧ୍ୟ ପ୍ରତି ବ୍ୟକ୍ତି ନିଜକୁ ମୂଲ୍ୟହୀନ ମନେ ନକରି ମୂଲ୍ୟବାନ ମନେ କରନ୍ତି। ଅବଶ୍ୟ କେତେ ପରିମାଣରେ ମୂଲ୍ୟବାନ ତାହା ବ୍ୟକ୍ତି ବ୍ୟକ୍ତି ମଧ୍ୟରେ ପାର୍ଥକ୍ୟ ରହିଛି। ନିଜକୁ ମୂଲ୍ୟାୟନ କରିବା ସମୟରେ ଆତ୍ମ-ମୂଲ୍ୟାୟନର ଏହି ସକାରାତ୍ମକ ଦିଗଟିକୁ ଆତ୍ମ-ମର୍ଯ୍ୟାଦାବୋଧ (Self-Esteem) କୁହନ୍ତି। ଆତ୍ମ-ମର୍ଯ୍ୟାଦାବୋଧର ପରିମାପ ପାଇଁ ଏକାଧିକ ମାପକ ଥିଲେ ମଧ୍ୟ ରୋଜେନ୍‌ବର୍ଗଙ୍କ (Rosenberg, 1965) ମାପକଟି ଖୁବ୍ ସରଳ ଓ ସଂକ୍ଷିପ୍ତ। ଏହି ମାପକରେ ଦିଆଯାଇଥିବା ବାକ୍ୟ ସହିତ ବ୍ୟକ୍ତି କେତେ ପରିମାଣରେ ଏକମତ, ତାହା ସୂଚାଇବା ପାଇଁ ନିର୍ଦ୍ଦେଶ ଦିଆଯାଏ। ଏହାର ଦୁଇ ତିନୋଟି ବାକ୍ୟ ଧାରଣାକୁ ଅଧିକ ସ୍ପଷ୍ଟ କରିବ : ମୋର ଅନୁଭବ ହୁଏ ଯେ ମୋର ବେଶ୍ କିଛି ଭଲଗୁଣ ରହିଛି; ମୋର କେତେକ ଗୁଣ ନେଇ ମୁଁ ଗର୍ବ ଅନୁଭବ କରେ; ମୁଁ ନିଜକୁ ଅଦରକାରୀ ମନେ କରେ।

କହିବା ଅନାବଶ୍ୟକ ଯେ ଆତ୍ମ-ମର୍ଯ୍ୟାଦାବୋଧର ମାପକର ପ୍ରୟୋଗ ମାଧ୍ୟମରେ ଉଚ୍ଚ ଆତ୍ମମର୍ଯ୍ୟାଦାବୋଧ ଏବଂ ନିମ୍ନ ଆତ୍ମମର୍ଯ୍ୟାଦାବୋଧର ଅଧିକାରୀ ହୋଇଥିବା କିଶୋର କିଶୋରୀ, ତରୁଣ ତରୁଣୀ ଏବଂ ବୟସ୍କମାନଙ୍କୁ ଚିହ୍ନଟ କରିବା ସମ୍ଭବପର। ପର୍ଯ୍ୟାପ୍ତ ପରିମାଣର ଗବେଷଣା ମାଧ୍ୟମରେ ଦେଖାଯାଇଛି ଯେ ଉଚ୍ଚତର ଆତ୍ମମର୍ଯ୍ୟାଦାବୋଧର ଅଧିକାରୀ ହୋଇଥିବା ପ୍ରତିଭାଗୀମାନେ ଅଧିକ ଜୀବନ ସନ୍ତୋଷ ଓ ସୁଖାନୁଭୂତିର ଅନୁଭବ ପାଆନ୍ତି।

ଆତ୍ମମର୍ଯ୍ୟାଦାବୋଧ ଓ ସୁଖାନୁଭୂତି ମଧ୍ୟରେ ଯେଉଁ ସକାରାତ୍ମକ ସମ୍ବନ୍ଧ ରହିଛି, ତାହା ବହୁ ଅନୁଧ୍ୟାନରେ ପ୍ରାମାଣିତ ହୋଇଛି। ଡାଏନର୍ ଏବଂ ଡାଏନର୍ (Diener & Diener, 1999) ୩୧ଟି ଦେଶର ୧୩୦୦୦ କଲେଜ ଛାତ୍ରଛାତ୍ରୀଙ୍କୁ ନେଇ ଏକ ବଡ଼ ଧରଣର ସର୍ବେକ୍ଷଣ କରିଥିଲେ। ଏହି ଗବେଷଣାରେ ଆତ୍ମମର୍ଯ୍ୟାଦାବୋଧ ଏବଂ ସୁଖାନୁଭୂତି ମଧ୍ୟରେ ସହସମ୍ବନ୍ଧ ୦.୪୭ ପରିଦୃଷ୍ଟ ହେଲା। ଅବଶ୍ୟ ବ୍ୟକ୍ତିମୁଖୀ (Individualistic) ଦେଶଗୁଡ଼ିକରେ ଏହି ସହସମ୍ବନ୍ଧର ମାତ୍ରା ଅଧିକ ବୋଲି ପ୍ରତ୍ୟାଶା ରହିବା ସ୍ୱାଭାବିକ। ଉଦାହରଣ ସ୍ୱରୂପ, ଆମେରିକା ଯୁକ୍ତରାଷ୍ଟ୍ରରେ ଏହି ସହସମ୍ବନ୍ଧର ପରିମାଣ ୦.୫୬ ପରିଦୃଷ୍ଟ ହୋଇଥିଲା।

ବମେଷ୍ଟରଙ୍କ ସମେତ (Baumeister, 1998) ଅନେକ ମନୋବିଜ୍ଞାନୀ ମତ ଦିଅନ୍ତି ଯେ ଆତ୍ମମର୍ଯ୍ୟାଦାବୋଧ ମନୁଷ୍ୟର ଏକ ଶକ୍ତିଶାଳୀ ଅଭିପ୍ରେରକ। ଜୀବନର ବହୁ କ୍ଷେତ୍ରରେ ସଫଳତା ପାଇଁ ଏହାର ଭୂମିକା ରହିଛି। କାରଣ ସ୍ୱରୂପ, ମାୟାର୍ସ (୨୦୦୦) ମତ ଦିଅନ୍ତି ଯେ ଆତ୍ମସନ୍ତୋଷ ହିଁ ଜୀବନ ସନ୍ତୋଷର ମୂଳଭିତ୍ତି ଏବଂ ଜୀବନ ସନ୍ତୋଷ ବହୁ ସକାରାତ୍ମକ କାର୍ଯ୍ୟକୁ ଅଭିପ୍ରେରିତ କରେ। ଏତଦ୍‌ବ୍ୟତୀତ ଆତ୍ମମର୍ଯ୍ୟାଦାବୋଧ ମନୁଷ୍ୟର ଉଦ୍‌ବେଗ ଓ ମାନସିକ ଚାପ ହ୍ରାସ କରେ।

ଆତ୍ମମର୍ଯ୍ୟାଦାବୋଧର ଏହି ସକାରାତ୍ମକ ଭୂମିକାକୁ ଲକ୍ଷ୍ୟ କରି କେତେକ ବୈଭବ ମନୋବିଜ୍ଞାନୀ ସାମାଜିକତା - ମାପକତତ୍ତ୍ୱ (Sociometer Theory) ଶୀର୍ଷକ ଏକ ତତ୍ତ୍ୱର ପ୍ରଖ୍ୟାପନ କରନ୍ତି। ଏହି ତଥ୍ୟର ନିର୍ଯ୍ୟାସ ହେଉଛି ଯେ ଜଣେ ବ୍ୟକ୍ତି କେତେ ପରିମାଣରେ ସାମାଜିକ, ତାହା ତା'ର ଆତ୍ମମର୍ଯ୍ୟାଦାବୋଧର ପରିମାଣ ସୂଚିତ କରିଥାଏ । ଉଚ୍ଚତର ଆତ୍ମମର୍ଯ୍ୟାଦାବୋଧର ଅଧିକାରୀ ହୋଇଥିବା ଲୋକମାନେ ଅଧିକ ସଙ୍ଗ ସୁଖର ସୁଯୋଗ ଲାଭ କରନ୍ତି। ଅନ୍ୟ ପକ୍ଷରେ ନିମ୍ନତର ଆତ୍ମମର୍ଯ୍ୟାଦାବୋଧ ରହିଥିବା ଲୋକମାନଙ୍କର ସାମାଜିକ ବଳୟ ସୀମିତ ରହିଥାଏ।

ଆତ୍ମମର୍ଯ୍ୟାଦାବୋଧର ସକାରାତ୍ମକ ପ୍ରତିଫଳନ ଜୀବନର ବହୁ କ୍ଷେତ୍ରରେ ପରିଦୃଷ୍ଟ ହୁଏ। ତଥାପି ସାରଣୀରେ କେତୋଟି ମୁଖ୍ୟ କ୍ଷେତ୍ରର ଦୃଷ୍ଟାନ୍ତ ଦିଆଯାଉଛି :

ସାରଣୀ

ଆତ୍ମମର୍ଯ୍ୟାଦାବୋଧ ପରିପ୍ରକାଶର କ୍ଷେତ୍ର

୧. ଅନ୍ୟର ଅନୁମୋଦନ
   - ଅନ୍ୟମାନେ ମୋ ସମ୍ପର୍କରେ କ'ଣ ମତାମତ ଦେଉଛନ୍ତି, ସେ ବିଷୟରେ ମୁଁ ସଚେତନ।
   - ଅନ୍ୟମାନେ ମୋତେ ସମ୍ମାନ ନ ଦେଲେ ମୁଁ ନିଜକୁ ସମ୍ମାନ ଦେଇପାରିବି ନାହିଁ।

୨. ଚେହେରା
   - ମୋର ଚେହେରା ଆକର୍ଷଣୀୟ କି ନୁହେଁ ଏହା ଉପରେ ମୋର ଆତ୍ମମର୍ଯ୍ୟାଦା ନିର୍ଭର କରେ ନାହିଁ।
   - ମୁଁ ଆକର୍ଷଣୀୟ ଦେଖାଗଲେ ମୋତେ ଭଲଲାଗେ।

୩. ପ୍ରତିଯୋଗିତା
   - ଅନ୍ୟମାନଙ୍କଠାରୁ ଭଲ କଲେ ମୋର ଆତ୍ମସମ୍ମାନ ବଢ଼ିଯାଏ।
   - ଅନ୍ୟମାନଙ୍କଠାରୁ ମୁଁ ଅଧିକ ଭଲ କରୁଛି, ଏ କଥା ଜାଣିଲେ ଖୁସୀ ଲାଗେ।

୪. ଶିକ୍ଷାଗତ କୃତିତ୍ୱ
   - ମୋର ଶିକ୍ଷାଗତ ସଫଳତା / ବିଫଳତା ସହିତ ମୋର ନିଜ ସମ୍ପର୍କରେ ମୋର ମତାମତ ସମ୍ୱନ୍ଧିତ ନୁହେଁ।
   - ଶିକ୍ଷାଗତ ସଫଳତା ମୋତେ ଆନନ୍ଦ ଦିଏ।

୫. ପାରିବାରିକ ସହାୟତା
   - ପରିବାରରେ ମୋର ଅନ୍ୟମାନଙ୍କ ସହ କିପରି ସମ୍ପର୍କ ଅଛି, ତାହା ମୋର ଆତ୍ମସମ୍ମାନକୁ ପ୍ରଭାବିତ କରେ ନାହିଁ।
   - ପରିବାରର ଲୋକେ ମୋତେ ନେଇ ଗର୍ବ ଅନୁଭବ କଲେ ମୁଁ ଖୁସୀ ହୁଏ।

୬. ସଦ୍‌ଗୁଣ

- ❖ ମୁଁ ଅନୈତିକ କାର୍ଯ୍ୟକଲେ ମୋର ଆତ୍ମସମ୍ମାନ କ୍ଷତିଗ୍ରସ୍ତ ହେବ।
- ❖ ମୁଁ ନୈତିକ ମାନଦଣ୍ଡର ବିରୁଦ୍ଧରେ ଯାଉଛି, ଏ କଥା ଜାଣିଲେ ମୁଁ ନିଜକୁ ସମ୍ମାନ ଦେଇପାରିବି ନାହିଁ।

୭. ଈଶ୍ୱରଙ୍କ ଦୟା

- ❖ ଈଶ୍ୱରଙ୍କ କୃପାଲାଭ କରି ମୁଁ ଆନନ୍ଦ ଅନୁଭବ କରେ।
- ❖ ଈଶ୍ୱରଙ୍କ କୃପା ନଥିଲେ ମୋର ଆତ୍ମମର୍ଯ୍ୟାଦା ବୃଥା।

ସକାରାତ୍ମକ ଚିନ୍ତନର ବିକାଶ

ପୂର୍ବ ଆଲୋଚନାରୁ ଏହା ସ୍ପଷ୍ଟ ଯେ ଆତ୍ମମର୍ଯ୍ୟାଦାବୋଧ ଓ ମାନସିକ ସ୍ୱାସ୍ଥ୍ୟ ସମ୍ବନ୍ଧିତ ହୋଇଥିବାରୁ ଆତ୍ମମର୍ଯ୍ୟାଦାବୋଧର ବିକାଶ ସ୍ୱାସ୍ଥ୍ୟର ବେଶ୍ ସହାୟକ। ଆତ୍ମମର୍ଯ୍ୟାଦାବୋଧ ଆଲୋଚନା ପରିପ୍ରେକ୍ଷୀରେ ଏହା ସହିତ ସମ୍ପର୍କିତ ଥିବା ଅବସ୍ଥାସବୁର (ଅନ୍ୟମାନଙ୍କ ଅନୁମୋଦନ, ଶାରୀରିକ ଆକର୍ଷଣ, ଶିକ୍ଷାଗତ ସଫଳତା, ପାରିବାରିକ ସହାୟତା) ସୂଚନା ମଧ୍ୟ ଦିଆଯାଇଛି। ସୁତରାଂ ଏ ଅବସ୍ଥାଗୁଡ଼ିକର ସକାରାତ୍ମକ ବିକାଶ ଆତ୍ମମର୍ଯ୍ୟାଦାବୋଧର ଅଭିବୃଦ୍ଧିରେ ସହାୟକ ହେବ। ପରିବାରର ସଦସ୍ୟମାନଙ୍କର ଅନ୍ତରଙ୍ଗତା ଏବଂ ସ୍ନେହଶ୍ରଦ୍ଧା ଆତ୍ମମର୍ଯ୍ୟାଦାବୋଧର ଅଭିବୃଦ୍ଧିର ସହାୟକ ହୁଏ। ଏସବୁ ବାଦଦେଲେ ଅନ୍ୟ କେତୋଟି ଉପାଦାନ ସକାରାତ୍ମକ ଚିନ୍ତନର ବିକାଶକୁ ତ୍ୱରାନ୍ୱିତ କରେ।

ନିୟନ୍ତ୍ରଣ ବିଶ୍ୱାସ : ସ୍ୱାସ୍ଥ୍ୟପ୍ରଦ ଜୀବନଶୈଳୀର ବିକାଶ ପରିପ୍ରେକ୍ଷୀରେ ଏକାଧିକ ବୈଭବ ମନୋବିଜ୍ଞାନୀ ସୁଖ ଓ ସ୍ୱାସ୍ଥ୍ୟର କିବାଶ ପାଇଁ ଆବଶ୍ୟକ ଉପାଦାନ ପାଇଁ ଭିନ୍ନ ଭିନ୍ନ ପରିଭାଷା ପ୍ରୟୋଗ କରିଛନ୍ତି। ପ୍ରଖ୍ୟାତ ମନୋବିଜ୍ଞାନୀ ଆଲବର୍ଟ ବାନ୍ଦୁରା ଆତ୍ମ-ସାମର୍ଥ୍ୟବୋଧ (Self-Efficacy) ତତ୍ତ୍ୱ ମାଧ୍ୟମରେ ବ୍ୟକ୍ତିର ଦକ୍ଷତା ସମ୍ପର୍କରେ ନିଜସ୍ୱ ବିଶ୍ୱାସର ଗୁରୁତ୍ୱ କଥା କହିଛନ୍ତି। ଡେସି ଓ ର୍ୟାନ୍ ତିନୋଟି ମୁଖ୍ୟ ମାନବୀୟ ଚାହିଦାର (ସ୍ୱାଧୀନ ମନୋଭାବ, ସମ୍ପର୍କଶୀଳତା, ଦକ୍ଷତାଭାବ) ଗୁରୁତ୍ୱ ବର୍ଣ୍ଣନା କରିଛନ୍ତି ।

ସମଷ୍ଟିଗତ ଭାବରେ ନିୟନ୍ତ୍ରଣ ବିଶ୍ୱାସର ପରିଭାଷା ବ୍ୟବହାର କରାଯାଇପାରେ । ପିଲା ବା ବ୍ୟକ୍ତି ଅନୁଭବ କରିବା ଉଚିତ ଯେ ସେ ଗୋଟିଏ ଭାସମାନ କାଠିକୁଟା

ନୁହେଁ । ପରିବେଶରେ କିଛି ପରିବର୍ତ୍ତନ ଆଣିବାର ସାମର୍ଥ୍ୟ ତା'ର ରହିଛି । ଅବଶ୍ୟ ଏପରି ନିୟନ୍ତ୍ରଣ ବିଶ୍ୱାସ ବାଲ୍ୟକାଳରୁ ହିଁ ବିକଶିତ ହୋଇଥାଏ । ପିଲାଙ୍କ ନିଜ ଗୋଡ଼ରେ ବଲଟିକୁ ଚାପି ଦେଲେ ବଲଟି ଗଡ଼ିବାକୁ ଆରମ୍ଭ କରେ । ପିଲାଟି ଶିଖେ ଯେ ତା' ଗୋଡ଼ରେ ଚାପ ହେଉଛି କାରଣ ଏବଂ ବଲ୍‌ଟି ଗଡ଼ିଚାଲିବା ହେଉଛି ପରିଣତି । ଏହିପରି ନିଜର କାର୍ଯ୍ୟ ଏବଂ ବାହ୍ୟ ଜଗତରେ ତା'ର ପରିଣତି ଲକ୍ଷ୍ୟ କରି ପିଲା କାର୍ଯ୍ୟ-କାରଣର ସମ୍ପର୍କ ଶିକ୍ଷା କରେ । ଅନ୍ୟ ସମୟରେ ପିତାମାତା, ଯତ୍ନକାରୀ ଏବଂ ଶିକ୍ଷକ ଶିକ୍ଷୟତ୍ରୀ ଏପରି ନିୟନ୍ତ୍ରଣ-ଦକ୍ଷତା ଶିକ୍ଷା ଦିଅନ୍ତି । ଶିଶୁ ବୁଝେ ଯେ ସେ ଅସହାୟ ନୁହେଁ । ଏପରି ନିୟନ୍ତ୍ରଣ-ବିଶ୍ୱାସ ଓ ବ୍ୟକ୍ତିଗତ ସଶକ୍ତିକରଣ ସକାରାତ୍ମକ ଭାବନା ବିକାଶରେ ସହାୟକ ହୁଏ ।

ଆଶାବାଦିତା : ପୂର୍ବରୁ ଆଶା (Hope) ଏବଂ ଆଶାବାଦିତା (Optimism) ସମ୍ପର୍କରେ ବିସ୍ତୃତ ଆଲୋଚନା କରାଯାଇଛି । ଏହା ସ୍ପଷ୍ଟ ଯେ ଆଶାବାଦୀ ଦୃଷ୍ଟିଭଙ୍ଗୀର ଲୋକମାନେ ଅଧିକାଂଶ ସମୟରେ ସକାରାତ୍ମକ ଭାବନାର ବଶବର୍ତ୍ତୀ ହେବା ସ୍ଥଳେ ବିଷାଦବାଦୀ ଲୋକମାନେ ନକାରାତ୍ମକ ଭାବନାର ଶରବ୍ୟ ହୁଅନ୍ତି ।

ଆଶାବାଦୀ ତିନୋଟି ଉପାୟରେ ସକାରାତ୍ମକ ଭାବନାର ନିର୍ଦ୍ଧାରକ ହୁଏ । ପ୍ରଥମତଃ ଏହା ଏକ ଅଭିପ୍ରେରକ ରୂପେ କାର୍ଯ୍ୟ କରେ । ଆଶାବାଦୀ ବ୍ୟକ୍ତି ପ୍ରୟାସ କରେ ଏବଂ ଯେଉଁ ପ୍ରୟାସ ସଫଳ ପରିଣତି ଦିଗରେ ନେଇଯିବ, ସେ ଦିଗରେ ସଚେଷ୍ଟ ରହେ । ଆଶାବାଦୀ ଲୋକମାନେ ଉଦ୍‌ବେଗ ଓ ମାନସିକ ଚାପର ସଫଳ ମୁକାବିଲା କରନ୍ତି । ଯେଉଁ ସମନ୍ୱୟଶୈଳୀ ସମସ୍ୟା-ସମାଧାନର ସହାୟକ ହେବ, ସେପରି ସମନ୍ୱୟ ଶୈଳୀରେ ପ୍ରବୃତ୍ତ ହୁଅନ୍ତି । ତୃତୀୟତଃ ଆଶାବାଦୀ ଲୋକଙ୍କର ସମନ୍ୱୟ ଶୈଳୀରେ କିଛି ନମନୀୟତା (Flexibility) ଥାଏ । ଗୋଟିଏ ପନ୍ଥା କାମ ନ କଲେ ଅନ୍ୟ ପନ୍ଥାର ଅନ୍ୱେଷଣ ଓ ପ୍ରୟୋଗ କରନ୍ତି ।

ସ୍ଥୂଳତଃ ସକାରାତ୍ମକ ଭାବନା ଏକ ସ୍ୱତଃ ପ୍ରବାହିତ ଶୈଳୀ ନୁହେଁ । ଉପଯୋଗୀ ବ୍ୟକ୍ତିତ୍ୱ, ଠିକ୍ ଧରଣର ସମନ୍ୱୟ ଶୈଳୀ, ଶିକ୍ଷଣର ଅଭୀପ୍‌ସା ଏବଂ ସକାରାତ୍ମକ ପ୍ରଶିକ୍ଷଣ ମାଧ୍ୟମରେ ଏହାର ବିକାଶ ଓ ଅଭିବୃଦ୍ଧି ଘଟେ ।

ମନସ୍ତାତ୍ତ୍ୱିକ ସୁସ୍ଥତା

ମାନସିକ ସୁସ୍ଥତା (Psychological Well-Being) ସମ୍ପର୍କରେ ଆଲୋଚନା କରିବା ପୂର୍ବରୁ ଦୁଇ ତିନୋଟି ସୂଚନା ବିଶେଷ ଗୁରୁତ୍ୱପୂର୍ଣ୍ଣ । ପ୍ରଥମଟିର ସ୍ମରଣ କରିବାକୁ

ହେବ ଯେ ବୈଭବ ମନୋବିଜ୍ଞାନରେ ସୁଖାନୁଭୂତି (Happiness) ଏବଂ ସୁସ୍ଥତା (Wellnes) ପରିଭାଷା ଦୁଇଟି ମୋଟାମୋଟି ସମାନ ଅର୍ଥରେ ପ୍ରୟୋଗ କରାଯାଇଛି। ବିଂଶ ଶତକର ସପ୍ତମ ଓ ଅଷ୍ଟମ ଦଶକରେ ବୈଭବ ମନୋବିଜ୍ଞାନର ଅନୁଷ୍ଠାନିକ ଅୟମାରମ୍ଭ ଘଟିଥିଲା ଏବଂ ଏହି ସମୟରେ ସେଲିଗ୍‌ମ୍ୟାନ୍‌ଙ୍କ ସମେତ ଅନ୍ୟ ବୈଭବ ମନୋବିଜ୍ଞାନୀମାନେ ସୁଖାନୁଭୂତିକୁ ବ୍ୟକ୍ତିଗତ ସୁଖ ଅନୁଭବ ବା (Subjective Well-Being (SWB) ରୂପେ ବ୍ୟବହାର ଆରମ୍ଭ କରିଥିଲେ। ଏହି ବ୍ୟକ୍ତିନିଷ୍ଠ ସୁସ୍ଥତା ଅନୁଭବର ତିନୋଟି ବ୍ୟବହାରିକ ଉପାଦାନ ଚିହ୍ନଟ କରାଯାଇଥିଲା ଏବଂ ସେ ତିନୋଟିକୁ ଭିତ୍ତିକରି ଏହି ବ୍ୟକ୍ତିନିଷ୍ଠ ସୁସ୍ଥତାର ପରିମାପ କରାଯାଉଥିଲା। ସେ ତିନୋଟି ଉପାଦାନ ହେଉଛି : ଜୀବନରେ ସାମଗ୍ରିକ ସନ୍ତୋଷ, ସକାରାତ୍ମକ ଆବେଗର ବହୁଳତା ଏବଂ ନକାରାତ୍ମକ ଆବେଗର ସ୍ୱଳ୍ପତା। ଲକ୍ଷ୍ୟ କରାଯାଇପାରେ ଯେ ସୁଖାନୁଭୂତିର ଏପରି ସଂଜ୍ଞା ମୁଖ୍ୟତଃ ଆବେଗ-କେନ୍ଦ୍ରିତ ରହିଥିଲା।

ମାତ୍ର ବିଂଶଶତକର ଶେଷଭାଗ ଏବଂ ଏକବିଂଶ ଶତକର ଆରମ୍ଭରେ ସୁଖ ଓ ସ୍ୱାସ୍ଥ୍ୟର ପରିକଳ୍ପନାରେ ଏକ ପରିବର୍ତ୍ତନ ଆସିଲା। ଏ ପରିବର୍ତ୍ତନର ବିଶେଷ ରୂପ ପରେ ବିସ୍ତୃତ ରୂପେ ଆଲୋଚିତ ହେବ। ତେବେ ଏଠାରେ କୁହାଯାଇପାରେ ଯେ ବିଂଶ ଶତକର ମନୋବିଜ୍ଞାନରେ ଏକ ବଡ଼ ଧରଣର ଆଲୋଡ଼ନ ହେଉଛି ଅଭିଜ୍ଞାନାତ୍ମକ ଆନ୍ଦୋଳନ (Cognitive Revolution)। ମନୁଷ୍ୟର ସୁଖ ଓ ସ୍ୱାସ୍ଥ୍ୟ ସମ୍ପର୍କରେ କ୍ଲାସିକାଲ୍ ଆରିଷ୍ଟଟ୍‌ଲୀୟ ଚିନ୍ତାଧାରା ଏବଂ ବିଂଶଶତକର ଦ୍ୱିତୀୟ ଭାଗର ଅଭିଜ୍ଞାନାତ୍ମକ ଆନ୍ଦୋଳନ ସୁଖାନୁଭୂତିର ସଂଜ୍ଞାକୁ ଏକ ନୂଆ ମୋଡ଼ ଦେଲା। ରିଫ୍‌ଙ୍କ (୧୯୮୯) ତତ୍ତ୍ୱରେ ଏହି ପରିଭାଷାକୁ କୁହାଗଲା ମନସ୍ତାତ୍ତ୍ୱିକ ସୁସ୍ଥତା (Psychological Well-Being)। ସଂକ୍ଷେପରେ ଏହାର ପ୍ରକାଶ୍ୟ ରୂପ ହେଉଛି :

ମନସ୍ତାତ୍ତ୍ୱିକ ସୁସ୍ଥତା = ସୁଖାନୁଭୂତି + ଅର୍ଥପୂର୍ଣ୍ଣତା

Psychological Well-Being = Happiness + Meaningfulness

ଦ୍ୱିତୀୟତଃ ମନସ୍ତାତ୍ତ୍ୱିକ ସୁସ୍ଥତାକୁ ପ୍ରଭାବିତ କରୁଥିବା କିଛି ଉପାଦାନ ସମ୍ପର୍କରେ ପରେ ଆଲୋଚନା କରାଯିବ। କିନ୍ତୁ ଧ୍ୟାନ ଦେବାକୁ ହେବ ଯେ ପୂର୍ବରୁ ସୁଖାନୁଭୂତିର ନିର୍ଦ୍ଧାରକ ରୂପେ ଏବଂ ସୁଖାନୁଭୂତି ସହିତ ସମ୍ବନ୍ଧିତ ଉପାଦାନସମୂହ ମଧ୍ୟ ଏ କ୍ଷେତ୍ରରେ ପ୍ରଯୁଜ୍ୟ। ବୈଭବ ମନୋବିଜ୍ଞାନୀମାନେ ସୁଖାନୁଭୂତିର ନିର୍ଦ୍ଧାରକ ଏବଂ ମନସ୍ତାତ୍ତ୍ୱିକ ସୁସ୍ଥତାର ନିର୍ଦ୍ଧାରକ ପୃଥକ୍ ପୃଥକ୍ ଭାବେ ଗବେଷଣା କରି ନାହାନ୍ତି। ଅବଶ୍ୟ ନିର୍ଦ୍ଦିଷ୍ଟ

ଗବେଷଣାକୁ ବିଶ୍ଳେଷଣ କଲେ ଏହାର ସମ୍ପୃକ୍ତି ସୁଖାନୁଭୂତି (Happiness) ସହିତ ଅଧିକ କି ସୁସ୍ଥତା (Wellness) ସହିତ ଅଧିକ, ତାହାର ସିଦ୍ଧାନ୍ତ ଗ୍ରହଣ କରାଯିବ ।

ତୃତୀୟତଃ ଯୋଜନାବଦ୍ଧ କାର୍ଯ୍ୟକ୍ରମ ସମ୍ପର୍କରେ ମଧ୍ୟ ଅନୁରୂପ ମନ୍ତବ୍ୟ ପ୍ରାସଙ୍ଗିକ । ସୁଖାନୁଭୂତି ବୃଦ୍ଧି କରିବେ କିପରି ? ମନସ୍ତାତ୍ତ୍ୱିକ ସୁସ୍ଥତା ବୃଦ୍ଧି କରିବେ କିପରି ? ଏ ଦୁଇଟି ପ୍ରଶ୍ନ ବହୁ ଦୃଷ୍ଟିରୁ ସମାନ। ତଥାପି କେତେକ ଉପାଦାନ ସକାରାତ୍ମକ ଆବେଗର ଅଭିବୃଦ୍ଧି ଘଟାଇ ସୁଖାନୁଭୂତି (Happiness) ବୃଦ୍ଧି କରେ। ଅନ୍ୟ କେତେକ ଉପାଦାନ ଜୀବନର ଶୂନ୍ୟତା ହ୍ରାସ କରି ଅର୍ଥପୂର୍ଣ୍ଣତା ବୃଦ୍ଧି କରି ମନସ୍ତାତ୍ତ୍ୱିକ ସୁସ୍ଥତାର ସଂପ୍ରସାରଣ ଘଟାଏ।

ସ୍ଥୁଳତଃ ସୁଖାନୁଭୂତି (Happiness) ଏବଂ ମାନସିକ ସୁସ୍ଥତାକୁ (Psychological Well-Being) ଶୃଙ୍ଖଳା ଦୃଷ୍ଟିରୁ ପୁସ୍ତକରେ ପୃଥକ୍ ପୃଥକ୍ ଆଲୋଚନା କରାଗଲେ ମଧ୍ୟ ଏ ଦୁଇଟି ପ୍ରସଙ୍ଗ ବହୁ ଦୃଷ୍ଟିରୁ ଏକ ସଙ୍ଗଠିତ ଅଧ୍ୟୟନ ସାମଗ୍ରୀ।

ମନସ୍ତାତ୍ତ୍ୱିକ ସୁସ୍ଥତାର ଅର୍ଥ :

ମନୁଷ୍ୟ ମଧ୍ୟରେ ଯେଉଁ ସମସ୍ତ ଉପାଦାନ ସୁଖ ଓ ଅର୍ଥପୂର୍ଣ୍ଣତା ଦିଏ, ସେସବୁର ସ୍ଥିତିକୁ ମନସ୍ତାତ୍ତ୍ୱିକ ସୁସ୍ଥତା (Psychological Well-Being)) କୁହନ୍ତି। ମାନବିକ ବିକାଶ ପରମ୍ପରାରେ ଏ ଏକ ମୌଳିକ ପରିକଳ୍ପନା। ପ୍ରଫେସର୍ କ୍ୟାରୋଲ୍ ରିଫ୍ (Carol Ryff) ଏ କ୍ଷେତ୍ରରେ ଜଣେ ଅଗ୍ରଣୀ ଗବେଷକ। ରିଫ୍ ଏହି ସୁସ୍ଥତାର ଛ'ଟି ଉପାଦାନ ଚିହ୍ନଟ କରିଛନ୍ତି। ସେଗୁଡ଼ିକ ହେଲା ସ୍ୱାଧୀନ ମନୋଭାବ, ପରିବେଶରେ ନିୟନ୍ତ୍ରଣ-ବିଶ୍ୱାସ, ବ୍ୟକ୍ତିଗତ ବିକାଶ, ସମ୍ପର୍କଶୀଳତା, ଜୀବନରେ ମହତ୍ତର ଉଦ୍ଦେଶ୍ୟ ଓ ଆତ୍ମ-ସ୍ୱୀକୃତି। ରିଫ୍ ଓ କିଜ୍ (Ryff & Keyes, 1995) ଏକ ବଡ଼ ଧରଣର ସର୍ବେକ୍ଷଣ (୩୦୦୦ ପ୍ରତିଭାଗୀ) କରୁଥିବା ସମୟରେ ଏହି ଉପାଦାନଗୁଡ଼ିକ ଚିହ୍ନଟ କଲେ ଏବଂ ରିଫ୍ ୧୯୮୯ ମସିହାରେ ଏହି ସିଦ୍ଧାନ୍ତକୁ ଆନୁଷ୍ଠାନିକ ଭାବରେ ଉପସ୍ଥାପନ କଲେ।

ଲକ୍ଷ୍ୟ କରିବାର କଥା ଯେ ପୂର୍ବ ଆଲୋଚିତ ସୁଖାନୁଭୂତିର (Happiness) ପରିକଳ୍ପନା ଏବଂ ସୁଖାନୁଭୂତିର ପରିମାପ ପାଇଁ ବ୍ୟବହୃତ ହେଉଥିବା ବ୍ୟକ୍ତିଗତ ସୁସ୍ଥତାର (Subjective Well-Being ବା SWB) ପରିକଳ୍ପନାଠାରୁ ଏହା ଭିନ୍ନ। ଦୁଇଟି ଯାକ ଧାରଣା ସମ୍ପର୍କିତ ହେଲେ ମଧ୍ୟ ପୃଥକ୍ ପୃଥକ୍ ସ୍ୱାତନ୍ତ୍ର୍ୟ ରହିଛି। ଗବେଷଣାରୁ ଦେଖାଯାଇଛି ଯେ ବୟସ, ଶିକ୍ଷାଗତ ଯୋଗ୍ୟତା, ଆବେଗିକ ସ୍ଥିରତା, ବହିର୍ମୁଖୀତ୍ୱ ଓ ବିବେକିତା ବୃଦ୍ଧି

ପାଇବା ସହିତ ଏ ଦୁଇ ପ୍ରକାର ସୁସ୍ଥତା ବୃଦ୍ଧି ପାଏ। କିନ୍ତୁ ଦେଖାଯାଇଛି ଯେ ମନସ୍ତାତ୍ତ୍ୱିକ ସୁସ୍ଥତାର ଅଧିକାରୀ ହୋଇଥିବା ଲୋକମାନେ ଜୀବନର ଅନୁଭବ ପ୍ରତି ଅଧିକ ଉନ୍ମୁକ୍ତ ମନୋଭାବ ଗ୍ରହଣ କରନ୍ତି।

କେଉଁ କେଉଁ ତାତ୍ତ୍ୱିକ ଚିନ୍ତାଧାରା ବା ମଡ଼େଲ୍‌ସବୁର ପ୍ରଭାବରେ ରିଫ୍‌ଙ୍କ ମନସ୍ତାତ୍ତ୍ୱିକ ସୁସ୍ଥତା (Psychological Well-Being ବା PWB) ବିକଶିତ ହେଲା, ସେସବୁର ସଂକ୍ଷିପ୍ତ ଆଲୋଚନା ପରେ ସୁଖାନୁଭୂତି (Happiness) ଓ ସୁସ୍ଥତା (Wellness) ମଧ୍ୟରେ ପାର୍ଥକ୍ୟ ଅଧିକ ସ୍ପଷ୍ଟ ହେବ।

ସୁସ୍ଥତା ସମ୍ପର୍କିତ ମଡ଼େଲ୍ :

ବୈଭବ ମନୋବିଜ୍ଞାନର ଗବେଷଣା ମଞ୍ଚରେ ମନସ୍ତାତ୍ତ୍ୱିକ ସୁସ୍ଥତାର ବିରାଟ ପରିକଳ୍ପନାର ଆବିର୍ଭାବ ବହୁପୂର୍ବରୁ ଏକ ଶକ୍ତିଶାଳୀ ଭିତ୍ତିଭୂମି ଗଠିତ ହୋଇ ସାରିଥିଲା । ଖ୍ରୀଷ୍ଟଜନ୍ମର ଚାରିଶହ ପାଞ୍ଚଶହ ବର୍ଷ ପୂର୍ବରୁ ଗ୍ରୀକ୍ ଦାର୍ଶନିକମାନେ ମନୁଷ୍ୟର ବୈଭବମୟ ଦିଗ ଅନୁଶୀଳନ କରିବା ପରିପ୍ରେକ୍ଷୀରେ ସୁଖମୟ ଜୀବନ ଓ ନୀତିମୟ ଜୀବନର ମଧ୍ୟ ଅନୁଶୀଳନ କରୁଥିଲେ। ସକ୍ରେଟିସ୍ ଓ ଆରିଷ୍ଟଟଲ୍ ମନୁଷ୍ୟ ମଧ୍ୟରେ ବହୁ ସମ୍ଭାବନା ପ୍ରଚ୍ଛନ୍ନ ଭାବରେ ରହିଥିବାର ଘୋଷଣା କରିଥିଲେ। ଆରିଷ୍ଟଟଲ୍ ନୀତିଶାସ୍ତ୍ରର ବୟାନ କରିବା ସମୟରେ ନୀତିଗତ ଜୀବନ ଓ ପରିପୂର୍ଣ୍ଣ ଜୀବନର ଅଭେଦତ୍ୱ ଘୋଷଣା କଲେ । ଆରିଷ୍ଟଟଲ୍ ଏ କଥା ମଧ୍ୟ ସ୍ୱୀକାର କଲେ ଯେ ମନୁଷ୍ୟ ନିଜ କର୍ମବଳରେ ଯେଉଁ ସମସ୍ତ ସାଫଲ୍ୟର ଅଧିକାରୀ ହୋଇପାରେ ସେଥି ମଧ୍ୟରେ ସୁଖାନୁଭୂତି ସର୍ବୋତ୍ତମ। ସେ ସମୟରେ ଏହି ସଫଳତା ସାଧନାକୁ ଗ୍ରୀକ୍‌ଭାଷାରେ ଇଉଡ଼ାଇମୋନିଆ (Eudaimonia) କୁହାଯାଉଥିଲା।

ପରବର୍ତ୍ତୀ ସମୟରେ ଅନ୍ୟ ଦାର୍ଶନିକ ଓ ସର୍ଜନଶୀଳ କବି ଓ ଲେଖକମାନେ ଏପରି ନୀତିପୂର୍ଣ୍ଣ ଜୀବନର ଅନ୍ୱେଷଣ ଓ ବିକାଶ ଉପରେ ଗୁରୁତ୍ୱ ଆରୋପ କଲେ । ସେଣ୍ଟ୍ ଅଗଷ୍ଟାଇନ୍ ଈଶ୍ୱର ଆରାଧନାର କଥା କହିଲେ। ମାଇକେଲ୍ ଆଞ୍ଜେଲୋ ସର୍ଜନାତ୍ମକ ଅଭିବ୍ୟକ୍ତିର ଗୁରୁତ୍ୱ ଦେଲେ ଓ ଓର୍ଡ଼ସ୍‌ଓର୍ଥଙ୍କ ପରି ରୋମାଣ୍ଟିକ୍ ଯୁଗର କବିମାନେ ସୌନ୍ଦର୍ଯ୍ୟବୋଧ ଓ ଶାଶ୍ୱତବୋଧର ପ୍ରାଧାନ୍ୟ ସ୍ୱୀକାର କଲେ। ପରେ ପରେ ସ୍ଥିତିବାଦୀ ଦାର୍ଶନିକ ଓ ସାହିତ୍ୟିକମାନେ ମନୁଷ୍ୟ ଜୀବନର ଉତ୍କର୍ଷ ଓ ମହତ୍ତ୍ୱର ଦିଗର ଜୟଗାନ କଲେ।

କ୍ରମଶଃ ସମାଜ ବିଜ୍ଞାନରେ ମନୁଷ୍ୟର ଶକ୍ତି, ସାମର୍ଥ୍ୟ ଓ ସଦ୍‌ଗୁଣର ମହନୀୟତା ସମ୍ପର୍କରେ ଆଲୋଚନା ହେଲା । ମନୁଷ୍ୟର ସଦ୍‌ଗୁଣର ବ୍ୟବହାରିକ ଦିଗର ଅନୁଶୀଳନ ପାଇଁ ମନୋବିଜ୍ଞାନୀମାନେ ଆଗ୍ରହ ପ୍ରକାଶ କଲେ । ଏହି ପରମ୍ପରାରେ ମନୁଷ୍ୟର ସୁଖାନୁଭୂତି ମଣିଷର ଏକ ମୁଖ୍ୟ ଚାହିଦା ହୋଇଥିବାରୁ ଅନେକ ଗବେଷକ ଏ ଦିଗରେ ଅନୁଶୀଳନ ଆରମ୍ଭ କଲେ ।

ରିଫ୍ ମନସ୍ତାତ୍ତ୍ୱିକ ସୁସ୍ଥତାର ଏକ ତତ୍ତ୍ୱ-ଭିତ୍ତିକ ରୂପରେଖ ଦେବା ପୂର୍ବରୁ ସୁସ୍ଥତା ଏବଂ ପରିପୂର୍ଣ୍ଣ ଜୀବନ ସମ୍ପର୍କରେ ବେଶ୍ କେତେଜଣ ମନୋବିଜ୍ଞାନୀ ମୂଲ୍ୟବାନ ଚିନ୍ତନ ଦର୍ଶାଇଥିଲେ । ପ୍ରତ୍ୟେକ ଗୋଟିଏ ଗୋଟିଏ ମଡ଼େଲ୍ ରୂପେ ପ୍ରବକ୍ତାମାନେ ଦାବି କରୁଥିଲେ ମଧ୍ୟ ଏସବୁ ପୂର୍ଣ୍ଣମାତ୍ରାରେ ସ୍ୱୀକୃତି ଲାଭ କରି ନଥିଲା । ରିଫ୍‌ଙ୍କ ତତ୍ତ୍ୱର ପ୍ରସାର ପୂର୍ବରୁ ସେଗୁଡ଼ିକ ଆସିଥିଲା । ମୁଖ୍ୟ କେତୋଟି ମଡ଼େଲ୍‌ର ସଂକ୍ଷିପ୍ତ ସୂଚନା ଦିଆଯାଇପାରେ ।

ଏ ପୁସ୍ତକର ଅନ୍ୟ କେତେକ ପରିପ୍ରେକ୍ଷୀରେ ମାସ୍‌ଲୋଙ୍କ ଆତ୍ମସିଦ୍ଧି (Self-Actualization) ତଥ୍ୟ ବର୍ଣ୍ଣନା କରାଯାଇଛି । ଆବ୍ରାହାମ୍ ମାସ୍‌ଲୋ ଜଣେ ମାନବବାଦୀ ମନୋବିଜ୍ଞାନୀ ଥିଲେ ଏବଂ ପ୍ରଥମେ ମାସ୍‌ଲୋ ହିଁ ଭୈଭବ ମନୋବିଜ୍ଞାନ (Positive Psychology) ପରିଭାଷା ବ୍ୟବହାର କରିଥିଲେ । ସଂକ୍ଷେପରେ କହିବାକୁ ଗଲେ ମାସ୍‌ଲୋ ଯୁକ୍ତି କରିଥିଲେ ଯେ ମନୁଷ୍ୟର କାର୍ଯ୍ୟ ଓ ବ୍ୟବହାରର ମୁଖ୍ୟ ଅଭିପ୍ରେରକ ହେଉଛି ତା'ର ଚାହିଦା (Needs) । ମନୁଷ୍ୟର ଚାହିଦା ସବୁ ସୋପାନଭିତ୍ତିକ ପର୍ଯ୍ୟାୟରେ ରହିଥାଏ । ନିମ୍ନସ୍ତରରୁ ଆରମ୍ଭ କରି ଶିଖର ସୋପାନ ପର୍ଯ୍ୟନ୍ତ ପାଞ୍ଚୋଟି ଧରଣର ଚାହିଦା ଥାଏ । କ୍ରମାନୁଯାୟୀ ଏଗୁଡ଼ିକ ହେଉଛି ଶରୀରଭିତ୍ତିକ (ମୌଳିକ) ଚାହିଦା, ସୁରକ୍ଷା, ସାମାଜିକ ଚାହିଦା, ଆତ୍ମମର୍ଯ୍ୟାଦା ଏବଂ ଆତ୍ମସିଦ୍ଧି । ପ୍ରଥମ ସର୍ବନିମ୍ନ ଶରୀରଭିତ୍ତିକ ଚାହିଦା ମନୁଷ୍ୟକୁ ସକ୍ରିୟ କରେ । ବହୁ ଅଂଶରେ ଏହାର ପରିପୂର୍ଣ୍ଣ ଘଟିବା ପରେ ପରବର୍ତ୍ତୀ (ଦ୍ୱିତୀୟ) ସୋପାନର ଚାହିଦା ସୁରକ୍ଷା ଓ ନିରାପତ୍ତା ଅଭିପ୍ରେରକର କାର୍ଯ୍ୟ ଆରମ୍ଭ କରେ । ଏହି କ୍ରମରେ ଗୋଟିଏ ପରେ ଗୋଟିଏ ଚାହିଦା ସକ୍ରିୟ ହୋଇ ମନୁଷ୍ୟକୁ ଅଭିପ୍ରେରିତ କରନ୍ତି । ଶେଷରେ ଆତ୍ମସିଦ୍ଧି ସକ୍ରିୟ ହୋଇ ମନୁଷ୍ୟ ମଧ୍ୟରେ ଥିବା ସମସ୍ତ ପ୍ରଚ୍ଛନ୍ନ ସମ୍ଭାବନାକୁ ବାସ୍ତବ ରୂପରେଖ ଦେବାରେ ଚେଷ୍ଟିତ ହୁଏ । ସୁସ୍ଥତା ଦୃଷ୍ଟିରୁ ଏହା ହିଁ (ଆତ୍ମସିଦ୍ଧି ବା Self-Actualization)) ହେଉଛି ପରିପୂର୍ଣ୍ଣ ସୁସ୍ଥତା । ଅବଶ୍ୟ ଏହା ସତ ଯେ କେହି କେହି ବ୍ୟକ୍ତିଗତ କାରଣରୁ କିମ୍ବା ପାରିପାର୍ଶ୍ୱିକ କାରଣରୁ ଶୀର୍ଷ ସୋପାନରେ (ଆତ୍ମସିଦ୍ଧି) ପହଞ୍ଚି ନ ପାରି ବାଟରେ କୌଣସି ଏକ ସୋପନାରେ ଅଟକି ରହିପାରନ୍ତି । ଏ କ୍ଷେତ୍ରରେ ସେ ଆଶିଂକ ସ୍ୱାସ୍ଥ୍ୟର ଅଧିକାରୀ ହୁଅନ୍ତି ।

କ୍ଲାସିକାଲ୍ ତଥ୍ୟ ପ୍ରଖ୍ୟାପକମାନଙ୍କ ମଧ୍ୟରୁ ସିଗ୍‌ମଣ୍ଡ ଫ୍ରଏଡ୍ ଯେଉଁ ଜୀବନ-ବିକାଶ ବା ସୁସ୍ଥତାର ତତ୍ତ୍ୱ ପ୍ରସାର କଲେ ତାହାର ମୁଖ୍ୟ କେନ୍ଦ୍ରବିନ୍ଦୁ ଥିଲା ଶରୀରଭିତ୍ତିକ ପରିବର୍ତ୍ତନ ଏବଂ ଯତ୍ନକାରୀ (ବିଶେଷତଃ ପିତାମାତା) ପରିପାଳନର କ୍ରିୟା ଅନୁକ୍ରିୟା (Interaction)। ବିଶେଷତଃ ଜୀବନର ଆଦ୍ୟ ସୋପାନରେ ଜନ୍ମରୁ ପାଞ୍ଚ/ଛ' ବର୍ଷ ବୟସ ମଧ୍ୟରେ ଯତ୍ନକାରୀଙ୍କ ଭାବର ଆଦାନପ୍ରଦାନ ସବୁଠାରୁ ଅଧିକ ଗୁରୁତ୍ୱପୂର୍ଣ୍ଣ ବୋଲି ଫ୍ରଏଡ୍ ବିଶ୍ୱାସ କରୁଥିଲେ। ଅନ୍ୟ ଭାଷାରେ କହିଲେ ବ୍ୟକ୍ତିର ମାନସିକ ସୁସ୍ଥତା କିମ୍ବା ଅସୁସ୍ଥତାର କରଣରେ ଜୀବନର ଆଦ୍ୟପର୍ବ (ଜନ୍ମରୁ ଛ' ବର୍ଷ ମଧ୍ୟରେ) ନିହିତ ଅଛି ବୋଲି ଫ୍ରଏଡ଼ୀୟ ବିଶ୍ୱାସର ମୂଳ କଥା ଥିଲା। ଫ୍ରଏଡ୍‌ଙ୍କ ଶିଷ୍ୟ (ନବ ଫ୍ରଏଡ଼ୀୟ) ଆଡ଼ଲର୍ ଓ ୟୁଙ୍ଗ୍ ଏହି ଚିନ୍ତାରେ କେତେକ ପରିବର୍ତ୍ତନ ଆଣିଲେ। ଆଡ଼ଲର୍ ଜୀବନ ବିକାଶ ପରିପ୍ରେକ୍ଷୀରେ କେବଳ ଶିଶୁର ପ୍ରଥମ ପାଞ୍ଚ ବର୍ଷକୁ ସୀମାବଦ୍ଧ ନ କରି ପରବର୍ତ୍ତୀ ଘଟଣା ସବୁର ପ୍ରଭାବ ବିଚାର କଲେ। ଏହା ସହିତ ପିତାମାତାଙ୍କ ବ୍ୟତୀତ ଅନ୍ୟ ଲୋକମାନଙ୍କର କ୍ରିୟା ପ୍ରତିକ୍ରିୟାର ଭୂମିକା ମଧ୍ୟ ସ୍ୱୀକାର କଲେ। ଫ୍ରଏଡ୍‌ଙ୍କ ଅନ୍ୟତମ ଶିଷ୍ୟ ୟୁଙ୍ଗ୍ ଜୀବନ-ବିକାଶରେ ଗୋଷ୍ଠୀ ଓ ସାଂସ୍କୃତିକ ପୃଷ୍ଠଭୂମିର ପ୍ରାଧାନ୍ୟ ପ୍ରଖ୍ୟାପନ କଲେ। ଫ୍ରଏଡ୍‌ଙ୍କ କନ୍ୟା ଆନା ଫ୍ରଏଡ୍ ପିତାଙ୍କର ମୂଳ ତତ୍ତ୍ୱକୁ ସ୍ୱୀକାର କଲେ ମଧ୍ୟ ପାଞ୍ଚ ବର୍ଷ ବୟସୋତ୍ତର ପ୍ରଭାବ ଓ ଅନ୍ୟ ସାମାଜିକ ପ୍ରଭାବର ଗୁରୁତ୍ୱକୁ ପ୍ରାଧାନ୍ୟ ଦେଲେ ।

ଫ୍ରଏଡ୍-ପରବର୍ତ୍ତୀ ଯୁଗରେ ଯେଉଁ ମନୋବିଜ୍ଞାନୀ ଜୀବନ-ବିକାଶ ସମ୍ପର୍କରେ ଚର୍ଚ୍ଚା କରିଥିଲେ ସମଷ୍ଟିଗତ ଭାବରେ ସେମାନଙ୍କୁ "ସାଂସ୍କୃତିକ ପ୍ରାଧାନ୍ୟର ଗୋଷ୍ଠୀ" ବୋଲି କୁହାଯାଇପାରେ। ଏହାର ଏକ ବିଶେଷ କାରଣ ଅଛି। ଫ୍ରଏଡ୍ ବିକାଶ ପରିପ୍ରେକ୍ଷୀରେ ଶରୀର-ଭିତ୍ତିକ ଉପାଦାନ ଓ ପରିବେଷ୍ଟନୀର କ୍ରିୟା-ଅନୁକ୍ରିୟା ମୁଖ୍ୟତଃ ଦାୟୀ ବୋଲି କହୁଥିଲେ ମଧ୍ୟ ପାରିପାର୍ଶ୍ୱିକ ଅବସ୍ଥାର ଭୂମିକାକୁ ସେପରି ପ୍ରାଧାନ୍ୟ ଦେଲାପରି ମନେହୁଏ ନାହିଁ। ପରବର୍ତ୍ତୀ ପର୍ଯ୍ୟାୟରେ ମନୋବିଜ୍ଞାନୀମାନେ ସମାଜ ଓ ସଂସ୍କୃତିର ବହୁ ଉପାଦାନ ପ୍ରତି ଦୃଷ୍ଟି ଆକର୍ଷଣ କଲେ। ଏମାନଙ୍କ ମଧ୍ୟରେ ର୍ୟାଙ୍କ୍, ହର୍ଣ୍ଣି, ସଲିଭାନ୍ ଫ୍ରୋମ୍ ଏବଂ ଏରିକ୍‌ସନ୍ ଅନ୍ୟତମ। ପୃଥକ୍ ପୃଥକ୍ ଭାବଧାରା ଏମାନଙ୍କ ତଥ୍ୟରେ ସ୍ଥାନ ପାଇଥିଲେ ମଧ୍ୟ ସମାଜ ଓ ସଂସ୍କୃତିର ଉପାଦାନ ଜୀବନ ବିକାଶକୁ ନିୟନ୍ତ୍ରଣ କରେ ବୋଲି ଏମାନେ ପ୍ରଖ୍ୟାପନ କରିଥିଲେ। ଏରିକ୍‌ସନ୍‌ଙ୍କ ଦ୍ୱନ୍ଦ୍ୱ ମଡ଼େଲ୍‌ଟି ଖୁବ୍ ଆକର୍ଷଣୀୟ । ଏରିକ୍‌ସନ୍ ତାଙ୍କ ତଥ୍ୟକୁ ମନସ୍ତାତ୍ତ୍ୱିକ-ସାମାଜିକ ତଥ୍ୟ ଆଖ୍ୟା ଦେଇଥିଲେ । ଜୀବନର ପ୍ରତିଟି ସୋପାନରେ ଏକ ନିର୍ଦ୍ଦିଷ୍ଟ ଧରଣର ଦ୍ୱନ୍ଦ୍ୱ ବିକାଶକୁ ପ୍ରତିହତ କରେ ଏବଂ ଏହାର ସମାଧାନ ବିକାଶକୁ ତ୍ୱରାନ୍ୱିତ କରେ ବୋଲି ମତବ୍ୟକ୍ତ

କରିଥିଲେ। ନିମ୍ନରେ ପ୍ରଦତ୍ତ ସୋପାନ-ଭିତ୍ତିକ ବିକାଶ ଏହି ଦ୍ୱନ୍ଦ୍ୱ ମଡ଼େଲ୍‌ର ସୂଚନା ଦେଇଥିଲେ।

ଏରିକ୍‌ସନୀୟ ଆଠ ସୋପାନ ବିଶିଷ୍ଟ ବିକାଶ

	ସୋପାନ	ବୟସ	ଦ୍ୱନ୍ଦ୍ୱ
୧.	ଶୈଶବ	ପ୍ରଥମ ବର୍ଷ	ବିଶ୍ୱାସ-ଅବିଶ୍ୱାସର ଦ୍ୱନ୍ଦ୍ୱ
୨.	ଆଦ୍ୟ ବାଲ୍ୟ	୨/୩ ବର୍ଷ ବୟସ	ସ୍ୱାଧୀନ ମନୋଭାବ-ବାହ୍ୟ କର୍ତ୍ତୃତ୍ୱ
୩.	ପ୍ରାକ୍-ବିଦ୍ୟାଳୟ	୪/୫ ବର୍ଷ ବୟସ	ଉଦ୍ୟମଶୀଳତା ବନାମ ଆତ୍ମଗ୍ଲାନି
୪.	ବିଦ୍ୟାଳୟ	୬ରୁ ୧୨ ବର୍ଷ	ପରିଶ୍ରମଶୀଳତା ବନାମ ହୀନମନ୍ୟତା
୫.	କିଶୋରକାଳ	୧୩ରୁ ୧୮ ବର୍ଷ	ଆତ୍ମପରିଚିତିର ଦ୍ୱନ୍ଦ୍ୱ
୬.	ଆଦ୍ୟ ଯୌବନ	୧୯ରୁ ୩୦/୪୦	ଏକାକୀତ୍ୱ-ଅନ୍ତରଙ୍ଗତା
୭.	ଯୌବନ	୪୧ରୁ ୬୦ ବର୍ଷ	ନିଜର ବିକାଶ ବନାମ ଉତ୍ତର-ପୁରୁଷ
୮.	ଉତ୍ତର ଯୌବନ	୬୧ରୁ ଊର୍ଦ୍ଧ୍ୱ	ସଂହତି ବନାମ ସଂହତିହୀନତା

ଏରିକ୍ ଏରିକ୍‌ସନ୍‌ଙ୍କ ଶକ୍ତିଶାଳୀ ସୋପାନ-ଭିତ୍ତିକ ଜୀବନ-ବିକାଶ ତତ୍ତ୍ୱ ସହିତ ଅନ୍ୟ କେତେକ ମନୋବିଜ୍ଞାନୀଙ୍କ ଗବେଷଣାରେ ସମଧର୍ମୀ ସକାରାତ୍ମକ ମଡ଼େଲ ସ୍ପଷ୍ଟ ହୋଇ ଉଠିଲା । ଆଲ୍‌ପୋର୍ଟ (୧୯୬୧) ପରିପକ୍ୱତାର ଅର୍ଥକୁ ମନସ୍ତାତ୍ତ୍ୱିକ ଦୃଷ୍ଟିକୋଣରୁ ବିଚାର କଲେ । ବୁହଲର୍ (୧୮୩୫) ପରିପୂର୍ଣ୍ଣ ଜୀବନ ପାଇଁ ମନୁଷ୍ୟର ଉଦ୍ୟମଶୀଳତା କଥା କହିଲେ। କାର୍ଲ୍ ରୋଜର୍ସ ଏକ ସକ୍ରିୟ ଜୀବନର ମନସ୍ତାତ୍ତ୍ୱିକ ଚିତ୍ର ଦେବାର ପ୍ରୟାସ କଲେ।

ପରିପୂର୍ଣ୍ଣ ଜୀବନର ବିଭିନ୍ନ ଦିଗ ଏହି ବହୁସଂଖ୍ୟକ ସକାରାତ୍ମକ ପ୍ରଭାବ-ପରିଭାଷା ମାଧ୍ୟମରେ ସ୍ପଷ୍ଟ ହୋଇ ଉଠିଲା । ସୌଭାଗ୍ୟବଶତଃ ଏପରି ବିକାଶ ସହିତ ଆଉ ଗୋଟିଏ ବିରୋଧାଭାସ ସୁଖ ଓ ସ୍ୱାସ୍ଥ୍ୟର ଗବେଷଣାକୁ ଅଧିକ ଅନ୍ତର୍ଦୃଷ୍ଟି ପ୍ରଦାନ କଲା । ସୁଖ ଓ ସ୍ୱାସ୍ଥ୍ୟ ସମ୍ପର୍କରେ ମନୋବିଜ୍ଞାନୀଙ୍କ ସହିତ କବି, ଦାର୍ଶନିକ ଓ ଭାବୁକମାନେ ଏହି ମାନସ-ମନ୍ଥନରେ ଯୋଗଦେଲେ । ଗୋଟିଏ ମୌଳିକ ପ୍ରଶ୍ନ ସେମାନଙ୍କ ଅବଦାନକୁ ଅର୍ଥପୂର୍ଣ୍ଣ ରୂପରେଖ ଦେଲା । ପ୍ରଶ୍ନଟି ହେଉଛି ସକାରାତ୍ମକ ପ୍ରଭାବକୁ ବାଦ୍ ଦେଲେ ଜୀବନର ଦୁର୍ଦ୍ଦିନ, ଦୁଃସ୍ଥିତି ଏବଂ ନକାରାତ୍ମକ ଅନୁଭବ ସୁଖଶାନ୍ତିର ଅନ୍ୱେଷଣକୁ ତ୍ୱରାନ୍ୱିତ କରେ ନାହିଁ କି ? ବିପଦ ଓ ସଂକଟର ଅନ୍ୱେଷଣ ମଧ୍ୟରେ ମନୁଷ୍ୟ ଅର୍ଥପୂର୍ଣ୍ଣ ଜୀବନର ଆଲୋକ ଦେଖେ ନାହିଁ କି ?

ବିଶିଷ୍ଟ ଲେଖକ ଓ ଦାର୍ଶନିକ ବର୍ଟ୍ରାଣ୍ଡ୍ ରସେଲ୍‌ଙ୍କ ମତରେ ସୁଖାନୁଭୂତି କିମ୍ବା ସୁସ୍ଥତା ଏକ ପାଚିଲା ଫଳ ନୁହେଁ ଯେ ଆପେ ଆପେ ଏହା ଖସି ଆସି ପାଟିରେ ପଡ଼ିଯିବ । ଏହାକୁ ଲାଭ କରିବା ପାଇଁ ଗଭୀର ଓ କଠିନ ପରିଶ୍ରମ ଆବଶ୍ୟକ । ଊନବିଂଶ ଶତାବ୍ଦୀର କବି ଏମିଲି ଡିକିନ୍‌ସନ୍ ଏହାକୁ 'ଆନନ୍ଦଦାୟକ ସମସ୍ୟା' (Pleasurable Difficulty) ବୋଲି ବର୍ଣ୍ଣନା କରିଛନ୍ତି । ସୁତରାଂ ମନୁଷ୍ୟ ଯେଉଁ ପ୍ରାପ୍ତିରେ ସୁଖ ଓ ଆନନ୍ଦ ଅନୁଭବ କରିବ, ସେପରି ପ୍ରାପ୍ତି ପାଇଁ ପ୍ରୟାସ ଅନେକ ସମୟରେ ପରିଶ୍ରମ-ସାପେକ୍ଷ, ସଂଘର୍ଷପୂର୍ଣ୍ଣ ଓ ସମୟ-ସାପେକ୍ଷ ହୋଇଥାଏ ।

ଜୀବନରେ ଆହ୍ୱାନମୂଳକ (Challenging) ଅବସ୍ଥା କିପରି ଉନ୍ନତ ଜୀବନ ବିକାଶର ମାର୍ଗ ଉନ୍ମୋଚନ କରେ, ସେ ଦିଗରେ ମନୋବିଜ୍ଞାନର ଅନ୍ୟତମ ସୂତ୍ରଧର ଉଇଲିୟମ୍ ଜେମସ୍‌ଙ୍କ ଅବଦାନ ଅନନ୍ୟ । ଜେମସ୍ ତାଙ୍କର ବହୁ-ଆଲୋଚିତ ପୁସ୍ତକରେ The Varieties of Religious Experience (1902/1958) ସୁସ୍ଥ-ମନସ୍କତା (Healthy-Mindedness) ପରିଭାଷାର ପ୍ରୟୋଗ କରିଛନ୍ତି । ଜେମସ୍ ଲକ୍ଷ୍ୟ କରିଥିଲେ ଯେ ସବୁ

ୱିଲିୟମ୍ ଜେମସ୍

ଦେଶରେ ଏବଂ ଜୀବନର ପ୍ରତିଟି ବୟସ-ସୋପାନରେ ଏପରି ଲୋକ ରହିଛନ୍ତି ଯେଉଁମାନେ ବୃହତ୍ତର ଗୋଷ୍ଠୀର ମଙ୍ଗଳ ପାଇଁ ନିଜ ଜୀବନର ଦୁଃଖକଷ୍ଟ ଆମନ୍ତ୍ରଣ କରନ୍ତି । ଅବଶ୍ୟ ପରିଶେଷରେ ଏମାନଙ୍କ ଜୀବନ ମଧ୍ୟ ସୁଖଦୀପ୍ତ ହୁଏ। ମନୁଷ୍ୟର ସଂଗ୍ରାମ ମଧ୍ୟରେ ତା'ର ଶକ୍ତି ସାମର୍ଥ୍ୟ ଓ ସୁଖାନୁଭୂତି ପ୍ରାପ୍ତ ହୁଏ।

ଛ' ଉପାଦାନ ବିଶିଷ୍ଟ ମଡ଼େଲ :

ସକାରାତ୍ମକ ଓ ନକାରାତ୍ମକ ଅନୁଭବର ଏହି ଦୁଇ ସ୍ରୋତ ମନୁଷ୍ୟର ସୁଖ ଓ ସ୍ୱାସ୍ଥ୍ୟ ରୂପ ନିଏ। ଆଲୋଚିତ ଧାରଣାସମୂହକୁ ଭିତ୍ତି କରି ବୈଭବ ମନୋବିଜ୍ଞାନୀ କ୍ୟାରୋଲ ରିଫ୍ ମନସ୍ତାତ୍ତ୍ୱିକ ସୁସ୍ଥତାର (Psychologial Well-Being ବା PWB) ଏକ ବହୁଦିଗ ବିଶିଷ୍ଟ ମଡ଼େଲ ଉପସ୍ଥାପନ କଲେ। ଏହି ମଡ଼େଲ୍‌ରେ ଛ'ଟି ଉପାଦାନ ସ୍ଥାନିତ ହୋଇଥିଲା (ରିଫ୍ ୧୯୮୯)। ପରବର୍ତ୍ତୀ ଗବେଷଣାସବୁରେ ଏହି ମନସ୍ତାତ୍ତ୍ୱିକ ସୁସ୍ଥତା କିପରି ଲୋମାନଙ୍କର ବୟସ, ଲିଙ୍ଗ, ସାମାଜିକ-ଆର୍ଥିକ ଅବସ୍ଥା ଦ୍ୱାରା ପ୍ରଭାବିତ ହୁଏ, ତାହାର ଗବେଷଣା କରାଗଲା। ସେହିପରି ଜୀବନର ଅନ୍ୟସବୁ ଅନୁଭବ କିପରି ପ୍ରଭାବ ପକାଏ, ତାହାର ମଧ୍ୟ ଗବେଷଣା କରାଗଲା।

ଏହି ଛ'ଟି ଉପାଦାନକୁ ନେଇ ରିଫ୍‌ଙ୍କ ମନସ୍ତାତ୍ତ୍ୱିକ ସୁସ୍ଥତା ପରିମାପକ ଗଠିତ, ଏହାର ବିଶ୍ୱସନୀୟତା ଓ ବୈଧତା ବହୁ ଗବେଷଣାରେ ପ୍ରମାଣିତ ହୋଇଛି। ଏହି ପରିମାପକରେ ଦୁଇଟି ମନସ୍ତାତ୍ତ୍ୱିକ ସବଳତା (ସ୍ୱାଧୀନ ମନୋଭାବ, ପରିବେଶରେ ନିୟନ୍ତ୍ରଣଶୀଳତା), ଦୁଇଟି ପରିବର୍ତ୍ତନ-ଧର୍ମୀ ଉପାଦାନ (ଜୀବନରେ ମହତ ଉଦ୍ଦେଶ୍ୟ, ବ୍ୟକ୍ତିଗତ ବିକାଶ) ଏବଂ ଦୁଇଟି ଅନ୍ୟ ଉପାଦାନ (ସମ୍ପର୍କଶୀଳତା ଓ ଆତ୍ମସ୍ୱୀକୃତି) ସ୍ଥାନିତ।

ଚିତ୍ରରେ ମନସ୍ତାତ୍ତ୍ୱିକ ସୁସ୍ଥତାର ଛ'ଟି ଉପାଦାନର ନାମ ଦିଆଯାଇଛି ଏବଂ ପରେ ପରେ ସଂକ୍ଷିପ୍ତ ସୂଚନା ଦିଆଯାଇଛି।

ସ୍ୱାଧୀନ ମନୋଭାବ : ନିଜର ବ୍ୟକ୍ତିଗତ ବିଶ୍ୱାସ ଓ ମୂଲ୍ୟବୋଧର ଅନୁଗତ ହୋଇ କାର୍ଯ୍ୟକରିବା ସୁସ୍ଥତାର ଏକ ବିଶିଷ୍ଟ ଉପାଦାନ। ପ୍ରଚଳିତ ଗତାନୁଗତିକତାର ଦାସତ୍ୱ ସ୍ୱୀକାର ନ କରି ଜୀବନ ଯାପନ କରିବାରେ ଏହା ପ୍ରତିଫଳିତ ହୁଏ। ଆବଶ୍ୟକ ହେଲେ ବ୍ୟକ୍ତି ଏକାକୀ ନିଜସ୍ୱ ପନ୍ଥା ଅବଲମ୍ବନ କରିଥାଏ। ସ୍ୱାଧୀନ ମନୋଭାବ ନେଇ କାର୍ଯ୍ୟ କରିବା କ୍ଷେତ୍ରରେ ମାନସିକ ଦୃଢ଼ତା ଓ ସାହସର ପ୍ରୟୋଜନ ହୁଏ। କାର୍ଯ୍ୟରେ ନିଜର ପ୍ରତ୍ୟକ୍ଷ, ମନୋବୃତ୍ତି ଓ ଆଦର୍ଶକୁ ତୋଳି ଧରିବାର ପ୍ରବଣତା ଏଥିରେ ପ୍ରତିବିମ୍ବିତ ।

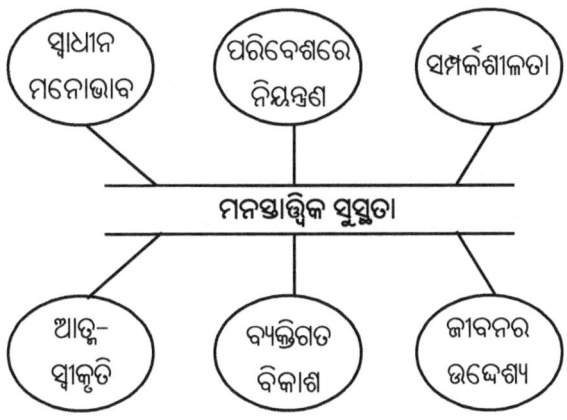

ପରିବେଶରେ ନିୟନ୍ତ୍ରଣ ବିଶ୍ୱାସ : ମନସ୍ତାତ୍ତ୍ୱିକ ସୁସ୍ଥତାର ଅଧିକାରୀ ହୋଇଥିବା ବ୍ୟକ୍ତି ନିଜକୁ ଅସହାୟ ମନେ କରନ୍ତି ନାହିଁ। ସେ ଇଚ୍ଛାକଲେ ପରିବେଶରେ କିଛି ପରିବର୍ତ୍ତନ ଆଣି ପାରିବେ, ଏପରି ବିଶ୍ୱାସ ବଳବତୀ ଥାଏ। ନିଜର ପରିବାର, କର୍ମସଂସ୍ଥା ନିକଟସ୍ଥ ସାମାଜିକ ପରିବେଶ ଏବଂ ଗୋଷ୍ଠୀଗତ ଜୀବନରେ ପରିବର୍ତ୍ତନ ଆଣିବାର ସାମର୍ଥ୍ୟ ରହିଛି ବୋଲି ବିଶ୍ୱାସ ଥାଏ। କେବଳ ବିଶ୍ୱାସ ନୁହେଁ, ଆବଶ୍ୟକ ସ୍ଥଳେ ନିଜର ଶକ୍ତିସାମର୍ଥ୍ୟ ଓ ପ୍ରୟାସର ବିନିଯୋଗ କରୁଥିବାରୁ ଏପରି ବିଶ୍ୱାସ କ୍ରମଶଃ ଦୃଢ଼ତର ହୁଏ। ଭାଗ୍ୟ କିମ୍ବା ବାହ୍ୟିକ ଅବସ୍ଥାର ପ୍ରଭାବରେ ଏମାନେ କ୍ରୀଡ଼ନକ ନୁହଁନ୍ତି ବୋଲି ଗଭୀର ବିଶ୍ୱାସ ଥାଏ। ବିଭିନ୍ନ ପରିବେଶରେ (ଗୃହ, ପରିବାର, ଅନୁଷ୍ଠାନ, କର୍ମକ୍ଷେତ୍ର ନିକଟସ୍ଥ ପରିବେଶ) ଗଠନାତ୍ମକ କାର୍ଯ୍ୟକ୍ରମରେ ଅଂଶଗ୍ରହଣ ପାଇଁ ଆଗଭର ହୁଅନ୍ତି।

ସମ୍ପର୍କଶୀଳତା : ସମ୍ପର୍କଶୀଳତା ଓ ସାମାଜିକ ସଦ୍‌ଭାବ ଏମାନଙ୍କ ବ୍ୟକ୍ତିତ୍ୱର ଏକ ମୁଖ୍ୟ ବୈଶିଷ୍ଟ୍ୟ। ଅନ୍ୟମାନଙ୍କ ସହିତ ସହଜରେ ସମନ୍ୱୟ ରକ୍ଷା କରନ୍ତି, ସାମାଜିକ ସ୍ତରରେ ପ୍ରୀତିପ୍ରଦ ଆଦାନପ୍ରଦାନ ଜାରି ରଖନ୍ତି। କୌଣସି କାରଣରୁ ବିବାଦ ଉପୁଜିଲେ ସହଜରେ ସମାଧାନ ହୁଏ। ଅନ୍ୟ ସହିତ ଅନ୍ତରଙ୍ଗତା ସହଜରେ ବୃଦ୍ଧି ପାଏ। ପରିବାରରେ ଗଭୀର ସ୍ନେହ ଶ୍ରଦ୍ଧାର ସମ୍ପର୍କ, ରୋମାଣ୍ଟିକ୍ ସମ୍ପର୍କରେ ଅନ୍ତରଙ୍ଗତା ଏବଂ ସାମାଜିକ ବନ୍ଧନରେ ସ୍ୱାର୍ଥହୀନତା ଏମାନଙ୍କ ବ୍ୟକ୍ତିତ୍ୱରେ ସ୍ପଷ୍ଟ। ସମ୍ମିଳିତ ଭାବରେ ସହଯୋଗ ଆବଶ୍ୟକ କରୁଥିବା ପ୍ରକଳ୍ପରେ ଏମାନଙ୍କର ଉତ୍ସାହପୂର୍ଣ୍ଣ ଯୋଗଦାନ ବେଶ୍ ଫଳପ୍ରଦ ହୁଏ। ସାମାଜିକ ସମ୍ବଳର ଏମାନେ ପ୍ରସାରିତ ଭଣ୍ଡାର।

ଜୀବନରେ ମହତ୍ତର ଉଦ୍ଦେଶ୍ୟ : ଏମାନଙ୍କ ଜୀବନରେ ଲକ୍ଷ୍ୟ ବା ଉଦ୍ଦେଶ୍ୟ ସବୁ ମହତ୍ତ୍ୱପୂର୍ଣ୍ଣ। ସଦାସର୍ବଦା ନିଜର ବ୍ୟକ୍ତିଗତ ସ୍ୱାର୍ଥ ଏବଂ ଛୋଟ ଛୋଟ ଉଦ୍ଦେଶ୍ୟ ନେଇ କାମ କରିବା ପରିବର୍ତ୍ତେ ବୃହତ୍ତର ଗୋଷ୍ଠୀ ଓ ମହତ୍ତର ଲକ୍ଷ୍ୟ ପାଇଁ କାମ କରନ୍ତି । ଅନ୍ତର୍ଦୃଷ୍ଟି, ଦୂରଦୃଷ୍ଟି ଓ ଗୋଷ୍ଠୀଗତ ଜୀବନର ସଫଳତା ଏମାନଙ୍କୁ ବିଶେଷ ଅଭିପ୍ରେରିତ କରେ।

ବ୍ୟକ୍ତିଗତ ବିକାଶ : ବ୍ୟକ୍ତିଗତ ବିକାଶର ଅର୍ଥ ହେଉଛି ଶାରୀରିକ, ମାନସିକ, ସାମାଜିକ ଓ ଆଧ୍ୟାତ୍ମିକ ଶକ୍ତିର ସୁସମଞ୍ଜସ ବିକାଶ। ସୁସ୍ଥତାର ଅଧିକାରୀ ହୋଇଥିବା ବ୍ୟକ୍ତି ଜୀବନର ଏ ଚାରୋଟି ଦିଗରେ ସମନ୍ୱୟ ରକ୍ଷାକରେ। ଶାରୀରିକ ବିକାଶ ପାଇଁ ଶିକ୍ଷା, ପ୍ରଶିକ୍ଷଣ ଓ ଅନ୍ୱେଷଣ ମଧ୍ୟ ପ୍ରୟୋଜନ। ଏ କ୍ଷେତ୍ରରେ ଆବେଗିକ (Emotional) ବିକାଶ ମଧ୍ୟ ଏକ ଗୁରୁତ୍ୱପୂର୍ଣ୍ଣ ଉପାଦାନ। ଏତଦ୍‌ବ୍ୟତୀତ ଆଧ୍ୟାତ୍ମିକ ବିକାଶ ବ୍ୟକ୍ତି ବିକାଶକୁ ଅଧିକ ଉପଯୋଗୀ କରେ।

ଆତ୍ମ ସ୍ୱୀକୃତି : ବ୍ୟକ୍ତିର ନିଜ ପ୍ରତି ସମ୍ମାନ ଓ ମର୍ଯ୍ୟାଦାବୋଧ ଏକ ପ୍ରୟୋଜନୀୟ ଉପାଦାନ। ଅନ୍ୟକୁ ସ୍ନେହଶ୍ରଦ୍ଧା ପ୍ରକଟ କରିବା ପୂର୍ବରୁ ନିଜ ପ୍ରତି ଗ୍ରହଣଶୀଳତା ପ୍ରଦର୍ଶନ କରିବାକୁ ହେବ। ନିଜକୁ ହେୟ ଓ ଘୃଣ୍ୟ ମନେକରୁଥିବା ବ୍ୟକ୍ତି ମାନସିକ ସୁସ୍ଥତା ହାସଲ କରିପାରିବ ନାହିଁ। ନିଜର ସବଳତା ଦୁର୍ବଳତାକୁ ବୁଝିବା ଏବଂ ତଦନୁସାରେ ନିଜକୁ ପରିଚାଳିତ କରିବା ମାନସିକ ସ୍ୱାସ୍ଥ୍ୟର ଏକ ବିଶେଷ ଦିଗ। ସବଳତାର ଉପଯୋଗ ଯେପରି ଆବଶ୍ୟକ, ଦୁର୍ବଳତାକୁ ସ୍ୱୀକାର କରି ତାକୁ ସଂଶୋଧନ କରିବା ମଧ୍ୟ ସେପରି ପ୍ରୟୋଜନ। ନିଜକୁ ସ୍ୱୀକାର କରିବା ସଙ୍ଗେ ସଙ୍ଗେ ଅନ୍ୟ ପ୍ରତି ସଂପ୍ରୀତି, କରୁଣା ଓ ସମ୍ବେଦନଶୀଳତା ପ୍ରକଟ କରିବା ମାନସିକ ସୁସ୍ଥତାର ଏକ ବିଶେଷ ବୈଶିଷ୍ଟ୍ୟ।

ସ୍ଥୁଳତଃ ମନସ୍ତାତ୍ତ୍ୱିକ ସୁସ୍ଥତାର ଛ'ଟି ଉପାଦାନର ପ୍ରୟୋଗାତ୍ମକ ଦିଗ ଖୁବ୍ ସ୍ପଷ୍ଟ । ଏହି ମଡ଼େଲ୍‌ଟି ପୂର୍ବ ଆଲୋଚିତ ସୁଖାନୁଭୂତିର (Happiness) ପରିକଳ୍ପନାଠାରୁ ପୂରାପୂରି ସ୍ୱତନ୍ତ୍ର । ସୁଖାନୁଭୂତିର ପରିକଳ୍ପନାରେ ଭାବଗତ ଅନୁକୂଳତା ବା ସକାରାତ୍ମକ ଆବେଗର ଅନୁଭବ ଉପରେ ଗୁରୁତ୍ୱ ଦିଆଯାଏ। ମାତ୍ର ମନସ୍ତାତ୍ତ୍ୱିକ ସୁସ୍ଥତା (Psychological Well-Being) ପରିପ୍ରେକ୍ଷୀରେ ସ୍ୱୀକାର କରାଯାଏ ଯେ ରୋଗ, ଅସୁସ୍ଥତା, ଦୁର୍ଦ୍ଦିନ ସହିତ ସଂଗ୍ରାମ କରିବାର ପ୍ରକ୍ରିୟା ମଧ୍ୟରେ ହିଁ ସକାରାତ୍ମକ ଅନୁଭବ ଆସିଥାଏ। ଏ ଦୃଷ୍ଟିରୁ ନକାରାତ୍ମକ ଅନୁଭବର ଅନୁପସ୍ଥିତିକୁ ମନସ୍ତାତ୍ତ୍ୱିକ ସୁସ୍ଥତା କହିବା ଯୁକ୍ତିଯୁକ୍ତ ନୁହେଁ। ମଣିଷ ଦୁର୍ଦ୍ଦିନ ସହିତ କିପରି ସଂଗ୍ରାମ କରୁଛି, ଖରାପ ଅନୁଭୂତିକୁ କିପରି ଭଲ ଅନୁଭୂତିରେ ରୂପାନ୍ତର କରୁଛି ଏବଂ ଯନ୍ତ୍ରଣା ମଧ୍ୟରେ ଜୀବନର ଅର୍ଥପୂର୍ଣ୍ଣତାର ଅନ୍ୱେଷଣ କରୁଛି, ତାହା ସୁସ୍ଥତାର ପ୍ରକ୍ରିୟାକୁ ରୂପ ଦିଏ ।

ଏହି ସଂଜ୍ଞାକୁ ମନସ୍ତାତ୍ତ୍ୱିକ ସୁସ୍ଥତାର ପରିକଳ୍ପନା ମଧ୍ୟରେ ରଖି ଅନେକ ବୈଭବ ମନୋବିଜ୍ଞାନୀ ପରାମର୍ଶ ଦିଅନ୍ତି ଯେ ଅଭିଜ୍ଞ ବ୍ୟକ୍ତି ଓ ପିତାମାତା ସେମାନଙ୍କ ସନ୍ତାନସନ୍ତତିମାନଙ୍କୁ ଦୁଃଖଯନ୍ତ୍ରଣାରୁ ପଳାୟନ କରି କେବଳ ନିରାପତ୍ତା-ଭିତ୍ତିକ ଜୀବନଶୈଳୀ ଶିକ୍ଷାଦେବା ଅନୁଚିତ। ବରଂ ପିଲାମାନେ କିପରି ଭୟର ମୁକାବିଲା କରିପାରିବେ, ଦ୍ୱନ୍ଦ୍ୱର ସମାଧାନ କରିପାରିବେ ଏବଂ ଜୀବନର ଆହ୍ୱାନମୂଳକ ଅବସ୍ଥା ସହିତ ସମନ୍ୱୟ ରକ୍ଷାକରିପାରିବେ, ଏପରି ତାଲିମ ସୁସ୍ଥତାର ସହାୟକ ହେବ।

ଅବଶ୍ୟ ମନସ୍ତାତ୍ତ୍ୱିକ ସୁସ୍ଥତା ମଡ଼େଲ୍‌ର ବିଜ୍ଞାନଭିତ୍ତିକ ସ୍ୱୀକୃତି ପାଇଁ ଭବିଷ୍ୟତରେ ଆଉ କିଛି ସିଦ୍ଧାନ୍ତମୂଳକ ଗବେଷଣା ଆବଶ୍ୟକ। ବର୍ତ୍ତମାନ ମସ୍ତିଷ୍କ ବିଜ୍ଞାନରେ ଅଭୂତପୂର୍ବ ପ୍ରଗତି ଘଟିଛି। ବିଶେଷତଃ ପ୍ରଖ୍ୟାତ ମନୋବିଜ୍ଞାନୀ ଓ ସ୍ନାୟୁବିଜ୍ଞାନୀ ରିଚାର୍ଡ଼୍ ଡାଭିଡ଼୍‌ସନ୍‌ଙ୍କ ପରୀକ୍ଷା ନିରୀକ୍ଷା ସକାରାତ୍ମକ ଓ ନକାରାତ୍ମକ ଅନୁଭବ ସମୟରେ ଅଗ୍ରମସ୍ତିଷ୍କର କାର୍ଯ୍ୟକଳାପକୁ ସ୍ପଷ୍ଟ କରିଛି। ସକାରାତ୍ମକ ଭାବନା ସମୟରେ ବାମପଟ ଅଗ୍ରମସ୍ତିଷ୍କର ସକ୍ରିୟତା ଓ ନକାରାତ୍ମକ ଭାବନା ସମୟରେ ଦକ୍ଷିଣ ଅଗ୍ରମସ୍ତିଷ୍କର ସକ୍ରିୟତା ଲକ୍ଷ୍ୟ କରାଯାଇଛି।

$$\text{ଏ ଦୃଷ୍ଟିରୁ ସୁସ୍ଥତା} = \frac{\text{ବାମ ଅଗ୍ରମସ୍ତିଷ୍କର ସକ୍ରିୟତା}}{\text{ଦକ୍ଷିଣ ଅଗ୍ରମସ୍ତିଷ୍କର ସକ୍ରିୟତା}}$$

ଆଗାମୀ ଦିନରେ ପ୍ରଚଳିତ ମନୋବୈଜ୍ଞାନିକ ଅନୁସନ୍ଧାନ ସହିତ ସ୍ନାୟୁଭିତ୍ତିକ ଅନୁଧ୍ୟାନର ସଂଯୋଗ ନୂତନ ଦିଗନ୍ତର ସନ୍ଧାନ ଦେଇପାରେ।

ତିନି ଉପାଦାନ ବିଶିଷ୍ଟ ଡାଏନର୍ ମଡ଼େଲ :

ସାମ୍ପ୍ରତିକ ପରିପ୍ରେକ୍ଷୀରେ ରିଫ୍‌ଙ୍କ ଛ-ଉପାଦାନ ବିଶିଷ୍ଟ ମଡ଼େଲକୁ ଅଗ୍ରାଧିକାର ଦିଆଯାଉଥିଲେ ମଧ୍ୟ ଅନ୍ୟ ସବୁ ତତ୍ତ୍ୱ-ଭିତ୍ତିକ ପରିକଳ୍ପନା କିମ୍ବା ମଡ଼େଲ୍ ଯେ ଭିତ୍ତିହୀନ ସେ କଥା କୁହାଯିବ ନାହିଁ। ବୈଭବ ମନୋବିଜ୍ଞାନ ବିକାଶର ଆଦ୍ୟ କାଳରେ ଡାଏନରଙ୍କ ତିନି-ଉପାଦାନ ବିଶିଷ୍ଟ ମଡ଼େଲ୍ ଲୋକପ୍ରିୟତା ହାସଲ କରିଥିଲା। ସୁସ୍ଥତା ପରିମାପକରେ ଅନ୍ତର୍ଭୁକ୍ତ ଥିବା ତିନୋଟି ଉପାଦାନ ହେଉଛି ସକାରାତ୍ମକ ଆବେଗର ବହୁଳତା, ନକାରାତ୍ମକ ଆବେଗର ସ୍ୱଳ୍ପତା ଏବଂ ଜୀବନରେ ଅନୁଭୂତ ସାମଗ୍ରିକ ସନ୍ତୋଷ।

ବିଂଶଶତକର ଅଷ୍ଟମ ଦଶକରୁ ଆରମ୍ଭ କରି ଏଡ଼ୱାର୍ଡ଼୍ ଡାଏନର ଏବଂ ତାଙ୍କର ସହଯୋଗୀମାନେ ଏହି ମଡ଼େଲ୍‌କୁ ଆଧାର କରି ଏବଂ ବ୍ୟକ୍ତିଗତ ସୁସ୍ଥତା ପରିମାପକ

(Subjective Well-Being ବା SWB) ପ୍ରୟୋଗ କରି ପର୍ଯ୍ୟାପ୍ତ ପରିମାଣରେ ଗବେଷଣା କରିଥିଲେ। ସୁସ୍ଥତା ଓ ସୁଖାନୁଭୂତିର ଏକ ସରଳ ଓ ବ୍ୟବହାର ଉପଯୋଗୀ ମଡ଼େଲ୍ ହିସାବରେ ଏହା ବେଶ୍ ସଂପ୍ରସାରିତ ରୂପରେଖ ନେଇଥିଲା। ଏବେ ମଧ୍ୟ ବହୁ ଗବେଷକ ଏହି ମଡ଼େଲ୍‌କୁ ଭିତ୍ତି କରି ବହୁ ଗବେଷଣା ପ୍ରକଳ୍ପ କାର୍ଯ୍ୟକାରୀ କରୁଛନ୍ତି। ଏହି ମଡ଼େଲ୍‌ଟି ମୁଖ୍ୟତଃ ଆବେଗ ଓ ବିଶେଷ କରି ସକାରାତ୍ମକ ଆବେଗ ଉପରେ ପ୍ରାଧାନ୍ୟ ଦେଉଥିବାରୁ ଅଭିଜ୍ଞାନାତ୍ମକ (Coignitive) ଉପାଦାନ ଏଥିରେ ଉପେକ୍ଷିତ ହେଉଛି ବୋଲି ସମାଲୋଚକମାନେ ଯୁକ୍ତି କରନ୍ତି।

ସେଲିଗ୍‌ମ୍ୟାନ୍‌ଙ୍କ ପର୍ମା (Perma) ମଡ଼େଲ୍

ଏହା ସହଜରେ ଲକ୍ଷ୍ୟ କରାଯିବ ଯେ ରିଫ୍‌ଙ୍କ ଛ' ଉପାଦାନ ମଡ଼େଲ୍‌ରେ ଅର୍ଥପୂର୍ଣ୍ଣତା ଉପରେ ପ୍ରାଧାନ୍ୟ ଦିଆଯିବା ସ୍ଥଳେ ଡାଏନର୍‌ଙ୍କ ତିନି-ଉପାଦାନ ମଡ଼େଲ୍‌ରେ ସକାରାତ୍ମକ ଆବେଗକୁ ଗୁରୁତ୍ୱ ଦିଆଯାଇଛି। ଏ ଦୁଇଟି ମଧ୍ୟରେ ଏକ ସମନ୍ୱୟ ଆଣିବା ପାଇଁ ସେଲିଗ୍‌ମ୍ୟାନ୍ ଯେଉଁ ମଡ଼େଲ୍‌ର ପ୍ରଖ୍ୟାପନ କଲେ ତାହାକୁ 'ପର୍ମା' ମଡ଼େଲ (Perma) କୁହାଯାଏ। ଏହି ପରିଭାଷାର ପ୍ରତିଟି ଇଂରାଜୀ ଅକ୍ଷର ତାତ୍ପର୍ଯ୍ୟପୂର୍ଣ୍ଣ। ପର୍ମା (Perma) ମଡ଼େଲ୍‌ରେ 'P' ଅକ୍ଷରଟି Pleasure ବା ଆନନ୍ଦାନୁଭୂତିର ସୂଚକ ହେବା ସ୍ଥଳେ 'E' ଅକ୍ଷରଟି Engagement ବା 'ନିଯୁକ୍ତି'କୁ ବୁଝାଇଥାଏ। ସେହିପରି 'R' ଅକ୍ଷରଟି Relatedness ବା ସମ୍ପର୍କଶୀଳତା ସୂଚାଇବା ସ୍ଥଳେ 'M' ଅକ୍ଷରଟି (Meaningfulness) ଅର୍ଥପୂର୍ଣ୍ଣତାର ସୂଚକ। ଶେଷ ଅକ୍ଷର 'A' ଅକ୍ଷରଟି Accomplishment ବା ସଫଳତାର ସୂଚନା ଦିଏ।

ପ୍ରକୃତରେ ପର୍ମା ପରିଭାଷାଟି ସୁସ୍ଥତାର ସମନ୍ୱିତ ପରିପ୍ରକାଶ। ପ୍ରଥମ ଉପାଦାନ ଆନନ୍ଦାନୁଭୂତିକୁ ଗୁରୁତ୍ୱ ଦିଆଯିବା ମାଧ୍ୟମରେ ସକାରାତ୍ମକ ଆବେଗ ଅନୁଭବକୁ ପ୍ରାଧାନ୍ୟ ଦିଆଯାଇଛି। ଦ୍ୱିତୀୟ ଉପାଦାନଟି ମଧ୍ୟ ତାତ୍ପର୍ଯ୍ୟପୂର୍ଣ୍ଣ। ସୁଖୀ ଓ ସୁସ୍ଥ ଲୋକମାନେ କୌଣସି ନା କୌଣସି କର୍ମରେ ନିମଗ୍ନ ରୁହନ୍ତି। କର୍ମସଂସ୍ଥାର ଚାକିରୀ ନ କରି ମଧ୍ୟ ଲୋକେ

ସମାଜ ସେବାରେ ନିମଗ୍ନ ରହି ଆନନ୍ଦ ଆହରଣ କରିପାରନ୍ତି। କିଛି କାମ ନ କରି ଆଳସ୍ୟରେ ସମୟ କଟାଇବାର ଅର୍ଥ ହେଉଛି ଦୁଶ୍ଚିନ୍ତା ଓ ବିଷାଦ ମଧ୍ୟରେ ଜୀବନଯାପନ କରିବା। ତୃତୀୟ ଉପାଦାନର ମହତ୍ତ୍ୱ ସମସ୍ତେ ସ୍ୱୀକାର କରିବେ। ବନ୍ଧୁତ୍ୱ, ସଂପ୍ରୀତି ଓ ସାମାଜିକ ସଂସର୍ଗ ନିଶ୍ଚିତ ଭାବେ ସୁଖ ଓ ସ୍ୱାସ୍ଥ୍ୟର ଉତ୍ସ ହୋଇଥାଏ । ଚତୁର୍ଥ ଉପାଦାନ ଅର୍ଥପୂର୍ଣ୍ଣତାର କଥା ପୂର୍ବରୁ କୁହାଯାଇଛି। ରିଫ୍ ମଡ଼େଲ୍‌ର ଏହା ଏକ ବିଶେଷ ଅଂଶ। ପୁଣି ମନୋବିଜ୍ଞାନୀ ଓ ସ୍ନାୟୁବିଜ୍ଞାନୀ ଭିକ୍ଟର୍ ଫ୍ରାଙ୍କଲ୍‌ଙ୍କ ତତ୍ତ୍ୱ ଓ ବାର୍ତ୍ତାର ଏ ଏକ ସୁନ୍ଦର ନିର୍ଘୋଷଣ। ପରିଶେଷରେ କୁହାଯିବ ଯେ ଜୀବନର ଏକ ବା ଏକାଧିକ କ୍ଷେତ୍ରରେ ସଫଳତା ଓ କୃତିତ୍ୱ ମାନସିକ ସୁସ୍ଥତାକୁ ଋଦ୍ଧିମନ୍ତ କରେ।

ଡେସି ଓ ର୍‍ୟାନ୍‌ଙ୍କ ଆତ୍ମନିୟନ୍ତ୍ରଣ ମଡ଼େଲ୍ :

ବୈଭବ ମନୋବିଜ୍ଞାନର ପରିପ୍ରେକ୍ଷୀ ମଧ୍ୟରେ ଡେସି ଓ ର୍‍ୟାନ୍ ଯେଉଁ ଆତ୍ମ-ନିୟନ୍ତ୍ରଣକ ମଡ଼େଲ (Self-Determination) ପ୍ରଖ୍ୟାପନ କରିଥିଲେ, ତାହାର କେନ୍ଦ୍ରବିନ୍ଦୁ ହେଉଛି ନିଜସ୍ୱ ନିୟନ୍ତ୍ରଣର ପ୍ରାଧାନ୍ୟ। ଡେସି ଓ ର୍‍ୟାନ୍‌ଙ୍କ (୨୦୦୦) ମତରେ ମନୁଷ୍ୟର ଏକାଧିକ ଚାହିଦା ଥିଲେ ମଧ୍ୟ ତିନୋଟି ଚାହିଦା ଗୁରୁତ୍ୱପୂର୍ଣ୍ଣ। ଏ ତିନୋଟି ଚାହିଦାର ପରିପୂର୍ଣ୍ଣ ତା'ର ମାନସିକ ସୁସସ୍ଥତା ନିର୍ଦ୍ଧାରଣ କରେ। ଏ ତିନୋଟି ଚାହିଦା ହେଉଛି ସ୍ୱାଧୀନ ମନୋଭାବ (Autonomy), ଦକ୍ଷତା (Competence) ଏବଂ ସମ୍ପର୍କଶୀଳତା (Relatedness)। ଅବଶ୍ୟ ଏ ତିନୋଟି ଉପାଦାନ ରିଫ୍‌ଙ୍କ ଛ' ଉପାଦାନ ମଡ଼େଲ୍‌ରେ ସ୍ଥାନ ପାଇଛି। ତଥାପି ଡେସି ଓ ର୍‍ୟାନ୍ 'ଛ' ଉପାଦାନ ପରିସରକୁ ଅଧିକ ସଂକ୍ଷିପ୍ତ କରି ତିନୋଟି ଉପାଦାନର ପ୍ରାଧାନ୍ୟ ଦର୍ଶାଇଛନ୍ତି ।

ନିଜର ଇଚ୍ଛା, ରୁଚି, ଆଦର୍ଶ ଓ ଆଭିମୁଖ୍ୟ ଅନୁଯାୟୀ କିଛି କରିବାର ସ୍ୱାଧୀନତା ସ୍ୱାସ୍ଥ୍ୟ-ସହାୟକ ହୋଇଥାଏ। ସେହିପରି ମାନସିକ ସୁସ୍ଥତାର ଅଧିକାରୀ ହୋଇଥିବା ବ୍ୟକ୍ତି ବିଶ୍ୱାସ କରେ ଯେ ସେ ଏକ ଭାସମାନ ନୌକା ନୁହେଁ। ବାହ୍ୟ ପରିସ୍ଥିତିର ଚାପ ତାକୁ ସମ୍ପୂର୍ଣ୍ଣ ନିୟନ୍ତ୍ରଣ କରିପାରିବ ନାହିଁ। ଇଚ୍ଛାକଲେ ସେ ବାହ୍ୟ ଜଗତରେ କିଛି ପରିବର୍ତ୍ତନ ଆଣିପାରିବ। ଏପରି ନିୟନ୍ତ୍ରଣ ବିଶ୍ୱାସ ସୁଖ ଓ ସନ୍ତୋଷ ପ୍ରଦାନ କରେ। ଏତଦ୍‌ବ୍ୟତୀତ ସାମାଜିକ ସମ୍ପର୍କଶୀଳତା ଓ ଦକ୍ଷତାଭାବ ଏକ ବିଶେଷ ସମ୍ବଳ ରୂପେ ପରିପୂର୍ଣ୍ଣ ଜୀବନର କାରଣ ହୁଏ। ଏ ତିନୋଟି ଚାହିଦାର ପରିପୂର୍ତ୍ତି ଉପରେ ନିର୍ଭର କରି ବ୍ୟକ୍ତି ସୁଖୀ ହୋଇଥାଏ।

ସମୃଦ୍ଧି ମଡ଼େଲ :

ରିଫ୍‌ଙ୍କ ଛ'-ଉପାଦାନ ମଡ଼େଲ୍‌ର ବିକାଶ ଓ ପ୍ରସାରଣରେ କୋରେ କିୟିଜ୍‌ଙ୍କ (Corey Keyes, 1998) ଭୂମିକା ରହିଥିଲେ ମଧ୍ୟ କିୟିଜ୍ ପୃଥକ୍ ଭାବେ ସୁସ୍ଥତାର ମଡ଼େଲ୍ ଉପସ୍ଥାପନ କରିଥିଲେ । ଏହାକୁ କିୟିଜ୍‌ଙ୍କ ସାମାଜିକ ମଡ଼େଲ୍ (Social Model) କୁହାଯାଇପାରେ ।

କିୟିଜ୍‌ଙ୍କ ମତରେ ସୁସ୍ଥତାର ତିନୋଟି ଦିଗ ରହିଛି: ଆବେଗିକ (Emotion) ସୁସ୍ଥତା, ମନସ୍ତାତ୍ତ୍ୱିକ ସୁସ୍ଥତା ଏବଂ ସାମାଜିକ ସୁସ୍ଥତା । ମନସ୍ତାତ୍ତ୍ୱିକ ଓ ସାମାଜିକ ସୁସ୍ଥତାକୁ ମିଳିତ ଭାବରେ ରିଫ୍ ମଡ଼େଲ୍ ପରିକଳ୍ପିତ (Eudaimonia) ମଡ଼େଲ୍ କୁହାଯାଏ । କିୟିଜ୍‌ଙ୍କ ମତରେ ସୁଖ ଓ ସୁସ୍ଥତାର ଅନୁଭବ ପାଇଁ ଆବେଗିକ ସୁସ୍ଥତା ଆବଶ୍ୟକ । କିନ୍ତୁ ମନସ୍ତାତ୍ତ୍ୱିକ ଓ ସାମାଜିକ ସୁସ୍ଥତାର ଅନୁଭବ ମନୁଷ୍ୟର ଦକ୍ଷତା, କାର୍ଯ୍ୟକୌଶଳ, ଚାରିତ୍ରିକ ସବଳତା ଉପରେ ନିର୍ଭର କରେ । ଏ ଦୃଷ୍ଟିରୁ କିୟିଜ୍‌ଙ୍କ ପରିଭାଷାରେ ଆବେଗିକ, ମନସ୍ତାତ୍ତ୍ୱିକ ଓ ସାମାଜିକ ସୁସ୍ଥତାର ସମ୍ମିଳିତ ରୂପରେଖକୁ ସମୃଦ୍ଧି ମଡ଼େଲ (Flourishing Model) କୁହାଯାଏ ।

ଏକ ମୂଲ୍ୟାୟନ :

ଆଲୋଚିତ ପ୍ରତିଟି ମଡ଼େଲ୍ ସମ୍ପୃକ୍ତ ପ୍ରଖ୍ୟାପକଙ୍କ ବିସ୍ତୃତ ଗବେଷଣା ଉପରେ ଆଧାରିତ । ବୈଭବ ମନୋବିଜ୍ଞାନର ବିକାଶରେ ପ୍ରତିଟିର ଭୂମିକା ରହିଛି । ଅବଶ୍ୟ କ୍ରମ ପ୍ରସାରିତ ଦୃଷ୍ଟିଭଙ୍ଗୀକୁ ସମ୍ମୁଖରେ ରଖିଲେ ରିଫ୍‌ଙ୍କ ଛ' ଉପାଦାନ ମଡ଼େଲଟି ସଦ୍ୟ ବିକଶିତ ଏବଂ ବହୁସ୍ୱୀକୃତ ମଡ଼େଲର ମର୍ଯ୍ୟଦା ଦିଆଯାଏ । ତେବେ ବୈଭବ ମନୋବିଜ୍ଞାନର ବିକାଶ ଓ ପରିବ୍ୟାପ୍ତି ଏବେ ମଧ୍ୟ କ୍ରିୟାଶୀଳ । ସୁତରାଂ ମଡ଼େଲ୍ ମଧ୍ୟରେ ଥିବା ପାରସ୍ପରିକ ସମ୍ପର୍କ ଓ ତ୍ରୁଟିବିଚ୍ୟୁତି ଏବେ ମଧ୍ୟ ପ୍ରୟୋଗଶାଳାର ପରିସର ମଧ୍ୟରେ ରହିଛି । ସମ୍ଭବତଃ ଆଗାମୀ ଦିନରେ ନୂତନ ତଥ୍ୟ ଓ ନୂତନ ପରୀକ୍ଷା ନିରୀକ୍ଷା ତଥ୍ୟଗୁଡ଼ିକର ବିଶ୍ୱାସନୀୟତା ଓ ବୈଧତା ଅଧିକ ସ୍ପଷ୍ଟ କରିବ ।

ସୁସ୍ଥତାର ପରିମାପକ :

ସୁସ୍ଥତାର ତତ୍ତ୍ୱ କିମ୍ବା ମଡ଼େଲ୍‌କୁ ଆଶ୍ରୟ କରି ଗବେଷଣା ଓ ପ୍ରୟୋଗାତ୍ମକ କ୍ଷେତ୍ରରେ ମାନସିକ ସ୍ୱାସ୍ଥ୍ୟ ଓ ସୁଖାନୁଭୂତିର ବିଭିନ୍ନ ଧରଣର ମାପକ ରହିଛି । ପୂର୍ବ ଆଲୋଚନାର

ବିଭିନ୍ନ ପ୍ରସଙ୍ଗରେ କେତେକ ପରିମାପକ ସମ୍ପର୍କରେ ସୂଚନା ଦିଆଯାଇଛି । ସଂକ୍ଷେପରେ ସେଗୁଡ଼ିକର ନିର୍ଯ୍ୟାସ ଏଠାରେ ବ୍ୟକ୍ତ କରାଯାଇପାରେ।

ବ୍ୟକ୍ତିଗତ ସୁସ୍ଥତା ମାପକ :

ଏଡ଼ୱାର୍ଡ଼ ଡାଏନରଙ୍କ ତିନି-ଉପାଦାନ ସୁସ୍ଥତା ମଡ଼େଲ ଆଧାରରେ ବ୍ୟକ୍ତିଗତ ସୁସ୍ଥତା (Subjective Well-Being ବା SWB) ମାପକର ବହୁଳ ବ୍ୟବହାର କରାଯାଇଛି। ଏହି ମାପକରେ ଥିବା ଦଶଟି ବାକ୍ୟ ବ୍ୟକ୍ତିର ଜୀବନର ସାମଗ୍ରିକ ସନ୍ତୋଷ (Total Life Satisfaction) ସୂଚିତ କରେ। ଦ୍ୱିତୀୟ ଉପାଦାନଟି ସକାରାତ୍ମକ ଆବେଗର ବହୁଳତା ଏବଂ ତୃତୀୟ ଉପାଦନାଟି ନକାରାତ୍ମକ ଆବେଗର ସ୍ୱଳ୍ପତା ସୂଚିତ କରେ। ଅନ୍ୟ ଭାଷାରେ କହିଲେ ସକାରାତ୍ମକ ଆବେଗ ଓ ନକରାତ୍ମକ ଆବେଗ ଅନୁଭବର ବିୟୋଗଫଳ ସୁସ୍ଥତାର ସୂଚକ ରୂପେ ଗୃହୀତ ହୁଏ। ଏହି ମଡ଼େଲ୍ ଅନୁସରଣ କରି ପୁସ୍ତକର ପ୍ରଥମ ଲେଖକ ମଧ୍ୟ ଏକ ସୁସ୍ଥତା ମାପକର ବିକାଶ ଓ ପ୍ରୟୋଗ କରିଛନ୍ତି ।

ରିଫ୍‌ଙ୍କ ଛ-ଉପାଦାନ ମନସ୍ତାତ୍ତ୍ୱିକ ସୁସ୍ଥତା ମାପକ :

ପୂର୍ବରୁ ସୂଚନା ଦିଆଯାଇଛି ଯେ ରିଫ୍‌ଙ୍କ ମନସ୍ତାତ୍ତ୍ୱିକ ସୁସ୍ଥତା ମଡ଼େଲରେ ଛ'ଟି ଉପାଦାନ ଅନ୍ତର୍ଭୁକ୍ତ। ସେଗୁଡ଼ିକ ହେଉଛି ସ୍ୱାଧୀନ ମନୋଭାବ, ନିୟନ୍ତ୍ରଣ ବିଶ୍ୱାସ, ସମ୍ପର୍କଶୀଳତା, ବ୍ୟକ୍ତିଗତ ବିକାଶ, ଜୀବନରେ ମହତ୍ ଉଦ୍ଦେଶ୍ୟ ଓ ଆତ୍ମସ୍ୱୀକୃତି। ରିଫ୍‌ଙ୍କ ପରିମାପକରେ ପ୍ରତିଟି ଉପାଦାନ ପାଇଁ ୧୪ଟି ବାକ୍ୟ ରହିଥାଏ ଏବଂ ପ୍ରତି ପ୍ରତିଭାଗୀ ଏକ ପାଞ୍ଚ-ପଏଣ୍ଟ ସ୍କେଲ୍‌ରେ ନିଜର ସମ୍ମତି-ଅସମ୍ମତି ପ୍ରକାଶ କରେ।

ଅକ୍ସଫୋର୍ଡ଼ ସୁଖାନୁଭୂତି ମାପକ :

ବିଶିଷ୍ଟ ବୈଭବ ମନୋବିଜ୍ଞାନୀ ଆର୍‌ଗାଇଲ୍ ଅକ୍ସଫୋର୍ଡ଼ ସୁଖାନୁଭୂତି ମାପକ (Oxford Happiness Questionnaire) ନାମକ ଏକ ମାପକର ବିକାଶ କରିଛନ୍ତି । ଏହାର ଗଠନ ସରଳ ଓ ପ୍ରୟୋଗ ସହଜ । ଏଥିରେ ୨୯ଟି ବାକ୍ୟ ରହିଛି ଏବଂ ପ୍ରତି ପ୍ରତିଭାଗୀ ନିଜର ସମ୍ମତି-ଅସମ୍ମତି ଛ' ପଏଣ୍ଟ ସ୍କେଲ୍‌ରେ ପ୍ରକାଶ କରନ୍ତି। ନିମ୍ନ ଲିଖିତ ସ୍କେଲ୍ ଅନୁଯାୟୀ ମତ ପ୍ରକାଶ କରାଯାଏ।

୧. ପୂରାପୂରି ଅସମ୍ମତ

୨. ମୋଟାମୋଟି ଅସମ୍ମତ

୩.	ଅଳ୍ପ ଅସମ୍ମତ

୪.	ଅଳ୍ପ ସମ୍ମତ

୫.	ମୋଟାମୋଟି ସମ୍ମତ

୬.	ପୂରାପୂରି ସମ୍ମତ

ପରିମାପରେ ଥିବା ଦୁଇଟି ବାକ୍ୟର ଉଦାହରଣ ନିମ୍ନରେ ଦଆଯାଉଛି :

❖ ମୁଁ ବହୁତ ହସେ (ସକାରାତ୍ମକ)

❖ ମୁଁ ଭବିଷ୍ୟତ ନେଇ ବିଶେଷ ଆଶାବାଦୀ ନୁହେଁ (ନକାରାତ୍ମକ)

ଏହା ସହଜରେ ଅନୁମେୟ ଯେ ପ୍ରତି ପ୍ରତିଭାଗୀର ସୁଖାନୁଭୂତି ଫଳାଙ୍କ ୨୯ରୁ ୧୭୪ ମଧ୍ୟରେ ରହିବ। ତଦନୁସାରେ କୌଣସି ବ୍ୟକ୍ତିର ସୁଖାନୁଭୂତି ସ୍ତରର ବ୍ୟାଖ୍ୟା କରାଯାଇପାରେ।

ଜୀବ-ଭିତ୍ତିକ ସୂଚକ :

ସୁଖ ଓ ମାନସିକ ସ୍ୱାସ୍ଥ୍ୟର ଆକଳନ ପାଇଁ ମନସ୍ତାତ୍ତ୍ୱିକ ମାପକ ସହିତ ଅନ୍ୟ କେତେକ ଜୀବଭିତ୍ତିକ (Bio-Markers) ପ୍ରୟୋଗ କରିବା ପାଇଁ ଆଜିକାଲି ପରାମର୍ଶ ଦିଆଯାଉଛି । ସେହି ପର୍ଯ୍ୟାୟରେ ଆଡ୍ରେନାଲିନ୍ ଓ କର୍ଟିସଲ୍ ପରି ହରମୋନ୍ ମାନସିକ ଚାପର ସୂଚକ ହିସାବରେ ଗ୍ରହଣ କରାଯାଉଛି। ଏତଦ୍‌ବ୍ୟତୀତ ରକ୍ତଚାପ, ରକ୍ତଶର୍କରା EEG ଓ ଅନ୍ୟ (Biomarkers)ର ଆକଳନ କରାଯାଇଛି। ଅକ୍ସିଟୋସିନ୍ (Oxytocin) ନାମକ ଏକ ହରମୋନ୍ ସକାରାତ୍ମକ ମାପକ ରୂପେ ସୁଖାନୁଭୂତି ସ୍ତର ସୂଚିତ କରିଥାଏ।

ମନସ୍ତାତ୍ତ୍ୱିକ ସୁସ୍ଥତାରେ ପ୍ରଭାବକ :

ବିଶ୍ୱର ପ୍ରତିଟି ମନୁଷ୍ୟ ସୁଖ ଓ ସ୍ୱାସ୍ଥ୍ୟ ପାଇଁ ଆଶାୟୀ। କେଉଁ କେଉଁ ଉପାଦାନ ସୁସ୍ଥତାକୁ ପ୍ରଭାବିତ କରେ (Factors affecting Well-Being) ତାହାର ଚିହ୍ନଟ ନିଶ୍ଚିତ ଭାବରେ ବ୍ୟକ୍ତିଗତ ଓ ସାମୂହିକ କଲ୍ୟାଣ ପାଇଁ ନିତାନ୍ତ ପ୍ରୟୋଜନ। ପୁଣି କେଉଁ କେଉଁ ଉପାଦାନ ସୁସ୍ଥତାକୁ ପ୍ରଭାବିତ କରେ, ତାହା ଆବିଷ୍କାର କରିବା ପାଇଁ ପୂର୍ବ ଆଲୋଚିତ ତତ୍ତ୍ୱ ବା ମଡ଼େଲଗୁଡ଼ିକର ମାର୍ଗଦର୍ଶନ ଅନୁସରଣ କଲେ ସ୍ୱାସ୍ଥ୍ୟର ପ୍ରଭାବକ

ସବୁକୁ ନିର୍ଦ୍ଧାରଣ କରିବା ବେଶ୍ ସମ୍ଭବ ହେବ। ନିମ୍ନରେ ମୁଖ୍ୟ ପ୍ରଭାବକର ସଂକ୍ଷେପ ବର୍ଣ୍ଣନା ଦିଆଯାଉଛି।

୧. ଆନନ୍ଦାନୁଭୂତି :

ବୈଭବ ମନୋବିଜ୍ଞାନରେ ବାର୍‌ବାରା ଫ୍ରେଡ୍‌ରିକ୍‌ସନ୍‌ଙ୍କ ସଂପରୀକ୍ଷଣ ଏକ କ୍ଲାସିକାଲ ଓ ବହୁ-ଆଲୋଚିତ ସିଦ୍ଧାନ୍ତ। ଫ୍ରେଡ୍‌ରିକ୍‌ସନ୍ ସଂପରୀକ୍ଷଣ (Experiment) ମାଧ୍ୟମରେ ଦର୍ଶାଇଥିଲେ ଯେ ବ୍ୟକ୍ତି ସକାରାତ୍ମକ ଆବେଗ ଅନୁଭବ କରିବାର ସୁଯୋଗ ପାଇଲେ ତା'ର ଅନ୍ତର୍ନିହିତ ମାନସିକ ସମ୍ବଳ ବୃଦ୍ଧିପାଏ ଏବଂ କାର୍ଯ୍ୟକ୍ରମର ପରିସର ମଧ୍ୟ ସଂପ୍ରସାରିତ ହୁଏ। ଏହାକୁ ଭିତ୍ତିକରି ସେ ସକାରାତ୍ମକ ଆବେଗର ସଂପ୍ରସାରଣ ଓ ଗଠନ ତତ୍ତ୍ୱ (Broaden - and - Build Theory of Positive Emotion) ପ୍ରଖ୍ୟାପନ କଲେ । ଅନ୍ୟତ୍ର ଏହାର ବର୍ଣ୍ଣନା ଥିବାରୁ ଏଠାରେ ବିସ୍ତାରଣ କରାଯାଉ ନାହିଁ ।

କିନ୍ତୁ ତତ୍ତ୍ୱର ବିଶେଷ ପ୍ରୟୋଗାତ୍ମକ ସିଦ୍ଧାନ୍ତ ହେଉଛି ଯେ ସକାରାତ୍ମକ ଆବେଗର (ଆନନ୍ଦ, ଶାନ୍ତି, ସନ୍ତୋଷ ପ୍ରଫୁଲ୍ଲତା ଇତ୍ୟାଦି) ଅନୁଭବ ଅନ୍ତର୍ନିହିତ ସମ୍ବଳର ପରିମାଣ ଓ ପ୍ରସାରକୁ ବୃଦ୍ଧି କରୁଥିବାରୁ ଏହା ମାନସିକ ସୁସ୍ଥତାର ମଧ୍ୟ ପରିବର୍ଦ୍ଧକ। ଭାବଗତ ଅନୁକୂଳତା ଯେତେବେଶୀ ବୃଦ୍ଧି ପାଇବ ସୁଖ ଶାନ୍ତି ନିଶ୍ଚିତ ଭାବରେ ଅଧିକରୁ ଅଧିକ ହେବ। ଅନ୍ୟ ପକ୍ଷରେ ସକାରାତ୍ମକ ଆବେଗ ସଂକୁଚିତ ହୋଇ ନକରାତ୍ମକ ଆବେଗ ବୃଦ୍ଧି ପାଇଲେ ସୁଖାନୁଭୂତିର ହ୍ରାସ ଘଟିବ ଏବଂ ଦୁଃଖାନୁଭୂତି ବୃଦ୍ଧି ପାଇବ।

୨. ଶାରୀରିକ ସୁସ୍ଥତା ଓ ବ୍ୟାୟାମ :

ଶରୀର ଓ ମନ ମଧ୍ୟରେ ଯେଉଁ ଅପୂର୍ବ ସଂଯୋଗ ରହିଛି, ବୈଭବ ମନୋବିଜ୍ଞାନୀମାନେ ସେ ସଂଯୋଗର ଉପକାରିତା ବେଶ୍ ସ୍ୱୀକାର କରନ୍ତି। ଶାରୀରିକ ସୁସ୍ଥ ଅବସ୍ଥା ଆମର ମାନସିକ ସ୍ୱାସ୍ଥ୍ୟ ଓ ପ୍ରସନ୍ନତାକୁ ବିକଶିତ କରେ। ବିଶେଷତଃ ନିୟମିତ ଭାବରେ ବ୍ୟାୟାମର ଭୂମିକା ଅନେକ ସମୟରେ ବିଷାଦ ହ୍ରାସ କରୁଥିଲେ ବିଷାଦ-ବିରୋଧୀ ଔଷଧ ବା Anti-depressant ପରି କାର୍ଯ୍ୟକରିବାର ଲକ୍ଷ୍ୟ କରାଯାଇଛି ।

ବ୍ୟାୟାମ ବ୍ୟତୀତ ବହୁ ଧରଣର କ୍ରୀଡ଼ା, ଖେଳ କସରତ୍, ଯୋଗ, ଆସନ ଏବଂ ବାହ୍ୟପରିବେଶରେ କାର୍ଯ୍ୟକ୍ରମ ସ୍ୱାସ୍ଥ୍ୟପ୍ରଦ ହୋଇଥାଏ। ନୃତ୍ୟ ମଧ୍ୟ ଏ ଦିଗରେ ବେଶ୍ ସହାୟକ।

୩. ଇଚ୍ଛାଧୀନ କାର୍ଯ୍ୟକ୍ରମ :

ବିଶିଷ୍ଟ ମନୋବିଜ୍ଞାନୀ ଲୁବୋମିର୍ସ୍କି ସୁଖ ଓ ସ୍ୱାସ୍ଥ୍ୟ ପରିପ୍ରେକ୍ଷୀରେ ଇଚ୍ଛାଧୀନ କାର୍ଯ୍ୟକ୍ରମର (Intentional Activities) ପ୍ରାଧାନ୍ୟ ବର୍ଣ୍ଣନା କରିଛନ୍ତି। ନିଜର ରୁଚି ଅନୁଯାୟୀ ସୁନିର୍ବାଚିତ କାର୍ଯ୍ୟକଳାପ ସୁଖ ଓ ସ୍ୱାସ୍ଥ୍ୟର ଉତ୍ସ ହୋଇଥାଏ। ପ୍ରାତଃକାଳୀନ ଭ୍ରମଣ ଏ ଧରଣର ଗୋଟିଏ କାର୍ଯ୍ୟ। ମାତ୍ର ଏପରି କାର୍ଯ୍ୟର ପୁନରାବୃତ୍ତି ପ୍ରସଙ୍ଗରେ ଗୋଟିଏ ସତର୍କତା ଅବଲମ୍ବନ କରିବାକୁ ହେବ। କାର୍ଯ୍ୟକୁ ଆନନ୍ଦଦାୟକ କରିବା ପାଇଁ ଏହାର ପୁନରାବୃତ୍ତି ସମୟରେ ଯନ୍ତ୍ରବତ୍ (Mechanical) ରୀତିରେ କାର୍ଯ୍ୟଟି ନ କରି ଏଥିରେ ପରିବର୍ତ୍ତନର ଛାପ ଦେବାକୁ ପଡ଼ିବ।

ଗୋଟିଏ ଉଦାହରଣ ଦେଇ ଏହାକୁ ସ୍ପଷ୍ଟ କରାଯାଇପାରେ। ଧରାଯାଉ ଜଣେ ବ୍ୟକ୍ତି ପ୍ରତିଦିନ ପ୍ରତ୍ୟୁଷରେ ଛ'ଟା ସମୟରେ ଗୋଟିଏ ଘଣ୍ଟା ପାଇଁ ପ୍ରାତଃ ଭ୍ରମଣ କରନ୍ତି । ଉତ୍ତମ ସ୍ୱାସ୍ଥ୍ୟ ଦୃଷ୍ଟିରୁ ଏହା ଗୋଟିଏ ସୁନ୍ଦର ଅଭ୍ୟାସ ହେଲେ ମଧ୍ୟ ଦୈନନ୍ଦିନ ଜୀବନରେ ଏହାର ଦୀର୍ଘକାଳୀନ ପୁନରାବୃତ୍ତି ଏହାର ଆନନ୍ଦଦାୟକ ସ୍ୱଭାବ ହ୍ରାସ କରିବ । ସୁତରାଂ ବ୍ୟକ୍ତି ତାଙ୍କର ଏପରି ଦୈନନ୍ଦିନ ଅଭ୍ୟାସରେ ସାମାନ୍ୟ ପରିବର୍ତ୍ତନ ଆଣିବା ଉଚିତ। ପ୍ରତିଦିନ ଏପରି ପ୍ରାତଃଭ୍ରମଣ ସକାଳ ଛ'ଟାରେ ଆରମ୍ଭ ନ କରି କେବେ କେବେ ଘ ୬.୧୫ ମି. କିମ୍ବା ଘ. ୬.୩୦ ମି.ରେ ଆରମ୍ଭ କରିବା ବିଧେୟ। ସେହିପରି ପ୍ରତିଦିନ ଉତ୍ତରରୁ ଦକ୍ଷିଣକୁ ନ ଯାଇ କେବେ କେବେ ପଶ୍ଚିମକୁ ଏବଂ ପୁଣି କେବେ ପୂର୍ବଦିଗକୁ ଯାତ୍ରା କରିବା ଅଧିକ ସୁଖପ୍ରଦ ହେବ। ଅଳ୍ପ ଅଳ୍ପ ପରିବର୍ତ୍ତନ କାର୍ଯ୍ୟକ୍ରମର ଆନନ୍ଦପ୍ରଦାନ ପ୍ରକୃତିକୁ ହ୍ରାସ ନ କରି ବଢ଼ାଇବ। ପ୍ରାତଃଭ୍ରମଣ ପରି ବହୁ ପ୍ରକାର ଇଚ୍ଛାଧୀନ କାର୍ଯ୍ୟର ପରିକଳ୍ପନା କରାଯାଇପାରେ।

୪. ତଲ୍ଲୀନତା ଓ ସ୍ମୃତି-ଆସ୍ୱାଦନ :

ସୁଖ ଓ ସ୍ୱାସ୍ଥ୍ୟକୁ ପ୍ରଭାବିତ କରୁଥିବା ଦୁଇଟି ଶକ୍ତିଶାଳୀ ପ୍ରକ୍ରିୟା ହେଉଛି ତଲ୍ଲୀନତା (Flow) ଏବଂ ସ୍ମୃତି ଆସ୍ୱାଦନ (Savouring)। ଏ ବିଷୟରେ ପୂର୍ବରୁ ସୂଚନା ଦିଆଯାଇଛି। ମନୋବିଜ୍ଞାନୀ ଚିକ୍‌ସେଣ୍ଟ୍‌ମିହାଇ ତଲ୍ଲୀନତାର ପର୍ଯ୍ୟାପ୍ତ ଉପଯୋଗିତାର ବିସ୍ତୃତ ବର୍ଣ୍ଣନା ଦେଇଛନ୍ତି। ବ୍ୟକ୍ତି ନିଜର ଶକ୍ତି ସାମର୍ଥ୍ୟ ଅନୁପାତରେ କୌଣସି ଏକ ଆହ୍ୱାନମୂଳକ (କଷ୍ଟକର) କାର୍ଯ୍ୟ କରିବା ସମୟରେ ଯେଉଁ ଗଭୀର ଏକାଗ୍ରତା ଓ ନିମଗ୍ନତା ଅନୁଭବ କରନ୍ତି ତାହା ହେଉଛି ତଲ୍ଲୀନତା। ଜଣେ ଲେଖକ ଭଲ କିଛି ଲେଖିବାର

ପ୍ରୟାସ କରିବା ସମୟରେ, ଜଣେ ନୃତ୍ୟଶିଳ୍ପୀ କଳାତ୍ମକ ନୃତ୍ୟ ପରିବେଷଣ କରିବା ସମୟରେ ଏପରି ଅନୁଭବ ଆସିଥାଏ। ଅବଶ୍ୟ ଏହା କୌଣସି ନିର୍ଦ୍ଦିଷ୍ଟ କାର୍ଯ୍ୟ ମଧ୍ୟରେ ସୀମିତ ନୁହେଁ। କାର୍ଯ୍ୟଟିର ଆହ୍ୱାନ (Challenge), ବ୍ୟକ୍ତିର ଉଚ୍ଚତର ଦକ୍ଷତା ଓ ଆଗ୍ରହର ମେଳ ଏପରି ଅବସ୍ଥା ସୃଷ୍ଟିକରେ। ତଲ୍ଲୀନତା ସୁଖାନୁଭୂତିର ଏକ ଅଫୁରନ୍ତ ଉତ୍ସ।

ସେହିପରି ସ୍ମୃତି ବିନୋଦନ ମଧ୍ୟ ସୁଖାନୁଭୂତି ପ୍ରଦାନ କରେ। ଅତୀତର ସୁଖଦ ସ୍ମୃତିର ଆସ୍ୱାଦନ, ବର୍ତ୍ତମାନର ମନୋଜ୍ଞ ସ୍ମୃତିଚାରଣ ଓ ଭବିଷ୍ୟତର ସୁନ୍ଦର କଳ୍ପନା ଓ ସୁଖାନୁଭୂତିର ଅନୁଭବ ଦିଏ।

୫. ସକାରାତ୍ମକ ଜୀବନ ଘଟଣା :

ସାଧାରଣତଃ ମନୋବିଜ୍ଞାନୀମାନେ ଲୋକମାନଙ୍କର ମାନସିକ ଚାପର ଏକ ମୋଟାମୋଟି ସ୍ତର ନିର୍ଦ୍ଧାରଣ କରିବା ପାଇଁ ଗୋଟିଏ ପନ୍ଥା ଅବଲମ୍ବନ କରନ୍ତି। ସେମାନେ କେତେକ ଚାପ ସୃଷ୍ଟିକାରୀ ଘଟଣା ଉଲ୍ଲେଖ କରନ୍ତି ଏବଂ ଏହା ସହିତ ସମନ୍ୱୟ ରକ୍ଷା କରିବା ପାଇଁ ବ୍ୟକ୍ତିକୁ କେତେ ପରିମାଣରେ ମାନସିକ ଶକ୍ତିର ପ୍ରୟୋଜନ ଅଛି ବୋଲି ପଚାରନ୍ତି। ନିମ୍ନରେ କେତୋଟି ଘଟଣାର ଦୃଷ୍ଟାନ୍ତ ଦିଆଯାଉଛି।

	ଆବଶ୍ୟକ ମାନସିକ ଶକ୍ତି
ପତି / ପତ୍ନୀଙ୍କ ମୃତ୍ୟୁ	୧୦୦
ବିବାହ	୫୦
ପରିବାରରେ କୌଣସି ସଦସ୍ୟଙ୍କ ଅସୁସ୍ଥତା	.....

ପ୍ରତିଭାଗୀର ଉତ୍ତର ପ୍ରଦାନକୁ ସହଜ କରିବା ପାଇଁ ପତି ବା ପତ୍ନୀଙ୍କ ମୃତ୍ୟୁ ପରି ଦୁଃଖଦ ଘଟଣା ପାଇଁ ୧୦୦ Unit ମାନସିକ ଶକ୍ତି ଏବଂ ବିବାହ ପରି (ସକାରାତ୍ମକ ଘଟଣା ହେଲେ ମଧ୍ୟ) ୫୦ Unit ମାନସିକ ଶକ୍ତିକୁ ମାନଦଣ୍ଡ ଗ୍ରହଣ କରାଯାଇପାରେ । ଏ ଦୁଇଟିକୁ ବିଚାରରେ ରଖି ବ୍ୟକ୍ତି ଅନ୍ୟସବୁ ଚାପ ସୃଷ୍ଟିକାରୀ ଘଟଣା ପାଇଁ ନିଜର ପ୍ରତିକ୍ରିୟା ଦର୍ଶାଏ। ଉଚ୍ଚତର ମାନସିକ ଶକ୍ତି ଆବଶ୍ୟକ କରୁଥିବା ବ୍ୟକ୍ତି ଅଧିକ ଚାପଗ୍ରସ୍ତ ବୋଲି ବିବେଚନା କରାଯାଏ।

ଅନୁରୂପ ଭାବରେ ସକାରାତ୍ମକ ଜୀବନ ଘଟଣାର (Positive Life Events ବା PLE) ପରିକଳ୍ପନା କରାଯାଇପାରେ। ବିଶିଷ୍ଟ ବୈଭବ ମନୋବିଜ୍ଞାନୀ ମାଇକେଲ୍ ଆର୍‌ଗାଇଲ୍ (୨୦୧୨) ଅନୁରୂପ ଭାବରେ ସକାରାତ୍ମକ ଜୀବନ ଘଟଣାର ଏକ ତାଲିକା ପ୍ରସ୍ତୁତ କରିଛନ୍ତି। ବ୍ୟକ୍ତିବିଶେଷ କେତେ ପରିମାଣର ଆନନ୍ଦ ପାଆନ୍ତି ଏବଂ କେତେ ବେଶୀ ଏପରି ଘଟଣାର ସମ୍ମୁଖୀନ ହୁଅନ୍ତି, ତାହାର ଆକଳନ ମାଧ୍ୟମରେ ସୁଖାନୁଭୂତିର ସ୍ତର ନିର୍ଦ୍ଧାରଣ କରାଯାଏ । ନିମ୍ନରେ କେତେକ ଘଟଣା ଉଲ୍ଲେଖ କରାଯାଉଛି।

❖ ପ୍ରେମାତ୍ମକ ସମ୍ପର୍କର ଆରମ୍ଭ
❖ ଭୟାନକ ରୋଗରୁ ଆରୋଗ୍ୟ ଲାଭ କରିବା
❖ ଛୁଟିରେ ବୁଲିଯିବା
❖ ବିବାହ
❖ ଭାଇ/ଭଉଣୀଙ୍କ ବିବାହ
❖ ଚାକିରୀ ମିଳିବା

ଏହା ସହଜରେ ଅନୁମେୟ ଯେ ସକାରାତ୍ମକ ଘଟଣାର ବହୁଳତା ସୁଖାନୁଭୂତି ବର୍ଦ୍ଧନ କରିବା ସ୍ଥଳେ ଚାପଦାୟକ ଘଟଣାର ଆଧିକ୍ୟ ଦୁଃଖାନୁଭୂତି ବଢ଼ାଇଥାଏ।

୬. ଆଶା ଓ ଆଶାବାଦିତା :

ଆଶା ଓ ଆଶାବାଦିତା ସୁଖ ଓ ସ୍ୱାସ୍ଥ୍ୟର ବିଶିଷ୍ଟ ନିର୍ଦ୍ଧାରକ। ବିଭିନ୍ନ ପ୍ରସଙ୍ଗରେ ଆଶାବାଦୀ ଦୃଷ୍ଟିଭଙ୍ଗୀର ସକାରାତ୍ମକ ଭୂମିକା ଆଲୋଚିତ ହୋଇଥିବାରୁ ଏଠାରେ ବିସ୍ତୃତ ବର୍ଣ୍ଣନା ଦିଆଯାଉ ନାହିଁ। ଆଶାବାଦିତା (Optimism) ଭବିଷ୍ୟତର ସୁଖାନୁଭୂତିକୁ ସୁପ୍ରଭାବିତ କରିଥାଏ । ସେହିପରି ଆଶା (Hope) ଦୁଇଟି ଦିଗରୁ ସ୍ୱାସ୍ଥ୍ୟ ଓ ସୁଖର ସହାୟକ ହୁଏ। ପ୍ରଥମତଃ ଭବିଷ୍ୟତର କର୍ମପନ୍ଥା ଓ ସମସ୍ୟା ସମାଧାନ ଦିଗରେ ଏହା ବହୁମୁଖୀ ମାର୍ଗ ଚିନ୍ତନରେ ସହାୟତା କରେ; ଦ୍ୱିତୀୟତଃ ଆଶା ମଣିଷ ମନରେ ଦୃଢ଼ତା ଏବଂ ଆତ୍ମବିଶ୍ୱାସକୁ ଶକ୍ତିଶାଳୀ କରେ। ବ୍ୟକ୍ତିର ଆତ୍ମସାମର୍ଥ୍ୟବୋଧ ସୁଖର କାରଣ ହୁଏ। ସୁତରାଂ ଆଶା ଓ ଆଶାବାଦିତା ବିଶିଷ୍ଟ ସମ୍ବଳର ଭୂମିକା ନିଅନ୍ତି।

୭. ସ୍ୱାସ୍ଥ୍ୟ ସହାୟକ ବ୍ୟବହାର :

ମନୁଷ୍ୟର ସୁଖ ଓ ସ୍ୱାସ୍ଥ୍ୟର ନିର୍ଦ୍ଧାରଣରେ ଆତ୍ମସାମର୍ଥ୍ୟବୋଧର ଭୂମିକା ସୂଚିତ କରାଯାଇଛି। ଏହା ଏକ ସାଧାରଣ ଅନୁଭବ ଯେ ଆଧୁନିକ ସମୟରେ ବହୁ ଧରଣର ଅସୁସ୍ଥତା ଓ ମାନସିକ ବିପର୍ଯ୍ୟୟର କାରଣ ହେଉଛି ତ୍ରୁଟିପୂର୍ଣ୍ଣ ଜୀବନ-ଶୈଳୀ। ଦୈନନ୍ଦିନ ଜୀବନରେ ଶୃଙ୍ଖଳା, ନିୟମାନୁବର୍ତ୍ତିତା, ରୁଚିକର ଓ ପୁଷ୍ଟିକର ଖାଦ୍ୟ ଓ ମାନସିକ ସଂଯମ ଯେପରି ସୁଖ ଓ ସ୍ୱାସ୍ଥ୍ୟର ସହାୟକ ହୁଏ, ମଦ୍ୟପାନ, ନିଶାସେବନ ଓ ବିଶୃଙ୍ଖଳିତ ଜୀବନ ସେପରି ଦୁଃଖାନୁଭୂତିର କାରଣ ହୁଏ।

ସକାରାତ୍ମକ ଆଚରଣ ଓ ବ୍ୟବହାରର ବିକାଶ ଓ ଦୃଢ଼ୀକରଣ ପାଇଁ ଆତ୍ମସାମର୍ଥ୍ୟବୋଧ (Self-Efficicy) ଆବଶ୍ୟକ। ବହୁ ଗବେଷଣାରେ ଦେଖାଯାଇଛି ଯେ ଆତ୍ମସାମର୍ଥ୍ୟବୋଧର ଅଧିକାରୀ ହୋଇଥିବା ବ୍ୟକ୍ତିମାନେ ବିଶେଷଜ୍ଞଙ୍କ ପରାମର୍ଶ ଅନୁଯାୟୀ ଜୀବନଶୈଳୀ ଗଠନ କରନ୍ତି। ସେହିପରି ତ୍ରୁଟିପୂର୍ଣ୍ଣ ଜୀବନଶୈଳୀ (ମଦ୍ୟପାନ, ନିଶାସେବନ ଇତ୍ୟାଦି) ପରିହାର କରିବାର ପରାମର୍ଶ ଦିଆଗଲେ ସେମାନେ ତ୍ରୁଟିପୂର୍ଣ୍ଣ ଆଚରଣ ତ୍ୟାଗ କରିପାରନ୍ତି। ସୁତରାଂ ଆତ୍ମ-ବିଶ୍ୱାସର ଦୃଢ଼ତା ଏକ ଶକ୍ତିଶାଳୀ ଅଭିପ୍ରେରକର ଭୂମିକା ନିଏ।

୮. ଭାବବୁଦ୍ଧି (Emotional Intelligence) :

ଆଧୁନିକ ଯୁଗରେ ମନୋବିଜ୍ଞାନୀ ଏବଂ ସ୍ନାୟୁବିଜ୍ଞାନୀମାନେ ବ୍ୟକ୍ତିଗତ ଓ ଗୋଷ୍ଠୀଗତ ଜୀବନରେ ଭାବବୁଦ୍ଧିର (Emotional Intelligence) ପ୍ରାଧାନ୍ୟ ବୁଝାଇ ଚାଲିଛନ୍ତି। ଭାବବୁଦ୍ଧିର ପାଞ୍ଚୋଟି ମୁଖ୍ୟ ଉପାଦାନ ହେଉଛି ଆତ୍ମ ସଚେତନତା (Self-Awarenes), ଆତ୍ମ-କୌଶଳ (Self-Skill), ସାମାଜିକ ସଚେତନତା (Social Awareness), ସାମାଜିକ କୌଶଳ (Social Skill) ଏବଂ ସକାରାତ୍ମକ ମିଞ୍ଜାସ। ଆତ୍ମସଚେତନତାର ଅଧିକାରୀ ବ୍ୟକ୍ତି ନିଜର ସବଳତା ଓ ଦୁର୍ବଳତା ଜାଣିଥାଏ। ଆତ୍ମକୌଶଳର ଅଧିକାରୀ ହୋଇ ବ୍ୟକ୍ତି ସହନଶୀଳତା ଓ ଅଭିପ୍ରେରଣା ଦର୍ଶାଇଥାଆନ୍ତି । ସାମାଜିକ ସଚେତନତା ଯେପରି ଅନ୍ୟର ଦୁର୍ବଳତା ସବଳତାର ସଚେତନ ହୋଇ ସମ୍ବେଦନଶୀଳ ହେବାରେ ସହାୟକ ହୁଏ, ସାମାଜିକ କୌଶଳ ସେପରି ଦରଦୀ ହେବାରେ ସାହାଯ୍ୟ କରେ। ଉଚ୍ଚ ଭାବବୁଦ୍ଧିର ଅଧିକାରୀ ହୋଇଥିବା ବ୍ୟକ୍ତିମାନେ ସମାନୁଭୂତି (Empathy) ପ୍ରଦର୍ଶନ କରନ୍ତି। ଅଧିକନ୍ତୁ ଭାବବୁଦ୍ଧି ଏପରି ଲୋକମାନଙ୍କୁ ଆଶାବାଦ (Optimism) ଏବଂ ହସଖୁସିର

ମିଞ୍ଜାସ ଦେଇଥିବାରୁ ସୁଖମୟ ଜୀବନ ଏକ ବାସ୍ତବ ରୂପରେଖ ନିଏ। ସ୍ଥୁଳତଃ ମନୁଷ୍ୟର ସୁଖ ଓ ସ୍ୱାସ୍ଥ୍ୟ ପରିପ୍ରେକ୍ଷୀରେ ଭାବବୁଦ୍ଧି ଏକ ନିଶ୍ଚୟାତ୍ମକ ଭୂମିକା ନେଇଥାଏ।

ଜନ ଜୀବନରେ ସୁସ୍ଥତାର ବିକାଶ :

ସୁଖ ଓ ସ୍ୱାସ୍ଥ୍ୟ କେବଳ ବ୍ୟକ୍ତିଗତ ସମ୍ବଳ ନୁହେଁ, ଏହା ଗୋଷ୍ଠୀ ଜୀବନର ସମ୍ପଦ । ପ୍ରତି ଦେଶ ଓ ଗୋଷ୍ଠୀର ସୁଖ ପ୍ରତ୍ୟାଶା ରହିଥାଏ ଏବଂ ସାମୂହିକ ଜନଜୀବନରେ ସୁଖ ଓ ସ୍ୱାସ୍ଥ୍ୟର ବିକାଶ କାର୍ଯ୍ୟକାରୀ କରିବା ଆବଶ୍ୟକ ହୁଏ। ଏ ଦିଗରେ ଏକାଧିକ ମାର୍ଗ ରହିଛି। ତେବେ ବିକାଶର ମୁଖ୍ୟ ମାର୍ଗଗୁଡ଼ିକର ଆଲୋଚନା କରାଯାଇପାରେ।

୧. ସାଂସ୍କୃତିକ ମୂଲ୍ୟବୋଧ :

ପ୍ରତିଟି ସମାଜ ଓ ସଂସ୍କୃତି କେତୋଟି ସୁନିର୍ଦ୍ଦିଷ୍ଟ ମୂଲ୍ୟବୋଧ ଉପରେ ପ୍ରତିଷ୍ଠିତ । ମନୋବିଜ୍ଞାନୀମାନେ ସଂସ୍କୃତିର ପାର୍ଥକ୍ୟ ନେଇ ବିଶ୍ୱାସ ଓ ମୂଲ୍ୟବୋଧରେ କିପରି ଭିନ୍ନତା ରହିଛି, ସେ ଦିଗରେ ସବିଶେଷ ଗବେଷଣା କରିଛନ୍ତି। ତାହାର ବିସ୍ତୃତ ବିବରଣୀ ଏଠାରେ ଦିଆଯାଉ ନାହିଁ। କିନ୍ତୁ ଏହା ଅତ୍ୟନ୍ତ ସ୍ପଷ୍ଟ ଯେ ପ୍ରତିଟି ସମାଜ ସଂସ୍କୃତିରେ ବ୍ୟକ୍ତିର ବ୍ୟକ୍ତିତ୍ୱ ଓ ଆଚାର ଏବଂ ସାଂସ୍କୃତିକ ମୂଲ୍ୟବୋଧ ମଧ୍ୟରେ କିଛିଟା ମେଳ ଥିବା ଆବଶ୍ୟକ। ବ୍ୟକ୍ତି-ସଂସ୍କୃତିର ମେଳ (Person-Culture Fit) ବୃଦ୍ଧି ପାଇଲେ ସୁଖ ଓ ସ୍ୱାସ୍ଥ୍ୟ ବୃଦ୍ଧି ପାଇବ ଏବଂ ଏ ଦୁଇଟିର ବ୍ୟବଧାନ ସୁଖାନୁଭୂତି ହ୍ରାସ କରିବ।

ସଂସ୍କୃତିର ଭିନ୍ନତାର ପୃଥକ୍ ପୃଥକ୍ ଆଲୋଚନା କଷ୍ଟକର ହେଲେ ମଧ୍ୟ ଏହା ସ୍ୱୀକୃତ ଯେ ପାଶ୍ଚାତ୍ୟ ଦେଶଗୁଡ଼ିକ ଅନେକାଂଶରେ ବ୍ୟକ୍ତିମୁଖୀ (Individualist)। ଅନ୍ୟ ପକ୍ଷରେ ଭାରତ ସମେତ ପ୍ରାଚ୍ୟର ଦେଶଗୁଡ଼ିକ ଗୋଷ୍ଠୀମୁଖୀ (Collectivist)। ନିମ୍ନ ସାରଣୀରେ କେତେକ ବିଶେଷ ପାର୍ଥକ୍ୟ ସୂଚିତ କରାଯାଇଛି।

ବ୍ୟକ୍ତିମୁଖୀ ସଂସ୍କୃତି	**ଗୋଷ୍ଠୀମୁଖୀ ସଂସ୍କୃତି**
ସ୍ୱାଧୀନ ସ୍ୱପ୍ରତ୍ୟୟ	ପାରସ୍ପରିକ ନିର୍ଭରଶୀଳ ସ୍ୱପ୍ରତ୍ୟୟ
ବ୍ୟକ୍ତି-କୈନ୍ଦ୍ରିକ ଲକ୍ଷ୍ୟ	ଗୋଷ୍ଠୀ-କୈନ୍ଦ୍ରିକ ଲକ୍ଷ୍ୟ
ବ୍ୟକ୍ତିଗତ ଲାଭ କ୍ଷତି	ଗୋଷ୍ଠୀଗତ ଲାଭ କ୍ଷତି

ଉପର ସାରଣୀରୁ କେଉଁ ପ୍ରକାର ବ୍ୟକ୍ତିତ୍ୱ କେଉଁଠାରେ ସ୍ୱାସ୍ଥ୍ୟପ୍ରଦ, ତାହା ସହଜରେ ଅନୁମେୟ।

୨. ସାମୂହିକ-ସାମର୍ଥ୍ୟବୋଧ :

ବିଶିଷ୍ଟ ବୈଭବ ମନୋବିଜ୍ଞାନୀ ଆଲବର୍ଟ ବାନ୍ଦୁରା ଗୋଟିଏ ବଳିଷ୍ଠ ତତ୍ତ୍ୱର ପ୍ରତିପାଦନ କରିଥିଲେ । ତାହା ହେଉଛି ଆତ୍ମସାମର୍ଥ୍ୟବୋଧ (Self-Efficacy) । ଏହାର ଅର୍ଥ ହେଉଛି ଯେ ବ୍ୟକ୍ତି କାର୍ଯ୍ୟଟିକୁ କେତେ ଦକ୍ଷତାର ସହ ସମ୍ପାଦନ କରିପାରିବ, ତାହା ତାହାର ଆତ୍ମସାମର୍ଥ୍ୟବୋଧ ସୂଚିତ କରେ । କଥିତ ଭାଷାରେ ଏହା ଆତ୍ମ ବିଶ୍ୱାସ । କିନ୍ତୁ ବାନ୍ଦୁରା ଏହି ଧାରଣାକୁ ଏକ ବଳିଷ୍ଠ ବିଜ୍ଞାନ-ଭିତ୍ତିକ ରୂପରେଖ ଦେଇଛନ୍ତି ।

ବହୁ ପରୀକ୍ଷା ନିରୀକ୍ଷାରୁ ଦେଖାଯାଇଛି ଯେ ବ୍ୟକ୍ତିର ଆତ୍ମସାମର୍ଥ୍ୟବୋଧ ଉପରେ ନିର୍ଭର କରି ବ୍ୟକ୍ତିର ବ୍ୟକ୍ତିଗତ ବିକାଶ ସଂଘଟିତ ହେବ । ଏ ଦୃଷ୍ଟିରୁ ଉଚ୍ଚସ୍ତରୀୟ ଆତ୍ମବିକାଶର ଅଧିକାରୀ ଲୋକ ଉନ୍ନତ ଜୀବନଶୈଳୀ ସମ୍ପାଦନ କରି ଏବଂ ତ୍ରୁଟିପୂର୍ଣ୍ଣ ଜୀବନଶୈଳୀ ପରିହାର କରି ସୁଖ ଓ ସ୍ୱାସ୍ଥ୍ୟ ହାସଲ କରିପାରିବ । ବାନ୍ଦୁରା ଏ କଥା ମଧ୍ୟ କହିଥିଲେ ଯେ ସାମୂହିକ ବିକାଶ ଓ ପରିବର୍ତ୍ତନ ଲାଗି ସାମୂହିକ ସାମର୍ଥ୍ୟବୋଧ (Collective Efficacy ବା Team Efficacy) ଆବଶ୍ୟକ । ଗୋଟିଏ ଉଦାହରଣ ଦ୍ୱାରା ଏହାକୁ ସ୍ପଷ୍ଟ କରାଯାଇପାରେ । ମନେକରାଯାଉ ଯେ ଗୋଟିଏ ଶିକ୍ଷାନୁଷ୍ଠାନରେ ଶିକ୍ଷାଦାନର ଶୈଳୀ ଏବଂ ଶିକ୍ଷାସାମଗ୍ରୀର ପରିବର୍ତ୍ତନ କରାଗଲା । ଏ କ୍ଷେତ୍ରରେ ପ୍ରଶ୍ନଟି ହେଉଛି : ଏପରି ପରିବର୍ତ୍ତିତ ସଫଳ ହେବ କି ବିଫଳ ହେବ ? ବାନ୍ଦୁରାଙ୍କ ମତରେ ଏହା ଏକ ସାମୂହିକ ପରିବର୍ତ୍ତନ । ଏପରି ସମଷ୍ଟିଗତ ପରିବର୍ତ୍ତନର ଫଳାଫଳ କେବଳ ଅନୁଷ୍ଠାନର ଅଧ୍ୟକ୍ଷ କିମ୍ବା ମୁଖ୍ୟ କର୍ମକର୍ତ୍ତାଙ୍କ ଉପରେ ନିର୍ଭର କରିବ ନାହିଁ । ଶିକ୍ଷକଶିକ୍ଷୟତ୍ରୀ ଏବଂ ଶିକ୍ଷାର୍ଥୀବୃନ୍ଦ ସାମୂହିକ ଭାବରେ ଏହାର ସଫଳତାରେ ବିଶ୍ୱାସ ରଖିଲେ ସଫଳତା ନିଶ୍ଚୟ ସମ୍ଭବ ।

ସାମାଜିକ ସୁଖ ଓ ସ୍ୱାସ୍ଥ୍ୟ ପାଇଁ ବହୁ ଗୋଷ୍ଠୀମୁଖୀ କଲ୍ୟାଣକର ଯୋଜନା ଆବଶ୍ୟକ ଏବଂ ଏସବୁର ସଫଳତା ସେ ସମାଜର ଲୋକମାନଙ୍କର ସାମୂହିକ ସାମର୍ଥ୍ୟବୋଧ ନିର୍ଦ୍ଧାରଣ କରିବ ।

୩. ଆଶା ଓ ଆଶାବାଦିତା :

ଆଶା ଓ ଆଶାବାଦିତାର ସୁପ୍ରଭାବ କେବଳ ବ୍ୟକ୍ତିଗତ ଜୀବନର ସୌନ୍ଦର୍ଯ୍ୟ ମଧ୍ୟରେ ସୀମିତ ନୁହେଁ । ସମାଜ ଓ ସାଂସ୍କୃତିକ ସ୍ତରରେ ଏହା ସୁଖ ଓ ସ୍ୱାସ୍ଥ୍ୟର ବିକାଶ ଘଟାଇଥାଏ । ଏହାର ଉପଯୋଗିତା ଅନ୍ୟତ୍ର ଏକାଧିକ ଥର ଆଲୋଚିତ ହୋଇଥିବାରୁ ଏଠାରେ ସ୍ୱତନ୍ତ୍ର ଭାବରେ ଆଲୋଚନା କରାଯାଉ ନାହିଁ ।

୪. ମନସ୍ତାତ୍ତ୍ୱିକ ପ୍ରତ୍ୟାବର୍ତ୍ତନ :

ପ୍ରତି ବ୍ୟକ୍ତି ତଥା ସମାଜ କିଛି ନା କିଛି ବିପର୍ଯ୍ୟୟର ସମ୍ମୁଖୀନ ହୁଏ। ବ୍ୟକ୍ତିଗତ ଜୀବନରେ କର୍କଟ ରୋଗ, କରୋନା ସଂକ୍ରମଣ ଯେପରି ବିପର୍ଯ୍ୟୟ ସୃଷ୍ଟି କରେ ଗୋଷ୍ଠୀଗତ ଜୀବନରେ ପ୍ରାକୃତିକ ଦୁର୍ବିପାକ ମଧ୍ୟ ସେପରି ବିପର୍ଯ୍ୟୟ ସୃଷ୍ଟି କରେ। ୧୯୯୯ ମସିହାରେ ଓଡ଼ିଶାର ପୂର୍ବ ଉପକୂଳରେ ମହାବାତ୍ୟାର କରାଳ ରୂପର କୁପ୍ରଭାବ କଥା କିଏ ବା ନ ଜାଣେ ? ଏପରି ତାଣ୍ଡବ ଲୀଳାର ଶରବ୍ୟ ହୋଇ ଅନେକ ଲୋକ ଜୀବନ ହରାନ୍ତି। ପୁଣି ବହୁସଂଖ୍ୟକ ଲୋକ ଶାରୀରିକ ଓ ମାନସିକ ବିପର୍ଯ୍ୟୟର ଶରବ୍ୟ ହୋଇ ଜୀବନର ସରସତା ହରାନ୍ତି।

ପ୍ରଶ୍ନ ହେଉଛି : ଏପରି ବିପର୍ଯ୍ୟୟଗ୍ରସ୍ତ ଲୋକମାନଙ୍କୁ ସ୍ୱାଭାବିକ ଅବସ୍ଥାକୁ ଫେରାଇ ଆଣିବାକୁ କ'ଣ କରାଯିବ ? ପ୍ରଥମ କଥା ହେଉଛି ଏପରି ମାନସିକ ବିପର୍ଯ୍ୟୟରୁ ଫେରାଇ ଆଣିବାର ସମ୍ଭାବନା ରହିଛି। ମନସ୍ତାତ୍ତ୍ୱିକ ଭାଷାରେ ଏହାକୁ ମନସ୍ତାତ୍ତ୍ୱିକ ପ୍ରତ୍ୟାବର୍ତ୍ତନ (Resilience) କୁହାଯାଏ। ଏ କ୍ଷେତ୍ରରେ ବିଶେଷ ଗବେଷଣା କରିଥିବା ମନୋବିଜ୍ଞାନୀ ଆନ୍ ମାଷ୍ଟେନ୍ କୁହନ୍ତି ଯେ ଏଥିପାଇଁ ତିନୋଟି ସମ୍ବଳ ଆବଶ୍ୟକ। ପ୍ରଥମତଃ ସମାଜରେ ଲୋକମାନେ ଶିକ୍ଷାଲାଭ କରିବା ସମୟରେ ସାଧାରଣ ସମନ୍ୱୟ ଶୈଳୀ (Coping Skill) ଶିକ୍ଷା କରିବା ଆବଶ୍ୟକ। ଦ୍ୱିତୀୟତଃ ଆତ୍ମସାମର୍ଥ୍ୟବୋଧ ଏବଂ ଆଶା ଓ ଆଶାବାଦିତା ପରି କେତେକ ସ୍ୱତନ୍ତ୍ର ଦକ୍ଷତା ପ୍ରୟୋଜନ। ତୃତୀୟତଃ ନିକଟସ୍ଥ ପରିବେଶରେ ବିପଦ ସୃଷ୍ଟି କରିବାର ଆଶଙ୍କାଥିବା ବସ୍ତୁର ସ୍ଥାନାନ୍ତର (ଯେପରି ଅଳ୍ପ ବୟସର ପିଲାମାନଙ୍କର ସ୍କୁଲ୍ ପାଖାପାଖି ବିଦ୍ୟୁତ୍ ଟ୍ରାନ୍ସଫର୍ମର) ହେବା ପ୍ରୟୋଜନ । ସ୍ଥୁଳତଃ ବିପର୍ଯ୍ୟୟଗ୍ରସ୍ତ ଶିଶୁ ଓ ବ୍ୟକ୍ତିବିଶେଷ ଯେପରି ସ୍ୱାଭାବିକ ଅବସ୍ଥାକୁ ଫେରିଆସି ବିକାଶର ଅଧିକାରୀ ହେବେ, ତାହାର ଏକ ସମ୍ବେଦନଶୀଳ ପରିବେଶ ଦରକାର।

୫. ସୁରକ୍ଷା ଓ ସମ୍ପର୍କଶୀଳତା :

ପ୍ରତି ଗୋଷ୍ଠୀ ଓ ସମାଜ ବ୍ୟକ୍ତିର କେତେକ ଚାହିଦାପୂରଣର ମାଧ୍ୟମ ହେବା ଏକ ସ୍ୱାଭାବିକ ପ୍ରତ୍ୟାଶା। ସୁଖ, ସ୍ୱାସ୍ଥ୍ୟ ଓ ବ୍ୟକ୍ତିଗତ ବିକାଶ ପାଇଁ ଏକ ଆଦର୍ଶ ଗୋଷ୍ଠୀ ଓ ସମାଜ ମାସ୍‌ଲୋଙ୍କ ପ୍ରଦର୍ଶିତ ପାଞ୍ଚୋଟି ଚାହିଦାର (ଶରୀର ଭିତ୍ତିକ, ସୁରକ୍ଷା, ସାମାଜିକ ସଂପ୍ରୀତି, ଆତ୍ମମର୍ଯ୍ୟାଦାବୋଧ ଓ ଆତ୍ମସିଦ୍ଧି) ପରିପୂରଣ ସୁଯୋଗ ପ୍ରଦାନ କରିଥାଏ।

ମୌଳିକ ସୁଖ ଓ ସ୍ୱାସ୍ଥ୍ୟ ଦୃଷ୍ଟିରୁ ଦୁଇଟିର ବିଶେଷ ଭୂମିକା ଏଠାରେ ଉଲ୍ଲେଖ କରାଯାଉଛି। ପ୍ରଥମତଃ ସାମଜରେ ନାଗରିକମାନଙ୍କ ପାଇଁ ସୁରକ୍ଷା ଅତ୍ୟାବଶ୍ୟକ। ଆମ ଦେଶରେ ବାଳିକା ଓ ନାରୀମାନେ ଯେପରି ହିଂସାତ୍ମକ ଓ ଅନ୍ୟ ଧରଣର ନିପୀଡ଼ନର ଶିକାର ହୁଅନ୍ତି, ତାହା ସମସ୍ତେ ଜାଣନ୍ତି। ସୁତରାଂ ଏପରି ନାରୀ ନିର୍ଯ୍ୟାତନାର ବାତାବରଣ ଦୂରକରି ସୁରକ୍ଷାର ବାତାବରଣ ଗଠନ କରିବା ଏକ ପ୍ରାଥମିକ ଆବଶ୍ୟକତା ।

ଏତଦ୍‌ବ୍ୟତୀତ ଜନଜୀବନରେ ସୁଖାନୁଭୂତିର ବିକାଶ ପାଇଁ କମନୀୟ ସମ୍ପର୍କଶୀଳତା ମଧ୍ୟ ଆବଶ୍ୟକ। ବିଶେଷତଃ ବିଭିନ୍ନଗୋଷ୍ଠୀ ଓ ସମ୍ପ୍ରଦାୟ ମଧ୍ୟରେ ସଦ୍‌ଭାବ ଓ ସମ୍ପର୍କଶୀଳତାର ଆବହାଓ୍ୱା ପ୍ରତିଷ୍ଠିତ ହେବା ଖୁବ୍ ସହାୟକ ହୋଇଥାଏ। ଲୋକମାନଙ୍କ ମଧ୍ୟରେ ପାରସ୍ପରିକ ସମ୍ପର୍କଶୀଳତା ଯେତେ ବେଶୀ ଉନ୍ନତ ହେବ, ସୁଖ ଓ ସ୍ୱାସ୍ଥ୍ୟର ସମ୍ଭାବନା ସେତେ ଅଧିକ ରହିବ।

୬. ସମନ୍ୱୟଶୀଳତା :

ଗୋଷ୍ଠୀ ଜୀବନରେ ସୁଖ ଓ ସ୍ୱାସ୍ଥ୍ୟର ବିକାଶ ପାଇଁ ସମନ୍ୱୟଶୀଳତା (Adjustment) ଏକାନ୍ତ ପ୍ରୟୋଜନ। ଆମର ପରିବାର, ବିଦ୍ୟାଳୟ, ଶିକ୍ଷାନୁଷ୍ଠାନ ଓ କର୍ମକ୍ଷେତ୍ରରେ ଆମେ ଅନ୍ୟ ସହିତ ଚଳିବାର ଜୀବନଶୈଳୀ ଶିଖିଥାଉ। ତଥାପି ସମାଜରେ ଗୋଷ୍ଠୀଗତ ବସବାସ ସମୟରେ କେତେକ ତ୍ରୁଟିବିଚ୍ୟୁତି ଓ ସଂଘର୍ଷ ଉପୁଜିଥାଏ। ସୁତରାଂ ସହନଶୀଳତା, ସମ୍ବେଦନଶୀଳତା ଓ ସହଯୋଗ ମନୋଭାବର ଆବଶ୍ୟକତା ଅନୁଭୂତ ହୁଏ।

୭. ଅନ୍ୟକୁ ଦେବାର ମାନସିକତା :

ଗୋଷ୍ଠୀଗତ ଜୀବନର ସବୁଠାରୁ ସୁଖମୟ ମୁହୂର୍ତ୍ତ ହେଉଛି ଆବଶ୍ୟକ ସମୟରେ ଅସହାୟ ଅବସ୍ଥାରେ ରହିଥିବା ଲୋକମାନଙ୍କୁ କିଛି ଦାନ କରିବାର ମାନସିକତା। ଦୁର୍ବିପାକ ସମୟରେ ବିପର୍ଯ୍ୟୟଗ୍ରସ୍ତ ଲୋକମାନଙ୍କୁ ଅର୍ଥ ସମେତ ଅନ୍ୟ ସମ୍ବଳର ଦାନ, ଚିକିତ୍ସା ପାଇଁ ଡାକ୍ତରଙ୍କ ପରାମର୍ଶକ୍ରମେ ଶରୀରର କୌଣସି ଅଙ୍ଗଦାନ ଏବଂ ଏହିପରି ନିଃସ୍ୱାର୍ଥପର ଦାନର ପରିପ୍ରେକ୍ଷୀ ବହୁ ଧରଣର ହୋଇପାରେ। ସ୍ନାୟୁ ବିଜ୍ଞାନୀମାନେ ଦେଖିଛନ୍ତି ଯେ ମସ୍ତିଷ୍କର ଏକ ନିର୍ଦ୍ଦିଷ୍ଟ ଅଂଶ ଅର୍ଥଲାଭ କରିବା ସମୟରେ ଯେତିକି ଆଲୋକିତ ହୁଏ, ସେବା ପରିପ୍ରେକ୍ଷୀର ଅର୍ଥଦାନ ସମୟରେ ଅଧିକ ଆଲୋକିତ ହୁଏ। ସୁତରାଂ ଗୋଷ୍ଠୀଗତ

ଜୀବନରେ ସୁଖ ଓ ସ୍ୱାସ୍ଥ୍ୟର ବିକାଶ ପାଇଁ ଅନ୍ୟକୁ ଦେବା ଓ ସାହାଯ୍ୟ କିରବାର ମାନସିକତାର ଅଭ୍ୟୁଦୟ ଏକ ସୁନ୍ଦର ପରିକଳ୍ପନା।

ଜନଜୀବନରେ ସୁଖ ଓ ସ୍ୱାସ୍ଥ୍ୟର ବିକାଶ ପାଇଁ କେତୋଟି ମୁଖ୍ୟ ମାର୍ଗର ଆଲୋଚନା ଏଠାରେ କରାଗଲେ ମଧ୍ୟ ନିର୍ଦ୍ଦିଷ୍ଟ ଗୋଷ୍ଠୀ ବା ସମାଜର ନିର୍ଦ୍ଦିଷ୍ଟ ଚାହିଦା ପ୍ରତି ସଚେତନଶୀଳତା ପ୍ରୟୋଜନ।

ଷଷ୍ଠ ଅଧ୍ୟାୟ

ବୈଭବ ମନୋବିଜ୍ଞାନ ଅଭିମୁଖେ

ଆବଶ୍ୟକତା ଉଦ୍‌ଭାବନର ଜନନୀ ହେଲେ ସଂକଟ ମଧ୍ୟ ସମୃଦ୍ଧିର ଜନ୍ମଦାତ୍ରୀ ହୋଇଥାଏ। ବୈଜ୍ଞାନିକ ଅନୁଶୀଳନର କେଉଁ ସମସ୍ୟାକୁ ଭିତ୍ତି କରି ବୈଭବ ମନୋବିଜ୍ଞାନର ଅଙ୍କୁରଣ ଓ ବିକାଶ ଘଟିଲା, ତାହାର ସୂଚନା ପୂର୍ବରୁ ଦିଆଯାଇଛି। ବୈଭବ ମନୋବିଜ୍ଞାନର ସୁନିର୍ଦ୍ଦିଷ୍ଟ ଲକ୍ଷ୍ୟସବୁ ସୁବିସ୍ତୃତ ଭାବରେ ପ୍ରାରମ୍ଭିକ ଅଧ୍ୟାୟରେ ବର୍ଣ୍ଣନା କରାଯାଇଛି। ବୈଭବ ମନୋବିଜ୍ଞାନର ସବୁଲକ୍ଷ୍ୟ, ସମସ୍ତ ମାର୍ଗ ଏବଂ ସମସ୍ତ ସଫଳତା ଗୋଟିଏ ପୁସ୍ତକର କଳେବର ମଧ୍ୟରେ ଧରି ରଖିବା ସମ୍ଭବ ନୁହେଁ।

ବୈଭବ ମନୋବିଜ୍ଞାନ ହେଉଛି ମାନବିକ ଶକ୍ତି, ସାମର୍ଥ୍ୟ ଓ ସଦ୍‌ଗୁଣର ବିଜ୍ଞାନ । କେତେକ ଶକ୍ତି ସାମର୍ଥ୍ୟର ଆଲୋଚନା ପୂର୍ବ ଅଧ୍ୟାୟମାନଙ୍କରେ କରାଯାଇଥିଲେ ମଧ୍ୟ ଶେଷ ପର୍ଯ୍ୟାୟରେ ଅନ୍ୟ କେତୋଟି ଦିଗର ପର୍ଯ୍ୟାଲୋଚନା କରାଯିବ। ଏଥି ମଧ୍ୟରୁ ଗୋଟିଏ ବିଶେଷ ଦିଗ ହେଉଛି ମନୁଷ୍ୟର ନିଜସ୍ୱ ସବଳତାର ଆବିଷ୍କାର।

ସବଳତାର ଆବିଷ୍କାର :

ଉଦ୍‌ବର୍ତ୍ତନର ସ୍କେଲ୍‌ରେ ମନୁଷ୍ୟ ଉଚ୍ଚତମ ସୋପାନର ଅଧିକାରୀ। ଶରୀର ଗଠନ ଓ ଜୀବଭିତ୍ତିକ ଦୃଷ୍ଟିକୋଣରୁ ଶିମ୍ପାଜୀ ଓ ଅନ୍ୟ କେତେକ ମର୍କଟଜାତୀୟ ପ୍ରାଣୀ ମଣିଷର ପାଖାପାଖି ହେଲେ ମଧ୍ୟ ଉଚ୍ଚତର ଚିନ୍ତନ ଓ ବହୁବିଧ ଆବେଗ ଦୃଷ୍ଟିରୁ ମନୁଷ୍ୟ ବହୁ ସ୍ୱତନ୍ତ୍ରତାର ଅଧିକାରୀ। ମନୁଷ୍ୟ ମସ୍ତିଷ୍କର ଅଗ୍ରମସ୍ତିଷ୍କ ଉଦ୍‌ବର୍ତ୍ତନ ଇତିହାସରେ ବହୁ ପରେ ବିକଶିତ ହୋଇଛି ଏବଂ ଏହା ମନୁଷ୍ୟକୁ ଅନେକ ଅନନ୍ୟ ଶକ୍ତି ସାମର୍ଥ୍ୟର ଅଧିକାରୀ କରିଛି। ଏପରି ସ୍ୱାତନ୍ତ୍ର୍ୟ ସତ୍ତ୍ୱେ ମନୁଷ୍ୟର ଚିନ୍ତନ ଓ ଆଚରଣରେ ଯେ ଅଧୋଗତି ନାହିଁ, ଏହା କୁହାଯିବ ନାହିଁ। ଉଦ୍‌ବର୍ତ୍ତନ ତଥ୍ୟର ଅଙ୍କୁରଣ ସମୟରେ ଡାରଉଇନ୍ ମଧ୍ୟ ଏହା ସ୍ୱୀକାର କରୁଥିଲେ। ସେ କହିଥିଲେ ‘‘ମନୁଷ୍ୟର ଉପରକୁ ଉଠିବାର ବହୁ ସମ୍ଭାବନା

ସତ୍ତ୍ୱେ ତା' ମଧ୍ୟରେ ଏକ ନିମ୍ନମୁଖୀ ପ୍ରବଣତା ମଧ୍ୟ ରହିଯାଇଛି ।'' ଆମ ଭାରତୀୟ ପରମ୍ପରାରେ ମଧ୍ୟ ବିଶ୍ୱାସ କରାଯାଏ ଯେ ମନୁଷ୍ୟର ଅନ୍ତର୍ଜଗତରେ ଦେବତ୍ୱ, ମାନବତ୍ୱ ଓ ପଶୁତ୍ୱ ମିଶାମିଶି ରହିଛି ଏବଂ ମନୁଷ୍ୟର କର୍ତ୍ତବ୍ୟ ହେଉଛି ପଶୁତ୍ୱକୁ ନାଶ କରି ଅନ୍ୟ ଦୁଇଟିର ବିକାଶ ଘଟାଇବା ।

ମଣିଷ ଭିତରେ ଯେଉଁ ଭଲପଣିଆ ରହିଛି, ସେହି ସଦ୍‌ଗୁଣ ଓ ଚରିତ୍ରବତ୍ତା ସମ୍ପର୍କରେ ଲୋକବିଶ୍ୱାସ ରହିଥିଲେ ମଧ୍ୟ ଏସବୁର ବିଜ୍ଞାନଭିତ୍ତିକ ଅନୁଶୀଳନ ବହୁଦିନ ଧରି ହୋଇପାରି ନଥିଲା । ମନୋବିଜ୍ଞାନ ମଧ୍ୟ ଏହାର ବିଜ୍ଞାନଭିତ୍ତିକ ଚର୍ଚ୍ଚାକୁ ଗ୍ରହଣ କରି ନଥିଲା । ମନୋବୈଜ୍ଞାନିକ ଗବେଷଣାର ଅଭାବ ପାଇଁ କେତେକ ବାଧକ ରହିଥିଲା ।

ବିଜ୍ଞାନ-ଭିତ୍ତିକ ଚର୍ଚ୍ଚାର ବାଧକ : ମନୁଷ୍ୟର ସଦ୍‌ଗୁଣ ଓ ଚରିତ୍ରବତ୍ତା କାହିଁକି ବୈଜ୍ଞାନିକ ରୀତିରେ ଅନୁଶୀଳନ ହୋଇ ନଥିଲା, ତାହାର କେତେକ ବିଶେଷ କାରଣ ରହିଛି ।

ଊନବିଂଶ ଶତକରେ ମୁଖ୍ୟତଃ ଲୋକବିଶ୍ୱାସ ଥିଲା ଯେ ଭଲ ଚରିତ୍ରର ମଣିଷ ଭଲ ବ୍ୟବହାର କରେ ଏବଂ ଖରାପ ଚରିତ୍ରର ମଣିଷ ଖରାପ ବ୍ୟବହାର କରେ । କ୍ରମଶଃ ବିଂଶ ଶତକର ଆରମ୍ଭରୁ ଭିନ୍ନ ଏକ ବୌଦ୍ଧିକ ବାତାବରଣ ଗଠିତ ହେଲା । ଦାର୍ଶନିକ, ଧର୍ମପ୍ରଚାରକ ଏବଂ ସମାଜ ସଂସ୍କାରକମାନେ ସ୍ୱର ଉତ୍ତୋଳନ କଲେ ଯେ ମନୁଷ୍ୟର ଦୁଷ୍କୃତି ପାଇଁ ମଣିଷର ଚରିତ୍ର ଦାୟୀ ନୁହେଁ, ପରିବେଶ ଦାୟୀ । ପରିବେଶରେ କୁପ୍ରଭାବକୁ ନିୟନ୍ତ୍ରଣ କରିବାର ସାମର୍ଥ୍ୟ ମନୁଷ୍ୟର ନ ଥିବାରୁ ଆଚରଣଗତ ସମସ୍ୟା ସୃଷ୍ଟି ହେଉଛି ।

ବିଂଶ ଶତକର ପ୍ରାରମ୍ଭରେ ଯେଉଁ ସମାଜବିଜ୍ଞାନସମୂହର ଅଭ୍ୟୁଦୟ ଘଟିଲା, ସେମାନେ ମଧ୍ୟ ପରିବେଶର କୁପ୍ରଭାବ ତଥା ସୁପ୍ରଭାବର କଥା କହିଲେ । ମନୁଷ୍ୟ ଅନ୍ତର୍ନିହିତ ସଦ୍‌ଗୁଣ ତଥା ବଦ୍‌ଗୁଣର ଭୂମିକା ବିଚାର ଆଲୋଚନାରୁ ନିର୍ବାସିତ ହେଲା ।

ସମାଜ ବିଜ୍ଞାନର ପ୍ରବକ୍ତାମାନେ ମୁଖ୍ୟତଃ ପରିବେଶର କୁପ୍ରଭାବ (କିମ୍ବା ସୁପ୍ରଭାବ) କଥା କହିଲେ । ମାର୍କ୍ସ ଶ୍ରମିକମାନଙ୍କର ଆନ୍ଦୋଳନ, ବିଶୃଙ୍ଖଳିତ ବ୍ୟବହାର ଓ ହିଂସାତ୍ମକ ଆଚରଣର କଥା କହିବା ସମୟରେ କଳକାରଖାନାର ଅସ୍ୱାସ୍ଥ୍ୟକର ପରିବେଶ, ମାତ୍ରାଧିକ କାର୍ଯ୍ୟନିର୍ଘଣ୍ଟ ଓ କୁପରିଚାଳନାର କଥା କହିଲେ । ମାଲିକମାନଙ୍କର ଶୋଷଣ ନୀତିର ତୀବ୍ର ନିନ୍ଦାବାଦ କଲେ ।

ଧର୍ମଘଟ ଓ ଅରାଜକତା ପାଇଁ ଶ୍ରମିକମାନେ ଦାୟୀ ନୁହଁନ୍ତି, ବାହ୍ୟ ଯନ୍ତ୍ରଣାଦାୟକ ପରିବେଷ୍ଟନୀ ଦାୟୀ ବୋଲି ଯୁକ୍ତିକଲେ।

ସେହିପରି ସିଗ୍‌ମଣ୍ଡ ଫ୍ରଏଡ୍ ମଧ୍ୟ ଦର୍ଶାଇଲେ ମଣିଷର ମାନସିକ ବିପର୍ଯ୍ୟୟର ମୁଖ୍ୟ କାରଣ ହେଉଛି ଅନିୟନ୍ତ୍ରିତ ଅଚେତନ ମନ। ତ୍ରୁଟିପୂର୍ଣ୍ଣ ପରିବେଶ ଏବଂ ବାଲ୍ୟକାଳରେ ପିତାମାତାଙ୍କ ସହ ସଠିକ୍ ଧରଣର କ୍ରିୟା ଅନୁକ୍ରିୟା (Interaction) ଅଭାବ ଘଟିବାରୁ ସବୁ ପ୍ରକାର ଅସ୍ୱାଭାବୀ ବ୍ୟବହାର ଗଠିତ ହେଉଛି। ସେ ସମୟର ଅନ୍ୟତମ ଚିନ୍ତାନାୟକ ଡାରଉଇନ୍ ମଧ୍ୟ ଅନୁରୂପ ଢଙ୍ଗରେ ପରିବେଶକୁ ଖଳନାୟକ ରୂପରେ ଚିତ୍ରଣ କଲେ। ବଂଶରକ୍ଷା ଓ ତିଷ୍ଠି ରହିବାର ସଂଗ୍ରାମ ମଣିଷକୁ ବିଶେଷ କବଳିତ କରୁଥିବାରୁ ଅନ୍ତର୍ନିହିତ ଗୁଣ ବଦଳରେ ବାହ୍ୟ ଅବସ୍ଥା ମଣିଷକୁ ଅଧିକ ପ୍ରଭାବିତ କରୁଛି ବୋଲି ଡାରଉଇନ୍ ଯୁକ୍ତିକଲେ। ଯୋଗ୍ୟତମର ଉଦ୍‌ବର୍ତ୍ତନ ବିବର୍ତ୍ତନର ମୁଖ୍ୟ ନୀତି ରୂପେ ପରିବେଶକୁ ପ୍ରାଧାନ୍ୟ ଦେଲା।

ସ୍ଥୁଳତଃ ମାର୍କ୍ସ, ଫ୍ରଏଡ୍ ଏବଂ ଡାର୍‌ଉଇନ୍ ପରିବେଶକୁ ପ୍ରାଧାନ୍ୟ ଦେଇ ଚରିତ୍ରର ଭୂମିକାକୁ ସଂକୁଚିତ କଲେ। ମନୋବିଜ୍ଞାନ ରାଜ୍ୟରେ ଫ୍ରଏଡ୍‌ଙ୍କ ବ୍ୟତୀତ ବିଶିଷ୍ଟ ବ୍ୟବହାରବାଦୀ ସ୍କିନର୍ ମଧ୍ୟ ପରିବେଶଗତ ଉପାଦାନକୁ ଅଧିକ ପ୍ରାଧାନ୍ୟ ଦେଲେ। ସ୍କିନର୍ ବିଶ୍ୱାସ କରୁଥିଲେ ଯେ ଯେଉଁ ବ୍ୟବହାର ବା ଆଚରଣ ପରିବେଶରୁ ପ୍ରୋତ୍ସାହନ ପାଏ, ତାହା ଗଠିତ ହୁଏ ଏବଂ ଦୃଢ଼ୀଭୂତ ହୁଏ। ଅନ୍ୟ ପକ୍ଷରେ ମଣିଷର ଯେଉଁ ଆଚରଣ ପ୍ରୋତ୍ସାହନ ନ ପାଏ କିମ୍ବା ତିରସ୍କୃତ ହୁଏ ତାହା ଧୀରେ ଧୀରେ ଦୁର୍ବଳ ହୋଇ ତିରୋହିତ ହୋଇଯାଏ। ସୁତରାଂ ଭଲ ବ୍ୟବହାର ହେଉ କିମ୍ବା ଖରାପ ବ୍ୟବହାର ହେଉ, ଏହାର ଗଠନ ମୂଳରେ ପରିବେଶଗତ ପ୍ରୋତ୍ସାହନ ହିଁ ସକ୍ରିୟ। ଏହା ବ୍ୟବହାରବାଦୀ ମନୋବିଜ୍ଞାନର ମୂଳକଥା।

ମୋଟ ଉପରେ ବିଂଶ ଶତକର ପ୍ରାରମ୍ଭରେ ମନୋବିଜ୍ଞାନର ମୁଖ୍ୟ ଧାରାସବୁ ମନୁଷ୍ୟର ଚରିତ୍ର (Character) ପରିବର୍ତ୍ତେ ପରିବେଷ୍ଟନୀର ଉପାଦାନ ଉପରେ ଗୁରୁତ୍ୱ ଆରୋପ କଲେ। ଗୋଟିଏ ଦୃଷ୍ଟିରୁ ଭଲ ଚରିତ୍ର କିମ୍ବା ଖରାପ ଚରିତ୍ର ସମ୍ପର୍କରେ ଚର୍ଚ୍ଚା ମନୋବିଜ୍ଞାନରେ ପ୍ରାୟ ଅବହେଳିତ ହୋଇପଡ଼ିଲା। କେବଳ ମନୋବିଜ୍ଞାନରେ ଗୋଟିଏ ଦୃଷ୍ଟିକୋଣରୁ ବ୍ୟକ୍ତିତ୍ୱ (Personality) ସମ୍ପର୍କରେ ଅନୁଶୀଳନ କରୁଥିବା ମନୋବିଜ୍ଞାନୀମାନେ ମନୁଷ୍ୟ ପ୍ରକୃତିର ଅନ୍ତର୍ନିହିତ ଦିଗ ବିଷୟରେ କିଛି ତଥ୍ୟ ପ୍ରଦାନ କଲେ। ବିଶେଷତଃ ଆଧୁନିକ ବ୍ୟକ୍ତିତ୍ୱ ତଥ୍ୟର ଜନକ ଗର୍ଡ଼ନ ଆଲପୋର୍ଟ ସମାଜସେବୀର

ମନୋବୃତ୍ତି ନେଇ 'ଚରିତ୍ରବତ୍ତାର ବିକାଶ ଓ ସଦ୍‌ଗୁଣ' ସମ୍ପର୍କରେ ବିଜ୍ଞାନଭିତ୍ତିକ ଚର୍ଚ୍ଚା ଆରମ୍ଭ କଲେ। ଅବଶ୍ୟ ଆଲ୍‌ପୋର୍ଟ୍ ଏବଂ ତାଙ୍କର ସହଯୋଗୀମାନେ ବିଶ୍ୱାସ କରୁଥିଲେ ଯେ ବ୍ୟକ୍ତିତ୍ୱ ଏକ ବର୍ଣ୍ଣନାମୂଳକ ପରିଭାଷା; ଏହା ଉପଦେଶାତ୍ମକ ଶବ୍ଦ ନୁହେଁ। ତଥାପି 'ବ୍ୟକ୍ତିତ୍ୱ' ସମ୍ପର୍କରେ ବୈଜ୍ଞାନିକ ଗବେଷଣା ମନୁଷ୍ୟର ଅନ୍ତର୍ଜଗତର ଉପାଦାନ (ମୂଲ୍ୟବୋଧ, ସଦ୍‌ଗୁଣ ଓ ଚରିତ୍ରବତ୍ତା) ଉପରେ ଗୁରୁତ୍ୱ ଆରୋପ କଲା ଏବଂ ସ୍ପୃହଣୀୟ ପରିବର୍ତ୍ତନ ଦିଗରେ ଆଲୋଚନା କଲା।

ସୂକ୍ଷ୍ମ ଦୃଷ୍ଟିରୁ ବିଚାର କଲେ ଦେଖାଯିବ ଯେ ନିମ୍ନଲିଖିତ ତିନୋଟି କାରଣରୁ 'ଚରିତ୍ର' ଶବ୍ଦଟି ମନୋବୈଜ୍ଞାନିକ ଅନୁଶୀଳନରୁ ନିର୍ବାସିତ ହୋଇଥିବାର ମନେ ହୁଏ।

୧. ଚରିତ୍ରର ପରିକଳ୍ପନାଟି ମୁଖ୍ୟତଃ ଅନୁଭୂତି-ପ୍ରସୂତ ହୋଇଥିବାରୁ ଏହାର ଏକ ବୈଜ୍ଞାନିକ ସଂଜ୍ଞା ଓ ରୂପରେଖ ପ୍ରସ୍ତୁତ କରିବା କଷ୍ଟକର।

୨. ବିଜ୍ଞାନ ସାଧାରଣତଃ ବର୍ଣ୍ଣନାଧର୍ମୀ, ଏହା ଉପଦେଶାତ୍ମକ ନୁହଁ। କିନ୍ତୁ ଚରିତ୍ର କହିଲେ ଭଲ ଖରାପର ଅର୍ଥ ଏହା ସହିତ ସଂଶ୍ଳିଷ୍ଟ ରହିଛି। ସୁତରାଂ ଚରିତ୍ରର ଅନୁଧ୍ୟାନ ବିଜ୍ଞାନ ଭିତ୍ତିକ ହେବା ପ୍ରାୟ ଅସମ୍ଭବ।

୩. ଚରିତ୍ର ସହିତ ସଂଶ୍ଳିଷ୍ଟ ଥିବା ଭଲ ଖରାପ ସମ୍ପର୍କିତ ମୂଲ୍ୟବୋଧ ବେଶ୍ ପୁରୁଣାକାଳିଆ ଚିନ୍ତାଧାରା; ଏହା ସମସାମୟିକ ଚର୍ଚ୍ଚା ନୁହେଁ।

ବହୁ ଦୃଷ୍ଟିକୋଣରୁ ଚରିତ୍ରର ବିଜ୍ଞାନଭିତ୍ତିକ ବିଶ୍ଳେଷଣ ବିପକ୍ଷରେ ଉତ୍‌ଥାପିତ ତିନୋଟି ଯୁକ୍ତି ପୂରାପୂରି ଠିକ୍ ନୁହେଁ। ପ୍ରଥମତଃ ସବୁ ବ୍ୟବହାର ଓ ଆଚରଣକୁ କେବଳ ଅନୁଭୂତି ମାଧ୍ୟମରେ ବୁଝାଇବା ସମ୍ଭବ ନୁହେଁ। ବିଶ୍ୱର ଅଦ୍ୱିତୀୟ ମନୋଭାଷାବିତ୍ (Psycholinguist) ନୋମ୍ ଚମୋସ୍କି ଦର୍ଶାଇଛନ୍ତି ଯେ ଭାଷାଶିକ୍ଷା କ୍ଷେତ୍ରରେ କେତେକ ଅନ୍ତର୍ନିହିତ ଉପାଦାନର ଭୂମିକା ସ୍ୱୀକାର କରିବାକୁ ହେବ। ମସ୍ତିଷ୍କରେ କେତେକ ପୂର୍ବନିର୍ଦ୍ଧାରିତ ମଡ୍ୟୁଲ୍ ଥାଏ ଏବଂ ଏହାର ପ୍ରଭାବରେ କେତେକ ଅପ୍ରତ୍ୟାଶିତ ବ୍ୟବହାର ପ୍ରକାଶ ପାଏ। ଗୋଟିଏ ଶିଶୁ ହୁଏତ ପୂର୍ବରୁ କେବେ ଶୁଣି ନଥିବା ଶବ୍ଦ କିମ୍ବା ବାକ୍ୟଟି କହିବ କିମ୍ବା ବୁଝିପାରିବ। ଏପରି ବିସ୍ମୟକର ପ୍ରଦର୍ଶନ ଅତୀତ ଅଭିଜ୍ଞତା ଉପରେ ନିର୍ଭର କରି ନଥାଏ।

ଦ୍ୱିତୀୟ ଅଭିଯୋଗଟି ହେଉଛି ଯେ ବିଜ୍ଞାନ ଉପଦେଶାତ୍ମକ (Prescriptive) ନ ହୋଇ କେବଳ ବର୍ଣ୍ଣନାଧର୍ମୀ (Descriptive) ହେବା ଉଚିତ। ଏ ଉକ୍ତିଟିକୁ ଅସ୍ୱୀକାର କରାଯିବ ନାହିଁ। ମାତ୍ର ଆମକୁ ମନେ ରଖିବାକୁ ହେବ ଯେ ମନୋବିଜ୍ଞାନୀ ଏବଂ

ବୈଭବ ମନୋବିଜ୍ଞାନୀ କେତେକ ବିଷୟର ବର୍ଣ୍ଣନାତ୍ମକ ସୂଚନା ଦେବା ସମୟରେ ଭଲ ପରିଣାମ ଓ ଖରାପ ପରିଣାମର କଥା ସ୍ୱତଃ ପ୍ରକାଶ ପାଇବ। ଆଶାବାଦିତାର ଆଲୋଚନା ସମୟରେ ନିଶ୍ଚିତ ସୂଚିତ ହେବ ଯେ ଆଶାବାଦିତା ହେଉଛି ସୁଖ ଓ ସ୍ୱାସ୍ଥ୍ୟର ସହାୟକ। ସେହିପରି ଆଶାବାଦୀ ଦୃଷ୍ଟିଭଙ୍ଗୀର ପର୍ଯ୍ୟାଲୋଚନା ସମୟରେ ଜୀବନର ସଫଳତା ସହିତ ଏହାର ସମ୍ପର୍କ ନିଶ୍ଚୟ ଆଲୋଚନା ପରିସରକୁ ଆସିବ। ଏହି ତଥ୍ୟକୁ ଆଧାର କରି ଲୋକମାନେ ଆଶା ଓ ଆଶାବାଦିତାକୁ ମାନସିକ ସମ୍ବଳର ମର୍ଯ୍ୟାଦା ଦେଇପାରନ୍ତି। କିନ୍ତୁ ଏ କ୍ଷେତ୍ରରେ ମନୋବିଜ୍ଞାନ କୌଣସି ପ୍ରଚାରକର ଭୂମିକା ଗ୍ରହଣ କରିବାର ଚାପ ନାହିଁ।

ତୃତୀୟତଃ ଚରିତ୍ରର ଅନୁଶୀଳନକୁ କେତେକ ସମାଲୋଚକ ଏକ ପୁରୁଣାକାଳିଆ ଊନବିଂଶ ଶତାବ୍ଦୀର ରକ୍ଷଣଶୀଳ ମାନସିକତା ମନେ କରିପାରନ୍ତି। କିନ୍ତୁ ଏହା ଏକ ଯୁକ୍ତିଯୁକ୍ତ ସମାଲୋଚନା ନୁହେଁ। ଦେଶ କାଳପାତ୍ରର ଊର୍ଦ୍ଧ୍ୱରେ ଥିବା ଚରିତ୍ରବତ୍ତା ଅନୁଧ୍ୟାନ କରାଯାଇପାରେ। ମନୁଷ୍ୟର କେତେକ ସଦ୍‌ଗୁଣ ସବୁଦେଶରେ ସବୁକାଳରେ ସ୍ୱୀକୃତି ଲାଭ କରିଛି।

ସବଳତାର କେତୋଟି ଦିଗ, ଉଦାହରଣ ସ୍ୱରୂପ, ଏଠାରେ ଆଲୋଚନା କରାଯାଇପାରେ।

ଆଶାବାଦିତାର ବିକାଶ : ଆଶାବାଦୀ ଦୃଷ୍ଟିଭଙ୍ଗୀ ଏବଂ ଆଶାବାଦିତାର ବିକାଶ ସମ୍ପର୍କରେ ଏ ପୁସ୍ତକରେ ଅନ୍ୟତ୍ର ଆଲୋଚନା କରାଯାଇଛି। ବିଶେଷତଃ ବୈଭବ ମନୋବିଜ୍ଞାନର ଅନ୍ୟତମ କର୍ଣ୍ଣଧାର ମାର୍ଟିନ ସେଲିଗ୍‌ମ୍ୟାନ୍‌ଙ୍କ ବହୁ-ଆଲୋଚିତ ପୁସ୍ତକ Learned Optimismକୁ ଆଧାର କରି ଅନେକ ଜ୍ଞାତବ୍ୟ ବିଷୟର ସୂଚନା ଦିଆଯାଇଛି । ଭବିଷ୍ୟତର ପରିଣତି ସମ୍ପର୍କରେ ଅନୁକୂଳ ବା ସକାରାତ୍ମକ ପ୍ରତ୍ୟାଶା ହେଉଛି ଆଶାବାଦ। ପିତାମାତା ଓ ପୂର୍ବପୁରୁଷମାନଙ୍କର ଆଶାବାଦ କିଛି ମାତ୍ରାରେ ଜିନ୍ ସୂତ୍ରରେ ପୁତ୍ର କନ୍ୟାମାନଙ୍କ ବ୍ୟକ୍ତିତ୍ୱ ଓ ବ୍ୟବହାରକୁ ଆସିଲେ ମଧ୍ୟ ଶିକ୍ଷା ଓ ପରିବେଶ ଏ ଦିଗରେ ମୁଖ୍ୟ ଭୂମିକା ନିର୍ବାହ କରେ। ଏ ଦୃଷ୍ଟିରୁ ସେଲିଗ୍‌ମ୍ୟାନ୍ ଏହାକୁ ଶିକ୍ଷାକୃତ ଆଶାବାଦ (Learned Optimism) ବୋଲି ଶିରୋନାମା ଦେଇଛନ୍ତି।

ସାମଗ୍ରିକ ଭାବରେ ଭବିଷ୍ୟତର ପ୍ରତ୍ୟାଶା ପରିଣତି ସମ୍ପର୍କରେ ସକାରାତ୍ମକ ଚିନ୍ତନର ଆକଳନ କରି ଆଶାବାଦର ପରିମାଣ ନିର୍ଦ୍ଧାରଣ କରାଯାଏ। ମାତ୍ର ଏହାର ପରିମାପ (Measurement) ପାଇଁ ସେଲିଗ୍‌ମ୍ୟାନ୍ ଏକ ବିସ୍ତୃତ ପ୍ରଣାଳୀର ଉପଯୋଗ କରିଛନ୍ତି। ତାଙ୍କ ବିଚାରରେ କୌଣସି ସୁଖବର ବା ଭଲ ଘଟଣାର କାରଣ ବିଶ୍ଳେଷଣ କରିବା

ସମୟରେ ଆଶାବାଦୀ ବ୍ୟକ୍ତି ନିଜର ସମ୍ପୃକ୍ତି ଦେଖନ୍ତି; ଭଲ ଘଟଣାର ପ୍ରଭାବକୁ ଦୀର୍ଘସ୍ଥାୟୀ ଓ ବ୍ୟାପକ ବିଚାର କରନ୍ତି । ନିମ୍ନ ସାରଣୀରେ ଏହା ସ୍ପଷ୍ଟ ରୂପେ ପ୍ରଦର୍ଶନ କରାଯାଇପାରେ ।

ଘଟଣାର ସ୍ୱରୂପ	**ବିଶ୍ଳେଷଣ ଭଙ୍ଗୀ**	**ଉଦାହରଣ**
ଭଲ ଘଟଣା	କିଏ ଦାୟୀ : ମୋର ଭୂମିକା ଅଛି	ମୋ ବୁଦ୍ଧିମତ୍ତା ଫଳରେ କାମ ଭଲ ହେଲା ।
	ପ୍ରଭାବ କେତେକାଳ ? ବେଶୀ ଦିନ ରହିବ	ମୋ କାମର ସୁଫଳ ବେଶୀଦିନ ଲୋକେ ମନେ ରଖିବେ ।
	ପ୍ରଭାବ କେତେ ବ୍ୟାପକ ? ମୋ କାମର ଫଳାଫଳ ଜୀବନର ବହୁଦିଗରେ ସୁଫଳ ଦେବ	ମୋ କାର୍ଯ୍ୟ ଫଳରେ କେବଳ ବ୍ୟବସାୟିକ ସଫଳତା ନୁହେଁ, ସାମାଜିକ ମଙ୍ଗଳ ମଧ୍ୟ ହେବ ।
ଖରାପ ଘଟଣା	କିଏ ଦାୟୀ : ବାହାର ପରିବେଶ	ପାଗ ଖରାପ ଥିବାରୁ ଲୋକେ ମୋ ଆୟୋଜିତ ସମାବେଶକୁ ଆସିପାରିଲେ ନାହିଁ ।
	ପ୍ରଭାବ କେତେକାଳ : କ୍ଷଣସ୍ଥାୟୀ	ଏବେ ରାଜନୈତିକ ଅସ୍ଥିରତା ଫଳରେ କାମ ହେଉ ନାହିଁ, ପରେ ହୋଇପାରିବ ।
	ପ୍ରଭାବ କେତେ ବ୍ୟାପକ : ପ୍ରଭାବ ସୀମିତ	ମୋର ହାତ ଭାଙ୍ଗି ଯାଇଥିବାରୁ ମୁଁ ହାତରେ କେତେକ କାମ କରିପାରିବି ନାହିଁ, କିନ୍ତୁ ବହୁତ କାମ କରିପାରିବି ।

ସେଲିଗ୍‌ମ୍ୟାନ୍ ଆଶାବାଦିତାର ଆକଳନ କରିବା ସମୟରେ ଉପରେ ପ୍ରଦର୍ଶିତ

ହେଲା ପରି ଭଲ ଘଟଣା ଓ ଖରାପ ଘଟଣାର କାରଣ ବିଶ୍ଳେଷଣ ଭଙ୍ଗୀ (Explanatory Styles) ନିର୍ଦ୍ଧାରଣ କରି ଏସବୁର ଫଳାଙ୍କକୁ (Score) ଭିତ୍ତି କରି ଆଶାବାଦର ପରିମାଣ ନିର୍ଦ୍ଧାରଣ କରୁଥିଲେ । ଏ ପୁସ୍ତକର ଲେଖକ (ଫକୀର ମୋହନ ସାହୁ) ମଧ୍ୟ ସେଲିଗ୍‌ମ୍ୟାନଙ୍କ ଶୈଳୀରେ ଆଶାବାଦର ପରିମାପକ (ପୃଥକ୍ ଭାବେ ପିଲାମାନଙ୍କ ପାଇଁ ଏବଂ କିଶୋର କିଶୋରୀ ଓ ବୟସ୍କମାନଙ୍କ ପାଇଁ) ପ୍ରସ୍ତୁତ କରିଛନ୍ତି । ଏହାକୁ ଆଧାର କରି ଓଡ଼ିଶାରେ କେତେକ ଗବେଷଣା କରାଯାଇଛି ।

ଏହା ସହଜରେ ଅନୁମେୟ ଯେ ପିତାମାତା ଓ ଶିକ୍ଷକ ଶିକ୍ଷୟତ୍ରୀଙ୍କ ଅନୁକୂଳ ଶିକ୍ଷା ଆଶାବାଦ ବିକାଶରେ ସହାୟକ ହୋଇଥାଏ । ତଥାପି କୌଣସି କାରଣରୁ ଆଶାବାଦର ବିକାଶ ବ୍ୟାହତ ହୋଇ ନୈରାଶ୍ୟବାଦ (Pessimism) ରୂପ ନେଲେ ଏହାର ପରିବର୍ତ୍ତନର ସମ୍ଭାବନା ମଧ୍ୟ ଉନ୍ମୁକ୍ତ ରହିଛି । ବିଶେଷତଃ ସେଲିଗ୍‌ମ୍ୟାନ୍ ଏକ ପଞ୍ଚ ସୋପାନ ବିଶିଷ୍ଟ ତାଲିମ ଶୈଳୀର ଉପଯୋଗ କରି ଉଲ୍ଲେଖଯୋଗ୍ୟ ସଫଳତା ପାଇଛନ୍ତି । ଅନ୍ୟମାନେ ଏହାର ଉପଯୋଗ କରିପାରନ୍ତି । ନିମ୍ନ ଚିତ୍ରରେ ଏ ପ୍ରଶିକ୍ଷଣ ପଦ୍ଧତିର ସୂଚନା ଦିଆଯାଉଛି ।

ପ୍ରଥମ ସୋପାନ	ଘଟଣା
ଦ୍ୱିତୀୟ ସୋପାନ	ଖରାପ ପରିଣତି
ତୃତୀୟ ସୋପାନ	ବିଶ୍ୱାସ
ଚତୁର୍ଥ ସୋପାନ	ବିଶ୍ୱାସର ପ୍ରତିରୋଧ (Disputation)
ପଞ୍ଚମ ସୋପାନ	ସକ୍ରିୟତା ଓ ଆଶାବାଦର ଝଲକ

ପଞ୍ଚ ସୋପାନ ବିଶିଷ୍ଟ ଏହି ତାଲିମଟିର ସ୍ୱରୂପ ଏହିପରି । ପ୍ରଥମେ କୌଣସି ଏକ ଘଟଣା ଆଶାବାଦର ସ୍ତର ଭଙ୍ଗ କରେ । ମନେ କରାଯାଉ ଯେ ଗୋଟିଏ ପିଲା ଏକାଧିକ ବାର ପରୀକ୍ଷାଦେବା ସତ୍ତ୍ୱେ ଅକୃତକାର୍ଯ୍ୟ ହେଲା । ସୁତରାଂ ଏପରି ଘଟଣା ବିଶ୍ୱାସ ଜନ୍ମାଇବ ଯେ ପିଲାଟି ଅପଦାର୍ଥ । ତା' ମନରେ ନୈରାଶ୍ୟ ସୃଷ୍ଟି ହେବ । ବର୍ତ୍ତମାନ ନୈରାଶ୍ୟର ଏହି ପ୍ରତିକୂଳ ବିଶ୍ୱାସକୁ ଭଙ୍ଗ କରିବା ପାଇଁ ପ୍ରତିରୋଧ ପ୍ରୟାସ (Disputation) ଆବଶ୍ୟକ । ଏହା ପିତାମାତା, ଶିକ୍ଷକ ଶିକ୍ଷୟତ୍ରୀ କିମ୍ବା ସହାୟକ ବିଶେଷଜ୍ଞ କରିପାରିବେ । ସହାୟକ ଉଦାହରଣ ନିଆଯାଇ ପ୍ରତିରୋଧ ପ୍ରୟାସକୁ ପ୍ରାଞ୍ଜଳ କରାଯାଇପାରେ ।

ବିଶେଷଜ୍ଞ ଦୁଇଟି କୌଶଳର ଅବଲମ୍ବନ କରିପାରନ୍ତି । ପ୍ରଥମ କୌଶଳଟି ହେଉଛି

ପ୍ରରୋଚନା (Persuasion)। ବିଶେଷଜ୍ଞ (କିମ୍ବା ଏହି ସ୍ଥାନରେ ପିତାମାତା ଶିକ୍ଷକ ଶିକ୍ଷୟତ୍ରୀ କିମ୍ବା କେହି ଶୁଭେଚ୍ଛୁ) ପିଲାକୁ ବୁଝାଇ ପାରନ୍ତି ଯେ ଆଶାବାଦିତା ଛାଡ଼ିଦେବା ଠିକ୍ ନୁହେଁ। ପିଲାଟି ପରୀକ୍ଷାରେ ଭଲ ନ କଲେ ମଧ୍ୟ ଅନ୍ୟ ସବୁ ଯୋଗ୍ୟତା ଓ କୃତିତ୍ୱ ରହିଛି। କେବଳ ପରୀକ୍ଷାରେ ଭଲ କରିବା ଜୀବନର ସବୁଠାରୁ ମହତ୍ତ୍ୱପୂର୍ଣ୍ଣ କାର୍ଯ୍ୟ ନୁହେଁ। ଏପରି ଶ୍ରଦ୍ଧାଶୀଳ ସାନ୍ତ୍ୱନା ଓ ବିଚାର ଉପସ୍ଥାପନ କରି ପିଲାଟିର ବିଷାଦମୁଖୀ ମନୋଭାବ ବଦଳାଇବା ସମ୍ଭବ ହୁଏ।

ପ୍ରରୋଚନା ପରିବର୍ତ୍ତେ ଅନେକ ସମୟରେ ଉପଦେଶକ ବା ବିଶେଷଜ୍ଞ ଦ୍ୱିତୀୟ କୌଶଳ ଅବଲମ୍ବନ କରିପାରନ୍ତି। ତାହା ହେଉଛି ଯୁକ୍ତିଯୁକ୍ତ ତାର୍କିକ ପଦ୍ଧତି। ଏପରି ପଦ୍ଧତିରେ ନକାରାତ୍ମକ ମନୋଭାବର ପରିବର୍ତ୍ତନ ପାଇଁ ସାମନାସାମନି ଯୁକ୍ତି (Confrontation) କରାଯାଏ। ଏଥିପାଇଁ ବିଶେଷଜ୍ଞଙ୍କୁ ଗୋଏନ୍ଦା ପରି କିଛି ପ୍ରାମାଣିକ ତଥ୍ୟ ଯୋଗାଡ଼ କରିବାକୁ ହୋଇଥାଏ। ଆଲୋଚିତ ଉଦାହରଣଟିରେ ହୁଏତ ବିଶେଷଜ୍ଞ ନିମ୍ନମତେ ଯୁକ୍ତି କରିପାରନ୍ତି।

''ତୁମେ ପରୀକ୍ଷାରେ ଅକୃତକାର୍ଯ୍ୟ ହୋଇ ବିଷାଦଗ୍ରସ୍ତ ହୋଇ ପଡୁଛ। ମାତ୍ର ତୁମେ ଜାଣିଛ କି ଯେଉଁମାନେ କୃତକାର୍ଯ୍ୟ ହୋଇଛନ୍ତି ସେମାନେ ଦୈନିକ କେତେ ଘଣ୍ଟା ପରିଶ୍ରମ କରନ୍ତି ? ସେମାନେ କେତେସଂଖ୍ୟକ ପୁସ୍ତକ ଅଧ୍ୟୟନ କରନ୍ତି ? ସେମାନେ ଶିକ୍ଷକ ଓ ବନ୍ଧୁମାନଙ୍କ ସହ କେତେ ସମୟ ପରାମର୍ଶ କରନ୍ତି ?''

ଏହିପରି ଯୁକ୍ତିଯୁକ୍ତ ଉପସ୍ଥାପନ ପିଲା କିମ୍ବା ବ୍ୟକ୍ତିର ମାନସିକ ସ୍ଥିତି ପରିବର୍ତ୍ତନ କରିପାରେ। ସେହିପରି ପିତାମାତା ତାକୁ ସ୍ନେହ ଆଦର ଦିଅନ୍ତି ନାହିଁ ବୋଲି ଦୁଶ୍ଚିନ୍ତା କରି ବିଷାଦଗ୍ରସ୍ତ ହେଉଥିବା ପିଲା ବା କିଶୋର କିଶୋରୀ ପାଖରେ ନିମ୍ନମତେ ଯୁକ୍ତି କରାଯାଇପରେ।

''ତୁମେ ପିତାମାତାଙ୍କ ଅନାଦର କଥା ଭାବି ଦୁଃଖିତ ହେଉଛ। ମାତ୍ର ଜାଣିଛ କି ତୁମେ ଅସୁସ୍ଥ ଥିବା ସମୟରେ ତୁମର ମା' କିପରି ରାତି ରାତି ଅନିଦ୍ରା ରହି ତୁମର ଯତ୍ନ ନେଉଥିଲେ ? ତୁମେ ତୁମ ଘରଠାରୁ ବହୁ ଦୂରରେ ଅବସ୍ଥିତ ଥିବା ତୁମର ସ୍କୁଲକୁ ପରିଶ୍ରମ କରି ସାଇକେଲ ଚଳାଇ ତୁମର ମଧ୍ୟାହ୍ନ ଭୋଜନ ପାଇଁ ଖାଦ୍ୟ ନେଇ ଯାଉଥିଲେ। ସ୍କୁଲ ପାଖରେ କୌଣସି ଜଳଖିଆ ଦୋକାନ ନ ଥିଲା ଏବଂ ଗୃହରେ ପ୍ରସ୍ତୁତ ଖାଦ୍ୟ ତୁମ ଶରୀର ପାଇଁ ଅଧିକ ଉପଯୋଗୀ ବୋଲି ତୁମର ବାପା ବିଶ୍ୱାସ କରୁଥିଲେ।''

ଏପରି ଭାବଗର୍ଭକ ଯୁକ୍ତିଯୁକ୍ତ ବିଚାର ଦେଇ ମାନସିକତା ପରିବର୍ତ୍ତନ କରିବାର ପ୍ରକ୍ରିୟା ଆଶାବାଦ ବିକାଶ କରିବାର ଏକ ପ୍ରଣାଳୀ। ଏ ପ୍ରଣାଳୀଟି ସଫଳ ହେଲେ ଆଶବାଦର ବିକାଶ ଘଟି ପିଲା, କିଶୋର କିଶୋରୀ ଏବଂ ବ୍ୟକ୍ତି ପଞ୍ଚମ ସୋପାନକୁ ଉନ୍ନୀତ ହେବେ। ଏ ସୋପାନଟି ହେଉଛି ସ୍ୱାଭାବିକ ଅବସ୍ଥା ଓ ସଶକ୍ତ ଅବସ୍ଥା। ଏପରି ପ୍ରଣାଳୀର ଉପଯୋଗ କରି ସେଲିଗ୍‌ମ୍ୟାନ୍ ବହୁ ସମୟରେ ଆଶାତୀତ ସଫଳତାର ପ୍ରମାଣ ପାଇଛନ୍ତି ବୋଲି ତାଙ୍କର ବହୁପଠିତ ପୁସ୍ତକ (Learned Optimism)ରେ ଉଲ୍ଲେଖ କରିଛନ୍ତି।

ଏଠାରେ ଉଲ୍ଲେଖ କରିବା ଯଥାର୍ଥ ହେବ ଯେ ଆଲୋଚିତ ପଞ୍ଚ-ସୋପାନ ପଦ୍ଧତିରେ ସେଲିଗ୍‌ମ୍ୟାନ୍ ଆଶାବାଦ ବୃଦ୍ଧି କରିବାରେ ସଫଳତା ହାସଲ କରିଥିଲେ ମଧ୍ୟ ପଞ୍ଚ-ସୋପାନର ମୂଳ ଧାରଣାଟି ବିଶିଷ୍ଟ ମନୋବିଜ୍ଞାନୀ ବେକ୍ (A.T. Beck) ଏବଂ ଏଲିସ୍‌ଙ୍କ (Albert Ellis) ଗବେଷଣାରୁ ଗ୍ରହଣ କରାଯାଇଛି। ବେକ୍ ଓ ଏଲିସ୍ ଏ ପଦ୍ଧତିରେ ମାନସିକ ରୋଗର ଚିକିତ୍ସା କରୁଥିଲେ। ତେବେ ବେକ୍ ଅଧିକ ମାତ୍ରାରେ ପ୍ରରୋଚନା ଉପରେ ଗୁରୁତ୍ୱ ଦେବା ସ୍ଥଳେ ଏଲିସ୍ ଯୁକ୍ତିଯୁକ୍ତ ତର୍କ ମାଧ୍ୟମରେ ପରିବର୍ତ୍ତନ ଆଣିବା ପାଇଁ ପରାମର୍ଶ ଦେଉଥିଲେ। କହିବା ଅନାବଶ୍ୟକ ଯେ ଏପରି ପଦ୍ଧତି ମାନସିକ ଚିକିତ୍ସା କ୍ଷେତ୍ରରେ ଯଥେଷ୍ଟ ସ୍ୱୀକୃତି ଲାଭ କରିଛି।

ଆତ୍ମ-ନିର୍ଦ୍ଦେଶନା : ଆତ୍ମ-ନିର୍ଦ୍ଦେଶନା (Self-Direction) ଅନ୍ୟତମ ଶକ୍ତିଶାଳୀ ସଦ୍‌ଗୁଣ। ଅବଶ୍ୟ ଆତ୍ମ-ନିର୍ଦ୍ଦେଶନାର ପରିଭାଷା ବିଭିନ୍ନ ବୈଭବ ମନୋବିଜ୍ଞାନୀଙ୍କ ଗବେଷଣାରେ ପୃଥକ୍ ପୃଥକ୍ ନାମ ଗ୍ରହଣ କରିଛି।

ରିଫ୍ ସୁଖାନୁଭୂତିର ଯେଉଁ ସଂଜ୍ଞା ଓ ପରିକଳ୍ପନା ପ୍ରକାଶ କରିଛନ୍ତି, ସେଥିରେ ସୁଖାନୁଭୂତିର ଛ'ଟି ଉପାଦାନ ରହିଛି। ସେଥିରୁ ଗୋଟିଏ ଉପାଦାନ ହେଉଚି ମୁକ୍ତ ବା ସ୍ୱାଧୀନ ମନୋଭାବ (Autonomy)। ମୁକ୍ତ ଭାବରେ ନିଜ ରୁଚିର ଚୟନ, ସ୍ୱାଧୀନ ଭାବରେ ନିଜର ମୂଲ୍ୟାୟନ କରିବା ଏବଂ ଅନ୍ୟାୟ ମନେ ହେଉଥିଲେ ବାହ୍ୟ ଓ ବିରୁଦ୍ଧ ଶକ୍ତିର ପ୍ରତିରୋଧ କରିବା ଏହି ମାନସିକତାରେ ପ୍ରତିଫଳିତ। ରିଫ୍‌ଙ୍କ ପରିମାପକରେ ଏହି ମାନସିକତାକୁ ପ୍ରତିଫଳିତ କରୁଥିବା ବାକ୍ୟ ମଧ୍ୟରୁ ଦୁଇଟି ବାକ୍ୟ ହେଉଛି : ଜନ-ସମାଜରେ ଗ୍ରହଣୀୟ ନ ହେଲେ ମଧ୍ୟ ମୋର ମତାମତ ଉପରେ ମୋର ଦୃଢ଼ବିଶ୍ୱାସ ରହିଛି; ଅନ୍ୟମାନେ ମୋ ବିଷୟରେ କ'ଣ ଭାବୁଛନ୍ତି, ତାହା ନେଇ ମୁଁ ଚିନ୍ତିତ ନୁହେଁ।

ଆତ୍ମ-ନିର୍ଦ୍ଦେଶନା ଏକ ମାନସିକ ସବଳତା ରୂପେ ଡେସି ଓ ର୍ୟାନ୍‌ଙ୍କ (Deci Ryan, 2000) ଆତ୍ମ-ନିର୍ଦ୍ଧାରଣ ତତ୍ତ୍ୱରେ (Self-Determination Theory ବା STD) ସ୍ଥାନ ପାଇଛି। ମନୁଷ୍ୟ ମନର ଚାହିଦାର ସୂକ୍ଷ୍ମ ବିଶ୍ଳେଷଣ କରି ଡେସି ଓ ର୍ୟାନ୍ ଯେଉଁ ତିନୋଟି ଚାହିଦା (Needs) ସବୁଠାରୁ ଅଧିକ ଶକ୍ତିଶାଳୀ ବୋଲି ସିଦ୍ଧାନ୍ତ ନେଇଛନ୍ତି, ସେ ତିନୋଟି ହେଉଛି ନିୟନ୍ତ୍ରଣ (ବା ନିୟନ୍ତ୍ରଣ ବିଶ୍ୱାସ) , ଦକ୍ଷତା (Competence) ଏବଂ ସମ୍ପର୍କଶୀଳତା (Relatedness)। ଏହି ବିଶ୍ଳେଷଣରେ ସ୍ପଷ୍ଟ ଯେ ମନୁଷ୍ୟ ଏକ ଭାସମାନ ଭେଳା ନୁହେଁ ଏବଂ ଅବସ୍ଥା ବା ପରିବେଶର ତାଡ଼ନାରେ ଦିଗବିଦିଗ କକ୍ଷଚ୍ୟୁତ ହୋଇ ନଷ୍ଟ ହୋଇଯିବାର ବସ୍ତୁ ନୁହେଁ। ମନୁଷ୍ୟର ନିଜ ଇଚ୍ଛାର ମୂଲ୍ୟ ଅଛି ଏବଂ ତା'ର ପରିବେଶକୁ ନିୟନ୍ତ୍ରଣ କରିବାର ସାମର୍ଥ୍ୟ ରହିଛି।

ଆତ୍ମ-ନିର୍ଦ୍ଦେଶନାର ପରିଭାଷାଟି ବିଭିନ୍ନ ମନୋବିଜ୍ଞାନୀଙ୍କ ରଚନାରେ ପୃଥକ୍ ପୃଥକ୍ ନାମ ନେଇଥିଲେ ମଧ୍ୟ ଏହାକୁ ମୋଟାମୋଟି ନିୟନ୍ତ୍ରଣ ବିଶ୍ୱାସ କୁହାଯାଇପାରେ । ମନୁଷ୍ୟ ନିଜ ଇଚ୍ଛାନୁଯାୟୀ କିଛି କରିପାରିବ ଏବଂ ପରିବେଶକୁ ନିୟନ୍ତ୍ରଣ କରିପାରିବ, ଏପରି ବିଶ୍ୱାସ ଏ ମାନସିକତାର ମୂଳମନ୍ତ୍ର।

ଆତ୍ମ-ନିର୍ଦ୍ଦେଶନା ବା ନିୟନ୍ତ୍ରଣ ବିଶ୍ୱାସ ଏକ ମାନସିକ ସବଳତା ରୂପେ କିପରି ଭାବରେ ମାନସିକ ସୁସ୍ଥତାର ଅନୁକୂଳ ହୁଏ, ତାହାର ଏକ ପରୀକ୍ଷାମୂଳକ ଅନୁଧ୍ୟାନ ଏଠାରେ ଉଲ୍ଲେଖ କରାଯାଇପାରେ। ଜଣେ ବିଶିଷ୍ଟ ମନୋବିଜ୍ଞାନୀ କିଛି ସ୍କୁଲ ଛାତ୍ରଙ୍କୁ ନେଇ ବର୍ଷୀୟାନ ବ୍ୟକ୍ତିମାନେ ଚିକିତ୍ସିତ ହେଉଥିବା ଗୋଟିଏ ଚିକିତ୍ସାଳୟକୁ ଗଲେ। ସେଠାରେ ଚିକିତ୍ସିତ ହେଉଥିବା ବର୍ଷୀୟାନ ବ୍ୟକ୍ତିଙ୍କୁ କହିଲେ : ''ମୁଁ କେତେକ ସ୍ୱେଚ୍ଛାସେବୀଙ୍କୁ ନେଇ ଏଠାକୁ ଆସିଛି। ଏହି ଛାତ୍ରମାନେ ସପ୍ତାହରେ ସାତଘଣ୍ଟା ଏହି ଚିକିତ୍ସାଳୟକୁ ଆସି ସେବା କାର୍ଯ୍ୟ କରିବେ। ସେମାନେ ଆପଣମାନଙ୍କ ବିଛଣାପତ୍ର ପରିଷ୍କାର କରିବେ। ସ୍ନାନାଗାର ସଫା କରିବେ, ଇତ୍ୟାଦି ଇତ୍ୟାଦି। ମୁଁ ଆପଣମାନଙ୍କୁ ଗୋଟିଏ ରୁଟିନ୍ ଦେଉଛି ଏବଂ ଏହି ରୁଟିନ୍ ଅନୁଯାୟୀ ସ୍ୱେଚ୍ଛାସେବୀ ଆସିବେ।'' ଏହା କହି ଗବେଷକ ଗୋଟିଏ ରୁଟିନ୍ ଦେଲେ। ଧରାଯାଉ ସୋମବାର ଦିନ ୩ଟାରୁ ୪ଟା, ମଙ୍ଗଳବାର ୧୦ଟାରୁ ୧୧ଟା ଇତ୍ୟାଦି। ମୋଟ ଉପରେ ଦୈନିକ ଘଣ୍ଟାଏ ହିସାବରେ ସାତଦିନ ପାଇଁ ସାତଘଣ୍ଟାର ରୁଟିନ୍ ଦିଆଗଲା। ଲକ୍ଷ୍ୟ କରିବାର କଥା ଯେ ଏହି ଯୋଜନାରେ ସ୍ୱେଚ୍ଛାସେବୀମାନେ ନିର୍ଦ୍ଧାରିତ ସମୟରେ ଆସିବେ ଏବଂ ସେବା ପ୍ରଦାନ କରିବେ। ସେବା ଗ୍ରହଣ କରୁଥିବା ବ୍ୟକ୍ତିମାନଙ୍କର ସେବା ସମୟ ନିର୍ଦ୍ଧାରଣରେ କୌଣସି ସ୍ୱାଧୀନତା ନାହିଁ।

ଗବେଷକ ପୁନଶ୍ଚ ସେହି ସ୍ୱେଚ୍ଛାସେବୀମାନଙ୍କୁ ନେଇ ସମାନ ଧରଣର ଆଉ ଗୋଟିଏ ଚିକିତ୍ସାଳୟକୁ ଗଲେ ଏବଂ ସମାନ ପ୍ରକାର ଘୋଷଣା କଲେ। ତେବେ ଗୋଟିଏ ପାର୍ଥକ୍ୟ ଥିଲା ଯେ ସେ କୌଣସି ରୁଟିନ୍ ନ ଦେଇ ସ୍ୱେଚ୍ଛାସେବୀ ଦଳର ନେତାଙ୍କର ଫୋନ୍ ନମ୍ବରଟି ଦେଲେ। ଆବଶ୍ୟକ ସମୟରେ ସେବା ଦଳର ନେତାଙ୍କ ମାଧ୍ୟମରେ ସେମାନେ ସ୍ୱେଚ୍ଛାସେବୀଙ୍କୁ ଡକାଇ ପାରିବେ ଏବଂ ସେବା ଗ୍ରହଣ କରିବେ। ତେବେ ସେବାର ପରିମାଣ ସପ୍ତାହକୁ ୭ ଘଣ୍ଟା ମଧ୍ୟରେ ସୀମିତ ରହିବ।

ଏହି ଯୋଜନାଟି କିଛି ମାସ କାର୍ଯ୍ୟକାରୀ କରାଗଲା। ଏହି ସମୟରେ ଚିକିତ୍ସିତ ହେଉଥିବା ବର୍ଷୀୟାନ୍ ବ୍ୟକ୍ତିମାନଙ୍କର ଶାରୀରିକ ସ୍ୱାସ୍ଥ୍ୟ ଓ ମାନସିକ ସ୍ୱାସ୍ଥ୍ୟର ଆକଳନ କରାଗଲା। ଶରୀରର ଓଜନର ବୃଦ୍ଧି କିମ୍ବା ହ୍ରାସ, ରକ୍ତ ଚାପ, ହୃଦ୍‌ସ୍ପନ୍ଦନ ଇତ୍ୟାଦି ମାପ କରାଗଲା। ସେହିପରି ମାନସିକ ସ୍ୱାସ୍ଥ୍ୟ ପାଇଁ ସେମାନଙ୍କ ବିଷାଦ, ଦୁଶ୍ଚିନ୍ତା, ମାନସିକ ପ୍ରସନ୍ନତା, ହସଖୁସି ମଧ୍ୟ ଆକଳନ କରାଗଲା। କୌତୂହଳର ବିଷୟ ଯେ ଦ୍ୱିତୀୟ ଚିକିତ୍ସାଳୟର ଲୋକମାନଙ୍କ କ୍ଷେତ୍ରରେ ଉନ୍ନତ ଶାରୀରିକ ଓ ମାନସିକ ସ୍ୱାସ୍ଥ୍ୟର ପ୍ରମାଣ ମିଳିଲା। ମନୋବିଜ୍ଞାନୀ (ବିଶେଷଜ୍ଞ) ଯୁକ୍ତି କଲେ ଯେ ଦ୍ୱିତୀୟ ଚିକିତ୍ସାଳୟର ଲୋକମାନଙ୍କ ମନରେ ଥିବା ନିୟନ୍ତ୍ରଣ ବିଶ୍ୱାସ (ଆମର ଇଚ୍ଛା ଆନୁସାରେ ଆମେ ସ୍ୱେଚ୍ଛାସେବୀଙ୍କୁ ସେବା ପାଇଁ ଡାକିପାରିବୁ) ଫଳପ୍ରଦ ହୋଇଛି। ନିୟନ୍ତ୍ରଣ ବିଶ୍ୱାସ ଶାରୀରିକ ଓ ମାନସିକ ସ୍ୱାସ୍ଥ୍ୟ ବିକାଶରେ ସହାୟକ ହୋଇଛି।

ମୂଳତଃ 'ଆତ୍ମ-ନିର୍ଦ୍ଦେଶନା'ର ଏକାଧିକ ସମାର୍ଥବୋଧକ ପରିଭାଷା ରହିଥିଲେ ମଧ୍ୟ ବ୍ୟକ୍ତିର ନିୟନ୍ତ୍ରଣ ବିଶ୍ୱାସ ହିଁ କେନ୍ଦ୍ରୀୟ ଚିନ୍ତାଧାରା। ଏ ପୁସ୍ତକର ପୂର୍ବଭାଗରେ ଆଲୋଚିତ ହୋଇଥିବା ଆଲବର୍ଟ ବାନ୍ଦୁରାଙ୍କ ଆତ୍ମସାମର୍ଥ୍ୟବୋଧରେ (Self-Efficancy) ମଧ୍ୟ ଏପରି ଚିନ୍ତନ ପ୍ରତିବିମ୍ବିତ। ନିୟନ୍ତ୍ରଣ ବିଶ୍ୱାସ ବ୍ୟକ୍ତିକୁ ଆତ୍ମବିଶ୍ୱାସ ଓ ଦକ୍ଷତା ଗଠନରେ ସହାୟକ ହୋଇଥିବାରୁ ଏହା ଏକ ସକାରାତ୍ମକ ଗୁଣ ରୂପେ କାର୍ଯ୍ୟ କରେ।

ଲକ୍ଷ୍ୟ-ପ୍ରେରିତ ଜୀବନ : ଲକ୍ଷ୍ୟ-ପ୍ରେରିତ ବ୍ୟକ୍ତିତ୍ୱ ଓ ଆଚରଣ ମନୁଷ୍ୟ ଚରିତ୍ରର ଅନ୍ୟ ଏକ ସବଳତା। ନିଜର ବ୍ୟବହାରକୁ ଉଦ୍ଦେଶ୍ୟପୂର୍ଣ୍ଣ ଭାବରେ ପ୍ରୟୋଗ କରିବା ମନୁଷ୍ୟର ଏକ ବୈଶିଷ୍ଟ୍ୟ। ସବୁ ସମୟରେ ନ ହେଲେ ମଧ୍ୟ ଅନେକ ସମୟରେ ଇତର ପ୍ରାଣୀମାନଙ୍କ ବ୍ୟବହାର ଇତଃସ୍ତତଃ ଓ ବିକ୍ଷିପ୍ତ (Random) ହୋଇଥାଏ। ମାତ୍ର ମଣିଷର ବ୍ୟବହାର ବହୁମାତ୍ରରେ ଲକ୍ଷ୍ୟ ପ୍ରେରିତ। ନିଜର ଚାହିଦା ଅନୁଯାୟୀ ଲକ୍ଷ୍ୟର ପରିବର୍ତ୍ତନ ଘଟେ। ସବୁ ମଣିଷ ସବୁ ସମୟରେ କୌଣସି ନା କୌଣସି ଉଦ୍ଦେଶ୍ୟ ବା ଲକ୍ଷ୍ୟ ନେଇ

କାର୍ଯ୍ୟକଲେ ମଧ୍ୟ ବିକାଶମୁଖୀ ଏବଂ ଉନ୍ନତ ଜୀବନ ପାଇଁ ଲକ୍ଷ୍ୟର ସୁନିର୍ଦ୍ଦିଷ୍ଟତା ଆବଶ୍ୟକ । ଏ ଦୃଷ୍ଟିରୁ ଲକ୍ଷ୍ୟପ୍ରେରିତ ବ୍ୟକ୍ତିତ୍ୱ ଓ ବ୍ୟବହାରର ଏକ ସ୍ୱତନ୍ତ୍ର ଅର୍ଥ ରହିଛି ।

ପିଲାଙ୍କ ପାଇଁ ଲେଖା ହୋଇଥିବା ଏକ ବିଶେଷ ଜନାଦୃତି ହାସଲ କରିଥିବା Alice in the Wonderland ପୁସ୍ତକରେ ଗୋଟିଏ ସୁନ୍ଦର ଘଟଣାର ଅବତାରଣା କରାଯାଇଛି। ଆଲିସ୍ (ପୁସ୍ତକର ମୁଖ୍ୟ ଚରିତ୍ର) ସଂବାଲୁଆକୁ ପଚାରିଛି: ''ମୁଁ କେଉଁ ଦିଗରେ ଯିବି ?'' ସଁବାଲୁଆ କହିଛି – ''ତାହା ତୁମର ଗନ୍ତବ୍ୟସ୍ଥଳ ଉପରେ ନିର୍ଭର କରେ।'' ଆଲିସ୍ କହିଛି – ''ମୋର ଗନ୍ତବ୍ୟସ୍ଥଳ ସମ୍ପର୍କରେ କୌଣସି ଧାରଣା ନାହିଁ ।'' ସଁବାଲୁଆ କହିଛି – ''ତେବେ ତୁମେ ଯେଉଁ ବାଟରେ ଗଲେ ଚଳିବ।'' ଏ କଥୋପକଥନର ତାତ୍ପର୍ଯ୍ୟ ସହଜରେ ଅନୁମେୟ। ଜୀବନଯାତ୍ରା ସମୟରେ ଆମେ ଆମର ଲକ୍ଷ୍ୟବିନ୍ଦୁ ସ୍ଥିର କରିବାକୁ ହେବ। ଆମେ କେଉଁ ସ୍ଥାନରେ ପହଞ୍ଚିବାକୁ ଚାହିଁଛୁ ତାହାର ସ୍ପଷ୍ଟ ଧାରଣା କରିବାକୁ ହେବ। ଗନ୍ତବ୍ୟ ସ୍ଥଳର ଲକ୍ଷ୍ୟବିନ୍ଦୁ ସମ୍ପର୍କରେ ଧାରଣା ନଥିଲେ ଆମର ଯାତ୍ରା ଶୃଙ୍ଖଳିତ ଓ ଫଳପ୍ରଦ ହେବ ନାହିଁ।

ଓଡ଼ିଶାର ଜଣେ କୃତବିଦ୍ୟ ସନ୍ତାନ ବିଶିଷ୍ଟ ଦାର୍ଶନିକ, ଲେଖକ ଓ ମନସ୍ତତ୍ତ୍ୱବିଦ୍ ପ୍ରଫେସର୍ ଚିତ୍ତରଞ୍ଜନ ଦାସ ତାଙ୍କର ଗୋଟିଏ ପୁସ୍ତକରେ ଉଲ୍ଲେଖ କରିଛନ୍ତି : ଲକ୍ଷ୍ୟହୀନ ଲୋକର ଅନେକ ଲକ୍ଷ୍ୟ। ଏହାର ମର୍ମବାଣୀ ସହଜରେ ଅନୁମେୟ। ଲକ୍ଷ୍ୟ-ପ୍ରେରିତ ବ୍ୟକ୍ତିତ୍ୱରେ ଜୀବନରେ ଲକ୍ଷ୍ୟ ସୁନିର୍ଦ୍ଦିଷ୍ଟ। ସୁନିର୍ଦ୍ଦିଷ୍ଟ କହିବାର ତାତ୍ପର୍ଯ୍ୟ ହେଉଛି ଯେ ଲକ୍ଷ୍ୟର ସଂଖ୍ୟା ସୀମିତ, ଗୋଟିଏ କିମ୍ବା ଦୁଇଟି। ଏକାଧିକ ଲକ୍ଷ୍ୟ ଥିଲେ ମଧ୍ୟ ଲକ୍ଷ୍ୟଗୁଡ଼ିକ ପିରାମିଡ୍ ଆକାରରେ ସଂଯୋଜିତ ହୋଇ ରହିଥାଏ। ଗୋଟିଏ ବଡ଼ ଲକ୍ଷ୍ୟକୁ ଆଶ୍ରୟ କରି ତାହାର ନିମ୍ନ ସ୍ତରରେ ଏକାଧିକ ଲକ୍ଷ୍ୟ ସ୍ଥାନିତ ହୋଇପାରେ। ଉଦାହରଣ ସ୍ୱରୂପ ଜଣେ ବ୍ୟକ୍ତିର ମୌଳିକ ଲକ୍ଷ୍ୟ ଥାଇପାରେ ଜ୍ଞାନଜଗତରେ ଶୀର୍ଷ ସ୍ଥାନକୁ ଗତି କରିବା ଏଥିପାଇଁ ପର୍ଯ୍ୟାପ୍ତ ଅଧ୍ୟୟନ କରିବା, ବିଦ୍ୱାନ୍‌ମାନଙ୍କ ସହିତ ସଂଯୋଗ ରକ୍ଷା କରିବା ଏବଂ ଆବଶ୍ୟକ ସମୟରେ ଜ୍ଞାନର ଚର୍ଚ୍ଚା କରିବା। ଏସବୁକୁ ପ୍ରକୃତରେ ଭିନ୍ନ ଭିନ୍ନ ଲକ୍ଷ୍ୟ କୁହାଯିବ ନାହିଁ। ଏସବୁ ସୋପାନ ଅତିକ୍ରମ କରି ଜ୍ଞାନର ଶୀର୍ଷ ସୋପାନକୁ ଗତି କରିବାକୁ ହେବ । ସୁତରାଂ ପ୍ରୟୋଗାତ୍ମକ ଦୃଷ୍ଟିକୋଣରୁ ଏହା ହେଉଛି ଗୋଟିଏ ଉଚ୍ଚତର ଲକ୍ଷ୍ୟ ।

ଉଦ୍ଦେଶ୍ୟ ବା ଲକ୍ଷ୍ୟ-ପ୍ରେରିତ ଜୀବନର ଅନ୍ୟ ଗୋଟିଏ ସୂଚକ ହେଉଛି ଲକ୍ଷ୍ୟଟିର ଏକ ବାସ୍ତବ ଚିତ୍ର। ଗୋଟିଏ ଉଦାହରଣ ଦ୍ୱାରା ଏହାକୁ ସ୍ପଷ୍ଟ କରାଯାଇପାରେ। ଆମେ ଦେଶକୁ ସମୃଦ୍ଧିଶାଳୀ କରିବୁ – ଏହା କହିବା ପରିବର୍ତ୍ତେ ଦେଶରେ ମୁଣ୍ଡପିଛା ଆୟ

୩୦୦୦ ଟଙ୍କାରୁ ୫୦୦୦ ଟଙ୍କା ବୃଦ୍ଧି କରିବାର ଲକ୍ଷ୍ୟପୋଷଣ ଅଧିକ ଯୁକ୍ତିଯୁକ୍ତ। ସେହିପରି ମୋର ବ୍ୟକ୍ତିଗତ ଜୀବନରେ ମୁଁ ପରିଶ୍ରମୀ ହେବି ବୋଲି କହିବା ପରିବର୍ତ୍ତେ ମୁଁ ଦୈନିକ ୧୦ ଘଣ୍ଟା ପରିଶ୍ରମ କରିବାର ଲକ୍ଷ୍ୟ ଧାର୍ଯ୍ୟ କରିଛି ବୋଲି କହିବା ଅଧିକ ସ୍ପଷ୍ଟ ଓ ସୁନିର୍ଦ୍ଦିଷ୍ଟ ହେବ। ସଂଖ୍ୟାତ୍ମକ (ପରିମାଣାତ୍ମକ) ଭାବରେ ପ୍ରକାଶ କରିବାର ସ୍ପଷ୍ଟତା ଲକ୍ଷ୍ୟଟିକୁ ଅଧିକ ବାସ୍ତବ ରୂପଦିଏ।

ଲକ୍ଷ୍ୟପ୍ରେରିତ ଜୀବନରେ ଆଉ ଗୋଟିଏ ଦିଗ ହେଉଛି ଯେ ଏପରି ଲୋକମାନେ ଏକ ଦୂରନ୍ତ ଓ ବିରାଟ ଲକ୍ଷ୍ୟ ଧାର୍ଯ୍ୟ କଲେ ମଧ୍ୟ ବାସ୍ତବ ରୂପାୟନ ପାଇଁ ସେମାନେ ତାହାକୁ ଅପେକ୍ଷାକୃତ ସମୀପବର୍ତ୍ତୀ ଲକ୍ଷ୍ୟରେ ରୂପାନ୍ତର କରନ୍ତି। ଦୃଷ୍ଟାନ୍ତ ସ୍ୱରୂପ, ଜଣେ ବ୍ୟକ୍ତି ଲକ୍ଷ୍ୟ ସ୍ଥିର କରିପାରନ୍ତି ଯେ ସେ ଜଣେ ଚିକିତ୍ସକ ହେବେ। ହୁଏତ ଏପରି ଲକ୍ଷ୍ୟର ପୂରଣ ପାଇଁ ପାଞ୍ଚ ବର୍ଷର ସାଧନା ସମୟ ଆବଶ୍ୟକ। ସୁତରାଂ ଏଥିପାଇଁ ତାଙ୍କୁ ଆଗାମୀ ଛ'ମାସ ମଧ୍ୟରେ କ'ଣ କରିବାକୁ ହେବ, ଆଗାମୀ ଏକବର୍ଷ ମଧ୍ୟରେ କ'ଣ କରିବାକୁ ହେବ, ଦୁଇ ବର୍ଷ ମଧ୍ୟରେ କ'ଣ କରିବାକୁ ହେବ ଏବଂ ଆଗାମୀ ତିନିବର୍ଷ ମଧ୍ୟରେ କ'ଣ କରିବାକୁ ହେବ, ସେ ସମ୍ପର୍କରେ ଏକ ମାନସିକ ନକ୍‌ସା ବ୍ୟକ୍ତି ପ୍ରସ୍ତୁତ କରନ୍ତି। ନିକଟବର୍ତ୍ତୀ ଲକ୍ଷ୍ୟର ପରିପୂରଣ ମାଧ୍ୟମରେ ହିଁ ଦୂରନ୍ତ ଓ ଅନ୍ତିମ ଲକ୍ଷ୍ୟ ପରିପୂରିତ ହୁଏ।

ଉଦ୍ଦେଶ୍ୟ-ପ୍ରେରିତ ବ୍ୟକ୍ତିତ୍ୱ ଓ ଗୁଣର ମହନୀୟତା ଯୋଗୁ ଏହାକୁ ମାନସିକ ସ୍ୱାସ୍ଥ୍ୟର ଏକ ବଳିଷ୍ଠ ଉପାଦାନର ସ୍ୱୀକୃତି ଦିଆଯାଇଛି। ରିଫ୍‌ଙ୍କ ସୁଖାନୁଭୂତିର ପରିମାପକରେ ସ୍ଥାନ ପାଇଥିବା ଛ'ଟି ଉପାଦାନ ମଧ୍ୟରୁ ଏହା ଅନ୍ୟତମ। ରିଫ୍ ସ୍ପଷ୍ଟ ଭାବରେ ଉଲ୍ଲେଖ କରିଛନ୍ତି ଯେ ସୁଖାନୁଭୂତିର ଉପଲବ୍ଧି ପାଉଥିବା ବ୍ୟକ୍ତିର ଲକ୍ଷ୍ୟସବୁ ସୁନର୍ଦ୍ଦିଷ୍ଟ ଏବଂ ଜୀବନର ଗତି ସମ୍ପର୍କରେ ସଚେତନ। ବିଗତ ଓ ବର୍ତ୍ତମାନ ଜୀବନ ଅର୍ଥପୂର୍ଣ୍ଣ ବୋଲି ବିଶ୍ୱାସ ରହିଥାଏ। ରିଫ୍‌ଙ୍କ ପରିମାପକରେ ଏପରି ସବଳତାକୁ ପ୍ରକାଶ କରୁଥିବା ବାକ୍ୟ ଦୁଇଟି ହେଉଛି : ମୋର ଜୀବନ ଯେଉଁ ଦିଗରେ ଗତି କରୁଛି, ସେ ସମ୍ପର୍କରେ ମୋର ସ୍ପଷ୍ଟ ଧାରଣା ଅଛି; ମୋର ଦୈନନ୍ଦିନ ଜୀବନରେ ମୁଁ ଯେଉଁ ସମସ୍ତ କାର୍ଯ୍ୟକରେ, ସେସବୁ ପୂରାପୂରି ମାମୁଲି ଓ ଅଦରକାରୀ ବୋଲି ମୁଁ ଭାବିନଥାଏ। ମୋଟ ଉପରେ ଲକ୍ଷ୍ୟ-ସଚେତନତା ଜୀବନକୁ ସରସ ସୁନ୍ଦର କରେ।

କୃତଜ୍ଞତାଜ୍ଞାପନ : ଅକୃତଜ୍ଞ ମନୋଭାବର ବଳୟ ଯେତେ ଅଧିକ ପ୍ରସାରିତ ହେଉଛି, ମଣିଷ ଅଣନିଃଶ୍ୱାସୀ ହୋଇ କୃତଜ୍ଞତାର ଅମ୍ଳଜାନ ସେତିକି ବେଗରେ ଅନ୍ୱେଷଣ

କରୁଛି । ମଣିଷ ସଂସାରରେ ଜୀବନ ଧାରଣ କରି ଆଗକୁ ଆଗକୁ ବଢ଼ିବା ମୂଳରେ ଯେ ଅଜସ୍ର ଲୋକଙ୍କର ଅବଦାନ ରହିଛି ସେ କଥା ହୁଏତ ସେ ଜାଣେ । ମାତ୍ର ଏପରି ଜ୍ଞାନକୁ ଅନୁଭବର ସ୍ତରକୁ ନେଇଆସି ଭାବଗତ ସ୍ତରରେ ଅନ୍ୟମାନଙ୍କୁ କୃତଜ୍ଞତା ଜ୍ଞାପନ କରିବାର ମାନସିକତା କ୍ରମଶଃ ତିରୋହିତ ହେବାରେ ଲାଗିଛି । ଏପରି ଏକ ଅପସଂସ୍କୃତିର ବିଲୟ ଘଟାଇ ଶ୍ରଦ୍ଧାଞ୍ଜାପନର ସଂସ୍କୃତି ବିକଶିତ ନ କଲେ ଆମ୍ଭେମାନେ ଭାବ ଦାରିଦ୍ର୍ୟର ଅନ୍ଧକାର ମଧ୍ୟରେ ରହିଯିବୁ ।

ଅଳ୍ପ ବହୁତେ ସାହାଯ୍ୟ ଦେଇଥିବା ବ୍ୟକ୍ତି ପ୍ରତି ସ୍ୱୀକୃତି ଜଣାଇ ଅନ୍ତରର ଶ୍ରଦ୍ଧା ଓ ସମ୍ମାନ ପ୍ରକଟ କରିବା ହେଉଛି କୃତଜ୍ଞତା । କୃତଜ୍ଞତାର ଇଂରାଜୀ ଶବ୍ଦ Gratitude ମୂଳ ଲାଟିନ୍ Gratisରୁ ଆସିଛି । ମୂଳ ଲାଟିନ୍ ଶବ୍ଦର ଅର୍ଥ ହେଉଛି ଦୟା, କରୁଣା ଓ ମହାନତା । ସୁତରାଂ କୃତଜ୍ଞତା ଶବ୍ଦର ଅନ୍ତରାଳରେ ଦେବା ଓ ନେବାର ମହନୀୟତା ପ୍ରତିଫଳିତ ।

ଆମେ କେବଳ ଅନ୍ୟ ମଣିଷଠାରୁ ଉପକାର ପାଇ ନଥାଉ । ଜୀବଜଗତ, ବୃକ୍ଷଲତା ଏବଂ ଅନ୍ୟ କେତେକ ନିର୍ଜୀବ ପରିବେଶରୁ ମଧ୍ୟ ଉପକାର ପାଇଥାଉ । ସଜୀବ ହେଉ ଅଥବା ନିର୍ଜୀବ ହେଉ, ଆମର ଉପକାରୀ ସ୍ଥିତି ପ୍ରତି ଆନୁଗତ୍ୟ ପ୍ରକାଶ କରିବା, ସ୍ୱୀକାରୋକ୍ତି ଜ୍ଞାପନ କରିବା, ପ୍ରଶଂସା କରିବା ଏବଂ ଶ୍ରଦ୍ଧାଞ୍ଜାପନ କରିବାର ଆଚରଣ ହେଉଛି କୃତଜ୍ଞତା ।

କୃତଜ୍ଞତା ଜ୍ଞାପନ ଏକ ଉଚ୍ଚତର ମାନସିକତା ହୋଇଥିବାରୁ ମନସ୍ତତ୍ତ୍ୱବିଦ୍‌ମାନେ ଏପରି ମନୋଭାବର ଫଳାଫଳ ସମ୍ପର୍କରେ ଗବେଷଣା କରିଛନ୍ତି । କୃତଜ୍ଞତା-ଜ୍ଞାପନର ମନୋବୃତ୍ତିକୁ ସବୁ ଧର୍ମରେ ଏକ ମହନୀୟ ମୂଲ୍ୟବୋଧର ସ୍ୱୀକୃତି ଦିଆଯାଇଛି । ଯେଉଁମାନଙ୍କର ଅଧିକ କୃତଜ୍ଞତାବୋଧ ରହିଛି, ସେମାନେ ଶିକ୍ଷାଗତ ଓ ବୃତ୍ତିଗତ ଜୀବନରେ ଅପେକ୍ଷାକୃତ ଅଧିକ ସଫଳତା ହାସଲ କରନ୍ତି । ସେମାନଙ୍କର ଆଶାବାଦ, ମାନସିକ ପ୍ରସନ୍ନତା, ଶାନ୍ତି ଓ ପ୍ରଶାନ୍ତି ଅପେକ୍ଷାକୃତ ଅଧିକ । କୃତଜ୍ଞତାବୋଧର ଏକାଧିକ ସଫଳତା ଥିବାରୁ ଏହାର ଅନୁକରଣ ଓ ବିକାଶ ସବୁଠାରୁ ଗୁରୁତ୍ୱପୂର୍ଣ୍ଣ ଦାୟିତ୍ୱ ।

କୃତଜ୍ଞତାବୋଧର ବିକାଶ : ଏକ ଗୁରୁତ୍ୱପୂର୍ଣ୍ଣ ଦିଗ ହୋଇଥିବାରୁ ମନୁଷ୍ୟର ମନ ଓ ହୃଦୟରେ ଏହି ମାନସିକତାର ଅଙ୍କୁରଣ ଓ ବିକାଶ ପାଇଁ ମନୋବିଜ୍ଞାନୀମାନେ ବିଭିନ୍ନ ପରାମର୍ଶ ଦେଇଛନ୍ତି ।

କୃତଜ୍ଞତା ଦିନଲିପି ବା ଡାଏରୀ ଲିଖନର ଅଭ୍ୟାସ ଏକ ସୁନ୍ଦର ପ୍ରଣାଳୀ । କୃତଜ୍ଞତା

ଡାଏରୀ ବା ପତ୍ରିକାର (Gratitude Diary ବା Gratitutde Journal) ଶୈଳୀ ଏହିପରି ହେବା ଉଚିତ। ଗୋଟିଏ ଖାତାରେ ଯେପରି ଆୟ ଓ ବ୍ୟୟ ଲେଖାଯାଏ, ସେହିପରି ଶୈଳୀ ଅନୁସୃତ ହେବା ବିଧେୟ। ପ୍ରତିଦିନ ଖାତାର ବାମପାର୍ଶ୍ୱ ପୃଷ୍ଠାରେ ଆମେ ଅନ୍ୟ ପାଇଁ କ'ଣ କରପାରିଛୁ ତାହା ଲେଖା ରହିବ ଏବଂ ଦକ୍ଷିଣ ପାର୍ଶ୍ୱ ପୃଷ୍ଠାରେ ଅନ୍ୟମାନେ ଆମ ପାଇଁ କ'ଣ କରିଛନ୍ତି ତାହା ଉଲ୍ଲେଖ କରାଯିବ। ପ୍ରତିଦିନ ଏପରି ବାମ ଓ ଦକ୍ଷିଣ ପାର୍ଶ୍ୱ ପୃଷ୍ଠାଟି ପୂରଣ କରାଯିବ। ସେପରି କିଛି ଲେଖିବାର ନ ଥିଲେ ପୃଷ୍ଠାଟି ସେଦିନ ଶୂନ୍ୟ ରହିବ। ଦୀର୍ଘକାଳୀନ ଭିତ୍ତିରେ ଏପରି ଦିନଲିପି ଲେଖୁଥିବା ବ୍ୟକ୍ତିମାନେ ଅନ୍ୟମାନଙ୍କ (ଏପରି ଡାଏରୀ ଲେଖୁ ନଥିବା) ତୁଳନାରେ ଅଧିକ ସୁଖଶାନ୍ତି ଓ ଆତ୍ମସନ୍ତୋଷ ଅନୁଭବ କରନ୍ତି।

ଅନ୍ୟ କେତେକ ମନୋବିଜ୍ଞାନୀ ପିଲା ଓ କିଶୋର କିଶୋରୀମାନଙ୍କ କ୍ଷେତ୍ରରେ ଅନ୍ୟ ଏକ ପ୍ରଣାଳୀର ପ୍ରୟୋଗ କରିଛନ୍ତି। ସେମାନେ ସମ୍ପୃକ୍ତ ସ୍କୁଲ କିମ୍ବା କଲେଜକୁ ଯାଇ ଶ୍ରେଣୀ ଗୃହରେ ଶିକ୍ଷାର୍ଥୀମାନଙ୍କୁ ସେମାନଙ୍କର ସବୁଠାରୁ ପ୍ରିୟ ଶିକ୍ଷକ / ଶିକ୍ଷୟିତ୍ରୀଙ୍କ ନାମ ସ୍ମରଣ କରିବାର ପରାମର୍ଶ ଦେଇଛନ୍ତି। ପ୍ରତ୍ୟେକ ଛାତ୍ର କିମ୍ବା ଛାତ୍ରୀର ଲିଖିତ କୃତଜ୍ଞତାପୂର୍ଣ୍ଣ ଚିଠିଟି ଯେପରି ନିର୍ଦ୍ଦିଷ୍ଟ ଶିକ୍ଷକ / ଶିକ୍ଷୟିତ୍ରୀଙ୍କ ପାଖରେ ବ୍ୟକ୍ତିଗତ ଭାବେ ପହଞ୍ଚି ପାରିବ, ତାହାର ବ୍ୟବସ୍ଥା କରାଯାଏ। ଛାତ୍ର କିମ୍ବା ଛାତ୍ରୀଟି ନିଜେ ହିଁ ଏ ପତ୍ରଟି ବ୍ୟକ୍ତିଗତ ଭାବେ ପ୍ରଦାନ କରିଥାଏ। ଏପରି କାର୍ଯ୍ୟ ନିଃସନ୍ଦେହ ଭାବରେ ଛାତ୍ର କିମ୍ବା ଛାତ୍ରୀ ହୃଦୟରେ କୃତଜ୍ଞତାର ଭାବ ଉନ୍ମେଷ କରିଥାଏ।

ଜାପାନୀମାନେ ନାଇକେନ୍ (Naiken) ନାମକ ଯେଉଁ ଏକ ଧ୍ୟାନର ପରିକଳ୍ପନା କରିଛନ୍ତି, ତାହାର କେନ୍ଦ୍ରବିନ୍ଦୁରେ ରହିଛି କୃତଜ୍ଞତାର ଅନୁଭବ। ଏ ଧ୍ୟାନରେ ଧ୍ୟାନକାରୀ ମୁଖ୍ୟତଃ ନିଜକୁ ଯେଉଁ ତିନୋଟି ପ୍ରଶ୍ନ ପଚରିବସନ୍ତି, ସେ ତିନୋଟି ପ୍ରଶ୍ନ କୃତଜ୍ଞତା ସହିତ ଜଡ଼ିତ । ପ୍ରଶ୍ନଗୁଡ଼ିକ ହେଉଛି : ''ମୁଁ କ'ଣ ପାଇଛି ?'' ଦ୍ୱିତୀୟ ପ୍ରଶ୍ନଟି ହେଉଛି : ''ମୁଁ କ'ଣ ଦେଇଛି ?'' ତୃତୀୟ ପ୍ରଶ୍ନଟି ଦେଉଛି ''ମୁଁ ଅନ୍ୟମାନଙ୍କୁ କି ଧରଣର ଦୁଃଖକଷ୍ଟ ଦେଇଛି ?'' କହିବା ଅନାବଶ୍ୟକ ଯେ ଏ ତିନୋଟି ପ୍ରଶ୍ନ ନିଜକୁ ପଚାରିବା ମାଧ୍ୟମରେ ଗଭୀର ଭାବନାରେ ବୁଡ଼ି ରହିବା ଫଳରେ କୃତଜ୍ଞତାର ଅଙ୍କୁରଣ ଓ ବିକାଶ ଘଟିଥାଏ। ନିଜର ପ୍ରିୟ ଶିକ୍ଷକ / ଶିକ୍ଷୟିତ୍ରୀଙ୍କ ମହତ୍ତ୍ୱପୂର୍ଣ୍ଣ ଅବଦାନକୁ ସ୍ମରଣ କରି ସେମାନଙ୍କୁ କୃତଜ୍ଞତାର ବ୍ୟକ୍ତିଗତ ପତ୍ର ଅର୍ପଣ କରିଥିବା ଶିକ୍ଷାର୍ଥୀମାନେ କେତେକ ସକରାତ୍ମକ ଅନୁଭବର ଅଧିକାରୀ ହୁଅନ୍ତି।

ଏପରି ବିଦ୍ୟାର୍ଥୀମାନେ ଅପେକ୍ଷାକୃତ ଅଧିକ ସକାରାତ୍ମକ ଆବେଗର (Emotion) ମଧ୍ୟ ଅନୁଭବ ପାଆନ୍ତି। ସେମାନଙ୍କର ଶିକ୍ଷାଗତ ସାଫଲ୍ୟ ଓ ମାନସିକ ପ୍ରସନ୍ନତା ବୃଦ୍ଧିପାଏ ।

କୃତଜ୍ଞତା କେବଳ ଏକ ପରିକଳ୍ପନା ନୁହେଁ। ଏହାର ପରିମାଣାତ୍ମକ ରୂପରେଖ ନିର୍ଦ୍ଧାରଣ କରାଯାଇପାରେ। ଜଣେ ବ୍ୟକ୍ତି ମନରେ କେତେ ପରିମାଣରେ କୃତଜ୍ଞତାବୋଧ ରହିଛି, ତାହା ସହଜ ଉପାୟରେ ଜାଣିବା ପାଇଁ ଗୋଟିଏ ସରଳ ପ୍ରଶ୍ନ ପଚରା ଯାଇପାରେ - କେଉଁ କେଉଁ ଘଟଣା ବା ବସ୍ତୁ ଆପଣଙ୍କ ମନରେ କୃତଜ୍ଞତା ଭାବ ସଞ୍ଚାର କରିଛି ? ବ୍ୟକ୍ତି ଜଣଙ୍କର ଉତ୍ତରର ସଂଖ୍ୟା ବା ପରିମାଣ କୃତଜ୍ଞତାବୋଧର ମୋଟାମୋଟି ଧାରଣା ଦେଇପାରେ। ଅଧିକସଂଖ୍ୟକ ଘଟଣା ପାଇଁ କୃତଜ୍ଞତା ଅନୁଭବ କରୁଥିବା ବ୍ୟକ୍ତିର ଅଧିକ କୃତଜ୍ଞତାବୋଧ ରହିଛି ବୋଲି ବିଚାର କରାଯାଇପାରେ।

ଅନ୍ୟ ଗୋଟିଏ କୌଶଳ ହେଉଛି ଜଣେ ବ୍ୟକ୍ତି ନିଜ ସମ୍ପର୍କରେ ଲେଖିଥିବା ଗଳ୍ପକୁ (କିମ୍ବା ଆତ୍ମ ଜୀବନୀ) ଆଧାର କରି କୃତଜ୍ଞତାର ଆକଳନ କରାଯାଇପାରେ। ବ୍ୟକ୍ତି ଅନ୍ୟ କାହା ପ୍ରତି ଆନୁଗତ୍ୟ କିମ୍ବା ଋଣୀ ହେବାର ସୂଚନା ଦେଇଛନ୍ତି, ତାହା ସହଜରେ କୃତଜ୍ଞତାର ସ୍ତର ଦର୍ଶାଇବ।

ଔପଚାରିକ କିମ୍ବା ଅନଔପଚାରିକ ଭାବରେ ବ୍ୟକ୍ତିର ପ୍ରାର୍ଥନାର ପରିଭାଷାକୁ ଲକ୍ଷ୍ୟ କରି ବ୍ୟକ୍ତିର କୃତଜ୍ଞତାବୋଧର ମାତ୍ରା ଆକଳନ କରାଯାଇପାରେ। ମନେକରାଯାଉ ନିମ୍ନରେ ଦିଆଯାଇଥିବା ତିନୋଟି ବାକ୍ୟ କୁହାଗଲା ଏବଂ ପ୍ରତ୍ୟେକଟି ବାକ୍ୟ ସହିତ ବ୍ୟକ୍ତି କେତେଦୂର ଏକମତ, ତାହା ପଚରାଗଲା। ପୂରାପୂରି ଅମତ ହେଲେ ବାକ୍ୟ ପାର୍ଶ୍ୱରେ ୧, ବେଶୀ ଅମତ ପାଇଁ ୨, ଅଳ୍ପ ଅମତ ପାଇଁ ୩, କହିବା କଷ୍ଟକର ପାଇଁ ୪, ଅଳ୍ପ ସହମତି ପାଇଁ ୫, ବେଶୀ ସହମତି ପାଇଁ ୬, ବେଶୀ ଏବଂ ପୂରାପୂରି ସହମତି ପାଇଁ ୭ ନମ୍ବର ଦେବା ପାଇଁ ନିର୍ଦ୍ଦେଶ ଦିଆଗଲା। ବାକ୍ୟ ତିନୋଟି ଏହିପରି :

୧. ମୁଁ ନିର୍ଦ୍ଦିଷ୍ଟ ଜିନିଷ ପାଇଁ ଧନ୍ୟବାଦ ଜଣାଉଛି।

୨. ମୁଁ ମୋ ପରିସ୍ଥିତି ପାଇଁ କୃତଜ୍ଞ।

୩. ମୋ ଜୀବନର ଘଟଣା ପାଇଁ ମୁଁ ଈଶ୍ୱରଙ୍କ ନିକଟରେ କୃତଜ୍ଞ।

ବ୍ୟକ୍ତି ସୂଚିତ କରିଥିବା ନମ୍ବରଗୁଡ଼ିକ ମିଶାଇଲେ ତାହା ୩ରୁ ୨୧ ମଧ୍ୟରେ

ରହିବ। କହିବା ଅନାବଶ୍ୟକ ଯେ ଯୋଗଫଳ ୬ ମଧ୍ୟରେ ରହିଲେ କୃତଜ୍ଞତାର ଘୋର ଅଭାବ ବୁଝିବାକୁ ହେବ। ଯୋଗଫଳ ୭ରୁ ୧୨ ମଧ୍ୟରେ ରହିଲେ କିଛି ପରିମାଣରେ ଅଭାବ ଅଛି ବୋଲି ଧରାଯିବ। ଯୋଗଫଳ ୧୩ରୁ ୧୫ ମଧ୍ୟରେ ରହିଲେ କିଛି ପରିମାଣରେ କୃତଜ୍ଞତାବୋଧ ରହିଛି ଏବଂ ଯୋଗଫଳ ୧୬ କିମ୍ବା ତା'ଠାରୁ ବେଶୀ ହେଲେ ପର୍ଯ୍ୟାପ୍ତ ପରିମାଣରେ କୃତଜ୍ଞତାବୋଧ ରହିଥିବାର ସିଦ୍ଧାନ୍ତ ଗ୍ରହଣ କରାଯିବ।

ସ୍ଥୂଳତଃ ବ୍ୟକ୍ତିଗତ ଜୀବନରେ ପ୍ରାପ୍ତି ପାଇଁ ସଦାସର୍ବଦା ଅନ୍ୟମାନଙ୍କୁ ସ୍ମରଣ କରିବା ଏବଂ ନିଜର ଶ୍ରଦ୍ଧାଞ୍ଜଳି ଜ୍ଞାପନ କରିବା ଏବଂ ବିଶେଷ ଧରଣର ମୂଲ୍ୟବୋଧ। ଏହାର ଅନୁକରଣ ଓ ବିକାଶ ପାଇଁ ପ୍ରତ୍ୟେକ ବ୍ୟକ୍ତିର ପ୍ରୟାସ ଆବଶ୍ୟକ। ନିମ୍ନପ୍ରଦତ୍ତ ପ୍ରଶ୍ନାବଳୀ ମାଧ୍ୟମରେ ଆପଣ ନିଜର କୃତଜ୍ଞତାବୋଧର ଆକଳନ କରିପାରନ୍ତି।

ପ୍ରଶ୍ନାବଳୀ :

ନିମ୍ନରେ ଛ'ଟି ବାକ୍ୟ ଦିଆଯାଇଛି। ପ୍ରତ୍ୟେକଟି ବାକ୍ୟ ଭଲ ରୂପେ ପଢ଼ନ୍ତୁ ଏବଂ ଆପଣଙ୍କ ବିଶ୍ୱାସ ଅନୁଯାୟୀ ବାକ୍ୟ ପାର୍ଶ୍ୱରେ ୧ରୁ ୭ ମଧ୍ୟରେ ଥିବା ଗୋଟିଏ ସଂଖ୍ୟା ଲେଖନ୍ତୁ।

ପୂରାପୂରି ଅମତ ହୋଇଥିଲ ୧ ଲେଖନ୍ତୁ।

ଅମତ ହୋଇଥିଲେ ୨ ଲେଖନ୍ତୁ।

ସାମାନ୍ୟ ଅମତ ହୋଇଥିଲେ ୩ ଲେଖନ୍ତୁ।

ଠିକ୍ କରି ନ ପାରିଲେ ୪ ଲେଖନ୍ତୁ।

ଅଳ୍ପ ଏକମତ ହୋଇଥିଲେ ୫ ଲେଖନ୍ତୁ।

ବେଶୀ ଏକମତ ହୋଇଥିଲେ ୬ ଲେଖନ୍ତୁ।

ପୂରାପୂରି ଏକମତ ହୋଇଥିଲେ ୭ ଲେଖନ୍ତୁ।

୧. ଅନ୍ୟ ପାଖରେ ଋଣୀ ହେବାଭଳି ଜୀବନରେ ବେଶ୍ କିଛି ରହିଛି ।

୨. ଜୀବନରେ କୃତଜ୍ଞ ଅନୁଭବ କରିବାର ଜିନିଷସବୁର ତାଲିକା ପ୍ରସ୍ତୁତ କଲେ ତାଲିକାଟି ଖୁବ୍ ଦୀର୍ଘ ହେବ।

୩. ସଂସାରକୁ ଚାହିଁଲେ କୃତଜ୍ଞତା ପ୍ରକାଶ ପାଇଁ ମୁଁ ବେଶ୍ କିଛି ଦେଖେ ।

୪. କିଛି ଧରଣର ଲୋକଙ୍କ ପାଖରେ ମୁଁ ଋଣୀ ।

୫. ମୋର ବୟସ ବଢ଼ିବା ସଙ୍ଗେ ସଙ୍ଗେ ମୁଁ ଅନୁଭବ କରୁଛି ଯେ ମୋ ଜୀବନ ଇତିହାସର ବଳୟ ମଧ୍ୟକୁ ବହୁଲୋକ ଚାଲି ଆସୁଛନ୍ତି ।

୬. ମୋର ଜୀବନର ଗଠନ ଓ ବିକାଶରେ ଅନ୍ୟମାନଙ୍କ ଅବଦାନ ରହିଛି ।

ଆପଣ ପ୍ରତିଟି ବାକ୍ୟ ପାଇଁ ସୂଚିତ କରିଥିବା ନମ୍ବର ମିଶାଇବା ପରେ ଯୋଗଫଳ ୬ରୁ ୪୨ ମଧ୍ୟରେ ରହିବ । ଆପଣ ନିମ୍ନମତେ ବ୍ୟାଖ୍ୟା କରିପାରନ୍ତି ।

୧୦ରୁ କମ୍ ହେଲେ ଏହା କୃତଜ୍ଞତାବୋଧର ଅଭାବ ।

୧୧ରୁ ୨୦ ହେଲେ ଏହା ଅଳ୍ପ ପରିମାଣର କୃତଜ୍ଞାତବୋଧର ସୂଚକ ।

୨୧ରୁ ୩୦ ହେଲେ ହେଉଛି ଅଧିକ ପରିମାଣର କୃତଜ୍ଞତାବୋଧ ।

୩୦ରୁ ବେଶୀ ହେଲେ ପର୍ଯ୍ୟାପ୍ତ କୃତଜ୍ଞତାବୋଧ ।

ପୂର୍ଣ୍ଣମନସ୍କତା : ବୈଭବ ମନୋବିଜ୍ଞାନର ଏକାଧିକ ପରିକଳ୍ପନାର ଉତ୍ସ ବିଭିନ୍ନ ପରମ୍ପରା ଉପରେ ଆଧାରିତ । ପ୍ରାଚ୍ୟ ଓ ପାଶ୍ଚାତ୍ୟ ସଂସ୍କୃତିର କେତେକ ମୌଳିକ ଚିନ୍ତାଧାରା ବୈଭବ ମନୋବିଜ୍ଞାନର କେତେକ ଧାରଣାକୁ ପରିପୁଷ୍ଟ କରିଛି । ହିନ୍ଦୁ ଓ ବୌଦ୍ଧଦର୍ଶନର ଧ୍ୟାନ ପରମ୍ପରା ବିଶେଷ ଭାବରେ ଚିନ୍ତାମୁକ୍ତ ଜୀବନର ପରିକଳ୍ପନାରେ ସହାୟକ ହୋଇଛି । ବିଶେଷତଃ ବୌଦ୍ଧ ପରମ୍ପରାରେ ସ୍ୱୀକୃତି ଓ ସମ୍ମାନ ପାଉଥିବା ପୂର୍ଣ୍ଣମନସ୍କତାର (Mindfulnss) ମଡ଼େଲ୍ ମାନବିକ ବିକାଶର ଏକ ବଳିଷ୍ଠ ମାର୍ଗ ରୂପେ ମାନ୍ୟତା ଲାଭ କରିଛି ।

ପାଗଳାମୀ ବା ବାତୁଳତାର ବିଭିନ୍ନ ସଂଜ୍ଞା ରହିଛି । ବିଶିଷ୍ଟ ଚିନ୍ତାନାୟକ ବୈଜ୍ଞାନିକ ଆଇନ୍‌ଷ୍ଟାଇନ୍ ଏବଂ ବହୁ ପ୍ରତିଭାର ଅଧିକାରୀ ବେଞ୍ଜାମିନ୍ ଫ୍ରାଙ୍କ୍‌ଲିନ୍ କହୁଥିଲେ ଯେ କୌଣସି ଅର୍ଥହୀନ କାର୍ଯ୍ୟର ସୁଦୀର୍ଘ ପୁନରାବୃତ୍ତି ଏକ ଧରଣର ବାତୁଳତା । କେତେକ ଲୋକ ଉଦ୍ଦେଶ୍ୟହୀନ ଭାବରେ ଟେଲିଭିଜନ ସୁଇଚ୍‌କୁ ସକ୍ରିୟ କରନ୍ତି ଏବଂ ପୁଣି ନିଷ୍କ୍ରିୟ କରନ୍ତି । ଘଣ୍ଟା ଘଣ୍ଟା ଏପରି କରିବା ପରେ ସେମାନଙ୍କର ଦୁଇ ତିନିଘଣ୍ଟା ଅଯଥାରେ ନଷ୍ଟ ହୋଇଗଲା ଭାବି ମନସ୍ତାପ କରନ୍ତି । ଏପରି କାର୍ଯ୍ୟ ବ୍ୟକ୍ତି ମନରେ ଶୂନ୍ୟତା ଓ ବିରସତା (Boredom) ସୃଷ୍ଟି କରିଥାଏ ।

ଅନ୍ୟ ପକ୍ଷରେ ଲକ୍ଷ୍ୟପ୍ରେରିତ ଭାବରେ ପ୍ରତିଟି ମୁହୂର୍ତ୍ତରେ ଅର୍ଥପୂର୍ଣ୍ଣ ଅନୁଭବର

ଅନ୍ୱେଷଣ କରୁଥିବା ବ୍ୟକ୍ତିମାନେ ଆନନ୍ଦ ଓ ପରିପୂର୍ଣ୍ଣତା ଅନୁଭବ କରନ୍ତି । ଏପରି ଅନୁଭବ ସେମାନଙ୍କ ଦକ୍ଷତା ଓ ଜୀବନ ସହିତ ସମ୍ବନ୍ଧିତ । ଡାନିଏଲ୍ କାହ୍ନେମ୍ୟାନ୍ ନାମକ ଜଣେ ମନୋବିଜ୍ଞାନୀ ୨୦୦୨ ମସିହାରେ ଅର୍ଥଶାସ୍ତ୍ରରେ ନୋବେଲ୍ ପୁରସ୍କାର ପାଇଥିଲେ । ତାଙ୍କ ଚିନ୍ତନର ମୂଳଭାବନା ଏହିପରି ଥିଲା । ମଣିଷ ଦିନର ୨୪ ଘଣ୍ଟା ମଧ୍ୟରୁ ନିଦ୍ରା ଓ ବିଶ୍ରାମରେ କାଟୁଥିବା ୮ ଘଣ୍ଟାକୁ ବାଦ୍ ଦେଲେ ୧୬ ଘଣ୍ଟା ଶାରୀରିକ ସ୍ତରରେ ଖୋଲା ରହିଛି । ଏହା ତାକୁ ୨୦,୦୦୦ ମୁହୂର୍ତ୍ତ (ପ୍ରତି ତିନି ସେକେଣ୍ଡକୁ ଗୋଟିଏ ମୁହୂର୍ତ୍ତ ବୋଲି କହ୍ନେମ୍ୟାନ ସଂଜ୍ଞା ଦେଇଥିଲେ) ପ୍ରଦାନ କରିଛି । ପ୍ରତିଟି ମୁହୂର୍ତ୍ତରେ ପ୍ରଚ୍ଛନ୍ନ ସମ୍ଭାବନା ଠୁଳ ହୋଇଛି । ପ୍ରତିଟି ମୁହୂର୍ତ୍ତରେ ରହିଛି ମାନସିକ ସାମଗ୍ରୀର ମିଶ୍ରଣ ଓ ଭାବଗତ ସମ୍ବଳ । ଅଧିକାଂଶ ଲୋକ ଏପରି ସମ୍ବଳର ସଦୁପଯୋଗ କରି ନଥାନ୍ତି ।

ଅନ୍ୟ ପକ୍ଷରେ ଦେଖିବାକୁ ଗଲେ ପ୍ରତିଟି ଦିନ ୨୦,୦୦୦ ମୁହୂର୍ତ୍ତର ସମ୍ଭାବନା ଦେଉଛି ସଂଯୋଗର ସୁବିଧା ଦେଉଛି ଏବଂ ଅନୁଭବକୁ ଗଭୀର କରିବାର ସୁଯୋଗ ଦେଉଛି । ଏହାକୁ ସ୍ପଷ୍ଟ କରିବା ପାଇଁ ଗୋଟିଏ ଉଦାହରଣ ନିଆଯାଉ । ଧାରାଯାଉ ତିନି ବର୍ଷର ଗୋଟିଏ ଶିଶୁ ଧୀର ଗତିରେ ଚାଲି ଚାଲି ଆଗକୁ ଯାଉଛି । ଖାଦ୍ୟ ଖାଇବା କିମ୍ବା ଶୋଇବାର ଚାପ ନାହିଁ । ଶିଶୁଟି ସୁସ୍ଥ ଓ ସତେଜ । ହୁଏତ ଚାଲିବାର ଗତି ଯୁବକଯୁବତୀର ଗତିଠାରୁ କିଛି କମ୍ । ଚାଲିବା ସମୟରେ ଦୃଷ୍ଟି ଆଗକୁ ଯାହା ଆସିବ, ତାହା ସେ ଅନୁଭବ କରିବ । ଚାଲିବା ସମୟରେ ଭିନ୍ନ ଏକ ମୁହୂର୍ତ୍ତର ଅନୁଭବ ଆସିପାରେ । ଧରାଯାଉ ଗୋଟିଏ ବିରାଡ଼ି ରାସ୍ତା ପାରହେବାର ଦୃଶ୍ୟ ଆସିଯାଇପାରେ । ଏ କ୍ଷେତ୍ରରେ ପିଲାଟି ଏ ଦୃଶ୍ୟଟି ମଧ୍ୟ ଉପଭୋଗ କରିବ । ‘‘ମୁଁ ଏହାକୁ ଦେଖିବି କି ନାହିଁ’’ - ଏପରି କିଛି ବିଶ୍ଳେଷଣ ରହିବ ନାହିଁ । ଦୃଶ୍ୟଟିର ନୂତନତ୍ୱ ପ୍ରତି ସଚେତନ ହେବ ଏବଂ ଅନୁଭବରେ ନିମଗ୍ନ ହେବ ।

ଜଣେ ବୈଭବ ମନୋବିଜ୍ଞାନୀ (Amy Wrzesniewski) ଥରେ ଲକ୍ଷ୍ୟ କଲେ ଯେ ଗୋଟିଏ ଚିକିତ୍ସାଳୟରେ ସଫେଇ କାମ କରୁଥିବା ମହିଳାମାନେ କାମଟିକୁ ଯେନତେନ ପ୍ରକାରେ ସାରି ନ ଦେଇ ପ୍ରତି ମୁହୂର୍ତ୍ତରେ ଏହାର ସୌନ୍ଦର୍ଯ୍ୟକରଣ ପ୍ରତି ଦୃଷ୍ଟି ଦେଇଛନ୍ତି । ପ୍ରତିଟି ମୁହୂର୍ତ୍ତକୁ ନବୀକରଣ କରିବା ପ୍ରକ୍ରିୟା ମାଧ୍ୟମରେ ଅନ୍ୟମାନଙ୍କର ଉପକାର ହେଉଛି । ଚିକିତ୍ସାଳୟକୁ ଆସୁଥିବା ଲୋକମାନେ ମନୋଜ୍ଞ ପରିବେଶର ଅନୁଭବ ପାଇପାରିବେ । ସେହିପରି ହାର୍ଭାର୍ଡ଼ ବିଶ୍ୱବିଦ୍ୟାଳୟର ସାମାଜିକ ମନୋବିଜ୍ଞାନୀ ଏଲେନ୍ ଲାଞ୍ଜାର କେତେଜଣ ସ୍ୱେଚ୍ଛାସେବୀଙ୍କୁ ନେଇ ବର୍ଷୀୟାନ୍ ପୁରୁଷ ଓ ମହିଳା ଚିକିତ୍ସିତ ହେଉଥିବା

ଚିକିତ୍ସା କେନ୍ଦ୍ରକୁ ଗଲେ। ସେଠାରେ ଚିକିତ୍ସିତ ହେଉଥିବା ବ୍ୟକ୍ତିମାନଙ୍କୁ କିଛି ଚାରାଗଛ ପ୍ରଦାନ କରି ସେଗୁଡ଼ିକର କିପରି ଯତ୍ନନେବାକୁ ହେବ, ତାହା ବତାଇଦେଲେ । ଏପରି ଯତ୍ନନେବା କାର୍ଯ୍ୟ କିଛି ମାସ ଧରି ଚାଲିଲା। ଗଛସବୁ ପଲ୍ଲବିତ ଓ ପୁଷ୍ପିତ ହେଲା। ପରିବେଶଟି ଶୋଭନୀୟ ହୋଇ ଉଠିଲା। ସହଜରେ ଅନୁମେୟ ଯେ ଚିକିତ୍ସାଳୟକୁ ଆସୁଥିବା ଏବଂ ସେଠାରେ ଚିକିତ୍ସିତ ହେଉଥିବା ଲୋକମାନେ ଗଭୀର ଆନନ୍ଦ ଅନୁଭବର ସୁଯୋଗ ପାଇଲେ। ପୂର୍ଣ୍ଣ ମନସ୍କତାର (Mindfulness) ପ୍ରକୃତ ସ୍ୱରୂପ କ'ଣ, ତାହା ଏହି ଦୃଷ୍ଟାନ୍ତରେ ପ୍ରତିଫଳିତ।

ପୂର୍ଣ୍ଣମନସ୍କତା (Mindfulness) ଏକ ନବଯୁଗୀୟ ଚିନ୍ତାଧାରା। ଅତୀତରେ ବୌଦ୍ଧଧର୍ମର ପରମ୍ପରାରେ ଦୈନନ୍ଦିନ ଜୀବନର ଘଟଣା ଓ ପ୍ରବହମାନ ଶାରୀରିକ ଓ ମାନସିକ ଅବସ୍ଥା ପ୍ରତି ସଚେତନ ହେବାର ପୁରୁଣା ପ୍ରଣାଳୀର ଏ ଏକ ନୂଆରୂପ। ବର୍ତ୍ତମାନର ଚିନ୍ତା-ବିବ୍ରତ ଓ ବିପର୍ଯ୍ୟସ୍ତ ମନକୁ ସଜାଡ଼ିବା ପାଇଁ ଏହାର ଉପଯୋଗ କରାଯାଉଛି।

ପୂର୍ଣ୍ଣମନସ୍କତାକୁ ଏଲେନ୍ ଲାଞ୍ଜାର ଏହିପରି ବର୍ଣ୍ଣନା କରିଛନ୍ତି : ଏହା ମନର ଏକ ସଚଳ ଅବସ୍ଥା। ନୂତନତ୍ୱ ପ୍ରତି ଉନ୍ମୁକ୍ତ ହେବାର ଅବସ୍ଥା। ପୂର୍ଣ୍ଣମନସ୍କ ଥିବା ସମୟରେ ଆମେ ପାରିପାର୍ଶ୍ୱିକ ପ୍ରସଙ୍ଗ ପ୍ରତି ସଚେତନ ଥାଉ। ଇନ୍ଦ୍ରିୟାନୁଭୂତି ହେଉ ଅଥବା କୌଣସି କାର୍ଯ୍ୟ ହେଉ, ଏହାକୁ ତରବରିଆ କୌଣସିମତେ ସାରିଦେବାର ମାନସିକତା ନ ନେଇ ନିବିଷ୍ଟତାର ସହିତ ସମ୍ପନ୍ନ କରିବା ହେଉଛି ପୂର୍ଣ୍ଣମନସ୍କତା।

ସଂକ୍ଷେପରେ କହିବାକୁ ଗଲେ ପୂର୍ଣ୍ଣମନସ୍କତା ହେଉଛି ନୂତନତାର ଅନ୍ୱେଷଣ। ଅନ୍ୟ ପକ୍ଷରେ ମନବିଚଳନ ହେଉଛି ସ୍ୱୟଂକ୍ରିୟ ପାଇଲଟ୍ ପରି କାର୍ଯ୍ୟସବୁକୁ ଗତାନୁଗତିକ ରୀତିରେ ପୁନରାବୃତ୍ତି କରିବା। ଅଧିକ ସ୍ପଷ୍ଟ କରିବା ପାଇଁ ପୁଣି କୁହାଯାଇପାରେ ଯେ ପୂର୍ଣ୍ଣମନସ୍କତା ନିମ୍ନ ସାରଣୀରେ ପ୍ରକାଶ କରାଯାଇପାରେ -

ପୂର୍ଣ୍ଣମନସ୍କତାର ବୈଶିଷ୍ଟ୍ୟ

❖ **ମୂଲ୍ୟାୟନ ନ କରିବା :** ସାକ୍ଷୀ ଭାବ ଗ୍ରହଣ କରିବାକୁ ହେବ, ମୂଲ୍ୟାୟନ (ଭଲ ମନ୍ଦ) ବିଚାର କରାଯିବ ନାହିଁ। ପ୍ରତ୍ୟେକଟି ମୁହୂର୍ତ୍ତକୁ ଭଲ ମନ୍ଦ ବିଚାର ନକରି କେବଳ ପର୍ଯ୍ୟବେକ୍ଷଣ କରିବାକୁ ହେବ।

- **କୌଣସି ଫଳାଫଳ ଆଶାରେ କାର୍ଯ୍ୟ ନ କରିବା :** ପରିଣତି ସହିତ ଅସମ୍ପୃକ୍ତ ରହିବା
- **ଗ୍ରହଣଶୀଳତା :** ବର୍ତ୍ତମାନ ଯାହା ଘଟି ଯାଉଛି ତାହାକୁ ଗ୍ରହଣ କରିନେବା
- **ଧୈର୍ଯ୍ୟଶୀଳତା :** ଯାହା ଘଟି ଯାଉଛି ତାହାକୁ ପରିବର୍ତ୍ତନ କରିବାର ଚେଷ୍ଟା ନ କରି ଘଟଣାଟି ଘଟିଯିବାରେ ଛାଡ଼ିଦେବା
- **ବିଶ୍ୱାସବୋଧ :** ନିଜ ପ୍ରତି (ନିଜର ଶରୀର, ମନ, ଆବେଗ) ପ୍ରତି ବିଶ୍ୱାସ
- **ଉନ୍ମୁକ୍ତତା :** ବାହାର ଜଗତର ଫଳାଫଳର ଅବଗତି ସମ୍ପର୍କରେ ଖୋଲାମନ
- **ଘଟଣା ପ୍ରତି ବାଧାହୀନତା :** ''ଯାହା ଘଟିଯାଉଛି, ତାହା ଘଟିଯାଉ'' ଏହି ମନୋଭାବ
- **ଭଦ୍ରତା ଓ ବିନମ୍ରତା :** ଧୀର, ସଂଯତ ଓ ବିନମ୍ର ମନୋଭାବ
- **ସମାନୁଭୂତି :** ଅନ୍ୟର ସୁଖରେ ସୁଖୀ, ଅନ୍ୟର ଦୁଃଖରେ ଦୁଃଖୀ
- **କୃତଜ୍ଞତାବୋଧ :** ଅନ୍ୟ ପ୍ରତି କୃତଜ୍ଞତାବୋଧ
- **କରୁଣା**

ଦୈନନ୍ଦିନ ଜୀବନର ପ୍ରବାହ ମଧ୍ୟରେ ପୂର୍ଣ୍ଣମନସ୍କତା କିପରି କାର୍ଯ୍ୟକାରୀ ରହିବ, ତାହାର ଦୃଷ୍ଟାନ୍ତ ଦିଆଯାଇପାରେ। ପ୍ରତିଟି ମୁହୂର୍ତ୍ତରେ ପୂର୍ଣ୍ଣମନସ୍କତାର ପ୍ରୟୋଗ ସମ୍ଭବପର ହୋଇଥିବାରୁ ଭୋଜନ ଗ୍ରହଣ ସମୟରେ ପୂର୍ଣ୍ଣମନସ୍କତାର ଦୃଷ୍ଟାନ୍ତ ବିଚାର୍ଯ୍ୟ।

ଭୋଜନଗ୍ରହଣ ସମୟରେ ପୂର୍ଣ୍ଣ ମନସ୍କତାର ହାସଲ ପାଇଁ ନିମ୍ନଲିଖିତ ଦିଗ ପ୍ରତି ସଚେତନ ରହିବା ଆବଶ୍ୟକ।

- ଯେଉଁ ଖାଦ୍ୟ ସାମଗ୍ରୀ ଭୋଜନ କରିବେ ତାହା ଭଲ ରୂପେ ଦେଖନ୍ତୁ। ଖାଦ୍ୟର ସମସ୍ତ ଉପାଦାନ ପ୍ରତି ସଚେତନ ହୁଅନ୍ତୁ।
- ମୁଖରେ ଖାଦ୍ୟର ସ୍ପର୍ଶ ଦେବା ମାତ୍ରେ ଏ ଦିଗରେ ଧ୍ୟାନ ଦିଅନ୍ତୁ। ମୁଖ ଓ ଦାନ୍ତରେ ଚାପ ଦେବା ସମୟରେ ଚାପର ପ୍ରଭାବ ପ୍ରତି ସଚେତନ ହୁଅନ୍ତୁ।
- ଖାଦ୍ୟ ମୁଖ ଗହ୍ୱରକୁ ଯାଇ ଉଦରସ୍ଥ ହେବା ସମୟରେ ପାକସ୍ଥଳୀର ଅନୁଭବ ପ୍ରତି ସଚେତନ ହୁଅନ୍ତୁ। ଖାଦ୍ୟ ଖାଇବାର ତୃପ୍ତି (ରୂପ, ରସ ଗନ୍ଧ ଇତ୍ୟାଦି) ପ୍ରତି ଅଭିନିବିଷ୍ଟ ହେବା ପ୍ରୟୋଜନ।

କେବଳ ଖାଦ୍ୟଗ୍ରହଣ ନୁହେଁ, ଦୈନନ୍ଦିନ ଜୀବନରେ ପ୍ରତିଟି କାର୍ଯ୍ୟରେ ପୂର୍ଣ୍ଣମନସ୍କତାକୁ ସଂଯୋଜିତ କରାଯାଇପାରେ। ପୂର୍ଣ୍ଣମନସ୍କତାର ସହ ବ୍ୟାୟାମ କରିବା ମଧ୍ୟ ଏକ ସୁନ୍ଦର ଦୃଷ୍ଟାନ୍ତ। ପୂର୍ଣ୍ଣମନସ୍କତା ଉପରେ ପ୍ରତିଷ୍ଠିତ ଧ୍ୟାନ ଓ ତାହାର ଉପଯୋଗିତା ପରବର୍ତ୍ତୀ ପର୍ଯ୍ୟାୟରେ ଅଲୋଚନା କରାଯିବ।

ପୂର୍ଣ୍ଣମନସ୍କତାର ସୁଫଳ ଖୁବ୍ ପରିବ୍ୟାପ୍ତ। ଦୈନନ୍ଦିନ ଜୀବନ ତଥା ସାମଗ୍ରିକ ଜୀବନରେ ମାନସିକ ଚାପର ନିୟନ୍ତ୍ରଣ ପାଇଁ ଏହା ଏକ ବିଶେଷ ମାଧ୍ୟମ। ମାନସିକ ରୋଗର ନିରାକରଣ କ୍ଷେତ୍ରରେ ବହୁ ମନୋଚିକିତ୍ସକ ପୂର୍ଣ୍ଣମନସ୍କତା ଅଭ୍ୟାସର ପରାମର୍ଶ ଦିଅନ୍ତି। ମାନସିକ ରୋଗ ଓ ମାନସିକ ଚାପର ନିରାକରଣ ବ୍ୟତୀତ ସୁଖ ଓ ସ୍ୱାସ୍ଥ୍ୟର ବିକାଶ ପାଇଁ ଏ ପଦ୍ଧତିର ଉପଯୋଗ କରାଯାଏ।

ଅନ୍ୟ କେତେକ ସହାୟକ ଦିଗ :

ସୁଖ, ସ୍ୱାସ୍ଥ୍ୟ ଓ ଆନନ୍ଦାନୁଭୂତିର ପ୍ରାପ୍ତି ଏକ ସରଳ ପ୍ରକ୍ରିୟା ନୁହେଁ। ଚିର ପ୍ରବାହିତ ଏହି ବିଶାଳ ନଦୀରେ ବହୁ ଉପନଦୀ ସଂଯୋଜିତ ହୋଇ ଏହାକୁ ଗଭୀର କରିବାର କଥା ପୂର୍ବରୁ ଆଲୋଚିତ ହୋଇଛି। ଏଠାରେ ଆଉ କେତୋଟି ସହାୟକ ଦିଗର କଥା କୁହାଯିବ। ସେଗୁଡ଼ିକ ହେଉଛି ଶାରୀରିକ କ୍ରିୟାକଳାପ ଓ ବ୍ୟାୟାମ, ଯୋଗ ଓ ଧ୍ୟାନ ଏବଂ ଅଧ୍ୟାତ୍ମ ବୁଦ୍ଧି।

ଶାରୀରିକ କ୍ରିୟାକଳାପ ଓ ବ୍ୟାୟାମ :

ସାଧାରଣତଃ ଦେଖାଯାଏ ଯେ ଆଧୁନିକ ଯୁଗର ଅଧିକାଂଶ ସ୍ୱାସ୍ଥ୍ୟ ସଂକଟର ଉତ୍ପତ୍ତିସ୍ଥଳ ହେଉଛି ତ୍ରୁଟିପୂର୍ଣ୍ଣ ଜୀବନଶୈଳୀ। ବିଶ୍ୱସ୍ୱାସ୍ଥ୍ୟ ସଂଗଠନ ୨୦୦୪ ମସିହାରେ ଶରୀର ଚାଳନା ଓ ଶାରୀରିକ କ୍ରିୟାକଳାପର ଦ୍ରୁତ ଅବହେଳାକୁ ବିଭିନ୍ନ ରୋଗର କାରଣ ରୂପେ ସଂକେତ ଦେଇଛି। ବିଶେଷତଃ ହୃଦ୍‌ରୋଗ, ମଧୁମେହ, କର୍କଟରୋଗ ଓ ଷ୍ଟ୍ରୋକ୍ ପରି ମାରାତ୍ମକ ରୋଗ ମୂଳରେ ଶାରୀରିକ କ୍ରିୟାକଳାପର ଅଭାବକୁ ବିଶ୍ୱ ସ୍ୱାସ୍ଥ୍ୟ ସଂଗଠନ ଦାୟୀ କରିଛି। ଅନ୍ୟ ପକ୍ଷରେ ସ୍ୱାସ୍ଥ୍ୟର ବିକାଶ ପାଇଁ ପର୍ଯ୍ୟାପ୍ତ ଶରୀର ଚାଳନା ଓ ବ୍ୟାୟାମର ଭୂମିକାକୁ ପ୍ରାଧାନ୍ୟ ଦିଆଯାଇଛି।

ଶାରୀରିକ ସ୍ୱାସ୍ଥ୍ୟ ଓ ମାନସିକ ସ୍ୱାସ୍ଥ୍ୟ ମଧ୍ୟରେ ନିବିଡ଼ ସମ୍ପର୍କ ରହିଛି। ଉନ୍ନତ ଶାରୀରିକ ଅବସ୍ଥା ମାନସିକ ସ୍ୱାସ୍ଥ୍ୟକୁ ତ୍ୱରାନ୍ୱିତ କରେ ଏବଂ ବିକଶିତ ମାନସିକ ଅବସ୍ଥା

ଶାରୀରିକ କ୍ରିୟାକଳାପର ପରିସରକୁ ପରିବ୍ୟାପ୍ତ କରେ। ପୂର୍ବରୁ ସୂଚନା ଦିଆଯାଇଛି ଯେ ସିଦ୍ଧାନ୍ତ ଗ୍ରହଣ ସମୟରେ କେବଳ ଗୋଟିଏ ନିର୍ଦ୍ଦିଷ୍ଟ ଅନୁଧ୍ୟାନର ପରିଣତିକୁ ବିଚାର ନ କରି ବହୁସଂଖ୍ୟକ ଅନୁଧ୍ୟାନର ସମ୍ମିଳିତ ସିଦ୍ଧାନ୍ତକୁ ବିଚାର କରିବାର ପ୍ରଦ୍ଧତିକୁ ବିଶ୍ଲେଷଣୋତ୍ତର ପଦ୍ଧତି (Meta-Analysis) କୁହନ୍ତି। ଏହି ପଦ୍ଧତିରେ ଓକୁନ୍ ଓ ସହଯୋଗୀ (Okun and Associetes, 1984) ଦର୍ଶାଇଲେ ଯେ ଶାରୀରିକ କ୍ରିୟାକଳାପ ଓ ମାନସିକ ସ୍ୱାସ୍ଥ୍ୟ ମଧ୍ୟରେ ସହସମ୍ବନ୍ଧ (Correlation) ହେଉଛି .୩୦ ।

ବ୍ୟାୟାମ ଶରୀର ଚାଳନାର ଏକ ମୁଖ୍ୟ ପରିପ୍ରକାଶ। ସ୍ୱଳ୍ପକାଳୀନ ବ୍ୟାୟାମ ଅନୁକୂଳ ମିଜାଜ ଗଠନ କରେ ଏବଂ ଦୀର୍ଘକାଳୀନ ନିୟମିତ ବ୍ୟାୟାମ ସୁଖାନୁଭୂତି ସୃଷ୍ଟି କରେ। ସ୍ୱଳ୍ପକାଳୀନ ବ୍ୟାୟାମ ଶରୀରରେ ଏଣ୍ଡୋର୍ଫିନ୍ସ ନାମକ ଦ୍ରବ୍ୟ ସଞ୍ଚାର କରେ । ନିୟମିତ ଭାବରେ ବ୍ୟାୟାମ କରୁଥିବା ବ୍ୟକ୍ତିମାନଙ୍କର ବିଷାଦ ଓ ଉତ୍‌କଣ୍ଠା ହ୍ରାସ କରେ । ଏହା ସହିତ କେତେକ ସକାରାତ୍ମକ ପରିଣତି ମଧ୍ୟ ସୃଷ୍ଟି ହୁଏ। ବ୍ୟକ୍ତିର ଆତ୍ମମର୍ଯ୍ୟାଦବୋଧ ପରିଣତି ମଧ୍ୟ ସୃଷ୍ଟି ହୁଏ। ବ୍ୟକ୍ତିର ଆତ୍ମମର୍ଯ୍ୟାଦାବୋଧ ବୃଦ୍ଧିପାଏ ଏବଂ ହୃତ୍‌କ୍ରିୟାର ଗୁଣାତ୍ମକ ଦିଗ ମଧ୍ୟ ବୃଦ୍ଧି ପାଏ। ଯେଉଁମାନଙ୍କ ସମବେତ ଭାବରେ ବ୍ୟାୟାମ କରନ୍ତି, ସେମାନଙ୍କର ସାମାଜିକ ସମ୍ପର୍କ ଓ ସଂପ୍ରୀତି ମଧ୍ୟ ବୃଦ୍ଧିପାଏ।

ଲୁବୋମିର୍ସ୍କି (୨୦୦୭) ନାମକ ଜଣେ ପ୍ରଖ୍ୟାତ ବୈଭବ ମନୋବିଜ୍ଞାନୀ ୧୯୯୯ ମସିହା ଏକ ଆନ୍ତର୍ଜାତିକ ଗବେଷଣା ପତ୍ରିକାରେ ବ୍ୟାୟାମର ଉପକାରିତାର ପ୍ରାମାଣିକ ତଥ୍ୟ ପ୍ରଦନ କରିଛନ୍ତି। ବିଷାଦ ବା ଅବସାଦ ପରି ମାନସିକ ରୋଗରେ ପ୍ରପୀଡ଼ିତ ପଚାଶବର୍ଷ ଓ ତା'ଠାରୁ ଉର୍ଦ୍ଧ୍ୱ ବୟସର ଯୁବକଯୁବତୀମାନଙ୍କୁ ନେଇ ସେ ଏହି ପରୀକ୍ଷାଟି କରିଥିଲେ । ଏପରି ଲୋକମାନଙ୍କୁ ତିନୋଟି ଦଳରେ ବିଭକ୍ତ କରି ଚାରିମାସ ପର୍ଯ୍ୟନ୍ତ ଶୃଙ୍ଖଳିତ ବ୍ୟାୟାମର ଅଭ୍ୟାସ ଶିକ୍ଷା ଦିଆଗଲା। ପ୍ରଥମ ଦଳକୁ କେବଳ ବ୍ୟାୟାମ ଶିକ୍ଷା ଦିଆଗଲା । ପ୍ରଥମ ଦଳଟି କେବଳ ବ୍ୟାୟାମ ଜାରୀ ରଖିଲେ। ଦ୍ୱିତୀୟ ଦଳର ଲୋକମାନେ ଚାରିମାସ ଧରି ଆଣ୍ଟିଡିପ୍ରେସାଣ୍ଟ୍ ଔଷଧ (Zoloft) ସେବନ କଲେ । ତୃତୀୟ ଦଳର ଲୋକମାନେ ଔଷଧ ଖାଇଲେ ଏବଂ ବ୍ୟାୟାମ ମଧ୍ୟ କଲେ। ବ୍ୟାୟାମ ସମୟରେ ପ୍ରତ୍ୟହ ୪୫ ମିନିଟ୍ ବ୍ୟାୟାମ (ସାଇକେଲ ଚାଳନା) ଅଭ୍ୟାସ କଲେ। ଚାରିମାସ ଶେଷରେ ପ୍ରତିଟି ଦଳରେ ବିଷାଦ ହ୍ରାସ ପାଇଥିଲା ଏବଂ ସୁଖାନୁଭୂତି ଓ ଆତ୍ମମର୍ଯ୍ୟାଦାବୋଧ ବଢ଼ିଥିଲା। ବିସ୍ମୟର କଥା ଯେ ଔଷଧ ସେବନର ଯେଉଁ ସୁଫଳ ଥିଲା କେବଳ ବ୍ୟାୟାମର ମଧ୍ୟ ସେପରି ସୁଫଳ ପ୍ରଦର୍ଶିତ ହେଲା। ପୁଣି କୁହାଯିବ ଯେ ବ୍ୟାୟାମର ପ୍ରୟୋଗ କ୍ଷେତ୍ରରେ କୌଣସି ପଇସାପତ୍ରର ଖର୍ଚ୍ଚ ନାହିଁ କି ପାର୍ଶ୍ୱପ୍ରତିକ୍ରିୟାର ଆଶଙ୍କା ନାହିଁ ।

ଅନ୍ୟ ଗବେଷକମାନେ ମଧ୍ୟ ବ୍ୟାୟାମର ଉପଯୋଗିତା ଦର୍ଶାଇଛନ୍ତି। ଥୋୟର (୧୯୮୯) ଦର୍ଶାଇଛନ୍ତି ଯେ ପ୍ରତିଦିନ ୧୦ ମିନିଟ୍ ଦ୍ରୁତ ଚାଲିବାର ଅଭ୍ୟାସ ସୁଫଳ ଦିଏ। ଏହା ଶକ୍ତିବର୍ଦ୍ଧନ କରେ, ମାନସିକ ଚାପ କମାଏ ଏବଂ ସହଜରେ କ୍ଳାନ୍ତ ହୋଇଯିବାର କୁପରିଣତିରୁ ରକ୍ଷାକରେ। ହିଲ୍ସ ଓ ଆରଗାଇଲ୍ (୧୯୯୮) ଦର୍ଶାଇଛନ୍ତି ଯେ ନିୟମିତ ଭାବରେ ବ୍ୟାୟାମଶାଳାକୁ ଯାଉଥିବା ଲୋକମାନେ ସେମାନଙ୍କ ପ୍ରସ୍ତୁତ ଅକ୍ସଫୋର୍ଡ଼ ସୁଖାନୁଭୂତି ମାପକରେ ଉଚ୍ଚତର ଫଳାଙ୍କ ହାସଲ କରନ୍ତି।

ବ୍ୟାୟାମ କେଉଁ କାରଣରୁ ସୁଖାନୁଭୂତି ବୃଦ୍ଧି କରେ ଏବଂ ଅବସାଦ ହ୍ରାସ କରେ, ସେ ସମ୍ପର୍କରେ କୌତୂହଳ ଜାତ ହେବା ସ୍ୱାଭାବିକ। ଏଠାରେ କେତେକ ସମ୍ଭାବ୍ୟ କାରଣର ଉଲ୍ଲେଖ କରାଯାଇପାରେ। ପ୍ରଥମତଃ ବ୍ୟାୟାମ ମାଧ୍ୟମରେ ଆତ୍ମବିଶ୍ୱାସ ଓ ଆତ୍ମମର୍ଯ୍ୟାଦାବୋଧ ବୃଦ୍ଧି ପାଏ। ଏପରି ଅଭ୍ୟାସ କରୁଥିବା ଲୋକମାନେ ନିଜକୁ ଦକ୍ଷ ଓ କର୍ମଠ ବିଚାର କରନ୍ତି। ଏହା ସକାରାତ୍ମକ ଅନୁଭବ ପ୍ରଦାନ କରେ। ଦ୍ୱିତୀୟତଃ ବ୍ୟାୟାମ ଅଭ୍ୟାସକାରୀକୁ ଏକ ତଲ୍ଲୀନତାର ସୁଯୋଗ ଦିଏ। ମନର ବିଚଳନ ଚାଲିଯାଏ ଓ ଅନାବଶ୍ୟକ ବିକର୍ଷଣ ମଧ୍ୟ କମିଯାଏ। ବ୍ୟାୟାମ କରିବା ସମୟରେ ମନରେ ଏଣୁତେଣୁ ଅନାବନା ଭାବନା ଆସି ନଥାଏ। ନାନା ପ୍ରକାର ରୋମନ୍ଥନ ଓ ଦୁଶ୍ଚିନ୍ତାରୁ ମୁକ୍ତି ମିଳେ । ଏଥିପାଇଁ କେତେକ ବିଶେଷଜ୍ଞ ବ୍ୟାୟାମର ଉପକାରିତାକୁ ଧ୍ୟାନର ସୁଫଳ ସହିତ ଏକପ୍ରକାର ମର୍ଯ୍ୟାଦା ଦେଇଛନ୍ତି। ତୃତୀୟତଃ ଦଳଗତ ଭାବରେ ବ୍ୟାୟାମ କରାଯାଉଥିଲେ ସାମାଜିକ ସଂପ୍ରୀତିର ସୁଫଳ ମଧ୍ୟ ମିଳେ। ଶେଷରେ କୁହାଯିବ ଯେ ବ୍ୟାୟାମ ସମୟରେ ଶରୀରରେ ସେରେଟୋନିକ୍ ନାମକ ଜୀବରସର କ୍ଷରଣ ବୃଦ୍ଧିପାଏ। ଏହାର କ୍ଷରଣ ଅବସାଦ ହ୍ରାସର ସହାୟକ ହୁଏ। ସ୍ଥୂଳତଃ ବ୍ୟାୟାମ କରୁଥିବା ବ୍ୟକ୍ତିମାନଙ୍କର ମାନସିକ ଦୃଢ଼ତାର ଅଭିବୃଦ୍ଧି, ଭାବଗତ ଉତ୍କର୍ଷ, ସାମାଜିକ ସମ୍ପର୍କଶୀଳତା ଏବଂ ସ୍ନାୟୁଗତ (ମସ୍ତିଷ୍କରେ ଜୀବରସ) ବ୍ୟାୟାମର ଉପଯୋଗିତାର ଚିତ୍ର ସ୍ପଷ୍ଟ କରେ।

ଯୋଗ :

ଉନ୍ନତ ଜୀବନଶୈଳୀ ପାଇଁ ଯୋଗ ଏକ ସୁନ୍ଦର ମାଧ୍ୟମ। ମହାନ ଋଷି ଶ୍ରୀ ଅରବିନ୍ଦ କହିଛନ୍ତି : ‘‘ଯୋଗ ବ୍ୟବହାରିକ ମନୋବିଜ୍ଞାନ ବ୍ୟତୀତ ଆଉ କିଛି ନୁହେଁ ।’’ ସେ ମନୋବିଜ୍ଞାନକୁ ଚେତନଶୀଳତା ଓ ଏହାର କାର୍ଯ୍ୟକଳାପ ରୂପେ ସଂଜ୍ଞାକରଣ କରିଛନ୍ତି । ଚେତନଶୀଳତା କହିଲେ ଅନ୍ତର୍ଜଗତ ଓ ବହିର୍ଜଗତ ସମ୍ପର୍କରେ ସଚେତନ ହେବାର ଶକ୍ତିକୁ ବୁଝାଏ। ଏହା ଗତିଶୀଳ ଓ ସର୍ଜ୍ଜନାତ୍ମକ ଶକ୍ତିରେ ପରିପୂର୍ଣ୍ଣ।

ଆକ୍ଷରିକ ଭାବରେ ଯୋଗର ଅର୍ଥ 'ମିଳନ'। ସର୍ବୋଚ୍ଚ ଶକ୍ତି ସହିତ ମିଳିତ ହେବା ପାଇଁ ଏହା ଏକ ମାଧ୍ୟମ। ଆମର ଚେତନଶୀଳତା-ସମୁଦ୍ରର ଭାବନା ଓ ଆବେଗସବୁ ତରଙ୍ଗାୟିତ ଅବସ୍ଥାରେ ଥାଏ। ମାତ୍ର ଯୋଗ ମାଧ୍ୟମରେ ଏହି ତରଙ୍ଗସବୁ ଶାନ୍ତ ଅବସ୍ଥାକୁ ଆସିଥାଏ। ସୁତରାଂ ଋଷି ପତଞ୍ଜଳି ଯୋଗକୁ 'ଚିତ୍ତବୃତ୍ତି ନିରୋଧ' ବୋଲି ବର୍ଣ୍ଣନା କରିଛନ୍ତି। ଚିତ୍ତ ହେଉଛି ଚେତନଶୀଳତା। ବୃତ୍ତିର ଅର୍ଥ ଭାବନା ଓ ଆବେଗର ତରଙ୍ଗ ବା ଅସ୍ଥିରତା। ଚେତନଶୀଳତାର ସାଗର ତରଙ୍ଗାୟିତ ନ ହୋଇ ଶାନ୍ତ ହେଲେ ଆମେ ଗଭୀର ସୁଖ ଓ ଶାନ୍ତି ଅନୁଭବ କରୁ। ଏପରି ଅନୁଭବ ଆମର ଶରୀର ଓ ମନକୁ କ୍ଳାନ୍ତିହୀନ କରିବା ସଙ୍ଗେ ସଙ୍ଗେ ଅଧିକ ସକ୍ରିୟ କରିଥାଏ।

ଯୋଗକୁ ସୁଖୀ ଓ ସଫଳ ଜୀବନର ଏକ ମାଧ୍ୟମ ରୂପେ ସ୍ୱୀକାର କରାଯାଇଛି । ଯୋଗର ଦୁଇଟି ଦିଗ ରହିଛି। ଗୋଟିଏ ବାହ୍ୟ ଦିଗ ଓ ଅନ୍ୟଟି ଆଭ୍ୟନ୍ତରୀଣ ଦିଗ। ବାହ୍ୟ ଦିଗ ହିସାବରେ ଆସନ ଓ ପ୍ରାଣାୟାମ ଅନ୍ତର୍ଭୁକ୍ତ। ଏ ଦୁଇଟି ଆମର ଶରୀରକୁ ସକ୍ରିୟ କରେ। ଖାଦ୍ୟ, ଅଭ୍ୟାସ ଓ ଆଚରଣସବୁର ଶୃଙ୍ଖଳା ମାନି ଆମେ ଆସନ ଓ ପ୍ରାଣାୟାମ ପ୍ରକ୍ରିୟାର ଉପଯୋଗ କରୁ।

ଯୋଗର ଆଭ୍ୟନ୍ତରୀଣ ଉପାଦାନ ହେଉଛି ଏକାଗ୍ରତା ଓ ଧ୍ୟାନ। ଏହା ଆମକୁ ଚେତନଶୀଳତାର ଉପରସ୍ତରକୁ ନେଇଯାଏ। ଫଳରେ ସୁଖ ଶାନ୍ତିର ସମ୍ଭାବନା ବୃଦ୍ଧିପାଏ । ଯୋଗ ସାଧନା କରୁଥିବା ଲୋକମାନଙ୍କର ଜୀବନ ଲକ୍ଷ୍ୟକରି ଦେଖାଯାଇଛି ଯେ ଏମାନେ ସୁଖୀ ଓ ସମନ୍ୱିତ ଜୀବନଯାପନ କରନ୍ତି। ଆମର ପୂର୍ବସୂରିମାନେ ଶହେ ବର୍ଷ କିମ୍ବା ତତୋଧିକ ବର୍ଷ ଜୀବନଯାପନ କରୁଥିଲେ। ଆମେ ସେପରି ଜୀବନର ଅଧିକାରୀ ହେବାର ପୂର୍ଣ୍ଣ ସମ୍ଭାବନା ରହିଛି। ଯୋଗନିଷ୍ଠ ଜୀବନ ପାଇଁ କେତେକ ସହାୟକ ଉପାଦାନ ମଧ୍ୟ ପ୍ରୟୋଜନ। ହଠଯୋଗ ପ୍ରଦୀପିକାରେ ଏପରି ଉପାଦାନର ସୂଚନା ଦିଆଯାଇଛି।

ଖାଦ୍ୟ, ନିଦ୍ରା ଓ ବ୍ୟାୟାମ : କ୍ଷୀଣ ଶରୀର, ସହାସ୍ୟବଦନ, ମଧୁର ବଚନ, ଉଜ୍ଜ୍ୱଳ ନୟନ, ସୁନ୍ଦର ସ୍ୱାସ୍ଥ୍ୟ, ଆତ୍ମସଂଯମ, ନିୟନ୍ତ୍ରିତ ଯୌନ ବାସନା, ଉତ୍ତମ ଖାଦ୍ୟ ଓ ଉତ୍ତମ ରକ୍ତ ସଞ୍ଚାଳନ ବେଶ୍ ସହାୟକ ଅବସ୍ଥା। ଯୋଗ ଶୃଙ୍ଖଳାରେ ଖାଦ୍ୟ ଉପରେ ଗୁରୁତ୍ୱ ଦିଆଯାଇଛି। ଶ୍ରୀମଦ୍‌ଭଗବତ୍ ଗୀତାରେ ସାତ୍ତ୍ୱିକ, ରାଜସିକ ଓ ତାମସିକ ଖାଦ୍ୟର ଅବତାରଣା କରାଯାଇଛି। ସାତ୍ତ୍ୱିକ ଖାଦ୍ୟ ପୁଷ୍ଟିକର ଏବଂ ଉପଯୁକ୍ତ ହୋଇଥିବାରୁ ଏହାକୁ ଅନୁମୋଦନ କରାଯାଇଛି। ସାତ୍ତ୍ୱିକ ଖାଦ୍ୟ ସହଜରେ ହଜମ ହୁଏ। ତେଲ ମସଲା ଜାତୀୟ ଖାଦ୍ୟ ହେଉଛି ତାମସିକ ଖାଦ୍ୟ। ଯୋଗ ଶୃଙ୍ଖଳାରେ ସାତ୍ତ୍ୱିକ ଖାଦ୍ୟକୁ ଉପଯୋଗୀ ବିଚାର କରାଯାଏ।

ଖାଇବା ସମୟରେ ଆମ୍ଭେମାନେ ପାକସ୍ଥଳୀର ପ୍ରାୟ ଅର୍ଦ୍ଧେକ ଖାଦ୍ୟ ଦ୍ୱାରା ପୂରଣ କରିବା ଉଚିତ। ଏକ ଚତୁର୍ଥାଂଶ ଜଳ ଏବଂ ଅନ୍ୟ ଏକ-ଚତୁର୍ଥାଂଶ ଅମ୍ଳଯାନ ପାଇଁ ଖାଲି ରହିବା ଉଚିତ।

ପ୍ରତିଦିନ ରାତିରେ ଆମେ ଅନ୍ତତଃ ୭ ଘଣ୍ଟାରୁ ୮ ଘଣ୍ଟା ନିଦ୍ରା ଆବଶ୍ୟକ କରୁ। ବିଳମ୍ବ ରାତିରେ ଖାଇବାର ଅଭ୍ୟାସ ନିଦ୍ରା ପ୍ରତି ବ୍ୟାଘାତ ସୃଷ୍ଟି କରେ।

ବିଶ୍ରାମ, ଖୋଲା ପବନ ଓ ବ୍ୟାୟାମ ମଧ୍ୟ ଶରୀର ପାଇଁ ଆବଶ୍ୟକ।

ଆସନ ଓ ପ୍ରାଣାୟାମ : ଯୋଗ ପରିପ୍ରେକ୍ଷୀରେ ଅନେକଗୁଡ଼ିଏ ଆସନର ପରିକଳ୍ପନା କରାଯାଇଛି। ଯୋଗାସନ ସମ୍ବନ୍ଧିତ ପୁସ୍ତକ ଏବଂ ବହୁ ସ୍ଥାନରେ ପ୍ରତିଷ୍ଠିତ ଯୋଗାଶ୍ରମରେ ଏ ସମ୍ପର୍କୀୟ ବିବରଣୀ ଓ ଦକ୍ଷ ପ୍ରଶିକ୍ଷକର ବିବରଣୀ ସହଜରେ ଉପଲବ୍ଧ । ତାଡ଼ାସନ, ବଜ୍ରାସନ, ପବନମୁକ୍ତାସନ, ଧନୁରାସନ, ଶବାସନ ଓ ହଳାସନ କେତେକ ପ୍ରଧାନ ପ୍ରଧାନ ଆସନର ତାଲିକା। ସୂର୍ଯ୍ୟ ନମସ୍କାର ଯୋଗାସନରେ ଶରୀରର ପ୍ରତିଟି ଅଂଶ ଏଥିରେ ସଞ୍ଚାଳିତ ହେଉଥିବାରୁ ଏହାକୁ ପୂର୍ଣ୍ଣାଙ୍ଗ ବ୍ୟାୟାମ ମଧ୍ୟ କୁହାଯାଏ । ଯୋଗ ଶୃଙ୍ଖଳାରେ କେବଳ ଆସନ ନୁହେଁ, ପ୍ରାଣାୟାମକୁ ମଧ୍ୟ ପ୍ରାଧାନ୍ୟ ଦିଆଯାଇଛି। ଯୋଗ ଦର୍ଶନରେ ପ୍ରାଣ କେବଳ ଶ୍ୱାସକ୍ରିୟା ନୁହେଁ; ଏହା ଏକ ମହାଜାଗତିକ ଶକ୍ତି। ଶୃଙ୍ଖଳିତ ଶ୍ୱାସକ୍ରିୟା ମାଧ୍ୟମରେ ଆମର ଶରୀର ଏବଂ ପ୍ରାଣ ଶକ୍ତିର ପ୍ରବାହକୁ ଶୃଙ୍ଖଳିତ ଓ ବିକଶିତ କରିବା ହେଉଛି ପ୍ରାଣାୟାମ।

ଆମେ ପ୍ରତି ମୁହୂର୍ତ୍ତରେ ନିଶ୍ୱାସ ପ୍ରଶ୍ୱାସ କାର୍ଯ୍ୟ ଚାଲୁ ରଖୁଥିଲେ ମଧ୍ୟ ପ୍ରକୃତ ପକ୍ଷେ ଏହାକୁ ଶୃଙ୍ଖଳିତ କରିବାର ଶୈଳୀ ଆମେ ଜାଣି ନଥାଉ। ମନର କ୍ରିୟାକଳାପ ବହୁ ଭାବରେ ଶ୍ୱାସକ୍ରିୟା ସହିତ ଜଡ଼ିତ। ଆମେ ଶାନ୍ତ ଥିବା ଅବସ୍ଥାରେ ଆମର ଶ୍ୱାସକ୍ରିୟା ଧୀର ଓ ଗଭୀର ଥାଏ। ଅନ୍ୟ ପକ୍ଷରେ ଆମେ ଉତ୍ତେଜିତ ଓ ଅସ୍ଥିର ଥିବା ସମୟରେ ନିଃଶ୍ୱାସ ପ୍ରଶ୍ୱାସ ଦ୍ରୁତ ଓ ଅଗଭୀର ହୋଇଥାଏ। ଆମେ ଇଚ୍ଛା କରି ଶ୍ୱାସକ୍ରିୟାକୁ ମନ୍ଥର କରିପାରୁ। ଇଚ୍ଛା କରି ଗଭୀର କରିପାରୁ। ସେପରି କଲେ ଆନ୍ଦୋଳିତ ମନ ସ୍ଥିର ଓ ଶାନ୍ତ ରହିବ।

ସାଧାରଣତଃ ଆମେ ପ୍ରତି ମିନିଟ୍‌ରେ ୧୩ରୁ ୧୫ଥର ନିଃଶ୍ୱାସ ପ୍ରଶ୍ୱାସ ନେଉ ଓ ଛାଡୁ। ଲକ୍ଷ୍ୟ କରାଯାଇଛି ଯେ କଇଁଛ ପରି ପ୍ରାଣୀମାନେ ପ୍ରତି ମିନିଟ୍‌ରେ ୫ରୁ ୮ ଥର କରନ୍ତି ଏବଂ ମନୁଷ୍ୟ ଅପେକ୍ଷା ଦୀର୍ଘତର ଜୀବନଯାପନ କରନ୍ତି। ପୁଣି ମଧ୍ୟ ଦେଖାଯାଇଛି ଯେ ଧୂମପାନ, ମଦ୍ୟପାନ ପରି କୁଅଭ୍ୟାସ ଥିବା ଲୋକମାନଙ୍କର ଶ୍ୱାସପ୍ରଶ୍ୱାସ କ୍ରିୟା

ଅଧିକଥର ହୋଇଥାଏ । ସେମାନଙ୍କ ଆୟୁଷ ସୀମିତ ରୁହେ ।

ବିଭିନ୍ନ ଧରଣର ପ୍ରାଣାୟାମ ରହିଛି । ଭାରତରେ ଯୋଗଗୁରୁ ଶ୍ରୀ ରାମଦେବ କପାଳଭାତି ବ୍ୟତୀତ ପୂରକ, ରେଚକ, କୁମ୍ଭକ, ଶୀତଳ ଓ ନାଡ଼ିଶୁଦ୍ଧି ପରି ଅନେକ ଧରଣର ପ୍ରାଣାୟାମ ଲୋକଲୋଚନକୁ ଆଣିଛନ୍ତି । କହିବା ଅନାବଶ୍ୟକ ଯେ ଦକ୍ଷ ପ୍ରଶିକ୍ଷିକଙ୍କ ପରାମର୍ଶ କ୍ରମେ ପ୍ରାଣାୟାମର ଅଭ୍ୟାସ ସୁଖ ଓ ସ୍ୱାସ୍ଥ୍ୟପୂର୍ଣ୍ଣ ଜୀବନ ପାଇଁ ବିଶେଷ ସମ୍ବଳ ।

ଧ୍ୟାନ :

ଆମ୍ଭେମାନେ ବ୍ୟାୟାମ, ଖାଦ୍ୟ ଗ୍ରହଣର ଅଭ୍ୟାସ, ନିଦ୍ରାଭ୍ୟାସ, ଆସନ ଓ ପ୍ରାଣାୟାମ ବିଷୟରେ ଯୋଗ ପରିପ୍ରେକ୍ଷୀରେ ଆଲୋଚନା କରିଛୁ । ଧ୍ୟାନ ପାଇଁ ଏ ସବୁ ପ୍ରସ୍ତୁତି ମାତ୍ର । ଯୋଗ ବିଚାରରେ ମନ ଗୋଟିଏ ହ୍ରଦ ସହ ତୁଳନୀୟ । ଅଶାନ୍ତ ଓ ତରଙ୍ଗାୟିତ ଥିବା ସମୟର ହ୍ରଦରେ ଆକାଶର ପ୍ରତିଫଳନ ଘଟି ନଥାଏ । କେବଳ ଶନ୍ତ ଓ ସ୍ଥିର ଥିବା ସମୟରେ ହିଁ ଆକାଶ ପ୍ରତିବିମ୍ବିତ ହୁଏ । ଠିକ୍ ସେହିପରି ଶାନ୍ତ ଓ ଏକାଗ୍ରତାପୂର୍ଣ୍ଣ ମନରେ ହିଁ ବିଶ୍ୱ-ଜାଗତିକ ଶକ୍ତିର ପ୍ରତିଫଳନ ଘଟେ । ଧ୍ୟାନର ଲକ୍ଷ୍ୟ ହେଉଛି ଏହି ସତ୍ୟର ଉପଲବ୍ଧି । ସମଗ୍ର ଜୀବନ ସହିତ ଏକତ୍ୱ ଅନୁଭବ କରିବା ଏବଂ ଶାନ୍ତି ଓ ଆନନ୍ଦ ଉପଭୋଗ କରିବା ଧ୍ୟାନର ଅନ୍ୟତମ ଲକ୍ଷ୍ୟ ।

ଧ୍ୟାନ ପାଇଁ ଗୋଟିଏ ଅଭ୍ୟାସ : ଧ୍ୟାନ ଏକ ଆତ୍ମନିୟନ୍ତ୍ରଣକାରୀ ପ୍ରକ୍ରିୟା । ଏହାକୁ ଅଭ୍ୟାସ କରିବାର ଏକାଧିକ ପ୍ରଣାଳୀ ରହିଛି । ଏଠାରେ ଗୋଟିଏ ପ୍ରଣାଳୀର ସୂଚନା ଦିଆଯାଇପାରେ ।

‘‘ମେରୁଦଣ୍ଡ ସିଧା କରି ବସନ୍ତୁ । ପିଠି, ଗଳା ତଥା ମସ୍ତିଷ୍କ ଭୂମି ସହ ଗୋଟିଏ ସରଳରେଖାରେ ରହୁ । ଶରୀରକୁ ଢିଲା ଛାଡ଼ି ଦିଅନ୍ତୁ । ଦୁଇ ତିନି ମିନିଟି ପାଇଁ ନିଜର ଶ୍ୱାସକ୍ରିୟା ନିରୀକ୍ଷଣ କରନ୍ତୁ ।

ପରେ ଦୁଇ ଭ୍ରୂଲତା ମଧ୍ୟରେ କିମ୍ବା ହୃଦୟ ମଧ୍ୟରେ ଗୋଟିଏ ଶ୍ୱେତ ପଦ୍ମର କଳ୍ପନା କରନ୍ତୁ । ଅନ୍ତର୍ଜଗତରେ ପଦ୍ମକଳିର କୋମଳତା ଅନୁଭବ କରନ୍ତୁ । ଏହା ଧୀରେ ଧୀରେ ପ୍ରସ୍ଫୁଟିତ ହୋଇଥିବାର ଦୃଶ୍ୟ ଦେଖନ୍ତୁ । ପଦ୍ମର ପାଖୁଡ଼ାସବୁ ଖୋଲି ଯାଉଥିବାର ଦୃଶ୍ୟ କଳ୍ପନା କରନ୍ତୁ ଏବଂ ଏହାର ମନୋମୁଗ୍ଧକାରୀ ସୁଗନ୍ଧକୁ ଅନୁଭବ କରନ୍ତୁ । ଏହି ଦୃଶ୍ୟ ସହିତ ଯେତେ ସମୟ ପାରିବେ ରୁହନ୍ତୁ ।

ପଦ୍ମକଳି ପରିବର୍ତ୍ତେ ଗୋଟିଏ ଶ୍ୱେତ ଶିଖାର ପରିକଳ୍ପନା କରିପାରନ୍ତି। ଦୁଇ ଭ୍ରୂଲତା ମଧ୍ୟରେ କିମ୍ବା ହୃଦୟରେ ଏହାକୁ ଦେଖିବାର ଅନୁଭବ କରିପାରନ୍ତି। ମାନସିକ ସ୍ତରରେ ଏହାର ଦୀପ୍ତି ଓ କାନ୍ତି ଅନୁଭବ କରନ୍ତୁ। ଯେତେ ସମୟ ସମ୍ଭବ ଏହି ଅନୁଭବକୁ ଧରି ରଖନ୍ତୁ। ଧ୍ୟାନ ପାଇଁ ଶରୀରକୁ ଢିଲା ରଖନ୍ତୁ। ଚକା ପକାଇ ସୁଖାସନରେ ବସନ୍ତୁ । ମେରୁଦଣ୍ଡ ଓ ମୁଣ୍ଡ ଗୋଟିଏ ସରଳରେଖାରେ ରଖନ୍ତୁ। ଛାତି ଟିକିଏ ଆଗକୁ ପ୍ରସାରିତ ହେଉ। ପ୍ରଥମେ ଶ୍ୱାସକ୍ରିୟା ପ୍ରତି ଧ୍ୟାନ ଦିଅନ୍ତୁ ଏବଂ ଗଭୀର ନିଃଶ୍ୱାସ ନିଅନ୍ତୁ । ଶ୍ୱାସକ୍ରିୟାର ଗ୍ରହଣ ଓ ଛାଡ଼ିବା ଗଭୀର ହେବା ଉଚିତ। ଶ୍ୱାସକ୍ରିୟାରେ ମନୋନିବେଶ କରି ସେହି ଶବ୍ଦ ଶୁଣିବାକୁ ଚେଷ୍ଟା କରନ୍ତୁ। ଧୀର ଭାବରେ ଶୁଣିଲେ ଆପଣ ହୁଏତ 'ସୋହମ୍' ଶବ୍ଦ ଶୁଣିପାରିବେ। ଶ୍ୱାସ ଗ୍ରହଣ ସମୟରେ 'ସୋ' ଏବଂ ଛାଡ଼ିବା ସମୟରେ 'ହମ୍' ଉପରେ ଧ୍ୟାନ ଦିଅନ୍ତୁ। ଏହି ଶବ୍ଦର ଉଚ୍ଚାରଣ କରିବାର କୌଣସି ଆବଶ୍ୟକତା ନାହିଁ। ଆପଣ କେବଳ ଶୁଣିବାକୁ ଚେଷ୍ଟା କଲେ ଶ୍ୱାସକ୍ରିୟା ସହିତ ଅନ୍ତର୍ଜଗତର ମଧୁର ଧ୍ୱନି ଶୁଣିପାରିବେ। ଭାରତୀୟ ଦର୍ଶନରେ ଏହାକୁ ପ୍ରଣବ ଧ୍ୱନି କୁହାଯାଏ ଏବଂ ଏହାକୁ ବିଶ୍ୱଜାଗତିକ କମ୍ପନର ଏକ ଅଂଶ ବୋଲି ବିଚାର କରାଯାଏ । ଅନ୍ତର୍ଜଗତର ଏହି କମ୍ପନ ପ୍ରତି ଧ୍ୟାନଶୀଳ ହେଲେ ଆପଣ ବିଶ୍ୱଜାଗତିକ ଶବ୍ଦ ସହିତ ଏକତ୍ୱ ଅନୁଭବ କରିବେ। ଭାବ ଓ ଭାବନାର ସମସ୍ତ ତରଙ୍ଗ ଧୀରେ ଧୀରେ ଶାନ୍ତ ହୋଇଯିବ। ମନର ହ୍ରଦ ସ୍ଥିର ହେବ ଏବଂ ଆପଣ ଶାନ୍ତି ଓ ଆନନ୍ଦ ଅନୁଭବ କରିବେ । ନିରବତାର ଏହି ଅବସ୍ଥାରେ ଆପଣ ପାର୍ଥକ୍ୟସବୁ ଭୁଲିଯାଇ ସମଗ୍ର ଜୀବନସତ୍ତା ସହିତ ଏକୀଭୂତ ହୋଇଯିବେ।

ସୁଖ, ଶାନ୍ତି ଓ ଆନନ୍ଦଲାଭର ମାର୍ଗ ରୂପେ ସମଗ୍ର ବିଶ୍ୱରେ ଧ୍ୟାନ ସ୍ୱୀକୃତି ଲାଭ କରିଛି। ବିଶ୍ୱର ସମସ୍ତ ଧାର୍ମିକ ପରମ୍ପରାର ଗଣ୍ଡି ମଧ୍ୟରେ ଧ୍ୟାନ କିମ୍ବା ସମଧର୍ମୀ ଅଭ୍ୟାସର ବିଧି ରହିଛି। ଏଠାରେ ଗୋଟିଏ ଘଟଣାର ଉଲ୍ଲେଖ ବେଶ୍ ଆବଶ୍ୟକ ମନେହୁଏ।କିଛି ଦଶକ ପୂର୍ବରୁ ବିଶ୍ୱର ଖ୍ୟାତନାମା ବିଶ୍ୱବିଦ୍ୟାଳୟ ହାର୍ଭାଡ଼ର ହୃଦ୍‌ରୋଗ ବିଶେଷଜ୍ଞ ବେନ୍‌ସନ୍ କ୍ଲାନ୍ତିହରଣ ନାମକ ଗୋଟିଏ ପୁସ୍ତକ ଲେଖିଥିଲେ। ଏହି ପୁସ୍ତକଟି ଆଶାତୀତ ଲୋକପ୍ରିୟତା ହାସଲ କରିଥିଲା।

ବେନ୍‌ସନ୍ ଯୁକ୍ତି କରିଥିଲେ ଯେ ଧ୍ୟାନର ପରିକଳ୍ପନା ଓ ପ୍ରସାର ପାଇଁ ଭାରତ ଓ ଚୀନ ଦେଶ ବିଶେଷ ଖ୍ୟାତି ଅର୍ଜନ କରିଥିଲେ ମଧ୍ୟ ଭାରତ ଓ ଚୀନ ଦେଶରେ ଅନୁସୃତ ହେଉଥିଲା ଜଟିଳ ପଦ୍ଧତି ପରିବର୍ତ୍ତେ ଖୁବ୍ ସରଳ ସହଜ ଉପାୟରେ ସମାନ ଧରଣର ସୁଫଳ ହାସଲ କରାଯାଇପାରେ। ବେନସନ୍ ଏହାକୁ କ୍ଲାନ୍ତିହରଣ (Relaxation) ପ୍ରକ୍ରିୟା

କହିଛନ୍ତି । ଏହି ପ୍ରକ୍ରିୟାରେ ସମ୍ପୃକ୍ତ ବ୍ୟକ୍ତି କୌଣସି ଏକ ସ୍ଥାନରେ ନିରବରେ ବସିବେ । ସେତେବେଳେ ତାଙ୍କର ପେଟ ଖାଦ୍ୟରେ ପୂର୍ଣ୍ଣ ନ ଥିବ । ସେ ଜଟିଳ ଉପାୟରେ କୌଣସି ମନ୍ତ୍ର ଉଚ୍ଚାରଣ ନ କରି କିମ୍ବା ନାମ ଜପ ନ କରି କିମ୍ବା ମନଶ୍ଚକ୍ଷୁରେ କୌଣସି ଦେବାଦେବୀଙ୍କୁ ସ୍ମରଣ ନ କରି କେବଳ ଗୋଟିଏ ଶବ୍ଦ (ଯଥା: ଏକ... ଏକ... ଏକ) କହି ଚାଲିବେ । ଏହା ଯେ କୌଣସି ଅର୍ଥହୀନ ଶବ୍ଦ ମଧ୍ୟ ହୋଇପାରେ । ଗୋଟିଏ ସ୍ୱରରେ ଏପରି ଶବ୍ଦ ପ୍ରାୟ ୨୦/୨୫ ମିନିଟ୍ କହିବା ପରେ ଶରୀରରୁ କ୍ଲାନ୍ତି ଚାଲିଯିବ । କ୍ଲାନ୍ତିହରଣ ହୋଇ ମନ ଶାନ୍ତ ଓ ସ୍ଥିର ହୋଇଯିବ । ପ୍ରକ୍ରିୟାଟି ଖୁବ୍ ସହଜ ସରଳ ହୋଇଥିବାରୁ ଆମେରିକାର ସାଧାରଣ ଲୋକଙ୍କ ମନକୁ ଏହା ଖୁବ୍ ସ୍ପର୍ଶକଲା ।

ପରବର୍ତ୍ତୀ ପର୍ଯ୍ୟାୟରେ ବେନ୍‌ସନ୍ ନିଜ ମତର ପରିବର୍ତ୍ତନ କରିଛନ୍ତି । ଆମେରିକା ମନୋବିଜ୍ଞାନ ପରିଷଦର ବାର୍ଷିକ ସମ୍ମିଳନୀରେ ମୁଖ୍ୟବକ୍ତା ରୂପେ ଅଭିଭାଷଣ ଦେବା ସମୟରେ ସେ ଦୃଢ଼ ଭାବରେ କହିଲେ ଯେ ସେ ତାଙ୍କର ମତର ପରିବର୍ତ୍ତନ କରିଛନ୍ତି । ଧ୍ୟାନର ତାଲିମ ଦେବା ସମୟରେ ପ୍ରଶିକ୍ଷକ ନିଜର ପ୍ରଣାଳୀ ଶିକ୍ଷାର୍ଥୀ ଉପରେ ଲଦିଦେବା ଅନୁଚିତ । କେଉଁ ପଦ୍ଧତିଟି ଶିକ୍ଷାର୍ଥୀ ପ୍ରତି ଅନୁକୂଳ ହେବ, ତାହା ପ୍ରଶିକ୍ଷକ ଆବିଷ୍କାର କରିବେ । ମନ୍ତ୍ର ଉଚ୍ଚାରଣ ଅଧିକ ପ୍ରଭାବଶୀଳ ହେଉଥିଲେ ପ୍ରଶିକ୍ଷକ ତାହାର ଉପଯୋଗ କରିବେ । ଅନ୍ୟ ପକ୍ଷରେ ନିଜର ଶ୍ୱାସକ୍ରିୟା ଉପରେ ଅଭିନିବେଶ ସ୍ଥିର ରଖିବା ଅଧିକ ଉପଯୋଗୀ ମନେ ହେଲେ ପ୍ରଶିକ୍ଷକ ଏ ପଦ୍ଧତିର ବ୍ୟବହାର କରିବେ । ସ୍ଥୂଳତଃ ଧ୍ୟାନର ପ୍ରଣାଳୀ ଗୋଟିଏ ପଦ୍ଧତିରେ ସୀମିତ ନ ରହି ଏକାଧିକ ଶୈଳୀର ପ୍ରୟୋଗ ଆବଶ୍ୟକ କରେ । ଶିକ୍ଷାର୍ଥୀକୁ ଦୃଷ୍ଟି ସମକ୍ଷରେ ସଂସ୍ଥାପନ କରି ଶ୍ରେଷ୍ଠ ପଦ୍ଧତିର ନିରୂପଣ ପ୍ରୟୋଜନ । ସ୍ଥୂଳତଃ ଅଭିନିବେଶର ନିୟନ୍ତ୍ରଣ ଧ୍ୟାନର ମୂଳ ଭାବନା ଏବଂ ଏହି ନିୟନ୍ତ୍ରଣ ଲକ୍ଷ୍ୟସାଧନ ପାଇଁ ଏକାଧିକ ପ୍ରଣାଳୀ ରହିଛି ।

ପ୍ରଣାଳୀର ବିବିଧତା : ପ୍ରଣାଳୀର ବିବିଧତା ଧ୍ୟାନର ଏକ ମୁଖ୍ୟ ବୈଶିଷ୍ଟ୍ୟ (ଜେନ୍ ପରମ୍ପରା, ଭାବାତୀତ ଧ୍ୟାନ (Transcendental Meditation), ବିପାସନା ଧ୍ୟାନ ଇତ୍ୟାଦି । ପୁନଶ୍ଚ ଧ୍ୟାନର ପଦ୍ଧତିକୁ ଏକାଗ୍ରତାମୁଖୀ ପୂର୍ଣ୍ଣମନସ୍କତା ଏବଂ ଦୟା ଓ ଅନୁରାଗ କେନ୍ଦ୍ରିତ ରୂପରେଖ ଦିଆଯାଇଛି । ସବୁ ପ୍ରଣାଳୀର ଅନ୍ତରାଳରେ ରହିଛି ଏକାଗ୍ରତାର ବିକାଶ । ଅବଶ୍ୟ ଆପଣ ବିଭିନ୍ନ ଉପାୟରେ ଏକାଗ୍ରତାର ଲକ୍ଷ୍ୟ ହାସଲ କରିପାରନ୍ତି । ବିଶ୍ଳେଷଣ ନ କରି ଭାବାବିଷ୍ଟ ନ ହୋଇ ନିଜର ଅଭିନିବେଶକୁ କେନ୍ଦ୍ରିତ କରିପାରନ୍ତି । କେନ୍ଦ୍ରିତ କରାଯାଉଥିବା ବସ୍ତୁଟି ଦୀପଶିଖା ହୋଇପାରେ, ଗୋଟିଏ ଅନୁଚ୍ଚ ଶବ୍ଦ

ହୋଇପାରେ, ନିଃଶ୍ୱାସପ୍ରଶ୍ୱାସ ହୋଇପାରେ। ଗୋଟିଏ ନିର୍ଦ୍ଦିଷ୍ଟ ଦୃଶ୍ୟ, ନିର୍ଦ୍ଦିଷ୍ଟ ଭାବନା ହୋଇପାରେ। କେନ୍ଦ୍ରିତ କରାଯାଉଥିବା ବସ୍ତୁଟି ଯାହା ହେଉନା କାହିଁକି, ନିମ୍ନଲିଖିତ ଅବସ୍ଥା ବା ବୈଶିଷ୍ଟ୍ୟ ନିଶ୍ଚିତ ଭାବରେ ରହିଥିବ।

- ❖ ଧ୍ୟାନକାରୀ ବିଚାରକର ଭୂମିକା ନେବେ ନାହିଁ। ବିଶ୍ଳେଷଣ ନ କରି ଭଲ ମନ୍ଦର ବିଚାର ନ କରି ଅନାସକ୍ତ ରହିବେ।
- ❖ ଧୈର୍ଯ୍ୟ ଓ ସ୍ଥୈର୍ଯ୍ୟ ରକ୍ଷାକରିବେ। ସ୍ୱାଭାବିକ ଭାବରେ ଯେଉଁ ପରିବର୍ତ୍ତନ ଆସୁଛି, ତାହା ସାକ୍ଷୀ ରୂପେ କେବଳ ଦେଖିବେ। ପରିବର୍ତ୍ତନ ଘଟାଇବା ପାଇଁ କୌଣସି ଉତ୍ସୁକତା କିମ୍ବା ଉଦ୍ୟମ ରହିବ ନାହିଁ।
- ❖ ଯାହା ଘଟିଯାଉଛି ସେଥିପ୍ରତି ଆନୁଗତ୍ୟ ରହିବ ନାହିଁ କି ଅବିଶ୍ୱାସ ମଧ୍ୟ ରହିବ ନାହିଁ।
- ❖ ଖୋଲା ମନ ନେଇ ଅନୁଭବ କରିବାର ମାନସିକତା ରକ୍ଷାକରିବେ। ପୂର୍ବରୁ ଦେଖିଥିଲେ ଏବଂ ଅନୁଭବ କରିଥିଲେ ମଧ୍ୟ ସତେ ଯେପରି ପ୍ରଥମ ଥର ପାଇଁ ଅନୁଭବ କରୁଛନ୍ତି, ସେପରି ମାନସିକ ସ୍ଥିତି ଗଠନ କରିବାକୁ ହେବ।
- ❖ ଅସମ୍ପୃକ୍ତ ରହିବେ। ଘଟଣା ଗଡ଼ିଚାଲିବ, ରୋମନ୍ଥନ (କାହିଁକି ଘଟିଲା, କିଏ ଘଟାଇଲା, କିପରି ଘଟିଲା) କରିବାର ଆବଶ୍ୟକତା ନାହିଁ।

ବୌଦ୍ଧ ଦର୍ଶନର ପରମ୍ପରାରେ ପରିପୁଷ୍ଟ ଓ ଆଧୁନିକ ବିଶ୍ୱରେ ବହୁ ପ୍ରସାରିତ ବିପାସନା ପଦ୍ଧତି ସମ୍ପର୍କରେ କିଛିଟା ବକ୍ତବ୍ୟ ପ୍ରାସଙ୍ଗିକ ମନେହୁଏ। ପ୍ରକୃତରେ ବିପାସନା ଶବ୍ଦଟି 'ବିପଶ୍ୟନା' ଶବ୍ଦର ଅପଭ୍ରଂଶ। ବିପଶ୍ୟନା ଶବ୍ଦର ପ୍ରକୃତ ଅର୍ଥ ହେଉଛି ବିଶେଷ ରୂପେ ବା ଭଲ ରୂପେ ଦେଖିବା (କାରଣ ସଂସ୍କୃତ ଶବ୍ଦ ପଶ୍ୟନ୍ତି ବା ଦେଖିବା ପରି ମୂଳ କ୍ରିୟା ଶବ୍ଦରୁ ଏହା ଗୃହୀତ)। ସୁତରାଂ ବିପଶ୍ୟନା ପଦ୍ଧତିରେ ଧ୍ୟାନ ସମୟରେ ଯେଉଁ ଦୃଶ୍ୟ ବା ଭାବନା ଆସେ ତାହାର ପ୍ରତିରୋଧ କରାଯାଏ ନାହିଁ, ବିଶ୍ଳେଷଣ କରାଯାଏ ନାହିଁ, କେବଳ ସାକ୍ଷୀଭାବ ନେଇ ତନ୍ନ ତନ୍ନ କରି ଦେଖାଯାଏ। ଏହି ପ୍ରକ୍ରିୟାରୁ ଧ୍ୟାନର ବୈଶିଷ୍ଟ୍ୟ ସହଜରେ ଅନୁମେୟ।

ସବୁ ପଦ୍ଧତିର ବିଧିବିଧାନକୁ ସଂଗଠିତ କରି ସଂକ୍ଷେପରେ କୁହାଯିବ ଯେ ଧ୍ୟାନ ସମୟରେ ସ୍ୱଚ୍ଛନ୍ଦ ଭାବରେ ବସିବାକୁ ହେବ। କାନ୍ଧ ଓ ମେରୁଦଣ୍ଡ ସିଧା ରଖି ବସିବାକୁ

ହେବ। କାନ୍ଧ ଓ ମେରୁଦଣ୍ଡ ସିଧାସଳଖ ରହିବ। ଆଖି ବନ୍ଦ ରହିବ, ନାକପୁଡ଼ାରେ ଯାଉଥିବା ଆସୁଥିବା ବାୟୁ ପ୍ରତି ଅଭିନିବିଷ୍ଟ ରହିବାକୁ ହେବ। ଶ୍ୱାସ ବାହାରକୁ ଯିବା ସମୟରେ ଗୋଟିଏ ଅତି ସଂକ୍ଷିପ୍ତ ଶବ୍ଦର। (ଯଥା: ଓମ୍ କିମ୍ବା 'ଏକ') ପୁନରାବୃତ୍ତି କରାଯିବ। ଶବ୍ଦ ପରିବର୍ତ୍ତେ କୌଣସି ବସ୍ତୁ, ଦୀପ, ମହମବତୀ ଇତ୍ୟାଦି ଉପରେ ମଧ୍ୟ ଅଭିନିବେଶ ସ୍ଥିର ରଖାଯାଇପାରେ। ଆପଣଙ୍କ ମନର ବିଚଳନ ଅନୁଭୂତ ହେଲେ (ଯଥା: ''କାଲି ମୋତେ ଅଳ୍ପସମୟ ମଧ୍ୟରେ କର୍ମ ସଂସ୍ଥାରେ ପହଞ୍ଚିବାକୁ ହେବ।'') ସେଥିରେ ବିବ୍ରତ ହେବାର ନାହିଁ। ପୁନଶ୍ଚ ମନକୁ ସେହି ଶ୍ୱାସକ୍ରିୟାରେ କେନ୍ଦ୍ରିତ କରନ୍ତୁ । ମୂଳକଥା ହେଉଛି ମନର ବିଚଳନକୁ ଲକ୍ଷ୍ୟ କରିବେ ଏବଂ ପୁନଶ୍ଚ କେନ୍ଦ୍ରିତ ବସ୍ତୁ ଦିଗରେ ଗତି କରିବେ। ଧୀରେ ଧୀରେ ଅନାସକ୍ତ ଭାବ ଆସିବ ଏବଂ ଆପଣଙ୍କ ରୋମନ୍ଥନ, କଳ୍ପନାଜଳ୍ପନା ଓ ସ୍ମୃତି ଆପଣଙ୍କୁ ନିୟନ୍ତ୍ରଣ କରିବ ନାହିଁ। ଏପରି ଅବସ୍ଥାର ପ୍ରାପ୍ତି ପାଇଁ ଅଭ୍ୟାସ ଓ ପୁନରାବୃତ୍ତି ଆବଶ୍ୟକ। ଆରମ୍ଭରେ ହୁଏତ ଖୁବ୍ ଅଳ୍ପ ସମୟ ପାଇଁ ସ୍ଥିରତା ଆସିବ। ମାତ୍ର ଧୀରେ ଧୀରେ ଏହି ଧ୍ୟାନର ସମୟ ବୃଦ୍ଧି ପାଇବ।

ଅଭ୍ୟାସ କରି ପ୍ରତିଦିନ ୫ ମିନିଟ୍‌ରୁ ୨୦ ମିନିଟ୍ ପର୍ଯ୍ୟନ୍ତ ଧ୍ୟାନ କରନ୍ତୁ। ଗୋଟିଏ ନିର୍ଦ୍ଦିଷ୍ଟ ସମୟ ଓ ସ୍ଥାନରେ ଧ୍ୟାନର ଅଭ୍ୟାସ ଖୁବ୍ ଭଲ। ସ୍ଥାନଟି ସାଧାରଣ ଭାବରେ ସଜ୍ଜିତ (ଯଥା: ଫଟୋ, କଳାତ୍ମକ ବସ୍ତୁ କିମ୍ବା ପ୍ରେରଣାଦାୟକ ଉଦ୍ଧୃତି) ହୋଇଥିଲେ ଭଲ କଥା। ଦୃଷ୍ଟି ଆକର୍ଷଣ କଲାଭଳି ବାହ୍ୟ ଉଦ୍ଦୀପକ ରହି ନଥିବ।

ଧ୍ୟାନର ଉପଯୋଗିତା : ଧ୍ୟାନର ଏକାଧିକ ଉପଯୋଗିତା ରହିଛି। ଧ୍ୟାନ ଓ ମାନସିକ ସ୍ୱାସ୍ଥ୍ୟ ମଧ୍ୟରେ ଅନୁକୂଳ ସମ୍ବନ୍ଧ ଦୈନନ୍ଦିନ ଜୀବନରେ ଏବଂ ପରୀକ୍ଷାଗାରର ନିୟନ୍ତ୍ରିତ ଅନୁଧ୍ୟାନ ମାଧ୍ୟମରେ ପ୍ରମାଣିତ ହୋଇଛି। ଆଧୁନିକ ଯୁଗରେ ବହୁ ସଂଖ୍ୟକ ମନୋଚିକିତ୍ସକ ଓ ମନୋବିଜ୍ଞାନୀ ଧ୍ୟାନକୁ ଏକ ଚିକିତ୍ସା ପ୍ରଣାଳୀ ରୂପେ ପ୍ରୟୋଗ କରିଛନ୍ତି । ଏପରି ପ୍ରୟୋଗ ଫଳରେ ବହୁ ମାନସିକ ଓ ବ୍ୟବହାରିକ ବିପର୍ଯ୍ୟୟରୁ ରକ୍ଷା ପାଇବାର ଦୃଷ୍ଟାନ୍ତ ଦେଖାଯାଇଛି। ବହୁ ବିପର୍ଯ୍ୟୟର ଅନ୍ତରାଳୟରେ ମାତ୍ରାଧିକ ମାନସିକ ଚାପ କାରଣ ହୋଇଥିବାରୁ ଏବଂ ଧ୍ୟାନ ପଦ୍ଧତି ଅସ୍ଥିର ମାନସିକତାର ନିରାକରଣରେ ସକ୍ରିୟ ଥିବାରୁ ଏପରି ଉପଯୋଗୀ ପ୍ରତ୍ୟାଶା ସ୍ୱାଭାବିକ ମନେ ହୁଏ। ବିଶେଷତଃ ଧ୍ୟାନ ମାଧ୍ୟମରେ ରକ୍ତଚାପ, ଶ୍ୱାସରୋଗ ଏବଂ ମଧୁମେହ ରୋଗର ଉପଶମ କ୍ଷେତ୍ରରେ ସଫଳତା ଲକ୍ଷ୍ୟ କରାଯାଇଛି। ସେହିପରି ଧ୍ୟାନର ଅଭ୍ୟାସ ଶରୀରରୁ ହରମୋନ୍ କ୍ଷରଣକୁ ନିୟନ୍ତ୍ରିତ କରୁଥିବାରୁ ଅନିୟନ୍ତ୍ରିତ ହରମୋନ୍‌ଗତ ଜଟିଳତା ସୃଷ୍ଟି କରୁଥିବା ସମସ୍ୟା (ଯଥା: ଋତୁସ୍ରାବ

ପୂର୍ବରୁ କିମ୍ବା ଋତୁସ୍ରାବ ବନ୍ଦ ହୋଇଯିବା ସମୟରେ ବାଳିକା ଓ ନାରୀମାନଙ୍କର ବିଷାଦ) କ୍ଷେତ୍ରରେ ଧ୍ୟାନ ସମସ୍ୟା-ସମାଧାନର ସହାୟକ ହୁଏ ।

ପାଶ୍ଚାତ୍ୟ ଦେଶର ଗବେଷକମାନଙ୍କ ମଧ୍ୟରୁ ୱାଲ୍‌ସ ଓ ସାପିରୋ (Walsh & Shapiro) ଧ୍ୟାନର ଉପଯୋଗିତା ସମ୍ପର୍କରେ ବହୁ ପ୍ରାମାଣିକ ଓ ପରୀକ୍ଷାମୂଳକ ତଥ୍ୟ ପ୍ରଦାନ କରିଛନ୍ତି । ସେମାନେ ଦର୍ଶାଇଛନ୍ତି ଯେ ପୂର୍ଣ୍ଣମନସ୍କତା ଧ୍ୟାନ ମାଧ୍ୟମରେ ନିଦ୍ରାହୀନତା, ଭୋଜନ ବିକୃତି, ଉତ୍‌କଣ୍ଠା ଓ ଅହେତୁକ ଭୟ ପରି ଅସ୍ୱଭାବୀ ବ୍ୟବହାରର ମୁକାବିଲା କରାଯାଇ ପାରିବ । ସେହିପରି ଭାବାତୀତ ଧ୍ୟାନର (Transcendental Meditation ବା TM) ଅଭ୍ୟାସ ଉଦ୍‌ବେଗ ଓ ନିଶାଦ୍ରବ୍ୟ ସେବନର ମୁକାବିଲା କ୍ଷେତ୍ରରେ କାର୍ଯ୍ୟ କରେ । ଗୋଟିଏ ପରୀକ୍ଷାରେ ଦେଖାଗଲା ଯେ ଧ୍ୟାନର ଅଭ୍ୟାସ ଆରମ୍ଭ କରିବା ପୂର୍ବରୁ କାରାଗାରର ଅପରାଧୀମାନେ ଯେଉଁ ଧରଣର ନିଶାଦ୍ରବ୍ୟ ଆସକ୍ତି ଦର୍ଶାଉଥିଲେ ନିୟମିତ ଧ୍ୟାନ କରିବା ପରେ ଏପରି ବଦ୍‌ଅଭ୍ୟାସ ଧୀରେ ଧୀରେ କମିବାକୁ ଲାଗିଲା । ମୋଟ୍ ଉପରେ ବର୍ତ୍ତମାନର ଚଳଚଞ୍ଚଳ ଓ ଚାପଗ୍ରସ୍ତ ଜୀବନରେ ସୁଖଶାନ୍ତି ଓ ଆନନ୍ଦାନୁଭୂତି ପାଇଁ ଧ୍ୟାନ ଏକ ସୁପରିକଳ୍ପିତ ଯୋଜନା ଓ ଜୀବନଶୈଳୀ ।

ଅଧ୍ୟାତ୍ମ ଅଙ୍କ :

ଦୂର ଅତୀତରେ ଆଧ୍ୟାତ୍ମିକତାର ଚର୍ଚ୍ଚା ଓ ଅନୁଶୀଳନ ମନୋବିଜ୍ଞାନ ଓ ବ୍ୟବହାର ବିଜ୍ଞାନର ପରିସରଭୁକ୍ତ ନ ଥିଲେ ମଧ୍ୟ ଆଧୁନିକ କାଳରେ ଏହାର ଅନୁଧ୍ୟାନ ପ୍ରାଧାନ୍ୟ ଲାଭ କରୁଛି । ଏପରି ଆଲୋଡ଼ନର ଏକ ମୁଖ୍ୟ କାରଣ ହେଉଛି ଅଧ୍ୟାତ୍ମ ଅଙ୍କ (Spiritual Intelligence) ସମ୍ପର୍କରେ ବହୁ ଧରଣର ବିଜ୍ଞାନଭିତ୍ତିକ ତଥ୍ୟ ଓ ପ୍ରମାଣ ।

ଅଧ୍ୟାତ୍ମ ଅଙ୍କ ବିଷୟରେ ଆଗ୍ରହର ବିବର୍ତ୍ତନ ଏକ ପର୍ଯ୍ୟାୟକ୍ରମିକ ପଦ୍ଧତିରେ ଘଟିଛି । ପ୍ରଥମେ ବିଂଶ ଶତକର ଆରମ୍ଭରୁ ଶେଷଭାଗ ପର୍ଯ୍ୟନ୍ତ ବୁଦ୍ଧି ଅଙ୍କ (Rational Intelligence ବା IQ) ପ୍ରାଧାନ୍ୟ ବିସ୍ତାର କରିଥିଲା । ଏହି ପ୍ରାଧାନ୍ୟର ଏକ ମୁଖ୍ୟ କାରଣ ହେଉଛି ବୁଦ୍ଧି ଅଙ୍କ ଓ ଶିକ୍ଷାଗତ ସଫଳତା ମଧ୍ୟରେ ଗଭୀର ଅନୁକୂଳ ସମ୍ବନ୍ଧ (Correlation) । ସ୍କୁଲ କଲେଜର ସଫଳତା ଏହି ବୁଦ୍ଧିଅଙ୍କକୁ ଭିତ୍ତି କରି ଶିକ୍ଷାଗତ ସଫଳତା ସମ୍ପର୍କରେ ପ୍ରାୟ ୫୦ ପ୍ରତିଶତ (.୭ର ବର୍ଗ ସଂଖ୍ୟା) ପୂର୍ବାନୁମାନ କରାଯଇପାରେ । ଏହା ଏକ ଉଚ୍ଚଧରଣର ପୂର୍ବାନୁମାନ ।

ଏହାକୁ ଭିତ୍ତି କରି ବହୁ ପ୍ରୟୋଗାତ୍ମକ ସଫଳତା ମିଳିଲା । ଶିକ୍ଷା କ୍ଷେତ୍ରରେ ଏବଂ କାର୍ଯ୍ୟକ୍ଷେତ୍ରରେ ଏହା ବହୁମାତ୍ରାରେ ସହାୟକ ହେଲା । କ୍ରମଶଃ ବୁଦ୍ଧି ଅଙ୍କର ପରିସୀମାତ୍ୱ

ପଦାକୁ ଆସିଲା । ଗବେଷକମାନେ ଲକ୍ଷ୍ୟ କଲେ ଯେ ବୁଦ୍ଧି ଅଙ୍କ ଓ ସର୍ଜ୍ଜନଶୀଳତା ମଧ୍ୟରେ ସମ୍ବନ୍ଧ ସେତେ ଗଭୀର ନୁହେଁ । ଜଣେ ମଧ୍ୟମ ମାତ୍ରାର ବୁଦ୍ଧି ଅଙ୍କର ଅଧିକାରୀ ହୋଇ ମଧ୍ୟ ସର୍ଜ୍ଜନାଶୀଳତା ପ୍ରଦର୍ଶନ କରିପାରେ । ସେହିପରି ଗାର୍ଡ୍‌ନର ନାମକ ଜଣେ ମନୋବିଜ୍ଞାନୀ ବୁଦ୍ଧିମତ୍ତାର ବହୁବିଧ ଉତ୍କର୍ଷ ଦର୍ଶାଇ ବିଭିନ୍ନ ଧରଣର ବୁଦ୍ଧିମତ୍ତାର (ଯଥା: ଗାଣିତିକ ବୁଦ୍ଧିମତ୍ତା, ଭାଷାଗତ ବୁଦ୍ଧିମତ୍ତା ଇତ୍ୟାଦି) ପ୍ରାମାଣିକ ତଥ୍ୟ ପ୍ରଦାନ କଲେ ।

ବିଂଶ ଶତକର ଶେଷଭାଗ ଓ ଏକବିଂଶ ଶତକର ପ୍ରାରମ୍ଭରେ ଆଉ ଗୋଟିଏ ପରିକଳ୍ପନାର ବିକାଶ ଆଲୋଡ଼ନ ସୃଷ୍ଟି କଲା । ତାହା ହେଉଛି ଭାବ ବୁଦ୍ଧି ସମ୍ପର୍କିତ ଗବେଷଣା । ଭାବ ବୁଦ୍ଧି ବା Emotional Intelligenceର ଉତ୍କର୍ଷ ମୂଳରେ କେତେକ ବିଜ୍ଞାନ-ଭିତ୍ତିକ କାରଣ ସଂଶ୍ଳିଷ୍ଟ ଥିଲା । ମୁଖ୍ୟ କାରଣଟି ହେଉଛି ସ୍ନାୟୁବିଜ୍ଞାନ ସମ୍ପର୍କିତ କାରଣ । ଏହି କାରଣଟି ବିଭିନ୍ନ ପୁସ୍ତକ ଓ ଗବେଷଣା ପ୍ରବନ୍ଧରେ ସ୍ଥାନ ପାଇଥିଲେ ମଧ୍ୟ ବିଶିଷ୍ଟ ମନୋବିଜ୍ଞାନୀ ଡାନିଏଲ୍ ଗୋଲ୍‌ମ୍ୟାନ୍‌ଙ୍କ Emotional Intelligence ପୁସ୍ତକରେ ଚମତ୍କାର ଭାବରେ ବର୍ଣ୍ଣନା କରାଯାଇଛି ।

ସ୍ନାୟୁବିଜ୍ଞାନୀମାନଙ୍କର ଗବେଷଣାକୁ ଭିତ୍ତି କରି ଗୋଲମ୍ୟାନ୍ ଲେଖିଛନ୍ତି ଯେ ବିବର୍ତ୍ତନ ଧାରାରେ ପ୍ରାଣୀ ଜଗତର ବିକାଶ ଘଟୁଥିବା ସମୟରେ ପ୍ରାଣୀ ସରୀସୃପ ଅବସ୍ଥାରେ ଥିବା ବେଳେ ଗୋଟିଏ କୌତୂହଳପ୍ରଦ ଘଟଣା ଘଟିଥିଲା । ପ୍ରାଣୀର ବୃନ୍ତମସ୍ତିଷ୍କ ବା Brain-Stemରେ (ବେକ ପାଖରେ ଯେଉଁଠାରେ ମେରୁମଜ୍ଜା ଶେଷ ହୋଇଛି ଏବଂ ପ୍ରକୃତ ମସ୍ତିଷ୍କ ଆରମ୍ଭ ହୋଇଛି) ମୁଦି ଆକାରରେ କିଛି ସ୍ନାୟୁ ଗଠିତ ହେଲା । ଗ୍ରୀକ୍ ଭାଷାରେ ମୁଦିକୁ Limbus କୁହାଯାଉଥିବାରୁ ସ୍ନାୟୁବିଜ୍ଞାନୀମାନେ ଏହାକୁ Limbic System ନାମ ଦେଲେ । କୌତୂହଳର ବିଷୟ ଯେ ଏହି Limbic System (ଲିମ୍ବିକ୍ ମଣ୍ଡଳ) ମନୁଷ୍ୟସମେତ ପ୍ରାଣୀମାନଙ୍କର ଆବେଗ (Feelings ଓ Emotion) ନିୟନ୍ତ୍ରଣ କଲା । ତାତ୍ପର୍ଯ୍ୟପୂର୍ଣ୍ଣ ଦିଗଟି ହେଉଛି ଯେ ବିବର୍ତ୍ତନ ଧାରାରେ ପରବର୍ତ୍ତୀ ପର୍ଯ୍ୟାୟରେ ମନୁଷ୍ୟର ମୁଖ୍ୟ ମସ୍ତିଷ୍କ ଗଠିତ ହେଲା ଏବଂ ବିଭିନ୍ନ କାର୍ଯ୍ୟ ପାଇଁ ମସ୍ତିଷ୍କର ଭିନ୍ନ ଭିନ୍ନ ସ୍ନାୟୁକେନ୍ଦ୍ର ରୂପ ନେଲା । ପୁଣି କୌତୂହଳର ବିଷୟ ଯେ ମସ୍ତିଷ୍କରେ ପ୍ରାରମ୍ଭିକ ପର୍ଯ୍ୟାୟରେ ନାସିକା କେନ୍ଦ୍ର ଗଠିତ ହେଲା । ଘ୍ରାଣ ସମ୍ବେଦନ ଜୀବନ ରକ୍ଷା ଦୃଷ୍ଟିରୁ ଖୁବ୍ ଗୁରୁତ୍ୱପୂର୍ଣ୍ଣ । କାରଣ ପ୍ରାଣୀ ଜାଣି ନ ପାରି ଦୂଷିତ ଖାଦ୍ୟପଦାର୍ଥ ଖାଇ ବସିଲେ ପ୍ରାଣୀ ରୋଗାକ୍ରାନ୍ତ ହୋଇ ମୃତ୍ୟୁମୁଖରେ ପଡ଼ିବ । ଧୀରେ ଧୀରେ ମସ୍ତିଷ୍କରେ ଅନ୍ୟ ସବୁ କେନ୍ଦ୍ରଗଠିତ ହେଲା । ସବୁଠାରୁ ତାତ୍ପର୍ଯ୍ୟପୂର୍ଣ୍ଣ ଦିଗଟି ହେଉଛି ଯେ ମସ୍ତିଷ୍କର ମୁଖ୍ୟ ଦୁଇଟି କାର୍ଯ୍ୟ ହେଉଛି ଭାବ ଓ ଭାବନା ଏବଂ ଭାବନା-ମସ୍ତିଷ୍କ ଗଠିତ ହେବା ପୂର୍ବରୁ ଭାବ-ମସ୍ତିଷ୍କ ଗଠିତ

ହୋଇସାରିଥିଲା । ସମ୍ଭବତଃ ଭାବନା-ମସ୍ତିଷ୍କ (Thinking Brain) ତୁଳନାରେ ଭାବ ମସ୍ତିଷ୍କ (Feeling Brain) ଅପେକ୍ଷାକୃତ ଅଧିକ ପ୍ରୟୋଜନ ହୋଇଥିବାରୁ ବିବର୍ତ୍ତନ ଲିମ୍ବିକ୍ ମଣ୍ଡଳ ରୂପରେ ପ୍ରଥମେ ଭାବ ମସ୍ତିଷ୍କ ପ୍ରଦାନ କରିଥିଲା ।

୧୯୮୧ ମସିହାରେ ସ୍ନାୟୁବିଜ୍ଞାନୀ ରୋଜର୍ ସ୍ପେରୀ (Roger Sperry, 1981) ଦୁଇଭାଗ ମସ୍ତିଷ୍କର ପୃଥକୀକୃତ କାର୍ଯ୍ୟ ପାଇଁ ବିଶ୍ୱସ୍ୱୀକୃତି ଲାଭ କଲେ । ସେ ଦର୍ଶାଇଲେ ଯେ ମସ୍ତିଷ୍କର ମଧ୍ୟ ଭାଗରେ କର୍‌ପୋସ୍ କଲୋସମ୍ ନାମକ ଏକ ବହଳ ସ୍ନାୟୁଗୁଚ୍ଛ ମସ୍ତିଷ୍କକୁ ଦୁଇ ଭାଗରେ (ବାମ ମସ୍ତିଷ୍କ ଓ ଦକ୍ଷିଣ ମସ୍ତିଷ୍କ) ବିଭକ୍ତ କରୁଛି । ସ୍ପେରୀ ପୁନଶ୍ଚ ଦର୍ଶାଇଲେ ଯେ ଏହି ଦୁଇଭାଗର କାର୍ଯ୍ୟକଳାପ ମଧ୍ୟ ପୃଥକ୍ । ମସ୍ତିଷ୍କର ବାମ ଗୋଲାର୍ଦ୍ଧ ବୁଦ୍ଧିମତ୍ତା (IQ) ଏବଂ ଭାଷା ବ୍ୟବହାରକୁ ନିୟନ୍ତ୍ରଣ କରିବା ସ୍ଥଳେ ମସ୍ତିଷ୍କର ଦକ୍ଷିଣପାର୍ଶ୍ୱ ଆବେଗ ଓ ଢାଞ୍ଚାର (Pattern) ପ୍ରତ୍ୟକ୍ଷଣ ନିୟନ୍ତ୍ରଣ କରୁଛି । ଢାଞ୍ଚାର ନିୟନ୍ତ୍ରଣ କହିଲେ ବିଭିନ୍ନ ଚିତ୍ରର ପ୍ରତ୍ୟକ୍ଷଣ, ଅନ୍ୟର ମୁହଁ ଦେଖି ଚିହ୍ନିବାର ଅନୁଭବ ଏବଂ ସଙ୍ଗୀତ (ଯାହାକି ଶବ୍ଦ ତରଙ୍ଗର ଶୃଙ୍ଖଳିତ ଢାଞ୍ଚା) ଶୁଣିବା ଓ ବୁଝିବାର ସାମର୍ଥ୍ୟ କୁହାଯାଇପାରେ । ଏଠାରେ ଅନ୍ୟ ଗୋଟିଏ ବିସ୍ମୟକର କଥା ଉଲ୍ଲେଖ ନ କଲେ ବେଶ୍ କଥା ଅବୋଧ ରହିଯିବ । ତାହା ହେଉଛି ମସ୍ତିଷ୍କର ବାମ ଗୋଲାର୍ଦ୍ଧର ସମସ୍ତ ସ୍ନାୟୁକେନ୍ଦ୍ର ଶରୀରର ଦକ୍ଷିଣ ଭାଗର ଅଙ୍ଗପ୍ରତ୍ୟେଙ୍ଗ ସହିତ ସ୍ନାୟୁସଂଯୁକ୍ତ ରହିଛି । ସେହିପରି ମସ୍ତିଷ୍କର ଦକ୍ଷିଣ ଗୋଲାର୍ଦ୍ଧର ସ୍ନାୟୁକେନ୍ଦ୍ରମାନ ଶରୀରର ବାମପାର୍ଶ୍ୱର ଅଙ୍ଗପ୍ରତ୍ୟଙ୍ଗ ସହିତ ସ୍ନାୟୁସଂଯୁକ୍ତ ରହିଛି ।

ବର୍ତ୍ତମାନ ଏହି ଜୀବତାତ୍ତ୍ୱିକ ବ୍ୟବସ୍ଥାର ପ୍ରୟୋଗାତ୍ମକ ଦିଗ ଆପଣ କଳ୍ପନା କରିପାରନ୍ତି । ଧରାଯାଉ ଆପଣଙ୍କୁ ପ୍ରଶ୍ନ ପଚରାଗଲା : ଆପଣ କେଉଁ କାନରେ ଗୀତଟିଏ ଶୁଣିବା ଅଧିକ ଉପଯୋଗୀ ହେବ ? ଯଥାର୍ଥ ଉତ୍ତର ହେଉଛି : ବାମ କାନ । ଏହାର କାରଣ ହେଉଛି ବାମ କାନରେ ବାହିତ ଶବ୍ଦତରଙ୍ଗ ବାହିତ ହୋଇ ଦକ୍ଷିଣ ମସ୍ତିଷ୍କକୁ ଯିବ ଏବଂ ଦକ୍ଷିଣ ମସ୍ତିଷ୍କ ଢାଞ୍ଚା (Pattern) ଅନୁଭବ ପାଇଁ ଉଦ୍ଦିଷ୍ଟ ହୋଇଥିବାରୁ ଶବ୍ଦତରଙ୍ଗର ଢାଞ୍ଚା ବା ଗୀତଟିର ଯଥାର୍ଥ ଅନୁଭବ ସମ୍ଭବ ହେବ । ସେହିପରି ଅନ୍ୟ ଗୋଟିଏ ପ୍ରଶ୍ନର ଉଦାହରଣ ନିଆଯାଇପାରେ । କେଉଁ ହାତରେ ପିଲାଟି ଛୋଟ ଛୋଟ ପଥରଖଣ୍ଡ ଗଣିପାରିବ ? ଯଥାର୍ଥ ଉତ୍ତର ହେଉଛି : ଦକ୍ଷିଣ ହସ୍ତ । କାରଣ ଦକ୍ଷିଣ ହସ୍ତର ସ୍ନାୟୁ ସଂକେତ ବାହିତ ହୋଇ ବାମ ମସ୍ତିଷ୍କକୁ ଯିବ ଏବଂ ବାମ ମସ୍ତିଷ୍କ ବିଶ୍ଳେଷଣାତ୍ମକ କାର୍ଯ୍ୟ (IQ) ପାଇଁ ଉପଯୋଗୀ ହୋଇଥିବାରୁ ଏହା ଏଠାରେ ସୁଚାରୁରୂପେ ସମ୍ପନ୍ନ କରାଯିବ ।

ବୁଦ୍ଧିଅଙ୍କ ଓ ଭାବ ଅଙ୍କର ପୂର୍ଣ୍ଣ ସ୍ୱୀକୃତି ପରେ ଅନ୍ୟ ଗୋଟିଏ ପରିକଳ୍ପନା ଚିନ୍ତନ ପ୍ରକ୍ରିୟାକୁ ନୂଆ ମୋଡ଼ ଦେଇଛି। ସେ ପରିକଳ୍ପନାଟି ହେଉଛି ଅଧ୍ୟାତ୍ମ ଅଙ୍କ (Spiritual Inteligence ବା SQ)। ଏହାକୁ ବୁଦ୍ଧି ଅଙ୍କ ଓ ଭାବ ଅଙ୍କର ଏକ ସଂଯୋଗକାରୀ ପ୍ରକ୍ରିୟା ରୂପେ ବିଚାର କରାଯାଇଛି।

ଭାବ ଅଙ୍କ ପରି ନୂତନ ଚିନ୍ତାଧାରାର ଉନ୍ମେଷ କିଛିଟା ଅଭାବ ପୂରଣ କରିଥିଲେ ମଧ୍ୟ ଆଉ ଏକ ଶୂନ୍ୟତା ବିଶେଷଜ୍ଞମାନଙ୍କ ଦୃଷ୍ଟିକୁ ଆସିଛି। ଏ ଶତକର ପ୍ରାରମ୍ଭରେ ଅନୁଭବ କ୍ରମଶଃ ତୀବ୍ର ହେଉଛି ଯେ ମନୁଷ୍ୟ କେବଳ ଅବସ୍ଥା ଓ ପରିବେଶର ଆବଶ୍ୟକତାକୁ ଚାହିଁ ନିଜର ବୁଦ୍ଧି ପ୍ରୟୋଗ କରି ବ୍ୟବହାର କରି ନଥାଏ। ସର୍ଜ୍ଜନଶୀଳ ଭାବରେ ସେ ନୂତନ ଅବସ୍ଥା ମଧ୍ୟ ସୃଷ୍ଟି କରିପାରେ। ଜୀବନର ପ୍ରକୃତ ଅର୍ଥ ଅନ୍ୱେଷଣ କରିବା ତାହାର ଏକ ସ୍ୱାଭାବିକ ଧର୍ମ। ଜୀବନର ମୂଲ୍ୟବୋଧ ଓ ଅର୍ଥକୁ (Meanings) ଅନ୍ୱେଷଣ କରିବା ଏବଂ ଆବିଷ୍କାର କରିବାର ଏହି ସାମର୍ଥ୍ୟକୁ ବିଶେଷଜ୍ଞମାନେ ଅଧ୍ୟାତ୍ମ ଅଙ୍କ (Spiritual Intelligence ବା SQ) ବୋଲି ନାମ ଦେଇଛନ୍ତି।

ଏହି ଅଧ୍ୟାତ୍ମ ବୁଦ୍ଧି ଥିବା ବ୍ୟକ୍ତିକୁ ସାଧାରଣ ଅର୍ଥରେ ଧର୍ମପ୍ରାଣ ଲୋକ ବୋଲି ଆଖ୍ୟା ଦେବା ଯୁକ୍ତିଯୁକ୍ତ ହେବ ନାହିଁ। ଉଚ୍ଚ ଅଧ୍ୟାତ୍ମ ଅଙ୍କ ଥିବା ବ୍ୟକ୍ତି ବାହ୍ୟ ଓ ଆନୁଷ୍ଠାନିକ ଧର୍ମର ରୀତିନୀତି ଓ ଆଚାର ବିଚାରରେ ବିଶ୍ୱାସ କରିପାରନ୍ତି କିମ୍ବା ନ କରିପାରନ୍ତି। ମାତ୍ର ଜୀବନର ମୌଳିକ ଲକ୍ଷ୍ୟର ସନ୍ଧାନ ଓ ଅର୍ଥପୂର୍ଣ୍ଣତାର ଅନ୍ୱେଷଣ ସେ କରିଥାନ୍ତି।

ଉଚ୍ଚ ଅଧ୍ୟାତ୍ମ ବୁଦ୍ଧି ସମ୍ପନ୍ନ ବ୍ୟକ୍ତିର କେତେକ ବିଶେଷ ଗୁଣ ସମ୍ପର୍କରେ ସୂଚନା ଦିଆଯାଇପାରେ। ଏପରି ବ୍ୟକ୍ତି ବୁଦ୍ଧିମନା ହୁଅନ୍ତି ଏବଂ ତାଙ୍କର ଦୃଷ୍ଟିଭଙ୍ଗୀ ପ୍ରସାରିତ ଓ ତାଙ୍କର ସମନ୍ୱୟଶୀଳତା ସ୍ୱତଃସ୍ଫୁର୍ତ୍ତ। ତାଙ୍କ ଆତ୍ମସଚେତନଶୀଳତା ଅଧିକ। ସେ ଜୀବନର ଯନ୍ତ୍ରଣାସବୁର ସମ୍ମୁଖୀନ ହୁଅନ୍ତି ଏବଂ ଏହାକୁ ନିଜର ବିକାଶ ପାଇଁ ଉପଯୋଗ କରନ୍ତି। ଅନ୍ୟ ଭାଷାରେ କହିଲେ ସେ ଜୀବନଯନ୍ତ୍ରଣାରୁ ଲାଭ କରିଥିବା ଶିକ୍ଷାର ଉପଯୋଗ କରନ୍ତି। ଯନ୍ତ୍ରଣା ସହ୍ୟ କରିବାର ଶକ୍ତି ତାଙ୍କର ବେଶୀ। ଅନ୍ତର୍ଦୃଷ୍ଟି ଓ ମୂଲ୍ୟବୋଧ ତାଙ୍କ ମନରେ ପ୍ରେରଣା ସୃଷ୍ଟି କରେ। ଅନ୍ୟର କ୍ଷତି କରିବାର ମନୋଭାବରୁ ସେ ବେଶ୍ ଦୂରରେ ରୁହନ୍ତି। ବହୁ ବିବିଧତା ମଧ୍ୟରେ ଐକ୍ୟ ଦେଖିବାର ନିଷ୍ଠା ଥାଏ ।

ଏପରି ବ୍ୟକ୍ତିତ୍ୱସମ୍ପନ୍ନ ଲୋକମାନେ ଉଚ୍ଚ ଅଧ୍ୟାତ୍ମ ଅଙ୍କର ଅଧିକାରୀ। ମନୁଷ୍ୟ ମନର ଏ ଦିଗଟି ଆବିଷ୍କୃତ ହେବା ପର୍ବୂରୁ ଦୁଇଟି ପ୍ରକ୍ରିୟା ସମ୍ପର୍କରେ ଆଲୋଚନା କରାଯାଉଥିଲା। ବହୁ ପୂର୍ବରୁ ବିଂଶ ଶତକର ପ୍ରାରମ୍ଭରେ ସିଗ୍‌ମଣ୍ଡ ଫ୍ରଏଡ୍ ମଧ୍ୟ ଏ ଦୁଇଟି

ପ୍ରକ୍ରିୟା ସମ୍ପର୍କରେ ଆଲୋଚନା କରିଥିଲେ। ପ୍ରଥମ ପ୍ରକ୍ରିୟାଟିକୁ ସେ ମୌଳିକ ପ୍ରକ୍ରିୟା (Primary Process) ବୋଲି କହିଥିଲେ। ମଣିଷର ଯେଉଁସବୁ ଶରୀର ଭିତ୍ତିକ ଚାହିଦା ରହିଛି, ସେସବୁ ପରିପୂରଣ ଓ ଭାବାବେଗ (Emotion) ଏ ପ୍ରକ୍ରିୟାକୁ ରୂପଦିଏ। ଏହି ପ୍ରକ୍ରିୟା ଦ୍ୱାରା ଚାଳିତ ହୋଇ ମନୁଷ୍ୟ କେତେକ ବ୍ୟବହାର ଦର୍ଶାଏ। ଅବଶ୍ୟ ବହୁ ସମୟରେ ମନୁଷ୍ୟ ନିଜର କାର୍ଯ୍ୟକଳାପର କାରଣ ସମ୍ପର୍କରେ ସଚେତନ ନ ଥାଏ ଏବଂ ଏହା ଅଚେତନ (Unconscious) ମନ ଦ୍ୱାରା ନିୟନ୍ତ୍ରିତ ହୁଏ ବୋଲି ଫ୍ରଏଡ୍ ବିଶ୍ୱାସ କରୁଥିଲେ। ଅନ୍ୟ ପ୍ରକ୍ରିୟାଟି ଯୌଗିକ (Secondary) ପ୍ରକ୍ରିୟା। ଅନ୍ୟମାନଙ୍କୁ ଦେଖି ଏବଂ ସାମାଜିକ ବ୍ୟବସ୍ଥାକୁ ଚାହିଁ ବ୍ୟକ୍ତି ଅନ୍ୟ କେତେକ ବ୍ୟବହାର ଶିଖେ। ଏହା ବହୁ ପରିମାଣରେ ବାହ୍ୟ ପରିବେଶ ଦ୍ୱାରା ନିୟନ୍ତ୍ରିତ ହୁଏ। କହିବା ବାହୁଲ୍ୟ ଯେ ପ୍ରଥମ (ମୌଳିକ ଓ ପୁରାତନ) ପ୍ରକ୍ରିୟାଟି ବ୍ୟକ୍ତିର ବୁଦ୍ଧି ଅଙ୍କ (IQ) ସୂଚାଇବା ସ୍ଥଳେ ଦ୍ୱିତୀୟ ପ୍ରକ୍ରିୟାଟି ବ୍ୟକ୍ତିର ଭାବ ଅଙ୍କ (EQ) ସୂଚାଇଥାଏ।

କେବଳ ଅନୁଶୀଳନ ସ୍ତରରେ ନୁହେଁ, ମସ୍ତିଷ୍କକୁ ପ୍ରତ୍ୟକ୍ଷ ଭାବରେ ପର୍ଯ୍ୟବେକ୍ଷଣ ଓ ଅନୁଧ୍ୟାନ କରୁଥିବା ବିଶେଷଜ୍ଞମାନେ ମଧ୍ୟ ଏ ଦୁଇଟି ପ୍ରକ୍ରିୟାକୁ ସ୍ୱୀକୃତି ଦେଇ ଆସୁଥିଲେ। ମାତ୍ର ବିଗତ ଶତକର ଶେଷ ଦଶକରେ ମସ୍ତିଷ୍କ ସମ୍ପର୍କରେ ଗବେଷଣା କରୁଥିବା ସ୍ନାୟୁ ବିଶେଷଜ୍ଞମାନେ ନୂତନ ତଥ୍ୟର ସନ୍ଧାନ ଦେଲେ। ଫଳରେ ଏକ ତୃତୀୟ ପ୍ରକ୍ରିୟାର ସ୍ଥିତି ସ୍ୱୀକୃତି ଲାଭକଲା। ଏ ତୃତୀୟ ପ୍ରକ୍ରିୟାଟି ଅନ୍ୟ ଦୁଇଟି ପ୍ରକ୍ରିୟାର ସଂଯୋଗକାରୀ ପ୍ରକ୍ରିୟା ଏବଂ ମନୁଷ୍ୟର ଅଧ୍ୟାତ୍ମ ଅଙ୍କର (Spiritual Quotient ବା SQ) ଉତ୍ସ ବୋଲି ଗ୍ରହଣ କରାଗଲା। ମସ୍ତିଷ୍କ ସମ୍ପର୍କୀୟ କେତେକ ଗବେଷଣା ଏ ଧାରଣାକୁ ଦୃଢ଼ କଲା।

ନିର୍ଦ୍ଦିଷ୍ଟ ଗବେଷଣାର ସୂଚନା ଦେବା ପୂର୍ବରୁ ଜାଣିବାକୁ ହେବ ଯେ ବର୍ତ୍ତମାନ ଅତ୍ୟାଧୁନିକ ପ୍ରଣାଳୀରେ ସମଗ୍ର ମସ୍ତିଷ୍କର କାର୍ଯ୍ୟ କଳାପକୁ ବିଜ୍ଞାନସମ୍ମତ ପଦ୍ଧତିରେ ଅନୁଧ୍ୟାନ କରାଯାଉଛି। ଜଣେ ଛାତ୍ର ଅଙ୍କ କଷିବା ସମୟରେ ତା'ର ମସ୍ତିଷ୍କ କିପରି କ୍ରିୟାଶୀଳ ତାହା ଜାଣିବା ସମ୍ଭବ ହୋଇଛି। ସେହିପରି ଜଣେ ବ୍ୟକ୍ତି ନିଶାସକ୍ତ ଥିବା ସମୟରେ ଅବସ୍ଥା କିପରି, ତାହା ମଧ୍ୟ ସହଜରେ ପର୍ଯ୍ୟବେକ୍ଷଣ କରାଯାଉଛି। ମସ୍ତିଷ୍କ ସମ୍ପର୍କରେ ଗବେଷଣାର ବହୁପୂର୍ବରୁ ନିର୍ଦ୍ଧାରିତ ହୋଇସାରିଛି ଯେ ବିଭିନ୍ନ କାର୍ଯ୍ୟକଳାପ (ବ୍ୟବହାର) ସମୟରେ ମସ୍ତିଷ୍କର ଭିନ୍ନ ଭିନ୍ନ କେନ୍ଦ୍ର କ୍ରିୟାଶୀଳ ହୁଏ। ସମଗ୍ର ମସ୍ତିଷ୍କଟି ଗୋଟିଏ ଏକକ (Unity) ରୂପେ କାର୍ଯ୍ୟ କରୁଥିଲେ ମଧ୍ୟ ପୃଥକ୍ ପୃଥକ୍ କାର୍ଯ୍ୟ ପାଇଁ ଅଲଗା ଅଲଗା କେନ୍ଦ୍ରସବୁ ରହିଛି। ଆମେ ଗୀତ ଶୁଣିବା ସମୟରେ ମସ୍ତିଷ୍କର କେତେକ

ନିର୍ଦ୍ଦିଷ୍ଟ କେନ୍ଦ୍ରରେ କ୍ରିୟାଶୀଳତା ସ୍ପଷ୍ଟ ହେବା ସ୍ଥଳେ ଆମେ ପ୍ରାକୃତିକ ଦୃଶ୍ୟ ଉପଭୋଗ କରୁଥିବାବେଳେ ଅନ୍ୟ କେନ୍ଦ୍ର କ୍ରିୟାଶୀଳତା ଦର୍ଶାଏ ।

୧୯୯୭ ମସିହାରେ ଯୁକ୍ତରାଷ୍ଟ୍ର ଆମେରିକା କାଲିଫର୍ଣ୍ଣିଆ ବିଶ୍ୱବିଦ୍ୟାଳୟର ମନୋବିଜ୍ଞାନୀ ତଥା ସ୍ନାୟୁବିଶାରଦ ରାମଚନ୍ଦ୍ରନ୍ ଲକ୍ଷ୍ୟ କଲେ ଯେ ମସ୍ତିଷ୍କର ଏକ ନିର୍ଦ୍ଦିଷ୍ଟ କେନ୍ଦ୍ର ଆଧ୍ୟାତ୍ମିକ ଅନୁଭୂତି ସମୟରେ କ୍ରିୟାଶୀଳ ରହୁଛି । ଧର୍ମ ସମ୍ପର୍କୀୟ ଓ ଆଧ୍ୟାତ୍ମିକ ଆଲୋଚନା ସମୟରେ ଏବଂ ଶୁଣୁଥିବା ସମୟରେ ଏହି କେନ୍ଦ୍ରଟି କ୍ରିୟାଶୀଳତା ଦର୍ଶାଉଛି । ରାମଚନ୍ଦ୍ରନ୍ ଏହାକୁ ଈଶ୍ୱର-କ୍ଷେତ୍ର (God Spot) ବୋଲି ନାମକରଣ କରିଛନ୍ତି । ମସ୍ତିଷ୍କର ଚାରୋଟି ଅଂଶ (Lobe) ମଧ୍ୟରୁ ଟେମ୍ପୋରାଲ୍ (Temporal Lobe)ରେ ଏହି ନିର୍ଦ୍ଦିଷ୍ଟ କେନ୍ଦ୍ର ସ୍ଥାନିତ । ଈଶ୍ୱର-କ୍ଷେତ୍ରର ଅବସ୍ଥିତି ଈଶ୍ୱରଙ୍କ ସ୍ଥିତିର ପ୍ରମାଣ ନୁହେଁ । ମାତ୍ର ମନୁଷ୍ୟର ଆଧ୍ୟାତ୍ମିକ କ୍ରିୟାକଳାପ ସହିତ ମସ୍ତିଷ୍କର ଏହି କେନ୍ଦ୍ର ଯେ ସଂଶ୍ଳିଷ୍ଟ ଏହାର ପ୍ରମାଣ ମିଳିଛି । ଖ୍ରୀଷ୍ଟ ଧର୍ମାବଲମ୍ବୀମାନେ ଈଶ୍ୱର (God) ଶବ୍ଦ ଉଚ୍ଚାରଣ କରିବା ସମୟରେ କିମ୍ବା ହିନ୍ଦୁମାନେ ଓଁକାର ଧ୍ୱନି ଉଚ୍ଚାରଣ କରିବା ସମୟରେ ମସ୍ତିଷ୍କର ଏହି ଅଂଶରେ ବୈଦ୍ୟୁତିକ କ୍ରିୟାକଳାପର ସଂକେତ ପରିଦୃଷ୍ଟ ହୁଏ । ଆଧ୍ୟାତ୍ମିକ ଭାବସମ୍ପନ୍ନ ବ୍ୟକ୍ତିମାନଙ୍କର ଏହି କେନ୍ଦ୍ରଟି ଅଧିକ ସ୍ପଷ୍ଟ ଓ ବିକଶିତ ।

ଅଧ୍ୟାତ୍ମ ଅଙ୍କର ଦ୍ୱିତୀୟ ପ୍ରମାଣଟି ଅଷ୍ଟ୍ରିଆ ଦେଶର ସିଙ୍ଗର୍ ନାମକ ଜଣେ ସ୍ନାୟୁବିଜ୍ଞାନୀଙ୍କ ଗବେଷଣାରେ ପ୍ରତିଫଳିତ । ଗତ ଶତକର ଶେଷ ଦଶକରେ ସିଙ୍ଗର୍ ଦର୍ଶାଇଛନ୍ତି ଯେ ମନୁଷ୍ୟର ଭାବ (Emotion) ଏବଂ ଭାବନା (Thought) ମଧ୍ୟରେ ରହିଥିବା ସମ୍ପର୍କକୁ ନିୟନ୍ତ୍ରଣ କରିବା ପାଇଁ ମସ୍ତିଷ୍କର କେତେକ ସ୍ନାୟୁ କାର୍ଯ୍ୟ କରିଥାନ୍ତି । ଏହି କାର୍ଯ୍ୟକୁ ସମନ୍ୱୟର କାର୍ଯ୍ୟ (Binding Functions) ବୋଲି ସିଙ୍ଗର୍ ଅଭିହିତ କରିଛନ୍ତି । ପୂର୍ବରୁ ମନୁଷ୍ୟର ଭାବ ଓ ଭାବନାକୁ ନିୟନ୍ତ୍ରଣ କରିଥିବା ଦୁଇଟି ପୃଥକ୍ ପ୍ରକ୍ରିୟାର ପ୍ରମାଣ ମିଳିଥିବା ସ୍ଥଳେ ସିଙ୍ଗର୍ଙ୍କ ଏହି ନୂତନ ତଥ୍ୟ ତୃତୀୟ ପ୍ରକ୍ରିୟାର ପ୍ରମାଣ ଦେଇଛି । ପ୍ରକାରାନ୍ତରେ ଏହା ମନୁଷ୍ୟର ବୁଦ୍ଧିଅଙ୍କ ଓ ଭାବଅଙ୍କର ଊର୍ଦ୍ଧ୍ୱରେ ଆଉ ଗୋଟିଏ ସାମର୍ଥ୍ୟ ଥିବାର ପ୍ରମାଣ ଦେଇଛି । ଏହି ସାମର୍ଥ୍ୟ ହିଁ ଅଧ୍ୟାତ୍ମ ଅଟେ ।

ଅଧ୍ୟାତ୍ମ ଅଙ୍କ ସମ୍ପର୍କରେ ଆଉ ଗୋଟିଏ ବଳିଷ୍ଠ ପ୍ରମାଣ ହାର୍ଭାର୍ଡ଼ ବିଶ୍ୱବିଦ୍ୟାଳୟର ନୃବିଜ୍ଞାନୀ ଓ ଜୀବବିଜ୍ଞାନୀ ଡିଆକନ୍ (Deacon) ଦେଇଛନ୍ତି । ୧୯୯୭ ମସିହାରେ ତାଙ୍କ ଦ୍ୱାରା ଲିଖିତ ପୁସ୍ତକ The Symbolic Species ଆଲୋଡ଼ନ ସୃଷ୍ଟି କରିଛି । ସେ ମଣିଷ ମସ୍ତିଷ୍କର ବିବର୍ତ୍ତନକୁ ଅନୁଧ୍ୟାନ କରି ଦର୍ଶାଇଛନ୍ତି ଯେ ମନୁଷ୍ୟର ଭାଷାଗତ ଦକ୍ଷତା

ହେଉଛି ଏକ ବିଶେଷ ଧରଣର ସାମର୍ଥ୍ୟ। ମନୁଷ୍ୟ ମସ୍ତିଷ୍କର ବିବର୍ତ୍ତନ ସହିତ ଏହା ସମାନ୍ତରାଳ ଭାବରେ ଗତି କରିଛି। ମନୁଷ୍ୟ ମସ୍ତିଷ୍କର ବିବର୍ତ୍ତନ ମନୁଷ୍ୟକୁ ଏପରି ବିଶେଷ ପର୍ଯ୍ୟାୟକୁ ନେଇଛି। ଏ ପର୍ଯ୍ୟନ୍ତ ମନୁଷ୍ୟ ନିଜର ମସ୍ତିଷ୍କ ଓ ଭାଷା ସଂକେତକୁ ପ୍ରୟୋଗ କରି ସବୁ ଜଟିଳ ଓ ମୌଳିକ ପ୍ରଶ୍ନ ଅନୁଶୀଳନ କରିପାରିଛି। କେବଳ ଧରାବନ୍ଧା ନିୟମ ମଧ୍ୟରେ କାର୍ଯ୍ୟ କରିବା ପରିବର୍ତ୍ତେ ମନୁଷ୍ୟ ନିଜକୁ ନିୟମମୁକ୍ତ କରି ନୂତନ ସତ୍ୟର ଆବିଷ୍କାର କରିପାରିବ । ମନୁଷ୍ୟ ଏପରି ସାମର୍ଥ୍ୟର ଅଧିକାରୀ। କମ୍ପ୍ୟୁଟର ଜଟିଳ ପ୍ରଶ୍ନର ସମାଧାନ କରି ମନୁଷ୍ୟର ଉଚ୍ଚ ବୃଦ୍ଧି ଅଙ୍କର ସମକକ୍ଷ ହୋଇପାରେ ଏବଂ ମନୁଷ୍ୟକୁ ମଧ ଟପି ଯାଇପାରେ। ସେହିପରି କେତେକ ପ୍ରାଣୀ ଉଚ୍ଚସ୍ତରର ଭାବ ଦର୍ଶାଇପାରନ୍ତି। କିନ୍ତୁ ଜଟିଳ ଓ ସର୍ଜ୍ଜନାତ୍ମକ ଚିନ୍ତାର ଉନ୍ମେଷ, ବିକାଶ ଓ ଅନୁଶୀଳନର ମାଧ୍ୟମ ରୂପେ ମନୁଷ୍ୟ ଉଚ୍ଚ ଅଧ୍ୟାତ୍ମ ଅଙ୍କର ଅଧିକାରୀ।

ପରିଶେଷରେ କୁହାଯାଇପାରେ ଯେ ଅଧ୍ୟାତ୍ମ ଅଙ୍କର ପ୍ରମାଣ ମୁଖ୍ୟତଃ ବର୍ତ୍ତମାନ ସ୍ନାୟୁ ଗବେଷଣା ଉପରେ ଆଧାରିତ ହେଲେ ମଧ ଭବିଷ୍ୟତର ଅନୁଶୀଳନ ଏହାର ଅନ୍ୟ ଦିଗ ବିଷୟରେ ଜ୍ଞାନପ୍ରଦାନ କରିବ। ଅବଶ୍ୟ ପ୍ରସାରିତ ଗବେଷଣା ପାଇଁ ଏକ ବିରାଟ ଆବଶ୍ୟକତା ହେଉଛି ପ୍ରୟୋଗାତ୍ମକ ମାପକ। ଗୋଟିଏ ବୈଧ ଓ ନିର୍ଭରଯୋଗ୍ୟ ଅଧ୍ୟାତ୍ମ ଅଙ୍କ ପରିମାପକ ଏକ ବିଶିଷ୍ଟ ଆବଶ୍ୟକତା। ସମ୍ଭବତଃ ଏ ଦିଗରେ ସକ୍ରିୟ ପରିକଳ୍ପନା କରୁଥିବା ବିଶେଷଜ୍ଞ ଓ ମନୋବିଜ୍ଞାନୀ ଅଧ୍ୟାତ୍ମ ଅଙ୍କର ନିମ୍ନଲିଖିତ ସୂଚକ ପ୍ରତି ସତର୍କ ଦୃଷ୍ଟିଦେବେ।

- ନମନୀୟ (Flexible) ହେବାର ସାମର୍ଥ୍ୟ
- ଉଚ୍ଚସ୍ତରୀୟ ଆତ୍ମ-ସଚେତନତା
- ଯନ୍ତ୍ରଣାର ସମ୍ମୁଖୀନ ହେବା ଓ ସହ୍ୟ କରିବାର ସାମର୍ଥ୍ୟ
- ଯନ୍ତ୍ରଣାକୁ ଅତିକ୍ରମ କରିଯିବାର ମାନସିକତା
- ମୂଲ୍ୟବୋଧ ଓ ଦୂରଦୃଷ୍ଟି ଦ୍ୱାରା ଅନୁପ୍ରେରିତ ହେବାର ଉଚ୍ଚ ସମ୍ଭାବନା
- ଅନ୍ୟକୁ କଷ୍ଟ ଓ ଯନ୍ତ୍ରଣା ନ ଦେବାର ମନୋଭାବ
- ସମସ୍ତ ବିବିଧତା ମଧ୍ୟରେ ଐକ୍ୟ ଦେଖିବାର ମନୋବୃତ୍ତି
- କାହିଁକି ? ପ୍ରଶ୍ନଟିର ଗଭୀର ଅନୁଶୀଳନ କରିବାର ନିଷ୍ଠା

ସପ୍ତମ ଅଧ୍ୟାୟ

ପ୍ରୟୋଗାତ୍ମକ ଦିଗ (Practical)

ବୈଭବ ମନୋବିଜ୍ଞାନର ଅତୀତ ଖୁବ୍ ଦୀର୍ଘ ନ ହେଲେ ମଧ୍ୟ ଏହାର ପ୍ରୟୋଗ ପରିସର ଖୁବ୍ ବିସ୍ତୃତ। ବୈଭବ ମନୋବିଜ୍ଞାନର ବିଭିନ୍ନ ପରିକଳ୍ପନାର ଆଲୋଚନା ପ୍ରସଙ୍ଗରେ ସେଗୁଡ଼ିକର ବ୍ୟବହାରିକ ଦିଗ ଏବଂ ଜନ କଲ୍ୟାଣରେ ସେଗୁଡ଼ିକର ସମ୍ପୃକ୍ତି ଆଲୋଚନା କରାଯାଇଛି। ବୈଭବ ମନୋବିଜ୍ଞାନର ଅଧ୍ୟୟନ ସମୟରେ ଉପଲବ୍ଧ ହେବ ଯେ ବୈଭବ ମନୋବିଜ୍ଞାନୀମାନେ ସେମାନଙ୍କର କ୍ରମବିକଶିତ କ୍ରମପରିବ୍ୟାପ୍ତ ଧାରଣା ସହିତ ସମାନ୍ତରତା ରକ୍ଷା କରି ବହୁସଂଖ୍ୟକ ପରିମାପକ ଗଠନ କରିଛନ୍ତି। ଏଠାରେ ଅନ୍ତତଃ ଦୁଇଟି ପରିମାପକର ଦୃଷ୍ଟାନ୍ତମୂଳକ ପ୍ରୟୋଗର (Practical) ସ୍ପଷ୍ଟ ସୂଚନା ଦିଆଯାଇପାରେ। ସେ ଦୁଇଟି ମାପକ ହେଉଛି: ଅକ୍ସଫୋର୍ଡ଼ ସୁଖାନୁଭୂତି ପ୍ରଶ୍ନାବଳୀ ଓ କିଙ୍ଗ୍ ଅଧ୍ୟାତ୍ମ-ବୁଦ୍ଧି ଆତ୍ମବିବରଣୀ ମାପକ।

ଅକ୍ସଫୋର୍ଡ଼ ସୁଖାନୁଭୂତି ପ୍ରଶ୍ନାବଳୀ :

ସୁଖାନୁଭୂତି (Happiness) ବୈଭବ ମନୋବିଜ୍ଞାନର ଏକ ସୁବିକଶିତ ପରିକଳ୍ପନା। ବହୁ ମନୋବିଜ୍ଞାନୀ ଏହାର ସଂଜ୍ଞା ପ୍ରକରଣ, ପରିମାପକ ଗଠନ ଏବଂ ଏହାର ବ୍ୟବହାରିକ ଦିଗ ସମ୍ପର୍କରେ ଗବେଷଣା କରିଛନ୍ତି। ଏହାର ବିସ୍ତୃତ ବର୍ଣ୍ଣନା ପୁସ୍ତକଟିର ବିଭିନ୍ନ ଅଂଶରେ ପ୍ରଦତ୍ତ ହୋଇଛି। ତେବେ ନିର୍ଯ୍ୟାସ ସ୍ୱରୂପ କୁହାଯାଇପାରେ ଯେ ବିଂଶଶତକର ଅଷ୍ଟମ ଦଶକରେ ଡାଏନର୍ ସୁଖାନୁଭୂତିର ତିନୋଟି ଉପଦାନକୁ ଭିତ୍ତିକରି ବ୍ୟକ୍ତିଗତ ସୁଖାନୁଭୂତିର (Subjective Well-Being ବା SWB) ଏକ ସଂଜ୍ଞା ଦେଲେ। ଏହା ମୋଟାମୋଟି ଭାବରେ ସ୍ୱୀକୃତି ଲାଭ କଲା। ଏହି ଉପାଦାନ ତିନୋଟି ହେଉଛି - ସାମଗ୍ରିକ ଜୀବନସନ୍ତୋଷ, ଅନୁକୂଳ ଭାବାବେଗ (Positive Emotion) ଏବଂ ଜୀବନର ମୁଖ୍ୟ କ୍ଷେତ୍ର-ସମ୍ପୃକ୍ତ ସନ୍ତୋଷ। ପରବର୍ତ୍ତୀ କାଳରେ ଗ୍ରୀକ୍ ଦାର୍ଶନିକ ଆରିଷ୍ଟଟଲ୍‌ଙ୍କ ନୀତିପୂର୍ଣ୍ଣ ଜୀବନର ପ୍ରାଧାନ୍ୟକୁ

ସମ୍ମାନ ଜଣାଇ ଅନ୍ୟ ଏକ ସଂଜ୍ଞାକରଣ ବିକଶିତ ହେଲା । ଏଥିରେ ତିନି ଉପାଦାନ ପରିବର୍ତ୍ତେ ଛ'ଟି ଉପାଦାନ ସ୍ଥାନିତ ହେଲା । ସେଗୁଡ଼ିକ ହେଉଛି ସ୍ୱାଧୀନ ମନୋଭାବ, ପରିପାର୍ଶ୍ୱରେ ନିୟନ୍ତ୍ରଣ, ଅନ୍ୟମାନଙ୍କ ସହିତ ଅନୁକୂଳ ସଂପ୍ରୀତି, ଆତ୍ମବିକାଶ, ଜୀବନର ଲକ୍ଷ୍ୟ ଏବଂ ଆତ୍ମସ୍ୱୀକୃତି । କ୍ୟାରୋଲ ରିଫ୍‌ଙ୍କର ଏହି ଛ'ଉପାଦାନ ବିଶିଷ୍ଟ ସଂଜ୍ଞାକରଣର ମୂଳକେନ୍ଦ୍ରବିନ୍ଦୁ ହେଉଛି ଅର୍ଥପୂର୍ଣ୍ଣତା । କହିବା ଅନାବଶ୍ୟକ ଯେ ଡାଏନର୍‌ଙ୍କ ତିନି-ଉପାଦାନ ସଂଜ୍ଞାରେ ଭାବଗତ ଅନୁକୂଳତା (Positive Affect) କେନ୍ଦ୍ରବିନ୍ଦୁ ରହିଥିଲା ।

ଆରଗାଇଲ୍ (୨୦୦୧) ଓ ତାଙ୍କର ସହଯୋଗୀ ଅକ୍ସଫୋର୍ଡ଼ ସୁଖାନୁଭୂତି ପ୍ରଶ୍ନମାଳା ପ୍ରଥମେ ଗଠନ କରିଥିଲେ । ଏହି ଗବେଷକମାନେ ଏହି ମାପକର ବୈଧତା (Validity) ଓ ବିଶ୍ୱାସନୀୟତା (Reliability) ଦର୍ଶାଇଛନ୍ତି । ସମୟର ବିଭିନ୍ନ ପର୍ଯ୍ୟାୟରେ ଏଥିରୁ ମିଳୁଥିବା ଫଳାଙ୍କ ସ୍ଥିର ଓ ଅପରିବର୍ତ୍ତିତ ରହେ । ଆରଗାଇଲ ଦର୍ଶାଇଛନ୍ତି ଯେ ଡାଏନରଙ୍କ ସୁଖାନୁଭୂତିର ମାପକ ସହିତ ଏହାର ସହସମ୍ବନ୍ଧ ଉଚ୍ଚସ୍ତରୀୟ ।

ଆରଗାଇଲ୍ ପୁନଶ୍ଚ ଦର୍ଶାଇଛନ୍ତି ଯେ ଅକ୍ସଫୋର୍ଡ଼ ସୁଖାନୁଭୂତି ମାପକର ଫଳାଙ୍କ (ସ୍କୋର) ସହିତ ଗୀର୍ଜାପରି ଧାର୍ମିକ ଅନୁଷ୍ଠାନର କାର୍ଯ୍ୟକ୍ରମଜନିତ ଅନୁଭବ ସଂଶ୍ଳିଷ୍ଟ । ଆନନ୍ଦ ସହିତ ସହସମ୍ବନ୍ଧ ରହିଛି । ଏହାର ତାତ୍ପର୍ଯ୍ୟ ହେଉଛି ଧାର୍ମିକ ଅନୁଷ୍ଠାନ ସଂଶ୍ଳିଷ୍ଟ କାର୍ଯ୍ୟଜନିତ ସୁଖାନୁଭୂତି ଓ ଅକ୍ସଫୋର୍ଡ଼ ସ୍କୋର ମଧ୍ୟରେ ସମ୍ବନ୍ଧ ରହିଛି । ଅବଶ୍ୟ ଏହି ସମ୍ବନ୍ଧ ଅକ୍ସଫୋର୍ଡ଼ ସୁଖାନୁଭୂତି ସ୍କୋର୍ ଓ କ୍ରୀଡ଼ା-ଜନିତ ସ୍କୋର୍ ମଧ୍ୟରେ ଥିବା ସମ୍ବନ୍ଧଠାରୁ କମ୍ । ଏହାର କାରଣ ହୋଇପାରେ ଯେ ଅଧିକାଂଶ ଲୋକ ସପ୍ତାହରେ ଥରେ ଦୁଇଥର ଗୀର୍ଜା ପରି ଧାର୍ମିକ ଅନୁଷ୍ଠାନକୁ ଯାଆନ୍ତି । ଅନ୍ୟ ପକ୍ଷରେ କ୍ରୀଡ଼ା ଓ ଖେଳାଖେଳିର ଆନନ୍ଦ ଦୈନିକ ଓ ପ୍ରାତ୍ୟହିକ । ସୁତରାଂ ଏହା ସହିତ ଅକ୍ସଫୋର୍ଡ଼ ସୁଖାନୁଭୂତିର ସ୍କୋର୍ ସହିତ ଅଧିକ ସମ୍ବନ୍ଧ ରହିବା ସ୍ୱାଭାବିକ ।

ଅନୁଧ୍ୟାନର ଆଭିମୁଖ୍ୟ :

ଅକ୍ସଫୋର୍ଡ଼ ସୁଖାନୁଭୂତି ମାପକର ବ୍ୟବହାର କରି ଅନେକଗୁଡ଼ିଏ ପ୍ରକଳ୍ପର ଅନୁଧ୍ୟାନ ରାଯାଇପାରେ । ନାରୀମାନେ ପୁରୁଷମାନଙ୍କ ତୁଳନାରେ ଅଧିକ ସୁଖୀ କି ପୁରୁଷମାନେ ଅଧିକ ସୁଖୀ, ତାହାର ତୁଳନାତ୍ମକ ଅନୁଧ୍ୟାନ କରାଯାଇପାରେ । ସେହିପରି ଦୁଇ ବୟସ ଗୋଷ୍ଠୀ ମଧ୍ୟରେ, ଦୁଇ ସାଂସ୍କୃତିକ ଗୋଷ୍ଠୀ ମଧ୍ୟରେ କିମ୍ବା ଗ୍ରାମବାସୀ ଓ

ନଗରବାସୀ ମଧ୍ୟରେ ତୁଳନାତ୍ମକ ବିଚାର କରାଯାଇପାରେ । ଅଧିକନ୍ତୁ ଦୁଇଟି ଧାରଣା (Concept) ମଧ୍ୟରେ ସମ୍ପର୍କର ମଧ୍ୟ ଅନୁଶୀଳନ କରାଯାଇପାରେ । ସୁଖାନୁଭୂତି ସହିତ ଆଧ୍ୟାତ୍ମିକତା ସମ୍ବନ୍ଧିତ କି ? ଏହିପରି ଅଜସ୍ର ପ୍ରଶ୍ନର ସମାଧାନ ସମ୍ଭବପର ।

ମାତ୍ର ଏଠାରେ ସୀମିତ ଆଭିମୁଖ୍ୟ ନେଇ ୪ ଜଣ ଯୁବକଯୁବତୀଙ୍କର ସୁଖାନୁଭୂତିର ସ୍ତର ନିର୍ଦ୍ଧାରଣ ଓ ତାହାର ବ୍ୟାଖ୍ୟାକରଣର ଆଭିମୁଖ୍ୟ ସ୍ଥିର କରାଯାଇଛି ।

ଅନୁଧ୍ୟାନ ପଦ୍ଧତି

ଅଭିକଳ୍ପନା (Design) :

ବର୍ତ୍ତମାନ ଅନୁଧ୍ୟାନରେ କେବଳ ଅକ୍ସଫୋର୍ଡ଼ ସୁଖାନୁଭୂତି ମାପକର ପ୍ରୟୋଗ କରାଯିବ । ଚାରିଜଣ ପ୍ରାପ୍ତବୟସ୍କ ବ୍ୟକ୍ତି (୨ ଜଣ ପୁରୁଷ ଓ ୨ ଜଣ ନାରୀ) ଉପରେ ଏହି ପରିମାପକର ପ୍ରୟୋଗ କରାଯାଇ ସେମାନଙ୍କ ଫଳାଙ୍କର ବ୍ୟାଖ୍ୟା କରାଯିବ ।

ପ୍ରତିଭାଗୀ (Participants) :

ଏହି ଅନୁଧ୍ୟାନରେ ପ୍ରତିଭାଗୀ ହେଉଛନ୍ତି ଚାରିଜଣ ପ୍ରାପ୍ତ ବୟସ୍କ ବ୍ୟକ୍ତି । ସେମାନଙ୍କର ବ୍ୟକ୍ତିଗତ ସୂଚନା ନିମ୍ନ ସାରଣୀରେ ପ୍ରକାଶ କରାଯାଇପାରେ ।

ପ୍ରତିଭାଗୀ	ପୁରୁଷ/ନାରୀ	ବୟସ୍କ	ଶିକ୍ଷାଗତ ଯୋଗ୍ୟତା	ଜୀବିକା	ପରିମାପକ
୧	ପୁରୁଷ	୫୩	ବି.ଏ.	ଶିକ୍ଷକ	ଅକ୍ସଫୋର୍ଡ଼
୨	ପୁରୁଷ	୨୯	ବି.ଟେକ୍.	ଯନ୍ତ୍ରୀ	ସୁଖାନୁଭୂତି
୩	ନାରୀ	୩୫	ନର୍ସିଂ	ଚିକିତ୍ସାଳୟରେ ନର୍ସ	ପରିମାପକ
୪	ନାରୀ	୨୪	ବି.ଏ.	ହଷ୍ଟେଲ ପରିଚାଳିକା	

ପରିମାପକର ସଂକ୍ଷିପ୍ତ ସୂଚନା :

ଅକ୍ସଫୋର୍ଡ଼ ସୁଖାନୁଭୂତି ପ୍ରଶ୍ନାବଳୀଟି ଏହି ପୁସ୍ତକରେ ପରିଶିଷ୍ଟ କ'ରେ ପ୍ରଦତ୍ତ ହୋଇଛି। ବିଶିଷ୍ଟ ବୈଭବ ମନୋବିଜ୍ଞାନୀ ମାଇକେଲ୍ ଆର୍‌ଗାଇଲ୍ ଓ ତାଙ୍କର ସହଯୋଗୀମାନେ ଏହି ମାପକର ଗଠନ ଓ ବିକାଶ କରିଛନ୍ତି। ଏ ମାପକଟି ସରଳ ଓ ସହଜ-ବ୍ୟବହାର ଉପଯୋଗୀ। ଆର୍‌ଗାଇଲ୍ ତାଙ୍କର The Purusuit of Happiness ପୁସ୍ତକରେ ଏ ମାପକର ବୈଧତା (Validity) ଓ ବିଶ୍ୱାସନୀୟତାର (Reliability) ସୂଚନା ଦେଇଛନ୍ତି ।

ଏହି ପରିମାପକରେ ୨୯ଟି ବାକ୍ୟ ରହିଛି। ପ୍ରତିଭାଗୀମାନେ ପ୍ରତିଟି ବାକ୍ୟ ମନଯୋଗ ଦେଇ ପଢ଼ିବା ପରେ '୧'ରୁ '୬' ମଧ୍ୟରେ ଥିବା ସଂଖ୍ୟା ବ୍ୟବହାର କରି ବାକ୍ୟ ସହିତ ସହମତି ପ୍ରକାଶ କରିବାର ନିର୍ଦ୍ଦେଶ ଦିଆଯାଇଛି। ବାକ୍ୟଟି ସହିତ ପୂରାପୂରି ଅମତ ହୋଇଥିଲେ '୧' ଏବଂ ପୂରାପୂରି ସହମତ ହୋଇଥିଲେ '୬' ଲେଖିବାକୁ ନିର୍ଦ୍ଦେଶ ଦିଆଯାଇଛି। ଏହି ଦୁଇଟି ପ୍ରାନ୍ତୀୟ ମତାମତ ବ୍ୟତୀତ ଅନ୍ୟ ମତାମତ ପାଇଁ ମଧ୍ୟସ୍ଥଳରେ ଥିବା ସଂଖ୍ୟାର ଉପଯୋଗ କରାଯାଇପାରେ।

ପ୍ରତିଟି ପ୍ରତିଭାଗୀ ପରିମାପକଟିର ନିଜର ପ୍ରତିକ୍ରିୟା ପ୍ରକାଶ କରିବା ପରେ ପ୍ରତିଭାଗୀର ଫଳାଙ୍କ (ସ୍କୋର) ନିର୍ଦ୍ଧାରଣ କରାଯାଏ। ଫଳାଙ୍କ ନିର୍ଦ୍ଧାରଣ କରିବା ସମୟରେ କେତେକ ବାକ୍ୟର ସ୍କୋରକୁ ବିପରୀତମୁଖୀ (Reversed Scoring) କରିବାକୁ ହୋଇଥାଏ। ଉଦାହରଣ ସ୍ୱରୂପ, ''ଭବିଷ୍ୟତ ସମ୍ପର୍କରେ ମୁଁ ଆଶାବାଦୀ ନୁହେଁ'' ବାକ୍ୟଟି ବିପରୀତମୁଖୀ। ଏହି ବାକ୍ୟ ପାଇଁ ପ୍ରତିଭାଗୀ ୧ (ପୂରାପୂରି ଅମତ) ସୂଚିତ କରିଥିଲେ ସୁଖାନୁଭୂତି ପରିପ୍ରେକ୍ଷୀରେ ଏହାର ସ୍କୋର୍ ୬ ରହିବ, ସେହିପରି ଅନ୍ୟ ବିପରୀତମୁଖୀ ବାକ୍ୟ ବାକ୍ୟ ପାଇଁ '୨' ସୂଚିତ କଲେ ଫଳାଙ୍କ ୫, '୩' ସୂଚିତ କଲେ ଫଳାଙ୍କ ୪, '୪' ସୂଚିତ କଲେ ଫଳାଙ୍କ ୩, '୫' ସୂଚିତ କଲେ ଫଳାଙ୍କ ୨ ଏବଂ '୬' ସୂଚିତ କଲେ ଫଳାଙ୍କ ୧ ରହିବ।

ବର୍ତ୍ତମାନ ପୂରାପୂରି ୨୯ଟି ବାକ୍ୟ ପାଇଁ ଫଳାଙ୍କ ମିଶଇଦେଲେ ସମୁଦାୟ ଫଳାଙ୍କ ନିର୍ଦ୍ଧାରିତ ହେବ। ଅବଶ୍ୟ ବ୍ୟାଖ୍ୟା କରିବାର ସୁବିଧା ଦୃଷ୍ଟିରୁ ସମୁଦାୟ ସ୍କୋରଟିକୁ ୨୯ ଦ୍ୱାରା ବିଭାଜନ କରି ହାରାହାରି ଫଳାଙ୍କ ବା ସ୍କୋର (ଯଥା: ୪.୩) ନିରୂପଣ କରାଯିବ।

ପ୍ରଣାଳୀ (Procedure) :

ଅକ୍ସଫୋର୍ଡ଼ ସୁଖାନୁଭୂତିର ପ୍ରୟୋଗ ପାଇଁ ୪ ଜଣ ପ୍ରାପ୍ତ ବୟସ୍କ ଯୁବକ ଯୁବତୀଙ୍କ ସହିତ ସଂଯୋଗ ରକ୍ଷାକରି ପରିମାପକଟି ନେବାପାଇଁ ଅନୁରୋଧ କରାଗଲା । ଅକ୍ସଫୋର୍ଡ଼ ସୁଖାନୁଭୂତିର ପରିମାପକର ଚାରୋଟି ପ୍ରଶ୍ନାବଳୀ ଚାରି ଜଣଙ୍କୁ ଦେବା ପରେ ସେମାନଙ୍କ ସହିତ ପ୍ରାରମ୍ଭିକ କଥପୋକଥନ ମାଧ୍ୟମରେ ଏକ ସ୍ୱାଭାବିକ ଅବସ୍ଥା ଗଠନ କରାଗଲା । ପ୍ରତ୍ୟେକ ବ୍ୟକ୍ତିଙ୍କୁ ବ୍ୟକ୍ତିଗତ ସୂଚନା (ପୁରୁଷ କି ସ୍ତ୍ରୀ, ବୟସ୍କ, ଶିକ୍ଷାଗତ ଯୋଗ୍ୟତା ଇତ୍ୟାଦି) ଲେଖିବା ପାଇଁ କୁହାଗଲା । ପରିମାପର ପ୍ରୟୋଗ ପାଇଁ ନିମ୍ନମତେ ନିର୍ଦ୍ଦେଶ ଦିଆଗଲା ।

ନିର୍ଦ୍ଦେଶ : ''ଆପଣଙ୍କୁ ଦିଆଯାଇଥିବା ପ୍ରଶ୍ନାବଳୀଟି ଭଲରୂପେ ପଢ଼ନ୍ତୁ । ଏଥିରେ ୨୯ଟି ବାକ୍ୟ ଦିଆଯାଇଛି । ପ୍ରତିଟି ବାକ୍ୟ ଆପଣଙ୍କ ପ୍ରତି କେତେ ପରିମାଣରେ ପ୍ରଯୁଜ୍ୟ, ତାହା ଜଣାଇବାକୁ ଅନୁରୋଧ କରାଯାଉଛି । ବାକ୍ୟର ଦକ୍ଷିଣ ପାର୍ଶ୍ୱରେ ଗୋଟିଏ ସଂଖ୍ୟା ସୂଚିତ କରି ଆପଣଙ୍କ ମନୋଭାବ ବ୍ୟକ୍ତ କରନ୍ତୁ । ପୂରାପୂରି ଅମତ ହୋଇଥିଲେ '୧', କିଛି ମାତ୍ରାରେ ଅମତ ହୋଇଥିଲେ ୨, ଅଳ୍ପ ଅମତ ହୋଇଥିଲେ ୩, ଅଳ୍ପ ଏକମତ ହୋଇଥିଲେ ୪, କିଛିମାତ୍ରାରେ ଏକମତ ହୋଇଥିଲେ '୫' ଏବଂ ପୂରାପୂରି ଏକମତ ହୋଇଥିଲେ ୬ ଲେଖନ୍ତୁ ।

ମନେରଖନ୍ତୁ ଯେ କୌଣସି ଉତ୍ତର ଠିକ୍ କିମ୍ବା ଭୁଲ୍ ନୁହେଁ । ଆପଣ ପରିବେଶକୁ କିପରି ଦେଖନ୍ତି, ତାହା ଜାଣିବା ପାଇଁ ଏହି ଗବେଷଣା କରାଯାଉଛି । ଆପଣଙ୍କ ପ୍ରତିକ୍ରିୟା ଗୋପନ ରଖାଯିବ ଏବଂ କେବଳ ଗବେଷଣା କାର୍ଯ୍ୟରେ ବ୍ୟବହାର କରାଯିବ । ଆପଣଙ୍କ ସହଯୋଗ ପାଇଁ ଅଶେଷ ଧନ୍ୟବାଦ ।''

ନିର୍ଦ୍ଦେଶଟି ପ୍ରତି ପ୍ରତିଭାଗୀକୁ ଜଣାଇବା ପରେ ସେମାନେ ଠିକ୍ ରୂପେ ବୁଝି ପାରିଲେ କି ନାହିଁ ତାହା ପଚରାଯିବ । ବୁଝିପାରି ନଥିଲେ ଅସ୍ପଷ୍ଟ ଥିବା ଅଂଶ ପୁନଶ୍ଚ କୁହାଯିବ । ବୁଝିପାରିବାର ସମ୍ମତି ଦେଲାପରେ ପ୍ରତିଟି ପ୍ରତିଭାଗୀଙ୍କୁ ସ୍ୱାଭାବିକ ରୀତିରେ ପ୍ରତିକ୍ରିୟା ସୂଚନା ଦେବାପାଇଁ କୁହାଯିବ । ଏକ ଶାନ୍ତ, ସ୍ୱାଭାବିକ ଓ ଉଦ୍‌ବେଗବିହୀନ ପରିବେଶରେ ପ୍ରତିଟି ପ୍ରତିଭାଗୀ ଏହି ପରିମାପକଟି ଶେଷ କରିବେ ।

ପରବର୍ତ୍ତୀ ପର୍ଯ୍ୟାୟରେ ପ୍ରତିଟି ପ୍ରତିଭାଗୀଙ୍କ ଦ୍ୱାରା ସମ୍ପୂର୍ଣ୍ଣ କରାଯାଇଥିବା ପରିମାପକ ପରୀକ୍ଷା କରାଯାଇ ସ୍କୋର୍ ବା ଫଳାଙ୍କ ନିର୍ଦ୍ଧାରଣ କରାଯିବ । ଫଳାଙ୍କ

ନିର୍ଦ୍ଧାରଣ କରାଯିବା ସମୟରେ ମନେ ରଖିବାକୁ ହେବ ଯେ ମାପକର କେତେକ ବାକ୍ୟ (ବାକ୍ୟ ସଂଖ୍ୟା, ୧, ୫, ୬, ୧୦, ୧୩, ୧୪, ୧୯, ୨୩, ୨୪, ୨୭, ୨୮ ଓ ୨୯) ବିପରୀତମୁଖୀ ଅର୍ଥାତ୍ ଏଗୁଡ଼ିକ ଦୁଃଖାନୁଭୂତିର ସୂଚକ। ସୁତରାଂ ସୁଖାନୁଭୂତିର ଫଳାଙ୍କ ନିର୍ଦ୍ଧାରଣ ପାଇଁ ଏହାଙ୍କୁ ବିପରୀତ ଦିଗରୁ ସ୍କୋର କରିବାକୁ ହେବ। ଏହା କିପରି କରାଯିବ ତାହା ପୂର୍ବରୁ ପରିମାପକର ବର୍ଣ୍ଣନାରେ ଦିଆଯାଇଛି । ପରିଶିଷ୍ଟ 'କ'ରେ ପରିମାପକଟି ଦିଆଯାଇ ତାହାର ନିମ୍ନଭାଗରେ ମଧ୍ୟ ଏହା ସୂଚିତ ହୋଇଛି। ବ୍ୟକ୍ତିର ସମୁଦାୟ ଫଳାଙ୍କ ପାଇଁ ୨୯ଟି ବାକ୍ୟର ଫଳାଙ୍କ ମଝିକୁ ମିଶାଇ ଦିଆଯିବ। ପୁନଶ୍ଚ ପ୍ରତି ବ୍ୟକ୍ତିର ହାରାହାରି ଫଳାଙ୍କକୁ ୨୯ ଦ୍ୱାରା ଭାଗ କରାଯାଇ ଏହା ସ୍ଥିର କରାଯିବ।

ପରିମାପକ ପ୍ରୟୋଗର ଫଳାଫଳ (Results) :

ଅକ୍ସଫୋର୍ଡ଼ ସୁକାନୁଭୂତି ପରିମାପକ-ଲବ୍ଧ ଫଳାଫଳ ସହିତ ବ୍ୟକ୍ତିର ଅନ୍ତଃ-ପ୍ରତ୍ୟକ୍ଷ (Introspection) ସହିତ କିପରି ସମ୍ବନ୍ଧ ରହିଚି ତାହା ଜାଣିବା ପାଇଁ ପ୍ରତ୍ୟେକ ପ୍ରତିଭାଗୀକୁ ନିଜର ଅନ୍ତଃ-ପ୍ରତ୍ୟକ୍ଷ ସୂଚିତ କରିବାର ସୁଯୋଗ ଦିଆଯାଇପାରେ।

ଅନ୍ତଃପ୍ରତ୍ୟକ୍ଷ ବିବରଣୀ : ବ୍ୟକ୍ତିର ଅନ୍ତଃ-ପ୍ରତ୍ୟକ୍ଷ ବିବରଣୀର (Introspective Report) ସଂଗ୍ରହ ପାଇଁ ବ୍ୟକ୍ତିକୁ କେତେକ ନିର୍ଦ୍ଦିଷ୍ଟ ପ୍ରଶ୍ନ ପଚରାଯାଇପାରେ।

- ଆପଣ ଏ ପ୍ରଶ୍ନାବଳୀଟି ନେଇ କ୍ରିୟାଶୀଳ ଥିବା ସମୟରେ କିପରି ଅନୁଭବ କରୁଥିଲେ ?
- ଆପଣ ନିଜକୁ କେତେ ସୁଖୀ ମନେ କରନ୍ତି ?
- ଆପଣ କେଉଁ କେଉଁ କାରଣରୁ ସୁଖ ଅନୁଭବ କରନ୍ତି ?
- ଆପଣ କେଉଁ କେଉଁ କାରଣରୁ ଦୁଃଖ ଅନୁଭବ କରନ୍ତି ?
- ପ୍ରଶ୍ନାବଳୀଟି ଉପରେ ପ୍ରତିକ୍ରିୟା ପ୍ରକାଶ କରୁଥିବା ସମୟରେ କେଉଁସବୁ ଭାବ ଓ ଭାବନାର ଅନୁଭବ ପାଉଥିଲେ ?

ପରିମାପକଲବ୍ଧ ଫଳାଫଳ : ପରିମାପକରୁ ମିଳିଥିବା ଫଳାଫଳର ବ୍ୟାଖ୍ୟା କରଣ ପାଇଁ ଚାରି ଜଣଙ୍କର ଫଳାଙ୍କକୁ ଏକ ସାରଣୀରେ ପ୍ରକାଶ କରାଯାଇପାରେ।

ଫଳାଫଳ ସାରଣୀ

ପ୍ରତିଭାଗୀ	ହାରହାରି ଫଳାଙ୍କ	ସଂକ୍ଷିପ୍ତ ମର୍ମ
କ	୫.୨	ଖୁବ୍ ବେଶୀ ସୁଖାନୁଭୂତି
ଖ	୩.୯	ସୁଖାନୁଭୂତି ବେଶୀ ନୁହେଁ କି କମ୍ ନୁହେଁ
ଗ	୩.୭	କମ୍ ସୁଖାନୁଭୂତି
ଘ	୨.୮	ଖୁବ୍ କମ୍ ସୁଖାନୁଭୂତି

ପ୍ରତିଭାଗୀଙ୍କ ସ୍କୋର୍ ବା ଫଳାଙ୍କ ସମ୍ପର୍କରେ କୌଣସି ମନ୍ତବ୍ୟ ଦେବା ପୂର୍ବରୁ ଗୋଟିଏ କଥା ସ୍ପଷ୍ଟ କରିବାକୁ ହେବ। ବ୍ୟବହାର କରାଯାଇଥିବା ମାପକଟିରେ ସ୍କେଲ ସୀମା (୧ରୁ ୬) ନିଆଯାଇଛି, ତାହାର ମଧ୍ୟମା (Median) ହେଉଛଇ ୩.୫, ଏହାର ଅର୍ଥ ହେଉଛି ଯେ ୩.୫ ସ୍କୋରଟି ଏକ ବିଭାଜକ ବିନ୍ଦୁ; ଏହାର ଉପରେ ଥିବା ସ୍କୋର୍ ସବୁ ସୁଖାନୁଭୂତିର ସୂଚକ ଏବଂ ଏହାର ନିମ୍ନରେ ଥିବା ସ୍କୋର ସବୁ ଦୁଃଖାନୁଭୂତିର ସୂଚକ। ଅନ୍ୟ ଭାଷାରେ କହିଲେ ବୁଝାଯିବ ଯେ ହାରାହାରି ସ୍କୋର ୩.୫ରୁ ଯେତେ ଅଧିକ ରହିବ ସୁଖାନୁଭୂତିର ମାତ୍ରା ସେତେ ବେଶୀ ବୋଲି ଧରାଯିବ। ଅନ୍ୟ ପକ୍ଷରେ ସ୍କୋର ୩.୫ରୁ ଯେତେ କମ୍ ରହିବ ସୁଖାନୁଭୂତିର ମାତ୍ରା ସେତେ କମ୍ ରହିବ।

ଏହି ମାନଦଣ୍ଡ ନେଇ ବିଚାର କଲେ ଦେଖାଯିବ ଯେ 'କ' ବ୍ୟକ୍ତି ଜଣକର ସୁଖାନୁଭୂତି ଖୁବ୍ ବେଶୀ ହେବା ସ୍ଥଳେ 'ଖ' ବ୍ୟକ୍ତିଙ୍କର ସୁଖାନୁଭୂତି ମଧ୍ୟମ ମାତ୍ରାରେ ରହିଛି। ତୃତୀୟ ବ୍ୟକ୍ତିଟି (ବ୍ୟକ୍ତି 'ଗ') ସୁଖାନୁଭୂତି କମ୍ ଏବଂ ଚତୁର୍ଥ ବ୍ୟକ୍ତିଟି ସୁଖାନୁଭୂତି ଖୁବ୍ କମ୍ (ଏହି ବ୍ୟକ୍ତିଙ୍କୁ ଦୁଃଖୀ କୁହାଯାଇପାରେ)।

ଏଠାରେ ଉଲ୍ଲେଖ କରିବା ଯଥାର୍ଥ ହେବ ଯେ ଆଲୋଚିତ ଅନୁଧ୍ୟାନଟିରେ ଅକ୍ସଫୋର୍ଡ଼ ପରିମାପକଟିର ସ୍କୋର୍‌କୁ କେବଳ ଏକ ବର୍ଣ୍ଣନାତ୍ମକ ଶୈଳୀର ବ୍ୟାଖ୍ୟା କରାଯାଇଛି। ଏଥିରେ କୌଣସି ସିଦ୍ଧାନ୍ତର ଆଲୋଚନା କରାଯାଇ ନାହିଁ। ସିଦ୍ଧାନ୍ତର ଲକ୍ଷ୍ୟ ନେଇ ମାପକଟି ବ୍ୟବହାର କରାଯାଇଥିଲେ ଖୁବ୍ ଅଧିକ ସଂଖ୍ୟକ ପ୍ରତିଭାଗୀ ନେଇ ତୁଳନାତ୍ମକ ବିଚାର କିମ୍ବା ସମ୍ବନ୍ଧର ବିଚାର କରାଯାଇପାରେ। ଉଦାହରଣ ସ୍ୱରୂପ, ପୁରୁଷମାନେ ଅଧିକ ସୁଖୀ କି ନାରୀମାନେ ଅଧିକ ସୁଖୀ ତାହାର ନିରୂପଣ କରାଯାଇପାରିବ । ସେହିପରି ମନୁଷ୍ୟର ସୁଖାନୁଭୂତି ସେମାନଙ୍କ ରୋଜଗାର ସହିତ ସହସମ୍ବନ୍ଧିତ କି ନୁହେଁ, ତାହା ମଧ୍ୟ ସ୍ଥିର କରିବା ସମ୍ଭବ ହେବ।

ଅନୁଧ୍ୟାନର ଉପଯୋଗିତା :

ଅକ୍ସଫୋର୍ଡ଼ ସୁଖାନୁଭୂତି ପରିମାପକର ଏକ ସୀମିତ ଦୃଷ୍ଟାନ୍ତ ଏଠାରେ ଆଲୋଚିତ ହେଲେ ମଧ୍ୟ ଏହାର ସମ୍ଭାବ୍ୟ ଉପଯୋଗିତାର ପରିସର ଖୁବ୍ ବିସ୍ତୃତ। ସୁଖାନୁଭୂତିକୁ କେନ୍ଦ୍ର କରି ମନୁଷ୍ୟ ଜୀବନର ବହୁଦିଗ ଓ ବହୁ ସଫଳତା ପର୍ଯ୍ୟାଲୋଚନା କରାଯାଇପାରେ । ସୁଖାନୁଭୂତି ବହୁ ସଫଳତା ଓ ପ୍ରାପ୍ତିର ନିର୍ଦ୍ଧାରକ ହୋଇଥିବାରୁ ଏହାର ଅନୁଧ୍ୟାନ ଏକ ଗୁରୁତ୍ୱପୂର୍ଣ୍ଣ ବିଷୟ।

ସୁଖାନୁଭୂତିର ପରିମାପ ପାଇଁ ଏକାଧିକ ପରିମାପକ ଥିଲେ ମଧ୍ୟ ଅକ୍ସଫୋର୍ଡ଼ ମାପକ ଏକ ସହଜ ସରଳ ପଦ୍ଧତି। ଖୁବ୍ ଅଳ୍ପ ସମୟ ମଧ୍ୟରେ ଏହାର ଉପଯୋଗ କରାଯାଇପାରେ ଏବଂ ବିଭିନ୍ନ ବର୍ଗର ଲୋକମାନଙ୍କ ମଧ୍ୟରେ ବ୍ୟବହାର କରାଯାଇପାରେ । ଏହି ସୀମିତ ବ୍ୟବହାରର ଜ୍ଞାନକୁ ଭିତ୍ତି କରି ବହୁ ଆଗାମୀ ପରିକଳ୍ପନାର ମାର୍ଗ ଗ୍ରହଣ କରାଯାଇପାରେ।

ଦ୍ୱିତୀୟ ପରିମାପକ : ଅଧ୍ୟାତ୍ମ ବୁଦ୍ଧି

ଅଧ୍ୟାତ୍ମ ବୁଦ୍ଧିର ପରିକଳ୍ପନା ଓ ପରିମାପକର ବିକାଶ ଏକ ଐତିହାସିକ ବିସ୍ମୟ। ଏହାର ଅଂକୁରଣ ମୂଳରେ ଏକାଧିକ ଘଟଣା ସଂଶ୍ଳିଷ୍ଟ। ମନୋବିଜ୍ଞାନୀମାନେ ୧୯୮୦ ପୂର୍ବରୁ ଆଧ୍ୟାତ୍ମିକତା ସମ୍ପର୍କରେ ସମ୍ପୂର୍ଣ୍ଣ ଉଦାସୀନ ଥିଲେ। ସେମାନଙ୍କ ବିଚାରରେ ଆଧ୍ୟାତ୍ମିକତା ଦର୍ଶନ ଶାସ୍ତ୍ରର ଓ ଏ ଧରଣର ଶୃଙ୍ଖଳା ପାଇଁ ଏକ ଉପାଦେୟ ଅଧ୍ୟୟନ ସାମଗ୍ରୀ ହୋଇପାରେ । ମାତ୍ର ମନୋବିଜ୍ଞାନ ଓ ବ୍ୟବହାର ବିଜ୍ଞାନରେ ଏହାର ଅନୁଶୀଳନ ଖୁବ୍ କଷ୍ଟକର।

୧୯୮୦ ପରେ ପରେ କେତେକ ମନୋବିଜ୍ଞାନୀ ଧର୍ମୀୟ ବିଶ୍ୱାସ ଓ ଆଧ୍ୟାତ୍ମିକତା ସମ୍ପର୍କରେ ଆଗ୍ରହ ପ୍ରକାଶ କଲେ। ଏହି ସମୟରେ ମାନସିକ ସ୍ୱାସ୍ଥ୍ୟ ସମ୍ପର୍କରେ ଅଧିକରୁ ଅଧିକ ଗବେଷଣା ଆରମ୍ଭ ହେଲା ଏବଂ ବହୁ ବୈଭବ ମନୋବିଜ୍ଞାନୀ ମାନସିକ ସ୍ୱାସ୍ଥ୍ୟର ନିର୍ଦ୍ଧାରକ ଚିହ୍ନଟ କରିବାର ପ୍ରୟାସ କଲେ। ଏହି ପର୍ଯ୍ୟାୟରେ ବହୁ ମନୋବିଜ୍ଞାନୀ ଧର୍ମୀୟ ବିଶ୍ୱାସ ଓ ମାନସିକ ସ୍ୱାସ୍ଥ୍ୟର ସମ୍ବନ୍ଧ ଅନୁଶୀଳନ ଆରମ୍ଭ କଲେ।

ଏ କ୍ଷେତ୍ରରେ ଏକ କୌତୂହଳପ୍ରଦ ଘଟଣା ଘଟିଲା। କୌଣସି ଏକ ନିର୍ଦ୍ଦିଷ୍ଟ ଅନୁଧ୍ୟାନକୁ ସାମୂହିକ ଭାବରେ ବିଚାର କଲେ ଗବେଷଣାରେ ଏହି ପଦ୍ଧତିକୁ ବିଶ୍ଳେଷଣୋତ୍ତର ଅନୁଧ୍ୟାନ ବା Meta-Analysis କୁହନ୍ତି। କମ୍ପ୍ୟୁଟର୍‌ର ସହାୟତା ଏପରି ଅଧ୍ୟୟନର ସହାୟକ ହେଲା। ଉଦାହରଣ ସ୍ୱରୂପ, ୩୦୦୦ ଅନୁଧ୍ୟାନ ଧର୍ମୀୟ ବିଶ୍ୱାସ ଓ ମାନସିକ ସ୍ୱାସ୍ଥ୍ୟ ମଧ୍ୟରେ ସମ୍ପର୍କ ଅନୁଶୀଳନ କରୁଥିଲେ କେଉଁ ପରିମାଣର ଅନୁଧ୍ୟାନ ଦୁଇଟି ମଧ୍ୟର ଅନୁକୂଳ ସମ୍ପର୍କ ଦର୍ଶାଉଛି ଏବଂ କେତେ ପରିମାଣରେ ଅନୁଧ୍ୟାନ ଏ ଦୁଇଟି ମଧ୍ୟରେ ପ୍ରତିକୂଳ ସମ୍ପର୍କ ଦର୍ଶାଉଛି ? ପୁନଶ୍ଚ ଏ ଦୁଇଟି ମଧ୍ୟରେ ଯେ ସମ୍ବନ୍ଧ ନାହିଁ, ତାହା ମଧ୍ୟ ଆକଳନ କରାଯାଇପାରେ।

ଧର୍ମୀୟ ବିଶ୍ୱାସ ଓ ମାନସିକ ସ୍ୱାସ୍ଥ୍ୟ ମଧ୍ୟରେ ଥିବା ସମ୍ବନ୍ଧ ଅନୁକୂଳ କିମ୍ବା ପ୍ରତିକୂଳ, ତାହାର କୌଣସି ସ୍ଥିର ଚିତ୍ର ମିଳିଲା ନାହିଁ। କେତେକ ଅନୁଧ୍ୟାନରେ ଦେଖାଗଲା ଯେ ଧର୍ମୀୟ ବିଶ୍ୱାସ ଓ ମାନସିକ ସ୍ୱାସ୍ଥ୍ୟ ମଧ୍ୟରେ ଅନୁକୂଳ ସମ୍ପର୍କ ରହିଛି। ଏହାର ଅର୍ଥ

ହେଉଛି ଯେ ଈଶ୍ୱର ବିଶ୍ୱାସ ରଖୁଥିବା ଏବଂ ପ୍ରାର୍ଥନା ଓ ଧର୍ମୀୟ ରୀତିନୀତି ପାଳନ କରୁଥିବା ବ୍ୟକ୍ତିମାନେ ଉଚ୍ଚତର ମାନସିକ ସ୍ୱାସ୍ଥ୍ୟର ଅଧିକାରୀ। ମାତ୍ର ଅନ୍ୟ କେତେକ ଅନୁଧ୍ୟାନରେ ଦେଖାଗଲା ଯେ ଧର୍ମୀୟ ବିଶ୍ୱାସ ଓ ମାନସିକ ସ୍ୱାସ୍ଥ୍ୟ ମଧ୍ୟରେ ବିପରୀତ ସମ୍ବନ୍ଧ ରହିଛି। ଅନ୍ୟ ଭାଷାରେ କହିଲେ ବ୍ରତ ଉପାସନା ଓ ଅନ୍ୟ ସବୁ ଧର୍ମୀୟ ରୀତିନୀତି ପାଳନ କରୁଥିବା ଲୋକମାନେ ଅଧିକ ମାନସିକ ବିପର୍ଯ୍ୟୟ (ବିଷାଦ, ଭୟ ଓ ଉଦ୍‌ବେଗ ଇତ୍ୟାଦି) ଦର୍ଶାଇଛନ୍ତି। ପୁଣି ଅନ୍ୟ କେତେକ ଅନୁସନ୍ଧାନରେ ଧର୍ମୀୟ ବିଶ୍ୱାସ ଓ ମାନସିକ ସ୍ୱାସ୍ଥ୍ୟ ମଧ୍ୟରେ କୌଣସି ସମ୍ପର୍କ ନାହିଁ। ଏପରି ଏକ ପରସ୍ପର ବିରୋଧୀ ଫଳାଫଳ ନେଇ ସଂକଟ ସୃଷ୍ଟି ହେଲା।

ସଂକଟର ସମାଧାନ ପାଇଁ ଗବେଷକମାନେ ଗଭୀର ଚିନ୍ତା କରିବା ପରେ ଏକ ବିଶେଷ ସିଦ୍ଧାନ୍ତରେ ପହଞ୍ଚିଲେ। ସେମାନେ ଲକ୍ଷ୍ୟ କଲେ ଯେ ଧର୍ମୀୟ ଭାବନାର (Religious Belief) ଦୁଇଟି ଦିଗ ରହିଛି। ଗୋଟିଏ ହେଉଛି ବାହ୍ୟିକ ଧର୍ମବିଶ୍ୱାସ (External Religiosity) ଏବଂ ଅନ୍ୟଟି ଅନ୍ତର୍ନିହିତ ଧର୍ମବିଶ୍ୱାସ (Internal religiosity)। ଗବେଷଣାରେ ସ୍ପଷ୍ଟ ଦେଖାଗଲା ଯେ ଅନ୍ତର୍ନିହିତ ଧର୍ମ ବିଶ୍ୱାସ ସହିତ ମାନସିକ ସ୍ୱାସ୍ଥ୍ୟର ଅନୁକୂଳ ସମ୍ପର୍କ ରହିଛି। ଅନ୍ତର୍ନିହିତ ଧର୍ମ ବିଶ୍ୱାସ କହିଲେ ବ୍ରତ ଉପାସନା ବା ରୀତିନୀତିକୁ ବୁଝାଇନଥାଏ। ଏହା ମୁଖ୍ୟତଃ ମୂଲ୍ୟବୋଧ-ଭିତ୍ତିକ। ସତ୍ୟ, ଧର୍ମ, ଶାନ୍ତି, ପ୍ରେମ ଓ ଅହିଂସା ପରି ମାନବୀୟ ମୂଲ୍ୟବୋଧରେ ବିଶ୍ୱାସ କରୁଥିବା ବ୍ୟକ୍ତିମାନେ ଅନ୍ତର୍ନିହିତ ଧର୍ମୀୟ ବିଶ୍ୱାସର ଅଧିକାରୀ ବୋଲି ବୁଝାଯିବ। ଅନ୍ୟ ପକ୍ଷରେ ଧର୍ମୀୟ ରୀତିନୀତି, ବ୍ରତ ଉପାସନା ପାଳନ କରୁବା ବ୍ୟକ୍ତିମାନଙ୍କର ବାହ୍ୟିକ ଧର୍ମବିଶ୍ୱାସ ରହିଛି ବୋଲି କୁହାଯିବ। ବାହ୍ୟିକ ଧର୍ମବିଶ୍ୱାସ ସହିତ ମାନସିକ ସ୍ୱାସ୍ଥ୍ୟର ସମ୍ପର୍କ ଅନୁକୂଳ କିମ୍ବା ପ୍ରତିକୂଳ କିମ୍ବା ସମ୍ବନ୍ଧ-ରହିତ ହୋଇପାରେ।

ବର୍ତ୍ତମାନ ମନୋବିଜ୍ଞାନୀ ଓ ବ୍ୟବହାର ବିଜ୍ଞାନୀମାନେ ଏହି ଅନ୍ତର୍ନିହିତ ଧର୍ମ ବିଶ୍ୱାସକୁ ଆଧ୍ୟାତ୍ମିକତା ଆଖ୍ୟା ଦେଲେ। ଏହି ଦୃଷ୍ଟିରୁ ବିଚାର କଲେ ଅର୍ଥପୂର୍ଣ୍ଣତାର ଅନ୍ୱେଷଣ (Search for Meaning) ଏବଂ ମୂଲ୍ୟବୋଧ (ମୌଳିକ ମାନବୀୟ ମୂଲ୍ୟବୋଧ) ହିଁ ଆଧ୍ୟାତ୍ମିକତାର କେନ୍ଦ୍ରବିନ୍ଦୁ। ଜଣେ ବ୍ୟକ୍ତି ଧର୍ମୀୟ ରୀତିନୀତି ଅନୁସରଣ ନ କରି ମଧ୍ୟ (ଯଥା: ମନ୍ଦିର, ଗୀର୍ଜା ଓ ମସ୍‌ଜିଦ୍‌କୁ ନ ଯାଇ ମଧ୍ୟ) ଆଧ୍ୟାତ୍ମିକତାର ଅଧିକାରୀ ହୋଇପାରିବ। ନାସ୍ତିକ ହୋଇ ମଧ୍ୟ ଆଧ୍ୟାତ୍ମିକତାର ଅଧିକାରୀ ହୋଇପାରିବ । ଆଧ୍ୟାତ୍ମିକତା ସମ୍ପର୍କୀୟ ମନୋବୈଜ୍ଞାନିକ ସାହିତ୍ୟର ଅନୁସନ୍ଧାନ କଲେ (ଏପରିକି ଗୁଗୁଲ୍ ଅନ୍ୱେଷଣ

ପଦ୍ଧତିର ଆଶ୍ରୟ ନେଲେ ମଧ୍ୟ) ଅର୍ଥପୂର୍ଣ୍ଣତାର ଅନ୍ୱେଷଣ ଆଧ୍ୟାତ୍ମିକତର ମୂଳ ଭାବନା ରୂପେ ପରିଦୃଷ୍ଟ ହେବ।

ଅଧ୍ୟାତ୍ମ ବୁଦ୍ଧି ସମ୍ପର୍କିତ ବୈଜ୍ଞାନିକ ତଥ୍ୟ :

ବ୍ୟବହାରିକ ଦୃଷ୍ଟିକୋଣରୁ ଅର୍ଥପୂର୍ଣ୍ଣତା ଓ ମାନବୀୟ ମୂଲ୍ୟବୋଧକୁ ଅଧ୍ୟାତ୍ମ ବୁଦ୍ଧିର ମୂଳମଞ୍ଜି ରୂପେ ସ୍ୱୀକୃତି ଦେବା ପରେ ବିଂଶ ଶତକର ଶେଷଭାଗ ଓ ଏକବିଂଶ ଶତକର ଆଦ୍ୟଭାଗରେ ବହୁ ବିଜ୍ଞାନଭିତ୍ତିକ ତଥ୍ୟ ଏହି ପରିକଳ୍ପନାର ଅଙ୍କୁରଣ ଓ ବିକାଶକୁ କ୍ଷିପ୍ରତର କରିଛି।

ପ୍ରଥମତଃ ବୁଦ୍ଧି ଅଙ୍କ (IQ) ଏବଂ ଭାବ ଅଙ୍କର (EQ) ବେଶ୍ ପ୍ରସାର ଘଟିଥିଲେ ମଧ୍ୟ ଗୋଟିଏ ଅଭାବବୋଧ ଅସ୍ଥିରତା ସୃଷ୍ଟି କରୁଥିଲା। ଏହା ସ୍ୱୀକୃତ ଯେ ବୁଦ୍ଧିଅଙ୍କ ଆମର ଯୁକ୍ତିଯୁକ୍ତ ବିଚାରକୁ ପ୍ରଭାବିତ କରେ ଏବଂ ସ୍ନାୟବିକ ସ୍ତରରେ ଏହାର କେନ୍ଦ୍ର ହେଉଛି ମନୁଷ୍ୟ ମସ୍ତିଷ୍କର ବାମଭାଗ। ସେହିପରି ଆମର ଭାବବୁଦ୍ଧି ଆମର ଭାବାବେଗକୁ ପରିଚାଳନା କରେ ଏବଂ ଏହାର ସ୍ନାୟବିକ ପରିଚାଳନା କେନ୍ଦ୍ର ହେଉଛି ମସ୍ତିଷ୍କର ଦକ୍ଷିଣ ପାର୍ଶ୍ୱ। ବର୍ତ୍ତମାନ ପ୍ରଶ୍ନ ଉଠିପାରେ ମନୁଷ୍ୟର ଅଧ୍ୟାତ୍ମ ବୁଦ୍ଧିର କେନ୍ଦ୍ରବିନ୍ଦୁ କେଉଁଠାରେ ? ଏହାର ଉତ୍ତରଦେବାକୁ ଯାଇ ମନୋବିଜ୍ଞାନୀ ଓ ସ୍ନାୟୁ ବିଜ୍ଞାନୀ ଦର୍ଶାଇଲେ ଯେ ଅଧ୍ୟାତ୍ମ ବୁଦ୍ଧି ହେଉଛି ବୁଦ୍ଧି ଅଙ୍କ ଓ ଭାବଅଙ୍କ ମଧ୍ୟରେ ଏକ ସଂଯୋଗ ପ୍ରକ୍ରିୟା।

ଅଧ୍ୟାତ୍ମ ବୁଦ୍ଧି ସମ୍ପର୍କରେ ଦ୍ୱିତୀୟ ପ୍ରମାଣଟି ବେଶ୍ ଚମତ୍କାର ଓ କୌତୂହଳପ୍ରଦ। କାଲିଫର୍ଣ୍ଣିଆ ବିଶ୍ୱବିଦ୍ୟାଳୟର ଭାରତୀୟ ବଂଶଜ ବିଶିଷ୍ଟ ମନୋବିଜ୍ଞାନୀ ଓ ସ୍ନାୟୁବିଜ୍ଞାନୀ ରାମଚନ୍ଦ୍ରନ୍ ଦର୍ଶାଇଲେ ଯେ ମସ୍ତିଷ୍କର ଉପରିଭାଗରେ (ଯାହାକୁ ଟେମ୍ପୋରାଲ ଲୋବ୍ କୁହନ୍ତି) ଏକ ସ୍ନାୟୁକେନ୍ଦ୍ର ରହିଛି ଯାହାକୁ ଈଶ୍ୱରକ୍ଷେତ୍ର (God Spot) ବୋଲି କୁହାଯାଇପାରେ। କୌଣସି ବ୍ୟକ୍ତି ଆଧ୍ୟାତ୍ମିକ କାର୍ଯ୍ୟରେ ନିବିଷ୍ଟ ହେଲେ (ଉଦାହରଣ ଜଣେ ଖ୍ରୀଷ୍ଟବଲମ୍ବୀ God ଶବ୍ଦ ଉଚ୍ଚାରଣ କଲେ କିମ୍ବା ହିନ୍ଦୁମାନେ ପ୍ରଣବଧ୍ୱନି ଓଁକାର ଉଚ୍ଚାରଣ କଲେ) ଏହି କେନ୍ଦ୍ରରେ ବୈଦ୍ୟୁତିକ ସକ୍ରିୟତା ପରିଦୃଷ୍ଟ ହୁଏ। ଅତ୍ୟାଧୁନିକ ପଦ୍ଧତିରେ ଆଜିକାଲି ଯେପରି ଛବି ଉତ୍ତୋଳନ ପଦ୍ଧତିରେ (Imaging Techniques) କ୍ରିୟାଶୀଳତା ଅନୁଧ୍ୟାନ କରାଯାଉଛି, ସେପରି ପଦ୍ଧତିରେ ଏହି କେନ୍ଦ୍ରର ସମ୍ପୃକ୍ତି ପ୍ରମାଣ କରାଯାଇଛି। ଅବଶ୍ୟ ବିଶେଷଜ୍ଞ ଭି. ରାମଚନ୍ଦ୍ରନ୍ କୁହନ୍ତି ଯେ ତାଙ୍କର ବର୍ଣ୍ଣିତ ଈଶ୍ୱର କ୍ଷେତ୍ର (God Spot ଈଶ୍ୱରଙ୍କ ଉପସ୍ଥିତିର ପ୍ରମାଣ ନୁହେଁ। ମାତ୍ର ତାଙ୍କର ପ୍ରଦର୍ଶିତ ତଥ୍ୟ ସୂଚନା ଦେଉଛି ଯେ ଆଧ୍ୟାତ୍ମିକତା ବିବର୍ତ୍ତନ ଦୃଷ୍ଟିରୁ ମନୁଷ୍ୟର ଏକ ଆବଶ୍ୟକତା

ହୋଇଥିବାରୁ ଏହା ମନୁଷ୍ୟ ମସ୍ତିଷ୍କରେ ସ୍ଥାନିତ ହୋଇଛି। ମନୁଷ୍ୟ ଅଧିକରୁ ଅଧିକ ଅଧ୍ୟାତ୍ମ ବୁଦ୍ଧିର ଉପଯୋଗ କଲେ ଟେମ୍ପୋରାଲ୍ ଲୋବ୍‌ର ଏହି କେନ୍ଦ୍ର ବିକଶିତ ହେବ ଏବଂ ଉପଯୋଗ ନ କଲେ ଏହା ଧୀରେ ଧୀରେ ଅସ୍ପଷ୍ଟ ହୋଇ ନିଶ୍ଚିହ୍ନ ହୋଇଯିବ।

ଅନ୍ୟ କେତେକ ସ୍ନାୟବିକ ତଥ୍ୟ ମଧ୍ୟ ଅଧ୍ୟାତ୍ମ ବୁଦ୍ଧିର ସ୍ଥିତି ଓ ପରିକଳ୍ପନାକୁ ଦୃଢ଼ କରିଛି। ସ୍ନାୟୁବିଜ୍ଞାନୀ ମାଇକେଲ୍ ପର୍ସିଞ୍ଜର ମଧ୍ୟ ଟେମ୍ପୋରାଲ୍ ଲୋବର୍ ସମ୍ପୃକ୍ତି ତାଙ୍କ ଗବେଷଣାରେ ଲକ୍ଷ୍ୟ କରିଛନ୍ତି। ଅଷ୍ଟ୍ରିଆର୍ ସ୍ନାୟୁବିଜ୍ଞାନୀ ଉଲଫ୍ ସିଙ୍ଗର୍ ଏବଂ ତାଙ୍କ ସହଯୋଗୀ ଗବେଷଣାରେ ଦର୍ଶାଇଛନ୍ତି ଯେ ଅଧ୍ୟାତ୍ମ ବୃଦ୍ଧି ମୁଖ୍ୟତଃ ବୃଦ୍ଧି ଅଙ୍କ ଓ ଭାବ ଅଙ୍କ ମଧ୍ୟରେ ସଂଯୋଗ ଗଠନ କରେ।

ବ୍ୟବହାରିକ ଦୃଷ୍ଟିକୋଣରୁ ଯେଉଁମାନେ ଅଧ୍ୟାତ୍ମ ବୁଦ୍ଧିର ରୂପରେଖ ଓ ପରିକଳ୍ପନା ପ୍ରଦାନ କରିଛନ୍ତି, ସେମାନେ ଅଧ୍ୟାତ୍ମ ବୁଦ୍ଧିର ନିମ୍ନଲିଖିତ ବ୍ୟବହାରିକ ଉପାଦାନ ଚିହ୍ନଟ କରିଛନ୍ତି। କହିବା ଅନାବଶ୍ୟକ ଯେ ଉତ୍ତମ ଧରଣର ଅଧ୍ୟାତ୍ମ ବୁଦ୍ଧିର ମାପକ ବ୍ୟକ୍ତି ମଧ୍ୟରେ ଥିବା ନିମ୍ନ ଉପାଦାନଗୁଡ଼ିକୁ ଚିହ୍ନଟ କରିବା ପ୍ରୟୋଜନ।

- ନମନୀୟ (Flexible) ହେବାର ସାମର୍ଥ୍ୟ
- ଉଚ୍ଚସ୍ତରୀୟ ଆତ୍ମସଚେତନତା
- ଯନ୍ତ୍ରଣାକୁ ସହ୍ୟ କରିବା ଓ ଉପଯୋଗ କରିବାର ଦକ୍ଷତା
- ଯନ୍ତ୍ରଣାର ଊର୍ଦ୍ଧ୍ୱକୁ ଚାଲିଯିବାର ସାମର୍ଥ୍ୟ
- ମୂଲ୍ୟବୋଧ ଦ୍ୱାରା ଅନୁପ୍ରେରିତ ହେବାର ସମ୍ଭାବନା
- ଅନ୍ୟର କ୍ଷତି ନ କରିବାର ମନୋଭାବ
- ସମସ୍ତ ବୈଷମ୍ୟ ମଧ୍ୟରେ ଏକତ୍ୱ ଦେଖିବାର ମାନସିକତା
- ଜୀବନର ସ୍ଥିତି ଓ ଉଦ୍ଦେଶ୍ୟ ସମ୍ପର୍କରେ ମୌଳିକ ପ୍ରଶ୍ନ

ଅଧ୍ୟାତ୍ମ ବୁଦ୍ଧିର (Spiritual Intelligence) ଉତ୍କର୍ଷ ପରିପ୍ରେକ୍ଷୀରେ ବହୁ ମନୋବିଜ୍ଞାନୀ ଏହାର ପରିମାପକ ଗଠନ କରିବାର ଉଦ୍ୟମ କରିଛନ୍ତି। ଡୋନା ଜୋହାର୍ (Donah Zohar) ୧୯୯୭ ମସିହାରେ ତାଙ୍କର ପ୍ରକାଶିତ ପୁସ୍ତକ Rewriting the Corporate Brainରେ ଅଧ୍ୟାତ୍ମ ବୁଦ୍ଧି ପରିଭାଷା ପ୍ରୟୋଗ କରିଥିଲେ। ଆତ୍ମସଚେତନତା, ସ୍ୱତଃସ୍ଫୂର୍ତ୍ତ ମାନସିକତା, ଦୂରଦୃଷ୍ଟି, କରୁଣା, ପବିତ୍ରତା, ବିନୟତା, ଏବଂ ସ୍ୱାଧୀନ ମନୋଭାବ

ଉପରେ ପ୍ରତିଷ୍ଠିତ ଉଚ୍ଚ ମାନସିକତା ଏଥିରେ ପ୍ରତିଫଳିତ। କହିବା ଅନାବଶ୍ୟକ ଯେ ଅଧ୍ୟାତ୍ମ ବୁଦ୍ଧିର ଉଚ୍ଚତର ସ୍ତରରେ ଉଚ୍ଚ ବୁଦ୍ଧିଅଙ୍କ ଏବଂ ଉଚ୍ଚ ଭାବ ଅଙ୍କର ସହାବସ୍ଥାନ ପରିଦୃଷ୍ଟ ହୁଏ।

ଅନ୍ୟ କେତେକ ଗବେଷକ ଅଧ୍ୟାତ୍ମ ବୃଦ୍ଧିର ନିଜସ୍ୱ ସଂଜ୍ଞା ପ୍ରଦାନକଲେ ମଧ୍ୟ ସମସ୍ତ ସଂଜ୍ଞାକରଣ ମଧ୍ୟରେ ମୂଳମଞ୍ଜିଟି ସମାନ ରହିଛି। ସିଣ୍ଡି ଉଇଗ୍‌ଲେସ୍ (Cindy Wigglesi) କୁହନ୍ତି ଯେ ବାହ୍ୟ ଅବସ୍ଥାର ପ୍ରଭାବ ସତ୍ତ୍ୱେ ବାହ୍ୟିକ ଓ ଅନ୍ତର୍ନିହିତ ଶାନ୍ତି, ନିଜର ପ୍ରଜ୍ଞା ଓ କରୁଣା ମାଧ୍ୟମରେ ବଜାୟରଖିବା ଅଧ୍ୟାତ୍ମ ବୁଦ୍ଧିର ନିଦର୍ଶନ। ସେହିପରି ଭାରତୀୟ ବିଶେଷଜ୍ଞ କୁମାର ଓ ମେହେଟା କୁହନ୍ତି ଯେ ନିଜକୁ ଠିକ୍‌ରୂପେ ବୁଝିବା ଏବଂ ଦୟା, ବିବେକ ଓ କରୁଣା ପ୍ରତି ପ୍ରତିବଦ୍ଧତା ରକ୍ଷା କରିବା ମାଧ୍ୟମରେ ଜୀବନର ସାମାଜିକ ପ୍ରାସଙ୍ଗିକତା ରକ୍ଷା କରିବା ହେଉଛି ଅଧ୍ୟାତ୍ମ ବୃଦ୍ଧି ।

ଏବେ ଏକାଧିକ ଅଧ୍ୟାତ୍ମ ବୁଦ୍ଧିର ପରିମାପକ ବିକଶିତ ହୋଇଥିଲେ ମଧ୍ୟ ଡି.ବି. କିଙ୍ଗସ୍‌ଙ୍କ (D.B. Kings) ବିକଶିତ ଅଧ୍ୟାୟ ବୁଦ୍ଧି ପରିମାପକର ଏକ ବିଶେଷ ତାତ୍ପର୍ଯ୍ୟ ରହିଛି। ବର୍ତ୍ତମାନ ଏହାକୁ ଭିତ୍ତିକରି ଏକ ଅନୁଧ୍ୟାନର ଯୋଜନା କରାଯାଉଛି।

କିଙ୍ଗ୍ ଅଧ୍ୟାତ୍ମ ବୁଦ୍ଧି ଆତ୍ମ-ବିବରଣୀ ମାପକ

ଅଧ୍ୟାତ୍ମ ବୁଦ୍ଧିର ପରିମାପ ପାଇଁ ଏକାଧିକ ମାପକ ରହିଥିଲେ ମଧ୍ୟ ବର୍ତ୍ତମାନର ଅନୁଧ୍ୟାନରେ କିଙ୍ଗ୍ ଅଧ୍ୟାତ୍ମ ବୃଦ୍ଧି ମାପକ ବ୍ୟବହାର କରାଯାଉଛି। ଏହି ପରିମାପକଟିରେ ୨୪ଟି ବାକ୍ୟ ରହିଛି। ଏହା ଚାରୋଟି ଉପାଦାନର ସମାରୋହ। ପ୍ରଥମ ଉପାଦାନ ଅସ୍ତିତ୍ୱ ସମ୍ପର୍କିତ ଗଭୀର ଚିନ୍ତନ। ଏଥିରେ ସମୁଦାୟ ୭ଟି ବାକ୍ୟ ରହିଛି ଏବଂ ବ୍ୟକ୍ତି ପ୍ରତିକ୍ରିୟା ପ୍ରକାଶ କରିବା ପରେ ଫଳାଙ୍କର ସୀମା '୦' (ଶୂନ୍ୟ)ରୁ ୨୮ ମଧ୍ୟରେ ରହିଥାଏ। ଦ୍ୱିତୀୟ ଉପାଦାନଟି ହେଉଛି ବ୍ୟକ୍ତିଗତ ଅର୍ଥପୂର୍ଣ୍ଣତାର ଆବିଷ୍କାର। ଏଥିରେ ୫ଟି ବାକ୍ୟ ରହିଛି ଏବଂ ଫଳାଙ୍କର ସୀମା '୦'ରୁ ୨୦ ମଧ୍ୟରେ ରହିଥାଏ। ତୃତୀୟ ଉପାଦାନଟି ଅତିକ୍ରମଣ (Transcendence) ସଚେତନତା। ଏଥିରେ ୭ଟି ବାକ୍ୟ ରହିଛି ଏବଂ ଫଳାଙ୍କର ସୀମା '୦' (ଶୂନ୍ୟ)ରୁ ୨୮ ମଧ୍ୟରେ ରହିଥାଏ। ଲକ୍ଷ୍ୟ କରିବାର କଥା ଯେ ୬ ନମ୍ବର ବାକ୍ୟଟି ବିପରୀତମୁଖୀ ହୋଇଥିବାରୁ ଏହାର ଫଳାଙ୍କ ନିର୍ଦ୍ଧାରଣ ସମୟରେ ଏହାକୁ ବିପରୀତ ଦିଗରୁ ମୂଲ୍ୟାୟନ କରିବାକୁ ହେବ। ଏହି ପରିମାପକର ଚତୁର୍ଥ ଉପାଦାନ ହେଉଛି ସଚେତନ ଅବସ୍ଥାର ସମ୍ପ୍ରସାରଣ। ଏଥିରେ ୫ଟି ବାକ୍ୟ ଥିବାରୁ ଫଳାଙ୍କର ସୀମା '୦' (ଶୂନ୍ୟ)ରେ ୨୦ ମଧ୍ୟରେ ରହିବ।

ପରିମାପକଟି ପରିଶିଷ୍ଟ 'ଖ'ରେ ପ୍ରଦତ୍ତ ହୋଇଛି । ପ୍ରତିଭାଗୀଙ୍କୁ '୦'ରୁ ଆରମ୍ଭ କରି ୪ ସଂଖ୍ୟା ସୂଚିତ କରି ନିଜର ପ୍ରତିକ୍ରିୟା ଜଣାଇବାକୁ ଅନୁରୋଧ କରାଯାଏ । ବାକ୍ୟଟି ଆଦୌ ପ୍ରଯୁଜ୍ୟ ହୋଇ ନଥିଲେ '୦' (ଶୂନ୍ୟ), ଅଳ୍ପ ପ୍ରଯୁଜ୍ୟ ହୋଇଥିଲେ '୧', କିଛି ମାତ୍ରାରେ ପ୍ରଯୁଜ୍ୟ ହୋଇଥିଲେ ୨, ବେଶୀ ପ୍ରଯୁଜ୍ୟ ହୋଇଥିଲେ ୩ ଏବଂ ପୂରାପୂରି ପ୍ରଯୁଜ୍ୟ ହୋଇଥିଲେ ବାକ୍ୟ ପାର୍ଶ୍ୱରେ ୪ ଲେଖିବାକୁ ଅନୁରୋଧ କରାଯାଏ । ଏପରି ପ୍ରତିକ୍ରିୟାରେ ପ୍ରତି ପ୍ରତିଭାଗୀ ପାଇଁ ପ୍ରତିଟି ଉପାଦାନ ପାଇଁ ଗୋଟିଏ ଗୋଟିଏ ସମୁଦାୟ (Total) ଫଳାଙ୍କ ନିର୍ଦ୍ଧାରିତ ହୁଏ । ପୁନଶ୍ଚ ସମଗ୍ର ୨୪ ବାକ୍ୟ ବିଶିଷ୍ଟ ମାପକ ପାଇଁ ଏକ ବୃହତ୍ ସମୁଦାୟ ଫଳାଙ୍କ (Grand Total) ଫଳାଙ୍କ ନିରୂପିତ ହୁଏ । ପୁନଶ୍ଚ ପ୍ରତିଟି ଉପାଦାନ ପାଇଁ ଏବଂ ସମଗ୍ର ମାପକଟି ପାଇଁ ହାରାହାରି ସ୍କୋର୍ ବା ଫଳାଙ୍କ ନିର୍ଦ୍ଧାରଣ କରିବା ସମ୍ଭବ ।

ଅନୁଧ୍ୟାନର ଆଭିମୁଖ୍ୟ :

କିଙ୍ଗ୍ ଅଧ୍ୟାତ୍ମ ବୁଦ୍ଧି ମାପକର ବ୍ୟବହାର ପାଇଁ ଅନେକଗୁଡ଼ିଏ ପ୍ରକଳ୍ପର ଅନୁଧ୍ୟାନ କରାଯାଇପାରେ । କିଶୋର କିଶୋରୀମାନଙ୍କ ତୁଳନାରେ ବୟସ୍କମାନଙ୍କର ଅଧ୍ୟାତ୍ମ ବୁଦ୍ଧି ବେଶୀ କି ନୁହେଁ, ତାହାର ଅନୁଧ୍ୟାନ କରାଯାଇପାରେ । ସେହିପରି ଦୁଇ ଗୋଷ୍ଠୀ ମଧ୍ୟରେ, ଦୁଇଟି ସାଂସ୍କୃତିକ ଗୋଷ୍ଠୀ ମଧ୍ୟରେ ପ୍ରାର୍ଥକ୍ୟ ରହିଛି ନାହିଁ ତାହାର ତୁଳନାତ୍ମକ ବିଚାର କରାଯାଇପାରେ । ସେହିପରି ଅଧ୍ୟାତ୍ମ ବୁଦ୍ଧି ଅନ୍ୟ କେତେକ ଉପାଦାନ (ଯଥା: ରୋଜଗାର, ସୁଖାନୁଭୂତି ଇତ୍ୟାଦି) ସହିତ ସମ୍ବନ୍ଧିତ କି ନୁହେଁ, ତାହା ମଧ୍ୟ ନିର୍ଦ୍ଧାରଣ କରିବା ସମ୍ଭବ ।

ଅନୁଧ୍ୟାନ ପଦ୍ଧତି :

ଅଭିକଳ୍ପନା (Design) :

ବର୍ତ୍ତମାନର ଅନୁଧ୍ୟାନରେ କେବଳ କିଙ୍ଗ୍ ଅଧ୍ୟାତ୍ମ ବୁଦ୍ଧି ମାପକର ପ୍ରୟୋଗ କରାଯିବ । ଚାରିଜଣ ପ୍ରାପ୍ତବୟସ୍କ ବ୍ୟକ୍ତି (୨ ଜଣ ପୁରୁଷ, ୨ ଜଣ ନାରୀ) ଉପରେ ଏହି ପରମାପକର ପ୍ରୟୋଗ କରାଯାଇ ସେମାନଙ୍କ ଫଳାଙ୍କର ବ୍ୟାଖ୍ୟା କରାଯିବ ।

ପ୍ରତିଭାଗୀ (Participants) :

ଏହି ଅନୁଧ୍ୟାନରେ ପ୍ରତିଭାଗୀ ଦେଉଛନ୍ତି ଚାରି ଜଣ ପ୍ରାପ୍ତବୟସ୍କ ବ୍ୟକ୍ତି । ସେମାନଙ୍କ ବ୍ୟକ୍ତିଗତ ସୂଚନା ନିମ୍ନ ସାରଣୀର ପ୍ରକାଶ କରାଯାଇଛି ।

ପ୍ରତିଭାଗୀ	ପୁରୁଷ କି	ଶିକ୍ଷା	ବୟସ	ଜୀବିକା	ପରିମାପକ
୧.	ପୁରୁଷ	ବି.ଏ.	୬୧	ଅବସରପ୍ରାପ୍ତ ଶିକ୍ଷକ	କିଙ୍ଗ୍
୨.	ପୁରୁଷ	ଏମ୍.ବି.ବି.ଏସ୍.	୩୦	ଡାକ୍ତର	ଅଧ୍ୟାତ୍ମ
୩.	ନାରୀ	ଗ୍ରାଜୁଏଟ୍	୫୭	ଶିକ୍ଷକ	ବୁଦ୍ଧି
୪.	ନାରୀ	ବି.ଟେକ୍.	୨୧	ଇଞ୍ଜିନିୟର	ମାପକ

ପରିମାପକର ସଂକ୍ଷିପ୍ତ ସୂଚନା :

ଉପକ୍ରମରେ କିଙ୍ଗ୍ ଅଧ୍ୟାତ୍ମ ବୃଦ୍ଧି ମାପକର ବିସ୍ତୃତ ବର୍ଣ୍ଣନା ଦିଆଯାଇଛି । ପରିଶିଷ୍ଟ 'ଖ'ରେ ମଧ୍ୟ ପୂରାପୂରି ମାପକଟି ଦିଆଯାଇଛି ଏବଂ ଏହି ପରିଶିଷ୍ଟର ନିମ୍ନ ଭାଗରେ ସ୍କୋରିଂ ପଦ୍ଧତି ମଧ୍ୟ ଉଲ୍ଲେଖ କରାଯାଇଛି ।

ଅଧ୍ୟାତ୍ମ ବୁଦ୍ଧି ମାପକରେ ଚାରୋଟି ଉପାଦାନ ଅନ୍ତର୍ଭୁକ୍ତ । ପ୍ରଥମ ଉପାଦାନଟି ହେଉଛି ଅସ୍ତିତ୍ୱ ସମ୍ପର୍କିତ ଗଭୀର ଚିନ୍ତନ (ଯଥା: ମୋ ଅସ୍ତିତ୍ୱର କାରଣ କିମ୍ବା ଉଦ୍ଦେଶ୍ୟ ସମ୍ପର୍କରେ ମୁଁ ଗଭୀର ଚିନ୍ତାକରେ) । ଏହି ଉପାଦାନ ପାଇଁ ୭ଟି ବାକ୍ୟ ଅଛି । ଦ୍ୱିତୀୟ ଉପାଦାନଟି ହେଉଛି ବ୍ୟକ୍ତିଗତ ଅର୍ଥପୂର୍ଣ୍ଣତାର ଆବିଷ୍କାର (ଯଥା: ଜୀବନର ଉଦ୍ଦେଶ୍ୟର ସଂଜ୍ଞା ମୁଁ ସୃଷ୍ଟି କରିପାରେ), ଏଥିରେ ୫ଟି ବାକ୍ୟ ରହିଛି । ତୃତୀୟ ଉପାଦାନ ହେଉଛି ଅତିକ୍ରମଣ (Transcendence) ସଚେତନତା (ଯଥା: ଅନ୍ୟମାନଙ୍କ ସହିତ ମୋର ସମ୍ପର୍କର ଗଭୀରତା ସମ୍ପର୍କରେ ମୁଁ ସଚେତନ) । ଏଥିରେ ୭ଟି ବାକ୍ୟ ଅଛି । ଚତୁର୍ଥ ଉପାଦାନଟି ହେଉଛି ସଚେତନ ଅବସ୍ଥାର ସମ୍ପ୍ରସାରଣ (ଯଥା: ଚେତନଶୀଳତାର ଉଚ୍ଚତର ସ୍ତରରେ ପ୍ରବେଶ କରିବାର ମୋର ସାମର୍ଥ୍ୟ ରହିଛି) । ଏଥିରେ ୫ଟି ବାକ୍ୟ ରହିଛି ।

ଏହି ମାପକରେ ପ୍ରତିଭାଗୀ ଲିକର୍ଟ ଶୈଳୀରେ '୦'ରୁ ୪ ମଧ୍ୟରେ ସଂଖ୍ୟା ସୂଚିତ (ଆଦୌ ପ୍ରଯୁଜ ନୁହେଁ, ଅଳ୍ପ ପ୍ରଯୁଜ୍ୟ, କିଛି ପରିମାଣରେ ପ୍ରଯୁଜ୍ୟ, ବେଶ୍ ପ୍ରଯୁଜ୍ୟ ଓ ପୂରାପୂରି ପ୍ରଯୁଜ୍ୟ) କରି ନିଜର ମନୋଭାବ ପ୍ରକାଶ କରନ୍ତି ।

ବର୍ତ୍ତମାନ ଏହା ସହଜରେ ଅନୁମେୟ ଯେ ଅଧ୍ୟାତ୍ମ ବୁଦ୍ଧିର ଏହି ମାପକର ପ୍ରୟୋଗ ଫଳରେ ଚାରୋଟି ଉପାଦାନ ପାଇଁ ଚାରୋଟି ଫଳାଙ୍କ ଏବଂ ପୂରା ମାପକଟି ପାଇଁ ଗୋଟିଏ ସମୁଦାୟ (Total) ଫଳାଙ୍କ ନିରୂପିତ ହେବ । ପୁନଶ୍ଚ ପ୍ରତିଟି ଉପାଦାନ ପାଇଁ

ହାରାହାରି ଫଳାଙ୍କ ମଧ୍ୟ ନିର୍ଦ୍ଧାରଣ କରାଯାଇପାରେ। ପ୍ରଶ୍ନ ହେଉଛି ଏହି ହାରାହାରି ଫଳାଙ୍କକୁ ବ୍ୟାଖ୍ୟା କରାଯିବ କିପରି ? ବ୍ୟାଖ୍ୟା କରିବାର ଏକ ସରଳ ସହଜ ଉପାୟ ହେଉଛି ଯେ ମାପକ କ୍ରମାଙ୍କର ('୦' ଶୂନ୍ୟରୁ '୪' ପର୍ଯ୍ୟନ୍ତ) ମଧ୍ୟମା (Median) ଚିହ୍ନଟ କରାଯିବ। ଏହି ମଧ୍ୟମା ହେଉଛି '୨'। ମଧ୍ୟମା ହେଉଛି ତଳ ଓ ଉପରିଭାଗର ଏକ ମଧ୍ୟବର୍ତ୍ତୀ (Neutral) ବିନ୍ଦୁ। ଫଳାଙ୍କଟି ଏହି ବିନ୍ଦୁର ଯେତେ ଉପରକୁ ଯିବ (ଅର୍ଥାତ୍ ୨ରୁ ଅଧିକ ମୂଲ୍ୟ ନେବ) ଅଧ୍ୟାତ୍ମ ବୁଦ୍ଧି ଅଧିକ ସେତେ ବେଶୀ ବୃଦ୍ଧି ପାଇବ। ଅନ୍ୟ ପକ୍ଷରେ ଫଳାଙ୍କ '୨'ରୁ ଯେତେ ବେଶୀ କମିବ, ଅଧ୍ୟାତ୍ମ ବୁଦ୍ଧି ସେତିକି କମ୍ ବୋଲି ଧରାଯିବ। ଫଳାଙ୍କଟି ୨ ହୋଇଥିଲେ ଅଧ୍ୟାତ୍ମ ବୁଦ୍ଧି ବେଶୀ ନୁହେଁ କି କମ୍ ନୁହେଁ ବୋଲି ଧରାଯିବ । ଏହି କ୍ରମରେ ଫଳାଙ୍କର ମୂଲ୍ୟାୟନ କରିବା ଯୁକ୍ତିଯୁକ୍ତ ରହିବ ।

ପରିମାପକ ପ୍ରୟୋଗର ଫଳାଫଳ (Results)

କିଙ୍ଗ୍ ଅଧ୍ୟାତ୍ମ ବୁଦ୍ଧି ପରିମାପକର ଫଳାଫଳ ବିଚାର କରିବା ସମୟରେ ପ୍ରତି ବ୍ୟକ୍ତିର ନିଜସ୍ୱ ଅନୁଭବ ତାଙ୍କ ପ୍ରଦତ୍ତ ଅନ୍ତ-ପ୍ରତ୍ୟକ୍ଷ (Introspection) ବିବରଣୀ ସହିତ ଅନୁଶୀଳନ କରାଯାଇପାରେ।

ଅନ୍ତଃପ୍ରତ୍ୟକ୍ଷ ବିବରଣୀ : ବ୍ୟକ୍ତିର ଅନ୍ତଃପ୍ରତ୍ୟକ୍ଷ ବିବରଣୀ (Introspective Report) ସଂଗ୍ରହ ପାଇଁ ପ୍ରତି ବ୍ୟକ୍ତିଙ୍କୁ କେତୋଟି ପ୍ରଶ୍ନ ପଚରା ଯାଇପାରେ।

❖ ଆପଣ ପ୍ରଶ୍ନାବଳୀଟି ପ୍ରତି ପ୍ରତିକ୍ରିୟା ଦର୍ଶାଇବା ସମୟରେ କ'ଣ ଅନୁଭବ କରୁଥିଲେ ?

❖ ଆପଣ ନିଜର ପରିପାର୍ଶ୍ୱସ୍ଥ ବାସ୍ତବ ଜଗତ ବ୍ୟତୀତ ଅନ୍ୟ କିଛି ଚିନ୍ତା କରନ୍ତି କି ?

❖ ବିଶ୍ୱର କେଉଁ କେଉଁ ସମସ୍ୟା ଆପଣଙ୍କ ଦୃଷ୍ଟି ଆକର୍ଷଣ କରେ ?

❖ ଆପଣ ନିଜ ଜୀବନର ଉଦ୍ଦେଶ୍ୟ ସମ୍ପର୍କରେ ଗଭୀର ଚିନ୍ତା କରନ୍ତି କି ?

ପରିମାପକଲବ୍ଧ ଫଳାଫଳ (Results) : ପରିମାପକରୁ ମିଳିଥିବା ଫଳାଫଳର ବ୍ୟାଖ୍ୟା କରିବା ପାଇଁ ଚାରି ଜଣଙ୍କର ଫଳାଙ୍କ (ସ୍କୋର) ସାରଣୀରେ ନିମ୍ନରେ ପ୍ରଦତ୍ତ ହୋଇଛି।

ଅଧ୍ୟାତ୍ମ ବୁଦ୍ଧିର ଉପାଦାନ ସଂଶ୍ଳିଷ୍ଟ ଓ ସମୁଦାୟ ହାରାହାରି ଫଳାଙ୍କ

ପ୍ରତିଭାଗୀ	ଅସ୍ତିତ୍ୱ ସମ୍ପର୍କିତ ଚିନ୍ତନ	ଅର୍ଥପୂର୍ଣ୍ଣତା	ଅତିକ୍ରମଣ	ସଚେତନ ଅବସ୍ଥା	ସାମଗ୍ରିକ
କ	୨.୧	୨.୯	୩.୧	୩.୫	୨.୯
ଖ	୩.୦	୧.୯	୨.୦	୩.୧	୨.୫
ଗ	୧.୩	୪.୦	୩.୭	୩.୪	୩.୧
ଘ	୦.୯	୧.୮	୨.୧	୦.୮	୧.୪

ପ୍ରତିଭାଗୀଙ୍କ ସମ୍ପର୍କରେ ମନ୍ତବ୍ୟ ଦେବା ପୂର୍ବରୁ ଉଲ୍ଲେଖ କରାଯିବ ଯେ କିଙ୍ଗ୍-ଅଧ୍ୟାତ୍ମ ବୁଦ୍ଧି ମାପକରେ ପ୍ରତିକ୍ରିୟା ଦର୍ଶାଇବା ପାଇଁ ଯେଉଁ ସଂଖ୍ୟାକ୍ରମ ('୦'ରୁ ୪ ପର୍ଯ୍ୟନ୍ତ) ବ୍ୟବହାର କରାଯାଇଛି ସେହି ପରିପ୍ରେକ୍ଷୀରେ ମଧ୍ୟମା ହେଉଛି ୨ । ଏହା ମଧ୍ୟ ମାପକର ସଂକ୍ଷିପ୍ତ ସୂଚନା ଓ ବ୍ୟାଖ୍ୟାକରଣ ପ୍ରସଙ୍ଗରେ ସ୍ପଷ୍ଟ କରାଯାଇଛି । ସେହି ମାନଦଣ୍ଡକୁ ପୁରୋଭାଗରେ ରଖି ପ୍ରତ୍ୟେକ ପ୍ରତିଭାଗୀର ଫଳାଙ୍କର ବ୍ୟାଖ୍ୟା କରାଯାଇପାରେ ।

'କ' ବ୍ୟକ୍ତି ଜଣକ ଜଣେ ଅବସରପ୍ରାପ୍ତ ଶିକ୍ଷକ । ତାଙ୍କର ଅଧ୍ୟାତ୍ମ ବୁଦ୍ଧିର ସାମଗ୍ରିକ ହାହାରି ଫଳାଙ୍କ ୨.୯ । ଏହା ୨ରୁ ବେଶ୍ ପରିମାଣରେ ଊର୍ଦ୍ଧ୍ୱରେ ଥିବାରୁ ତାଙ୍କର ଅଧ୍ୟାତ୍ମ ବୁଦ୍ଧି ଉଚ୍ଚସ୍ତରୀୟ କୁହାଯିବ । ପୃଥକ୍ ପୃଥକ୍ ଭାବେ ଅଧ୍ୟାତ୍ମ ବୁଦ୍ଧିର ଉପାଦାନ ସ୍କୋର ଦେଖିଲେ ଅସ୍ତିତ୍ୱ ସମ୍ପର୍କିତ ଚିନ୍ତନ ହାରାହାରି (Average) ପରିମାଣର ପରିଦୃଷ୍ଟ ହୁଏ । ଅର୍ଥପୂର୍ଣ୍ଣତା ଓ ଅତିକ୍ରମଣ ଉଚ୍ଚସ୍ତରୀୟ ଏବଂ ସଚେତନତାର ସଂପ୍ରସାରଣ ଖୁବ୍ ଉଚ୍ଚସ୍ତରୀୟ । ମୋଟାମୋଟି ଭାବରେ ଏହି ବ୍ୟକ୍ତିଙ୍କ ଅଧ୍ୟାତ୍ମ ବୁଦ୍ଧି ଅଭିନନ୍ଦନୀୟ ।

ଦ୍ୱିତୀୟ ବ୍ୟକ୍ତିଙ୍କର ସାମଗ୍ରିକ ସ୍କୋର କିଛି ପରିମାଣରେ ପ୍ରଶଂସନୀୟ । ଅସ୍ତିତ୍ୱ ସମ୍ପର୍କିତ ଚିନ୍ତନ ଏବଂ ସଚେତନତାର ସମ୍ପ୍ରସାରଣ ଦିଗରେ ତାଙ୍କର ଉଚ୍ଚତର ସାମର୍ଥ୍ୟ ପରିଦୃଷ୍ଟ ହୁଏ । ଅନ୍ୟ ପକ୍ଷରେ ଅର୍ଥପୂର୍ଣ୍ଣତା କ୍ଷେତ୍ରରେ ସେ ହାରାହାରି ସ୍ତରରୁ ପଛୁଆ ଥିବାରୁ ଏ ଦିଗରେ ଯତ୍ନଶୀଳ ହେବାର ପରାମର୍ଶ ବିଶେଷ କାମ୍ୟ ।

ତୃତୀୟ ବ୍ୟକ୍ତି ଜଣକ ନାରୀ ଓ ନର୍ସ । ତାଙ୍କ ଅଧ୍ୟାତ୍ମ ବୁଦ୍ଧିର ମାତ୍ରା ଖୁବ୍ ବେଶୀ ଓ ପ୍ରଶଂସନୀୟ ସ୍ତରରେ ରହିଛି । ସମ୍ଭବତଃ ଅନ୍ୟର ସେବା କରିବା ଓ ପରୋପକାର ମନୋଭାବ ତାଙ୍କର ଅଧ୍ୟାତ୍ମ ବୁଦ୍ଧିକୁ ଅଧିକ ବିକଶିତ କରିପାରିଛି । ତେବେ ପ୍ରଥମ ଉପାଦାନ (ଅସ୍ତିତ୍ୱ ସମ୍ପର୍କିତ ଗଭୀର ଚିନ୍ତନ) କ୍ଷେତ୍ରରେ ପଛୁଆ ଥିବାର ଦେଖାଯାଏ ।

ଚତୁର୍ଥ ବ୍ୟକ୍ତିଙ୍କର ଅଧ୍ୟାତ୍ମ ବୁଦ୍ଧି ନିମ୍ନସ୍ତରରେ ରହିଥିବାର ଦେଖାଯାଏ। ହାରାହାରି ସାମଗ୍ରିକ ସ୍କୋର ବେଶ୍ କମ୍। ପୁନଶ୍ଚ କେବଳ ଅତିକ୍ରମଣକୁ ବାଦ ଦେଲେ ପ୍ରତିଟି ଉପାଦାନ କ୍ଷେତ୍ରରେ ଫଳାଙ୍କ ହାରାହାରିଠାରୁ କମ୍। କହିବା ଅନାବଶ୍ୟକ ଅଧ୍ୟାତ୍ମ ବୁଦ୍ଧିର ପ୍ରତିଟି କ୍ଷେତ୍ରରେ ଅପେକ୍ଷାକୃତ ଦୁର୍ବଳତା ଫଳାଙ୍କରେ ପ୍ରତିଫଳିତ। ସୁତରାଂ ଏହି ବ୍ୟକ୍ତିଙ୍କୁ ନିଜସ୍ୱ ପ୍ରୟାସ ମାଧ୍ୟମରେ ଅଧ୍ୟାତ୍ମ ବୁଦ୍ଧିକୁ ବୃଦ୍ଧି କରିବାକୁ ହେବ।

ସମୀକ୍ଷା (Discussion) ଓ ଉପସଂହାର :

ଅଧ୍ୟାତ୍ମ ବୁଦ୍ଧିମାପକର ବ୍ୟବହାର ଏବଂ ସୀମିତ ସଂଖ୍ୟକ ବ୍ୟକ୍ତିଙ୍କୁ ନେଇ ସେମାନଙ୍କ ଫଳାଙ୍କର ଆଲୋଚନା ବେଶ୍ ଫଳପ୍ରଦ। ଲକ୍ଷ୍ୟ କଲେ ଦେଖାଯିବ ଯେ ପ୍ରତିଭାଗୀଙ୍କ ସଂଖ୍ୟା ମାତ୍ର ଚାରିଜଣ ମଧ୍ୟରେ ସୀମିତ ହେଲେ ମଧ୍ୟ ହାରାହାରି ସାମଗ୍ରିକ ଫଳାଙ୍କର ସୀମା ପ୍ରସାରିତ। ନିମ୍ନ ଫଳାଙ୍କଟି ୧.୪ରୁ ୩.୧ ପର୍ଯ୍ୟନ୍ତ ବିସ୍ତୃତ। ଏହା ଏକ ସାଧାରଣ ପ୍ରତ୍ୟାଶା ଯେ ବିଭିନ୍ନ ଲୋକଙ୍କର ଅଧ୍ୟାତ୍ମ ବୁଦ୍ଧି ବିଭିନ୍ନ ସ୍ତରରେ ରହିଥାଏ ।

ଏଠାରେ କରାଯାଇଥିବା ଅନୁଧ୍ୟାନଟିରେ ବ୍ୟକ୍ତିମାନଙ୍କର ଅଧ୍ୟାତ୍ମ ବୁଦ୍ଧି ଭିନ୍ନତା ସେମାନଙ୍କ ବୃତ୍ତି, ବୟସ ଓ ପରିବେଶକୁ ନିର୍ଭର କରି ଭିନ୍ନ ହୋଇଥାଏ। ଉଦାହରଣ ସ୍ୱରୂପ, ଏହି ଅନୁଧ୍ୟାନରେ ନର୍ସ ଜଣକର ଅଧ୍ୟାତ୍ମ ବୃଦ୍ଧି ଖୁବ୍ ଉଚ୍ଚସ୍ତରରେ ଥିବା ସ୍ଥଳେ ଅବସରପ୍ରାପ୍ତ ଶିକ୍ଷକଙ୍କର ଅଧ୍ୟାତ୍ମ ବୁଦ୍ଧି ମଧ୍ୟ ବେଶୀ ରହିଛି। ସମ୍ଭବତଃ ଶିକ୍ଷକତା ଓ ନର୍ସ (ସେବିକା) କାର୍ଯ୍ୟ କରିବାର ତ୍ୟାଗ ମନୋଭାବ ଅଧ୍ୟାତ୍ମ ବୁଦ୍ଧିକୁ ବିକଶିତ କରିଛି ।

ଅବଶ୍ୟ ଅଧ୍ୟାତ୍ମ ବୃଦ୍ଧିର ଉତ୍ସ ଓ ପ୍ରଭାବକ ଚିହ୍ନଟ କରିବା ପାଇଁ ବଡ଼ ଧରଣର ଅନୁଧ୍ୟାନ ଆବଶ୍ୟକ। ବଡ଼ ବଡ଼ ଦଳର (ଯଥା: ନର୍ସ ବନାମ ବ୍ୟବସାୟୀ) ତୁଳନାତ୍ମକ ବିଚାର କଲେ ଅଧ୍ୟାତ୍ମ ବୃଦ୍ଧିର ବିକାଶ ଓ ବିସ୍ତାରଣ ମୂଳରେ କେଉଁ କେଉଁ ଉପାଦାନ ସକ୍ରିୟ ରହିଛି, ତାହା ଜାଣି ହେବ। ଏପରି ସୂଚନା ବ୍ୟକ୍ତିଗତ ତଥା ସାମୂହିକ ବିକାଶରେ ସହାୟକ ହେବ।

ପରିଶିଷ୍ଟ 'କ'

ଅକ୍ସଫୋର୍ଡ୍ ସୁଖାନୁଭୂତି ପ୍ରଶ୍ନାବଳୀ

ସୂଚନା :

ନିମ୍ନରେ ସୁଖାନୁଭୂତି ସମ୍ପର୍କରେ କେତୋଟି ବାକ୍ୟ ଦିଆଯାଇଛି । ପ୍ରତିଟି ବାକ୍ୟ ଭଲ ରୂପେ ପଢ଼ନ୍ତୁ । ପ୍ରତିଟି ବାକ୍ୟ ସହ ଆପଣ କେତେ ପରିମାଣରେ ଏକମତ ତାହା ସୂଚାଇବା ପାଇଁ ବାକ୍ୟର ଦକ୍ଷିଣ ପାର୍ଶ୍ୱରେ '୧' ରୁ '୬' ମଧ୍ୟରେ ଗୋଟିଏ ସଂଖ୍ୟା ଲେଖନ୍ତୁ । ନିମ୍ନମତେ ସଂଖ୍ୟା ଲେଖନ୍ତୁ ।

୧ : ପୂରାପୂରି ଅମତ

୨ : କିଛି ମାତ୍ରାରେ ଅମତ

୩ : ଅଳ୍ପ ଅମତ

୪ : ଅଳ୍ପ ଏକମତ

୫ : କିଛି ମାତ୍ରାରେ ଏକମତ

୬ : ପୂରାପୂରି ଏକମତ

ବାକ୍ୟ ସମୂହ :

୧. ମୁଁ ଯେପରି ରହିଛି, ତାହା ନେଇ ସନ୍ତୁଷ୍ଟ ନୁହେଁ ।

୨. ଅନ୍ୟମାନଙ୍କ ସମ୍ପର୍କରେ ମୋର ପ୍ରଚୁର ଆଗ୍ରହ ରହିଛି ।

୩. ମୁଁ ଅନୁଭବ କରେ ଯେ ଜୀବନରେ ସଫଳତା ଏବଂ ପ୍ରାପ୍ତିର ଆଶା ରହିଛି ।

୪. ପ୍ରତ୍ୟେକଙ୍କ ପ୍ରତି ମୋର ସ୍ନେହଶ୍ରଦ୍ଧା ରହିଛି ।

୫. ମୁଁ ସକାଳେ ଶଯ୍ୟାତ୍ୟାଗ କରିବା ସମୟରେ କ୍ୱଚିତ ଅନୁଭବ ହୁଏ ଯେ ମୋତେ ପୂର୍ଣ୍ଣ ବିଶ୍ରାମ ମିଳିଛି ।

୬.	ଭବିଷ୍ୟତ ସମ୍ପର୍କରେ ମୁଁ ଆଶାବାଦୀ ନୁହେଁ।

୭.	ଅଧିକାଂଶ ଜିନିଷରେ ମୋର କୌତୂହଳ ଜନ୍ମେ।

୮.	ସଦାସର୍ବଦା ମୁଁ ପ୍ରତିବଦ୍ଧତା ଓ ଅଭିପ୍ରେରଣାରେ ପୂର୍ଣ୍ଣ।

୯.	ଜୀବନ ହେଉଛି ସୁନ୍ଦର।

୧୦.	ମୁଁ ଭାବେ ନାହିଁ ଯେ ଏ ସଂସାରଟା ଗୋଟିଏ ଭଲ ଜାଗା।

୧୧.	ମୁଁ ବହୁତ ହସେ।

୧୨.	ମୋ ଜୀବନର ସମସ୍ତ ଦିଗ ନେଇ ମୁଁ ସନ୍ତୁଷ୍ଟ।

୧୩.	ମୋର ଚେହେରା ଆକର୍ଷଣୀୟ ନୁହେଁ ବୋଲି ମୁଁ ଭାବେ।

୧୪.	ମୁଁ ଯାହା କରିବାକୁ ଚାହେଁ ଏବଂ ଯାହା କରିଛି, ତା' ମଧ୍ୟରେ ଏକ ବ୍ୟବଧାନ ଅଛି।

୧୫.	ମୁଁ ଖୁବ୍ ଖୁସୀ।

୧୬.	ମୁଁ କିଛି ବସ୍ତୁରେ ସୌନ୍ଦର୍ଯ୍ୟର ଅନୁଭବ ପାଏ।

୧୭.	ମୁଁ ସଦାସର୍ବଦା ଅନ୍ୟମାନଙ୍କୁ ପ୍ରଫୁଲ୍ଲିତ କରେ।

୧୮.	ମୁଁ ଯାହା କରିବାକୁ ଚାହେଁ, ସେଥିପାଇଁ ସମୟ ବାହାର କରିନିଏ।

୧୯.	ମୋ ଜୀବନଟା ମୋ ନିୟନ୍ତ୍ରଣରେ ରହିଛି ବୋଲି ମୁଁ ଭାବେ ନାହିଁ ।

୨୦.	ଯେ କୌଣସି ଜିନିଷର ଦାୟିତ୍ୱ ନେବା ପାଇଁ ମୁଁ ପ୍ରସ୍ତୁତ।

୨୧.	ମୁଁ ମାନସିକ ସ୍ତରରେ ପୂରାପୂରି ସତେଜ ଅନୁଭବ କରେ।

୨୨.	ମୁଁ ଅଧିକାଂଶ ସମୟ ଆନନ୍ଦ ଓ ଉତ୍‌ଫୁଲ୍ଲ ଅନୁଭବ କରେ।

୨୩.	ନିଷ୍ପତ୍ତି ଗ୍ରହଣରେ ମୋର ଅସୁବିଧା ହୁଏ।

୨୪.	ମୋ ଜୀବନରେ କୌଣସି ନିର୍ଦ୍ଦିଷ୍ଟ ଉଦ୍ଦେଶ୍ୟ ଓ ଅର୍ଥପୂର୍ଣ୍ଣତା ନାହିଁ।

୨୫.	ମୋର ପ୍ରଚୁର ଶକ୍ତି ଥିବା ପରି ମୋର ଅନୁଭବ ହୁଏ।

୨୬.	ମୁଁ ବାହ୍ୟ ଘଟଣାକୁ ପ୍ରଭାବିତ କରିପାରେ।

୨୭.	ଥଟ୍ଟା ପରିହାସ କରିବାର ଦକ୍ଷତା ମୋର କମ୍।

୨୮. ମୁଁ ନିଜକୁ ସ୍ୱାସ୍ଥ୍ୟବାନ୍ ମନେ କରି ନଥାଏ।

୨୯. ମୋର ଅତୀତର ସ୍ମୃତି ବିଶେଷ ସୁଖଦ ନୁହେଁ।

ଫଳାଙ୍କ (ସ୍କୋର) ନିରୂପଣ :

❖ ପ୍ରଥମେ ବାକ୍ୟଗୁଡ଼ିକର ବାମ ପାର୍ଶ୍ୱରେ x ଥିଲେ ସେଗୁଡ଼ିକ ବିପରୀତମୁଖୀ ବାକ୍ୟ ବିଚାର କରି ଫଳାଙ୍କକୁ ବିପରୀତ ଦିଗରୁ ହିସାବ କରିବାକୁ ହେବ। ଏହାର ଅର୍ଥ ହେଉଛି :

ଆପଣ '୧' ନମ୍ବର ଉଲ୍ଲେଖ କରିଥିଲେ ତାହା ଫଳାଙ୍କ '୬' ରହିବ।

ଆପଣ '୨' ନମ୍ବର ଉଲ୍ଲେଖ କଲେ ତାହା ଫଳାଙ୍କ ୫ ରହିବ।

ଆପଣ '୩' ନମ୍ବର ଉଲ୍ଲେଖ କଲେ ତାହା ଫଳାଙ୍କ ୪ ରହିବ।

ଆପଣ '୪' ନମ୍ବର ଉଲ୍ଲେଖ କଲେ ତାହା ଫଳାଙ୍କ ୩ ରହିବ।

ଆପଣ '୫' ନମ୍ବର ଉଲ୍ଲେଖ କଲେ ତାହା ଫଳାଙ୍କ ୨ ରହିବ।

ଆପଣ '୬' ନମ୍ବର ଉଲ୍ଲେଖ କଲେ ତାହା ଫଳାଙ୍କ ୧ରହିବ।

❖ ବର୍ତ୍ତମାନ ପ୍ରତିଟି ବାକ୍ୟର ସ୍କୋର ବା ଫଳାଙ୍କ ସ୍ଥିର ହେଲା ପରେ ଫଳାଙ୍କ ମିଶାଇ ଦିଅନ୍ତୁ।

❖ ୨୯ ବାକ୍ୟ ପାଇଁ ସମୁଦାୟ ଫଳାଙ୍କ ସ୍ଥିର କରି ତାକୁ ୨୯ ଦ୍ୱାରା ବିଭାଜନ କଲେ ଗୋଟିଏ ହାରାହାରି ସଂଖ୍ୟା (୧ରୁ ୬ ମଧ୍ୟରେ) ସୁଖାନୁଭୂତିର ସ୍ତର ସୂଚିତ କରିବ ।

ଫଳାଙ୍କର ବ୍ୟାଖ୍ୟା :

ଜଟିଳ ପ୍ରକ୍ରିୟା ମଧ୍ୟରେ ଗତି ନ କରି ସହଜ ଉପାୟରେ ନିମ୍ନମତେ ବ୍ୟାଖ୍ୟା କରାଯାଇପାରେ। ବ୍ୟବହାର କରାଯାଇଥିବା ମାପକ ରେଖାଟି ଚିହ୍ନିତ କରନ୍ତୁ (୧ରୁ ୬)

୧ ୨ ୩ ୪ ୫ ୬

ଏହାର ମଧ୍ୟମା (Mid Point) ଚିହ୍ନିତ କରନ୍ତୁ। ଏହା ଉପରେ ଦର୍ଶାଉଥିବା ୩.୫। ବର୍ତ୍ତମାନ ୩.୫ କୁ ବିଭାଜନକାରୀ ବିନ୍ଦୁ ରୂପେ ବିଚାର କରନ୍ତୁ। ଯେଉଁ ବ୍ୟକ୍ତିର ସୁଖାନୁଭୂତି

ଫଳାଙ୍କ ୩.୫, ତାହା ଅଧିକ କିମ୍ବା କମ୍ ବୋଲି ବିଚାର କରାଯିବ ନାହିଁ। ସ୍କୋରଟି ୩.୫ରୁ ଯେତେ ତଳକୁ ତଳକୁ ଯିବ ସୁଖାନୁଭୂତିର ମାତ୍ରା ସେତିକି କମ୍ ବୋଲି ଧରାଯିବ। ଅନ୍ୟ ପକ୍ଷରେ ଏହା ୩.୫ରୁ ଯେତେ ଉପରକୁ ଯିବ ସୁଖାନୁଭୂତି ସେତିକି ସେତିକି ଅଧିକ ବୋଲି ଗୃହୀତ ହେବ।

ଅନ୍ୟ ପ୍ରକାରେ ନିମ୍ନ ବିଭାଗୀକରଣ ମଧ୍ୟ ଅନୁସୃତ ହୋଇପାରେ :

୧-୨ : ସୁଖୀ ନୁହେଁ, ବିଷାଦଗ୍ରସ୍ତ ବୋଲି ମଧ୍ୟ କୁହାଯାଇପାରେ।

୨- ୩ : କିଛିଟା ଅସୁଖୀ।

୩-୪ : ସୁଖୀ ନୁହେଁ କି ଅସୁଖୀ ନୁହେଁ (କାରଣ ୩.୫ ହେଉଛି ବିଭାଜନ ରେଖା)

୪-୫ : କିଛି ପିରମାଣରେ ସୁଖୀ

୫-୬ : ଖୁବ୍ ସୁଖୀ

୬ : ଅତିବେଶୀ ସୁଖୀ

ପରିଶିଷ୍ଟ 'ଖ'

କିଙ୍ଗ୍ ଅଧ୍ୟାତ୍ମ ବୁଦ୍ଧି ଆତ୍ମ-ବିବରଣୀ ମାପକ

ଆପଣଙ୍କ ବୟସ ? .... ବର୍ଷ

ଆପଣ ନାରୀ କି ପୁରୁଷ ? .... ନାରୀ / ପୁରୁଷ

ନିମ୍ନରେ ଆପଣଙ୍କ ବ୍ୟବହାର ସୂଚିତ କରୁଥିବା କେତେକ ବାକ୍ୟ ଦିଆଯାଇଛି । ଏଗୁଡ଼ିକ ବିଭିନ୍ନ ମାନସିକତାର ସୂଚକ । ପ୍ରତିଟି ବାକ୍ୟ ଭଲରୂପେ ପଢ଼ନ୍ତୁ ଏବଂ ବାକ୍ୟଟି କେତେ ପରିମାଣରେ ଆପଣଙ୍କ ବ୍ୟବହାର ସୂଚିତ କରୁଛି, ତାହା ଜଣାଇବା ପାଇଁ '୦' (ଶୂନ୍ୟ)ରୁ ଆରମ୍ଭ କରି '୪' ମଧ୍ୟରେ ଗୋଟିଏ ସଂଖ୍ୟାକୁ ବୃତ୍ତାକାର କରନ୍ତୁ । ବୃତ୍ତାକାର କରିବା ସମୟରେ ନିମ୍ନ ମାପକଟିର ଉପଯୋଗ କରନ୍ତୁ ।

୦ (ଶୂନ୍ୟ) : ମୋ ପ୍ରତି ଆଦୌ ପ୍ରଯୁଜ୍ୟ ନୁହେଁ ।

୧ : ମୋ ପ୍ରତି ଅଳ୍ପ ପ୍ରଯୁଜ୍ୟ

୨ : ମୋ ପାଇଁ କିଛି ପରିମାଣରେ ପ୍ରଯୁଜ୍ୟ

୩ : ମୋ ପାଇଁ ବେଶ୍ ପ୍ରଯୁଜ୍ୟ

୪ : ମୋ ପାଇଁ ପୂରାପୂରି ପ୍ରଯୁଜ୍ୟ

ଆପଣଙ୍କ ପ୍ରତିକ୍ରିୟା ଦର୍ଶାଇବା ପାଇଁ ଦକ୍ଷିଣପାର୍ଶ୍ୱରେ ଥିବା ସଂଖ୍ୟା ମଧ୍ୟରୁ ଗୋଟିଏ ବୃତ୍ତାକାର କରନ୍ତୁ ।

	ପ୍ରତିକ୍ରିୟା ସୂଚକ
୧. ବାସ୍ତବତାର ସ୍ୱରୂପ ସମ୍ପର୍କରେ ମୁଁ ବହୁତ ସମୟରେ ପ୍ରଶ୍ନ କରିଛି ।	୦ ୧ ୨ ୩ ୪

୨.	ମୋର ଭୌତିକ ଶରୀରର ଊର୍ଦ୍ଧ୍ୱରେ ଗଭୀରତର ଦିଗ ସମ୍ପର୍କରେ ମୁଁ ସଚେତନ।	୦	୧	୨	୩	୪
୩.	ମୋ ଅସ୍ତିତ୍ୱର କାରଣ କିମ୍ବା ଉଦ୍ଦେଶ୍ୟ ସମ୍ପର୍କରେ ମୁଁ ଗଭୀର ଚିନ୍ତା କରେ।	୦	୧	୨	୩	୪
୪.	ଚେତନଶୀଳତାର ଉଚ୍ଚତର ସ୍ତରରେ ପ୍ରବେଶ କରିବାର ମୋର ସାମର୍ଥ୍ୟ ରହିଛି।	୦	୧	୨	୩	୪
୫.	ମୃତ୍ୟୁ ପରେ କ'ଣ ଘଟେ, ଏ ବିଷୟରେ ଗଭୀର ଚିନ୍ତନ କରିବାର ଦକ୍ଷତା ମୋର ରହିଛି।	୦	୧	୨	୩	୪
୬.	ଭୌତିକ ଓ ପାର୍ଥିବ ଜଗତର ବାହାରେ ଅନ୍ୟ କିଛି ଚିନ୍ତା କରିବାକୁ ମୁଁ ଅକ୍ଷମ।	୦	୧	୨	୩	୪
୭.	ଜୀବନର ଉଦ୍ଦେଶ୍ୟ ଓ ଅର୍ଥପୂର୍ଣ୍ଣତା ଆବିଷ୍କାର କରିବାରେ ମୋର ସାମର୍ଥ୍ୟ ମୋର ମାନସିକ ଚାପର ମୁକାବିଲା କରିବାରେ ସହାୟକ ହୁଏ।	୦	୧	୨	୩	୪
୮.	ଚେତନଶୀଳତାର ଉଚ୍ଚତର ସ୍ତରରେ ମଧ୍ୟ ମୋର ନିୟନ୍ତ୍ରଣ ରହିଥାଏ।	୦	୧	୨	୩	୪
୯.	ଜୀବନ ମୃତ୍ୟୁ, ବାସ୍ତବତା ଓ ଅସ୍ତିତ୍ୱ ସମ୍ପର୍କରେ ମୋର ନିଜସ୍ୱ ତତ୍ତ୍ୱ ମୁଁ ବିକଶିତ କରିପାରିଛି।	୦	୧	୨	୩	୪

୧୦.	ଅନ୍ୟମାନଙ୍କ ସହିତ ମୋର ସମ୍ପର୍କର ଗଭୀରତା ଦିଗ ବିଷୟରେ ମୁଁ ସଚେତନ	୦	୧	୨	୩	୪
୧୧.	ମୋ ଜୀବନର ଉଦ୍ଦେଶ୍ୟର ସଂଜ୍ଞା ମୁଁ ସ୍ପଷ୍ଟ କରିପାରେ।	୦	୧	୨	୩	୪
୧୨.	ଚେତନଶୀଳତାର ବିଭିନ୍ନ ସ୍ତର ମଧ୍ୟରେ ମୁଁ ସ୍ୱଚ୍ଛନ୍ଦରେ ଗତି କରିପାରେ।	୦	୧	୨	୩	୪
୧୩.	ମୋ ଜୀବନର ଘଟଣାର ଅର୍ଥପୂର୍ଣ୍ଣତା ସମ୍ପର୍କରେ ମୁଁ ଗଭୀରଭାବେ ଚିନ୍ତନ କରେ।	୦	୧	୨	୩	୪
୧୪.	ଭୌତିକତାର ଊର୍ଦ୍ଧ୍ୱରେ ଗଭୀରତାର ସହିତ ମୁଁ ମୋ ଅସ୍ତିତ୍ୱର ସଂଜ୍ଞା ଦର୍ଶାଏ।	୦	୧	୨	୩	୪
୧୫.	ମୁଁ ବ୍ୟର୍ଥତାର ଅନୁଭବ କଲେ ମଧ୍ୟ ସେଥିରେ ଅର୍ଥପୂର୍ଣ୍ଣତା ଆବିଷ୍କାର କରିବାର ସାମର୍ଥ୍ୟ ରଖେ।	୦	୧	୨	୩	୪
୧୬.	ପସନ୍ଦ ଅପସନ୍ଦ ଓ ଜୀବନର ସମସ୍ୟାସବୁକୁ ଚେତନଶୀଳତାର ଉପରସ୍ତରରେ ରହି ମୁଁ ସ୍ପଷ୍ଟ ଭାବରେ ଦେଖିପାରେ।	୦	୧	୨	୩	୪
୧୭.	ମନୁଷ୍ୟ ସମାଜ ଓ ବିଶ୍ୱ ଜଗତର ଅନ୍ୟ ସମସ୍ତ ମଧ୍ୟରେ ଥିବା ସମ୍ପର୍କ ବିଷୟରେ ମୁଁ ଗଭୀର ଭାବରେ ବେଶ୍ ଚିନ୍ତା କରେ।	୦	୧	୨	୩	୪

୧୮. ପାର୍ଥିବ ଜଗତର ଊର୍ଦ୍ଧ୍ୱରେ ଥିବା ଜୀବନର ଦିଗ ସମ୍ପର୍କରେ ମୁଁ ସଚେତନ।	୦	୧	୨	୩	୪
୧୯. ଜୀବନର ଉଦ୍ଦେଶ୍ୟକୁ ଦୃଷ୍ଟିରେ ରଖି ମୁଁ ନିଷ୍ପତ୍ତି ନେବାରେ ସମର୍ଥ।	୦	୧	୨	୩	୪
୨୦. ମଣିଷର ଶରୀର ବ୍ୟକ୍ତିତ୍ୱ ଓ ଭାବାବେଗଠାରୁ ଅଧିକ ଅର୍ଥପୂର୍ଣ୍ଣ ଦିଗ ମୁଁ ମନୁଷ୍ୟ ମଧ୍ୟରେ ଦେଖିଥାଏ।	୦	୧	୨	୩	୮
୨୧. ଉଚ୍ଚତର ଶକ୍ତି (ଯଥା : ଭଗବାନ, ଦେବ, ଦେବୀ, ଉଚ୍ଚତର ଶକ୍ତି) ସମ୍ପର୍କରେ ମୁଁ ମନନଶୀଳତାର ସହିତ ଚିନ୍ତା କରିଛି	୦	୧	୨	୩	୪
୨୨. ପାର୍ଥିବ ଜଗତର ଊର୍ଦ୍ଧ୍ୱରେ ଯେଉଁ ଚିନ୍ମୟସତ୍ତା କଥା ମୁଁ ଚିନ୍ତନ କରେ ତାହା ମୋତେ ସ୍ଥିରତା ଦେଇଥାଏ।	୦	୧	୨	୩	୪
୨୩. ଦୈନନ୍ଦିନ ଜୀବନରେ ଉଦ୍ଦେଶ୍ୟ ଓ ଅର୍ଥପୂର୍ଣ୍ଣତାର ଆବିଷ୍କାର କରିବାର ସାମର୍ଥ୍ୟ ମୋର ରହିଛି।	୦	୧	୨	୩	୪
୨୪. ଉଚ୍ଚତର ଚେତନଶୀଳତାର ସ୍ତରରେ ପ୍ରବେଶ କରିବାର ନିଜସ୍ୱ କୌଶଳ ମୁଁ ବିକଶିତ କରିପାରିଛି।	୦	୧	୨	୩	୪

ଫଳାଙ୍କ ନିରୂପଣ

ପରିମାକଟିରେ ୪ଟି ଉପାଦକ ବା ଚାରୋଟି ଉପମାପକ ରହିଛି। ସେହି ଉପମାପକ ଓ ସମ୍ପୃକ୍ତ ବାକ୍ୟ ସବୁ ଏହିପରି :

❖ ଅସ୍ତିତ୍ୱ ସମ୍ପର୍କିତ ଗଭୀର ଚିନ୍ତନ : ୧, ୩, ୫, ୯, ୧୩, ୧୭ ଓ ୨୧) (ସମୁଦାୟ ୭ଟି ବାକ୍ୟ; ଫଳାଙ୍କର ସୀମା ୦-୨୮)

❖ ବ୍ୟକ୍ତିଗତ ଅର୍ଥପୂର୍ଣ୍ଣତାର ଆବିଷ୍କାର : ୭, ୧୧, ୧୫, ୧୯ ଓ ୨୩)
(ସମୁଦାୟ ୫ଟି ବାକ୍ୟ; ଫଳାଙ୍କର ସୀମା ୦-୨୦)

❖ ଅତିକ୍ରମଣ ସଚେତନତା : ୨, ୬, ୧୦, ୧୪, ୧୮, ୨୦ ଓ ୨୨)
(୭ଟି ବାକ୍ୟ, ଫଳାଙ୍କର ସୀମା ୦-୨୮)

❖ ସଚେତନ ଅବସ୍ଥାର ସମ୍ପ୍ରସାରଣ : ୪, ୮, ୧୨, ୧୬, ୨୪)
(୫ଟି ବାକ୍ୟ; ଫଳାଙ୍କର ସୀମା ୦ରୁ ୨୦)

ଲକ୍ଷ୍ୟ କରିବାର କଥା ଯେ ୬ ନମ୍ବର ବାକ୍ୟଟି ବିପରୀତମୁଖୀ ହୋଇଥିବାରୁ ଏହାର ଫଳାଙ୍କ ନିରୂପଣ ସମୟରେ ବିପରୀତ ଦିଗରୁ ଫଳାଙ୍କ ନିର୍ଦ୍ଧାରଣ କରିବାକୁ ହେବ । ଏହାର ଅର୍ଥ ହେଉଛି ଯେ ପ୍ରତିଭାଗୀ '୦' ବୃତ୍ତାକାର କରିଥିଲେ ତାହାର ଫଳାଙ୍କ ୪, ୧, ବୃତ୍ତାକାର କରିଥିଲେ ଫଳାଙ୍କ ୩, ୨ ବୃତ୍ତାକାର କରିଥିଲେ ତାହାର ଫଳାଙ୍କ ୨, ୩ ବୃତ୍ତାକାର କରିଥିଲେ ଫଳାଙ୍କ ୧ ଏବଂ ୪ ବୃତ୍ତାକାର ତାହାର ଫଳାଙ୍କ '୦' ବୋଲି ବିଚାର କରାଯିବ।

❖ ସମୁଦାୟ ୨୪ଟି ବାକ୍ୟ ଥିବାରୁ ସାମଗ୍ରିକ ସ୍ତରରେ ଫଳାଙ୍କର ସୀମା ୦ରୁ ୯୬ ମଧ୍ୟରେ ରହିବ

❖ ସମୁଦାୟ ଫଳାଙ୍କ ଯେତେ ଅଧିକ ରହିବ ଅଧ୍ୟାତ୍ମ ବୁଦ୍ଧି ସେତିକି ବେଶୀ ବୋଲି ବିଚାର କରାଯିବ।

❖ ସାମଗ୍ରିକ ଅଧ୍ୟାତ୍ମ ବୁଦ୍ଧିର ସ୍ତର ବ୍ୟତୀତ ପ୍ରତି ଉପମାପକ (Subscale) ଅନ୍ତର୍ଭୁକ୍ତ ଦିଗଟିର ଫଳାଙ୍କ ସମ୍ପର୍କରେ କମ୍ ବେଶୀ ଫଳାଙ୍କ ଦେଖି ମତାମତ ପ୍ରକାଶ କରିବା ସମ୍ଭବ ହେବ।

ପରିଶିଷ୍ଟ 'ଗ'
ମନୋବିଜ୍ଞାନ ପରିଭାଷା

ଅନୁଭବବାଦୀ - Phenomenological

ଅନୁଭବବାଦ - Phenomenology

ଅଭିପ୍ରେରଣା - Motivation

ଅନ୍ତର୍ନିହିତ ଲକ୍ଷ୍ୟ - Intrinsic Goals

ଅଭିକଳ୍ପନା - Design

ଅନୁକୂଳ-ପ୍ରତିକୂଳ ଆବେଗ ଅନୁଭବ ପ୍ରଣାଳୀ - Positive Affect & Negative Affect Scale or PANAS

ଅଗ୍ରମସ୍ତିଷ୍କ - Frontal Lobe

ଅନ୍ତଃସ୍ରାବୀ ଗ୍ରନ୍ଥି - Endocrine Glands

ଅନ୍ତଃପ୍ରତ୍ୟକ୍ଷ ବିବରଣୀ - Introspective Report

ଅନ୍ତଃନିୟନ୍ତ୍ରଣ-ସମ୍ପନ୍ନ ବ୍ୟକ୍ତି - Person with Internal Locus of Control

ଅନ୍ତଃ ନିୟନ୍ତ୍ରକ - Internals

ଅନୁକରଣୀୟ ବ୍ୟକ୍ତିତ୍ୱ - Role Model

ଅନୁକୂଳ ଭାବାବେଗ - Positive Emotion / Affect

ଅନୁଭବ ନମୁନା ପଦ୍ଧତି - Experience Sampling Method (ESM)

ଅନୁକୂଳ ଆବେଗର ସମ୍ପ୍ରସାରଣ ଓ ଗଠନ ତତ୍ତ୍ୱ - Broaden - and-Build Theory of Positive Emotions

ଅତିକ୍ରମଣ - Transcendence

ଅକ୍ସଫୋର୍ଡ଼ ସୁଖାନୁଭୂତିକ ମାପକ - Oxford Happiness Questionnaire (OHQ)

ଅଚେତନ - Unconsciouus

ଅନ୍ତର୍ନିହିତ ଅଭିପ୍ରେରଣା - Intrinsic Motivation

ଅର୍ଥପୂର୍ଣ୍ଣତା - Meaningfulness

ଅନ୍ତର୍ନିହିତ ଧର୍ମବିଶ୍ୱାସ - Internal Religiosity

ଅଗ୍ର-ନିମ୍ନ ତତ୍ତ୍ୱ - Top-Down Theory

ଅନୁସଙ୍ଗ - Association

ଅନୁସଙ୍ଗ ତତ୍ତ୍ୱ - Association Theory

ଅଭ୍ୟନୁକୂଳନ - Conditioning

ଅଭିଳାଷ - Aspiration

ଅଗ୍ରମସ୍ତିଷ୍କର ବାମପାର୍ଶ୍ୱ - Left Prefrontral Cortex

ଅଗ୍ରମସ୍ତିଷ୍କର ଦକ୍ଷିଣ ପାର୍ଶ୍ୱ - Right Prefrontal Cortex

ଅନୁଭବର ବର୍ଣ୍ଣନା ସଂଗ୍ରହ - Experience Sampling Method (ESM)

ଅଭିଜ୍ଞାନାତ୍ମକ ଦିଗ - Cognitive Aspects

ଅବସ୍ଥାସୂଚକ ସ୍କେଲ୍ - State Scale

ଅବସ୍ଥାସୂଚକ ଆଶା - State Hope

ଅସ୍ଥାୟୀତ୍ୱ - Instability

ଅଭିଜ୍ଞାନତ୍ମକ ଆନ୍ଦୋଳନ - Cognitive Revolution

ଅର୍ଥପୂର୍ଣ୍ଣତାର ଅନ୍ୱେଷଣ - Search for Meaning

ଆମେରିକା ମନୋବିଜ୍ଞାନ ପରିଷଦ - American Psychological Association

ଆବେଗଧର୍ମୀ - Emotional

ଆତ୍ମଚେତନତା - Self-Awareness

ଆତ୍ମକୌଶଳ - Self-Skill

ଆତ୍ମସାମର୍ଥ୍ୟବୋଧ - Self-Efficacy

ଆଶା ଓ ଆଶାବାଦ - Hope & Optimism

ଆତ୍ମସ୍ୱୀକୃତି - Self-Acceptance

ଆଭିମୁଖ୍ୟ - Approach

ଆନନ୍ଦଗ୍ରାହୀ ସାମର୍ଥ୍ୟ - Hedonic Capacity

ଆବେଗିକ ଅସ୍ଥିରତା - Neuroticism

ଆତ୍ମମର୍ଯ୍ୟାଦାବୋଧ - Self-Esteem

ଆନନ୍ଦ-ଆସ୍ୱାଦନ - Savouring

ଅଭିନିବେଶ - Attention

ଆବେଗିକ ଅଭାବ - Affective / Emotional Deficit

ଆତ୍ମସିଦ୍ଧି - Self-Actualization

ଆହ୍ୱାନ - Challange

ଆନନ୍ଦର ଟ୍ରେଡ୍‌ମିଲ୍ - Hedonic Treadmill

ଆତ୍ମପରିଚିତିର ସଂକଟ - Identity Crisis

ଆଶା - Hope

ଆଶାବାଦ - Optimism

ଆବେଗର ଚାପ - Hydraulics of Emotion

ଅଭିଜ୍ଞାନାତ୍ମକ ଚିକିତ୍ସା - Cognitive Therapy

ଆବେଗର କଞ୍ଚାମାଲ - Raw Feelings

ଆନନ୍ଦ - Pleasure

ଆକ୍ରମଣାତ୍ମକ ବ୍ୟବହାର - Aggressive Behaviour

ଆଶା ଚିକିତ୍ସା - Hope Therapy

ଆଶାବାଦୀ ବିଶ୍ଳେଷଣ ଶୈଳୀ - Optimistic Explanatory Styles

ଆନନ୍ଦଦାୟକ ସମସ୍ୟା - Pleasurable Difficulty

ଆହ୍ୱାନମୂଳକ - Challanging

ଆତ୍ମ-କୌଶଳ - Self-Skill

ଆତ୍ମନିର୍ଦ୍ଧାରଣ ତତ୍ତ୍ୱ - Self-Determination Theory (SDT)

ଆଧ୍ୟାତ୍ମ ବୁଦ୍ଧି - Spiritual Intellegence

ଉପଦେଶନ - Counselling

ଉଦ୍‌ବର୍ତ୍ତନ - Evolution

ଉଦ୍‌ବେଗ / ଉତ୍‌କଣ୍ଠା - Anxiety

ଉନ୍ମୁକ୍ତ ଭାବ - Openness

ଊର୍ଦ୍ଧ୍ୱମୁଖୀ ତୁଳନା - Upward Comparison

ଉଦ୍ଦୀପିତ - Stimulation

ଉପକାର - Altruism

ଏକକ - Unit

ଏକଯୁଗ୍ମଜ - Mono-Zygotic

ଓଲଟାଇବା ପ୍ରକ୍ରିୟା - Reversing

କୃତିତ୍ୱ - Accomplishment

ଚିତ୍ର କଳ୍ପନା - Visualization

କ୍ରିୟାଶୀଳତା - Mechanism

କର୍ମଯୋଜନା - Intervention

କୃତଜ୍ଞତା ଦିନଲିପି / ଡାଏରୀ - Gratitude Diary / Journal

କର୍ପୋରେଟ୍ ସାମାଜିକ ଦାୟିତ୍ୱ - Corporate Social Responsibility

କାର୍ଯ୍ୟକ୍ଷମ ଆଶାବାଦ - Functional Optimism

କ୍ରିୟା ଅନୁକ୍ରିୟା - Interaction

ଗୁଣ - Trait

ଗୋଷ୍ଠୀ-କେନ୍ଦ୍ରିତ - Collectivist

ଗୋଷ୍ଠୀମୁଖୀ - Collectivistic

ଘୂର୍ଣ୍ଣିତ ପିତାମହ / ପିତାମହୀ ଲକ୍ଷଣ - Revolving Grand Pa - Grand Ma Syndrome

ଚାହିଦାର ସୋପାନ - Hierarchy of Needs

ଚାରିତ୍ରିକ ସବଳତା - Character Strength

ଛବି ଉତ୍ତୋଳନ ପଦ୍ଧତି - Imaging Techniques

ଜାତୀୟ ସୁଖାନୁଭୂତି - Gross National Happiness

ଜୀବନ ସନ୍ତୋଷ - Life Satisfaction

ଜୀବନ ସଂଗ୍ରାମ - Struggle for Existence

ଜନ୍ମଗତ ପ୍ରବଣତା - Dispositional Concept

ଜୀବଭିତ୍ତିକ - Biological

ତଲ୍ଲୀନତା - Flow

ତୃପ୍ତି - Gratification

ତାତ୍କ୍ଷଣିକ - Instantaneous

ଦଳଗତ-ସାମର୍ଥ୍ୟବୋଧ - Team Efficacy / Collective Efficacy

ଦର୍ପଣ ସ୍ନାୟୁ - Mirror Neuron

ଦକ୍ଷତା - Competence

ଧାରଣା - Concept

ଧର୍ମ ବିଶ୍ୱାସ - Religiosity

ନକାରାତ୍ମକ ପ୍ରବଣତା - Negative Bias

ନିମଗ୍ନତା - Flow

ନୈରାଶ୍ୟ - Pessimism

ନିୟନ୍ତ୍ରଣହୀନ- Uncontrollable

ନୈରାଶବାଦୀ - Pessimistic

ନିୟନ୍ତ୍ରଣଶୀଳ ଉପାଦାନ - Controllable Factors

ନମନୀୟତା - Flexibility

ନିମ୍ନ-ଅଗ୍ର - Bottom - Up

ନିଶ୍ଚେଷ୍ଟତା - Inertia

ନିୟନ୍ତ୍ରଣ ବିଶ୍ୱାସ - Control

ନିମ୍ନମୁଖୀ ତୁଳନା - Downward Comparison

ପଙ୍କରେ ପଦ୍ମ-ପ୍ରକ୍ରିୟା - Lotus-in-the Mud Phenomenon

ପ୍ରରୋଚନା - Persuasion

ପ୍ରତିଭାଗୀ - Participants

ପଦ୍ଧତିଗତ ସଙ୍କଟ - Paradigm Crisis

ପଦ୍ଧତି ପରିବର୍ତ୍ତନ - Paradigm Shift

ପାପ ଓ ପ୍ରାୟଶ୍ଚିତ - Crime and Punishment

ପରିପୂର୍ଣ୍ଣ ଜୀବନ - Flourishing
ପାରମ୍ପରିକ ବୁଦ୍ଧିମତ୍ତା - Rational Intelligence
ପରିମାପକ - Measurement
ପ୍ରତିକୂଳ ଭାବାବେଗ - Negative Emotions
ପ୍ରତିଷେଧ ବ୍ୟବସ୍ଥା - Immune System
ପ୍ରାକୃତିକ ଘାତକ - Natural Killer / NK Cells
ପ୍ରିୟକାର୍ଯ୍ୟ / ପ୍ରିୟବସ୍ତୁର ସଂପୃକ୍ତି - Hobbies
ପୂର୍ବ ନିର୍ଦ୍ଧାରିତ ସ୍ତର - Set-Point
ପୂର୍ବାଭ୍ୟାସ - Rehearsal
ପ୍ରକୃତି - Nature
ପୁଂଜିବାଦ - Capitalism
ପଞ୍ଚ-ବୃହତ୍ ବ୍ୟକ୍ତିତ୍ୱ ଉପାଦାନ - Five Big Factors of Personality
ପର୍ଯ୍ୟବେକ୍ଷଣ ଶିକ୍ଷଣ - Observational Learning / Social Learning
ପ୍ରତିଷେଧ - Preventive
ପ୍ରୟୋଗଧର୍ମୀ ଆଶାବାଦ - Pragmatic Optimism
ପରିପ୍ରେକ୍ଷୀ - Antecedent
ପରିଣତି - Consequence
ପ୍ରତିବାଦ - Disputation
ପୁନର୍ବଳନ - Energization
ପୂର୍ଣ୍ଣମନସ୍କତା - Mindfulness
ଫଳାଙ୍କ - Score
ପ୍ରୟୋଗ - Practical
ପ୍ରଭାବବିଲୋପ - Habituation
ଫଳାଫଳ - Result
ବୈଭବ ମନୋବିଜ୍ଞାନ - Positive Psychology
ବ୍ୟବହାରବାଦୀ - Behaviourists

ବ୍ୟକ୍ତିକେନ୍ଦ୍ରିକ ଚିକିତ୍ସା - Person-Centered Psychotherapy

ବ୍ୟକ୍ତିନିଷ୍ଠ ପ୍ରଣାଳୀ - Idiographic

ବ୍ୟକ୍ତିତ୍ୱ ଓ ଅଭିପ୍ରେରଣା - Personality & Motivation

ବିସ୍ତାରଣ ଓ ସଂଗଠନ ତତ୍ତ୍ୱ - Broaden-and-Build Theory

ବାସ୍ତବବାଦୀ ଆଶାବାଦ - Realistic Optimism / Dynamic Optimism

ବ୍ୟକ୍ତିଗତ ପ୍ରାଚୁର୍ଯ୍ୟ - Signature Strength

ବାଧକ - Inhibition

ବ୍ୟକ୍ତିଗତ ଗୁଣ - Trait

ବ୍ୟକ୍ତିତ୍ୱ ବୈଶିଷ୍ଟ୍ୟ - Pensonality Trait

ବଂଶାନୁଗତି - Heredity

ବର୍ହିମୁଖୀତ୍ୱ - Extraverson

ବିବେକିତା - Conscientiousness

ବାହ୍ୟ ନିୟନ୍ତ୍ରଣସମ୍ପନ୍ନ ବ୍ୟକ୍ତି - Persons with External Locus of Control

ବର୍ହିନିୟନ୍ତ୍ରକ - Externals

ବହିର୍ମୁଖୀ - Extrovert

ବ୍ୟକ୍ତିନିଷ୍ଠ ସୁଖ - Subjective - Wellbeing (SWB)

ବାହ୍ୟିକ ଧର୍ମବିଶ୍ୱାସ - External Religiosity

ବ୍ୟକ୍ତିକେନ୍ଦ୍ରିତ - Individualist

ବିଶ୍ଳେଷଣୋତ୍ତର ପ୍ରକ୍ରିୟା - Meta-Analysis

ବାହ୍ୟିକ ଲକ୍ଷ୍ୟ - External Goal

ବିବେଚନା - Judgement

ବୃନ୍ତମସ୍ତିଷ୍କ - Brain Stem

ବ୍ୟକ୍ତି ସମ୍ପୃକ୍ତି - Internality

ବ୍ୟକ୍ତି-ସଂସ୍କୃତିର ମେଳ - Person - Culture Fit

ବ୍ୟକ୍ତିତ୍ୱ - Personality

ବିଜ୍ଞାନ ଉପଦେଶାତ୍ମକ - Prescriptive

ବର୍ଣ୍ଣନାଧର୍ମୀ - Descriptive
ବିଶ୍ଳେଷଣଭଙ୍ଗୀ - Explanatory Styles
ବିଶ୍ୱାସର ପ୍ରତିରୋଧ - Disputation
ବିକ୍ଷିପ୍ତ - Random
ବୈଧତା - Validity
ବିଶ୍ୱାସନୀୟତା - Reliability
ଭାବାବେଗ - Emotion
ଭାବବୁଦ୍ଧି - Emotional Intelligence
ଭାବଗତ ଅନୁକୂଳତା - Positive Affectivity
ଭାବଗତ ପ୍ରତିକୂଳତା - Negative Affectivity
ଭାବଗତ ସ୍ୱାସ୍ଥ୍ୟ - Emotional Well-Being
ଭାତୃରୂପୀ ଯମଜ - Fraternal Twins
ଭାବାତୀତ ଧ୍ୟାନ - Transcedental Meditation (TM)
ଭୌତିକ ବିବର୍ତ୍ତନ - Physical Evolution
ମିତାଚାର - Temperance
ମନୋବୃତ୍ତି - Attitude
ମୂଳଶକ୍ତି - Vital Energy
ମନୋସ୍ନାୟୁ ପ୍ରତିଷେଧକ - Psychoneuroimmunology
ମାନବବାଦୀ ଚିନ୍ତାଧାରା - Humanistic View
ମନସ୍ତାତ୍ତ୍ୱିକ ସୁସ୍ଥତା - Psychological Well-being
ମିଜାଜ - Mood
ମଧ୍ୟମାନ - Mean
ମାନବିକ ବିକାଶର ସୂଚାଙ୍କ - Human Development Index (HDI)
ମାନବବାଦୀ ମନସ୍ତତ୍ତ୍ୱ - Humanistic Psychology
ମେରୁମଜ୍ଜା - Spinal Cord
ମନସ୍ତାତ୍ତ୍ୱିକ ମୂଳଧନ - Psychological Capital

ମାର୍ଗ-ପରିକଳ୍ପନା - Pathway Thinking
ମନସ୍ତାତ୍ତ୍ୱିକ ପ୍ରତ୍ୟାବର୍ତ୍ତନ - Psychological Resilience
ମାର୍ଗଦର୍ଶିକା ପୁସ୍ତକ - Diagnostic and Statistical Manual (DSM)
ମଧ୍ୟମା - Median
ମଧ୍ୟବର୍ତ୍ତୀ - Neutral
ଯକୃତ - Liver
ଯୋଜନା - Planning
ଯୋଗ୍ୟତମର ତିଷ୍ଠି ରହିବାର ନୀତି - Survival of the Fittest
ଯୌଗିକ - Secondary
ରୁଦ୍ଧ - Closed
ଲକ୍ଷ୍ୟକେନ୍ଦ୍ରିକ ତତ୍ତ୍ୱ - Telic Theory
ଶିକ୍ଷଣ - Learning
ଶିକ୍ଷଣ ପଦ୍ଧତି - Learning Process
ଶିକ୍ଷାଗତ ଅଭାବ / ଜ୍ଞାନଗତ ଅଭାବ - Cognitive Deficit
ଶିକ୍ଷାକୃତ ଆଶାବାଦିତା - Learned Optimism
ଶିକ୍ଷଣ ବା କୌଶଳର ଆହରଣ - Acquisition of Skills
ଶିକ୍ଷଣ ସାମର୍ଥ୍ୟବୋଧ - Academic Efficacy
ସ୍ଥିତିବାଦୀ - Existential
ସେବାର୍ଥୀ-କେନ୍ଦ୍ରିତ ଚିକିତ୍ସା - Client - Centered Psychotherapy
ସମାନୁଭୂତି - Empathy
ସୋପାନ - Heirarchy
ସମଷ୍ଟିଗତ ପଦ୍ଧତି - Nomothelic Method
ସକାରାତ୍ମକ ଆବେଗ - Positive Emotion
ସକରାତ୍ମକ - Positive
ସୁସ୍ଥତାମୁଖୀ ଚିକିତ୍ସା - Wellness Therapy
ସାଧକ - Facilitation

ସମନ୍ୱୟଶୈଳୀ - Coping
ସଂପରୀକ୍ଷଣ - Experiment
ସକାରାତ୍ମକ-ଆବେଗ ନକାରାତ୍ମକ ଆବେଗ ପରିମାପ - Positive Affect & Negative Affect Scale (PANAS)
ସମରୂପୀ ଯମଜ - Identical Twins
ସ୍ୱପ୍ରତ୍ୟୟ - Self-Concept
ସୁଖାନୁଭୂତି - Happiness
ସକାରାତ୍ମକ ଅନୁଭବର ଅଧିକାରୀ - Positive Subjective Experience
ସାମାଜିକ ଶିକ୍ଷଣ - Social Learning
ସ୍ୱର୍ଦ୍ଧିତ ଲକ୍ଷ୍ୟ - Stretch Goal
ସ୍ୱୟଂକ୍ରିୟ ଲକ୍ଷ୍ୟ - Autotelic Goal
ସହସମ୍ବନ୍ଧ - Correlation
ସ୍ୱାତିକ୍ରମଣ - Self-Transcedence
ସଂଜ୍ଞାନାତ୍ମକ - Cognitive
ସ୍ଥାନୀୟକରଣ - Localization
ସାମଗ୍ରିକ ସନ୍ତୋଷ - Total Life Stisfaction
ସାମ୍ୟବାଦ - Communism
ସମନ୍ୱୟଶୀଳତା - Adaptation
ସହଯୋଗୀ - Associates
ସହମତି ଭାବ - Agreeableness
ସୀମିତ - Specificity
ସାଧାରଣ ଆତ୍ମସାମର୍ଥ୍ୟବୋଧ - General / Generalized Self Efficacy
ସଂକ୍ଷିପ୍ତକରଣ ପ୍ରକ୍ରିୟା - Pruning
ସଂପ୍ରୀତି ଗବେଷଣାଗାର - Love Lab
ସାମାଜିକ-ଆବେଗିକ ଚୟନନୀତି - Socio-Emotional Selectivity
ସମ୍ପୃକ୍ତି - Association

ସୁଖାନୁଭୂତିର ସହଜିଆ ରାସ୍ତା - Shortcuts to Happiness
ସକାରାତ୍ମକ ଚରିତ୍ର - Positive Character
ସହମତି - Agreeableness
ସାମାଜିକରଣ - Socialization
ସ୍ମୃତି ଆସ୍ୱାଦନ - Savouring
ସାମର୍ଥ୍ୟ ଚିନ୍ତନ - Agency Thinking
ସ୍ଥାୟୀତ୍ୱ - Stability
ସାମାଜିକତା-ମାପକ-ତତ୍ତ୍ୱ - Sociometer Theory
ସୁସ୍ଥ-ମନସ୍କତା - Healthy Mindedness
ସ୍ୱାଧୀନ ମନୋଭାବ - Autonomy
ସମ୍ପର୍କଶୀଳତା - Relatedness
ସମୃଦ୍ଧି ମଡ଼େଲ୍ - Flourishing Model
ସାମଗ୍ରିକ ଜୀବନ ସନ୍ତୋଷ - Total Life Satisfaction
ସକାରାତ୍ମକ ଜୀବନ ଘଟଣା - Positive Life Events (PLE)
ସାମାଜିକ ସଚେତନତା - Social Awareness
ସାମାଜିକ କୌଶଳ - Social Skill
ସାମୂହିକ ସାମର୍ଥ୍ୟବୋଧ - Collective Efficacy
ସମନ୍ୱୟ ଶୈଳୀ - Coping Skill
ସ୍ୱାଧୀନ ମନୋଭାବ - Autonomy
ସହସମ୍ବନ୍ଧ - Correlation
ସମୁଦାୟ - Total
ସମୁଦାୟ ଫଳାଙ୍କ - Grand Total
ସମୀକ୍ଷା - Discussion
ସ୍ନାୟୁସଂଚାରକ - Neurotransmitter
କ୍ଷେତ୍ର-ସମ୍ପର୍କିତ ସାମର୍ଥ୍ୟବୋଧ - Domain-Specific Self-Efficacy
ଜ୍ଞାନାତ୍ମକ - Cognitive

ପରିଶିଷ୍ଟ 'ଘ'
Technical Terms

Abstract Thinking - ବିମୂର୍ତ୍ତ ଭାବନା
Academic Efficacy - ଶିକ୍ଷଣ ସାମର୍ଥ୍ୟବୋଧ
Accomplishment - କୃତିତ୍ୱ
Acquisition of Learning - ଶିକ୍ଷଣ ବା କୌଶଳର ଆହରଣ
Adaptation - ସମନ୍ୱୟ
Affective / Emotional Deficit - ଆବେଗିକ ଅଭାବ
Aggressive Behaviour - ଆକ୍ରମଣାତ୍ମକ ବ୍ୟବହାର
Altruism - ନିଃସ୍ୱାର୍ଥ ଉପକାର
American Psychological Association - ଆମେରିକା ମନୋବିଜ୍ଞାନ ପରିଷଦ
Antecedent - ପରିପ୍ରେକ୍ଷୀ
Anxety - ଉଦ୍‌ବେଗ / ଉତ୍କଣ୍ଠା
Approach - ଆଭିମୁଖ୍ୟ
Aspiration - ଅଭିଳାଷ
Association - ଅନୁସଙ୍ଗ
Association Theory - ଅନୁସଙ୍ଗ ତତ୍ତ୍ୱ
Attention - ଅଭିନିବେଶ
Attitude - ମନୋବୃତ୍ତି
Behaviourists - ବ୍ୟବହାରବାଦୀ
Biological - ଜୀବଭିତ୍ତିକ
Bottom up - ନିମ୍ନ-ଅଗ୍ର

Brain Stem - ବୃନ୍ତ ମସ୍ତିଷ୍କ

Broaden-and-Build Theory of Positive Function - ସଂପ୍ରସାରଣ ଓ ଗଠନ ତତ୍ତ୍ୱ

Captalism - ପୁଞ୍ଜିବାଦ

Challenge - ଆହ୍ୱାନ

Challenging - ଆହ୍ୱାନମୂଳକ

Chance - ଆକସ୍ମିକ

Character - ଚରିତ୍ର

Character Strength - ଚାରିତ୍ରିକ ସବଳତା

Client-Centered Psychotherapy - ସେବାର୍ଥୀ – କେନ୍ଦ୍ରିତ ଚିକିତ୍ସା

Closed - ରୁଦ୍ଧ

Cognitive - ଜ୍ଞାନାତ୍ମକ / ଅଭିଜ୍ଞାନାତ୍ମକ

Cognitive Deficit - ଶିକ୍ଷାଗତ ଅଭାବ / ଜ୍ଞାନଗତ ଅଭାବ

Cognitive Revolution - ଅଭିଜ୍ଞାନାତ୍ମକ ଆନ୍ଦୋଳନ

Cognitive Therapy - ଅଭିଜ୍ଞାନାତ୍ମକ ଚିକିତ୍ସା

Collective Efficacy - ଦଳଗତ ସାମର୍ଥ୍ୟବୋଧ

Collectivist - ଗୋଷ୍ଠୀ-କେନ୍ଦ୍ରିତ

Collectivistic - ଗୋଷ୍ଠୀମୁଖୀ

Competence - ଦକ୍ଷତା

Concept - ଧାରଣା

Conditioning - ଅଭ୍ୟନୁକୂଳନ

Conscientiousness - ବିବେକିତା

Control - ନିୟନ୍ତ୍ରଣ ବିଶ୍ୱାସ

Controllable - ନିୟନ୍ତ୍ରଣଶୀଳ

Corporate Social Responsibility - କର୍ପୋରେଟ୍ ସାମାଜିକ ଦାୟିତ୍ୱ

Counselling - ଉପଦେଶନ

Crime and Punishment - ପାପ ଓ ପ୍ରାୟଶ୍ଚିତ

Descriptive - ବର୍ଣ୍ଣନାଧର୍ମୀ

Design - ଅଭିକଳ୍ପନା

Diagnostic and Statistical Manual (DSM) - ମାର୍ଗଦର୍ଶିକା ପୁସ୍ତକ

Dispositional Concept - ଜନ୍ମଗତ ପ୍ରବଣତା

Disputation - ବିଶ୍ୱାସର ପ୍ରତିରୋଧ / ପ୍ରତିବାଦ

Domain - କ୍ଷେତ୍ର

Domain-Specific Self-Efficacy - କ୍ଷେତ୍ର-ସମ୍ପର୍କିତ ସାମର୍ଥ୍ୟବୋଧ

Downward Comparison - ନିମ୍ନମୁଖୀ ତୁଳନା

Emotion - ଭାବାବେଗ

Emotional - ଆବେଗଧର୍ମୀ

Emotional Intelligence - ଭାବବୁଦ୍ଧି

Emotional Well being - ଭାବଗତ ସ୍ୱାସ୍ଥ୍ୟ

Empathy - ସମାନୁଭୂତି

Endocrine Gland - ଅନ୍ତସ୍ରାବୀ ଗ୍ରନ୍ଥି

Energization - ପୁନର୍ବଳନ

Evolution - ଉଦ୍‌ବର୍ତ୍ତନ

Existential - ସ୍ଥିତିବାଦୀ

Experience Sampling Method (ESM) - ଅନୁଭବର ବର୍ଣ୍ଣନା ସଂଗ୍ରହ ପଦ୍ଧତି

Explanatory Style - ବିଶ୍ଳେଷଣଭଙ୍ଗୀ

External Goal - ବାହ୍ୟିକ ଲକ୍ଷ୍ୟ

External - ବହିର୍ନିୟନ୍ତ୍ରକ

Extroversion - ବହିର୍ମୁଖୀତ୍ୱ

Extrovert - ବହିର୍ମୁଖୀ

Factor Analysis - ଉପାଦାନ ବିଶ୍ଳେଷଣ

Five Big Factors of Personality - ପଞ୍ଚ-ବୃହତ୍ ବ୍ୟକ୍ତିତ୍ୱ ଉପାଦାନ

Flexibility - ନମନୀୟତା

Flourishing - ପରିପୂର୍ଣ୍ଣ ଜୀବନ / ସମୃଦ୍ଧି

Flow - ତଲ୍ଲୀନତା

Fraternal Twins - ଭ୍ରାତୃରୂପୀ ଯମଜ

Frontal Lobe - ଅଗ୍ରମସ୍ତିଷ୍କ

Functional Optimism - କାର୍ଯ୍ୟକ୍ଷମ ଆଶାବାଦ

Gratification - ତୃପ୍ତି

Gratitude Diary - କୃତଜ୍ଞତା ଦିନଲିପି

Gross National Happiness - ଜାତୀୟ ସୁଖାନୁଭୂତି

Habituation - ପ୍ରଭାବବିଲୋପ

Hedonic Capacity - ଆନନ୍ଦଗ୍ରାହୀ ସାମର୍ଥ୍ୟ

Hedonic Treadmal - ଆନନ୍ଦଗ୍ରାହୀ ଟ୍ରେଡ୍‌ମିଲ୍

Heredity - ବଂଶାନୁଗତି

Hierarchy of Needs - ଚାହିଦା ସୋପାନ

Hobbies - ପ୍ରିୟକାର୍ଯ୍ୟ

Hope & Optimism - ଆଶା ଓ ଆଶାବାଦ

Hope Therapy - ଆଶା ଚିକିତ୍ସା

Human Development Index - ମାନବିକ ବିକାଶର ସୂଚାଙ୍କ

Humanistic Psychology - ମାନବବାଦୀ ମନସ୍ତତ୍ତ୍ୱ

Humanistic View - ମାନବବାଦୀ ଚିନ୍ତାଧାରା

Hydraulics of Emotion - ଆବେଗର ଚାପ

Identity Crisis - ଆତ୍ମପରିଚିତିର ସଙ୍କଟ

Idiographic - ବ୍ୟକ୍ତିନିଷ୍ଠ ପଦ୍ଧତି

Imaging Technique - ଛବି ଉତ୍ତୋଳନ ପଦ୍ଧତି

Immune System - ପ୍ରତିଷେଧକ ବ୍ୟବସ୍ଥା

Individualist - ବ୍ୟକ୍ତିକେନ୍ଦ୍ରିତ

Inertia - ନିଶ୍ଚେଷ୍ଟତା

Inhibition - ବାଧକଦିଗ / ଅନ୍ତର୍ବାଧା

Instability - ଅସ୍ଥିରତା

Instantneous - ତାତ୍କ୍ଷଣିକ

Interaction - କ୍ରିୟାଅନୁକ୍ରିୟା

Internal religiosity - ଅନ୍ତର୍ନିହିତ ଧର୍ମବିଶ୍ୱାସ

Internality - ବ୍ୟକ୍ତିସମ୍ପୃକ୍ତି

Internals - ଅନ୍ତଃନିୟନ୍ତ୍ରକ

Intervention - କର୍ମଯୋଜନା

Intrinsic Goal - ଅନ୍ତର୍ନିହିତ ଲକ୍ଷ୍ୟ

Introspective report - ଅନ୍ତଃପ୍ରତ୍ୟକ୍ଷ ବିବରଣୀ

Hierarchy - ସୋପାନ

Judgment - ବିବେଚନା

Learned Optimism - ଶିକ୍ଷାକୃତ ଆଶାବାଦିତା

Learning - ଶିକ୍ଷଣ

Learning Process - ଶିକ୍ଷଣ ପଦ୍ଧତି

Left Prefrontal Cortex - ଅଗ୍ର ମସ୍ତିଷ୍କର ବାମପାର୍ଶ୍ୱ

Life Satisfaction - ଜୀବନ ସନ୍ତୋଷ

Liver - ଯକୃତ

Lotus-in-the-mud-phenomenon - ପଙ୍କରେ-ପଦ୍ମ-ପ୍ରକ୍ରିୟା

Mean - ମଧ୍ୟମାନ

Meaningful - ଅର୍ଥପୂର୍ଣ୍ଣ

Measurement - ପରିମାପକ

Mechanism - କ୍ରିୟାଶୀଳତା

Median - ମଧ୍ୟମା

Meta-Analysis - ବିଶ୍ଳେଷଣୋତ୍ତର ପ୍ରକ୍ରିୟା

Mindfulness - ପୂର୍ଣ୍ଣମନସ୍କତା

Mirror Neuron - ଦର୍ପଣ ସ୍ନାୟୁ

Mono-Zygote - ଏକଯୁଗ୍ମଜ

Mood - ମିଜାଜ

Motivation - ଅଭିପ୍ରେରଣା

Natural Killer / NK Cells - ପ୍ରାକୃତିକ ଘାତକ

Needs - ଚାହିଦା

Negative Bias - ନକାରାତ୍ମକ ପ୍ରବଣତା

Negative Emotion - ପ୍ରତିକୂଳ ଭାବାବେଗ

Neuroticism - ଆବେଗିକ ଅସ୍ଥିରତା

Neutral - ମଧ୍ୟବର୍ତ୍ତୀ

Nomothelic Method - ସମଷ୍ଟିଗତ ପଦ୍ଧତି

Observational Learning / Social Learning - ପର୍ଯ୍ୟବେକ୍ଷଣ ଶିକ୍ଷଣ

Openness - ଉନ୍ମୁକ୍ତଭାବ

Optimism - ଆଶାବାଦ

Optimistic Explanatory Style - ଆଶାବାଦୀ ବିଶ୍ଳେଷଣ ଶୈଳୀ

Oxford Happiness Questionnaire - ଅକ୍ସଫୋର୍ଡ଼ ସୁଖାନୁଭୂତିକ ମାପକ

Paradigm Crisis - ପଦ୍ଧତି ପରିବର୍ତ୍ତନ

Participant - ପ୍ରତିଭାଗୀ

Pathway Thinking - ମାର୍ଗଚିନ୍ତନ

Person Centered Psychotherapy - ବ୍ୟକ୍ତି-କେନ୍ଦ୍ରିତ ଚିକିତ୍ସା

Person with Internal Locus of Control - ଅନ୍ତର୍ନିୟନ୍ତ୍ରଣ-ସମ୍ପନ୍ନ ବ୍ୟକ୍ତି

Personality - ବ୍ୟକ୍ତିତ୍ୱ

Person-Culture fit - ବ୍ୟକ୍ତିତ୍ୱ ସଂସ୍କୃତି ସଂଗତି

Persuasion - ପ୍ରରୋଚନା

Pessimistic - ନୈରାଶବାଦୀ

Phenomenological - ଅନୁଭବବାଦୀ

Physical Evolution - ଭୌତିକ ବିବର୍ତ୍ତନ

Planning - ଯୋଜନା

Pleasurable Difficulty - ଆନନ୍ଦଦାୟକ ସମସ୍ୟା

Pleasure - ଆନନ୍ଦ

Positive - ସକାରାତ୍ମକ

Positive Affect & Negative Affect Scale or PANAS - ଅନୁକୂଳ-ପ୍ରତିକୂଳ ଆବେଗ ଅନୁଭବ ମାପକ

Positive Emotion - ସକାରାତ୍ମକ ଆବେଗ

Positive Emotion / Affect - ଅନୁକୂଳ ଭାବାବେଗ

Positive Psychology - ବୈଭବ ମନୋବିଜ୍ଞାନ

Practical - ପ୍ରୟୋଗଧର୍ମୀ

Pragmatic Optimism - ପ୍ରୟୋଗଧର୍ମୀ ଆଶାବାଦ

Prescriptive - ବିଜ୍ଞାନ ଉପଦେଶାତ୍ମକ

Preventive - ପ୍ରତିଷେଧ

Psychoanalysis - ମନସମୀକ୍ଷା

Psychological Capital - ମନସ୍ତାତ୍ତ୍ୱିକ ପୁଞ୍ଜି

Psychologial Resilience - ମନସ୍ତାତ୍ତ୍ୱିକ ପ୍ରତ୍ୟାବର୍ତ୍ତନ

Psychological Well-being - ମନସ୍ତାତ୍ତ୍ୱିକ ସୁସ୍ଥତା

Psychopharmacology - ମନସ୍ୱାସ୍ଥ୍ୟ ପ୍ରତିଷେଧକ

Random - ବିକ୍ଷିପ୍ତ

Rational Intelligence - ଯୁକ୍ତିଶୀଳ ବୁଦ୍ଧିମତ୍ତା

Raw feelings - ଆବେଗର କଞ୍ଚାମାଲ

Rehearsal - ପୂର୍ବାଭ୍ୟାସ

Reliability - ବିଶ୍ୱାସନୀୟତା

Religiousity - ଧର୍ମବିଶ୍ୱାସ

Result - ଫଳାଫଳ

Reversing - ଓଲଟାଇବାର ପ୍ରକ୍ରିୟା

Revolving Grandpa - Grand ma Syndrome - ଘୂର୍ଣ୍ଣିତ ପିତାମହ – ମାତାମହୀ ଲକ୍ଷଣ

Right Prefrontal Cortex - ଅଗ୍ର ମସ୍ତିଷ୍କର ଦକ୍ଷିଣପାର୍ଶ୍ୱ

Role Model - ଅନୁକରଣୀୟ ବ୍ୟକ୍ତିତ୍ୱ

Savouring - ଆନନ୍ଦ-ଆସ୍ୱାଦନ

Score - ଫଳାଙ୍କ

Search for meaning - ଅର୍ଥପୂର୍ଣ୍ଣତାର ଅନ୍ୱେଷଣ

Secondary - ଯୌଗିକ

Self-Acceptance - ଆତ୍ମସ୍ୱୀକୃତି

Self-Actualization - ଆତ୍ମସିଦ୍ଧି

Self-Awareness - ଆତ୍ମସଚେତନତା

Self-Determination Theory - ଆତ୍ମ-ନିର୍ଦ୍ଧାରଣ ତତ୍ତ୍ୱ

Self-Efficacy - ଆତ୍ମସାମର୍ଥ୍ୟବୋଧ

Self-Esteem - ଆତ୍ମମର୍ଯ୍ୟାଦାବୋଧ

Self-Skill - ଆତ୍ମକୌଶଳ

Set point - ପୂର୍ବନିର୍ଦ୍ଧାରିତ ସ୍ତର

Signature Strength - ବ୍ୟକ୍ତିଗତ ପ୍ରାଚୁର୍ଯ୍ୟ / ସବଳତା

Social Learning - ସାମାଜିକ ଶିକ୍ଷଣ

Spinal Cord - ମେରୁମଜ୍ଜା

Spiritual Intelligence - ଅଧ୍ୟାତ୍ମ ଅଙ୍କ

State Hope - ଅବସ୍ଥାସୂଚକ ଆଶା

State Scale - ଅବସ୍ଥାସୂଚକ ମାପକ

Stimulation - ଉଦ୍ଦୀପିତ

Struggle for Existence - ଜୀବନ ସଂଗ୍ରାମ

Subjective Well Being (SWB) - ବ୍ୟକ୍ତିନିଷ୍ଠ ସୁଖ

Survival of the Fittest - ଯୋଗ୍ୟତମର ତିଷ୍ଠି ରହିବାର ନୀତି

Team Efficacy - ଦଳଗତ-ସାମର୍ଥ୍ୟବୋଧ

Telic Theory - ଲକ୍ଷ୍ୟକେନ୍ଦ୍ରିତ ତତ୍ତ୍ୱ

Temperance - ମିତାଚାର

Top-Down Theory - ଅଗ୍ର-ନିମ୍ନ ତତ୍ତ୍ୱ

Trait - ଗୁଣ

Transcendence - ଅତିକ୍ରମଣ

Transcendental Meditation (TM) - ଭାବାତୀତ ଧ୍ୟାନ

Unconscious - ଅଚେତନ

Uncontrollable - ନିୟନ୍ତ୍ରଣ ରହିତ

Unit - ଏକକ

Upward Comparison - ଊର୍ଦ୍ଧ୍ୱମୁଖୀ ତୁଳନା

Validity - ବୈଧତା

Virtue - ସଦ୍‌ଗୁଣ

Visualization - ମାନସିକ ଛବି ଅଙ୍କନ

Vital Energy - ଜୀବନୀ ଶକ୍ତି

Wellness Therapy - ସୁସ୍ଥତା ଚିକିତ୍ସା

ପରିଶିଷ୍ଟ 'ଚ' ପ୍ରଶ୍ନାବଳୀ
କେବଳ ଛାତ୍ରଛାତ୍ରୀଙ୍କ ପାଇଁ ଉଦ୍ଦିଷ୍ଟ

ପ୍ରଥମ ଅଧ୍ୟାୟ

୧. ବୈଭବ ମନୋବିଜ୍ଞାନର ଉନ୍ମେଷ ଓ ବିକାଶ ମୂଳରେ କେଉଁ କେଉଁ ବୌଦ୍ଧିକ ଘଟଣା ସମ୍ପୃକ୍ତ ?

୨. ମାନବବାଦୀ ମନୋବିଜ୍ଞାନ କ'ଣ ? ଏହା କିପରି ବୈଭବ ମନୋବିଜ୍ଞାନର ବିକାଶକୁ ପ୍ରଭାବିତ କରିଥିଲା ?

୩. ବୈଭବ ମନୋବିଜ୍ଞାନର ବିକାଶ କେଉଁ ପ୍ରକାର ପରିବର୍ତ୍ତନର ସୂଚନା ଦିଏ ?

୪. ବୈଭବ ମନୋବିଜ୍ଞାନର ମୌଳିକ ଆଭିମୁଖ୍ୟ (ଲକ୍ଷ୍ୟ) ବର୍ଣ୍ଣନା କର ।

୫. ଭାବାବେଗ କ'ଣ ? ବୈଭବ ମନୋବିଜ୍ଞାନର ବିକାଶ ଭାବାବେଗକୁ କିପରି ନୂତନ ରୂପରେଖ ଦେଲା ?

୬. ବ୍ୟକ୍ତି ବୈଶିଷ୍ଟ୍ୟ (Personality) କ'ଣ ? ମାନସିକ ସ୍ୱାସ୍ଥ୍ୟ ସହିତ ଏହାର ସମ୍ବନ୍ଧ ଉଲ୍ଲେଖ କର ।

୭. ବ୍ୟକ୍ତି ବୈଶିଷ୍ଟ୍ୟର ବୃହତ୍ ପଞ୍ଚ ଉପାଦାନ ସମ୍ପର୍କରେ ଏକ ବିବରଣୀ ଦିଅ ।

୮. ଆତ୍ମମର୍ଯ୍ୟାଦାବୋଧ କ'ଣ ? ଏହା ସୁସ୍ଥତା ସହିତ ସମ୍ବନ୍ଧିତ କି ? ବୁଝାଇ ଦିଅ ।

୯. ପରିବେଶ ସମ୍ପର୍କରେ ଆମର ନିୟନ୍ତ୍ରଣ ବିଶ୍ୱାସ କିଭଳି ଗୁରୁତ୍ୱପୂର୍ଣ୍ଣ ଭୂମିକା ନିଏ ?

୧୦. ମଣିଷର ଭାବାବେଗକୁ କିପରି ମପାଯାଇ ପାରିବ ?

୧୧. ତଲ୍ଲୀନତା କ'ଣ ? ଦୈନନ୍ଦିନ ଜୀବନରେ ତଲ୍ଲୀନତାର ଉଦାହରଣ ଦିଅ ।

୧୨. କାର୍ଯ୍ୟକ୍ଷେତ୍ରରେ ତଲ୍ଲୀନତାର ଉଦାହରଣ ଦେଇ ଏହାର ଉପଯୋଗିତା ଦର୍ଶାଅ ।

୧୩. ତଲ୍ଲୀନତା ଓ ସୁଖାନୁଭୂତିର ସମ୍ବନ୍ଧ ବିଶଦ ଭାବରେ ବର୍ଣ୍ଣନା କର ।

୧୪. ଆନନ୍ଦ-ଆସ୍ୱାଦନ (Savouring) କ'ଣ ? ଦୃଷ୍ଟାନ୍ତ ଦେଇ ଏହାର ଉପଯୋଗିତା ଦର୍ଶାଅ ।

୧୫. ବ୍ୟକ୍ତି ଜୀବନରେ ସୁଖାନୁଭୂତି ବୃଦ୍ଧି କରିବାକୁ ଆନନ୍ଦ-ଆସ୍ୱାଦନ ଅଭ୍ୟାସର କି କି ପରାମର୍ଶ ଦେବ ?

୧୬. ଅନୁକୂଳ (ସକାରାତ୍ମକ) ଆବେଗ ଓ ମାନସିକ ସୁସ୍ଥତାର ସମ୍ପର୍କ ବୁଝାଇଦିଅ।

୧୭. ଅନୁକୂଳ ଆବେଗ ବ୍ୟକ୍ତି ଜୀବନରେ ବଢ଼ାଇବା ପାଇଁ ତୁମେ କି କି ପରାମର୍ଶ ଦେବ ?

୧୮. ପରିପୂର୍ଣ୍ଣ ଜୀବନର ଅଧ୍ୟୟନ ପାଇଁ ବୈଭବ ମନୋବିଜ୍ଞାନର ସହାୟତା ଏକାନ୍ତ ଆବଶ୍ୟକ - ଏହି ଉକ୍ତିର ସାରମର୍ମ ଦର୍ଶାଅ।

୧୯. ବୈଭବ ମନୋବିଜ୍ଞାନ ଓ ସକାରାତ୍ମକ ବ୍ୟବହାର ମଧ୍ୟରେ ସମ୍ବନ୍ଧ ଆଲୋଚନା କର।

୨୦. ବୈଭବ ମନୋବିଜ୍ଞାନର ବିକାଶ ଫଳରେ ମାନସିକ ରୋଗର ଚିକିତ୍ସା କ୍ଷେତ୍ରରେ କେଉଁ ପରିବର୍ତ୍ତନ ସମ୍ପାଦିତ ହୋଇଛି ?

ଦ୍ୱିତୀୟ ଅଧ୍ୟାୟ

୧. ମାର୍ଟିନ୍ ସେଲିଗମ୍ୟାନ୍‌ଙ୍କୁ ବୈଭବ ମନୋବିଜ୍ଞାନର ଜନକ କୁହାଯିବାର ଯଥାର୍ଥତା ପ୍ରତିପାଦନ କର।

୨. ଆଶାବାଦିତାର ପରିକଳ୍ପନା ଓ ପରିମାପ ଦିଗରେ ସେଲିଗ୍‌ମ୍ୟାନ୍‌ଙ୍କ ଅବଦାନ ଉଲ୍ଲେଖ କର।

୩. ବ୍ୟକ୍ତିନିଷ୍ଠ ପ୍ରାଚୁର୍ଯ୍ୟ (Signature-Strength) କ'ଣ ? ଏହାର ଉପଯୋଗିତା ଦର୍ଶାଅ।

୪. ସ୍ଥାୟୀ ସୁଖାନୁଭୂତିର ପରିକଳ୍ପନାରେ ସେଲିଗ୍‌ମ୍ୟାନ୍‌ଙ୍କର କି ଭୂମିକା ରହିଛି ?

୫. ସେଲିଗ୍‌ମ୍ୟାନ୍‌ଙ୍କ ଭାବଧାରା ମାନସିକ ଚିକିତ୍ସା ପ୍ରଣାଳୀରେ କି ଧରଣର ପରିବର୍ତ୍ତନର ଗୁରୁତ୍ୱ ଦିଏ ?

୬. ଆଲବର୍ଟ ବାନ୍ଦୁରା ମନୁଷ୍ୟର ବ୍ୟବହାର ଗଠନର କେଉଁ ଉପାଦାନଟିକୁ ପ୍ରାଧାନ୍ୟ ଦେଇଛନ୍ତି ?

୭. ଆତ୍ମସାମର୍ଥ୍ୟବୋଧ କ'ଣ ? ବାନ୍ଦୁରାଙ୍କ ମତବାଦକୁ ଆଶ୍ରୟ କରି ଏହାର ଉତ୍ସ ସବୁର ସୂଚନା ଦିଅ।

୮. ଆତ୍ମସାମର୍ଥ୍ୟବୋଧର ଅଧିକାରୀ ଲୋକମାନେ ନିଜର ଭାବନାକୁ କିପରି ପରିଚାଳନା କରନ୍ତି ?

୯. ସମର୍ଥ ଲୋକମାନେ ନିଜର ଭାବାବେଗକୁ କିପରି ଚାଳନା କରନ୍ତି ?

୧୦. ସମର୍ଥ ଲୋକମାନେ ନିଜର ଅଭିପ୍ରେରଣାକୁ (Motivation) କିପରି ଚାଳନା କରନ୍ତି ?

୧୧. ସାମର୍ଥ୍ୟବୋଧ ମାନସିକ ସ୍ୱାସ୍ଥ୍ୟକୁ କିପରି ପ୍ରଭାବିତ କରେ ?

୧୨. ବୈଭବ ମନୋବିଜ୍ଞାନ ପରିପ୍ରେକ୍ଷୀରେ ଆଲବର୍ଟ୍ ବାନ୍ଦୁରାଙ୍କ ଅବଦାନର ମୂଲ୍ୟାଙ୍କନ କର।

୧୩. କ୍ୟାରୋଲ୍ ଡ୍ୱେକ୍ କେଉଁ କାରଣରୁ ବୈଭବ ମନୋବିଜ୍ଞାନର ଜଣେ ଅଗ୍ରଣୀ ବିଶେଷଜ୍ଞଙ୍କର ମାନ୍ୟତା ଲାଭ କରନ୍ତି ?

୧୪. ମନୁଷ୍ୟର ଅଭିପ୍ରେରଣା କ୍ଷେତ୍ରରେ ଡ୍ୱେକ୍‌ଙ୍କ ଅବଦାନର ମୂଲ୍ୟାୟନ କର।

୧୫. ଅଭିବୃଦ୍ଧି ଭାବଧାରା (Growth Set) କ'ଣ ? କାର୍ଯ୍ୟକୁଶଳତା ଓ ସଫଳତା କ୍ଷେତ୍ରରେ ଏହାର ଗୁରୁତ୍ୱ ଦର୍ଶାଅ।

୧୬. ଆବ୍ରାହମ୍ ମାସ୍‌ଲୋଙ୍କୁ ମାନବବାଦୀ ମନୋବିଜ୍ଞାନୀ କହିବାର ଯଥାର୍ଥତା ଦର୍ଶାଅ ।

୧୭. ମାସ୍‌ଲୋଙ୍କ ପରିକଳ୍ପିତ ସୋପାନ-ଭିତ୍ତିକ ଅଗ୍ରଗତିର ସୂଚନା ଦେଇ ଏହାର ଉପଯୋଗିତା ଦର୍ଶାଅ।

୧୮. ବୈଭବ ମନୋବିଜ୍ଞାନର ଅନୁଷ୍ଠାନିକ ଆରମ୍ଭ ପୂର୍ବରୁ ମାସ୍‌ଲୋ କିପରି ଭାବରେ ଏହାର ପୂର୍ବସୂଚନା ଦେଇଥିଲେ ?

୧୯. ମାସ୍‌ଲୋଙ୍କ ମଡ଼େଲକୁ ଭିତ୍ତି କରି ତୁମେ ସଫଳ ଜୀବନ ପାଇଁ କି ପରାମର୍ଶ ଦେବ ?

୨୦. ବୈଭବ ମନୋବିଜ୍ଞାନର ଦୁଇଜଣ ପ୍ରମୁଖ ବିଶେଷଜ୍ଞଙ୍କ ଅବଦାନର ସଂକ୍ଷିପ୍ତ ସୂଚନା ଦିଅ।

ତୃତୀୟ ଅଧ୍ୟାୟ

୧. ତଲ୍ଲୀନତା କ'ଣ ? ଦୈନନ୍ଦିନ ଜୀବନର ଦୃଷ୍ଟାନ୍ତ ଦେଇ ଏହାର ସ୍ୱରୂପ ନିର୍ଦ୍ଦେଶ କର।

୨. ତଲ୍ଲୀନତାର ଅନୁଭବକାଳୀନ ବୈଶିଷ୍ଟ୍ୟ ଉଲ୍ଲେଖ କର।

୩. ତଲ୍ଲୀନତା ପରିପ୍ରେକ୍ଷୀରେ ଚିକ୍‌ସେଣ୍ଟ୍ ମିହାଇଙ୍କ ଅବଦାନର ମୂଲ୍ୟାଙ୍କନ କର ।

୪. ''ଚିକ୍‌ସେଣ୍ଟମିହାଇ ବୈଭବ ମନୋବିଜ୍ଞାନର ଅନ୍ୟତମ ପ୍ରାରମ୍ଭକ'' - ଏହାର ଯଥାର୍ଥତା ପ୍ରତିପାଦନ କର।

୫. ତଲ୍ଲୀନତାର ନିର୍ଦ୍ଧାରକ ସମ୍ପର୍କରେ ଏକ ପ୍ରବନ୍ଧ ଲେଖ।

୬. ତଲ୍ଲୀନତା ଓ ସୁଖାନୁଭୂତିର ସମ୍ବନ୍ଧ ବିଶଦ ଭାବେ ଆଲୋଚନା କର।

୭. ପ୍ରତି ସମାଜ ସଂସ୍କୃତିରେ ଜନଜୀବନର ତଲ୍ଲୀନତାର ଅନୁଭବ ପାଇଁ ବ୍ୟବସ୍ଥା ରହିଛି। ଏହାର ସପକ୍ଷରେ ଯୁକ୍ତି ନିର୍ଦ୍ଦେଶ କର।
୮. କର୍ମକ୍ଷେତ୍ରରେ ତଲ୍ଲୀନତାର ଅନୁଭବ ପାଇଁ ତୁମେ କି ପରାମର୍ଶ ଦେବ ?
୯. ତଲ୍ଲୀନତାର ପରିମାପ ସମ୍ଭବ କି ? ବ୍ୟବହାର କରାଯାଉଥିବା ପରିମାପକର ସୂଚନା ଦିଅ।
୧୦. ଛାତ୍ରଛାତ୍ରୀମାନେ ତଲ୍ଲୀନତାର ଅନୁଭବ ପାଇଁ କ'ଣ କରିପାରିବେ ?
୧୧. ତଲ୍ଲୀନତାର ନକାରାତ୍ମକ ଦିଗ ଅଛି କି ? ଏପରି ସମ୍ଭାବନା ଥିଲେ ତାହାର ସୂଚନା ଦିଅ।
୧୨. ଶିଳ୍ପୀ, କଳାକାର ଓ ସାହିତ୍ୟିକମାନେ ତଲ୍ଲୀନତା ଅନୁଭବ କରିବାର ଅଧିକ ସମ୍ଭାବନା ଅଛି। ଉକ୍ତିରେ ଯଥାର୍ଥତା ଥିଲେ କାରଣ ଦର୍ଶାଅ।
୧୩. ତଲ୍ଲୀନତା ଓ ମାନସିକ ସୁସ୍ଥତାର ସମ୍ବନ୍ଧ ଆଲୋଚନା କର।
୧୪. ସ୍କୁଲ୍ କଲେଜ୍‌ରେ ତଲ୍ଲୀନତାର ଅନୁଭବ ପାଇଁ ତୁମେ କି ପରାମର୍ଶ ଦେବ ?
୧୫. ନିତିଦିନିଆ ଜୀବନରେ ମଧ୍ୟ ତଲ୍ଲୀନତା ଅନୁଭବର ସମ୍ଭାବନା ରହିଛି। ଏହା କିପରି ସମ୍ଭବ ?

ଚତୁର୍ଥ ଅଧ୍ୟାୟ

୧. ସୁଖାନୁଭୂତିର ମନସ୍ତାତ୍ତ୍ୱିକ ସଂଜ୍ଞା ପ୍ରଦାନ କର।
୨. ସୁଖାନୁଭୂତିର ସ୍ୱରୂପ (ବୈଶିଷ୍ଟ୍ୟ) ସୂଚାଅ।
୩. ସୁଖାନୁଭୂତିକୁ ମାପିବା ସମ୍ଭବ କି ? ବୈଭବ ମନୋବିଜ୍ଞାନୀମାନେ ଏ ଦିଗରେ କି ପଦକ୍ଷେପ ନେଇଛନ୍ତି ?
୪. ସୁଖାନୁଭୂତି ସମ୍ପର୍କରେ ସାମୂହିକ ପରିପ୍ରେକ୍ଷୀର ସୂଚନା ଦିଅ।
୫. ସୁଖାନୁଭୂତିର କାରଣ ପ୍ରସଙ୍ଗରେ ବଂଶାନୁଗତିର ଭୂମିକା ଦର୍ଶାଅ।
୬. ସୁଖାନୁଭୂତି ପରିପ୍ରେକ୍ଷୀରେ ନାରୀ-ପୁରୁଷ ପାର୍ଥକ୍ୟ ଅଛି କି ? ବିସ୍ତୃତ ଆଲୋଚନା କର।
୭. ବିବାହିତ ସ୍ଥିତି ସୁଖାନୁଭୂତିକୁ କିପରି ପ୍ରଭାବିତ କରେ ?
୮. ସୁଖାନୁଭୂତି କ୍ଷେତ୍ରରେ ବୟସର ଭୂମିକା ଦର୍ଶାଅ।
୯. ସୁଖାନୁଭୂତି ପରିପ୍ରେକ୍ଷୀରେ ସାମାଜିକ ସ୍ଥିତିର ଭୂମିକା ଦର୍ଶାଅ।
୧୦. ମନୁଷ୍ୟର ଶିକ୍ଷାଗତ ଯୋଗ୍ୟତା ସୁଖାନୁଭୂତିକୁ ପ୍ରଭାବିତ କରେ କି ?
୧୧. ସୁଖାନୁଭୂତି ପ୍ରସଙ୍ଗରେ ଲକ୍ଷ୍ୟ-କେନ୍ଦ୍ରିତ ତତ୍ତ୍ୱର ଗୁରୁତ୍ୱ ଦର୍ଶାଅ।

୧୨. ସୁଖାନୁଭୂତି ପ୍ରସଙ୍ଗରେ ଅଗ୍ର-ନିମ୍ନ ଓ ନିମ୍ନ-ଅଗ୍ର ତତ୍ତ୍ୱର ମୂଲ୍ୟାଙ୍କନ କର।

୧୩. ଅନୁସଙ୍ଗ ତତ୍ତ୍ୱ କ'ଣ ? ସୁଖାନୁଭୂତି ପ୍ରସଙ୍ଗରେ ଏହାର ଭୂମିକା ଦର୍ଶାଅ।

୧୪. ସୁଖାନୁଭୂତି ପ୍ରସଙ୍ଗରେ ବିବେଚନା ତତ୍ତ୍ୱର ଉପଯୋଗିତା ଉଲ୍ଲେଖ କର।

୧୫. ସୁଖାନୁଭୂତି ବୁଝାଇବା ପାଇଁ ତୁଳନା ତତ୍ତ୍ୱକୁ କିପରି ବ୍ୟବହାର କରାଯାଇଛି ?

୧୬. ସୁଖାନୁଭୂତିର କାରଣ ଅନ୍ତରାଳରେ କି ପ୍ରକାର ସ୍ନାୟୁଭିତ୍ତିକ ଉପାଦାନ ସଂଶ୍ଳିଷ୍ଟ ଅଛି ?

୧୭. ସୁଖାନୁଭୂତି କାରଣ ପରିପ୍ରେକ୍ଷୀରେ ଦୁଇଟି ମୁଖ୍ୟ ତତ୍ତ୍ୱର ସୂଚନା ଦିଅ।

୧୮. ସୁଖାନୁଭୂତି ବୁଝାଇବା ପାଇଁ ତୁମେ କେଉଁ ତତ୍ତ୍ୱଟିକୁ ଅଧିକ ମାନ୍ୟତା ଦେବ ଓ କାହିଁକି ?

୧୯. ସୁଖାନୁଭୂତିର ତତ୍ତ୍ୱ ପରିପ୍ରେକ୍ଷୀରେ ଦୁଇଜଣ ବୈଭବ ମନୋବିଜ୍ଞାନୀଙ୍କ ଅବଦାନର ସୂଚନା ଦିଅ।

୨୦. ସୁଖାନୁଭୂତିର ଦୁଇ ତିନୋଟି ମୁଖ୍ୟ ତତ୍ତ୍ୱକୁ ଆଧାର କରି ଜନଜୀବନରେ ସୁଖର ଅଭିବୃଦ୍ଧି ପାଇଁ ତୁମେ ଲୋକମାନଙ୍କୁ କି କି ପରାମର୍ଶ ଦେବ ?

ପଞ୍ଚମ ଅଧ୍ୟାୟ

୧. ବୈଭବ ମନୋବିଜ୍ଞାନ ପରିପ୍ରେକ୍ଷୀରେ ଅଭିଜ୍ଞାନ ବିପ୍ଳବ (Cognitive Revolution) ସମ୍ପର୍କରେ ସଂକ୍ଷିପ୍ତ ସୂଚନା ଦିଅ।

୨. କୃତଜ୍ଞତା ଜ୍ଞାପନର ତାତ୍ପର୍ଯ୍ୟ ଉଲ୍ଲେଖ କର।

୩. କୃତଜ୍ଞତାବୋଧର ପରିମାପ ସମ୍ଭବ କି ? ପାଠ୍ୟ ପୁସ୍ତକ ଆଧାରରେ ମାପକର ବର୍ଣ୍ଣନା ଦିଅ।

୪. ସକାରାତ୍ମକ ଚରିତ୍ରର ଅଧ୍ୟୟନ ଗୁରୁତ୍ୱପୂର୍ଣ୍ଣ କାହିଁକି ? ବୈଭବ ମନୋବିଜ୍ଞାନ ପରିପ୍ରେକ୍ଷୀରେ ଏହାର ଉତ୍ତର ଦିଅ।

୫. ବୈଭବ ମନୋବିଜ୍ଞାନର ପଠନ ସାମଗ୍ରୀ ହିସାବରେ ନିଃସ୍ୱାର୍ଥପର ପରୋପକାର ବିଷୟରେ ଏକ ବିବରଣୀ ଦିଅ।

୬. ଆଶା ଓ ଆଶାବାଦୀ ଦୃଷ୍ଟିଭଙ୍ଗୀର ଗୁରୁତ୍ୱ ଉଲ୍ଲେଖ କର। ମନୋବୈଜ୍ଞାନିକ ଅନୁଧ୍ୟାନରେ ଏହା କାହିଁକି ତାତ୍ପର୍ଯ୍ୟପୂର୍ଣ୍ଣ ?

୭. ଆଶାବାଦ ବୃଦ୍ଧି କରାଯିବ କିପରି ?

୮. ପଙ୍କରେ ପଦ୍ମ ପ୍ରକ୍ରିୟା କହିଲେ ତୁମେ କ'ଣ ବୁଝିଥାଅ ? ମନସ୍ତାତ୍ତ୍ୱିକ ପ୍ରତ୍ୟାବର୍ତ୍ତନ (Resilience) ସହିତ ଏହା କିପରି ସମ୍ବନ୍ଧିତ ?

୯.	ସକାରାତ୍ମକ ଚିନ୍ତନର ବିକାଶ ସମ୍ଭବ ହେବ କିପରି ?

୧୦.	ସେଲିଗ୍‌ମ୍ୟାନ୍‌ଙ୍କ ପର୍ମା (Perma) ମଡ଼େଲ୍‌ର ବିଶଦ ବ୍ୟାଖ୍ୟା ପ୍ରଦାନ କର ।

୧୧.	ମାନସିକ ସୁସ୍ଥତା ପରିପ୍ରେକ୍ଷୀରେ ଡେସି ଏବଂ ର୍‌ୟାନ୍‌ଙ୍କ ଅବଦାନ ବିଚାର କର ।

୧୨.	ରିଫ୍‌ଙ୍କ ସୁସ୍ଥତା ମଡ଼େଲ ସମ୍ପର୍କରେ ଗୋଟିଏ ପ୍ରବନ୍ଧ ଲେଖ ।

୧୩.	ଶାରୀରିକ ସୁସ୍ଥତା ମାନସିକ ସୁସ୍ଥତାକୁ କିପରି ପ୍ରଭାବିତ କରେ ?

୧୪.	ବ୍ୟାୟାମ ଓ ଶାରୀରିକ କ୍ରିୟାକଳାପର ଉପଯୋଗିତା ବର୍ଣ୍ଣନା କର ।

୧୫.	ସାମୂହିକ ସାମର୍ଥ୍ୟବୋଧ କ'ଣ ? ଏ ଦିଗରେ ଆଲବର୍ଟ ବାନ୍ଦୁରାଙ୍କ ଅବଦାନର ସୂଚନା ଦିଅ ।

୧୬.	ସାଂସ୍କୃତିକ ମୂଲ୍ୟବୋଧ ମାନସିକ ସ୍ୱାସ୍ଥ୍ୟକୁ କିପରି ପ୍ରଭାବିତ କରେ ?

୧୭.	ସ୍ୱାସ୍ଥ୍ୟ ପରିପ୍ରେକ୍ଷୀରେ ସମ୍ପର୍କଶୀଳତାର ବିକାଶ ଖୁବ୍ ମୂଲ୍ୟବାନ - ଏ ଉକ୍ତିର ଯଥାର୍ଥତା ପ୍ରତିପାଦନ କର ।

୧୮.	ସମନ୍ୱୟଶୀଳତା ମାନସିକ ସୁସ୍ଥତାର ଏକ ଅବିଚ୍ଛେଦ୍ୟ ଅଂଶ - ଏ କଥାର ସାରମର୍ମ ବୁଝାଇ ଦିଅ ।

୧୯.	ଅନ୍ୟକୁ କିଛି ଦେବାରେ ଯେଉଁ ଆନନ୍ଦ ଥାଏ, ସେ ଆନନ୍ଦର ବିକଳ୍ପ ସହଜରେ ମିଳେ ନାହିଁ - ଏ କଥାର ଯଥାର୍ଥତା ଦର୍ଶାଅ ।

୨୦.	ପରୋପକାରର ମାନସିକତା ସୁଖ ଓ ଆନନ୍ଦାନୁଭୂତିର ଏକ ବିଶିଷ୍ଟ ନିର୍ଦ୍ଧାରକ । ଏହାର ସାର୍ଥକତା ଉଲ୍ଲେଖ କର ।

ଷଷ୍ଠ ଅଧ୍ୟାୟ

୧.	ସୁଖାନୁଭୂତିର ସଂଜ୍ଞା କ'ଣ ?

୨.	ଅନୁକୂଳ ଭାବାବେଗ ସୁଖାନୁଭୂତି ସହିତ କିପରି ସମ୍ବନ୍ଧିତ ?

୩.	ଅକ୍ସଫୋର୍ଡ଼ ସୁଖାନୁଭୂତି ପ୍ରଶ୍ନମାଳାର ବୈଶିଷ୍ଟ୍ୟ କ'ଣ ?

୪.	ଅକ୍ସଫୋର୍ଡ଼ ସୁଖାନୁଭୂତି ମାପକକୁ ବ୍ୟବହାର କରି କେଉଁ କେଉଁ ଦଳରେ ସୁଖାନୁଭୂତିର ତୁଳନା କରାଯାଇପାରିବ, ତାହାର ଦୁଇ ତିନୋଟି ଦୃଷ୍ଟାନ୍ତ ଦିଅ ।

୫.	ତୁମେ ଜାଣିଥିବା କୌଣସି ସୁଖାନୁଭୂତି ମାପକ ବିଷୟରେ ବିବରଣୀ ଦିଅ ?

୬.	ତୁମେ ପ୍ରୟୋଗ କରିଥିବା ସୁଖାନୁଭୂତିର ମାପକକୁ ବିଚାରକୁ ନେଇ ଆଭିମୁଖ୍ୟ ସ୍ପଷ୍ଟ କର ।

୭.	ସୁଖାନୁଭୂତିର ମାପକ ତୁମେ ଏକ ବୃହତ୍ ପରିସରରେ ପ୍ରୟୋଗ କଲେ କ'ଣ କରିବ ?

୮. ଦୁଇଟି ଗୋଷ୍ଠୀର (ଯଥା : ସହରାଞ୍ଚଳର ଲୋକ ବନାମ ଗ୍ରାମାଞ୍ଚଳର ଲୋକ) ତୁଳନାତ୍ମକ ବିଚାର ପାଇଁ କେଉଁ ଧରଣର ମାପକ ଓ ପରିସଂଖ୍ୟାନ (Statistical Tests) ବ୍ୟବହାର କରିବ ?

୯. ମନୋବିଜ୍ଞାନୀଙ୍କ ପ୍ରସ୍ତୁତ ପରିମାପକ ବ୍ୟତୀତ ତୁମେ କିପରି ସୁଖାନୁଭୂତିର ଆକଳନ କରିବ ?

୧୦. ତୁମେ ପ୍ରୟୋଗ କରିଥିବା ସୁଖାନୁଭୂତିର ମାପକରେ କି କି ପ୍ରକାର ପରିସୀମତ୍ୱ (Limitation) ଅଛି ବୋଲି ତୁମେ ବିଚାର କରୁଛ ?

୧୧. ଅଧ୍ୟାତ୍ମ ଅଙ୍କ କ'ଣ ?

୧୨. ଭାବ ବୁଦ୍ଧି ଓ ଅଧ୍ୟାତ୍ମ ବୁଦ୍ଧି ମଧ୍ୟରେ ପାର୍ଥକ୍ୟ ଦର୍ଶାଅ।

୧୩. ତୁମେ ବ୍ୟବହାର କରିଥିବା ଅଧ୍ୟାତ୍ମ ବୁଦ୍ଧିର ମାପକର ବୈଶିଷ୍ଟ୍ୟ ସୂଚିତ କର।

୧୪. ଅଧ୍ୟାତ୍ମ ବୁଦ୍ଧି ମାପକଟି କିଏ ଗଠନ କରିଥିଲେ ?

୧୫. ଉଚ୍ଚ ଅଧ୍ୟାତ୍ମ ବୁଦ୍ଧିର ଅଧିକାରୀ ହୋଇଥିବା ବ୍ୟକ୍ତିମାନେ ଅନ୍ୟ କେଉଁସବୁ ଆଚରଣ ପ୍ରଦର୍ଶନ କରନ୍ତି ?

୧୬. ଅଧ୍ୟାତ୍ମ ଅଙ୍କ ଏବଂ ସୁଖାନୁଭୂତି ମଧ୍ୟରେ କିପରି ସମ୍ବନ୍ଧ ରହିଛି ?

୧୭. ଅଧ୍ୟାତ୍ମ ଅଙ୍କର ପରିମାପ ବ୍ୟବହାର କରି ଅନ୍ୟ କେଉଁ ବଡ଼ ଧରଣର ଅନୁଧ୍ୟାନ (Study) କରିପାରିବ ?

୧୮. ଅଧ୍ୟାତ୍ମ ଅଙ୍କର ସଂଜ୍ଞା ନିର୍ଦ୍ଦେଶ କର।

୧୯. ପିଲାମାନଙ୍କର ଅଧ୍ୟାତ୍ମ ଅଙ୍କ ବୃଦ୍ଧି କରିବା ପାଇଁ ତୁମେ କି କି ପରାମର୍ଶ ଦେବ ?

୨୦. ଆମ ଶିକ୍ଷା ବ୍ୟବସ୍ଥାର କେଉଁ କେଉଁ ଦିଗ ଅଧ୍ୟାତ୍ମ ଅଙ୍କର ସହାୟକ ଏବଂ କେଉଁ କେଉଁ ଦିଗ ଏହାର ଅନ୍ତରାୟ ?

Books Authored by F.M. Sahoo

* Cognitive styles & amp; interpersonal behaviour
* Affective sensitivity & amp; cognitive styles
* Psychology in Indian context (Edited)
* Environment & amp; behaviour
* Child rearing & amp; educating assistance manual
* Dynamics of human helplessness
* Sex roles in transition
* Behavioural issues in ageing (Edited)
* Atlas of mind
* Mysteries of mind
* Wonders of mind
* Splendours of mind
* Mind management
* Tools of mind
* Landscape of mind
* Plasticity of mind
* Melody of Minds
* Happiness flows
* Dynamics of Personal Growth
* Essentials of Employee Counselling
* A Passage to Neuroscience of Leadership

ଲେଖକଙ୍କ ରଚନା ସମ୍ଭାର

ମନୋବୈଜ୍ଞାନିକ ରଚନା

୧. ବିଚିତ୍ର ମନ (୧୯୮୮)
୨. ମାନସିକ ବିକୃତି (୧୯୯୮)
୩. ଜୀବନ ପ୍ରବାହରେ ମାନସିକ ବିକୃତି (୨୦୦୦)
୪. ମନର ମାନଚିତ୍ର (୨୦୦୧)
୫. ମନସ୍ତାତ୍ତ୍ୱିକ ବିକାଶର ଶୈଶବ ପର୍ବ (୨୦୦୨)
୬. ମନସ୍ତାତ୍ତ୍ୱିକ ବିକାଶର ଗୋଧୂଳି ପର୍ବ (୨୦୦୪)
୭. ବ୍ୟକ୍ତିତ୍ୱ ଓ ନେତୃତ୍ୱ (୨୦୦୪)
୮. ନାରୀ ମନସ୍ତତ୍ତ୍ୱ (୨୦୦୫), ଦ୍ୱିତୀୟ ମୁଦ୍ରଣ : ୨୦୧୩
୯. ଶିଶୁମନର ବିଜ୍ଞାନ (୨୦୦୬)
୧୦. ସଚିତ୍ର ମନ (୨୦୦୭)
୧୧. ସବଳ ମନ, ସଫଳ ଜୀବନ (୨୦୦୭)
୧୨. ମନସ୍ତାତ୍ତ୍ୱିକ ବିକାଶର ବାଲ୍ୟ ପର୍ବ (୨୦୦୯)
୧୩. ମନ ଦିଗନ୍ତ (୨୦୧୦)
୧୪. ତଲ୍ଲୀନତା (୨୦୧୦), ଦ୍ୱିତୀୟ ମୁଦ୍ରଣ : ୨୦୧୫
୧୫. ମାନସିକ ସମସ୍ୟା ଓ ସମାଧାନ (୨୦୧୦)
୧୬. ମନସ୍ତାତ୍ତ୍ୱିକ ବିକାଶର କୈଶୋର ପର୍ବ (୨୦୧୧)
୧୭. ମନର ରହସ୍ୟ (୨୦୧୨)
୧୮. ଶୈଶବରୁ ବାର୍ଦ୍ଧକ୍ୟ (୨୦୧୨)
୧୯. ଜୀବନ ଓ ମନସ୍ତତ୍ତ୍ୱ (୨୦୧୪)
୨୦. ସାକ୍ଷାତ୍କାର (୨୦୧୭)
୨୧. ଚାପମୁକ୍ତ ଜୀବନ (୨୦୧୭)
୨୨. ସାହିତ୍ୟ ଓ ମନସ୍ତତ୍ତ୍ୱ (୨୦୧୭)
୨୩. ସମୟର ସଂଳାପ (୨୦୧୮)
୨୪. ସୁଖାନୁଭୂତିର ମର୍ମକଥ (୨୦୨୦)
୨୫. ମନ ପରିକ୍ରମା (୨୦୨୧)

୨୬. ମନର ଭୂଗୋଳ (୨୦୨୨)

୨୭. ବୈଭବ ମନୋବିଜ୍ଞାନ (୨୦୨୪)

ପ୍ରକାଶମୁଖୀ ମନୋବୈଜ୍ଞାନିକ ରଚନା

୨୮. ମନସ୍ତାତ୍ତ୍ୱିକ ବିକାଶର ଯୌବନ ପର୍ବ

୨୯. ମନର ବିଜ୍ଞାନ, ଜୀବନର କଳା

ଆଧ୍ୟାତ୍ମିକ ରଚନା ଅନୁବାଦ

୩୦. ଶିରିଡ଼ିର ସାଇବାବା (ଶ୍ରୀ ସୁରେଶ ଚନ୍ଦ୍ର ପଣ୍ଡାଙ୍କ ସହ) (୧୯୯୭), ଦ୍ୱିତୀୟ ମୁଦ୍ରଣ : ୨୦୦୫, ତୃତୀୟ ମୁଦ୍ରଣ : ୨୦୦୯

୩୧. ଦିବ୍ୟ ସମ୍ଭାଷଣ (୪ର୍ଥ ଭାଗ) (୧୯୯୯) (ଶ୍ରୀ ସତ୍ୟସାଇ ବାବାଙ୍କ ଦିବ୍ୟସମ୍ଭାଷଣର ଭାଷାନ୍ତର)

୩୨. ଶିରିଡ଼ିରୁ ପୁଟ୍ଟପର୍ତ୍ତି (୨୦୦୦) (ଆର୍.ଟି.କାକଡ଼େଙ୍କ ଲିଖିତ ପୁସ୍ତକ ଭାଷାନ୍ତର)

୩୩. ଶ୍ରୀ ସାଇ ସତ୍‌ଚରିତ ଗାଥା (୨୦୦୨); ଦ୍ୱିତୀୟ ମୁଦ୍ରଣ : ୨୦୧୨

୩୪. ଦିବ୍ୟ ସମ୍ଭାଷଣ (ପଞ୍ଚମ ଭାଗ) (୨୦୦୪) (ଶ୍ରୀ ସତ୍ୟସାଇ ବାବାଙ୍କ ଦିବ୍ୟସମ୍ଭାଷଣ ଭାଷାନ୍ତର)

୩୫. ଚେତନାଦୀପ୍ତ ଜୀବନ (୨୦୦୮) (ସ୍ୱାମୀ ଶ୍ରୀ ଶୁଦ୍ଧାନନ୍ଦଜୀଙ୍କ Conscious Living ର ଓଡ଼ିଆ ଭାଷାନ୍ତର)

୩୬. ସାଇ କଲ୍ଲୋଳ (୨୦୧୧)

୩୭. ବିବେକ ସଂପ୍ରୀତି (୨୦୧୨) (Rita Bruceଙ୍କ ଲିଖିତ Love of Conscience ର ଭାଷାନ୍ତର)

୩୮. ବ୍ରହ୍ମବିଦ୍ୟା-ଆଧାରିତ ବିଦ୍ୟାଳୟ ପ୍ରତିଷ୍ଠା (୨୦୧୫)

୩୯. ଶ୍ରୀ ସତ୍ୟସାଇ ଚରିତ ଗାଥା (୨୦୨୩)

ପ୍ରକାଶ ଅପେକ୍ଷାରେ

୪୦. ଧ୍ୟାନଦୀପ୍ତ ଜୀବନ

BLACK EAGLE BOOKS

www.blackeaglebooks.org
info@blackeaglebooks.org

Black Eagle Books, an independent publisher, was founded as a nonprofit organization in April, 2019. It is our mission to connect and engage the Indian diaspora and the world at large with the best of works of world literature published on a collaborative platform, with special emphasis on foregrounding Contemporary Classics and New Writing.

www.ingramcontent.com/pod-product-compliance
Lightning Source LLC
Chambersburg PA
CBHW031138020426
42333CB00013B/437
9781645601371